本书为文化名家暨"四个一批"人才工程项目资助自选项目阶段性成果及中国社会科学院学科建设"登峰战略"资助计划资助优势学科"中国边疆史"（DF2023YS20）阶段性成果。

中国边疆学基础理论研究
以古代中国为中心

李大龙 著

华夏出版社
HUAXIA PUBLISHING HOUSE

图书在版编目（CIP）数据

中国边疆学基础理论研究：以古代中国为中心 / 李大龙著 . -- 北京：华夏出版社有限公司, 2024.10（2025.5 重印）
ISBN 978-7-5222-0716-2

Ⅰ. ①中⋯ Ⅱ. ①李⋯ Ⅲ. ①疆界 – 研究 – 中国 – 古代 Ⅳ. ① K928.1

中国国家版本馆CIP数据核字（2024）第096258号

中国边疆学基础理论研究：以古代中国为中心

著　　者	李大龙
责任编辑	王　敏　董秀娟
责任印制	周　然

出版发行	华夏出版社有限公司
经　　销	新华书店
印　　装	三河市万龙印装有限公司
版　　次	2024年10月北京第1版 2025年5月北京第2次印刷
开　　本	787×1092　1/16
印　　张	29.5
字　　数	550千字
定　　价	119.00元

华夏出版社有限公司　地址：北京市东直门外香河园北里4号　邮编：100028
网址：www.hxph.com.cn　电话：（010）64663331（转）

若发现本版图书有印装质量问题，请与我社营销中心联系调换。

目录 Contents

前言 / 1

第一章 "天下"视域下的"中国"与"边疆"

第一节 "中国"与"天下" / 12
  一、"中国":"大一统"的标识 / 12
  二、"天下":多民族国家中国形成与发展的空间 / 15

第二节 中国边疆的内涵及其特征 / 18
  一、"边疆"概念及其演变 / 18
  二、"中国边疆"的特征 / 27

第三节 国家与民族:"中国"与"边疆"的交融 / 31

第二章 多民族国家疆域形成与发展的轨迹

第一节 传统话语体系与标准的探讨 / 38
  一、以历代王朝疆域为主的话语体系 / 38
  二、标准的探讨与以中华人民共和国疆域"上溯"话语体系的出现 / 43
  三、以清代疆域为标准的话语体系 / 45

第二节 传统王朝国家到主权国家视域下疆域理论的新探索 / 49
  一、新标准的确立:王朝国家与主权国家 / 49
  二、"自然凝聚,碰撞底定":多民族国家疆域的理论概述 / 55
  三、"有疆无界"到"有疆有界":中国疆域话语体系建构 / 70

第三章 "大一统"制度文明与多民族国家家园的形成与发展

第一节 农耕王朝对"大一统"的继承与发展 / 142

　　一、秦汉"大一统"思想的形成与实践 / 143

　　二、唐朝对"大一统"思想的继承与发展 / 147

　　三、明朝对"大一统"思想的改造与发扬 / 149

第二节 游牧族群对"大一统"的继承与发展 / 155

　　一、对抗、认同与发展：从匈奴到鲜卑 / 156

　　二、对"中国"的一统：从突厥、契丹、女真到蒙古 / 162

第三节 清朝的集大成："大一统之在我朝" / 166

　　一、清代"大一统"研究评述 / 166

　　二、清朝对传统"大一统"思想的继承和发展 / 169

　　三、清朝"大一统"政治秩序的"一体化"实践 / 173

第四章 "天下"政治格局演变与王朝国家治理

第一节 "天下"格局由传统向近现代国际关系的演变 / 182

　　一、中国古代"天下"的范围及其自成体系的自然环境 / 183

　　二、"天下"自然状态下政权建构的主要形态 / 187

　　三、"天下"格局构成的常态及其发展趋势 / 191

第二节 历代王朝边疆治理的理论与实践 / 197

　　一、王朝国家治理思想与实践 / 198

　　二、王朝国家治边政策的继承与发展 / 212

　　三、论"羁縻"：历代治边政策的要义 / 230

　　四、藩属体系：历代王朝边疆治理的理论与实践 / 247

　　五、"皇帝天可汗"：一种突破性尝试 / 265

目录

第五章 中华民族共同体的形成与发展

第一节 中华民族与中华民族共同体 / 282

一、从"五方之民""华夷之辨"到"中华民族" / 282

二、"中华民族共同体"的出现及其内涵演变 / 287

三、铸牢中华民族共同体意识提出的内外环境分析 / 291

第二节 多民族国家建构视野下农耕与游牧族群的互动及其特点 / 294

一、"行国"与"行国体制" / 294

二、游牧与农耕族群互动的分期与特点 / 307

三、"四等人":一种特殊的人群划分方式 / 323

第三节 中华大地上主体族群凝聚的轨迹 / 328

一、古代中国传统的族群观 / 328

二、由"夏人"到"汉人":农耕族群的初步凝聚 / 330

三、由"汉人"到"唐人":农耕族群的进一步凝聚 / 331

四、"汉人"的再次出现:农耕族群的再次壮大 / 333

五、"中华人"的重新出现:"汉人"群体的壮大及其身份转变 / 335

第四节 清朝近现代主权国家建构的努力 / 337

一、由王朝国家向近现代主权国家的转型 / 339

二、"臣民"(国民)塑造的尝试 / 344

三、消除族群分界与确立满洲正统的努力 / 347

四、通过调整政策,实现不同族群的整合 / 351

第六章 视角、理论与方法:中国边疆学建设的思考

第一节 诠释中国疆域的视角、理论和方法:研究边疆地区融入多民族国家历史应有的视角 / 358

一、边疆归属标准的探讨 / 358

二、"天下国家"与整体史观 / 370

第二节 诠释中华民族的视角与方法 / 384
　　一、"民族"不是古籍固有用语 / 385
　　二、梁启超、顾颉刚和费孝通对中华民族形成的理论解读 / 393
　　三、"四个共同"与中华民族共同体史观 / 406
　　四、超越传统史观 / 412

第三节 中国边疆学"三大体系"建设 / 419
　　一、关于中国边疆学学科体系建设 / 420
　　二、关于中国边疆学学术体系建设 / 423
　　三、关于中国边疆学话语体系建设 / 427
　　四、中国边疆学"三大体系"建设亟须应对的问题 / 431

附录1 主要参考文献目录

　　一、古籍与档案 / 436
　　二、今人著作 / 438
　　三、今人论文 / 443
　　四、网站资料 / 449

附录2 个人论著目录

　　一、学术著作 / 452
　　二、主编著作 / 453
　　三、学术论文 / 453
　　四、书评、综述与序言 / 460
　　五、译著 / 462

后记 / 463

前 言

中国边疆尽管以"边陲""荒凉"等词的形式出现在古籍之中，且在古人传统意识中与"中国本根"（指中原）对应被视为"枝叶"，但历朝各代都十分注重对边疆地区的经略，且边疆治理与王朝兴衰关系密切。新中国成立后，边疆地区的稳定和发展在国家治理中的重要地位更加凸显。今天的中国边疆学研究，一般按照研究对象分为陆疆和海疆两大领域。黑龙江、吉林、辽宁、内蒙古、甘肃、新疆、西藏、云南、广西等九省区被视为陆地边疆，其面积占到了国土面积的61.8%，而包括渤海、黄海、东海、南海等的辽阔海域以及岛屿则被视为海疆的范围。

国人对多民族国家中国边疆的关注有着悠久的历史，司马迁的《史记》为边疆政权和人群立传开"二十四史"记录边疆人群凝聚和政权沿革之先河，不仅官方史书留下了大量经营边疆的记录，而且也有如《华阳国志》《蛮书》等众多私家著述对边疆政治格局演变与社会发展的记载。古人对中国边疆的关注和记录，虽然催生了"边疆"概念的出现，但多数是服务于历代王朝对边疆的经略而进行的，因王朝面临的主要边疆问题而凸显时代特征，严格来说并不具有当今的学术研究性质，不过却为今天我们研究中国边疆的形成与发展提供了基础资料，故而有学者称之为"千年积累"。

近代以来，随着西方殖民势力东来构建殖民体系，中国边疆更是得到了社会各界的广泛关注，而面对日本侵略所带来的亡国灭种的威胁，经营边疆、发展边疆的呼声不断高涨，"中国边疆学""中国边政学"等等提法也应运而生，但遗憾的是，进入新时代的中国边疆研究虽然得到了社会各界、更多学科的关注，但尚未列入国家哲学社会科学学科目录，中国边疆学建设依然任重道远。

当今的中国边疆研究是在"千年积累"之上形成和发展的。18世纪末19世纪初，祁韵士撰著的《外藩蒙古回部王公表传》《西陲总统事略》等被视为西北舆地学的开端，同时也被视为当代中国边疆学研究的萌芽。民国时期有了"中国边疆学""中国边政学"等提法，但并没有形成一个学科。中华人民共和国成立初期，百业待兴，研究对象的敏感性制约了中国边疆研究的发展，1983年中国边疆史地研究中心成立后，中国边疆研究虽然迎来了又一次的研究高潮，但"中国边疆学"作为学科概念被提出并做出学科概要论证则是很晚的事情。目前学界一般认为刊发在《中国边疆史地研究》1992年第2期上邢玉林的《中国边疆学及其研究的若干问题》是最早的专论。该文不仅明确提出了"中国边疆学"概念，而且从中国边疆学研究的前提和基础、中国边疆学的内涵与社会功能、繁荣中国边疆学研究的主要途径等不同方面对中国边疆学学科建设做出了概要探讨。进入21世纪，伴随着"一带一路"倡议的提出及其实施，以及边疆问题的凸显，边疆地区的稳定和发展等诸多问题得到了社会各界尤其是学界的广泛关注，构建"中国边疆学"的呼声更加日益高涨。但是，随着民族学、政治学、法学、国际关系问题研究、社会学、哲学等诸多学科的学者积极参与到中国边疆研究领域，在促进中国边疆研究不断繁荣的同时，也带来了很多热点和难点问题，甚至对于何为"中国"、何为"边疆"，不同学科的学者在认识上也出现了严重分歧。

对以往的中国边疆学研究状况，有不少学者从不同的角度进行过总结，既肯定了以往研究的成绩，也指出了存在的问题，更有对中国边疆研究学科发展的展望。其中厉声、李国强主编的《中国边疆史地研究综述（1989—1998年）》[①]分总论、东北边疆史地研究综述、北部边疆史地研究综述、新疆史地研究综述、西藏史地研究综述、西南边疆史地研究综述、海疆史地研究综述等，从边疆史地研究的角度进行了系统归纳与总结。《中国边疆史地研究》杂志在2009年第3期刊发了《60年来西北边疆史地研究的回顾与展望》《新中国成立60年来北部边疆研究评述》《60年来东北边疆研究论衡》《中国边疆与周边地区关系史研究60年》《60年来中国历史疆域问题研究》《边疆史视野下西藏研究60年》《西南边疆史研究60年的回顾与展望》《新中国海疆史研究60年》系列文章，从不同区域对60年边疆史地研究的情况进行了系统评述。马大正先生先后出版《当代中国边疆研究（1949—2014）》[②]、《当代中国边疆研究（1949—2019）》[③]对新中国成立至2019年的中国边疆研究做过系统总结。后者是对前者的补充，涵盖统一多民

---

① 厉声、李国强主编：《中国边疆史地研究综述（1989—1998年）》，黑龙江教育出版社2002年版。
② 马大正：《当代中国边疆研究（1949—2014）》，中国社会科学出版社2016年版。
③ 马大正：《当代中国边疆研究（1949—2019）》，中国社会科学出版社2019年版。

族中国与中国边疆、中国边疆研究的千年积累和百年探索、中国边疆研究第三次高潮兴起前的准备（20世纪50—70年代）、中国边疆史地研究的繁荣、当代中国边疆调研的展开、边政研究的持续与嬗变、对中国边疆研究的理性思考、古代中国疆域理论问题研究、中国历朝历代边疆治理研究、中国历代王朝边疆民族政策研究、近代以来中国边患与陆地界务问题研究、中国海疆史研究、中国边疆研究史研究、第二次中国边疆研究高潮研究、当代中国边疆治理研究、21世纪中国边疆研究发展大趋势、中国边疆学构筑的探索等近二十个专题，可谓是对中国边疆以往研究的系统总结。朱尖《守正与创新：中国边疆研究进展初论》[①]则在数据库检索数据资料分析的基础上，从中国边疆研究成果产出与特征、中国边疆研究的知识体系、中国边疆研究学术队伍、中国边疆研究的学术机构分析、中国边疆研究的学术阵地分析、中国边疆研究经典文献分析、对中国边疆研究进展的总结与思考、新文科背景下的中国边疆学发展思考、关于中国边疆研究成果数据分析的几个问题等方面，对中国边疆学研究及其相关问题做了系统探讨。

上述论著除马先生的著作之外，笔者组织和参与了其他论著的研究和出版工作，同时也曾经撰写《新时代边疆学研究的热点与前沿问题》对新时代中国边疆研究中的热点和前沿问题做了探讨。该文依据从中国知网得到的检索数据，对近年来中国边疆研究的前沿和热点问题提出了自己的认识。认为：当前的中国边疆研究虽然整体是热点，但难点和前沿问题则表现在：（1）中国边疆话语体系建构；（2）多民族中国形成与发展的理论解构；（3）"东亚天下秩序"的理论解构；（4）中国海疆的形成与发展；（5）治边思想的形成与发展；（6）中国边疆学学科体系建设等六个方面。进而提出："中国边疆学尽管还没有被列入学科名录，但在中国边疆史地研究的基础上已经得到越来越多其他学科学者的参与，这是中国边疆学得以成为热点的关键，也是中国边疆学学科进一步形成和发展的基础，我们需要客观看待由此出现的分歧"；"在传统的边疆研究中，'王朝国家'观念居于主导地位，而近代以来，尤其是新中国成立以来，'民族国家'理论成为主导思想，但是'民族国家'理论是否适合阐释中国边疆的形成与发展是值得学界关注的重大问题"；"不能从静态的视角来关注中国边疆，而要用动态的眼光审视中国历史，观察中华大地上的人群凝聚和演变，诠释中国边疆的形成与发展，只有这样我

---

① 朱尖：《守正与创新：中国边疆研究进展初论》，齐鲁出版社2022年版。

们构建起来的中国边疆学才能健康发展"。①

笔者上述文章发表已经过去了五年,从中国知网现有的统计数据看,以"边疆"为主题词检索,可以得到20512条论文数据,显示边疆研究依然是学界关注的热点领域。这些论文涉及的主题主要是:边疆民族地区(910)、边疆治理(507)、云南省(480)、边疆地区(463)、民族地区(449)、民国时期(429)、少数民族地区(372)、云南边疆(333)、俄罗斯(311)、东北边疆(293)、滨海边疆区(288)、中华民族共同体意识(276)、国家认同(269)、中华民族(259)、民族团结(255)等。涉及的学科则有历史学、政治学、民族学、经济学、社会学、军事学、考古学、国际关系等诸多学科。这些研究在上述六个前沿问题上似乎并没有取得多大进展,而且在学科建设上又出现了新的分歧。

(1)中国边疆话语体系建设。话语体系的建设既是中国边疆研究的基本理论问题,也是难点问题,更是前沿问题。中国边疆话语体系建构是一个完整的理论体系,既要回答中国边疆是什么的问题,也要解答中国边疆是如何形成与发展的问题,更要对中国边疆的发展方向等做出科学的理论解读。而要回答这些问题,对中国边疆属性的认识固然是最基本的问题,但用什么理论与方法来指导我们的认识也是很关键的问题。

长期以来,历代王朝史观左右着学界对中国边疆的认识,中华人民共和国成立后,"民族国家"理论和历代王朝史观出现了结合的态势,尽管1951年开始的"历史上的中国"大讨论对历代王朝史观提出了严重质疑,但对于中国边疆而言依然是被忽略的方面。正因为处于被忽略的境地,所以近些年来,流行在中国学术界的是拉铁摩尔的边疆理论,在中国知网能够检索到的提及拉铁摩尔的论文有3834篇,此外还有多部拉铁摩尔的著作被翻译为中文出版,这应该是其理论严重影响中国边疆研究的写照。② 国外学者对中国边疆的关注实际上很早就出现了,而国内学者对中国边疆进行研究的专门性论文在中国知网只能检索到1402篇,③ 其中周平《我国边疆概念的历史演变》④、张健《国家视域中边疆与边疆观念的演变:内涵、形态与界限》⑤、何明《边疆观念的转变与多元

---

① 李大龙:《新时代边疆学研究的热点与前沿问题》,《云南师范大学学报(哲学社会科学版)》2019年第1期。
② 其中有多篇是专题性质的学位论文,如李宏伟《欧文·拉铁摩尔的边疆学说研究》(吉林大学2012年博士学位论文)、蔡美娟《拉铁摩尔边疆视域下的亚洲地缘政治思想研究》(浙江师范大学2014年硕士学位论文)等。
③ 上述检索数据均来自中国知网,检索时间2024年1月28日。
④ 周平:《我国边疆概念的历史演变》,《云南行政学院学报》2008年第4期。
⑤ 张健:《国家视域中边疆与边疆观念的演变:内涵、形态与界限》,《云南师范大学学报(哲学社会科学版)》2012年第1期。

边疆的构建》①等专论是这方面的代表性成果。总体来看涉及中国边疆的论文较多而专门性论文数量依然偏少的情况并没有改变。数量偏少自然是尚未得到学界应有重视的表现,但即便如此少的论文中,学者认识上的差异已经凸显,显示在一些重大理论和方法上学界依然存在认识上的较大差异。就具体认识而言,从近年来已经出版的论著看,突出表现在以下两个方面:

一是对"边疆"概念认识上的差异,主要是利益边疆、战略边疆、文化边疆等与传统边疆认识的差异。②利益边疆、战略边疆是近年来学界尤其是经济学、国际关系和军事领域学者提出的概念,而文化边疆则在民国时期即已经存在,关注的是边疆与内地在文化上的差异。而传统边疆则是源自历史学对边疆的认识,一般是从中原王朝的视角认识边疆。

二是所谓"建构论"与"实在论"的论争。③"边疆"是人为建构出来的,还是实际存在的,这是政治学领域学界进入中国边疆研究带来的理论纷争。如果上述对边疆的界定体现着不同学科背景学者在切入视角上的差异,那么所谓"建构论"与"实在论"的争论表面上看是对研究对象认知的差异,实则依然是源自对"边疆"性质认知的不同。

由此也可以看出,构建中国边疆话语体系才刚刚起步就在研究对象的认定上出现了严重分歧,边疆学"三大体系"建构任重道远。

(2)多民族中国形成与发展的理论解构。对多民族中国形成与发展进行理论阐释,是构建中国边疆话语体系的核心内容,在铸牢中华民族共同体意识的当下更具有非同一般的意义,也是正确的中华民族共同体历史观的核心内容。长期以来,依托"二十四(五)史"构建起来的王朝国家话语体系尽管影响着国人对多民族国家形成与发展的认识,但新中国成立后王朝国家话语遇到了质疑,尤其是20世纪50年代开始的"历史上的中国"的讨论代表着这种倾向。④其后,尽管以中华人民共和国的疆域"上溯"的观

---

① 何明:《边疆观念的转变与多元边疆的构建》,《云南师范大学学报(哲学社会科学版)》2013年第5期。

② 参见李大龙《"中国边疆"的内涵及其特征》,《中国边疆史地研究》2018年第3期。

③ 参见朱碧波、李朝辉《"边疆建构论"与"边疆实在论":对立抑或共生?——兼与杨明洪教授商榷》,《新疆师范大学学报》2018年第2期;孙勇、王春焕《时空统一下国家边疆现象的发生及其认识——兼议"边疆建构论"与"边疆实在论"争鸣》,《理论与改革》2018年第5期等。

④ 参见李大龙、刘清涛《统一多民族国家的疆域问题研究》,达力扎布主编:《中国民族史研究60年》,中央民族大学出版社2010年版,第37—46页。

点成为主流,但具体到一些认识对象上则难以确定明确归属,且存在严重分歧。尤其是历史上存在但今天已经消失,且其活动区域分属于我国和邻国的边疆政权,其历史归属不仅我国学者和邻国学者存在差异,就是我国学者内部也存在分歧。如在汉唐时期存在于我国东北及朝鲜半岛北部的高句丽政权,其在668年被纳入唐朝版图,唐朝在其活动区域设置安东都护府进行有效管辖,后安东都护府内移到辽东半岛。高句丽的活动区域虽然是以西汉时期设置的乐浪、玄菟、真番、临屯四郡的范围为基础,但这一区域现在分属于我国和朝鲜等邻国。由此,高句丽的历史是属于中国史还是朝鲜史分歧较大。谭其骧先生虽然依据今天的国界给出了427年前属于中国史,427年迁都今天平壤地区后即不再属于中国史的界定,①但这一认识并没有得到各国学者的普遍认同,反而是受到了更多的质疑,各国学者之间乃至国内学者之间依然存在分歧甚至是严重对立。

2004年发表的《传统夷夏观与中国疆域的形成——中国疆域形成理论探讨之一》②,是笔者进行中国疆域形成理论研究的第一篇专论,2011年笔者主编的《中国边疆史地研究》杂志在举办学术讨论会的基础上推出了系列论文,其后笔者在多年研究的基础上也出版了《从"天下"到"中国":多民族国家疆域理论解构》③,明确提出要抛开来自西方的并不适合阐述中国疆域形成与发展历史的"民族国家"理论,从王朝国家向主权国家转变的视角,用"自然凝聚,碰撞底定"来概括多民族国家疆域形成与发展的轨迹。尽管这种提议得到了很多学者的关注,但相关研究的深入和理论阐述的完善,依然有待更多学者的参与。

(3)"东亚天下秩序"的理论解构。这是一个传统话题,也是认识中国边疆难以回避的大问题。尽管长期以来我们用历代王朝史观阐述中国历史,但东亚在历史上是否存在以中国历代王朝为中心的传统的天下秩序,近代以来学界在这方面的研究是缺位的,甚至是失语的。由此也造成了一个怪现象,即否认"东亚天下秩序"的存在,认为是一种臆想。只是在美国学者费正清及日本学者滨下武志的相关研究在国际上引起关注,其著作《中国的世界秩序:传统中国的对外关系》④、《近代中国的国际契机:朝贡贸易

---

① 参见谭其骧《历史上的中国和中国历代疆域》,《中国边疆史地研究》1991年第1期。
② 李大龙:《传统夷夏观与中国疆域的形成——中国疆域形成理论探讨之一》,《中国边疆史地研究》2004年第1期。
③ 参见李大龙《从"天下"到"中国":多民族国家疆域理论解构》,人民出版社2015年版。
④ [美]费正清编,杜继东译:《中国的世界秩序:传统中国的对外关系》,中国社会科学出版社2010年版。

体系与近代亚洲经济圈》①等被翻译在国内出版后,才引起国内学界的关注。相关研究在近年来随着张存武先生的《清韩宗藩贸易(1637—1894)》②、李云泉的《朝贡制度史论——中国古代对外关系体制研究》③、李大龙的《汉唐藩属体制研究》④、张永江的《清代藩部研究——以政治变迁为中心》⑤、孙宏年的《清代中越宗藩关系研究》⑥等著作的出版已经达到了一定广度和深度,但也存在着很多难点问题,诸如是称之为"藩属体制",还是称之为"朝贡贸易体制""封贡体制""宗藩关系"等,分歧较大。这些分歧出现的原因有些是学者关注的视角不同,有些则是故意为之。如将其称为"朝贡贸易体系"就是有意忽略其存在的前提是册封所代表的政治隶属关系,而不加思考地肆意引用,不仅无助于客观认识东亚历史上存在的这一政治体系,而且还会起误导作用。当前,"一带一路"倡议提出及其付诸实施,更是赋予了该研究特殊的现实意义,迫切需要学界对"东亚天下秩序"做出更加准确的理论解构,以服务于当今世界。

(4)中国海疆的形成与发展。1982年《联合国海洋法公约》的出台,对内水、领海、专属经济区等有关海洋的诸多概念做出了明确界定,极大地推动了我国的海疆研究。⑦张炜等主编《中国海疆通史》⑧、李国强著《南中国海研究:历史与现状》⑨等综合性著作的出版,对于中国海疆的形成与发展而言给出了明确答案,但就我国海疆研究来说,钓鱼岛问题、断续线的性质以及海洋权益的维护等方面的研究依然是海疆研究中的难点、热点和前沿问题。

(5)治边思想的形成与发展。以史为鉴是中国边疆研究得以存在的基础,也是我国边疆研究的优良传统。由马大正先生担任总主编的"中国边疆治理丛书"是近年边疆治理研究的重要著述,该丛书由湖南人民出版社自2015年至今相继出版,包括《中国边疆治理通论》《中国东北边疆的治理》《中国北部边疆的治理》《中国新疆的治理》

---

① [日]滨下武志著,朱荫贵、欧阳菲译:《近代中国的国际契机:朝贡贸易体系与近代亚洲经济圈》,中国社会科学出版社1999年版。
② 张存武:《清韩宗藩贸易(1637—1894)》,"中央研究院"近代史研究所1978年版。
③ 李云泉:《朝贡制度史论——中国古代对外关系体制研究》,新华出版社2004年版。
④ 李大龙:《汉唐藩属体制研究》,中国社会科学出版社2006年版。
⑤ 张永江:《清代藩部研究——以政治变迁为中心》,黑龙江教育出版社2001年版。
⑥ 孙宏年:《清代中越宗藩关系研究》,黑龙江教育出版社2006年版。
⑦ 参见李国强《新中国海疆史研究60年》,《中国边疆史地研究》2009年第3期。
⑧ 张炜、方堃主编:《中国海疆通史》,中州古籍出版社2003年版。
⑨ 李国强:《南中国海研究:历史与现状》,黑龙江教育出版社2003年版。

《中国西藏的治理》《中国西南边疆的治理》《中国海疆的治理》等。此外程尼娜等著《中国历代边疆治理研究》[1]、邢广程等主编《"治国必治边、治边先稳藏"重要战略思想研究》[2]、邢广程等主编《清代国家统一史》[3]、夏春涛主编《中国历代治理体系研究》[4]等也先后出版,将治边思想的研究推到了一个新的高度。但是,历代治边思想及实践内容宏富,历来是边疆研究的前沿和重点,其中的很多思想和实践活动依然需要总结,这不仅是当前我国国家治理体系和治理能力现代化,尤其是边疆治理体系和治理能力现代化的迫切需要,更是中国边疆学研究学科发展的需要。

（6）中国边疆学学科体系建设。尽管在民国时期就有了"中国边疆学"的呼声,但以"中国边疆学"为题名的专论却直到20世纪末才开始出现。1992年第一篇题名中含有"边疆学"的文章《中国边疆学及其研究的若干问题》在《中国边疆史地研究》刊出后,2018年底见诸中国知网的论文只有105篇,至2024年2月也才只有123篇,五年时间仅仅增加了20篇。在学科称呼方面,出现了"中国边疆学""中国边疆政治学""中国边疆社会学""中国边疆史地研究""一般边疆学""边政学"等等不同提法。在郑汕《中国边疆学概论》[5]、吴楚克《中国边疆政治学》[6]、周平主编《中国边疆政治学》[7]等的基础上,李大龙《政权与族群：中国边疆学基础理论研究》[8]、李大龙主编《中国边疆与中国边疆学建构》[9]、马大正《中国边疆学八题》[10]、罗静《跨越区隔——中国边疆学学术自觉》[11]、朱尖《守正与创新：中国边疆研究进展初论》[12]、汪洪亮《知人论学：民国时期的边疆学人与学术》[13]等相关专著的出版,可以说极大地推动

---

[1] 程尼娜等:《中国历代边疆治理研究》,经济科学出版社2017年版。
[2] 邢广程主编,孙宏年副主编:《"治国必治边、治边先稳藏"重要战略思想研究》,社会科学文献出版社2016年版。
[3] 邢广程、李大龙主编:《清代国家统一史》,中国社会科学出版社2023年版。
[4] 夏春涛主编:《中国历代治理体系研究》,中国社会科学出版社2023年版。
[5] 郑汕:《中国边疆学概论》,云南人民出版社2012年版。
[6] 吴楚克:《中国边疆政治学》,中央民族大学出版社2005年版。
[7] 周平主编:《中国边疆政治学》,中央编译出版社2015年版。
[8] 李大龙:《政权与族群：中国边疆学基本理论研究》,人民出版社2021年版。
[9] 李大龙主编:《中国边疆与中国边疆学建构》,社会科学文献出版社2021年版。
[10] 马大正:《中国边疆学八题》,方志出版社2022年版。
[11] 罗静:《跨越区隔——中国边疆学学术自觉》,南开大学出版社2023年版。
[12] 朱尖:《守正与创新：中国边疆研究进展初论》,齐鲁书社2022年版。
[13] 汪洪亮:《知人论学：民国时期的边疆学人与学术》,中华书局2023年版。

了中国边疆学学科建设。但是，随着研究的深入，依然还有不同的观点出现，也是一个值得关注的问题。尤其值得提及的是，杨明洪在《云南师范大学学报》2023年第4期发表《"边疆科学"研究的现状与趋势全解》。该文在综合分析了"中国边疆史地研究""中国边疆学""中国边疆政治学""一般边疆学"基础之上，又提出了"边疆科学"的概念。认为：学界广泛讨论建立"边疆科学"这一新兴交叉学科去维护新时代的国家边疆利益。"边疆科学"是前期学界讨论的一般边疆学概念的转化。"边疆科学"的兴起较早，有其发展脉络，在其自身发展过程中奠定了其学科地位。"边疆科学"的知识体系包含多个方面，既包括"边疆科学"的理论基础和基础理论，也包括"专业边疆科学"与"专业中的边疆科学"，还包括"边疆科学"的理论研究与应用研究。现阶段"边疆科学"的研究特点是分别在"专业边疆科学""专业中的边疆科学"以及"边疆科学"周边研究形成了相对热门话题。不过笔者从该文的阐述中并没有明确体会到"边疆科学"和"中国边疆学""边疆研究"等之间存在何种明显差异，用"边疆科学"取代"中国边疆学"的意义体现在何处也并没有看到一个明确的答案。中国边疆学的学科建设，名称、概念固然重要，但缺乏实质性的内容而仅仅是名称和概念的理论分析，似乎无助于学科建设。

目前，尽管如云南大学、南京大学等开始在"中国边疆学"名下培养博士研究生，中国社会科学院研究生院设置"中国边疆史地系"培养硕博研究生，国家社会科学基金2017年也立项了两个名为"中国边疆学原理"的研究项目，但是"中国边疆学"尚未列入国家承认的学科序列，说明中国边疆学学科建设依然是当前乃至今后相当长时间内的难点和前沿问题。

上述六大问题既构成了中国边疆学研究的基础，同时也可以说是中国边疆学学科发展所亟待解决的基本问题，制约着中国边疆学学科的形成与发展。

多年来，针对这些问题，笔者在出版《两汉时期的边政与边吏》（1996年）、《唐朝和边疆民族使者往来研究》（2001年）、《都护制度研究》（2003年）等著作的基础上，先后又出版了《汉唐藩属体制研究》（2006年）、《从"天下"到"中国"：多民族国家疆域理论解构》（2015年）、《游牧行国体制与王朝藩属互动研究》（2018年）、《政权与族群：中国边疆学基本理论研究》（2021年）等，试图从不同角度对上述这些问题做出回答。尽管也提出了有别于传统看法的一些新视角、新见解，但自感有关多民族国家中国疆域、中华民族共同体等方面的有些观点已经趋于完善，鉴于当前铸牢中华民族共同体意识得到了国内社会各界的广泛关注，而这些问题是中华民族共同体意识的核心内容，可以贯穿到工作作为抓手。同时，中国边疆学学科建设得到了学界众多高等院校和科研机构的高度重视，一些高校也开始招收硕博研究生，而基础理论的研究是一个瓶颈，笔者的研究可以作为研究和批判的对象。故而，将多年的思考汇集整合为《中国边疆学基础理论研究：以古代中国为中心》，供社会各界尤其是中国边疆学学人参考。

值得说明的是，笔者对这些基础理论问题的阐述只是一孔之见，期盼得到学界更多同仁的关注，希望助力于铸牢中华民族共同体意识大业，更希望有助于推动中国边疆学学科的健康发展。

第一章 "天下"视域下的"中国"与"边疆"

虽然学界在"中国边疆学"学科建设上存在分歧，但中国边疆学的研究对象是"中国边疆"却是学界共识。不过何为"边疆"和"中国边疆"，不同学科的学者给出的答案却并不相同。出现认识差异的原因固然有学科视野和关注点的不同，但长期以来传统话语体系将历代王朝视为"中国"导致今人如何认识多民族国家中国以及中国边疆出发点并不明确也是其中的一个重要因素。实际上，历代王朝所自称的"中国"是中华大地上众多政权争夺"正统"的需要，指称疆域的是"天下"而非"中国"。"中国"无论是指称政权、人群还是区域都是"天下"的组成部分，仅仅聚焦于"中国"无法给多民族国家中国的形成与发展一个完善的准确诠释。从"天下"视域下认识多民族国家中国的形成与发展才是应有的途径。

第一节 "中国"与"天下"

"中国"是认识多民族国家中国、中国边疆首先遇到的一个概念，但由于古人使用的"中国"含义复杂，给出一个明确的定义看似简单，却是无法完成的任务。"中国边疆"之"中国"是对中国边疆学研究对象的一个明确限定，同时因为古人习惯在"天下"的视域下认识中华大地上的众多政权，因而笔者试图从政权和疆域角度对"中国"和"天下"的含义进行分析，作为探讨中国边疆学基础理论问题的起点。

一、"中国"："大一统"的标识

学界一般将"大一统"一词最早出现的古籍溯源到《春秋公羊传》。《春秋公羊传·隐公元年》有："春王正月。元年者何？君之始年也。春者何？岁之始也。王者孰谓？谓文王也。曷为先言王而后言正月？王正月也。何言乎王正月？大一统也。"此"大一统"源自孔子的"一统"，而从这一记载将"大一统"和"文王"对接，已经说明"王正月"的"大一统"是始自"文王"，即西周的政治制度。

西周时期确立的这一制度在《诗经·小雅·北山》中则记载为："溥天之下，莫非王土；率土之滨，莫非王臣。"而在《国语·周语上》中则是："夫先王之制，邦内甸服，邦外侯服，侯卫宾服，蛮夷要服，戎狄荒服。甸服者祭，侯服者祀，宾服者享，要服者贡，荒服者王。日祭、月祀、时享、岁贡、终王，先王之训也。"后世称之为服事制，将之视为中国传统政治制度的源头。

西周的这一政治制度也催生了"中国"概念的出现。学界普遍认为"中国"一词最早出现在西周时期的青铜器何尊的铭文中："惟武王既克大邑商，则廷告于天曰：余其宅兹中国，自之乂民……"而"中国"在《诗经·大雅》中类似的表述则是："惠此中国，以绥四方。"《尚书·梓材》则载："皇天既付中国，民越厥疆土于先王。"《毛诗注疏》对"中国"含义的解释则是："中国，京师也。"源自指称西周都城的"中国"由此具有了多重含义，既是指称"王畿"的地域性概念，又是指称这一地域人群的概念，同时也具有了指称西周政治中心的含义，并衍生为对以"周王"为核心"大一统"政治制度的代称，这也是春秋战国时期在诸侯争霸中"中国"成为一个有利条件的重要原因。

春秋战国时期，以"周王"为核心的"大一统"政治制度虽然遭到了严重破坏，但这一政治制度却成为孔子、孟子等极力宣传的一种政治理想，以至于灭六国、废除分封、设置郡县、实现"一统"的秦始皇也依然"推终始五德之传，以为周得火德，秦代周德，从所不胜。方今水德之始，改年始，朝贺皆自十月朔"，将秦视为周的延续，谋取"正统"地位。这种做法也得到了司马迁的肯定："至周之衰，秦兴，邑于西垂。自缪公以来，稍蚕食诸侯，竟成始皇。始皇自以为功过五帝，地广三王，而羞与之侔。"① 汉承秦制，尤其是汉武帝在"汉为天下宗"②观念主导下对郡县制度的推广，也需要董仲舒在《春秋公羊传》的基础上对"大一统"做重新诠释："《春秋》大一统者，天地之常经，古今之通谊也。"③ 由此，努力实践"大一统"成为中华大地上众多政权统治者的最高政治追求，而"中国""中华"则成为其实现"大一统"并成为"正统"的重要标识，推动着多民族国家中国的形成与发展。

秦汉对西周"大一统"政治制度的继承和发展体现在如下两方面：一方面秦汉王朝被称为"中国"更加巩固了"中国"是"大一统"重要标识的地位，另一方面则将"中国"涵盖的地域范围拓展到了秦汉的郡县区域。西汉自称或被称为"中国"频繁见诸《史记》《汉书》，而在司马迁的认识中，"中国"具体范围为郡县区域："自初生民以来，世主曷尝不历日、月、星辰？及至五家、三代，绍而明之，内冠带，外夷狄，分中国为十有二州。"④ 三国魏晋南北朝时期，中华大地上众多政权分立，而晋室南迁及其后出现的宋、齐、梁、陈，因为失去了对黄河流域的控制，"中国"之外，"中华"也成了"正统"之争的重要标识，"大一统"政治体制也在"正统"的争夺中被称为"中华荡覆，狼狈失据"⑤、"夷狄之乱中华"⑥、"中华覆败，沉没戎虏"⑦等，显示"大一统"观念

---

① 《史记》卷6《秦始皇本纪》。
② 《汉书》卷64上《严助传》。
③ 《汉书》卷56《董仲舒传》。
④ 《史记》卷27《天官书》。
⑤ 《晋书》卷98《桓温传》。
⑥ 《晋书》卷101《刘元海载记》。
⑦ 《宋书》卷23《天文一》。

不仅没有因为众多政权的并立而消失反而得到了强化。隋唐时期,"中国"不仅再次成为"大一统"的标识,而且"魏晋时故封内,不可不臣"[①]的观念激励着隋唐统治者努力实践"大一统"。辽宋夏金时期,石介的《中国论》、欧阳修的《正统论》等为宋朝争夺"正统"制造舆论,凸显"中国"依然是"大一统"政治制度的标识,而宋、辽、金各称"中国"的现状则表明这一标识得到更广泛的认同和实践。忽必烈建立的元朝实现了对中华大地的统一,不仅自称"中国",而且在明朝建立者朱元璋的眼中其造成了"华风沦没,彝道倾颓"[②],但还是认为其是"混一华夏",承认其"大一统"的地位。朱元璋以"恢复中华"为旗帜推翻了元朝统治,"中国"不仅成为明朝"大一统"的代名词,而且强调"自古帝王临御天下,中国居内以制夷狄,夷狄居外以奉中国,未闻以夷狄居中国治天下者也"[③]。清朝定鼎北京,虽然其"大一统"的合法性受到质疑,但以雍正皇帝为首的清朝统治者则自认为:"中外臣民,既共奉我朝以为君,则所以归诚效顺、尽臣民之道者,尤不得以华夷而有异心。此揆之天道,验之人理,海隅日出之乡,普天率土之众,莫不知大一统之在我朝。"[④]这也是清朝最高统治者自认为是"中国之主"[⑤]的原因。

"大一统"的实践并非简单地自称"中国""中华"就会得到认同,还需要在治国理念尤其是政治制度等诸多方面与先秦时期形成的传统制度对接,这也是历代王朝政治制度往往溯源于先秦三代的一个重要原因。不过中华大地上众多政权在"中国"名义下对"大一统"的继承和发展,导致的突出而直接的结果有两个:一是流传至今的"二十四(五)史"所谓"正史"系统的形成,以及在其上构建起来的历代王朝史观。但是,这些王朝只不过是实践"大一统"观念并得到承认的胜出者,更多的政权则依然认同"大一统"并通过历代王朝的册封、授官、和亲等多种方式被纳入"大一统"政治制度之下,共同推动着多民族国家的形成与发展。二是尽管中华大地上的众多政权在中华民国之前并没有一个"中国"为国号,但因为历代王朝往往出于争夺"正统"的需要自称"中国"而被视为"中国"却是一个常态,以至于中华民国时期开始将多民族国家简称"中国"并沿用至今。

---

① 《新唐书》卷220《高丽传》。
② 《明太祖实录》卷176,洪武十八年十月己丑。
③ 《明太祖实录》卷26,吴元年十月丙寅。
④ 《清世宗实录》卷86,雍正七年九月癸未。
⑤ 《清世宗实录》卷9,雍正十三年十二月乙未。

二、"天下":多民族国家中国形成与发展的空间

尽管"中国"是"大一统"的代称并对多民族国家的形成与发展起到了重要推动作用,而且"中国"在地域、人群和文化上似乎也有着模糊而变动的指称对象,但"中国"只是"大一统"的标识,并非"大一统"观念实施的空间范围。即如上引《孟子·离娄章句上》所载:"人有恒言,皆曰'天下国家'。天下之本在国,国之本在家,家之本在身。""天下"才是"大一统"实践的空间范围。

"天"的概念在中华大地上出现较早,"天圆地方"是中华大地上的人群对自然界的传统认识。通过对"二十五史"数据库的检索可以得知,"天下"一词,在3007篇文献中出现过18520次,显示这是古人频繁使用的一个词语。尽管古人在"天下"一词的使用上很随意,但综合分析"天下"一词在"二十五史"中的用法,大致可以分为明显的两类:一是用于指称王朝政令可以实施的范围,其典型用法即频繁出现的"大赦天下"之"天下"。"大赦天下"在251篇文献中出现过674次,多出现在皇帝即位、改元、驾崩等重大事件发生的情况下。因为是为了显示"天子(皇帝)"的圣德而做出的重大举措,虽然"大赦天下"之"天下"也没有确切的范围,但一般应该理解为是指王朝政令可以直接实施的区域。一是理想中的"天下"。无论是上引"溥天之下,莫非王土;率土之滨,莫非王臣",还是"中国居内以制夷狄,夷狄居外以奉中国",其"天下"所指的范围更多情况下都不是现实存在的,而是一种理想中的政治秩序,而且"天下"涵盖的范围是随着人们认知范围的拓展而不断扩大的。从"天下"的角度审视"大一统"政治秩序,在具体实践中有四个突出的特征:

其一,不管是现实中的"天下"还是理想中的"天下","中国"都是"天下"之中的一个区域。《汉书》卷25《郊祀志》有:"天下名山八,而三在蛮夷,五在中国。"相同记载也见诸《史记》,显示在汉代人的认识中,"天下"是包括"中国"的。而在阐述"大一统"政治制度时则有"陛下以四海为境,九州为家"[1]、"天子以四海为家,无内外远近之异"[2] 等不同表述,但"中国"(九州)是其中的核心区域。因此,仅仅从"中国"的视角诠释多民族国家中国的疆域是难以符合多民族国家疆域及其历史形成与发展

---

[1] 《汉书》卷64上《严助传》。
[2] 《明世宗实录》卷131,嘉靖十年十月甲申。

实际的。

其二，构成"天下"的众多人群在先秦时期的"大一统"政治制度下具体是分为"五方之民"，但宏观上则分为"中国"和"夷狄"两大群体。《礼记·王制》对"五方之民"的划分记载较为具体："中国、戎、夷，五方之民，皆有性也，不可推移。东方曰夷，被发文身，有不火食者矣。南方曰蛮，雕题交趾，有不火食者矣。西方曰戎，被发衣皮，有不粒食者矣。北方曰狄，衣羽毛穴居，有不粒食者矣。中国、夷、蛮、戎、狄，皆有安居、和味、宜服、利用、备器，五方之民，言语不通，嗜欲不同。""五方之民"的划分是按照地域分布和生产生活方式等的不同为标准的，但在儒家对"大一统"政治秩序的解读中则成了上引史书记载"中国居内以制夷狄，夷狄居外以奉中国"的固化表述，而且这种观念影响深远，其"未闻以夷狄居中国治天下者也"的观念不仅在清朝雍正时期依然是质疑清朝"正统"的重要理由，也影响着当今国人对多民族国家形成历史的解读，将"中国"对应为"历代王朝"甚至"汉族"，将"夷狄"视为少数民族等即是具体体现，遗憾的是，这种认识并不准确，是用近代以来传入的西方"民族"概念解读中国历史。

其三，"大一统"观念在具体实施过程中往往导致理想和现实中的"天下"在空间上并不吻合，甚至存在较大差距。一方面，楚国、秦国在春秋战国时期的强大乃至秦统一六国"大一统"的实践者并不都是"中国"，而魏晋南北朝分立局面的出现更是促成和强化了"正统"之争；另一方面，匈奴、鲜卑、羯、氐、羌纷纷内嵌中原建立政权，导致"中国居内以制夷狄，夷狄居外以奉中国"的分布格局也发生了巨大变化，于是"华夷之辨"观念大肆流行，尤其是在诸多并立的情况下，"中华"认同成为区分"华""夷"的重要标尺，但在"大一统"政治格局出现后，"华夷一家""用夏变夷"又往往成为"大一统"王朝处理人群关系的主流观念。需要说明的是，尽管中华大地上"华"与"夷"的划分受到"中华"认同这一政治因素的严重影响，但"华"与"夷"并非固定的对象，且存在互称的情况，如北魏视南朝为"夷"，而南朝视北魏为"戎狄"。与此同时，先后出现在中华大地上的众多政权也依然对辖境内的人群进行着整合，并以政权的名称，诸如魏人、晋人、隋人、唐人、宋人、辽人、金人、元人，以及匈奴人、东胡人、越人、鲜卑人、乌桓人、突厥人、契丹人、高句丽人、渤海人、薛延陀人、吐蕃人、回纥人、南诏人、女真人、蒙古人等等而流存于众多古籍之中。当今学界将这些人群与"民族"等同视之并不符合中华大地上众多人群凝聚的实际和具体属性。

其四，中华大地上众多政权和人群对"大一统"的认同受到实力的影响呈现不同样态。类似匈奴、鲜卑、羯、氐、羌等"五胡"，蒙古建立的元和满洲建立的清入主中原实践"大一统"，前者并没有得到认同，而后者则跻身历代王朝之列，表明其对"大一统"的实践得到了肯定；或如契丹建立的辽、女真建立的金等在局部地区实践"大一统"，也能够跻身历代王朝，得到认同。但这些只是其中的突出表现，而更多的如西汉时期的匈奴，唐代的吐蕃、突厥、高句丽、渤海、南诏等则是通过与实践"大一统"的政权建立册封、授官、和亲等认同和接受"大一统"政治制度，进而构成以"大一统"为核心的"天下"政治共同体的组成部分。

"大一统"观念在"天下"的实践，既是中华大地上众多政权对"大一统"观念的继承与实践推动多民族国家中国形成与发展的过程，同时也是这些政权对"天下"人群不断整合的过程。当今学界对费孝通先生提出的"多元一体格局"理论给予充分肯定，但研究者一般将对其理论的探讨聚焦于"多元一体"的分析上，实际上费孝通先生也是在"天下"的空间内审视中华民族共同体的形成与发展："任何民族的生息繁殖都有其具体的生存空间。中华民族的家园坐落在亚洲东部，西起帕米尔高原，东到太平洋西岸诸岛，北有广漠，东南是海，西南是山的这一片广阔的大陆上。这片大陆四周有自然屏障，内部有结构完整的体系，形成一个地理单元。这个地区在古代居民的概念里是人类得以生息的、唯一的一块土地，因而称之为天下。"① 费先生将中华民族凝聚的过程比喻为滚雪球，并认为中华民族的形成与发展分为"自在"和"自觉"两个阶段："汉族通过屯垦移民和通商在各非汉民族地区形成一个点线结合的网络，把东亚这一片土地上的各民族串联在一起，形成了中华民族自在的民族实体，并取得大一统的格局。这个自在的民族实体在共同抵抗西方列强的压力下形成了一个休戚与共的自觉的民族实体。"② "自在"阶段虽然是一个漫长的过程，而且是和多民族国家中国疆域的形成与发展同步进行的，在缔造多民族国家的过程中凝聚为"自在"的状态，但其完成的标志应该是在"大一统"观念推动下多民族国家中国从传统王朝国家转型为近现代主权国家的代表性事件——《尼布楚条约》的签订，而"自觉"实现的标志则是"中华民族"这一名称的出现。

---

① 费孝通主编：《中华民族多元一体格局》（修订本），中央民族大学出版社1999年版，第4页。
② 费孝通主编：《中华民族多元一体格局》（修订本），中央民族大学出版社1999年版，第35—36页。

第二节　中国边疆的内涵及其特征

明确了"中国"是"大一统"的突出标识,而"天下"是"大一统"实施的空间,那么我们如何认识历史中华大地上的众多政权之间的关系就有了更广阔的视野,不仅可以清楚定位这些政权在其中发挥的作用,有益于准确审视多民族国家中国形成与发展的轨迹,更有助于明确中国边疆学研究对象"中国边疆"的内涵及其特征。

一、"边疆"概念及其演变

"边疆"含义虽然有待界定,但却是一个古籍、今人论著以及社会生活中广泛使用的词汇。尽管民国时期曾经由"边政学"的提出而引发了学者对"边疆"含义的讨论,但是对于今天的国人尤其是学界而言,如何界定"边疆"尤其是"中国边疆"依然是当今中国边疆研究的基本问题,特别是"一带一路"倡议提出及其具体实施以来,不同学科学者纷纷撰文对"边疆"加以界定,导致分歧愈加明显。就多民族国家中国疆域形成与发展的历史而言,中华大地上存在过很多政权,每个政权都有属于自己政权疆域的边疆,但这些政权的边疆是否属于"中国边疆"事关多民族国家中国历史的认定,并不是一个简单的问题。而对于新出现的"利益边疆""战略边疆"甚至"网络边疆"等,是否能够纳入"中国边疆"也是新出现的问题。但是,无论如何界定都难以否认作为中国边疆学研究对象的"边疆"具有以下属性:政治属性是"边疆"得以形成的第一要件,或称之为决定性因素。"边疆"是动态的,会随着国家实力的强弱和国际环境的变化而改变。而且引用"主权国家"理论较"民族国家"理论更适合阐述多民族中国尤其是"中国边疆"的形成与发展。"陆疆"和"海疆"是构成今天"中国边疆"的两大基本要素。"边疆"具有地缘优势,既是军事防御的前沿,也是连接两个乃至多个国家的纽带。"边疆"不能脱离"疆域"而存在,因此将"边疆"的含义泛化并不利于对"中国边疆"的研究。

中国边疆研究在近代以来就是学界关注的焦点,近年来随着中国边疆问题的凸显,"中国边疆"日益得到社会各界的广泛关注,从一个侧面显示边疆研究日益得到学界重视。而与此相伴,构建"中国边疆学"的呼声也由此日益高涨,但是随着民族学、政治学、法学、国际关系问题研究、社会学、哲学等诸多学科学者积极参与中国边疆研究,关于"中国边疆"的内涵及其特征却成了分歧越来越大的问题。应该说,对"中国边疆"内涵及其特征的认定,不仅是构建中国边疆学话语体系需要明确的基本问题,也是关系解决我国边疆稳定和发展乃至"一带一路"倡议所带来的诸多国际关系问题首先要明确的关键性理论问题。

(一)"边疆"的出现及其演变

"边疆"一词,一般认为首见于《左传》,并多次出现,如"欲阙翦我公室,倾覆我社稷,帅我蟊贼,以来荡摇我边疆"[①]。尽管在《左传》中"边疆"一词的含义也是用于指称疆域的外围地区,和现代用法大体相同,但是在正史中该词的出现则相对较晚,首见于晋人修撰的《三国志·蜀书·诸葛亮传》:"当此之时,亮之素志,进欲龙骧虎视,苞括四海,退欲跨陵边疆,震荡宇内。"继之在记录晋朝历史的《晋书》中"边疆"一词多次出现,如该书卷121《李寿载记》有:"代李玝屯涪,每应期朝觐,常自陈边疆寇警,不可旷镇,故得不朝。"其后延至清代,"边疆"一词频繁出现在所谓"正史"之中。

值得关注的是,秦汉虽然是开创中国历史上"大一统"的王朝,但在有关秦汉时期的史书中笔者没有查到使用"边疆"一词的例证。虽然没有"边疆"一词出现,但有"边境""边徼""边地""边郡"等含义相近的词汇。

《汉书·宣帝纪》有:"朕既不德,不能附远,是以边境屯戍未息。今复饬兵重屯,久劳百姓,非所以绥天下也。"

《汉书·匈奴传》有:"周秦以来,匈奴暴桀,寇侵边境,汉兴,尤被其害。"

《汉书·食货志》有:"明年,天子始出巡郡国……于是上北出萧关,从数万骑行猎新秦中,以勒边兵而归。新秦中或千里无亭徼,于是诛北地太守以下,而令民得畜边县,官假马母,三岁而归,及息什一,以除告缗,用充入新秦中。"其下引注:"晋灼曰:'徼,塞也。'臣瓒曰:'既无亭候,又不徼循,无御边之备,故诛北地太守。'"又有:"令命家田三辅公田,又教边郡及居延城。"

---

① 《左传·成公十三年》。

《汉书·晁错传》有："臣闻汉兴以来，胡虏数入边地，小入则小利，大入则大利。"

从上述具体使用实例分析，所谓的"边疆""边境"乃至"边徼""边地""边郡"，多是指王朝直接管辖区域，如郡县的外围地区，这应该是初期"边疆"一词的基本含义。这种情况一直沿用到明代，并没有太大变化。

至清代，从《清实录》检索到的对"边疆"一词的使用情况看，尽管在康熙二十八年（1689）清与俄罗斯签订了具有近现代主权国家意义的边界条约——《尼布楚条约》，清朝的疆域也由王朝国家转变为近现代主权国家，具有了明确的"边界"，但"边疆"的内涵似乎依然不是明确的。"边疆之地，民夷杂处"①是乾隆皇帝对"边疆"给出的特征描述，"民夷杂处"是界定"边疆"的重要标准，而"云贵四川等处，俱系边疆，殊为紧要"②、"热河、察哈尔均属边疆要地"③、"巩边疆而固藩服"④等对"边疆"一词的使用似乎印证了这一用法。但是，"谕吏部、兵部，狭西幅员辽阔，边疆重地，防御宜周"⑤，则将传统被视为中原腹心之地的"狭（陕）西"也称为"边疆"，似乎"民夷杂处"并不是清朝界定"边疆"的唯一标准。考虑到"狭（陕）西"在康熙时期并非清朝直接统治或尚未巩固统治的区域，"边疆"一词应该还是延续了传统的用法，也是指称王朝直接管辖区域的外沿。也就是说，清朝的"边疆"似乎具有两重含义：既强调"民夷杂处"的"藩部"区域是"边疆"，又强调处于直接统治区域的外围地区也称为"边疆"，具有动态的特征。

民国时期，尽管中国和西方世界认识体系逐渐实现了接轨，但"边疆"依然是一个含义有待明确却依然普遍使用的词汇。时任蒙藏委员会委员长的黄慕松对"边疆"的界定虽然较为明确，但同时具有不确定性。黄慕松认为"边疆"的基本含义是指接近邻国的地区，即"普通多指四周接近邻国之地域"，即"远离中原，既接强邻，又与内地情形稍有差别之领土"，但"地带、气候、民族、语文、政俗诸端，均与中原同，则虽在极边而不视之为边疆，如闽粤诸省是。否则虽不在边徼，亦可视为边疆，如青康诸省是"。进而认为"我国之边疆，自当以蒙古、西藏、新疆、西康为主，察、绥、宁、青

---

① 《清高宗实录》卷83，乾隆三年十二月甲午。
② 《清圣祖实录》卷241，康熙四十九年三月丁亥。
③ 《清德宗实录》卷432，光绪二十四年十月丁西。
④ 《清德宗实录》卷592，光绪三十四年五月丁未。
⑤ 《清圣祖实录》卷38，康熙十一年四月癸巳。

等省次之",而"东三省、云南、两广及沿海诸省,虽处边疆,民情风俗,一如中原,法令规章,普遍使用,已无特殊行政区域之性质,故不能与边疆同视"。① 黄慕松的认识既兼顾了"临近邻国",同时也强调了"文化"的差异,"国界"并非其界定的唯一标准,应该是延续了清朝的用法。不过,民国各种相关政策条文,对"边疆"的界定并不明确,存在着明显差别。民国三十三年(1944)教育部颁布的《边疆学生待遇办法》有对"边疆学生的界定":"本办法所称边疆学生,谓蒙古西藏及其他语言文化具有特殊性质地方而其家庭居住于原籍者之学生。"② 其"边疆"所指是蒙古、西藏及其他在"语言文化"方面与中原不同的区域。同年召开的"边疆教育委员会第三届大会"对"边疆教育"则做出了明确规定:"所谓边疆教育,系指蒙藏及其他语文文化具有特殊性质之地方,即西藏、新疆、西康、青海、宁夏、绥远及甘肃、云南、广西等省一部分地方而言,其中情形复杂较难着手者,为西藏、新疆二地。"③ 此"边疆"与"边疆学生的界定"相比存在着较大差异。由此可知,民国政府对"边疆"的含义也没有达到统一的程度。

中华人民共和国成立以来,"边疆"往往和"民族"连用,依然经常见诸各种政府报告和政策文件之中,但遗憾的是依然没有查到正式的权威性解释,只是在下述两个政策文本中查到了对"边疆"的大致阐述。

《全国国土规划纲要(2016—2030年)》是对我国国土的规划,其中对我国的国土面积有如下阐述:"我国的国土包括陆地国土和海洋国土,其中陆地国土面积960万平方公里,根据《联合国海洋法公约》有关规定和我国主张,管辖海域面积约300万平方公里。"尽管没有明确"边疆"的范围,但其后却将革命老区、民族地区、边疆地区和贫困地区统称为"特殊地区"进行阐述。"边疆地区"对应的表述是:"推进边境城市和重点开发开放试验区等建设,支持新疆建成向西开放的重要窗口、西藏建成面向南亚开放的重要通道、云南建成面向南亚东南亚的辐射中心、广西建成面向东盟的国际大通道;支持黑龙江、吉林、辽宁、内蒙古建成向北开放的重要窗口和东北亚区域合作的中心枢纽;加快建设面向东北亚的长吉图开发开放先导区。"④ 据此,似乎新疆、西藏、云

---

① 黄慕松:《我国边政问题——五月三四两日在本处电台之讲词》,《广播周报》1936年第86期。
② 《行政院关于待遇边疆学生规则指令》,中国第二历史档案馆藏,卷宗号:一四一·184。
③ 《陈部长谓今后边教政策将视地方需要创设学校》,《时事新报》民国三十一年十二月十八日,中国第二历史档案馆藏,卷宗号:五·12469。
④ 《国务院关于印发全国国土规划纲要(2016—2030年)的通知》,中华人民共和国中央人民政府网站(http://www.gov.cn/zhengce/content/2017-02/04/content_5165309.htm),访问时间2018年4月8日。

南、广西、黑龙江、吉林、辽宁、内蒙古是其划定的"边疆"范围。

国务院办公厅颁布的《兴边富民行动"十三五"规划》中虽然没有对"边疆"的认定，但有对"边境地区"的解释："本规划实施范围为我国陆地边境地区，包括内蒙古、辽宁、吉林、黑龙江、广西、云南、西藏、甘肃、新疆等 9 个省区的 140 个陆地边境县（市、区、旗）和新疆生产建设兵团的 58 个边境团场（以下统称边境县）。参照'十二五'期间做法，海南省 6 个民族自治县继续比照享受兴边富民行动相关政策。"[①]将其和《全国国土规划纲要（2016—2030 年）》中的表述进行对比，差别是多了一个甘肃省，因此似乎其所谓的"边境地区"应该是等同于"边疆地区"。

如果上述分析准确，那么出现在国家正式公布的规划中的陆路"边疆地区"最大指称范围似乎是指有国界线的九省区，也就是说"边疆地区"是和"国界线"密切联系在一起的，有国界线的地区才能称为"边疆地区"，这应该是出现在官方文书中对"中国边疆"范围的界定。

综上，我们对"边疆"一词的使用似乎可以做出这样的归纳：尽管"边疆"一词出现得很早，但从"边疆"一词的具体使用情况看，却存在着一定的差异。不过将直接管辖疆域的外缘地区视为"边疆"是大体一致的用法，而清代用"民夷杂处"作为界定"边疆"的标准应该是导致"文化差异"形成的直接源头。而这一认识受到民族国家理论的影响在民国时期被强化了，由此则成为"边疆"认定的重要标准之一，即所谓的"文化边疆"。基于此，当今社会对"边疆"的界定有两个明显的特征：一是和"国界"密切联系在一起，认为有"国界"的地区才能称为"边疆"；一是由于"边疆"区域是非汉族分布的地区，所以在"边疆"之外又有了一个"边疆民族地区"或"民族地区"的概念。但从 20 世纪 50 年代开始的民族识别的情况看，"边疆"和"民族"在地域分布上并不完全吻合。

（二）学者对"边疆"的认识

应该说，"边疆"含义的含混乃至矛盾并没有影响到官方和学者乃至国民对该词的使用，"边疆"一词频繁出现在史书和当今的话语之中即是很好的说明。不过，民国时期也曾经出现过对"边疆"的内涵和特征进行的讨论，希望做出明确界定，其原因即是

---

① 《国务院办公厅关于印发兴边富民行动"十三五"规划的通知》，中华人民共和国中央人民政府网站（http://www.gov.cn/zhengce/content/2017-06/06/content_5200277.htm），访问时间 2018 年 4 月 8 日。

民国时期"边政学"的出现。

民国时期，日本侵略给中国所带来的边疆危机、国家存亡的危机，将国内学界对"边疆"的关注提到了一个史无前例的高度，学界对中国边疆研究热潮的形成及"边政学"的提出就是在这种形势下出现的。① 林恩显先生在《边政通论》中对"边政"和"边疆"做了如下分析，认为："边政，或许可以说是边疆政治的简称，系指边疆地区之区域性的治理而言的。然则何谓边疆？其意义、范围均有待我们加以探讨。"② 林先生的认识可谓一语中的，点出了"边疆"含义的明确需求与研究的不断深入，尤其是与学科发展的关系。

近代以来，尤其是1931年日本侵占我国东三省，进而发动全面侵华战争之后，在国家危亡的背景下边疆研究得到了社会各界的高度重视，诸多有关边疆研究的机构和刊物应运而生，而随着"边政学"的提出，黄奋生、吴文藻、杨成志、朱家骅、李安宅等也先后对"边疆"的含义给出了自己的界定，其中吴文藻在《边政学发凡》中对"边疆"的界定具有一定代表性："东南诸省，以海为界，本是国界，而并不被视为边疆，反之甘青川康，地居腹心，而反被称为边疆。这明明不是指国界上的边疆，而是指文化上的边疆。""文化上的边疆，系指国内许多语言、风俗、信仰以及生活方式不同的民族言，所以亦是民族上的边疆。""文化一词，本含有耕作的意思。中国传统文化是农业文化，所以凡生产技术尚未达到农耕阶段者，统称之为边疆。"③ 吴文藻先生和前述民国政府官员对"边疆"的界定似乎并没有本质的差别，吴先生也认识到了时人心目中的"边疆"并非完全依据"国界"界定的，而是按照"文化"差异进行划分的，这一界定在一定意义上还是属于"文化边疆"。

因为民国政府缺乏对"边疆"含义的明确界定，所以学者和国人的认识出现差异也是正常的。之所以会出现认识上的差异，正如华西大学边疆研究所对这种状况给出的答案："故国人之谈边疆者，多系指文化上之边疆，非指国界上之边疆。如东南各省以海为界，本即国界而吾人均不视为边疆；川甘康青地在腹心，反称之为边疆，诚以农耕牧畜之不同，乃正统文化与附从文化之所以分也。因此我国之西南西北在文化与国界双

---

① 有关民国时期的边政与"边政学"，参见汪洪亮《民国时期的边政与边政学》，人民出版社2014年版。
② 林恩显：《边政通论》，华泰书局1988年版，第1页。
③ 吴文藻：《边政学发凡》，《边政公论》1942年第5—6期。

重意识之下，其可称为边疆之区域，殊为广大。"①由此看，民国时期对"边疆"的认识还是受到了清代的影响，虽然多数学者意识到了有"国界"的地方才能视为"边疆"，但"文化"的差异依然是划分"边疆"的重要标志，由此也使得人们对"边疆"的界定具有了"国界"与"文化"的双重标准。

民国时期由"边政学"引出的对"边疆"含义的讨论随着国民政府败退台湾而结束，但是对这一问题的探讨却依然是目前困扰新中国边疆研究的基本问题，尤其是"一带一路"倡议提出及其具体实施以来，不同学科学者纷纷撰文对"边疆"加以界定，导致分歧愈加明显。

综合目前已有的成果，"中国边疆"是一个地理概念或称之为"地理空间"，是历史发展而来的，靠近国界线的领土，这是众多学者相对一致的认识，但在对其含义做进一步具体阐述时则存在一定差异，大体可以归纳为以下数种：

（1）中国边疆包括陆疆和海疆。认为陆疆和海疆构成了中国边疆，这是学界较为一致的认识，但在表述上有一定差异。或认为"陆疆是指沿国界内侧有一定宽度的地区，必须具备下述条件的地区才可称之为陆疆地区，即一要有与邻国相接的国界线，二要具有自然、历史、文化诸多方面的自身特点。""海疆可以包含两大部分：一是大陆海岸线至领海基线之间的海疆，这是国家的内海，其法律地位与领土完全相同；二是领海基线以外的国家管辖海域与岛域。"②或认为"边疆通常是指重要政权之腹心地区的外围区域。如中原王朝视华夏地区的外缘为边疆，认为华夏文明从腹地向外部辐射，因此边疆的外缘或向外部延伸。边疆王朝与边疆政权也有自己的边疆，其边疆观与中原王朝的不尽相同。古代边疆若划分较难确定，中原王朝的边疆经历了逐渐形成并趋稳定的演变过程。将疆域、边疆两者相比，'疆域'主要是指王朝与政权管辖的区域范围，'边疆'则是指统治地区之腹地的外缘部分，并看重由'边疆'所衍生的复杂关系。"③而从学术背景看，多数持有这种认识的学者属于中国边疆史地研究领域，因此也可以视为是中国边疆史地研究学者的一般看法。

（2）边疆是"国家疆土远离统治中心的边缘部分"，但进一步的阐释则认为"边疆概念是由多种因素、多层缘由所组成的概念，国家疆土由陆、海、空、底土所组成，边

---

① 《华西大学边疆研究专页》，中国第二历史档案馆藏，卷宗号：五·12361。
② 马大正：《"中国边疆通史"丛书总序》，《中国边疆经略史》，中州古籍出版社2000年版，第1、2页。
③ 方铁：《论中国的历史疆域与边疆》，《玉溪师范学院学报》2016年第5期。

疆概念的形成既包括了地理因素、行政因素、政治因素、国防因素在内，也包括了地缘政治学、社会学、民族学、历史学、军事学的学科理论交叉形成的综合概念"。[①] 该说法是在陆疆、海疆基础上又增加了"空疆""底土边疆"两项内容。对此种观点进行系统阐述的学者是昆明陆军学院的郑汕先生，而其《中国边疆学概论》也有军事院校教师的贡献，因此这种认识可以视为代表着军事学背景学者的看法。

（3）从"民族国家"视阈出发，认为"边疆"是"构建起来的"。"从字面上看，'边疆'一词所指的是国家领土或版图上的边缘性的部分，是国家一个特殊的区域。然而，实际上并不是任何一个国家都会把领土的边缘性部分认定为边疆的，即使有边疆的国家，其边疆范围的大小也各不相同。事实上的边疆及边疆概念的形成，固然以客观的地缘性因素为基础，还要受人们对国家的边缘性区域的认识所制约。从这个意义上说，边疆是客观因素与主观因素相结合的产物，是构建起来的。真正意义上的边疆概念，是在特定的社会历史文化环境中生成的，蕴涵着丰富的民族文化内涵。"[②] 持有这种观点的学者一般认同"边疆不仅是一种客观的地理空间，也是根据国家治理需要而被建构起来的产物"[③]，或认为"边疆是国家以及国家之间的多重力量建构的产物"，并认为"从建构论的路径解析边疆建构的过程和结果，不仅有助于深入理解边疆所存在的诸多矛盾的根源和制定有针对性的治理策略，而且有利于准确把握国际政治矛盾和区域性冲突的形成机理"[④]。目前来看，持有这种看法的学者多有政治学的学科背景。

（4）"边疆"是多种形态的。"边疆是多维的、立体的、多形态的，不仅指中国的边疆，也指古今中外所有的边疆；不仅包含陆疆、海疆、空疆等形态，也包含高边疆、底土边疆、利益边疆、战略边疆等形态。古今中外各种边疆的特征，都在对立统一关系中呈现出来。""'边疆'由'边'和'疆'二字组合而成，这两个字与西文词一样具有完整意义。其中，'边'，指物体的外缘，及空间或时间的临界境况；'疆'，表示用弓来标志步以丈量土地，可引申出止境、边界、疆域等意义。如果我们抛开各种边疆形态的差别，仅从'边疆'这一概念的内涵和外延来看，不论是陆疆、海疆、空疆等'硬边

[①] 郑汕：《中国边疆学概论》，云南人民出版社2012年版，第4页。
[②] 周平：《我国边疆概念的历史演变》，《云南行政学院学报》2008年第4期。
[③] 孙保全：《中国民族国家构建与边疆形态的转型》，《思想战线》2016年第2期。
[④] 何明：《边疆特征论》，《广西民族大学学报》2016年第1期。

疆'，还是利益边疆、文化边疆、高边疆等'软边疆'，在其本性上就蕴含着复杂的对立统一关系，包括中与边、内与外、远与近、静与动、刚与柔、强与弱、新与旧、我与他、主与客等对立统一关系。"①这种观点似乎是将古今中外不同时期的"边疆"混杂在一起进行哲学分析而得出的结论，是笔者见到的最新发表的观点，既有对"中国边疆"内涵哲学的思辨，也有从国际关系的视角所做的分析。

应该说，与民国时期"边政学"引出的对"中国边疆"做出界定的讨论比较，尽管有关"中国边疆"内涵的讨论似乎又回到了"原点"，但从上述概要介绍中可以看出，讨论的广度和深度已经不可同日而语了。主要表现在以下几个方面：

其一，讨论的焦点从关注"文化"转向了关注"国界"。对"国界"给予充分关注是当代学者分析"中国边疆"内涵最大的共同点。尽管依然存在着从"文化"视角讨论"边疆"的专论②，但其主旨是当代的"边疆治理"，并非严格意义上对"中国边疆"含义的讨论，且似乎也并没有像民国时期那样引起边疆研究学者的更多关注。

其二，由于学科背景的差异，学者观察"中国边疆"的视角不同，应用的理论各异，认识虽然存在一定差异，但总体上是围绕"国家主权"展开，且存在紧密的内在联系，"中国边疆"由"陆疆"和"海疆"构成似乎是诸多认识得以形成的基础。

其三，对"边疆"含义的界定有泛化的态势。如果说"文化上的边疆"之说是基于"边疆"与"内地"存在的"文化"差异所导致，而"海疆""空疆""底土边疆"的讨论和"国界"还有密切联系的话，那么"利益边疆"③、"战略边疆"及扩大化后的"文化边疆"的讨论则远远脱离了"国界"，似乎和我们传统的"边疆研究"出现了脱节。如此，"利益边疆""战略边疆"等，是否还是"中国边疆学"的构成要件，则是值得进一步探讨的重要问题。

讨论的不断深入和多学科学者的参与是分不开的，但对"中国边疆"做出一个明确的界定却是当前中国边疆研究学科发展的迫切需要，中国边疆学学科的构建也需要有一个明确的"边疆"，即学科研究范围。

---

① 罗中枢：《论边疆的特征》，《新疆师范大学学报》2018年第3期。
② 参见关凯《反思"边疆"概念：文化想象的政治意涵》，《学术月刊》2013年第6期。
③ "利益边疆"最早出现在西方的边疆理论中，参见于沛《从地理边疆到"利益边疆"——冷战结束以来西方边疆理论的演变》，《中国边疆史地研究》2005年第2期，而国内学者则由杨成最早提出，参见杨成《利益边疆：国家主权的发展性内涵》，《现代国际关系》2003年第11期。

二、"中国边疆"的特征

对"边疆"含义的界定是"中国边疆学"学科建设的基础，但仔细分析"边疆"一词的使用及学者们的讨论，笔者认为参考"边疆"在其他话语体系之下尤其是西方国家的使用情况是必要的，但也要充分认识到我们探讨的"边疆"是"中国边疆"，有着不同于西方国家"边疆"的特征，同时和一般的"边疆"也不相同。一方面"中国边疆"已经有数千年的发展历史，另一方面中国学界和源自西方的"民族国家"话语体系对接也才只有百余年，完全按照"民族国家"理论来界定"中国边疆"不仅是不科学的，似乎也难以准确阐述"中国边疆"形成和发展的历史。因为多民族国家中国疆域是生息繁衍在中华大地上的众多人群共同缔造的，而在缔造多民族国家疆域的过程中，这些人群凝聚而成的具有血肉联系的共同体被称为中华民族。多民族国家中国和中华民族、中华民族共同体是对应的关系，前者是历史上中华大地上所有政权努力的结果，和历代王朝疆域并不完全等同，而后者则和当今中国社会划分的五十六个民族具有截然不同的性质。基于此，在"中国边疆"的内涵及其特征的探讨上，笔者认为以下几个方面是应该给予充分关注的：

（1）政治属性是"边疆"得以形成的第一要件，或称之为决定性因素。目前将"边疆"视为"地理概念"似乎是较普遍的认识，但笔者认为这种认识不利于准确认识"边疆"和阐述"边疆"。"边疆"作为一个区域范围自然具有"地理概念"的属性，但该属性并不是该区域构成"边疆"的要件或关键性因素，因为只有这一区域和某一政权发生从属关系，该区域成为其"疆域"的"边"之后，才能被称为"边疆"。也就是说，"边疆"作为一个纯粹的地理区域是一直存在的，但离开了所属政权的"疆域"，不再属于该政权疆域的"边"，其作为"边疆"的属性应该就不存在了。因此，从理论上讲，任何政权，不管是传统王朝还是近现代主权国家，其疆域都是有"边"的，即存在"边疆"，只是其形态不同，或没有作为特殊区域给予区别对待而已。故而，说"并非所有的国家都会将其疆域的某个区域界定为边疆"① 无疑是准确的，但认为"并不是所有的国家都有边疆"的说法则未必正确，值得进一步斟酌。

---

① 周平：《如何认识我国的边疆》，《理论与改革》2018 年第 1 期。

（2）"主权国家"理论较"民族国家"理论更适合阐述多民族中国尤其是"中国边疆"的形成与发展。"主权国家"是当今世界的基本单位，但世界上的绝大多数国家和地区并不是"民族国家"理论主张的"民族国家"，而是"多民族国家"。比1648年出现的《威斯特伐利亚和约》将欧洲带入主权国家状态稍晚，康熙二十八年（1689）的清朝也通过和俄罗斯签订《尼布楚条约》而由传统的王朝国家开始向主权国家转变，清朝末期的"宪政"改革及"清帝逊位"让位于中华民国也是以构建主权国家特色的"国民国家"为目标的："由袁世凯以全权组织临时共和政府，与民军协商统一办法。总期人民安堵，海宇乂安，仍合满、汉、蒙、回、藏五族完全领土为一大中华民国。"①而"民族国家"理论在近代传入中国之后，尽管以孙中山为首的政治家试图以梁启超首倡的"中华民族"为号召来整合中华各民族，但时至今日，我国依然是包括五十六个民族在内的多民族国家。而更有意思的是，主权国家理论强调的构成主权国家的三大要素：领土、人民和政府，与中国传统的"天下观"中的"天下"（领土）、"华夷"（人民）和"皇权"（政府）形成了对应，从而使"主权国家"理论不仅适合阐述当代"中国边疆"，而且也可以溯源中国由传统王朝国家向主权国家演变的整个历史轨迹。②

（3）"边疆"是动态的，会随着国家实力的强弱和国际环境的变化而改变，但多民族国家中国疆域的形成与发展具有自己的特殊轨迹，是由生息繁衍在中华大地上的人群共同缔造的。在形成与发展的过程中，不仅以康熙二十八年（1689）《尼布楚条约》的签订为标志存在一个由传统王朝国家时期的"有疆无界"到近现代主权国家的"有疆有界"转变的过程，而且也存在以1840年鸦片战争中领土被蚕食鲸吞的状况。"中国边疆"的动态性，一方面表现在多民族国家中国疆域存在一个动态的形成过程，"中国边疆"存在一个由不明确到明晰的过程。中国传统王朝的"疆域"在《尼布楚条约》签订后才有了明确的"国界线"，但之前的"疆域"多是由"直接管辖"和"藩属"两大区域构成的。③另一方面，多民族国家中国的疆域在1840年鸦片战争爆发前并没有结束其明晰的过程，不仅和越南、缅甸等传统属国之间的划界是在法国、英国等殖民国家胁迫下进行的，而且被迫签订的一系列不平等条约也导致了疆域急剧缩小。当今多民族国家

---

① 《清宣统政纪》卷70，宣统三年十二月戊午。

② 对中国疆域从王朝国家向主权国家转变的阐述，参见李大龙《从"天下"到"中国"：多民族国家疆域理论解构》，人民出版社2015年版。

③ 有关藩属的讨论，参见李大龙《汉唐藩属体制研究》，中国社会科学出版社2006年版。

中国的边疆是被近代以来列强蚕食鲸吞的结果。

（4）"陆疆"和"海疆"是构成今天"中国边疆"的两大基本要素。领土主权是一个国家存在的基础，如前所述，"陆地国土面积960万平方公里"和"根据《联合国海洋法公约》有关规定和我国主张，管辖海域面积约300万平方公里"构成了我国的疆域。尽管在界定"边疆"的范围上还存在不同的认识，但"中国边疆"包括了"陆地边疆"和"海疆"则基本是学界共识。对于"中国边疆"目前范围的界定，笔者倾向于认同上述第一种观点所说标准，并认为前述《兴边富民行动"十三五"规划》中"边境地区"的范围基本上符合今日"中国边疆"中"陆疆"的划定。至于"空疆""底土边疆"则已经包含在其中了，似乎没有必要再单独列出进行特别阐述。

（5）"边疆"具有地缘优势，既是军事防御的前沿，也是连接两个乃至多个国家的纽带。具有"国界线"是今日"边疆"有别于其他地方的显著特点，由此决定了一方面"边疆"是国家为保障疆域完整而进行军事防御的重点地区，另一方面也是相邻国家间互通有无，进行政治经济文化交流的便利场所，当前我国众多沿边口岸的设置即是纽带作用的极好体现。"边疆"的军事防御功能在以往的研究中给予了充分观照，纽带作用不仅没有得到应有的重视，在古代反而是作为军事防御功能的补充来利用的，"边疆"作用在古今的差异更应该得到研究者的关注。

（6）"边疆"不能脱离"疆域"而存在，将其泛化也不利于对"中国边疆"的研究。"文化上的边疆"的提法是基于"中国边疆"特殊的人文特点而出现的，与"中国边疆"历史和现实特殊的人文分布特点密切相关。尽管"内诸夏而外夷狄"，"天子有道，守在四夷"[①]是中国历史上一种理想的边疆治理状态，但如前述，"中国边疆"特殊的人文特点还是吸引了民国时期希望构建"边政学"诸多官员和学者的目光，并在"民族国家"理论影响下"边疆"和"民族"实现了对接，只是其关注的目的并不是划分"边疆"，而是希望实现"边疆"与"内地"的一体化，即"根据边地人民之特殊环境，切实谋边地人民知识之增高，生活之改善，国族意识之养成，生产技能之增进，及体育卫生之严格训练"，进而实现"国父民族平等之遗教，由教育力量力图大中华民族各部分，语言、文化及意志之融合与统一"[②]。如果说"文化上的边疆"的提法还是立足于"中国边疆"的人文特点，并没有脱离"中国边疆"，那么"利益边疆""高边疆"乃至

---

① 《晋书》卷56《江统传》。
② 《抗战以来之边疆教育》，中国第二历史档案馆藏，卷宗号：五·12414。

"战略边疆"等提法虽然出发点和目的是有益的,但笔者认为这些提法在一定程度上脱离了"中国边疆"这一主体,更多是立足于"中国国家"的整体而言的。在经济全球化、科技高速发展的今天,尤其是"一带一路"倡议提出之后,中国的国家利益已经延伸到了国家的疆域之外,需要得到有效保护,这是"利益边疆""高边疆""战略边疆"等一系列概念得以提出的现实背景。但是,"边疆"作为政权疆域的组成部分,是与"国家主权"紧密联系在一起的,具有强烈的"独占"性特点,而"利益边疆""高边疆""战略边疆"等尽管存在"边疆"二字,但严格讲与"国家疆域"已经出现了脱节。尤其是"利益边疆""战略边疆",尽管词汇的构成存在着"边疆"二字,但"利益""战略"依附的主体准确说是"国家"而非我们讨论的"中国边疆"之"边疆"。同时,"利益边疆"所讨论之"利益",着眼点是延伸到国家疆域之外的"国家利益",其具体情况往往是和其他国家的"利益"纠缠在一起的,一方面这种"利益"难以用一个明确的非我即彼的"界限"进行区分,另一方面用"利益边疆"来称呼不仅不利于"国家利益"的有效保护,反而更有可能激化矛盾,并给世人留下一个"肆意殖民"的恶劣印象,其最终结果很可能会适得其反,反而是对"国家利益"的极大伤害。因此,"边疆"含义如此泛化,无益于"中国边疆学"学科的建构,也不利于"中国边疆"的稳定和发展,是否是中国边疆学构成的要件值得进一步斟酌。

应该特别提及的是,上述"中国边疆"特征的论述更多的是依据当今多民族国家中国边疆的现实而得出的,因此有学者认为:"边疆又是一个历史概念,它是随着统一多民族国家的形成和发展而逐渐形成和固定下来的。"[①] 这虽然是国内学界的普遍认识,但这一认识只是针对当前我国的"边疆"而言的,并没有涵盖我国历史上的所有"边疆"形态。历史上,中华大地曾经存在过很多的政权,这些政权基本也都存在自己的"边疆"。如何认识这些政权和这些政权的"边疆",传统的做法是历代王朝被视为"中国""中央王朝",其他更多的政权则被视为"地方政权""少数民族政权""边疆政权",被纳入"中国边疆"范围。应该说,将历代王朝疆域视为多民族国家中国疆域的做法在建国初期就已经得到了纠正,但将历代王朝之外的中华大地上的其他政权视为"地方政权""少数民族政权""边疆政权"而纳入"中国边疆"依然是习惯做法。这种做法的不足是:一是混淆了历代王朝之"中国"和当今多民族国家中国之"中国"的异同,不仅

---

① 马大正:《"中国边疆通史"丛书总序》,《中国边疆经略史》,中州古籍出版社2000年版,第2页。

难以完整认识和诠释多民族国家中国形成和发展的历史全貌,更是将更多政权甚至是在中原地区建立的政权排除在了"中国"之外。出现在青藏高原的吐蕃就是一个典型例证。吐蕃和唐朝虽然存在和亲关系,但双方不仅没有政治隶属关系,而且几度通过"会盟"划定边界。吐蕃的历史和活动区域自然是当今多民族国家中国历史和疆域的重要组成部分,但如果我们将唐朝视为"中国",吐蕃自然不属于唐朝的"中国边疆"。二是在历史上活动在当今多民族国家中国边疆地区的众多政权,虽然依然可以视为"中国边疆",但每个政权的"边疆"如何认定是需要考虑的大问题。辽宋夏金时期就是一个典型的例证。在传统话语体系中,宋朝被视为"中国",而《辽史》《金史》虽然位列"正史",但辽、金、西夏则依然被视为"地方政权",辽、金、西夏与宋之间的"边疆"在当今的疆域史著作中也往往不被视为"中国边疆"。三是历史上存在于中华大地上的众多政权是当今多民族国家中国共同的缔造者,其"边疆"虽然与当今的"中国边疆"并不相同,但也应该是中国边疆学的研究对象,否则我们无法客观准确地认识和诠释多民族国家中国形成与发展的历史。

第三节　国家与民族:"中国"与"边疆"的交融

多民族国家中国和中华民族共同体的形成与发展是同步进行、互为因果的,但"中华民族"和指称多民族国家中国的"中国"概念却是在康熙时期《尼布楚条约》签订以及清末宪政革新的背景下才出现的,如何给出一个完善的学理阐述就成了一个难题。实际上,《尼布楚条约》是多民族国家疆域从传统王朝国家的"有疆无界"向主权国家"有疆有界"转变的重要标志,而"中华民族"概念的出现既是迎合了清末宪政革新"国民"建设的需要,同时也是中华民族共同体从"自在"实现"自觉"的重要标志。这两个重要转变背后的史实则是"中国"与"边疆"的交融。

生息繁衍在中华大地上的人群建立过很多政权,尽管受到"大一统"观念的影响,有些政权自称或他称为"中国""中华",但在中华民国之前并没有一个政权将"中国"作为国号,而且如上所述"中国"也不是指称疆域的概念,但为何"中国"却成了当今多民族国家的简称,而如"滚雪球"一样凝聚为"一体"的人群则以"中华民族"为称呼？其中的原因见仁见智，会给出不同的答案。但是，"中华民族"称呼的来源是受到了"nation"一词传入的影响则是学界的一般认识，因此"中华民族"称呼出现的原因应该是内外因素共同影响的结果，其中清代多民族国家从传统王朝国家向近现代主权国家的转型，以及近代亡国灭种危机情况下的革新救国是重要内因。

在"大一统"观念的推动下，多民族国家在清代进入了"底定"阶段，其标志即"天下"从传统王朝时期的"有疆无界"开始向近现代主权国家的"有疆有界"转变。对于清朝的疆域，《清史稿》的记述是："有清崛起东方，历世五六。太祖、太宗力征经营，奄有东土，首定哈达、辉发、乌拉、叶赫及宁古塔诸地，于是旧藩札萨克二十五部五十一旗悉入版图。世祖入关剪寇，定鼎燕都，悉有中国一十八省之地，统御九有，以定一尊。圣祖、世宗长驱远驭，拓土开疆，又有新藩喀尔喀四部八十二旗，青海四部二十九旗，及贺兰山厄鲁特迄于两藏，四译之国，同我皇风。逮于高宗，定大小金川，收准噶尔、回部，天山南北二万余里毡裘浑酪之伦，树颔蛾服，倚汉如天。自兹以来，东极三姓所属库页岛，西极新疆疏勒至于葱岭，北极外兴安岭，南极广东琼州之崖山，莫不稽颡内乡，诚系本朝。于皇铄哉！汉、唐以来未之有也。"① 被称为"中国"的"一十八省之地"依然是清朝疆域的核心，并非全部，而"东极三姓所属库页岛，西极新疆疏勒至于葱岭，北极外兴安岭，南极广东琼州之崖山"不仅不是一个明确的范围，和《清一统志》所记述的"天下"似乎也存在差别。为了彰显"大一统"的伟绩，清朝先后撰著了康熙《大清一统志》、乾隆《大清一统志》、《嘉庆重修一统志》，其叙述的范围不仅涵盖了"一十八省之地""藩部"，周边"属国"以及"邦交"之国也被纳入其中，似乎清朝统治者意识中的"天下"和传统的理想中的"大一统""天下"相比，除涵盖范围更大之外并没有本质性的差别，但是和之前中华大地上的"大一统"政治格局相比还是出现了一个巨大的变化，即出现了具有近现代主权国家疆域性质的国界。康熙二十八年（1689），康熙皇帝派遣索额图和俄罗斯官员通过谈判签订了《尼布楚条约》②，划定了清朝和俄罗斯东北方向的边界。《尼布楚条约》是多民族国家中国历史上第一个具有主权国家性质的边界条约，虽然比奠定当今国际法基础的《威斯特法利亚和约》出现的1648年略晚，但基本属于同时代。而更值得关注的是，在划界中清朝是以"中国"名称出现的，而且碑刻资料中也有同样表述："格尔毕齐河源出兴安岭，南入黑

---

① 《清史稿》卷54《地理一》。
② 《尼布楚条约》，王铁崖编：《中外旧约章汇编》第1册，三联书店1957年版，第1—2页。

龙江，河口东岸有石，勒清、汉、蒙古及俄罗斯、喇第诺五体字，康熙二十八年所立分界碑也。余尝从土人得分界盟约，清文较世传界碑汉文微有异同，昭代掌故所关译出以备参考。其文云：'中国大圣皇帝钦差分界大臣、议政大臣、领侍卫内大臣索额图，内大臣、都统、一等公、舅舅佟国纲，都统郎谈，都统班达尔善，镇守黑龙江等处将军萨布素，护军统领玛喇，理藩院侍郎温达，会同俄罗斯察罕汗使臣俄昆尼等在尼布楚地方公议得：一将自北流入黑龙江之绰尔纳即乌鲁木河附近之格尔毕齐河为界，沿此河口之大兴安岭至海凡岭阳流入黑龙江之河道悉属中国，其岭阴河道悉属俄罗斯……'"①碑文中的"中国大圣皇帝"与条约中的"中国"不仅表明现实中的"天下"与"中国"在涵盖范围上实现了"合一"，而且也表明多民族国家中国的疆域在此时出现了性质的变化，已经不再是传统王朝国家时期的"有疆无界"，和《威斯特法利亚和约》签订后出现的法国一样进入了"有疆有界"的主权国家行列。②

继康熙皇帝之后，雍正五年（1727），清朝与俄罗斯再签《布连斯奇界约》《恰克图界约》《阿巴哈依图界约》《色楞额界约》，乾隆三十三年（1768）九月十九日再签《修改恰克图界约第十条》，乾隆五十七年（1792）正月再签《恰克图市约》，更加明晰了多民族国家中国疆域的主权性质。与此同时，清朝统治者也在有意或无意之间试图弥合传统观念中的"华""夷"差别，塑造具有主权国家国民性质的"臣民"，在以下诸多方面都有突出表现：

其一是，以雍正皇帝为代表的清朝统治者公开发表《大义觉迷录》，在为清朝"大一统"合法性进行辩驳的同时，公开宣称：只有争夺"大一统"的情况下"华夷之辨"才被提倡，而且"华夷之辨"也是历代王朝疆域难以广大的主要原因。"我朝既仰承天命，为中外臣民之主，则所以蒙抚绥爱育者，何得以华夷而有殊视？而中外臣民，既共奉我朝以为君，则所以归诚效顺，尽臣民之道者，尤不得以华夷而有异心。此揆之天道，验之人理，海隅日出之乡，普天率土之众，莫不知大一统之在我朝。"③"臣民"成为清朝统治者国民塑造的旗帜。

其二是，以"改土归流"等为标志的治理体系"一体化"的努力。元朝在南部地

---

① 《皇朝经世文续编》卷74《黑龙江外纪》。
② 参见李大龙、铁颜颜《从"有疆无界"到"有疆有界"——中国疆域话语体系建构》，《思想战线》2020年第3期。
③ 《大义觉迷录》，《清史资料》（第四辑），中华书局1983年版，第4页。

区实施的土司制度可以溯源到秦汉时期的"因俗而治",出于治理体系"一体化"的需要,清朝在雍正时期开始用"流官"取代土司,史称"改土归流"。"改土归流则意在取代土司,进一步实现对这一地区的直接统治"[①],可以视为当今学者的普遍认识。

其三是,"满语骑射"尽管是清朝统治者强调的"根本",但在维护"大一统"需要的情况下"天下一家""华夷一体"则是其具体施政的重要指向,融儒释道为一体,打造清代"大一统"的中华文化是清朝统治者塑造"臣民"的重要举措。雍正皇帝曾言:"我朝肇基东海之滨,统一诸国,君临天下。所承之统,尧舜以来中外一家之统也。所用之人,大小文武,中外一家之人也。所行之政,礼乐征伐,中外一家之政也。"[②]《五体清文鉴》的编撰既为不同人群之间的交流提供了便利,也促进了不同文化、人群之间的交融。

应该说,多民族国家中国从传统王朝国家向近现代主权国家转型,为清朝对"大一统"政治制度的强化,尤其是对"臣民"的塑造提供了必要的条件,同时,这种以"一体化"为主要标志的"大一统"实践和"臣民"塑造,也迎合了多民族国家中国从传统王朝国家向近现代主权国家转型的需要。这一转型所导致的变化同时也赋予了"中国"概念与传统截然不同的含义:一是"中国"在具有现代国际法性质的边界条约中具有了指称多民族国家清朝的代称;另一方面"中国人"涵盖的范围也有了巨大变化,指向了清朝的所有"臣民"群体。遗憾的是,1840年鸦片战争的炮火不仅中断了清朝多民族主权国家疆域明晰和巩固的努力,被迫签订的一系列不平等条约也让多民族国家领土陷入了被蚕食鲸吞的境地。如果说是"改土归流"是清前期治理体系"一体化"的突出举措,那么在鸦片战争后清朝注重海防和塞防建设,将边疆地区的将军管理体制改为行省、实施新政等,虽然也可以看作治理体系"一体化"努力的延续,但并没有让多民族国家摆脱亡国灭种的危险,"中华民族"的称号就是在这种情况下出现的。《清德宗实录》卷562光绪三十二年七月戊申条记载了光绪皇帝"立宪"改革的上谕:"……视进步之迟速,定期限之远近,着各将军、督抚晓谕士庶人等,发愤为学,各明忠君爱国之义,合群进化之理,勿以私见害公益,勿以小忿败大谋,尊崇秩序,保守和平,以豫储立宪国民之资格,长厚望焉。将此通谕知之。"光绪三十二年为公元1906年,而梁启超在1902年撰写的《论中国学术思想变迁之大势》中首次使用"中华民族"一词,并

---

① 有关详细讨论,参见李世愉《清代土司制度论考》,中国社会科学出版社1998年版,第42—50页。
② 《清世宗实录》卷130,雍正十一年四月己卯。

在1905年《历史上中国民族之观察》中再次使用"中华民族"概念,就是迎合了宪政改革中所提出的塑造"国民"的这一现实需要。1922年,在《中国历史上民族之研究》中梁启超再次对"中华民族"做出界定:"凡一遇到他族而立刻有'我中国人'之一观念浮于其脑际者,此人即中华民族一员也。"这一界定和"国民"更加吻合了。由此看,梁启超的"中华民族"虽然是迎合了多民族国家疆域转型后"国民"塑造的需要而对"中国人"的重新命名,但其意义却非同一般,一方面"中华民族"成为中华民族共同体完成"自在"迈向"自觉"的重要标志,另一方面"中华民族"也成为一个凝聚的重要精神标识,如1913年内蒙古西部二十二部三十四旗王公决定联合东蒙古并通电全国:"数百年来,汉蒙久成一家,我蒙同系中华民族,自当一体出力,维持民国。"[①] 也正是在"中华民族"的旗帜下,中华民族走出了近代以来亡国灭种的危险,而随着中华人民共和国的成立,中华民族也步入了"自强"阶段。

总之,多民族国家中国是生息繁衍在中华大地上的众多人群共同缔造的,其形成与发展的空间是"天下"而非"中国","中国"概念则是这些人群继承和实践"大一统"的重要标识。多民族国家的形成与发展有个从传统"有疆无界"到"有疆有界"的发展过程,"大一统"观念是其主导思想,而在多民族国家缔造的过程中,中华大地上众多人群也在实现着凝聚,《尼布楚条约》的签订可以视为中华民族共同体"自在"阶段结束的开始,而进入"自觉"阶段则是以"中华民族"概念的出现为其标志。但不管如何认识这一过程,确立正确的中华民族共同体历史观都需要以"四个共同"(我们辽阔的疆域是各民族共同开拓的,我们悠久的历史是各民族共同书写的,我们灿烂的文化是各民族共同创造的,我们伟大的民族精神是各民族共同培育的)为主导思想,因为只有这样才能建立一个符合多民族国家、中华民族共同体形成与发展实际的话语体系,才能客观认识多民族国家中国、中华民族的历史,最终才能让国民形成"休戚与共、荣辱与共、生死与共、命运与共"的"共同体理念"。

[①]《蒙古族简史》修订本编写组:《蒙古族简史》,民族出版社2009年版,第264页。

第二章 多民族国家疆域形成与发展的轨迹

多民族国家疆域的形成与发展是中国边疆学研究的基本问题，但对其形成与发展过程的诠释则长期以来存在不同的认识。我们学界对多民族国家疆域的记述和具体阐述起步较早，理论探讨虽然在 21 世纪才出现，但已经形成了几个有影响的话语体系。以历代王朝为主体建立起来的话语体系是传统认识，虽然这一认识新中国成立以来颇受学界质疑，但对国人的影响至深，甚至影响着其他话语体系的建立。构建符合实际的多民族国家疆域的话语体系有助于国人客观认识和诠释多民族国家疆域形成与发展的历史，既是中国边疆学研究深入探讨的问题，在铸牢中华民族共同体意识的当下更值得给予高度关注。

第一节 传统话语体系与标准的探讨

对多民族国家中国疆域的形成与发展的阐述，一般聚焦于"中国"展开，之所以能够出现不同的话语体系，最关键的因素是标准的不统一，因此标准的讨论是首先要面对的主要问题。

一、以历代王朝疆域为主的话语体系

以历代王朝政区为主构建话语体系是我国史学界的传统，由此也是中国边疆学研究的传统做法。从具体实践看，以《汉书》为开端，这种叙述方式大致经历了两个不同的阶段：一是从《汉书·地理志》到《大清一统志》的具体记述，为以历代王朝政区为主的话语体系的形成奠定了基础。二是以《中国疆域沿革史》为开端出现在20世纪三四十年代的中国疆域史研究高潮，推动以历代王朝政区为主构建的话语体系逐渐完善并贯彻到具体论著中。

（一）以历代王朝政区为主话语体系的奠基

学界一般将多民族国家疆域形成与发展记述的源头确定为《尚书·禹贡》，但将《汉书·地理志》作为源头似乎更恰当，也更准确，原因有三：一是《汉书·地理志》奠定了中国"正史"记述历代王朝政区的基本模式。二是《尚书·禹贡》追述的是夏禹时期黄河中下游地区的山川、湖泊、土壤、物产、交通、贡赋及生产生活情况，遂有所谓冀、兖、青、徐、扬、荆、豫、梁、雍"九州"行政建制的记述，但此时的中国尚属于国家形成的前夜，是否可以称之为多民族国家的疆域值得探讨。三是即便是认为《尚书·禹贡》所记载的是夏禹时期的疆域，也仅仅是限于中原一隅，此时华夏尚在形成之中，更谈不上是对多民族国家疆域的记述。

《汉书·地理志》在记述汉朝疆域之前，首先追溯了由黄帝到秦朝的地理沿革："昔在黄帝，作舟车以济不通，旁行天下，方制万里，画野分州，得百里之国万区。是故

《易》称'先王建万国,亲诸侯',《书》云'协和万国',此之谓也。尧遭洪水,怀山襄陵,天下分绝,为十二州,使禹治之。水土既平,更制九州,列五服,任土作贡……东渐于海,西被于流沙,朔、南泊,声教讫于四海。禹锡玄圭,告厥成功。后受禅于虞,为夏后氏。殷因于夏,亡所变改。周既克殷,监于二代而损益之,定官分职,改禹徐、梁二州合之于雍、青,分冀州之地以为幽、并。故《周官》有职方氏,掌天下之地,辩九州之国……至春秋时,尚有数十国,五伯迭兴,总其盟会。陵夷至于战国,天下分而为七,合从连衡,经数十年。秦遂并兼四海。以为周制微弱,终为诸侯所丧,故不立尺土之封,分天下为郡县,荡灭前圣之苗裔,靡有孑遗者矣。"之后接着记载西汉的政区沿革:"汉兴,因秦制度,崇恩德,行简易,以抚海内。至武帝攘却胡、越,开地斥境,南置交阯,北置朔方之州,兼徐、梁、幽、并夏、周之制,改雍曰凉,改梁曰益,凡十三(郡)〔部〕,置刺史。先王之迹既远,地名又数改易,是以采获旧闻,考迹《诗》《书》,推表山川,以缀《禹贡》《周官》《春秋》,下及战国、秦、汉焉。"之后开始对西汉政区的形成,由京兆尹(京师)到各地方州、县政区建制沿革、户口、物产、水利、军事等诸项一一记述,虽欠详细但已能反映出汉朝疆域沿革的基本状况。

《汉书·地理志》的这一记述方式,尽管仅仅限于直接管辖的郡县区域,并没有涵盖西域都护、护羌校尉、护乌桓校尉等机构管辖的区域及其他更多羁縻地区,但却开创了史书记录王朝政区沿革之先河。《汉书·地理志》的叙述方式,得到了其后《后汉书》《晋书》《宋书》《南齐书》《魏书》《隋书》《旧唐书》《新唐书》《宋史》《辽史》《元史》《明史》的效仿,但也出现了两个明显的变化。

其一是记述的范围不仅仅限于直接管辖的区域,羁縻管理区域也被纳入叙述范围。如《旧唐书·地理一》将唐朝疆域沿革对接远古:"王者司牧黎元,方制天下。列井田而底职贡,分县道以控华夷。虽《皇坟》《帝典》之殊涂,《禹贡》《周官》之异制,其于建侯胙土,颁瑞剖符,外凑百蛮,内亲九牧,古之元首,咸有意焉。然子弟受封,周室竟贻于衰削;郡县为理,秦人不免于败亡。盖德业有浅深,制置无工拙。殷、周未为得,秦、汉未为非……"其后载唐朝疆域:"贞观元年,悉令并省。始于山河形便,分为十道:一曰关内道,二曰河南道,三曰河东道,四曰河北道,五曰山南道,六曰陇右道,七曰淮南道,八曰江南道,九曰剑南道,十曰岭南道……开元二十一年,分天下为十五道……又于边境置节度、经略使,式遏四夷……安西节度使,抚宁西域,统龟兹、焉耆、于阗、疏勒四国……北庭节度使,防制突骑施、坚昆、斩啜,管瀚海、天山、伊吾三军……河西节度使，断隔羌胡，统赤水、大斗、建康、宁寇、玉门、墨离、豆卢、新泉等八军，张掖、交城、白亭三守捉……朔方节度使，捍御北狄，统经略、丰安、定远、西受降城、东受降城、安北都护、振武等七军府……河东节度使，掎角朔方，以御北狄，统天兵、大同、横野、岢岚等四军，忻、代、岚三州，云中守捉……范阳节度使，临制奚、契丹，统经略、威武、清夷、静塞、恒阳、北平、高阳、唐兴、横海等九军……平卢军节度使，镇抚室韦、靺鞨，统平卢、卢龙二军，榆关守捉，安东都护府……陇右节度使，以备羌戎，统临洮、河源、白水、安人、振威、威戎、莫门、宁塞、积石、镇西等十军，绥和、合川、平夷三守捉……剑南节度使，西抗吐蕃，南抚蛮獠，统团结营及松、维、蓬、恭、雅、黎、姚、悉等八州兵马，天宝、平戎、昆明、宁远、澄川、南江等六军镇……岭南五府经略使，绥静夷獠，统经略、清海二军，桂管、容管、安南、邕管四经略使……"《新唐书·地理七下》则在"羁縻州"下记述唐朝的羁縻府州："唐兴，初未暇于四夷。自太宗平突厥，西北诸蕃及蛮夷稍稍内属，即其部落列置州县。其大者为都督府，以其首领为都督、刺史，皆得世袭。虽贡赋版籍，多不上户部，然声教所暨，皆边州都督、都护所领，著于令式。今录招降开置之目，以见其盛。其后或臣或叛，经制不一，不能详见。突厥、回纥、党项、吐谷浑隶关内道者，为府二十九，州九十。突厥之别部及奚、契丹、靺鞨、降胡、高丽隶河北者，为府十四，州四十六。突厥、回纥、党项、吐谷浑之别部及龟兹、于阗、焉耆、疏勒、河西内属诸胡、西域十六国隶陇右者，为府五十一，州百九十八。羌、蛮隶剑南者，为州二百六十一。蛮隶江南者，为州五十一；隶岭南者，为州九十二。又有党项州二十四，不知其隶属。大凡府州八百五十六，号为羁縻云。"

其二是汉朝和唐朝的疆域成为比附的对象，甚至民国时期撰著的《清史稿》对清朝疆域的记述也以汉朝疆域为比对基础。如《新唐书·地理一》载："开元、天宝之际，东至安东，西至安西，南至日南，北至单于府，盖南北如汉之盛，东不及而西过之。"《宋史·地理一》有："至是，天下既一，疆理几复汉、唐之旧，其未入职方氏者，唯燕、云十六州而已。"《元史·地理一》有："自封建变为郡县，有天下者，汉、隋、唐、宋为盛，然幅员之广，咸不逮元。汉梗于北狄，隋不能服东夷，唐患在西戎，宋患常在西北。若元，则起朔漠，并西域，平西夏，灭女真，臣高丽，定南诏，遂下江南，而天下为一。故其地北逾阴山，西极流沙，东尽辽左，南越海表。盖汉东西九千三百二里，南北一万三千三百六十八里，唐东西九千五百一十一里，南北一万六千九百一十八里，元东南所至不下汉、唐，而西北则过之，有难以里数限者矣。"《清史稿·地理一》有："自兹以来，东极三姓所属库页岛，西极新疆疏勒至于葱岭，北极外兴安岭，南极广东琼州之崖山，莫不稽颡内乡，诚系本朝。于皇铄哉！汉、唐以来未之有也。"

由唐代《元和郡县图志》发展而来的"一统志"以《大元一统志》为开端，明清都有"一统志"的编撰，尤其是清朝编撰完成了三部《大清一统志》。《嘉庆重修一统志》的涵盖范围按照顺序依次是京师、直隶、盛京、江苏、安徽、山西、山东、河南、陕西、甘肃、浙江、江西、湖北、湖南、四川、福建、广东、广西、云南、贵州、新疆、蒙古、各藩部、朝贡各国。将朝贡各国纳入叙述范围，应该是传统"天下"观念在"一统志"编撰中的体现，不过，将历代王朝的政区视为接续发展的叙述方式也严重影响到了20世纪上半期出现的疆域史著作。

（二）以历代王朝疆域为主话语体系的形成

顾颉刚、史念海著《中国疆域沿革史》①是学界认为的第一部具有现代学术研究性质的疆域史著作。该书分列二十六章，以夏民族之历史传说及其活动范围、殷商民族之来源及其活动区域、西周之疆域范围及东周王畿之区域、春秋列国疆域概述、战国疆域变迁概述、嬴秦统一后之疆域、西汉疆域概述、新莽改制后之疆域、东汉复兴后之疆域、三国鼎峙中之疆域、西晋统一后之疆域及其地方制度、东晋南北朝疆域概述、隋代疆域概述、唐代疆域概述、五代割据时期疆域概述、宋代疆域概述、辽国疆域概述、金源疆域概述、元代疆域概述、明代疆域概述、清代疆域概述、鸦片战后疆土之丧失、民国成立后疆域区划及制度之改革等为各章标题，概述中国疆域的历史沿革。具体叙述则是以历代王朝政区沿革为主，政区之外则往往在"扩张"视野下展开叙述。如对西汉疆域的叙述分为"汉初之封建制度""西汉之郡国区划及其制度""西汉地方行政制度""西汉对外疆土之扩张"四节。同时，将"中国疆域"与"汉族"对接也是一个突出的指导思想，体现在其"绪论"中："在昔皇古之时，汉族群居中原，异类环伺，先民洒尽心血，耗竭精力，辛勤经营，始得今日之情况。"②进而论及黄帝"化野分州"后历代沿革之盛衰，言明撰写该书时中国所面临的"强邻虎视，欲得我地而甘心"的境况。

---

① 顾颉刚、史念海：《中国疆域沿革史》，商务印书馆1938年版，1999年再版。
② 顾颉刚、史念海：《中国疆域沿革史》，商务印书馆1999年版，第1页。

和《中国疆域沿革史》同时期出版的其他疆域史著作虽然在内容和章节设置方面有所差异，但基本上也采用了这种叙述方式。如夏威的《中国疆域拓展史》[①] 分列九章，其中七章阐述了历代王朝的疆域。最后虽然以"总论"为题，采用扩张、缩减、统一、分裂来概述归纳中国疆域形成与发展的特点，但并没有脱离以历代王朝疆域为中国疆域的叙述体系。这些著作的出现标志着该话语体系得到了学界的普遍认同。

当然，也有一些著作试图突破这一叙述体系，如童书业所著《中国疆域沿革略》[②] 以"历代疆域范围""历代地方行政区划"和"四裔民族"三篇建构中国疆域的叙述体系。虽然依然以历代王朝的疆域范围概述中国疆域沿革，但该书却以传说中之州服制、郡县制之始起、郡县制之确立及郡国并行制、州制之成立、州制之演变及没落、道府制之成立、道制之转变——路制和省制之始起及完成，来论述历代王朝政区之沿革和拓展；从云贵高原、海藏高原、蒙新高原和东北地带四个不同地域，分述苗族、越族、濮族、羌族、藏族、匈奴、鲜卑、西域白种、突厥、蒙古、貊族、肃慎等族群的历史。

按照时间顺序，以历代王朝的疆域作为中国疆域的叙述体系之所以成为中国疆域史研究的传统，主要受到以《史记》为开端的"正史"系统的影响。司马迁的《史记》虽然没有设置《地理志》对西汉王朝的疆域进行记述，但其中的《河渠书》以大禹治水为开端阐述西汉的河流山川。《汉书·地理志》在此基础上直接将西汉的疆域源头对接到了传说中的"九州"，并将其视为夏、商、周、秦疆域的延续与发展。其后的各类史书，多设置《地理志》详记王朝的疆域及其行政区划沿革，这些详略不同的记述为元代《一统志》的出现提供了基础。同时，将这些记述整合在一起，构成了对中国疆域形成与发展叙述体系的主要内容，并且是以中原地区为中心的。但是，这种以历代王朝疆域为中国疆域的叙述体系存在一个严重缺陷，即历代王朝的疆域基本是以直接统治区域为主体，而对于政区之外"夷狄"分布的区域，由于王朝一般实施"羁縻"统治方式，故往往不在叙述体系之内。因此，该体系叙述的疆域不仅难以涵盖中华大地，且与王朝的实际控制区域也存在一定差距。童书业的《中国疆域沿革略》试图用一种全新的方式对中国疆域进行叙述，但遗憾的是其基本框架依然没有改变，依然囿于王朝国家理论体系。

不过，将"中国疆域"和"汉族"对接，而在具体阐述中又以叙述历代王朝疆域为主，一方面是受到了近代以来传入的"民族国家"观念的影响，另一方面历代王朝的

---

① 夏威：《中国疆域拓展史》，文化供应社1941年版。
② 童书业：《中国疆域沿革略》，开明书店1946年版。

建立者也并非全都和"汉族"有关。因此,这一以历代王朝疆域为主且将"中国疆域"和"汉族"对接的叙述方式在新中国成立后遭到了质疑,并引发了全国范围的讨论,导致了以中华人民共和国疆域为基础"上溯"话语体系的出现。

二、标准的探讨与以中华人民共和国疆域"上溯"话语体系的出现

1951年5月5日,白寿彝在《光明日报》发表《论历史上祖国国土问题的处理》一文,提出了"祖国国土"的范围问题,主要目的就是想纠正传统的以历代王朝的疆域作为"中国疆域"的做法。白先生认为"一直到现在,我们历史工作者对这个问题的处理,似乎都还在历代皇朝的疆域里兜圈子",认为"以历代皇朝的疆域为历代国土的范围,因皇权统治范围的不同而历代国土有所变更或伸缩"是错误的,而"用中华人民共和国的国土范围来处理历史上的国土问题是正确的办法"。[①]

该文发表之初应该说并没有引起学界的广泛关注,因为并未见到有相同选题的文章发表展开讨论。只是数年之后的1959年7月5日,《光明日报》再次发表何兹全《中国古代史教学中存在的一个问题》一文,相关讨论才得到学界广泛关注。该文不仅完全赞同上述文中白寿彝的观点,而且进一步认为中国古代史教学中存在问题的主要原因是学界对中国史范围的概念界定模糊不清,而实际中往往不自觉地以汉族史代替中国史,并认为过去中国史著述中根深蒂固的王朝史体系,助长了这种模糊认识。[②]该文发表后,遭到了孙祚民先生的反对。孙祚民在接下来发表的《中国古代史中有关祖国疆域和少数民族的问题》中认为以中华人民共和国作为历史上中国疆域的方法忽略了一个国家疆域的发展过程,"任何一个国家和民族都有其形成和发展的历史,而不是也不可能是从一开始出现就成为一个永远不变的'定型'",认同以历代皇朝的疆域作为历代国土范围的做法,进而认为"'以汉族代替中国'或'以宋朝代替中国',乃是客观历史的必然结果"。[③]

---

① 白寿彝:《论历史上祖国国土问题的处理》,《光明日报》1951年5月5日。该文后来被收入《中国民族关系史论文集》(上集),民族出版社1982年版。
② 何兹全:《中国古代史教学中存在的一个问题》,《光明日报》1959年7月5日。该文后来被收入《中国民族关系史论文集》(上集),民族出版社1982年版。
③ 孙祚民:《中国古代史中有关祖国疆域和少数民族的问题》,《文汇报》1961年11月4日。该文后来被收入《中国民族关系史论文集》(上集),民族出版社1982年版。

两文的先后发表，引发了我国历史学界延续至今的广泛讨论，不仅一些史学大家纷纷撰文阐述自己的观点，而且形成了20世纪五六十年代和20世纪八九十年代两次讨论的高潮。1981年5月，中国民族研究学会和中国社会科学院民族研究所组织的中国民族关系史学术座谈会在北京召开，会议的议题是我国历史上的民族关系，但因为也存在一个需要确定叙述范围的问题，"中国疆域范围"由之也成为与会学者聚焦讨论的重要方面，其中"民族关系与疆域问题"是白寿彝先生大会发言涉及的一个重要内容，而谭其骧先生大会发言的题目则是《历史上的中国和中国历代疆域》，由此引发了学界对"历史上的中国"的讨论热潮，相关论文纷纷见诸不同报刊。

参与讨论的学者往往以"历史上的中国"来称呼讨论的主题，并形成了各种不同的说法，最初形成了两类主要观点：以今天中华人民共和国的国土范围为框架，以此上溯去框定整个历史时期统一多民族国家的疆域范围，以及强调中国统一多民族国家的疆域有一个历史发展过程，是不断变化的，各历史时期的中国疆域只能以当时的皇朝统治范围来确定。之后，在此基础上又出现了"1840年前的清王朝疆域说""各民族共同活动范围说"和"中原统一王朝疆域说"等不同认识。①

"国土范围"和"历史上的中国"讨论的意义何在，刘宏煊在《中国疆域史》"绪论"中做过明确阐述："中国疆域史作为一门历史科学，其研究对象就是中国历史疆域形成、发展的进程及其规律。这就提出了一个问题，即以何时的中国疆域定为正式形成的中国历史疆域。如果我们不能预先对此给予科学界定，我们就无法确定中国疆域史研究的范围，也无法真正确立中国疆域史的研究对象，自然谈不上系统阐释了。"②实际上，范围的讨论既是标准的探讨，更是叙述视角和史观的选择。从现有的论著看，尽管多数学者都认同以中华人民共和国的疆域为基础"上溯"来确定范围，但在具体论述的实际操作上，采取的标准还是难以摆脱历代王朝的影响，主要表现即是，一般"上溯"是将历史上在中华人民共和国疆域内的政权历史都视为中国历史，而超出具体中华人民共和国疆域的政权则视其和历代王朝的关系来确定。就是《中国疆域史》的作者虽然清楚讨论的意义，但在具体的叙述中也没有离开历代王朝。从章节设置看，该书对中国疆域形成与发展的叙述体系有所创新，以"中国远古民族和夏、商、周疆

---

① 有关讨论情况，参见刘清涛《60年来中国历史疆域问题研究》，《中国边疆史地研究》2009年第3期；达力扎布主编：《中国民族史研究60年》，中央民族大学出版社2010年，第37—47页。

② 刘宏煊：《中国疆域史》，武汉出版社1995年版，第4页。

域""中国疆域的初步形成""中国疆域的进一步发展""中国历史疆域的正式形成"和"为捍卫祖国疆域完整统一而斗争"来阐述中国疆域形成与发展的轨迹。其中,"中国疆域的初步形成"从春秋战国开始叙述;"中国疆域的正式形成"则从五代开始叙述,重点阐述了元明清三朝对边疆的经营及其疆域情况。再如林荣贵主编的《中国古代疆域史》[1]。该书分为上、中、下三卷,字数多达一百六十一万余字。虽然作者在前言和结构上对中国古代疆域的形成与发展做了说明和阶段划分,但依然采取了将历代王朝疆域作为中国疆域的叙述体系。

尽管以中华人民共和国的疆域为基础"上溯"得到国内多数学者的赞同,但其也存在一个明显的不足,无法彻底摆脱历代王朝疆域的影响只是其中之一,而更明显的不足恰如葛剑雄所指出的,无法应对我们多年来构建起来的近代史话语体系中列强对我国传统疆域的蚕食鲸吞。葛剑雄先生认为:"能不能就用今天中华人民共和国的领土为范围呢? 显然也不妥当。因为由于一百多年来帝国主义的侵略和掠夺,中国已有一百多万平方公里的土地被攫取。"[2]

也正是看到了这个明显不足,加之又有编绘《中国历史地图集》的现实需要,谭其骧先生由此提出了以18世纪50年代到19世纪40年代鸦片战争前清代中国版图为标准的观点。

三、以清代疆域为标准的话语体系

清代是多民族国家疆域的最终定型时期。谭其骧先生主编的《中国历史地图集》对国人影响很大,虽然在每个历史时期的地图中中华人民共和国的疆域都有明确体现,但作为主编的谭其骧明确表明在编绘《中国历史地图集》时中华人民共和国的疆域并不是确定历史时期中国范围的标准:"我们是如何处理历史上的中国这个问题呢? 我们是拿清朝完成统一以后,帝国主义侵入中国以前的清朝版图,具体说,就是从18世纪50年代到19世纪40年代鸦片战争以前这个时期的中国版图作为我们历史时期的中国的范围。所谓历史时期的中国,就以此为范围。不管是几百年也好,几千年也好,在这个范围之内活动的民族,我们都认为是中国史上的民族;在这个范围之内所建立的政权,我

---

[1] 林荣贵主编:《中国古代疆域史》,黑龙江教育出版社2007年版。

[2] 葛剑雄:《中国历代疆域的变迁》,引言,商务印书馆1997版,第6页。

们都认为是中国史上的政权。简单地回答就是这样。超出了这个范围，那就不是中国的民族了，也不是中国的政权了。"①

《中国历史地图集》出版后，受到学界的好评，谭其骧所提出的以18世纪50年代到19世纪40年代鸦片战争前清代中国版图为基础的中国疆域形成与发展的叙述体系也得到不少学者的响应。譬如，葛剑雄在《中国历代疆域的变迁》一书中表明了类似的观点："应该以中国历史演变成一个统一的，也是最后的封建帝国——清朝所达到的稳定的最大疆域为范围。具体地说，就是具体的中国加上巴尔喀什湖和帕米尔高原以东，蒙古高原和外兴安岭以南的地区。"②

应该说，18世纪50年代到19世纪40年代鸦片战争前清朝的疆域和之前历代王朝相比，疆域范围更为广阔，同时又有清朝编撰的《一统志》作为学术支撑，因此，以18世纪50年代到19世纪40年代鸦片战争前清代中国版图为中国疆域的叙述体系，较之以历代王朝疆域为中国疆域的叙述体系更具说服力。但是，该叙述体系没有充分体现出边疆在中国疆域形成和发展中的重要作用，尤其是谭其骧提出的以中华人民共和国疆域范围为基准分割某些边疆政权归属的见解③，备受中、韩、朝一些学者的质疑，从中可以看出该做法也有其不足。

综合分析上述三类不同叙述体系，尤其是两次全国范围的讨论，实际上依然是聚焦在"中国"概念之上。两次讨论聚焦的问题，虽然分别是"历代国土范围"和"历史上的中国"，前者聚焦"国史范围"是为中国历史的书写确定一个明确的范围，后者则是为"中国历史上的民族关系"划定一个明确范围，但涉及的根本问题实际上是一个，即如何认识多民族国家中国疆域的形成与发展，而其中的关键问题则是如何处理传统话语体系中历代王朝所代表的"中国"和当今多民族国家之"中国"的关系。谭其骧先生提出的主张虽然在中国历史的具体叙述中可以对鸦片战争以来中国疆域被蚕食鲸吞的问题做出回应，但似乎和白寿彝先生的观点并没有本质上的差别，依然是在

---

① 谭其骧：《历史上的中国和中国历代疆域》，《中国边疆史地研究》1991年第1期。
② 葛剑雄：《中国历代疆域的变迁》，引言，商务印书馆1997年版，第6页。
③ 有关高句丽历史的认定，谭先生认为："……始建于西汉末年，到东汉时强盛起来的高句丽，等于我们看待匈奴、突厥、南诏、大理、渤海一样。当它建都鸭绿江北岸今天的集安县境内，疆域跨有鸭绿江两岸时，我们把它的全境都作为当时中国的疆域处理。但是等到5世纪时它把首都搬到了平壤以后，就不能再把它看作中国境内的少数民族政权了，就得把它作为邻国处理。不仅它鸭绿江以南的领土，就是它的鸭绿江以北辽水以东的领土，也得作为邻国的领土。"谭其骧：《历史上的中国和中国历代疆域》，《中国边疆史地研究》1991年第1期。

古人和今人"中国"概念的视角下分析问题，也没有从根本上回应孙祚民先生提出的问题，因为古人和今人所提及的"中国"概念不仅在涵盖范围上并不相同，而且性质上也存在巨大差异。今人的"中国"概念是中华人民共和国的简称，其疆域属于主权国家的范围，因此可以作为判定归属的标志，但古人的"中国"概念更多情况下是历代王朝"正统性"的标志，并不具有近代以来主权国家领土的属性，且没有一个明确的范围，无法作为判定归属的标准。正因为讨论最终并没有一个完善的结论出现，尽管以今天的中华人民共和国的疆域为范围"由此上溯"的观点得到了国内不少学者的赞同，但相关讨论的文章依然不断见诸报刊，而历代王朝的疆域代表"中国"疆域的说法虽然很少再有学者坚持，但却出现了新说法，即将历代王朝视为延续发展的"中国"，边疆则被视为是"逐步加入"多民族国家中国的，这种观点的本质还是认为历代王朝代表"中国"。

先有华夏族缔造的"中国"，其他政权和人群是"逐步加入"的观点在国内学界也有一定市场，但其判定标准也存在着时空错位的问题，持有这种观点的学者一般不会赞同"中国自古是统一多民族国家"的观点，给出的理由是，这种认识否定了我国统一多民族国家并非"自古"就有，而是有一个发展过程[①]，更有学者在此基础上进而或提出我国统一多民族国家的形成过程表现为"各族并非同时加入"，而是"不同时期逐步加入"[②]；或认为"在中国疆域形成过程中，不断有新的民族和政权主动嵌入正在形成和发展的中国版图之中"[③]。笔者曾经考察过学者认定边疆政权归属的标准也存在不能自圆其说和标准不一的情况，但历代王朝设置机构进行管理还是主流说法[④]，说明"逐步进入"在具体认定上虽然各说纷纭，莫衷一是，但历代王朝依然是确定归属的重要依据，甚至是唯一标准，体现着历代王朝代表"中国"的观念根深蒂固。

面对长期的争论，有学者关注到了争论的焦点实际上是"以谁代表中国"："学界对中国历史疆域问题认识不一，主要原因还是在'以谁代表中国'的问题上没有形成共识，有人主张以汉族及其政权代表中国，有人主张以中原王朝代表中国，有人主张以中

---

① 参见张璇如《民族关系史若干问题的我见》，翁独健主编：《中国民族关系史研究》，中国社会科学出版社1984年版，第61页。
② 孙进己：《我国历史上民族关系的几个问题》，翁独健主编：《中国民族关系史研究》，中国社会科学出版社1984年版，第116页。
③ 杨建新：《"中国"一词和中国疆域形成再探讨》，《中国边疆史地研究》2006年第2期。
④ 参见李大龙《如何诠释边疆——从僮仆都尉与西域都护说起》，《西南民族大学学报》2020年第7期。

原统一王朝的疆域代表中国的疆域，等等。"① 仔细分析，"以谁代表中国"和如何诠释中国疆域乃至中国历史虽然有联系，但并不是同一件事情。因为即便是按照传统认识，历代王朝可以代表"中国"，那么除元、清两朝之外的历代王朝的疆域都没有能够涵盖今天中华人民共和国疆域的所有区域，且"中国"不是表示王朝疆域的概念，也不是一个完整的行政区域，其含义更多地体现的是"正统"。也就是说，两次大规模讨论虽然针对的是"国史范围"和"历史上的中国"的空间范围，但实际上讨论的目的是解决中国历史阐述的视角与方法，而过于聚焦"中国"概念和"以谁代表中国"反而忽视了"中国"并非传统话语体系中指称王朝疆域的用语，这种情况不仅制约着讨论的进一步深入，也将讨论引入了误区。因为在历代王朝统治者的疆域意识中，"天下"才是表示王朝疆域的用语，"中国"虽然有指称地域的用法，但更多情况下是表达拥有"正统"的要件之一。故而史书中，不仅有"天下名山八，而三在蛮夷，五在中国"②的记述，更有"儒者所谓中国者，于天下乃八十一分居其一分耳"③的认识。"中国"只是"天下"的一部分，并非王朝疆域的全部。中华大地上众多王朝对"中国"的争夺，绝大多数情况下是出于谋求"正统"地位的需要而提出的，是各朝夺取"正统"的要件之一。即如宋人富弼所言："自契丹侵取燕、蓟以北，拓跋自得灵、夏以西，其间所生豪英，皆为其用。得中国土地，役中国人力，称中国位号，仿中国官属，任中国贤才，读中国书籍，用中国车服，行中国法令，是二敌所为，皆与中国等。"④ 当时的中华大地上存在着很多的政权，宋的"正统"地位直接面临着来自契丹建立的辽和党项人建立的西夏的挑战，但和东晋南北朝时期南朝丧失了对"中国"区域的有效控制不同，宋朝拥有对"中国"绝大部分地区的控制权，"中国"是证明其"正统"地位的有利条件，所以在富弼的话语中宋朝才是"中国"，是"正统"。

当今中国虽然是历史发展的结果，但历代王朝并没有一个将"中国"作为国号，即便是"中国"用于指称中原或汉代的郡县区域，历代王朝的疆域能够与之完全重合的

---

① 赵永春：《从复数"中国"到单数"中国"——试论统一多民族中国及其疆域的形成》，《中国边疆史地研究》2011年第3期。
② 《汉书》卷25《郊祀志》。
③ 《史记》卷74《孟子荀卿列传》。
④ [宋]李焘撰：《续资治通鉴长编》卷150，庆历四年六月戊午条，中华书局2004年版，第3640—3641页。

情况也是不存在的。① 也就是说,"中国"并非专指王朝的疆域,其适用的场景是中华大地上众多政权对"正统"乃至"大一统"的博弈,将其引入"历代国土范围""历史上的中国"的讨论,和其性质并非完全吻合,不仅无助于讨论的深入,反而极容易将讨论引入"以谁代表中国"的误区,而现实情况却是中华大地上的历代王朝("中国")和非历代王朝("边疆政权和族群")共同缔造了多民族国家中国,二者合在一起才能完整地"代表中国",缺一不可。聚焦于"中国"或许也是导致以往"何为中国"长期争论不休的深层次原因所在,因此,如何诠释中国疆域乃至中国历史应该摆脱"以谁代表中国"的误区,寻找一个更完善的视角和方法。

第二节　传统王朝国家到主权国家视域下疆域理论的新探索

综观已有的诠释中国疆域、中国历史的论著,历代王朝和近代传入的"民族国家"观念交互影响是一个突出现象,《中国疆域沿革史》即是最好的例证。尽管在 1951 年开始出现了两次全国性有关"历史上的中国"的讨论热潮,但这种状况并没有因为出现了以中华人民共和国疆域为基础"上溯"和以 18 世纪 50 年代到 19 世纪 40 年代鸦片战争前清朝疆域为"历史上的中国"范围的认识而发生根本改变。在铸牢中华民族共同体意识的当下,确立一个适合诠释多民族国家中国疆域和历史的标准有助于构建"四个共同"指导下的完善的话语体系。

一、新标准的确立:王朝国家与主权国家

在有关中国疆域形成与发展的叙述体系中,就目前已有论著来看,主要有"王朝国家""民族国家"和"主权国家"三种不同的概念,进而形成了不同的叙述体系。分析三种概念之间的差异,有助于我们选择更适合阐述中国疆域形成与发展的理论视角和标准。

---

① 有关"中国"概念的使用,亦可参见胡阿祥《吾国与吾名——中国历代国号与古今名称研究》,江苏人民出版社 2018 年版。历代王朝的政区情况,可参见谭其骧主编《中国历史地图集》,中国地图出版社 1982 年版。

(一)"王朝国家""民族国家"和"主权国家"三种概念的差异

从"王朝国家"视角阐释中国疆域的形成与发展,是史学界传统的研究方法。尽管尚未有学者对"王朝国家"概念做出明确的学理阐释,但从具体使用看,王朝国家主要用于指称清朝及其之前的中国历代王朝。考察东亚尤其是中华大地上存在的历代王朝疆域,可以看出在"普天之下莫非王土"观念的影响下,王朝国家基本都以中原地区为核心区域,"有疆无界",①且疆域盈缩无常,是其突出的特点。历代王朝在时间上前后相继,众多古代通史和断代史类的论著对这些王朝国家的历史有大量记载,史料丰富。这也是众多疆域史著作选择以历代王朝疆域为中国疆域形成与发展叙述体系的主要原因。

"民族国家"的概念源自"nation state"。该词最早出现在欧洲,本意是指"出现于西欧的那种摆脱中世纪和教权控制过程中所诞生的现代主权国家"。但在这一过程中,"民族的形成与国家的创立并头齐进,并且基本具备了民族与国家同一的形态,因此被称为'民族国家'"。由于"真正的民族国家应当是一个国家一个民族、一个民族一个国家",②所以这一概念迎合了殖民地国家"独立"运动的需要而被广泛使用。③但也有学者指出,"欧洲民族(国家)的产生与资本主义生产方式的产生和发展密切相关。民族国家是资本主义生产方式运动的结果"④,甚至在很大程度上,民族国家只是作为争取"独立"的口号而已。在历史和现实中存在的"民族"和"国家"完全对应的"民族国家"并非常态,所以有学者提出了"民族国家到底是一种理想中的国家形式还是一种现实的国家形式"⑤的疑问。

近代以来,随着"西学东渐","民族国家"理论传入中国,对清末的国家建构理论产生了较大影响。值得深入思考的是,在我国学界尽管有学者提出了"民族国家"是理想还是现实的疑问,但这并没有影响到大家对"民族国家"概念的广泛讨论。对于"民族国家",我国学界的分歧并非"民族国家"概念本身,而是在"民族国家"理论中

---

① 相关讨论参见毕奥南《历史语境中的王朝中国疆域概念辨析——以天下、四海、中国、疆域、版图为例》,《中国边疆史地研究》2006年第2期。
② 姜鹏:《民族主义与民族、民族国家——对欧洲现代民族主义的考察》,《欧洲》2000年第3期。
③ 参见钱文荣《〈联合国宪章〉和国家主权问题》,《世界经济与政治》1995年第8期。
④ 王沪宁:《国家主权》,人民出版社1987年版,第106页。
⑤ 宁骚:《论民族国家》,《北京大学学报》1991年第6期。

"民族"概念的界定上。学界关于此问题的大讨论始于20世纪50年代,但迄今仍存在较大分歧。①受"民族国家"理论的影响,《中国疆域沿革史》就是从"汉族"视角切入,将"民族国家"中的"民族"与"汉族"对应。但历代王朝的建立者并非都源自"汉族",这已是学界的共识。所以,从"民族国家"的视角审视中国历代王朝疆域的形成与发展不可能得出一个全面正确的认识。也有的学者为了规避对"民族国家"之"民族"认识上的严重分歧,提出了"国族"概念,认为"国族是民族国家的根基。但国族并非民族群体自然演进的结果,而是政治构建的产物"。②

国内学界关于"民族国家"概念的讨论中,有两种观点值得商榷。一是尽管不少学者将"民族国家"理论的源头上溯到了17世纪的《威斯特伐利亚和约》,但同时期在欧洲大陆已经建立了主权国家。而"民族国家"理论产生于18世纪,在时间上大大晚于主权国家。二是一些学者虽然使用"民族国家"概念,但在对中国疆域的研究中并没有严格区分"民族国家"与"主权国家",所谓的"民族国家"实际上是"多民族国家",于是就有了"民族国家并非单一民族国家,而是建立在民族对国家认同基础上的主权国家"③的解释。"主权"是构成当今"国家"的最关键要素,无论是"单一民族国家"还是"多民族国家",从理论上都属于"主权国家"。一些学者提出"国族"的概念,其目的就是要解决这一问题,但要在"民族国家"的语境下对"国族"做出合理的学理阐释,是不可能实现的。

"主权国家"是指称近代以来相邻国家通过外交谈判,签订条约并竖立界碑明确疆域范围,拥有"主权"的国家。当今世界二百多个国家和地区中,主权国家是基本样态。"主权国家"理论的产生,是与近代以来主权国家逐渐成为世界政治格局的基本组成部分相吻合的。"主权国家"理论对中国疆域研究的影响,虽然没有"王朝国家"和"民族国家"理论明显,但国内学界在研究古代中国疆域问题的论著中也有不同程度的运用。譬如,一些学者认为西域、西藏等边疆地区融入中国疆域的一个重要标志,就是中央王朝设置机构对这些地区实施了"有效管辖",其理论依据就是"主权国家"理论。如"元朝西藏地方纳入中央王朝行政管辖之后,历代中央政府一直对西藏实施着有效的

---

① 有关"民族"概念的讨论曾经出现过数次全国范围的高潮,也出现了诸多不同的观点,可参见金炳镐主编《中国民族理论百年发展:1900—1999》,辽宁民族出版社2008年版,第458—504页。
② 周平:《民族国家与国族建设》,《政治学研究》2010年第3期。
③ 周平:《对民族国家的再认识》,《政治学研究》2009年第4期。

管辖"①是目前学界的主流认识。但是，依据这一理论认定古代政权及其疆域归属，是否符合历史实际仍需深入探讨。

（二）《威斯特伐利亚和约》与主权国家理论的形成

"主权"的概念和理论产生于17世纪的欧洲。学术界一般将其源头追溯到《威斯特伐利亚和约》的订立。1648年，来自欧洲16个国家、66个神圣罗马帝国名义下的王国的109位代表，参加了在威斯特伐利亚地区的奥斯纳布鲁克和明斯特两个小城召开的和会，分别达成了《神圣罗马皇帝与瑞典女王以及他们各自盟国之间和平条约》和《神圣罗马皇帝和法兰西国王以及他们各自盟国之间的和平条约》，它们被统称为《威斯特伐利亚和约》。该和约订立的基本原则是：

> 为了基督教、普遍的和平以及永久、真正和诚挚的和睦，各缔约方应努力保障他方的福祉、荣耀与利益，因而为神圣罗马帝国下的和平与友谊、法兰西的繁荣，增进良好与诚信的睦邻关系。（第1条）永远宽恕在战争中各自无论何时何地所做所为，不再以任何方式加害或不允许加害他方，并完全废止战前或战时所为。（第2条）各方和睦相处，永不为敌。（第3条）今后如发生神圣罗马帝国与法兰西之间的争端，双方均应恪守义务不再相互为敌。（第4条）涉及双方争端应约定仲裁员解决，或以条约结束该争端。（第5条）在和睦相处的基础上，各国充分享有其权利。（第6条）应恢复原状的占有领地，即便有合法的例外理由，也不应阻碍恢复原状，而由法官裁定。（第7条）裁定领地占有者及恢复原状的范围应根据先有的一般规则，并为以后的重要案件提供依据。（第8条）神圣罗马帝国下各国君主权利应予恢复。（第9、10条）

分析和约的具体条款可以看出，其订立的主要目的是确立法国的霸主地位以及各国的边界，以结束欧洲长达三十年的战争，学界一般认为："威斯特伐利亚和会及其签订的和约是现代的实在国际法，即现代国际条约的起点。该和约是为了调整欧洲各国，主要是法国、瑞典、奥地利、西班牙等国的关系，确立法国的霸主地位。""和约承认德

---

① 张云、石硕主编：《西藏通史·早期卷》，总序，中国藏学出版社2016年版，第1页。

意志各诸侯国享有独立的主权,承认了荷兰、瑞士为独立国,在实践上第一次肯定了格劳秀斯在《战争与和平法》中所提出的国家主权、国家领土与国家独立等原则是国际关系准则。"①纵观欧洲发展史,该和约的订立促成了法国、德意志、荷兰等主权国家的出现,摆脱了神权的控制,明确了各国的边界。

《威斯特伐利亚和约》的影响不仅仅限于 17 世纪之后的欧洲,对近代以来国际社会的影响也是深远的。"该条约明确规定了主权原则,建立了近代国家体系,划分了欧洲国家的界限,从而体现出国际法是列国间而非列国上之法,是近代国际法的历史起点。"②因此,该和约被学界被视为"主权国家"理论形成的源头。

需要特别指出的是,《威斯特伐利亚和约》带给欧洲政治格局的变化是由 traditional states 向 nation state 的转变,前者一般被视为"传统国家",后者则被视为"现代国家"。但主权国家理论传入中国后,如何认识 nation state,给出一个对应的汉语词汇,一度是困扰梁启超、顾颉刚、吴文藻、费孝通等前辈学人的难题,并在 1939 年引发了有关"中华民族"的大讨论。尽管现在我国相关政府部门和高校不再将"民族"英译为"nation",而是用汉语拼音"minzu"表示,但学者一般还是将 nation state 汉译为"民族—国家",或直接译为"民族国家"。国外诸多讨论"民族国家"理论的著作中,安东尼·吉登斯的《民族—国家与暴力》一书在国内影响力较大,其中将"nation state"界定为:"民族—国家存在于由他民族—国家所组成的联合体之中,它是统治的一系列制度模式,它对业已划定边界(国界)的领土实施行政垄断,它的统治靠法律以及对内外部暴力工具的直接控制而得以维护。"③但是,从《威斯特伐利亚和约》带给欧洲历史政治格局的变化来看,和"国家"对应的词汇应该是中文的"国民"而非"民族",因此,笔者认为将"nation state"汉译为"国民国家"更准确。这一方面符合安东尼·吉登斯的原意,另一方面也符合欧洲历史发展的实际。因为"国民"和"民族"尽管都属于人类共同体性质的概念,但二者在涵盖范围上往往并不重合,既有联系也有区别。"国家"和"国民"是完整的对应关系,"民族"和"国家"则不能形成完全对应。与

---

① 张乃根:《国际法原理》,复旦大学出版社 2012 年版,第 16—20 页;另参见黄德明《〈威斯特伐利亚和约〉及其对国际法的影响》,《法学评论》1992 年第 5 期;李明倩:《〈威斯特伐利亚和约〉与近代国际法》,商务印书馆 2018 年版;等等。
② 李明倩:《〈威斯特伐利亚和约〉与近代国际法》,绪论,第 5 页。
③ 安东尼·吉登斯著,胡宗泽等译:《民族—国家与暴力》,三联书店 1998 年版,第 147 页。

"主权国家"相比,"民族国家"并非国家的一般形态,当今世界众多国家的形态也反映了这一点,这也是近现代以来国际法尤其是《联合国宪章》再三强调"国家主权"而非"民族国家主权"的重要原因。

(三)主权国家理论与中国传统"天下"观

构成主权国家的三大要素是主权、领土和人民。① 这既是当今学界的主流认识,也是国际法对"主权国家"的主要保障。正如霍夫曼所言"主权并非国家与生俱来的产物","国家随着时间的变化而变化并在此过程中产生了主权。但是只有我们承认所有国家声称对强制力的合法垄断(尽管是以不同的方式),我们才能理解这一点。并且也就是对国家强制力合法垄断的宣称使得国家出现了主权"。② 应该说,这一观点所要表达的核心内容,与欧洲"主权国家"的演变历史基本相符,也对"主权国家"的基本含义进行了概括。那么,按照"主权国家"的标准来审视亚洲地区尤其是中国历代王朝,又能得出一个什么样的结论呢?

孟子曰:"诸侯之宝三:土地,人民,政事。"③ 尽管"诸侯"不是"天下国家",更不能视其为"王朝国家",但孟子的认识和今天判定主权国家的标准有着惊人的相似之处。中国历代王朝在实践中虽然都有直接管辖的区域,但却往往将自己的统治范围视为"有疆无界"的"天下",而"天下"在清代才发展到具有现代意义的代表主权的边界。按照"主权国家"的标准判断,康熙二十八年(1689)《尼布楚条约》的签订,标志着清朝通过谈判与邻国签订国际条约的方式,确定了本国疆域的主权范围,该条约的签订,仅仅比《威斯特伐利亚和约》晚了四十一年。因此,从疆域属性的视角看,欧亚大陆基本在相同的时期,出现了从传统国家向主权国家转变这一发展趋势。我们甚至可以发现,"主权国家"概念所要求的主权、领土和人民三大要素,与构成中国传统"天下观"主体因素的皇权、"天下"(版图)和"夷夏"有着相同的属性。二者的差别是,欧洲摆脱了"神权"的控制演变为主权国家,而亚洲的中国则是由王朝国家向主权国家自

---

① 1933年12月26日在乌拉圭蒙特维多召开的第七届美洲国家国际会议上,美国、古巴、尼加拉瓜、巴西等十九个美洲国家签署了《国家权利义务公约》,其第1条规定,国家作为国际法主体应具有常住人口、确定的领土、政府、与其他国家建立关系的能力四个资格条件。
② 约翰·霍夫曼著,陆彬译:《主权》,吉林人民出版社2005年版,第4页。
③ 《孟子·尽心下》,朱熹:《四书章句集注》,中华书局1983年版,第371页。

然转变，转变过程中"皇权"的主导地位并没有发生根本变化。

相对于立足于历代王朝和民族国家等视阈建构的中国疆域叙述体系，从传统王朝国家向主权国家转变的视角构建中国疆域形成与发展的话语体系，既和中华民族形成与发展的大历史是一致的，又具有充分的学理依据。一方面，主权国家和中国传统"天下观"的主要构成因素有着相同的属性；另一方面，这一叙述体系既可以规避"民族国家"理论所造成的问题分歧，也可以弥补前述三种叙述体系的不足。在从传统王朝国家向主权国家转变的视阈下，"中国疆域"是一个动态的研究对象，"传统王朝国家"是"中国疆域"的源，而"主权国家"是"中国疆域"的流。在传统王朝国家阶段，中华大地上的所有政权，无论是"大一统"王朝，还是分裂王朝，无论是传统的"汉族"政权，还是"非汉族"政权，其疆域自然都是"中国疆域"的组成部分，都可以在"中国疆域"的框架中展开叙述。只有在对中华大地上所有存在过的政权的历史及其疆域做出全面系统阐述的基础上，我们才能看清楚"中国疆域"的源与流，才能完整展现作为"主权国家"的"中国疆域"形成与发展的轨迹和最终结果。而对这一过程进行全面客观的考察并对其规律做出理论总结，则是我们构建中国疆域形成与发展话语体系的重要理论依据。

从传统王朝国家向主权国家转变的视角，也可以为我们构建中国历史话语体系提供有益参考。中华人民共和国作为一个多民族国家，是历史上多个政权在由分裂到统一不断循环的过程中最终形成的，是生息繁衍在中华大地上的所有族群共同缔造的。这一全新的视角和方法，不仅可以彻底摆脱"民族国家"理论对中国历史叙述带来的一系列困扰，有助于构建符合中国历史实际情况的话语体系，也为解开如何界定中国的"民族属性"等诸多难题提供了一个新的思路，进而为国家的稳定与发展提供学术支持。

二、"自然凝聚，碰撞底定"：多民族国家疆域的理论概述

长期以来，不仅记述历代王朝的"二十四（五）史"被视为中国正史，而且阐述历代王朝疆域的疆域史著作也往往冠之"中国疆域"。这种情况虽然在20世纪50年代之后随着"历史上的中国"的大讨论受到了质疑，但新出的疆域史乃至中国史论著多数还是以历代王朝的兴替沿革为基本框架，依然无法摆脱历代王朝史观的影响。笔者基于以下史实：中华大地有自成体系的环境及独特的"族群"观、"中国"含义存在由指称

"王畿"到指称多民族国家的变化、"大一统"是多民族国家建构的主导思想、多民族国家建构主导者存在换位等,提出中国疆域的属性存在从传统王朝国家向近现代主权国家转变的情况,我们可以从这一视角对多民族中国形成与发展的轨迹做出理论诠释。

"天下"与"中国"是近些年来学界颇为关注的话题,在一定程度上可以视为20世纪"历史上的中国"讨论的延续和另样体现,说明讨论在向深层次发展。[①] 但是,虽然"自古就是中国的领土"经常见诸媒体,而"中国自古就是统一多民族国家"也常见于史学论著中,但如何阐述"自古","自古"是始于何时,则已有论著没有给出科学客观的理论解答。这个问题依然不仅是当今我国学术界面临的难题,更是我国国民教育中迫切需要补充的一个重要内容,以致在中国的属性是什么,是谁缔造的,如何看待汉族乃至中华民族的性质及其形成和发展,如何认识边疆政权的归属,如何认识西方学者认为的"长城以北非中国"等诸多问题上存在严重分歧。笔者认为问题的关键还是在于我国学界难以突破民族国家理论的束缚,而民族国家理论并不能够准确解读多民族国家中国形成的历史。

笔者认为,与美国、俄罗斯等世界上其他国家相比,多民族国家中国的形成和发展具有截然不同的特点,它是生活在中华大地上的众多族群共同缔造的,分布在中原地区的农耕族群(人们一般认为的汉人或汉族)起到了奠基作用,而分布在边疆地区的以游牧为主的"夷狄"族群则起到了发展和定型作用,尽管多民族国家疆域的形成和发展可以分为四个不同的时期,但其形成时期的显著特点可以概括为"自然凝聚"。[②] 由这一视角看多民族国家中国的形成轨迹,有两条明显的主线贯穿其中,同时也存在一次明显的两个政治体的碰撞。两条线索是:(1)多民族国家疆域的形成和发展;(2)中华民族(国民)的形成和发展。二者相辅相成,同步发展并互为因果。一次碰撞是:东亚传统存在的以历代王朝为核心主导的藩属政治体系在1840年遇到了来自域外殖民势力构

---

① 参见马大正《当代中国边疆研究(1949—2014)》,中国社会科学出版社2016年版,第162—187、559—570页;李大龙、刘清涛:《统一多民族国家的疆域问题研究》,达力扎布主编:《中国民族史研究60年》,中央民族大学出版社2010年版,第37—47页。

② 笔者认为我们研究的"中国疆域"应该是指康熙二十八年(1689)《尼布楚条约》的签订到1840年鸦片战争爆发期间清朝的疆域。这一疆域的形成和发展大致经历了自然凝聚时期,时间是从中华大地人类文明的出现,到1689年《尼布楚条约》的签订;疆域明晰时期,时间是从《尼布楚条约》的签订到1840年鸦片战争爆发;列强的蚕食鲸吞时期,时间是从鸦片战争爆发到1949年中华人民共和国成立;现代疆域巩固时期,时间是从中华人民共和国成立至今。参见李大龙《试论中国疆域形成和发展的分期与特点》,《中国边疆史地研究》2011年第3期。

建殖民体系的行动，在有限的空间内不能避免地出现碰撞，不仅导致多民族国家疆域从"有疆无界"到"有疆有界"转变的终止，而且大片领土被蚕食鲸吞，是新中国的成立最终实现了"底定"。基于此，笔者试图从传统王朝国家向近现代主权国家转变的视角，解构多民族主权国家形成的历史轨迹，希望有助于构建有中国特色的多民族国家疆域理论体系。

（一）自成单元的环境与独具特色的"天下"/"族群"观

多民族国家中国形成和发展于东亚辽阔的中华大地上，而伴随着农耕族群所建政权的出现，最迟在先秦时期就形成了独具特色的"天下观"和"族群观"。

囿于对周围地理环境的认知和对皇权的崇拜，一般情况下中国古人将东亚区域称为"天下"。"天下"的范围随着人们对周围环境的认知水平而扩展，"天下"也有理想化和现实中的差别。《诗经·小雅·北山》所谓"溥天之下莫非王土，率土之滨莫非王臣"即是对理想中"天下"的描述，而经常见诸史书记载的"大赦天下"则说的是现实中的"天下"，即秦汉及其之后以郡县为核心的皇帝政令可以实施的范围。费孝通先生在《中华民族多元一体格局》中对中华民族生存空间的描述"中华民族的家园坐落在亚洲东部，西起帕米尔高原，东到太平洋西岸诸岛，北有广漠，东南是海，西南是山的这一片广阔的大陆上。这片大陆四周有自然屏障，内部有结构完整的体系，形成一个地理单元"①，可以视为当今学者对中国古人理想中"天下"范围的现实理解，多民族主权国家中国就是在这一辽阔区域内自然凝聚形成的。

"天下"有理想和现实之分，"天下"的人群相应也有"夏""夷"之别。较早创建政权的中原农耕族群，很早就看到了自然环境对人群凝聚的影响，并有了"五方之民"的族群划分。如前引《礼记·王制》对此"五方之民"的记载，"五方之民"是生活在中华大地上的人们最早对不同族群的认识，明显有别于基于种族而来的民族国家理论，其划分的标准不是相貌、肤色等人种特征，而是安居、和味、宜服、利用、备器等生产、生活方式，划分的标准属于文化的范畴。

"五方之民"随着秦汉王朝"大一统"的实现及对农耕族群的凝聚和整合，演变为"夏""夷"两大群体。在两大群体划分的基础上，司马迁在《史记》中将众多族群和政

---

① 费孝通主编：《中华民族多元一体格局》（修订本），中央民族大学出版社1999年版，第4页。

权分为农耕／"城国"和游牧／"行国",很明显是以中原地区被称为"汉"的族群与草原地区被称为"匈奴"的族群的居住特点之间的差别为标准划分的。民国时期的地理学者胡焕庸在1935年以瑷珲和腾冲为两端,将中华大地上的人口分布划分为东西两部分,这就是著名的"胡焕庸线"。胡焕庸线虽然和司马迁的划分不完全吻合,但基本上也可以将中华大地上的人群分为农耕和牧业两大群体。回顾中华大地上众多族群和所建政权形成和发展的历史,不难发现上述中国古人对族群的认识对后代处理不同族群之间的关系起到了十分重要的作用,历朝各代奉行的"因俗而治""用夏变夷""以夷制夷"等等观念和政策都基于这些认识,同时,这些认识也为不同族群之间的凝聚和交融、中华民族(国民)的初步实现凝聚转型提供了理论依据。

无论是称为"夷""夏",还是称为"农耕""游牧",在中华大地上互动的这两大族群的事迹几乎占据了古籍记载的绝大部分,不仅推动了多民族国家由传统王朝国家向近现代主权国家转化,成为共同的缔造者,同时也是当今我国五十六个民族的祖先。

(二)"中国":由指称"王畿"到多民族国家的简称

在中华民国之前,中华大地上出现的众多政权没有一个是称为或简称为"中国"的,但是众多族群共同缔造的由传统王朝转变而来的近现代主权国家则最终是以"中国"为国号出现在世界舞台的。尽管史学界传统上将"历代王朝"视为"中国"的代表,但"民族国家"话语体系的传入却将其带入了难以圆说的境地。最主要的原因即是历代王朝的建立者并不相同,分属于不同的"民族",而历代王朝史观构建起来的中国历史叙述体系的整体性无法诠释这一问题。但如果我们换一个角度,抛开"民族国家"理论的束缚,"中国"概念的形成与发展就可以为我们诠释多民族国家中国疆域的形成与发展提供一个清晰的线索,也是我们解构诸多谜团的钥匙。因为"中国"含义由指称王畿到成为近现代主权国家的简称,不仅是多民族国家形成轨迹的呈现,同时也是中国疆域由传统王朝国家向近现代主权国家转变的重要标志。这一转变大致经过了三个不同时期:

(1)秦朝以前的先秦时期指称"王畿",为"王"的直接统辖区域,有"天下"权力核心的含义。

"中国"一词最早出现在1963年出土于宝鸡的青铜器何尊之铭文中:"……惟武王既克大邑商,则廷告于天曰,余其宅兹中国,自之乂民……"相应地,先秦时期的典籍中也存在着有关"中国"的记述。《尚书·梓材》有："皇天既付中国,民越厥疆土于先王。"《诗·大雅》有："惠此中国,以绥四方。"《毛诗注疏》卷24有："中国,京师也。四方,诸夏也。"对于"中国"的含义,今人也给予了很多关注,但多否认其有政权的含义。翁独健先生的观点即有代表性:"中国一词,从《诗经》上就可以找到,不过古代'中国'之称只是地域的、文化的概念,或者是一种褒称。"① 翁先生揭示了"中国"这一词汇在不同时期所具有的复杂内涵,但"中国"最初的含义具有鲜明的政治色彩则是不能否认的,因为后人"中国,京师也"的注疏,将"王畿""中国""京师"有机联系在一起,诠释了"中国"最初是指周王的"王畿"及其所隐含的"天下政治中心"的内涵,前述"溥天之下莫非王土,率土之滨莫非王臣"即是在此基础上形成的。

"中国"指称范围的扩大是和其含义的泛化密切相连的,而其中关键性的因素也是围绕王权及其发展而来的皇权展开的。《春秋公羊传·定公四年》有"夷狄也而忧中国",周王附近的诸侯似乎被纳入了"中国",而秦、楚、吴、越等在司马迁的笔下则属于"夷狄也",但对于秦王嬴政的"一统",他认为是"秦遂以兵灭六王,并中国,外攘四夷"②,秦也由此从"夷狄"而变成了"中国"。以往众多学者都认识到"诸夏"与"夷狄"的区分是"文化",但"文化"的标准则为学者们所忽略。实际上,"诸夏"与"夷狄"区分的根本标准是是否认同和维护以"王权"为核心的"天下秩序",这是和上述中国古人对族群划分的观念一脉相承的。《春秋公羊传·僖公四年》有:"夷狄也而亟病中国,南夷与北狄交,中国不绝若线。桓公救中国而攘夷狄,卒帖荆,以此为王者之事也。"此"中国"或可被认为是指称"中原"(诸夏),但将其看作是维护以"王权"为核心的"天下秩序"似乎更准确,"在《春秋》《左传》《国语》等书中,春秋时期齐、鲁、晋、郑、陈等中原诸侯称为'中国''诸夏''诸华'或'华夏',秦、楚等仍是'夷狄'。至战国,七雄并称'诸夏',同列'中国'"③的原因亦在于此。

(2)秦统一六国之后,中原地区郡县化,"中国"随着"皇权"的出现,有了指称中原地区(秦汉以来的郡县区域)的含义。

---

① 翁独健:《在中国民族关系史研究学术座谈会闭幕会上的讲话》,《中央民族学院学报》1981年第4期。
② 《史记》卷27《天官书·太史公曰》。
③ 陈连开:《中国·华夷·蕃汉·中华·中华民族——一个内在联系发展被认识的过程》,费孝通等著:《中华民族多元一体格局》,中央民族学院出版社1989年版,第80页。陈先生虽然看到了"中国"含义的变化,遗憾的是着眼点还是"民族"差异。

秦汉王朝的出现不仅将"王权"发展为"皇权",而且也将"皇帝"的直接统治区域定型于"九州","中国"的范围扩大为郡县区域。嬴政因"兴义兵,诛残贼,平定天下,海内为郡县,法令由一统,自上古以来未尝有,五帝所不及",称"始皇帝",皇权取代王权成为"天下"主宰,其后"分天下以为三十六郡,郡置守、尉、监",并在"地东至海暨朝鲜,西至临洮、羌中,南至北向户,北据河为塞,并阴山至辽东"的辽阔地区,"一法度衡石丈尺,车同轨,书同文字"。①《汉书·地理志》则将汉朝的郡县和"天下分绝,为十二州,使禹治之"相联系,言:"汉兴,因秦制度,崇恩德,行简易,以抚海内。至武帝攘却胡、越,开地斥境,南置交阯,北置朔方之州,兼徐、梁、幽、并夏、周之制,改雍曰凉,改梁曰益,凡十三(郡)〔部〕,置刺史。"《汉书·天文志》载:"及秦并吞三晋、燕、代,自河、山以南者中国。中国于四海内则在东南,为阳,阳则日、岁星、荧惑、填星,占于街南,毕主之。其西北则胡、貊、月氏毡裘引弓之民,为阴,阴则月、太白、辰星,占于街北,昴主之。故中国山川东北流,其维,首在陇、蜀,尾没于勃海碣石。"如实反映了"中国"指称范围的变化,而且这一指称范围至清代之前并没有根本性质的改变。

(3)康熙二十八年(1689)《尼布楚条约》的签订,"中国"有了指称清朝多民族国家的含义,预示着"中国"开始以一个近现代主权国家的身份出现在国际政治舞台。

1644年入关的清朝虽然源出于"东夷",但不仅在前代的基础上将皇帝的直接统治区域彻底突破了汉以来的郡县范围,而且通过与邻国签订条约的方式将其明晰化,"中国"保留了传统指称范围,如《清史稿·地理一》载:"世祖入关翦寇,定鼎燕都,悉有中国一十八省之地,统御九有,以定一尊",但在此基础上"中国"也有了指称多民族主权国家——清朝的含义。不仅在《清实录》中"中国"往往是和"清朝"含义相同,在清朝与俄罗斯在康熙二十八年(1689)签订的《尼布楚条约》、雍正五年(1727)签订的《布连斯奇界约》、乾隆三十三年(1768)签订的《修改恰克图界约第十条》等条约②中,"中国""清朝"也具有相同的含义,表明"中国"已经成为多民族主权国家的简称,中华大地上众多族群梦想中的以"王权"为核心的"天下"终于和现实中的多民族主权国家疆域实现了重合,多民族国家也实现了由传统王朝国家向近现代主权国家

---

① 《史记》卷6《秦始皇本纪》。
② 有关上述边界条约的内容,参见王铁崖编《中外旧约章汇编》第一册,三联书店1957年版。

的转型。① 与此同时,指称中原地区人群的"中国人"概念也由之涵盖范围发生了性质变化,具有了指称多民族国家境内所有人群的含义,即如史籍所载:"海洋行船,中国人多论更次,西洋人多论度数。"②"饬明谊等援照东界条约,令俄人让出数百里,安置此项人众,如势必不能,或仿照东界办法,分界后仍准中国人照常游牧。"③

因此,我们可以说"中国"一词含义的变化实际上体现着中国疆域由传统王朝国家向近现代主权国家转变的轨迹,不仅是中国疆域形成与发展的重要标志,同时也是中华民族共同体从"自在"向"自觉"状态转变的重要表现。

(三)"大一统":多民族国家建构的主导思想

虽然记述中国历史的所谓"二十四(五)史"罗列的诸多王朝被视为中国正统,但这些王朝建立者分属于"五方之民"及其发展而来的"夏夷",身份并不相同,且在中国疆域形成与发展中的作用也有很大差别。如三国时期的魏、蜀、吴将中原地区分裂为三,鼎立并存,被视为"五代"的"梁唐晋汉周",其疆域仅仅限于中原腹心地区,而蒙古人建立的元朝和满洲人建立的清朝则较农耕族群建立的汉朝和唐朝实现了中华大地更大范围的"大一统"。因此,尽管都属于历代王朝,其在中国疆域形成与发展中的作用是不同的,而将中原农耕族群和边疆族群联系在一起共同为中国疆域形成与发展贡献力量的,则是这些族群所建政权对"大一统"思想的继承和发展。

"大一统"思想是多民族国家中国建构的主导思想已经得到越来越多学者的认同,但已有的研究,多将其与董仲舒和《春秋公羊传》直接对接并不准确,其直接的思想源头应该是先秦时期的"服事制"和汉武帝"大一统"观念的形成。

关于"服事制",《国语·周语上》有详细记载:"夫先王之制,邦内甸服,邦外侯服,侯卫宾服,蛮夷要服,戎狄荒服。甸服者祭,侯服者祀,宾服者享,要服者贡,荒服者王。日祭、月祀、时享、岁贡、终王,先王之训也。有不祭则修意,有不祀则修言,有不享则修文,有不贡则修名,有不王则修德,序成而有不至则修刑。于是乎有刑不祭,伐不祀,征不享,让不贡,告不王;于是乎有刑罚之辟,有攻伐之兵,有征讨之

---

① 参见李大龙《"中国"与"天下"的重合:古代中国疆域形成的历史轨迹——古代中国疆域形成理论研究之六》,《中国边疆史地研究》2007年第3期。
② 《清圣祖实录》卷253,康熙五十二年二月甲寅。
③ 《清穆宗实录》卷92,同治三年正月丁卯。

备,有威让之令,有文告之辞。布令陈辞而又不至,则增修于德而无勤民于远,是以近无不听,远无不服。"后人对此多因机械性理解而否定之,实际上它是一种按照亲疏远近构建统治体系的统治理念,并不是机械地按照五百里的规制来构筑统治体系,西周众多诸侯的分布大体是遵循和周王关系亲疏的原则,因此被分为"王之支子母弟""非王之支子母弟、甥舅也,则皆蛮荆戎狄之人也"。①秦并六国,秦王嬴政创造性地以郡县统治方式取代了封建诸侯,同时也强化了皇帝"天下"核心的地位,而"武帝之初七十年间,国家亡事,非遇水旱,则民人给家足,都鄙廪庾尽满,而府库余财。京师之钱累百钜万,贯朽而不可校。太仓之粟陈陈相因,充溢露积于外,腐败不可食"②的国力,为汉武帝"大一统"思想的出现提供了牢固的物质基础。尽管与匈奴的关系问题是汉朝初期的重要边疆治理问题,但汉武帝的"大一统"观念却是在处理百越所建南越、闽越、东瓯三个政权关系的过程中形成的。作为汉朝"藩臣"的三个政权经常处于征战状态,汉朝则自然成了协调者。建元六年(前135),在淮南王刘安的反对下,汉武帝出兵调节闽越与南越纷争尽管取得了满意的效果,但事后还是派遣大臣向刘安解释自己的想法,其中"……夫兵固凶器,明主之所重出也,然自五帝三王禁暴止乱,非兵,未之闻也。汉为天下宗,操杀生之柄,以制海内之命,危者望安,乱者卬治"③即凸显了其"大一统"观念已经形成。此事之后,据《汉书·武帝纪》载元光二年(前133)"诏贤良……于是董仲舒、公孙弘等出焉",进而才有了董仲舒对《春秋公羊传》中"大一统"的解释。

汉武帝为实现其"汉为天下宗"的理想,北征匈奴,灭朝鲜设四郡,亡南越设九郡,派张骞出使西域,④虽然遗憾的是其本人没有看到匈奴的臣服,但其后的宣帝却完成了其遗愿,构建起了"大一统"的王朝:"汉兴,因秦制度,崇恩德,行简易,以抚海内。至武帝攘却胡、越,开地斥境,南置交阯,北置朔方之州,兼徐、梁、幽、并、夏、周之制,改雍曰凉,改梁曰益,凡十三(郡)〔部〕,置刺史。"⑤这只是汉朝疆域的

---

① 参见李大龙《汉唐藩属体制研究》,中国社会科学出版社2006年版,第13—21页。
② 《汉书》卷24《食货志》。
③ 《汉书》卷64上《严助传》。
④ 关于汉武帝"大一统"思想实践过程,参见李大龙《汉武帝"大一统"思想的形成及实践》,《北方民族大学学报》2013年第1期。
⑤ 《汉书》卷28上《地理志》。

核心区域，其外围还有护乌桓校尉、护羌校尉、西域都护及"藩臣"匈奴的辖区。①汉朝"大一统"的实现，不仅对中华大地上的农耕族群及其所建政权形成了重要影响，而且其影响力也波及以游牧族群为主体的被称为"夷狄"的族群及其所建政权，主要表现在以下三个方面：

（1）汉代郡县区域成为"不可不臣"的核心地区。以西汉末出现在玄菟郡高句丽县境内的高句丽政权为例，虽然和西汉以后的历代王朝保持称臣关系，但在隋唐时期称霸于东北亚，唐高祖李渊一度想不接受其称臣，但据《旧唐书·东夷列传·高丽传》载："侍中裴矩、中书侍郎温彦博曰：'辽东之地，周为箕子之国，汉家玄菟郡耳！魏、晋已前，近在提封之内，不可许以不臣。且中国之于夷狄，犹太阳之对列星，理无降尊，俯同藩服。'高祖乃止。"隋文帝、炀帝及唐太宗都接受了这一认识，唐太宗对其侍臣所言："辽东旧中国之有，自魏涉周，置之度外。隋氏出师者四，丧律而还，杀中国良善不可胜数。今彼弑其主，恃险骄盈，朕长夜思之而辍寝。将为中国复子弟之仇，为高丽讨弑君之贼。今九瀛大定，唯此一隅，用将士之余力，平荡妖寇耳。然恐于后子孙或因士马强盛，必有奇决之士，劝其伐辽，兴师遐征，或起丧乱。及朕未老，欲自取之，亦不遗后人也。"②这也是隋唐两朝持续用兵高句丽的根本原因。③唐太宗灭高昌设置西州以及设置羁縻府州管理北部游牧族群都是受到了汉朝的影响。

（2）汉朝的疆域成为其后历朝各代比附的对象，以夸耀其"德政"。在所谓的"正史"中，我们很容易就可以找到后代夸耀疆域广大是以汉朝疆域作为比照标准的例证。如《晋书·地理志》有"宛然秦汉"，《新唐书·地理一》有"开元、天宝之际，东至安东，西至安西，南至日南，北至单于府，盖南北如汉之盛，东不及而西过之"，《宋史·地理一》有"至是，天下既一，疆理几复汉、唐之旧，其未入职方氏者，唯燕、云十六州而已"，等等。

（3）受到汉朝的影响，"夷狄"也开始进入中原建立政权，试图建立"大一统"王朝。传统观念将两晋南北朝时期进入中原地区建立政权的匈奴、鲜卑、羯、氐、羌称为"五胡乱华"，岂不知这些族群是受到"大一统"思想的影响而进入中原的，目的也

---

① 有关汉代疆域的演变情况，可参见李大龙《汉代中国边疆史》，黑龙江教育出版社2014年版。
② 《册府元龟》卷117《帝王部·亲征二》。
③ 有关隋唐征讨高句丽的情况，参见马大正、李大龙等《古代中国高句丽历史续论》，中国社会科学出版社2003年版。

是想实践"大一统"。刘渊以"大丈夫当为汉高、魏武,呼韩邪何足效哉"①回绝了匈奴部众期望其"复国"的愿望,显示深受汉朝"大一统"的影响,其建立的汉虽然疆域没有达到"大一统"的程度,但是其实践的努力却为氐人所继承。苻生曾言"朕受皇天之命,承祖宗之业,君临万邦,子育百姓"②,已经俨然是"受命于天"的"天子"了。苻坚在大臣建议其防范鲜卑时言:"朕方混六合为一家,视夷狄为赤子,汝宜息虑,勿怀耿介。夫惟修德可以禳灾,苟能内求诸己,何惧外患乎。"③不仅自诩自己的"正统"地位得到了"夏""夷"的拥戴,而且认为出于华夏的东晋也应该"宾服"于他:"吾统承大业,垂二十载,芟夷逋秽,四方略定,惟东南一隅未宾王化。吾每思天下不一,未尝不临食辍餔,今欲起天下兵以讨之。"④前秦由此发起的淝水之战虽然被后人站在东晋的角度夸耀为以少胜多的著名战例,但从氐人苻坚的角度看,尽管努力失败了,亦不能否认淝水之战是一次试图灭亡东晋,实现"大一统"的壮举。而更重要的是,氐人对"大一统"的冲击虽然失败了,但这种努力却为鲜卑、契丹、女真、蒙古所继承,并不断实践。《元史·地理志》载:"自封建变为郡县,有天下者,汉、隋、唐、宋为盛,然幅员之广,咸不逮元。汉梗于北狄,隋不能服东夷,唐患在西戎,宋患常在西北。若元,则起朔漠,并西域,平西夏,灭女真,臣高丽,定南诏,遂下江南,而天下为一。故其地北逾阴山,西极流沙,东尽辽左,南越海表。盖汉东西九千三百二里,南北一万三千三百六十八里,唐东西九千五百一十一里,南北一万六千九百一十八里,元东南所至不下汉、唐,而西北则过之,有难以里数限者矣。"从明人对元朝的定位中不难推测出,鲜卑人建立的北魏、契丹人建立的辽、女真人建立的金等也位列"中国正统"序列的原因,是这些族群所建立的政权也认同并试图构建以"皇帝"为中心的"天下秩序",也即所谓"中国正统"。

作为中华大地上的最后一个传统王朝,清朝统治者不仅继承了"大一统"思想,而且在诸多方面都有发展,其实践也取得了远超前代的硕果。《清史稿·地理志一》载:"自兹以来,东极三姓所属库页岛,西极新疆疏勒至于葱岭,北极外兴安岭,南极广东琼州之崖山,莫不稽颡内乡,诚系本朝。于皇铄哉!汉、唐以来未之有也。"而之所以

---

① 《资治通鉴》卷85,惠帝永兴元年八月条。
② 《晋书》卷112《苻生载记》。
③ 《资治通鉴》卷103,晋宁康元年条。
④ 《晋书》卷114《苻坚载记下》。

有如此辽阔的疆域，雍正皇帝认为是因为"自古中国一统之世，幅员不能广远，其中有不向化者，则斥之为夷狄。如三代以上之有苗、荆楚、猃狁，即今湖南、湖北、山西之地也。在今日而目为夷狄可乎？至于汉、唐、宋全盛之时，北狄、西戎世为边患，从未能臣服而有其地，是以有此疆彼界之分。自我朝入主中土，君临天下，并蒙古，极边诸部落俱归版图。是中国之疆土，开拓广远，乃中国臣民之大幸，何得尚有华夷中外之分论哉！"① "大一统"思想对清朝统治者的影响是十分明显的，这也是导致清代多民族主权国家最终形成的关键性因素。

（四）多民族国家建构主导者的换位

在中华大地上生息繁衍着众多的族群，建立过很多的政权，这些政权的建立者并非全部是"汉人"或称为（汉族）。"大一统"皇帝并非只能是"汉人（夏）"，"夷狄"也可以成为"天下之主"，这是匈奴人刘渊带来的观念。由此争夺"中国正统"就成为"夏"（农耕族群/汉）、"夷"（边疆族群/游牧族群）关系的主线，共同主导着多民族国家的建构过程。中华大地上的众多族群共同构建了多民族国家，这一认识虽然日益得到越来越多人的认同，但是认为"汉人"或"汉族"是主导者的观点依然有着很大影响，因此客观认识多民族国家建构的主导者不仅具有学术价值，也有着深远的现实意义。

所谓"二十五史"的出现，似乎确定了中华大地上存在过的这些政权的"正统"性，但是也带来了一个问题：这些政权的统治者并没有血统甚至族属上的继承关系，统治区域也各不相同，何以能够被列入一脉相承的"正统"系列之中？唯一的合理解释应该是这些政权的统治者都出现在中华大地上，对中华大地上形成的以"王"（皇帝）为核心的"天下秩序"有着强烈的认同，而势力强大的政权统治者多数以成为"正统"为最高追求，由此导致的不同族群所建政权长期持续不断地争夺"正统"就成了中华大地上政治格局演变的常态，因此对"二十五史"出现更合适的解释应该是后世对这些政权争夺行为的一种认同。既然生活在中华大地上的众多族群都参与了多民族国家的建构，那么从"夏""夷"的角度来观察，出现在中华大地上的"大一统"王朝只有四个：汉、唐、元、清。前两者的建立者可以视为属于"夏"的农耕族群，而后两者则应该是以

---

① 《清世宗实录》卷86，雍正七年九月癸未条。

"夷"为主体的游牧族群所建。也就是说,在多民族国家的建构过程中,"中国"以及由此而形成的以"王"(皇帝)为核心的"天下秩序"出现在称为"夏"的农耕族群之中,秦汉两朝是最初的实践者,而在实践过程中汉朝第一次构建起了辽阔的"大一统"王朝,而其后的唐朝,在汉的基础上将中华大地上更多的族群纳入了自己的疆域之内,对多民族国家的形成起到了奠基作用。但是,"夏""夷"的划分也为多民族国家的建构带来了严重的困扰,其中以"夏"为主体所建农耕政权难以对"夷"的分布区域进行有效直接的统治,不仅为族群的凝聚与交融制造了障碍,也阻碍了多民族国家疆域的形成与发展。障碍的破除,得益于被称为"夷"的族群,尤其是游牧族群所建政权对以"王"(皇帝)为核心的"天下秩序"的认同和争夺,由此出现的以游牧族群为主体建立的蒙古汗国及其发展而来的元朝,巩固和发展了汉唐的"大一统",而其后满洲联合蒙古建立的清朝,不仅继承和发展了元朝的"大一统",更是通过与邻国签署条约的方式试图将多民族国家的疆域明晰化,从近现代主权国家的视角看,应该说起到了定型的作用。值得特别提及的是,主导者的换位经历了一个漫长的过程,开始于前述匈奴人刘渊,而实现于南宋和金的对峙时期。

《宋史·礼十七》载:建炎三年(1129),高宗诏曰:"国家遭金人侵逼,无岁无兵。朕纂承以来,深轸念虑,谓父兄在难,而吾民未抚,不欲使之陷于锋镝。故包羞忍耻,为退避之谋,冀其逞志而归,稍得休息。自南京移淮甸,自淮甸移建康而会稽,播迁之远,极于海隅。卑词厚礼,使介相望。以至愿去尊称,甘心贬屈,请用正朔,比于藩臣,遣使哀祈,无不曲尽。假使金石无情,亦当少动。累年卑屈,卒未见从……惟我将士、人民,念国家涵养之恩,二圣拘縻之辱,悼杀戮焚残之祸。与其束后待弊,曷若并计合谋,同心戮力,奋励而前,以存家国。"《建炎以来系年要录》卷23也有相同的记载。应该说,宋高宗向金朝皇帝上书表示"愿去尊称,甘自贬黜,请用正朔,比于藩臣"之事,不应该简单地将其看成是宋与金两个政权较量的结果,因为女真建立的金朝对以"王"(皇帝)为核心的"天下秩序"的冲击代表着游牧族群对以匈奴人刘渊为开端,鲜卑人建立的北魏、契丹人建立的辽同样活动的继续,而宋高宗此举标志着这种冲击有了一个初步结果,由此开始,被称为"夷"的游牧族群取代自称为"夏"的农耕族群,成为多民族国家建构的主导者,游牧族群所建构的元朝实现了游牧和农耕族群在更大范围内的"大一统",最终由满洲联合蒙古建立的清完成了多民族国家疆域的定型。

（五）多民族国家国民建构的努力

如前所述，中国古人有着与西方截然不同的族群观念，依据不同的自然环境对族群划分的影响有了"中国、戎、夷，五方之民"的认识，其后随着政权的出现以及以"王"（皇帝）为核心的"天下秩序"及其观念的形成与发展，中华大地上"夏"（华）、"夷"二元的族群结构充斥于浩如烟海的典籍之中，并铭刻于古人的脑海，成为其族群观的主导。在这种族群观的影响下，"华夷之辨""守在四夷"等今人所认为的具有民族歧视意义的观念虽然成为中原地区农耕族群所建政权边疆政策的主导思想，但"夏"（华）、"夷"一体却是这些观念的前提，并没有将"夷"排斥在"天下"之外，一方面认为"夏"（华）、"夷"是可以变化的，另一方面"夏"（华）、"夷"共同构成了"天下"。流行于隋唐时期统治阶层的认识是："中国之于夷狄，犹太阳之对列星"[①]，或"中国百姓，天下本根；四夷之人，犹于枝叶。扰于根本，以厚枝附，而求久安，未之有也"[②]。今人或将其视为歧视的表现，但不能否认"太阳"与"列星"、"本根"与"枝叶"是"一体"的，所以在中华大地上曾经建立政权的统治者多扬言"华夷一家"而期盼得到"夏"（华）、"夷"的拥护，于是在实践中也将自己统治区域内的百姓整合成了以政权名称为名的不同人群。

《汉书·地理志》有："颍川、南阳，本夏禹之国。夏人上忠，其敝鄙朴。"《汉书·周本纪》有："武王使群臣告语商百姓曰：'上天降休！'商人皆再拜稽首，武王亦答拜。"《史记·苏秦列传》有："周人之俗，治产业，力工商，逐什二以为务。"《旧唐书·地理一》有："郡县为理，秦人不免于败亡。"《后汉书·南蛮西南夷列传》有："顺帝永和元年，武陵太守上书，以蛮夷率服，可比汉人，增其租赋。"夏人、商人、周人、秦人、汉人，自然是夏、商、周、秦、汉诸朝对境内族群整合的结果，而从夏人到汉人，并非仅仅是简单的数量上的变化，对汉朝统治体系的认同应该是导致这些来源于不同族群的人们融合为汉人的内在原因。值得注意的是，中华大地上族群的这种凝聚壮大并非一以贯之，随着中华大地上政治格局的演变而曲折发展，但在唐代开始出现了"中华人"的称呼。《全唐诗》卷637 顾云的《筑城篇》中有："西川父老贺子孙，从兹始是中华人。"《明史·日本传》中："（永乐）十五年，倭寇松门、金乡、平阳……命刑部员

---

① 《旧唐书》卷199上《东夷传·高丽》。
② 《旧唐书》卷62《李大亮传》。

外郎吕渊等赍敕责让，令悔罪自新。中华人被掠者，亦令送还。""中华人"是对日本人而言的，其含义应该和"明人"等同，而非中原人。由此看，尽管我们难以确定唐代"中华人"的具体含义，但《明史》中的"中华人"应该和前述各种人的表述具有相同的含义，体现着不同政权疆域内族群凝聚的状况，而这也应该是清朝试图将"臣民"转变为"国民"以及梁启超"中华民族"名称出现的直接诱因。

伴随着清朝《尼布楚条约》等一系列国家条约的签订，多民族国家的疆域不仅外部边缘开始明晰，向近现代主权国家转变，而且境内族群的凝聚也有了宽松稳定的有利环境。雍正皇帝在《大义觉迷录》中说"大一统"时期应该强调"华夷一家"："盖从来华夷之说，乃在晋宋六朝偏安之时，彼此地丑德齐，莫能相尚。是以北人诋南为岛夷，南人指北为索虏。在当日之人，不务修德行仁，而徒事口舌相讥，已为至卑至陋之见。今逆贼等，于天下一统、华夷一家之时，而妄判中外，谬生忿戾，岂非逆天悖理，无父无君，蜂蚁不若之异类乎？"弥合"夏"（华）、"夷"界限的意图十分明显，所以"臣民"一词经常见于《清实录》和《清史稿》，出现过883次，具有了和"百姓""民人"相同的含义。正因为有了统治者对境内不同族群"臣民"塑造的持续努力①，光绪皇帝"立宪"诏书中"……视进步之迟速，定期限之远近，着各将军、督抚晓谕士庶人等，发愤为学，各明忠君爱国之义，合群进化之理，勿以私见害公益，勿以小忿败大谋，尊崇秩序，保守和平，以豫储立宪国民之资格，长厚望焉。将此通谕知之"②的"国民"概念才有了实体所指。与此同时，受到民族国家理论和"宪政"改革双重影响的梁启超在清末国体变革的大背景下创造性地将清朝"臣民"（国民）命名为"中华民族"。1902年，梁启超在《论中国学术思想变迁之大势》中开创性地使用了"中华民族"一词："立于五洲中之最大洲而为其洲中之最大国者，谁乎？我中华也。人口居全地球三分之一者，谁乎？我中华也。四千余年之历史未尝一中断者，谁乎？我中华也。""齐，海国也。上古时代，我中华民族之有海思想者厥惟齐，故于其间产生两种观念焉，一曰国家观，二曰世界观。"③

---

① 关于清朝"国民"塑造的努力，参见李大龙《转型与"臣民"（国民）塑造：清朝多民族国家建构的努力》，《学习与探索》2014年第9期。
② 《清德宗实录》卷562，光绪三十二年七月戊申。
③ 梁启超：《饮冰室合集》文集之七，中华书局1989年版，第1、21页。关于梁启超"中华民族"观念的含义，其本人在使用上也是很乱的，虽然有时用于指称"汉人"，但最终还是确定在指称"中国人"上。对此笔者将另文加以探讨。

"中华民族"作为"国民"的代名词,虽然是中华大地上众多族群凝聚在清代的最终结果,但由于凝聚过程并没有结束,反而成为民主主义革命者反对清朝统治的政治口号,"满洲"一度被排除在"中华民族"之外,由此也派生出很多不同的理解,成为困扰当今中国学界的一大难题,但其整合中华大地上各族群的用意依然还是十分明显的。当今社会,多民族国家疆域理论的缺失以及民族国家理论的严重影响,一些不科学的认识很有市场,将"中国"定性为"汉族国家"是突出的表现,而实际上生活在中华大地上的众多族群,在共同缔造多民族国家中国的同时,也凝聚形成了互相之间有"血肉"联系的今天的五十六个民族。这也是面对日寇全面侵华,著名的史学大家顾颉刚先生撰写《中华民族是一个》的史实基础。

(六)藩属与殖民的碰撞:多民族国家疆域最终"底定"

康熙时期,多民族国家中国的疆域在自然凝聚的过程中遇到了来自俄罗斯向东亚扩张带来的阻力,促成了多民族国家中国的疆域由有疆无界的"天下"开始演变为有疆有界的近现代主权国家——中国(清朝),其标志即是康熙、雍正和乾隆三代皇帝签订的一系列条约。

康熙二十八年(1689)清朝与俄罗斯签订《尼布楚条约》。据此,我们可以说,最迟到康熙二十八年(1689)《尼布楚条约》签订,清朝代表的"中国"已经成为一个多民族统一国家的称呼,这不仅得到了邻国的承认,而且清朝的疆域也开始由传统疆域(或称王朝疆域)向条约疆界(现代疆域)转变,疆域范围逐渐明晰。继康熙皇帝之后,雍正和乾隆皇帝接续努力,让清朝近现代主权国家的特征更加明显。《尼布楚条约》之后,雍正五年(1727)七月十五日中国和俄国又签订了《布连斯奇界约》,双方通过国际条约的形式又确定了由沙毕纳依岭到额尔古纳河的边界。雍正五年(1727)九月初十日,清朝和俄国签订《阿巴哈依图界约》:"按照布连斯奇条约为中、俄两国画定疆界事,由恰克图左段起线,直至额尔古纳河之最高处止。"二十四日,双方再签《色楞额界约》:"按照布连斯基(奇)条约为中、俄两国划定疆界事,由恰克图右段起线,直至沙宾达巴哈及廓恩塔什地方,至两国所设鄂博暨卡伦等。"乾隆三十三年(1768)九月十九日,清朝和俄国签订《修改恰克图界约第十条》,乾隆五十七年(1792)正月双方再签《恰克图市约》,进一步明确了双方的边界及其相关权利。

遗憾的是,清朝虽然和俄罗斯通过签订条约的形式划定边界,也和藩属国的朝鲜等明确了疆界，但多民族国家中国疆域自然凝聚的过程并没有完成即被中断了。其原因是自然凝聚的以"中国"为中心的藩属体系和来源于西方的殖民体系，在近代发生了碰撞，鸦片战争的爆发是碰撞开始的标志，其结果不仅是形成过程的终止（明晰没有完成），也有东亚传统话语体系的丧失。1840年，鸦片战争开始，中国疆域开始遭到列强的蚕食鲸吞，不仅传统的藩属区域沦为了列强的殖民地，脱离了中国疆域的形成轨道，藩属国和中国的关系也发展为近现代意义上的国际关系，甚至已经有条约保证的大片领土也通过一系列不平等条约的签订纷纷落入列强之手。仅仅是俄国，通过《北京条约》即使中国丧失了100万平方公里的领土（其中黑龙江以北60万平方公里，乌苏里江以东40万平方公里）。自此之后，由《尼布楚条约》确定的中国东北边界走向发生了重大变化。疆域被蚕食鲸吞的状况在1949年中华人民共和国成立后才得到有效遏制，中国与除印度、不丹等之外的所有邻国通过谈判明确了各自的边界，多民族国家中国的疆域最终"底定"为：960万平方公里领土，300万平方公里海疆。

总上所述，早在民族国家或国民国家、近现代主权国家的理论传入中国之前，中华大地上的农耕和游牧族群已经在构建着多民族国家。多民族国家中国的形成历程实际上也是王朝对区域内族群不断整合的过程，二者相辅相成，互为因果，因此族群的凝聚和融合是多民族国家疆域形成的黏合剂。在多民族国家形成和发展的过程中，被称为"夏"的农耕族群和被称为"夷"的以游牧为主的族群起到了主要的推动作用，现在的多民族国家是五十六个民族，包括历史上已经消失的族群共同创造的。如果非要量化其中的功劳大小，那么农耕族群建立的汉、唐奠定了基础，游牧族群建立的元、清两朝的功劳则属于巩固和定型。是清朝通过和俄罗斯签订《尼布楚条约》将多民族国家中国疆域从有疆无界的传统王朝"天下"带入了近现代主权国家的有疆有界状态，而在传统的藩属体系下自然凝聚的过程则在1840年被来自欧洲的殖民势力创建殖民体系中断，藩属体系和殖民体系的碰撞结果即是多民族国家中国的疆域遭到了蚕食鲸吞，最终底定为今天多民族国家中国的疆域。

三、"有疆无界"到"有疆有界"：中国疆域话语体系建构

多民族国家中国的形成与发展有自己的特点，其过程以1840年为界可以用"自然

凝聚，碰撞底定"来概括。①1840年之前，生息繁衍在中华大地上的中华先民虽然建立了诸多的政权，相互之间或对峙或一统，分合轮替，但在清代以1689年《中俄尼布楚条约》的签订为标志，实现了由传统王朝国家的"有疆无界"状态到主权国家的"有疆有界"状态的转变。只是这一转变过程并没有完成即因1840年域外殖民势力发动的鸦片战争中断了，多民族国家中国疆域在经过殖民势力的"蚕食鲸吞"后最终底定为今天960万平方公里领土。

（一）秦汉时期多民族国家疆域基础的奠定

在多民族国家中国疆域形成与发展的过程中，秦汉王朝起到了奠基的重要作用，一方面将中华先民先秦时期形成的"大一统"思想付诸实施，构建起呈现"大一统"王朝特征的辽阔疆域，另一方面将源出于指称"京师（王畿）"的"中国"概念拓展为指称王朝直接管辖的郡县区域，奠定了多民族国家中国疆域的雏形。

1. 秦代"大一统"的初步实践

尽管现有的疆域史著作，尤其是改革开放以来出版的疆域史著作，多以有人类出现在中华大地作为诠释多民族国家疆域形成的源头，但疆域是指政权能够控制的区域，无论是传统王朝国家，还是近现代主权国家，疆域都是和政权联系在一起的。

对多民族国家中国疆域的诠释，传统的做法有两种：一是由黄帝为开端，如《汉书·地理志》载："昔在黄帝，作舟车以济不通，旁行天下，方制万里，画野分州，得百里之国万区。是故《易》称'先王建万国，亲诸侯'，《书》云'协和万国'，此之谓也。"将王朝国家疆域和黄帝联系在一起由之成为我国史学的传统做法，影响至深。二是虽然以叙述中华大地有人类活动为开端，但是却将中国疆域追溯至夏朝，认为"夏朝的建立，标志着中国国家及其疆域的形成和中央政府正式行使疆域主权（近代扩称为领土主权）的开始"②。前者代表着近代之前史书记录者的一般做法，20世纪三四十年代出版的《中国疆域沿革史》等疆域史著作大多沿用此叙述方式；后者则是中华人民共和国成立后中国历史学界的一般做法，《中国疆域史》即是如此。两种做法虽然不同，但体现了我国学界对多民族国家疆域形成原因探讨的一般认识，只是流于一般性的叙述而缺

---

① 参见李大龙《政权与族群：中国边疆学基础理论研究》，人民出版社2021年版，第19—42页。另详见李大龙《从"天下"到"中国"：多民族国家疆域理论解构》，人民出版社2015年版。

② 林荣贵主编：《中国古代疆域史》，黑龙江教育出版社2007年版，第1页。

乏明确的理论归纳。

在中华大地上很早之前就有了人类活动，新石器时期的考古学文化也被考古学界喻为"满天星辰"，但见诸记载的最早的文明结晶是出现在中原农耕地区的夏朝，并依次演变为商朝和周朝。夏、商、周三朝自然都有自己的疆域，但夏与商的疆域只有大致活动区域的记述，夏的政治中心居于何地目前在学术界依然存在较多争论。周朝的疆域意识则明确见诸史书记载，即《左传·昭公九年》所载："我自夏以后稷、魏、骀、芮、岐、毕，吾西土也；及武王克商，蒲姑、商奄，吾东土也；巴、濮、楚、邓，吾南土也；肃慎、燕、亳，吾北土也。"从这一记载看，周朝虽然有了疆域意识，但其疆域也只是一个大致的范围。先秦时期对中国疆域形成与发展构成重大影响的是"大一统"观念的形成以及"中国"概念的出现。

"普天之下莫非王土，率土之滨莫非王臣"，是《诗经·北山》对先秦时期就已经形成的天下观的经典表述。周朝对国家的治理是通过分封诸侯管理地方的方式进行的，其统治理念也见于《国语·周语上》："夫先王之制，邦内甸服，邦外侯服，侯卫宾服，蛮夷要服，戎狄荒服。甸服者祭，侯服者祀，宾服者享，要服者贡，荒服者王。日祭、月祀、时享、岁贡、终王，先王之训也。有不祭则修意，有不祀则修言，有不享则修文，有不贡则修名，有不王则修德，序成而有不至则修刑。于是乎有刑不祭，伐不祀，征不享，让不贡，告不王。于是乎有刑罚之辟，有攻伐之兵，有征讨之备，有威让之令，有文告之辞。布令陈辞而又不至，则增修于德而无勤民于远，是以近无不听，远无不服。"将诸侯按照亲疏不同分为甸服、侯服、宾服、要服和荒服等等级，据点式分布到地方，同时用日祭、月祀、时享、岁贡、终王等制度规范诸侯与周王的关系，并制定修意、修言、修文、修名、修德、修刑等措施维持关系的运行和发展，进而构建起以"周王"为核心的政治秩序。这一政治秩序被后人归纳为"天无二日，土无二王"，而《春秋公羊传》则称之为："春王正月。元年者何？君之始年也。春者何？岁之始也。王者孰谓？谓文王也。曷为先言王而后言正月？王正月也。何言乎王正月？大一统也。"① 汉人董仲舒将"大一统"解读为："《春秋》大一统者，天地之常经，古今之通谊也。"唐人颜师古则诠释为："一统者，万物之统皆归于一也……此言诸侯皆系统天子，不得自专也。"② 正是在这种政治理念的推动下，秦王嬴政实现了对六国的统一，而汉朝在秦

---

① 《春秋公羊传注疏》卷1。
② 《汉书》卷56《董仲舒传》。

朝基础上又实现了更大范围的"大一统",进而为多民族国家中国的形成与发展奠定了牢固基础。

伴随"大一统"观念的形成,"中国"概念也出现在汉文典籍中,成为"大一统"政治核心的代名词。已知最早的"中国"一词是出现在1963年在陕西宝鸡发现的西周青铜器何尊铭文中:"……惟武王既克大邑商,则廷告于天曰,余其宅兹中国,自之乂民……"在先秦时期的典籍中,"中国"一词也经常出现,其含义既有指称人群的用法,如"中国、戎、夷,五方之民,皆有性也,不可推移",同时也有如《毛诗注疏》所载"中国,京师也"等指称周朝政治中心即周王所在地的另类表达。实际上,用京师的名称指代王朝的用法在近现代依然存在,用"北京政府"和"南京政府"分指不同时期的国民政府即是体现。因此,用于指称周王所在地的"中国"既有指称周人的含义,同时也具有指称以周王为核心的周朝统治体系的用法。这一用法,随着秦王嬴政灭六国、废分封、设置郡县,其涵盖的范围由之也扩大到了秦朝的整个郡县区域,而随着汉朝的接续努力,拥有该地区也成为其后历代王朝获得"正统"的首要条件之一。

公元前221年,秦王嬴政灭六国实现对中原地区的统一,其疆域见诸史书记载:

> 分天下以为三十六郡,郡置守、尉、监。更名民曰"黔首"。……一法度衡石丈尺,车同轨,书同文字。地东至海暨朝鲜,西至临洮、羌中,南至北向户,北据河为塞,并阴山至辽东。①

上述记载中的朝鲜是指箕子朝鲜。箕子朝鲜,据《史记·宋微子世家》载:"武王乃封箕子于朝鲜而不臣也。"箕子乃商末三贤之一,商末拥众东走朝鲜半岛,周初被封为朝鲜王,都城在王险,今朝鲜平壤。"北向户"是指岭南以南太阳在北方的地区,与汉代日南郡同义。即是说,秦朝初期郡县区域东起今渤海、黄海、东海及箕子朝鲜,西到临洮、羌中;北起河套及阴山至辽东,南至北向户。三十六郡后拓展为四十个郡,这是秦朝的直接管辖区域。实现中原统一的秦朝先后对边疆采取了两个大的举措:一是构筑防御北部匈奴的长城防御体系,二是移民岭南。司马光的《资治通鉴》卷7始皇帝三十三年条将二者合在一起进行记载:"发诸尝逋亡人、赘婿、贾人为兵,略取南越陆

---

① 《史记》卷6《秦始皇本纪》。

梁地，置桂林、南海、象郡；以谪徙民五十万人戍五岭，与越杂处。蒙恬斥逐匈奴，收河南地为四十四县。筑长城，因地形，用制险塞。起临洮至辽东，延袤万余里。于是渡河，据阳山，逶迤而北。"不过在秦朝直接管辖区域之外，还分布着诸如朝鲜之类的政权和族群。在东北地区，除朝鲜外，还存在真番、临屯、扶余、沃沮、肃慎等政权和族群。北部和西部则存在着匈奴、东胡、羌、乌孙、月氏、娄烦、白羊及西域诸国。西南及南部则分布着西南夷和百越、蛮等族群。对于秦朝与这些政权和族群的关系，因为秦朝立国短暂未及完全建立起来，但见于文献和秦简记载的"有蛮夷曰道"和"臣邦""外臣邦"等则显示秦朝与这些政权种族群也存在着某种政治联系。

2. 汉朝"大一统"疆域的巩固与拓展

公元前202年，刘邦建立的汉朝取代秦朝成为中华大地上又一个大一统王朝。汉朝的疆域在秦朝基础上有了极大拓展。《汉书·地理志》载：

> 汉兴，因秦制度，崇恩德，行简易，以抚海内。至武帝攘却胡越，开地斥境，南置交趾，北置朔方之州，兼徐、梁、幽、并夏、周之制，改雍曰凉，改梁曰益，凡十三部，置刺史。

实际上，西汉的疆域和治理体系在宣帝时期才完整建立起来，其疆域和治理体系大致有三个不同层次构成：由郡县构成的十三部刺史是其核心区域，其外是由属国都尉、护乌桓校尉、护羌校尉、西域都护管辖的区域，再外则是接受册封的匈奴等。

就十三部刺史的区域而言，其范围较秦朝已经有极大拓展，东起东北亚日本海西岸包括玄菟、乐浪、真番、临屯等四郡在内的幽州刺史部，西至河西走廊的包括酒泉、敦煌、张掖、武威等四郡在内的凉州刺史部；北起河套包括朔方等郡在内的朔方刺史部，南到包括日南郡在内的交州刺史部。汉代疆域在秦朝基础上更大的发展是将郡县之外乌桓、鲜卑、西羌、西域诸国以及匈奴等更辽阔的区域也纳入了其管辖之下，汉朝对这些政权的管理分别由护乌桓校尉、护羌校尉、西域都护等负责。

公元8年王莽废汉立新，但由于其经济等改革措施失败导致国内矛盾激化，而对边疆政权统治者实施"改王为侯"[①]以加强中央集权的改革措施，也导致了匈奴等边疆政

---

① 《汉书》卷99上《王莽传》。参见李大龙《试论王莽的民族政策》，《民族研究》1992年第1期。

权统治者的反对,仅仅维持了十几年即土崩瓦解。公元25年,东汉王朝建立,虽然逐步恢复了对郡县区域的统治,但与西汉疆域相比还是存在以下重大变化。在东北地区,建武六年(30),东汉"省都尉官,遂弃领东地,悉封其渠帅为县侯,皆岁时朝贺"①。"领东"是指今狼林山脉以东至日本海西岸地区。西汉昭帝始元五年(前82),乐浪、玄菟、真番、临屯并为乐浪、玄菟两郡,岭东地区由郡县管辖改为乐浪郡下都尉节制,东汉时期再一次放宽了对其管理,只保留册封和朝贡的关系。不仅如此,玄菟郡的辖区也由于高句丽政权的崛起呈现内缩的态势,大致在永初元年(107)再次内迁辽东郡境内,分辽东郡属县高显、侯城、辽阳归属玄菟郡。②值得说明的是,郡县区域的内缩虽然是因为高句丽势力的不断壮大所致,但公元前37年出现在西汉玄菟郡高句丽县境内的高句丽政权接受东汉王朝的册封并朝贺。东汉王朝北部边疆的郡县区域大致保持西汉的状态,但对北疆的管理较西汉时期有了进一步发展,主要表现是随着使匈奴中郎将、度辽将军的设置以及护乌桓校尉沿置,东汉对草原游牧部落的管理更加直接而深入,尤其是对匈奴的管理。《后汉书·南匈奴列传》载:"(建武二十五年)南单于复遣使诣阙,奉藩称臣,献国珍宝,求使者监护,遣侍子,修旧约。二十六年,遣中郎将段郴、副校尉王郁使南单于,立其庭,去五原西部塞八十里。单于乃延迎使者……令中郎将置安集掾史将弛刑五十人,持兵弩随单于所处,参辞讼,察动静。单于岁尽辄遣奉奏……冬,前畔五骨都侯子复将其众三千人归南部,北单于使骑追击,悉获其众。南单于遣兵拒之,逆战不利。于是复诏单于徙居西河美稷,因使中郎将段郴及副校尉王郁留西河拥护之,为设官府、从事、掾史。令西河长史岁将骑二千,弛刑五百人,助中郎将卫护单于,冬屯夏罢。自后以为常,及悉复缘边八郡。"可以看出使匈奴中郎将对匈奴的管理较西汉时期有了极大发展。西部地区东汉虽然在河西走廊沿用了西汉时期的郡县设置体制,同时在西域也设置了西域都护进行管理,但西域都护经过了东汉王朝建立之初到永平十八年(75)、建初元年(76)至永初元年(107)、永初元年(107)至东汉王朝灭亡的三次废立,史书称之为"三绝三通"。③

秦汉是中华大地上出现的有前后继承关系的大一统中央集权王朝,奠定了多民族

---

① 《后汉书》卷85《东夷列传》。
② 参见谭其骧主编《〈中国历史地图集〉释文汇编·东北卷》,中央民族学院出版社1988年版,第16页。
③ 参见李大龙《汉代中国边疆史》,黑龙江教育出版社2014年版,第191—200页。

国家中国疆域形成与发展的基础，这是中国学界的共识。秦汉的奠基作用可以体现在很多方面，但以下三个方面表现则较为突出：

一是继承和发展了以"王"为核心的政治秩序，建立起以"皇帝"为核心的政治制度，开"大一统"王朝建构之先河。废分封、立郡县是秦朝统一六国后的重大举措，被视为"昔者五帝地方千里，其外侯服、夷服，诸侯或朝或否，天子不能制"①，而"秦兼天下，建皇帝之号，立百官之职。汉因循而不革，明简易，随时宜也"②。秦朝创立的以"皇帝"为政治核心的治理体系经过汉朝的继承与发展之后，不仅成为历代王朝构建治理体系的重要参照，而且也成为中华大地上众多王朝或政权统治者追求的最高政治理想，在推动中原地区凝聚为一体的同时，也使之成为历代王朝经营边疆地区的"本根"，奠定了多民族国家疆域形成与发展的基础。

二是郡县制度的实施促成了中原地区在"中国"框架下呈现一体化趋势，在成为多民族国家疆域凝聚核心的同时，也成为其后历朝各代争夺"正统"的重要标志。秦朝统一六国并非简单地实施郡县统治，而是"一法度衡石丈尺，车同轨，书同文字"等，这些措施的实施促进了郡县区域在政治、经济、文化等诸多方面的一体化趋势，故而被视为"兴义兵，诛残贼，平定天下，海内为郡县，法令由一统，自上古以来未尝有，五帝所不及"。③经过汉朝的继承与发展，秦汉的郡县区域范围不仅成为历朝各代获得"正统"夸耀政绩的比对基准，而且也成为"大一统"王朝"不可许以不臣"④而必须统一的区域，对多民族国家疆域的形成与发展起着十分重要的推动作用。

三是以匈奴人刘渊"大丈夫当为汉高、魏武，呼韩邪何足效哉"⑤为开端，先是匈奴、鲜卑、羯、氐、羌所谓"五胡"进入中原地区继承和发扬了秦汉的"大一统"思想并将其付诸实践，建立政权争夺"正统"，后是拓跋鲜卑人建立的北魏实现中华大地北部的统一，谋求"大一统"由之成为中华大地上众多族群共同的最高政治追求，主导着多民族国家疆域的形成与发展。

---

① 《史记》卷6《秦始皇本纪》。
② 《汉书》卷19上《百官公卿表上》。
③ 《史记》卷6《秦始皇本纪》。
④ 《旧唐书》卷61《温彦博传》。
⑤ 《资治通鉴》卷85，惠帝永兴元年八月条。

（二）王朝时代多民族国家疆域的"自然凝聚"

秦汉以后，中华大地上随着政权之间的并立与一统，不同区域和人群之间的交融虽然呈现不同样态，但总体是趋向"一体化"，而至清代康熙二十八年（1689）《尼布楚条约》的出现，标志着这一"自然凝聚"过程的结束。

1.魏晋南北朝至隋朝多民族国家疆域的分与合

东汉后期，豪强并起。东汉灭亡后，中华大地先是出现了魏、蜀、吴三国鼎立，中经西晋实现了短暂的"统一"，但复为"五胡十六国"所取代，进而又呈现北魏与南朝宋齐梁陈的对峙，至隋唐王朝的出现才终结了中华大地的内部纷乱。隋唐多民族国家疆域在秦汉疆域的基础上进入再次整合的过程，并实现了较秦汉更大范围的"大一统"。

（1）三国至西晋：多民族国家疆域的分裂与整合

东汉后期，皇室势力衰微，"大一统"难以维系，直接导致了汉朝的郡县区域一分为三，进入了分裂状态。

魏为曹操所创，但220年曹丕称帝才正式丢掉汉的旗号，至元帝咸熙二年（265）为晋取代，延续近半个世纪，其疆域据有司州、豫州、冀州、兖州、徐州、青州、荆州、扬州、雍州、凉州、并州、幽州等十二州、九十一郡，并设置有西域长史、戊己校尉、东夷校尉等。蜀国为刘备所创，二世为魏所灭，存世四十二年，其疆域继承了汉代以益州为中心的区域，并设置庲降都督统辖南中各郡，凡有二十二郡。吴国为孙权所建，立国五十八年，拥有汉代以东南为核心的区域，设置扬州、荆州、交州，辖有三十四郡之地。①汉代的疆域虽然一分为三，但追求"大一统"的政治理想却依然主导着中华大地政治格局的演变，一方面推动着三个政权积极经营边疆地区，另一方面也导致了西晋"大一统"王朝的出现。

分立状态并不仅仅是指中原地区，在辽阔的边疆也是如此。《三国志》记载了东北地区各政权的分布情况："鲜卑大人轲比能复制御群狄，尽收匈奴故地，自云中、五原以东抵辽水，皆为鲜卑庭。""夫余在长城之北，去玄菟千里，南与高句丽，东与挹娄，西与鲜卑接，北有弱水，方可二千里。""高句丽在辽东之东千里，南与朝鲜、濊貊，东

---

① 参见林荣贵主编《中国古代疆域史》，黑龙江教育出版社2007年版，第398—401页；谭其骧主编：《中国历史地图集》（三国部分），中华地图学社1975年版。

与沃沮，北与夫余接。都于丸都之下，方可二千里。""东沃沮在高句丽盖马大山之东，滨大海而居。其地形东北狭，西南长，可千里，北与挹娄、夫余，南与濊貊接。""挹娄在夫余东北千余里，滨大海，南与北沃沮接，未知其北所极。""濊南与辰韩，北与高句丽、沃沮接，东穷大海，今朝鲜之东皆其地也……自单单大山领以西属乐浪，自领以东七县，都尉主之，皆以濊为民。后省都尉，封其渠帅为侯，今不耐濊皆其种也。汉末更属句丽。"①虽然这些政权和曹魏存在亲疏不同的政治联系，但曹魏并没有将其纳入直接管辖之下。相比而言，蜀汉对南中的管理则较汉代有了推进，主要表现即是庲降都督的设置，"庲降地名，去蜀二千余里，时未有宁州，号为南中，立此职以总摄之"。②庲降都督成为蜀汉经略西南地区的主要机构，拓展了秦汉以来西南地区的郡县区域。

在"大一统"思想的主导下，景元四年（263），魏实现了对蜀国的统一，但司马氏势力得到壮大，咸熙二年（265）司马昭之子司马炎废魏称帝，定都洛阳，史称西晋。咸宁五年（279），西晋兴兵南下，翌年三月攻占建业，统一了吴国，实现了汉代郡县区域的"一统"。对于西晋的疆域，《晋书·地理志》载："晋武帝太康元年，既平孙氏，凡增置郡国二十有三，省司隶置司州，别立梁、秦、宁、平四州，仍吴之广州，凡十九州，郡国一百七十三，以为冠带之国，尽有殷周之土。若乃敦庞于天地之始，昭晰于牺农之世，用长黎元，未争疆场。"③西晋的疆域虽然与东汉大致相同，只是实现了汉代郡县区域为主体的局部统一，但与汉代相比所面临的国内政治格局和边疆形势却存在差别，最突出的表现是不仅面对辽阔的边疆地区尚未实施有效统治，同时又面临着中原地区族群分布格局的重大变化，"西北诸郡，皆为戎居，内及京兆、魏郡、弘农，往往有之"④；"关中之人百余万口，率其少多，戎狄居半"⑤。族群分布格局变化的直接结果是族群之间的矛盾凸显，西晋统治者内部甚至出现了将"戎狄"外迁到郡县之外原居地的主张，代表人物即是江统。史书载："统深惟四夷乱华，宜杜其萌，乃作《徙戎论》"，明确提出"以四海之广，士庶之富，岂须夷虏在内，然后取足哉！此等皆可申谕发遣，还其本域，慰彼羁旅怀土之思，释我华夏纤介之忧。惠此中国，以绥四方，德施永世，

---

① 《三国志》卷30《乌丸鲜卑东夷传》。
② 《三国志》卷43《李恢传》引宋人裴松之注。
③ 《晋书》卷14《地理上》。
④ 《资治通鉴》卷81，太康元年条。
⑤ 《晋书》卷56《江统传》。

于计为长"。且史书作者进一步认为:"帝不能用。未及十年,而夷狄乱华,时服其深识。"①应该说,将"五胡乱华"的原因归结为西晋没有落实江统的主张并没有充足的证据,因为尽管西晋实现了统一,将其疆域恢复到了东汉时期的规模,但其内部族群分布格局的变化却是自东汉后期就开始形成的,且长期的战乱导致中原地区人口锐减,"五胡"的内迁适应了这一需要,江统的《徙戎论》并没有实施的客观条件。不过,西晋没有处理好族群之间的关系也确实是导致"五胡十六国"出现的重要原因,也直接导致了多民族国家疆域由西晋的"大一统"重新陷入东晋至南北朝时期再次分裂的状态。

(2)东晋至隋:多民族国家疆域的再次分裂与整合

早在两汉更替之际,登上皇帝宝座的更始帝刘玄曾经派遣使者前往匈奴,试图和匈奴重新建立汉宣帝时期建立的"藩臣"关系,但为匈奴单于舆明确拒绝,理由是:"匈奴本与汉为兄弟,匈奴中乱,孝宣皇帝辅立呼韩邪单于,故称臣以尊汉。今汉亦大乱,为王莽所篡,匈奴亦出兵击莽,空其边境,令天下骚动思汉,莽卒以败而汉复兴,亦我力也,当复尊我!"②尽管东汉时期匈奴一分为二,南匈奴内迁接受了东汉使匈奴中郎将的直接管辖,而其后的曹魏又将其分为五部进行管理,但刘渊却成了第一个在中原地区建立政权直接挑战"正统"的内迁匈奴人,匈奴单于舆的理想在刘渊的身上得以继承和发扬。

刘渊,新兴匈奴人,是在农耕文化熏陶下成长起来的游牧人的后代。《晋书》为其立传,称"载记"。"幼好学,师事上党崔游,习《毛诗》《京氏易》《马氏尚书》,尤好《春秋左氏传》、孙吴兵法,略皆诵之,《史》、《汉》、诸子,无不综览。"是一位自幼接受儒学教育的匈奴人。元康九年(299),刘渊被拥立为大单于,然其志向已经不在于实现匈奴的统一,自称:"当为崇冈峻阜,何能为培塿乎!夫帝王岂有常哉,大禹出于西戎,文王生于东夷,顾惟德所授耳。今见众十余万,皆一当晋十,鼓行而摧乱晋犹拉枯耳。上可成汉高之业,下不失为魏氏。虽然,晋人未必同我。汉有天下世长,恩德结于人心,是以昭烈崎岖于一州之地,而能抗衡于天下。吾又汉氏之甥,约为兄弟,兄亡弟绍,不亦可乎?且可称汉,追尊后主,以怀人望。"③永兴元年(304),匈奴人刘渊称汉王,正式举起了争夺"正统"的大旗。永嘉二年(308)称皇帝,更是开"五胡十六国"

---

① 《晋书》卷56《江统传》。
② 《汉书》卷94下《匈奴传》。
③ 《晋书》卷101《刘元海载记》。

之先河。建兴四年（316）刘渊子刘聪率兵攻占长安，西晋灭亡。西晋亡后，晋室世家大族纷纷南迁，翌年司马睿在建邺称帝，史称东晋。

如果说，匈奴人汉政权的出现是"五胡十六国"的开始，那么东晋的出现则标志着多民族国家疆域再次加剧了分裂，并在进一步分裂的状态下依然再孕育着新的整合。

见诸史书记载的"五胡十六国"实际上并不能如实反映这一时期多民族国家疆域的分裂状况，因为当时在中原地区出现的政权已经多达二十个：前凉，汉人张轨建立，定都姑臧；前赵（汉），匈奴人刘渊建立，定都平阳、长安；成汉，巴氐人李雄建立，定都成都；后赵，羯人石勒建立，定都襄国、邺；前燕，慕容鲜卑慕容皝建立，定都龙城、蓟县、邺；前秦，氐人苻健建立，定都长安；后燕，慕容鲜卑慕容垂建立，定都中山、龙城；后秦，羌人姚苌建立，定都长安；西秦，鲜卑人乞伏国仁建立，定都苑川、金城；后凉，氐人吕光建立，定都姑臧；南凉，鲜卑人秃发乌孤建立，定都西平、乐都；南燕，慕容鲜卑慕容德建立，定都滑台、广固；西凉，汉人李暠建立，定都敦煌、酒泉；北凉，卢水胡人沮渠蒙逊建立，定都张掖、姑臧；夏，匈奴人赫连勃勃建立，定都统万；北燕，汉人冯跋建立，定都龙城；代，鲜卑人拓跋什翼犍建立，定都盛乐；冉魏，汉人冉闵建立，定都邺；西燕，慕容鲜卑慕容冲建立，定都阿房、长子；翟魏，丁零人翟辽建立，定都滑县。值得说明的是，这些政权先后出现在中华大地的北部，和南部地区的东晋对峙而立，共同构成了当时中华大地政治格局的基本样态，也使多民族国家疆域再次进入了大分裂时期。

由于有了追求"大一统"的共同理想，诸多的分立政权并没有中断多民族国家疆域的形成与发展过程，反而是在大分裂的状态下这些政权的统治者依然传承和实践着"大一统"思想。最为典型的例证即是氐人苻健建立的前秦在苻坚时期以"大一统"为号召，发动了统一东晋的淝水之战。苻坚认为"朕方混六合为一家，视夷狄为赤子，汝宜息虑，勿怀耿介"①，"吾统承大业垂二十载，芟夷逋秽，四方略定，惟东南一隅未宾王化。吾每思天下不一，未尝不临食辍餔，今欲起天下兵以讨之。略计兵杖精卒，可有九十七万，吾将躬先启行，薄伐南裔"。太元八年（383），苻坚"遣征南苻融、骠骑张蚝、抚军苻方、卫军梁成、平南慕容暐、冠军慕容垂率步骑二十五万为前锋。坚发长安，戎卒六十余万，骑二十七万，前后千里，旗鼓相望"，发动了著名的淝水之战。②

---

① 《资治通鉴》卷103，永康二年。
② 《晋书》卷114《苻坚载记》。

遗憾的是，在传统的话语体系中，苻坚发动的以"统一"东晋为目的的战争并没有取得预想的结果，而是以惨败的结局载入了史册，"投鞭断流""风声鹤唳""草木皆兵"等侮辱性成语也由此戴在了苻坚头上，"围棋赌墅"则被用于形容谢安运筹帷幄的自信，而更为诡异的是，苻坚"视夷狄为赤子"的思想通过唐太宗李世民之口重复之后，在当代学者的眼中则有了"民族平等"的美誉。

虽然"五胡"的身份是阻挡成为"正统"的障碍，但淝水之战的失败并没有阻挡住"五胡"争夺"正统"的步伐。最主要的表现即是拓跋鲜卑人什翼犍建立的代虽然为前秦所灭，但复国后的拓跋鲜卑却成了"五胡十六国"的终结者，并继承和发扬了"大一统"思想，实现了对中华大地北部辽阔地区的统一。太元元年（376），前秦攻灭了代国，实现了对北部草原的统一，但十一年（386）拓跋鲜卑人乘前秦淝水之战落败之机，不仅实现了复国，而且拓跋珪再次称王，依然以盛乐为都，并改国号为魏，史称北魏，并接过了苻坚高举的"混六合为一家"的大旗。拓跋珪的即位诏书即宣誓了继承和实践"大一统"的志向："昔朕远祖，总御幽都，控制遐国，虽践王位，未定九州。逮于朕躬，处百代之季，天下分裂，诸华乏主。民俗虽殊，抚之在德，故躬率六军，扫平中土，凶逆荡除，遐迩率服。宜仍先号，以为魏焉。"① 不管这一诏书是否为其亲自撰写，但应该是体现着其内心的愿望，而"天下分裂，诸华乏主"已经充分体现了拓跋珪的政治抱负也是"天下"的"大一统"。天兴二年（399），拓跋珪遣军"破高车杂种三十余部，获七万余口，马三十余万匹，牛羊百四十余万"②；元嘉八年（431），在北魏太武帝拓跋焘的连续打击下，夏末代君主赫连昌被吐谷浑攻灭，"自是中原及西北之地一归于魏矣"③；十二年（435），"燕王数为魏所攻，遣使诣建康称藩奉贡。癸酉，诏封为燕王；江南谓之黄龙国"④，五月"龟兹、疏勒、乌孙、悦般、渴槃陁、鄯善、焉耆、车师、粟特九国入贡于魏"⑤，六月"高句丽王琏遣使入贡于魏，且请国讳。魏主使录帝系及讳以与之；拜琏都督辽海诸军事、征东将军、辽东郡公、高句丽王"⑥；十五年（438），灭北

---

① 《魏书》卷2《太祖纪》。
② 《魏书》卷2《太祖纪》。
③ 《资治通鉴》卷122，元嘉八年六月乙丑条胡三省注。
④ 《资治通鉴》卷122，元嘉十二年正月辛未条。
⑤ 《资治通鉴》卷122，元嘉十二年五月庚申条。
⑥ 《资治通鉴》卷122，元嘉十二年六月丙午条。

凉；二十五年（448），讨龟兹，"由是诸胡咸服，西域复平"①。至此，北魏基本实现了对北方地区的统一，中华大地上的多民族国家疆域由"五胡十六国"的大分裂整合为呈现南北对峙的状态。

从420年刘宋取代东晋到589年陈被隋朝统一，多民族国家疆域的形成与发展依然呈现着分裂的状态，只是就其腹心地区而言，北魏与南朝的对峙虽然是主要的样态，但在"大一统"政治理念的影响下对"中国""中华"的认同依然主导着多民族国家疆域形成与发展的基本走向沿着趋向"大一统"的轨迹发展。

对于北魏的疆域，《魏书·地形志》对其行政区划沿革变化有详细的记载，而《文献通考》则对北魏的疆域变化有如下概要考述：

> 后魏起自北方……太延以后，东平辽东，西平姑臧，于是西至流沙，东接高丽，所未得者，汉中及南阳、悬瓠、彭城、青州之南而已。其后，帝自南征，遂临瓜步，宋淮北城镇守将，多有败没。献文天安初，自河之南，长淮之北，皆为魏有。孝文迁都洛阳，频岁亲征，皆渡淮、沔。宣武初，又得寿春；续收汉川，至于剑阁，兼得淮西之地。庄帝时，梁军洛阳数旬，败走。尔后内难相继，不暇外略，三四年后，分为东、西魏矣。

元熙二年（420），刘裕废晋立宋，史称南朝宋；昇明三年（479），萧道成废宋建立南齐；中兴二年（502），萧衍建立南梁，取代南齐；太平二年（557），陈霸先废梁立陈；祯明三年（589）南朝为隋朝统一。《宋书·州郡一》记述南朝宋的疆域源自东晋，其疆域演变过程如下：

> 自夷狄乱华，司、冀、雍、凉、青、并、兖、豫、幽、平诸州一时沦没，遗民南渡，并侨置牧司，非旧土也。江左又分荆为湘，或离或合，凡有扬、荆、湘、江、梁、益、交、广，其徐州则有过半，豫州唯得谯城而已。及至宋世，分扬州为南徐，徐州为南兖，扬州之江西悉属豫州，分荆为雍，分荆、湘为郢，分荆为司，分广为越，分青为冀，分梁为南、北秦。太宗初，索虏南侵，青、冀、徐、兖及豫州淮西，

---

① 《资治通鉴》卷125，元嘉二十五年十二月条。

并皆不守,自淮以北,化成房庭。于是于钟离置徐州,淮阴为北兖,而青、冀二州治赣榆之县。今志大较以大明八年为正,其后分派,随事记列。内史、侯、相,则以昇明末为定焉。

有学者据此认为南朝宋强盛时期的疆域:"大致北至黄河(或近于黄河)、秦岭,东、南至海(今渤海、黄海、东海、南海);西至四川大雪山,西南至云南南部和越南北部、中部。"① 南朝宋的疆域是否到达过渤海沿岸似乎有进一步考证的必要,很大可能是作者的笔误,但通过上述描述基本上能够反映其疆域的规模。

值得说明的是,上述对北魏和南朝宋疆域的记述实际上是南北朝各政权直接设置政区管辖的部分,并非多民族国家疆域的全部,因为在这之外还存在着有些王朝设置羁縻机构进行管理的区域,是否能够视其为其疆域的构成部分也是需要考虑的问题。如北魏设置有"护匈奴、羌、戎、夷、蛮、越中郎将"② 等,对匈奴、羌等族群实施管理,而南朝则设置有"平越中郎将,晋武帝置,治广州,主护南越。南蛮校尉,晋武帝置,治襄阳。江左初省。寻又置,治江陵。宋世祖孝建中省。西戎校尉,晋初置,治长安。安帝义熙中又置,治汉中。宁蛮校尉,晋安帝置,治襄阳,以授鲁宗之。南夷校尉,晋武帝置,治宁州。江左改曰镇蛮校尉"③。再外则还是存在着更多与北魏和南朝各政权存在政治联系的政权或族群。如见诸《魏书》记载的即有:高句丽都丸都,后迁平壤,"辽东南一千余里,东至栅城,南至小海,北至旧夫余,民户参倍于前。魏时,其地东西二千里,南北一千余里"④。"勿吉国,在高句丽北,旧肃慎国也……去洛五千里。自和龙北二百余里有善玉山,山北行十三日至祁黎山,又北行七日至如洛环水,水广里余,又北行十五日至太鲁水,又东北行十八日到其国。国有大水,阔三里余,名速末水。"⑤ "失韦国,在勿吉北千里,去洛六千里。路出和龙北千余里,入契丹国,又北行十日至啜水,又北行三日有盖水,又北行三日有犊了山,其山高大,周回三百余里,又北行三日有大水名屈利,又北行三日至刃水,又北行五日到其国。有大水从北

---

① 林荣贵主编:《中国古代疆域史》,黑龙江教育出版社2007年版,第560—561页。
② 《魏书》卷113《官氏志》。
③ 《宋书》卷40《百官下》。
④ 《魏书》卷100《高句丽传》。
⑤ 《魏书》卷100《勿吉传》。

而来，广四里余，名桵水。"① "豆莫娄国，在勿吉国北千里，去洛六千里，旧北扶余也。在失韦之东，东至于海，方二千里。"② "地豆于国，在失韦西千余里。"③ "契丹国，在库莫奚东，异种同类，俱窜于松漠之间。"④ "乌洛侯国，在地豆于之北，去代都四千五百余里。"⑤ "吐谷浑遂徙上陇，止于枹罕暨甘松，南界昂城、龙涸，从洮水西南极白兰数千里中。"⑥ "（宕昌羌）其地自仇池以西，东西千里，席水以南，南北八百里。"⑦ "高昌者，车师前王之故地，汉之前部地也。东西二千里，南北五百里……东去长安四千九百里。"⑧ 等等。上述这些族群或政权活动的区域，在传统的疆域史著作中常常是不被视为"中国"疆域叙述的，但其最终流向却是多民族国家中国疆域的组成部分。

开皇元年（581），杨坚接受禅让建立隋朝，多民族国家疆域形成与发展的历史再次走上"大一统"轨道。隋朝在618年为唐朝取代，存世不足四十年，但结束了东晋以来中华大地的大分裂状态，《隋书·地理志》载隋朝直接设置管辖的疆域："高祖受终，惟新朝政，开皇三年，遂废诸郡。洎于九载，廓定江表，寻以户口滋多，析置州县。炀帝嗣位，又平林邑，更置三州，既而并省诸州，寻即改州为郡，乃置司隶刺史，分部巡察。五年，平定吐谷浑，更置四郡。大凡郡一百九十，县一千二百五十五，户八百九十万七千五百四十六，口四千六百一万九千九百五十六。垦田五千五百八十五万四千四十一顷。其邑居道路，山河沟洫，沙碛咸卤，丘陵阡陌，皆不预焉。东西九千三百里，南北万四千八百一十五里，东南皆至于海，西至且末，北至五原，隋氏之盛，极于此也。"⑨《资治通鉴》亦载："是时天下凡有郡一百九十，县一千二百五十五，户八百九十万有奇。东西九千三百里，南北万四千八百一十五里。隋氏之盛，极于此矣。"⑩《隋书》的作者以隋朝统一吐谷浑设置四个郡作为隋朝疆域得以形成的标志，所述是隋朝正式设置州郡的区域，其范围东南皆至海，西至且末，北至五

---

① 《魏书》卷100《失韦传》。
② 《魏书》卷100《豆莫娄传》。
③ 《魏书》卷100《地豆于传》。
④ 《魏书》卷100《契丹传》。
⑤ 《魏书》卷100《乌洛侯传》。
⑥ 《魏书》卷101《吐谷浑传》。
⑦ 《魏书》卷101《宕昌传》。
⑧ 《魏书》卷101《高昌传》。
⑨ 《隋书》卷29《地理上》。
⑩ 《资治通鉴》卷181，大业五年六月癸丑条。

原,"东西九千三百里,南北万四千八百一十五里"的大致区域。应该说,这是隋朝设置直接管辖的区域范围,在其外还有不少政权和族群分布。这些政权和族群见诸《隋书》记载的主要有:

契丹:"契丹之先,与库莫奚异种而同类,并为慕容氏所破,俱窜于松、漠之间。其后稍大,居黄龙之北数百里。"①

室韦:"南室韦在契丹北三千里……南室韦北行十一日至北室韦……又北行千里,至钵室韦,依胡布山而住……从钵室韦西南四日行,至深末怛室韦,因水为号也……又西北数千里,至大室韦。"②

高句丽:"(高丽)其国东西二千里,南北千余里。都于平壤城。"③

靺鞨:"在高丽之北,邑落俱有酋长,不相总一。凡有七种:其一号粟末部,与高丽相接,胜兵数千,多骁武,每寇高丽中。其二曰伯咄部,在粟末之北,胜兵七千。其三曰安车骨部,在伯咄东北。其四曰拂涅部,在伯咄东。其五曰号室部,在拂涅东。其六曰黑水部,在安车骨西北。其七曰白山部,在粟末东南。胜兵并不过三千,而黑水部尤为劲健。自拂涅以东,矢皆石镞,即古之肃慎氏也。"④"(靺鞨)其国西北与契丹相接。"⑤

突厥:"突厥自天置以来,五十余载,保有沙漠,自王蕃隅。地过万里,士马亿数,恒力兼戎夷,抗礼华夏,在于北狄,莫与为大。"⑥

铁勒:"铁勒……自西海之东,依据山谷,往往不绝。独洛河北有仆骨、同罗、韦纥、拔也古、覆罗并号俟斤,蒙陈、吐如纥、斯结、浑、斛薛等诸姓,胜兵可二万。伊吾以西,焉耆之北,傍白山,则有契弊、薄落职、乙咥、苏婆、那曷、乌讙、纥骨、也咥、于尼讙等,胜兵可二万。金山西南有薛延陀、咥勒儿、十槃、达契等,一万余兵。康国北,傍阿得水,则有诃咥、曷嶻、拨忽、比干、具海、曷比悉、何嵯苏、拔也未渴达等,有三万许兵。得嶷海东西有苏路羯、三索咽、蔑促、隆忽等诸姓,八千余。拂菻东则有恩屈、阿兰、北褥九离、伏嗢昏等,近二万人。北海南则都波等。虽姓氏各别,

---

① 《隋书》卷84《北狄传》。
② 《隋书》卷84《北狄传》。
③ 《隋书》卷81《东夷传》。
④ 《隋书》卷81《东夷传》。
⑤ 《隋书》卷81《东夷传》。
⑥ 《隋书》卷84《北狄传》。

总谓为铁勒。"①

吐谷浑:"吐谷浑与若洛廆不协,遂西度陇,止于甘松之南,洮水之西,南极白兰山,数千里之地。"②"伏允俱,南遁于山谷间。其故地皆空,自西平临羌城以西,且末以东,祁连以南,雪山以北,东西四千里,南北二千里,皆为隋有。置郡县镇戍,发天下轻罪徙居之……大业末,天下大乱,伏允复其故地,屡寇河右,郡县不能御焉。"③

党项:"(党项羌)东接临洮、西平,西拒叶护,南北数千里,处山谷间。"④

高昌:"高昌国者,则汉车师前王庭也,去敦煌十三日行。其境东西三百里,南北五百里。"⑤

焉耆:"焉耆国,都白山之南七十里……东去高昌九百里,西去龟兹九百里,皆沙碛。东南去瓜州二千二百里。"⑥

龟兹:"龟兹国,都白山之南百七十里……东去焉耆九百里,南去于阗千四百里,西去疏勒千五百里,西北去突厥牙六百余里,东南去瓜州三千一百里。"⑦

疏勒:"疏勒国,都白山南百余里……南有黄河,西带葱岭,东去龟兹千五百里,西去钹汗国千里,南去朱俱波八九百里,东北去突厥牙千余里,东南去瓜州四千六百里。"⑧

于阗:"于阗国,都葱岭之北二百余里……东去鄯善千五百里,南去女国三千里,西去朱俱波千里,北去龟兹千四百里,东北去瓜州二千八百里。"⑨

附国:"附国者,蜀郡西北二千余里,即汉之西南夷也。"⑩

这些政权和族群多数曾经在政治上隶属隋朝,主要的特征即是接受隋朝册封授官,遵守隋朝有关藩属的一系列管理制度,有些则是在征服之后设置州郡进行管理,如吐谷浑等;有些则是在隋朝的扶持下不断强大,实现了局部统一,如东突厥汗国;有些则在

---

① 《隋书》卷84《北狄传》。
② 《隋书》卷83《西域传》。
③ 《隋书》卷83《西域传》。
④ 《隋书》卷83《西域传》。
⑤ 《隋书》卷83《西域传》。
⑥ 《隋书》卷83《西域传》。
⑦ 《隋书》卷83《西域传》。
⑧ 《隋书》卷83《西域传》。
⑨ 《隋书》卷83《西域传》。
⑩ 《隋书》卷83《西域传》。

和隋朝保持政治隶属关系的状态下不断发生战争，如高句丽政权。但从《隋书》和《资治通鉴》的上述记载看，隋炀帝时期通过平林邑、灭吐谷浑，隋朝的疆域达到了最盛，但依然没有完全实现汉代郡县范围的"大一统"，最主要的体现是在东北地区，在西汉武帝设置的四郡范围存在着高句丽政权，不过中华大地大分裂状态的结束，却为唐朝在隋朝疆域基础上实现更大范围的"大一统"奠定了基础。

2. 唐代"大一统"：多民族国家疆域的整合与拓展

隋朝末期，由于隋朝势力的衰弱乃至消亡，多民族国家疆域再次进入分裂的态势，各种势力蜂起，如《通典·突厥传》载："此后隋乱，中国人归之者甚众，又更强盛，势陵中夏。迎萧皇后，置于定襄。薛举、窦建德、王充、刘武周、梁师都、李轨、高开道之徒，虽僭尊号，北面称臣，受其可汗之号。东自契丹，西尽吐谷浑、高昌诸国，皆臣之。控弦百万，戎狄之盛，近代未之有也。大唐起义太原，刘文静聘其国，引以为援。"李渊起兵虽然也得到了突厥的支持，但李唐取代隋后不仅摆脱了突厥汗国的控制，而且实现了中华大地的"大一统"，多民族国家疆域的形成与发展进入了一个再次整合与拓展的阶段。

对于唐朝的疆域，《旧唐书·地理一》有如下记载：

> 大业季年，群盗蜂起，郡县沦陷，户口减耗。高祖受命之初，改郡为州，太守并称刺史。其缘边镇守及襟带之地，置总管府，以统军戎。至武德七年，改总管府为都督府。自隋季丧乱，群盗初附，权置州郡，倍于开皇、大业之间。贞观元年，悉令并省。始于山河形便，分为十道：一曰关内道，二曰河南道，三曰河东道，四曰河北道，五曰山南道，六曰陇右道，七曰淮南道，八曰江南道，九曰剑南道，十曰岭南道。至十三年定簿，凡州府三百五十八，县一千五百五十一。至十四年平高昌，又增二州六县。自北殄突厥颉利，西平高昌，北逾阴山，西抵大漠。其地东极海，西至焉耆，南尽林州南境，北接薛延陀界。凡东西九千五百一十里，南北万六千九百一十八里。高宗时，平高丽、百济，辽海已东，皆为州，俄而复叛，不入提封。景云二年，分天下郡县，置二十四都督府以统之。议者以权重不便，寻亦罢之。开元二十一年，分天下为十五道，每道置采访使，检察非法，如汉刺史之职：京畿采访使、都畿、关内、河南、河东、河北、陇右、山南东道、山南西道、剑南、淮南、江南东道、江南西道、黔中、岭南。又于边境置节度、经略使，式遏四夷。

《新唐书·地理一》亦载：

> 唐兴，高祖改郡为州，太守为刺史，又置都督府以治之。然天下初定，权置州郡颇多。太宗元年，始命并省，又因山川形便，分天下为十道：一曰关内，二曰河南，三曰河东，四曰河北，五曰山南，六曰陇右，七曰淮南，八曰江南，九曰剑南，十曰岭南。至十三年定簿，凡州府三百五十八，县一千五百五十一。明年，平高昌，又增州二，县六。其后，北殄突厥颉利，西平高昌，北逾阴山，西抵大漠。其地东极海，西至焉耆，南尽林州南境，北接薛延陀界，东西九千五百一十一里，南北一万六千九百一十八里。景云二年，分天下郡县，置二十四都督府以统之。既而以其权重不便，罢之。开元二十一年，又因十道分山南、江南为东西道，增置黔中道及京畿、都畿，置十五采访使，检察如汉刺史之职。天宝盗起，中国用兵，而河西、陇右不守，陷于吐蕃。至大中、咸通，始复陇右。乾符以后，天下大乱，至于唐亡。然举唐之盛时，开元、天宝之际，东至安东，西至安西，南至日南，北至单于府，盖南北如汉之盛，东不及而西过之。开元二十八年户部帐，凡郡府三百二十有八，县千五百七十三，户八百四十一万二千八百七十一，口四千八百一十四万三千六百九，应受田一千四百四十万三千八百六十二顷。

综合以上两书的记载看，唐朝的疆域并非一蹴而就和一成不变的，大致经历过以下不同的阶段：唐高祖李渊武德七年（624）前疆域的初定，基本奠定了唐朝对正式府州地区的统治。唐太宗时期的发展，唐朝的正式府州地区有所拓展，突出表现是"十四年平高昌，又增二州六县。自北殄突厥颉利，西平高昌，北逾阴山，西抵大漠。其地东极海，西至焉耆，南尽林州南境，北接薛延陀界"。唐高宗时期唐朝疆域达到极盛，主要表现是"平高丽、百济，辽海已东，皆为州"，在东北地区的统治得到拓展。唐玄宗时期略有收缩，直接管辖区域确定在"东至安东，西至安西，南至日南，北至单于府"的区域内。安史之乱后，疆域急剧萎缩，突出表现是"河西、陇右不守，陷于吐蕃"，唐朝的历史也逐渐步入藩镇割据状态。

需要说明的是，上述只是对唐朝疆域的记述，并非唐代多民族国家疆域的全部，只不过唐朝"大一统"的形成让多民族国家疆域形成与发展在唐代呈现出三个与以往不同的鲜明特征：

一是汉代郡县的区域不仅在唐朝时期得到巩固，而且唐朝的直接管辖区域也有了一定拓展。

二是对汉代郡县区域之外的"夷狄"区域，尤其是辽阔的草原地区的管辖，唐朝有了进一步深入，突出的特征是在汉朝西域都护、护羌校尉、使匈奴中郎将等特设机构管理方式基础上，广泛设置羁縻府州，将边疆人群纳入安东、安北、单于、安西、北庭、安南等都护府体制下进行管辖。

三是虽然没有实现对吐蕃地区的管理，但和实现了青藏高原"一统"的吐蕃通过和亲建立起密切的政治经济文化联系，为青藏高原融入多民族国家疆域奠定了牢固基础。

对于第一个特征，恢复对汉代郡县区域的直接有效管辖是以唐太宗为代表的唐朝统治者追求的最高政治目标，这点在唐太宗对与高句丽关系的处理上表现尤为突出。早在唐高祖李渊时期，唐朝统治者就曾经有过拒绝高句丽称臣的意向，但被温彦博以"辽东之地，周为箕子之国，汉家之玄菟郡耳。魏、晋已前，近在提封之内，不可许以不臣。若与高丽抗礼，则四夷何以瞻仰？且中国之于夷狄，犹太阳之比列星，理无降尊，俯同夷貊"[①]为依据进行了劝止，唐太宗继承了这一认识，并重申了对统一高句丽的认识，对此《册府元龟》有如下记载：

> 辽东旧中国之有，自魏涉周，置之度外。隋氏出师者四，丧律而还，杀中国良善不可胜数。今彼弑其主，恃险骄盈，朕长夜思之而辍寝。将为中国复子弟之仇，为高丽讨弑君之贼。今九瀛大定，唯此一隅，用将士之余力，平荡妖寇耳。然恐于后子孙或因士马强盛，必有奇决之士，劝其伐辽，兴师遐征，或起丧乱。及朕未老，欲自取之，亦不遗后人也。[②]

也就是在这种政治信念的影响下，唐朝在隋朝的基础上，唐太宗和唐高宗两朝持续对高句丽展开了军事行动，并最终在总章元年（668）实现了对高句丽的统一。《新唐书·地理三》载："安东，上都护府。总章元年，李勣平高丽国，得城百七十六，分其地为都督府九，州四十二，县一百，置安东都护府于平壤城以统之，用其酋渠为都

---

① 《旧唐书》卷61《温彦博传》。
② 《册府元龟》卷117《帝王部·亲征二》。

督、刺史、县令。上元三年徙辽东郡故城,仪凤二年又徙新城。圣历元年更名安东都督府,神龙元年复故名。开元二年徙于平州,天宝二年又徙于辽西故郡城。至德后废。"尽管并没有如西汉那样实施郡县式直接统治,但毕竟一度恢复了对高句丽地区的统治,相对于隋朝而言也是一个进步。由此也可以看出唐朝统治者恢复汉代郡县区域直接管辖的决心。针对《旧唐书》和《新唐书》之《地理志》除上述概述之外也有详细的记述,以往的疆域史著作也多有论及,没有必要做过多叙述,值得进一步说明的是其他两个特征。

将辽阔的草原地区纳入王朝的管辖之下是唐朝在汉代基础上的一大进步,构成了多民族国家疆域形成与发展在唐代的第二个特征。王莽新朝时期的大臣严尤曾经对周、秦、汉三朝对匈奴的政策做过对比,认为:"臣闻匈奴为害,所从来久矣,未闻上世有必征之者也。后世三家周、秦、汉征之,然皆未有得上策者也。周得中策,汉得下策,秦无策焉。当周宣王时,猃允内侵,至于泾阳,命将征之,尽境而还。其视戎狄之侵,譬犹蚊虻之螫,驱之而已。故天下称明,是为中策。汉武帝选将练兵,约赍轻粮,深入远戍,虽有克获之功,胡辄报之,兵连祸结三十余年,中国罢耗,匈奴亦创艾,而天下称武,是为下策。秦始皇不忍小耻而轻民力,筑长城之固,延袤万里,转输之行,起于负海,疆境既完,中国内竭,以丧社稷,是为无策。"①汉武帝对草原地区的积极经营,尽管解决了匈奴南下侵扰的问题,但并没有实现匈奴的臣服,而且造成了"中国罢耗",故而严尤认为是下策。西汉在宣帝时期虽然通过扶持呼韩邪单于取得了匈奴的臣服,但并没有设置机构进行管理,故而在王莽新朝时期重新成为北部地区的最大隐患。唐朝的建立虽然也是在突厥汗国的扶持下实现的,但李渊和李世民两代一直致力于彻底解决游牧族群带来的困扰。贞观四年(630)东突厥汗国灭亡后,唐太宗一度想利用薛延陀控制草原地区,但并没有取得满意效果,故而改为摧毁薛延陀汗国,通过设置羁縻府州的形式实现对草原地区的控制。由此奠定了都护府—羁縻府州的管理体制,对汉代郡县区域之外的藩臣地区实施有效管理。《新唐书·地理七下》载:

> 唐兴,初未暇于四夷。自太宗平突厥,西北诸蕃及蛮夷稍稍内属,即其部落列置州县。其大者为都督府,以其首领为都督、刺史,皆得世袭。虽贡赋版籍,多不

---

① 《汉书》卷94下《匈奴传下》。

上户部，然声教所暨，皆边州都督、都护所领，著于令式。今录招降开置之目，以见其盛。其后或臣或叛，经制不一，不能详见。突厥、回纥、党项、吐谷浑隶关内道者，为府二十九，州九十。突厥之别部及奚、契丹、靺鞨、降胡、高丽隶河北者，为府十四，州四十六。突厥、回纥、党项、吐谷浑之别部及龟兹、于阗、焉耆、疏勒、河西内属诸胡、西域十六国隶陇右者，为府五十一，州百九十八。羌、蛮隶剑南者，为州二百六十一。蛮隶江南者，为州五十一；隶岭南者，为州九十二。又有党项州二十四，不知其隶属。大凡府州八百五十六，号为羁縻云。

唐朝对游牧族群设置羁縻府州进行管理始于唐太宗灭亡东突厥汗国。《资治通鉴》卷193唐贞观四年三月条载："突厥既亡，其部落或北附薛延陀，或西奔西域，其降唐者尚十万口，诏群臣议区处之宜。朝士多言：'北狄自古为中国患，今幸而破亡，宜悉徙之河南兖、豫之间，分其种落，散居州县，教之耕织，可以化胡虏为农民，永空塞北之地。'中书侍郎颜师古以为：'突厥、铁勒皆上古所不能臣，陛下既得而臣之，请皆置之河北。分立酋长，领其部落，则永永无患矣。'礼部侍郎李百药以为：'突厥虽云一国，然其种类区分，各有酋帅。今宜因其离散，各即本部署为君长，不相臣属；纵欲存立阿史那氏，唯可使存其本族而已。国分则弱而易制，势敌则难相吞并，各自保全，必不能抗衡中国。仍请于定襄置都护府，为其节度，此安边之长策也。'……温彦博以为：'徙于兖、豫之间，则乖违物性，非所以存养之也。请准汉建武故事，置匈奴于塞下，全其部落，顺其土俗，以实空虚之地，使为中国扞蔽，策之善者也。'……上卒用彦博策，处突厥降众，东自幽州，西至灵州；分突利故所统之地，置顺、祐、化、长四州都督府；又分颉利之地为六州，左置定襄都督府，右置云中都督府，以统其众。"而由都督府向都护府转变则开始于统一高昌。《新唐书·西域传·高昌》载："捷书闻，天子大悦，宴群臣，班赐策功，赦高昌所部，披其地皆州县之，号西昌州。特进魏徵谏曰：'陛下即位，高昌最先朝谒。俄以掠商胡，遏贡献，故王诛加焉。文泰死，罪止矣。抚其人，立其子，伐罪吊民，道也。今利其土，屯守常千人，屯士数年一易，办装资，离亲戚，不十年陇右且空。陛下终不得高昌圭粒咫帛助中国费，所谓散有用事无用。'不纳。改西昌州曰西州，更置安西都护府，岁调千兵，谪罪人以戍。黄门侍郎褚遂良谏曰：'古者先函夏，后夷狄，务广德化，不争荒遽。今高昌诛灭，威动四夷，然自王师始征，河西供役，飞米转刍，十室九匮，五年未可复。今又岁遣屯戍，行李万里，去者资装使自营办,卖菽粟,倾机杼,道路死亡尚不计。罪人始于犯法,终于惰业,无益于行。所遣复有亡命,官司捕逮,株蔓相牵。有如张掖、酒泉尘飞烽举,岂得高昌一乘一卒及事乎?必发陇右、河西耳。然则河西为我腹心,高昌,他人手足也,何必耗中华,事无用?昔陛下平颉利、吐谷浑,皆为立君,盖罪而诛之,伏而立之,百蛮所以畏威慕德也。今宜择高昌可立者立之,召首领悉还本土,长为藩翰,中国不扰。'书闻不省。"[1]唐王朝终以其地为西州,设安西都护府进行管理,"留兵以镇之"[2]。

安西都护府的设置,为唐王朝边疆管理机构的完善带来了巨大的影响,其中最重要的影响是促成唐王朝建立了一整套完备的以都护制度为主的边疆管理体制。在北部边疆,最终建立了以单于都护府、安北都护府为主的管理体系。麟德元年(664),云中都护更名为单于都护;总章二年(669),瀚海都护更名为安北都护,二都护成为管理北疆的主要机构。在东北边疆,设置了安东都护府,以管理东北边疆地区。总章元年(668),唐王朝统一高句丽,设置安东都护府进行管理,安东都护府成为管理东北边疆的主要机构。在南部边疆,调露元年(679),唐王朝将交州都督府改名为安南都护府,管辖包括今天云南、广东、广西、海南,以及越南北、中部广大南疆地区。长安二年(702),唐朝在西域又设置了北庭都护府,管理西突厥部众。随着唐王朝对边疆地区统治的不断巩固,其边疆管理方式最终形成了以安西、安北、安南、安东、单于、北庭六个都护为主而构建的边疆管理体系,在西汉王朝边疆民族管理过程中产生的都护制度,也终于在唐王朝边疆管理方式的不断完善中得到了前所未有的大发展。

多民族国家疆域的形成与发展在唐代呈现的第三个特征是吐蕃实现了对青藏高原的统一,并通过和唐朝建立密切的政治经济文化联系而进入多民族国家疆域凝聚的轨道。在唐朝实现中原地区"大一统"的同时,吐蕃也完成了对内部的统一并开始征服周边民族或政权。《唐会要》卷99载:"大羊同,东接吐蕃,西接小羊同,北直于阗,东西千里,胜兵八九万。辫发毡裘,畜牧为业。地多风雪,冰厚丈余。物产与吐蕃同……贞观五年十二月,朝贡使至。十五年,闻中国威仪之盛,乃遣使朝贡。太宗嘉其远来,以礼答慰焉。至贞观末,为吐蕃所灭,分其部众,散至隙地。"《旧唐书》卷198载:"又有雪山党项,姓破丑氏,居于雪山之下,及白狗、春桑、白兰等诸羌,自龙朔已后,并为吐蕃所破而臣属焉。"这些记载大体反映了吐蕃征服周边各族的情况。吐蕃对周边民

---

[1] 《新唐书》卷221上《西域传·高昌》。
[2] 《旧唐书》卷198《西戎传·高昌》。

族的征服实际上也是在构筑以吐蕃为核心的藩属体系。关于吐蕃试图构筑藩属体系的计划，从《新唐书》所记载的钦陵与唐王朝使者郭元振的一段对话中可以清楚地看出来："证圣元年，钦陵、赞婆攻临洮，孝杰以肃边道大总管战素罗汗山，房败还。又攻凉州，杀都督。遣使者请和，约罢四镇兵，求分十姓地。武后诏通泉尉郭元振往使，道与钦陵遇。元振曰：'东赞事朝廷，誓好无穷，今猥自绝，岁扰边，父通之，子绝之，孝乎？父事之，子叛之，忠乎？'钦陵曰：'然！然天子许和，得罢二国戍，使十姓突厥、四镇各建君长，俾其国自守若何？'元振曰：'唐以十姓、四镇抚西土，为列国主，道非有它，且诸部与吐蕃异，久为唐编人矣。'钦陵曰：'使者意我规削诸部为唐边患邪？我若贪土地财赋，彼青海、湟川近矣，今舍不争何哉？突厥诸部碛漠广莽，去中国远甚，安有争地万里外邪？且四夷唐皆臣并之，虽海外地际，靡不磨灭，吐蕃适独在者，徒以兄弟小心，得相保耳。十姓五咄陆近安西，于吐蕃远，俟斤距我裁一碛，骑士腾突，不易旬至，是以为忧也。乌海、黄河，关源阻奥，多疠毒，唐必不能入；则弱甲羸将易以为蕃患，故我欲得之，非窥诸部也。甘、凉距积石道二千里，其广不数百，狭才百里，我若出张掖、玉门，使大国春不耕，秋不获，不五六年，可断其右。今弃不为，亦无虞于我矣。青海之役，黄仁素约和，边守不戒，崔知辩径俟斤掠我牛羊万计，是以求之。'使使者固请，元振固言不可许，后从之。"① 受到区域内政治分布格局的限制，分别以唐王朝和吐蕃为核心的两大藩属体系在构成空间上会有一定程度的重合，因而双方之间发生碰撞、重组是自然的，而且这种碰撞和重组不仅构成了唐朝和吐蕃关系的主要内容，也波及河陇、西域地区乃至西南边疆地区，最终的走向却是不仅进一步巩固了河陇、西域地区乃至西南地区，而且将辽阔的吐蕃地区也纳入了多民族国家疆域形成的轨道，有学者称这一过程为"嵌入"模式。②

从多民族国家疆域形成与发展的轨迹看，如果说秦汉"大一统"政治格局的出现促成了郡县区域的凝聚，奠定了多民族国家疆域形成与发展的内核，那么经过了三国两晋南北朝时期的大分裂后，隋唐"大一统"的出现，不仅结束了多民族国家疆域的分裂状态，而且在汉代基础上对秦汉郡县区域之外的"夷狄"区域也开始实施有效统治，还将秦汉时期只波及边缘地区的青藏高原也纳入了多民族国家疆域凝聚的轨道，无疑极大拓展了多民族国家疆域整合与凝聚的空间，为元代"大一统"的实现奠定了牢固基础，

---

① 《新唐书》卷 216 上《吐蕃传》。
② 参见杨建新《"中国"一词和中国疆域形成再探讨》，《中国边疆史地研究》2006 年第 2 期。

对于多民族国家疆域的形成与发展起着十分重要的推动作用。

3. 五代至元多民族国家疆域的再次分与合

经过了隋唐"大一统"后，中华大地由于唐朝的皇权旁落朱温之手而进入再次大分裂的"五代十国"时期，后梁、后唐、后晋、后周和北汉出现在北方，南方则有南吴、南唐、吴越、南楚、前蜀、后蜀、南汉、南平、闽国等诸多政权更替或并存。960年，赵匡胤在后周基础上建立的宋朝完成了对中华大地部分区域的统一，但并没有达到汉唐时期的"大一统"的规模，而是和契丹人阿保机建立的辽、党项人李元昊建立的夏以及女真人完颜阿骨打建立的金先后鼎立并存。1206年蒙古人铁木真及其后代建立的蒙古汗国及元朝结束了诸多政权并存的格局，实现了中华大地在唐代"大一统"基础之上更大范围的"大一统"。因此，五代至元多民族国家疆域呈现再次从分到合的状态，但元的"大一统"和唐的"大一统"相比在涵盖的范围上有更大的扩展，统治的程度则有进一步加强。

（1）五代至宋：多民族国家疆域从大分裂到局部统一并立

后梁、后唐、后晋、后汉和后周虽然在传统话语体系中合称"五代"，具有存在时间前后相继的关系，但建立者并非全部是"汉人"，统治中心和疆域也存在差异。顾颉刚、史念海《中国疆域沿革史》概述五代十国的疆域沿革："自唐室丧乱，五季迭兴，相继称帝于汴、洛之间，而其统御之域，又皆不过中原一方；若江南、岭南、剑南、河东各地，自唐末即为藩镇所据，或擅地数州，或窃处一道，皆称帝王以自娱，其间盖有吴、南唐、前蜀、后蜀、南汉、楚、吴越、闽、南平、北汉等十国，其疆域之广狭可得而论述焉。"[①] 下对五代的疆域情况略作阐述：

后梁，朱温所建，立国时间为907年至923年。后梁以汴州开封为都城，辖区大致以关内道、河南道、河东道、河北道、山南道、淮南道六道为主，四至大致是："西至泾渭，南逾江汉，北据河，东滨海。"[②]

后唐，沙陀人李存勖取代后梁建，立国时间是923年至936年。后唐以洛阳为都，辖境较后梁略广，大致拥有关内道、河东道、河北道、山南道、陇右道、剑南道、江南道，四至是："东际于海，南至淮汉，西逾秦陇，北尽燕代。"[③]

---

① 顾颉刚、史念海：《中国疆域沿革史》，商务印书馆1999年版，第150页。
② 《读史方舆纪要》卷6《历代州郡形式》。
③ 《读史方舆纪要》卷6《历代州郡形式》。

后晋，沙陀人石敬瑭取代后唐所建，立国时间是936年至946年。后晋以开封为都，辖境较后唐略小，主要是依托契丹的支持而立，故"割幽、蓟、瀛、莫、涿、檀、顺、新、妫、儒、武、云、应、寰、朔、蔚十六州以与契丹，仍许岁输帛三十万匹"①。

后汉，沙陀人刘知远利用契丹攻灭后晋所建，立国时间为947年至950年。后汉以开封为都，辖境以后晋为基础，但为后蜀所侵，疆域较后晋更小。

后周，为刘威取代后汉所建，立国时间为951年至960年。后周依旧以开封为都，辖境在后汉基础上有所拓展，主要是收复了为后蜀占据的秦、凤、阶、成诸州，并伐南唐，取江北之地。《宋史·地理一》记述唐至后周的疆域变化为："唐室既衰，五季迭兴，五十余年，更易八姓，宇县分裂，莫之能一。宋太祖受周禅，初有州百一十一，县六百三十八，户九十六万七千三百五十三。"②

960年，赵匡胤代周立宋，史称北宋。北宋依然以开封为都，并逐渐实现了对五代十国疆域的一统。1127年，北宋为女真人所灭，赵构南渡称帝，史称南宋。《宋史·地理一》概述了其过程："建隆四年，取荆南，得州、府三，县一十七，户一十四万二千三百；平湖南，得州一十五，监一，县六十六，户九万七千三百八十八。乾德三年，平蜀，得州、府四十六，县一百九十八，户五十三万四千三十九。开宝四年，平广南，得州六十，县二百一十四，户一十七万二百六十三。八年，平江南，得州一十九，军三，县一百八，户六十五万五千六十五。计其末年，凡有州二百九十七，县一千八十六，户三百九万五百四。太宗太平兴国三年，陈洪进献地，得州二，县十四，户十五万一千九百七十八；钱俶入朝，得州十三，军一，县八十六，户五十五万六百八十。四年，平太原，得州十，军一，县四十，户三万五千二百二十。七年，李继捧来朝，得州四，县八。至是，天下既一，疆理几复汉、唐之旧，其未入职方氏者，唯燕、云十六州而已。"③ 传统观点认为北宋实现了"宇内乃复归一统，五十余年之分裂局面，至此遂告一段落焉"④。实际上说北宋的疆域"几复汉、唐之旧"并不客观，称之为"宇内乃复归一统"更属于夸大的溢美之词，其功绩只不过是结束了五代十国的分裂，将以五代十国为主的诸多政权的疆域重新整合在了一起而已，并没有实现对

---

① 《资治通鉴》卷280，天福元年十一月癸巳条。
② 《宋史》卷85《地理一》。
③ 《宋史》卷85《地理一》。
④ 顾颉刚、史念海：《中国疆域沿革史》，商务印书馆1999年版，第156页。

汉朝和唐朝直接管辖区域的统一，与其同时存在于中华大地上的还有契丹人建立的辽、党项人建立的夏、从南诏延续而来的大理等诸多王朝或政权。《宋史·外国传一》概述了当时中华大地及其周边区域政权或族群的分布情况：

> 宋祖受命，诸国削平，海内清谧。于是东若高丽、渤海，虽阻隔辽壤，而航海远来，不惮跋涉。西若天竺、于阗、回鹘、大食、高昌、龟兹、拂林等国，虽介辽、夏之间，筐篚亦至，屡勤馆人。党项、吐蕃唃厮啰董毡瞎征诸部，夏国兵力之所必争者也，宋之威德亦暨其地，又间获其助焉。交趾、占城、真腊、蒲耳、大理滨海诸蕃，自刘鋹、陈洪进来归，接踵修贡。宋之待遇亦得其道，厚其委积而不计其贡输，假之荣名而不责以烦缛；来则不拒，去则不追；边围相接，时有侵轶，命将致讨，服则舍之，不黩以武……南渡以后，朔漠不通，东南之陬以及西鄙，冠盖犹有至者。①

对于这一记载，需要说明的有两点：一是，虽然传中所列政权最终的走向是脱离了多民族国家中国疆域形成与发展的轨道，可以归入"外国"行列，但多数已经融入多民族国家中国疆域的形成与发展过程中；二是，契丹人建立的辽朝、女真人建立的金朝、党项人建立的西夏并不在此列。也就是说，所谓"外国"尽管是相对于宋朝而言的，称之为"宇内乃复归一统"更多的是代表了宋人乃至元人的认识，并没有涵盖中华大地上的所有政权。因此，对于多民族国家中国疆域的形成与发展而言，宋代所呈现的依然是一个分裂的状态，上述记载的宋朝疆域只是其中的一部分，和其他诸多王朝或政权的疆域依然是并存于中华大地上。这些王朝或政权主要有：契丹人建立的辽，党项人建立的西夏，女真人建立的金以及《宋史·外国传》所列举的诸多政权。

辽朝为契丹人耶律阿保机所建，初号契丹，后改称辽，立国时间是907年至1125年。契丹在唐代后期开始崛起，五代时期曾经扶持过后晋等中原政权，《辽史·地理一》载其疆域：

> 迄于五代，辟地东西三千里。遥辇氏更八部曰旦利皆部、乙室活部、实活部、

---

① 《宋史》卷485《外国一》。

纳尾部、频没部、内会鸡部、集解部、奚嗢部，属县四十有一。每部设刺史，县置令。太宗以皇都为上京，升幽州为南京，改南京为东京，圣宗城中京，兴宗升云州为西京，于是五京备焉。又以征伐俘户建州襟要之地，多因旧居名之，加以私奴置投下州。总京五，府六，州、军、城百五十有六，县二百有九，部族五十有二，属国六十。东至于海，西至金山，暨于流沙，北至胪朐河，南至白沟，幅员万里。①

辽朝虽然是契丹人所建，但其辖境兼有游牧和农耕两大生业的人群，故而实施两种不同的政治制度，即"契丹旧俗，事简职专，官制朴实，不以名乱之，其兴也勃焉。太祖神册六年，诏正班爵。至于太宗，兼制中国，官分南、北。以国制治契丹，以汉制待汉人。国制简朴，汉制则沿名之风固存也。辽国官制，分北、南院。北面治宫帐、部族、属国之政，南面治汉人州县、租赋、军马之事。因俗而治，得其宜矣"②。

与辽、宋并立存在的是党项人建立的西夏。西夏，由元昊所建，立国时间为1038年至1227年，《宋史·外国传》载其始末及疆域：

李彝兴，夏州人也，本姓拓跋氏。唐贞观初，有拓跋赤辞者归唐，太宗赐姓李，置静边等州以处之。其后析居夏州者号平夏部。唐末，拓跋思恭镇夏州，统银、夏、绥、宥、静五州地，讨黄巢有功，复赐李姓……元昊既悉有夏、银、绥、宥、静、灵、盐、会、胜、甘、凉、瓜、沙、肃，而洪、定、威、龙皆即堡镇号州，仍居兴州，阻河依贺兰山为固。③

夏之境土，方二万余里，其设官之制，多与宋同。朝贺之仪，杂用唐、宋，而乐之器与曲则唐也。河之内外，州郡凡二十有二。河南之州九：曰灵、曰洪、曰宥、曰银、曰夏、曰石、曰盐、曰南威、曰会。河西之州九：曰兴、曰定、曰怀、曰永、曰凉、曰甘、曰肃、曰瓜、曰沙。熙、秦河外之州四：曰西宁、曰乐、曰廓、曰积石。其地饶五谷，尤宜稻麦。甘、凉之间，则以诸河为溉，兴、灵则有古渠曰唐来，曰汉源，皆支引黄河。故灌溉之利，岁无旱涝之虞。④

---

① 《辽史》卷37《地理一》。
② 《辽史》卷45《百官一》。
③ 《宋史》卷485《外国一》。
④ 《宋史》卷486《外国二》。

《辽史》对西夏的疆域也有概要记载："西夏，本魏拓跋氏后，其地则赫连国也。远祖思恭，唐季受赐姓曰李，涉五代至宋，世有其地。至李继迁始大，据夏、银、绥、宥、静五州，缘境七镇，其东西二十五驿，南北十余驿。"①

与北宋、辽、西夏同时存在的就《宋史》所载还有如下各主要政权：

交阯："交阯，本汉初南越之地。汉武平南越，分其地为儋耳、珠崖、南海、苍梧、郁林、合浦、交阯、九真、日南，凡九郡，置交阯刺史以领之。后汉置交州，晋、宋、齐、梁、陈因之，又为交阯郡。隋平陈，废郡置州；炀帝初，废州置郡。唐武德中，改交州总管府；至德中，改安南都护府。梁贞明中，土豪曲承美专有其地，送款于末帝，因授承美节钺。时刘䶮擅命岭表，遣将李知顺伐承美，执之，乃并有其地。后有杨廷艺、绍洪皆受广南署，继为交阯节度使。"②

回鹘："会昌中，其国衰乱，其相馺职者拥外甥庞勒西奔安西。既而回鹘为幽州张仲武所破，庞勒乃自称可汗，居甘、沙、西州，无复昔时之盛矣。"③

龟兹："国城有市井而无钱货，以花蕊布博易。有米麦瓜果。西至大食国行六十日，东至夏州九十日。或称西州回鹘，或称西州龟兹，又称龟兹回鹘。"④

吐蕃："唐末，瓜、沙之地复为所隔。然而其国亦自衰弱，族种分散，大者数千家，小者百十家，无复统一矣。自仪、渭、泾、原、环、庆及镇戎、秦州暨于灵、夏皆有之，各有首领，内属者谓之熟户，余谓之生户。凉州虽为所隔，然其地自置牧守，或请命于中朝。"⑤

唃厮啰："部族浸强，乃徙居宗哥城……宗哥城东南至永宁九百一十五里，东北至西凉府五百里，西北至甘州五百里，东至兰州三百里，南至河州四百一十五里。又东至兔谷五百五十里，又西南至青海四百里，又东至新渭州千八百九十里。"⑥

大理：从唐代南诏发展而来，继承了南诏的疆域。隋唐王朝时期分为六部：蒙巂诏、越析诏、浪穹诏、邆睒诏、施浪诏、蒙舍诏，因其语谓王为"诏"，故部落名尾都有一个"诏"字，并称"六诏"。六诏之中蒙舍诏势力较强，并在唐王朝时期统一各部，

---

① 《辽史》卷115《二国外纪》。
② 《宋史》卷488《外国四》。
③ 《宋史》卷490《外国六》。
④ 《宋史》卷490《外国六》。
⑤ 《宋史》卷492《外国八》。
⑥ 《宋史》卷492《外国八》。

又因其在六诏中位置最南,故史书以"南诏"称之。南诏最盛时期的统治区域,北至今四川汉源附近的大渡河,南达今老挝万象以北地区,东至今广西麻栗坡以东地区,西达今缅甸和印度交界的那加山脉,王都于阳苴咩城(今云南大理附近)。唐后期,由于唐王朝国力衰微,南诏占领了唐王朝的安南(治今越南河内)地区。大中十三年(859),其王自称皇帝,国号大理。

除以上政权之外,在北宋和辽的区域内还存在着其他诸多的族群。也就是说,北宋时期多民族国家疆域依然呈现多王朝或政权并立存在的状况,北宋、辽与西夏的疆域只是实现了局部的统一而已,而且这种情况随着女真人建立的金朝的出现又发生了新的变化。

女真人完颜阿骨打立国于1115年,先是联合北宋灭亡了辽,进而攻占了北宋都城开封,导致了北宋的灭亡和南宋的出现,实现了中华大地北部地区的统一,多民族国家疆域的形成与发展主要呈现金和南宋、西夏对峙的状态。

《金史·地理上》记载了金朝的疆域范围:

> 金之壤地封疆,东极吉里迷兀的改诸野人之境,北自蒲与路之北三千余里,火鲁火疃谋克地为边,右旋入泰州婆卢火所浚界壕而西,经临潢、金山,跨庆、桓、抚、昌、净州之北,出天山外,包东胜,接西夏,逾黄河,复西历葭州及米脂寨,出临洮府、会州、积石之外,与生羌地相错。复自积石诸山之南左折而东,逾洮州,越盐川堡,循渭至大散关北,并山入京兆,络商州,南以唐邓西南皆四十里,取淮之中流为界,而与宋为表里。

南宋的疆域和北宋相比有了极大缩减,即如上引《宋史·地理一》所载"南渡以后,朔漠不通,东南之陬以及西鄙,冠盖犹有至者"。西夏的疆域随着北宋的灭亡略有扩大,主要是和金朝瓜分了北宋的部分地区。这一时期另外一个大的变化是西辽政权的出现。1132年,耶律大石在叶密立称帝,建都虎思斡耳朵(巴拉沙衮),国号为辽,史称西辽。其疆域,有学者认为"东至热海(今伊塞克湖),西至塔拉斯河(又作塔剌速河),南至忽章河(今属锡尔河上游),北至亦列河(今伊犁河)"[①]。

---

① 林荣贵主编:《中国古代疆域史》,黑龙江教育出版社2007年版,第1114页。

尽管在传统的话语体系中，宋朝被视为"正统"，宋朝的疆域也往往被视为多民族国家中国疆域的代表，但宋朝并没有实现中华大地的"大一统"，甚至都没有实现汉唐旧疆范围内的一统，只是结束了五代十国分立的局面而已。与之对应的是，辽朝实现了包括燕云十六州在内的北部地区东部的局部统一，而西夏则实现了北部地区西部的局部统一。继其后的金朝，通过灭亡辽和北宋，不仅在辽朝基础上实现了草原地区的一统，而且将淮河以北的农耕区域也纳入直接管辖之下，实现了对中华大地北部地区的统一。宋、辽、西夏、金乃至大理、西辽等虽然前后分立并存于中华大地，和五胡十六国时期相比，其规模和整合的区域和程度也不相同，在促进不同区域凝聚的同时，也都为蒙古及元实现中华大地更大范围的"大一统"奠定了基础。

（2）元朝的"大一统"实践：多民族国家疆域的化一与族群的整合

1206年，铁木真称成吉思汗，建立蒙古汗国。蒙古汗国自建立起就开始了对周围地区的统一行动。《元朝秘史》第225节载有成吉思汗对其子说的话："天下土地广大，河水众多，你们尽可以各自去扩大营盘，占领国土。"也正是在这种思想的指导下，成吉思汗及其子孙建立了横跨欧亚的强大蒙古汗国。不过，尽管成吉思汗将天下视为征讨的对象，但其子孙则是以"中国"继承者自居的。元世祖忽必烈在至元二年（1265）曾经颁书给日本："大蒙古国皇帝奉书日本国王。朕惟自古小国之君，境土相接，尚务讲信修睦。况我祖宗，受天明命，奄有区夏，遐方异域畏威怀德者，不可悉数。朕即位之初，以高丽无辜之民久瘁锋镝，即令罢兵还其疆域，反其旄倪。高丽君臣感戴来朝，义虽君臣，欢若父子。计王之君臣亦已知之。高丽，朕之东藩也。日本密迩高丽，开国以来亦时通中国，至于朕躬，而无一乘之使以通和好。尚恐王国知之未审，故特遣使持书，布告朕志，冀自今以往，通问结好，以相亲睦。且圣人以四海为家，不相通好，岂一家之理哉。"[①] 在元武宗颁布的诏书中也有"仰惟祖宗应天抚运，肇启疆宇，华夏一统"[②] 一语。这些记载无一例外地表明元朝统治者对"中国"也有着强烈的认同，这或许也是元朝被后人视为"中国"正统王朝的原因之一。元朝先后实现了对金、西夏、大理、南宋等王朝或政权的统一，1279年南宋的灭亡被视为元朝实现"大一统"的重要标志。《元史·地理一》记载了元朝"大一统"疆域的规模：

---

① 《元史》卷208《日本传》。
② 《元史》卷22《武宗一》。

自封建变为郡县，有天下者，汉、隋、唐、宋为盛，然幅员之广，咸不逮元。汉梗于北狄，隋不能服东夷，唐患在西戎，宋患常在西北。若元，则起朔漠，并西域，平西夏，灭女真，臣高丽，定南诏，遂下江南，而天下为一。故其地北逾阴山，西极流沙，东尽辽左，南越海表。盖汉东西九千三百二里，南北一万三千三百六十八里，唐东西九千五百一十一里，南北一万六千九百一十八里，元东南所至不下汉、唐，而西北则过之，有难以里数限者矣。初，太宗六年甲午，灭金，得中原州郡。七年乙未，下诏籍民，自燕京、顺天等三十六路，户八十七万三千七百八十一，口四百七十五万四千九百七十五。宪宗二年壬子，又籍之，增户二十余万。世祖至元七年，又籍之，又增三十余万。十三年，平宋，全有版图。二十七年，又籍之，得户一千一百八十四万八百有奇。于是南北之户总书于策者，一千三百一十九万六千二百有六，口五千八百八十三万四千七百一十有一，而山泽溪洞之民不与焉。立中书省一，行中书省十有一：曰岭北，曰辽阳，曰河南，曰陕西，曰四川，曰甘肃，曰云南，曰江浙，曰江西，曰湖广，曰征东，分镇藩服，路一百八十五，府三十三，州三百五十九，军四，安抚司十五，县一千一百二十七。文宗至顺元年，户部钱粮户数一千三百四十万六百九十九，视前又增二十万有奇，汉、唐极盛之际有不及焉。盖岭北、辽阳与甘肃、四川、云南、湖广之边，唐所谓羁縻之州，往往在是，今皆赋役之，比于内地；而高丽守东藩，执臣礼惟谨，亦古所未见。地大民众，后世狃于治安，而不知诘戎兵、慎封守，积习委靡，一旦有变，而天下遂至于不可为。呜呼！盛极而衰，固其理也。①

元朝结束中华大地分裂状态，实现远超秦汉、隋唐的"大一统"，对多民族国家疆域的形成与发展而言只是表面现象，而更深层次的重要贡献则体现在以下几个方面：

（1）撰写"一统志"，宣示"正统"的同时也是多民族国家疆域整合进入一个新阶段的重要标志。在中国传统的"二十四史"中，尽管从《汉书·地理志》开始即有对王朝疆域政区的记述，阐明王朝疆域是对前朝政区的继承和延续，但多是记述正式设置的区域，对辽阔的"夷狄"分布的边疆区域则较少记述，且不说在"一统"的视角下诠释王朝疆域。蒙古人建立的元朝则继承和发扬了唐朝人撰著《元和郡县图志》、宋朝人

---

① 《元史》卷58《地理一》。

撰著《太平寰宇记》和《舆地纪胜》的传统，开始在至元二十二年（1285）编纂"一统志"，大德七年（1303）三月戊申"岳铉等进《大元大一统志》，赐赍有差"①。《大元一统志》"凡一千三百卷"，将"各路各州各县史迹""归纳为建置沿革、坊郭乡镇、里至、山川、土产、风俗形势、古迹、宦迹、人物、仙释等部门"②，一方面体现了元朝对地方的管理在前代基础上不断深入，另一方面也更好地彰显了元朝为中华"正统"，名之为《大元一统志》即是昭示"正统"的最好标志。

（2）在前代基础上不仅疆域更加辽阔，而且治理体系设置也相对完备，有了进一步发展。元朝对"大一统"疆域的治理较前代有了进一步发展，其中最主要的变化是设置行中书省作为地方最高一级的行政管理机构。面对辽阔的疆域，元朝除设置宣政院直接管辖吐蕃地区外，其他地区设置行中书省，即如上引《元史·地理一》所载"立中书省一，行中书省十有一：曰岭北，曰辽阳，曰河南，曰陕西，曰四川，曰甘肃，曰云南，曰江浙，曰江西，曰湖广，曰征东。分镇藩服，路一百八十五，府三十三，州三百五十九，军四，安抚司十五，县一千一百二十七。文宗至顺元年，户部钱粮户数一千三百四十万六百九十九，视前又增二十万有奇，汉、唐极盛之际有不及焉。盖岭北、辽阳与甘肃、四川、云南、湖广之边，唐所谓羁縻之州，往往在是，今皆赋役之，比于内地；而高丽守东藩，执臣礼惟谨，亦古所未见"。《元史·百官七》载："行中书省，凡十一，秩从一品。掌国庶务，统郡县，镇边鄙，与都省为表里。国初，有征伐之役，分任军民之事，皆称行省，未有定制。中统、至元间，始分立行中书省，因事设官，官不必备，皆以省官出领其事。其丞相，皆以宰执行某处省事系衔。其后嫌于外重，改为某处行中书省，凡钱粮、兵甲、屯种、漕运、军国重事，无不领之。"③省以及路府州县的设置，不仅是开创性的，奠定了多民族国家疆域管理体系的基础，而且管理方式的划一也是对传统的直接与羁縻"二元"管理体制的巨大发展，有助于多民族国家疆域的凝聚与形成。

（3）突破了传统的"华夷"划分，在"四等人"视域下重新整合境内百姓，既是对已有族群凝聚的认同，同时也是一个创新，有助于人群的进一步凝聚。元朝实现大一统之后，将"天下"之人分为四等，即蒙古、色目、汉人、南人，实施不同的政策。以

---

① 《续资治通鉴》卷194，大德七年三月戊申条。
② （元）孛兰肹等撰、赵万里校辑：《元一统志》前言，中华书局1966年版，第1—2页。
③ 《元史》卷91《百官七》。

往学者们多是从民族歧视的角度来评判元朝的这一做法，但是这一做法严格意义上并不是对民族的划分，其划分标准更多的是依据降元的先后，而这在客观上却对五代以来民族融合的结果形成了一种承认。蒙古，包括兀鲁、忙兀、泰赤乌、克烈、弘吉喇等部族，这些部族基本上已经成为蒙古民族的一部分。色目，主要包括回回、畏兀儿、康里、阿速、唐兀、哈剌鲁等西域乃至中亚的一些民族，这些民族东迁之后与中原地区的汉等民族不断融合形成了回回民族。汉人，主要包括淮河以北原金朝统治之下的汉、契丹、女真、渤海、高丽等民族，这些民族在经过辽金时期的不断融合之后最终成为汉族的组成部分。南人则是指南宋辖区内的各民族。也就是说，四等人的划分虽然具有民族歧视的因素在内，但对于各民族的进一步融合也起到了一定的促进作用。与此同时，元朝还采取了民族迁徙的政策。蒙元时期各民族的迁徙自始至终都存在着，无论是迁徙的范围还是规模都是前代所无法比拟的。《元史·兵志二》记载："元初以武功定天下，四方镇戍之兵亦重矣。然自其始而观之，则太祖、太宗相继以有西域、中原，而攻取之际，屯兵盖无定向，其制殆不可考也。世祖之时，海宇混一，然后命宗王将兵镇边徼襟喉之地，而河洛、山东据天下腹心，则以蒙古、探马赤军列大府以屯之。淮、江以南，地尽南海，则名藩列郡，又各以汉军及新附等军戍焉。"也就是说，北方地区主要是由蒙古军、探马赤军镇戍为主，淮河以南地区则主要是汉军和新附军戍守，但也有少量的蒙古军、探马赤军，目的是监视。为保证戍守军队的供应，元朝采取了屯田的政策，《元史·兵志三》对此有概要的记载："国初，用兵征讨，遇坚城大敌，则必屯田以守之。海内既一，于是内而各卫，外而行省，皆立屯田，以资军饷。或因古之制，或以地之宜，其为虑盖甚详密矣。大抵芍陂、洪泽、甘、肃、瓜、沙，因昔人之制，其地利盖不减于旧；和林、陕西、四川等地，则因地之宜而肇为之，亦未尝遗其利焉。至于云南八番，海南、海北，虽非屯田之所，而以为蛮夷腹心之地，则又因制兵屯旅以控扼之。由是而天下无不可屯之兵，无不可耕之地矣。"也就是说，伴随着戍守和屯田，更多的蒙古人、色目人、汉人被迁徙到了全国各地，无论是规模还是涉及的范围都是远超前代的。如元朝在云南戍守就导致了大量蒙古人进入云南，有学者估计人数在十万以上。[①]民族的大迁徙是通过多种形式表现出来的，其中俘掠、戍守、出仕、流放、有计划迁徙、经商成为六种最主要的途径。

---

① 翁独健主编：《中国民族关系史纲要》，中国社会科学出版社1990年版，第567—568页。

元代的族群融合和人群分布格局的进一步衍变，是在元朝"大一统"的状态下实现的。族群之间的融合不仅导致了一些原有族群的消失，也促进了一些族群的强大和新族群的凝聚，蒙古、汉等群体的发展壮大及"回回"群体的形成即是主要表现，而这种交融和族群分布格局的变化对于中原和边疆、"华"与"夷"的"一体化"趋势则起到了凝固作用。

总体而言，元朝"大一统"疆域格局的出现，将多民族国家疆域的形成与发展带到了一个新的高度，一方面涵盖的区域较汉唐"大一统"更加辽阔，基本包括了多民族国家疆域凝聚的所有区域；另一方面元朝对辽阔疆域的管理呈现划一的态势，并在"四等人"的视野下创新整合境内百姓，不仅巩固了五代宋辽金时期中华大地上族群凝聚的结果，为明清"汉人"群体的壮大奠定了基础，而且也促成了草原人群的"蒙古化"以及色目人和其他人群的凝聚交融。

4. 明至清多民族国家疆域的再次分与合

1368年，朱元璋在"驱逐胡虏，恢复中华"旗帜下推翻元朝统治，建立了明朝。明朝先后以南京和北京为都，1644年，为李自成起义军所灭。同年，崛起于东北地区的满洲人建立的清朝，入关定鼎北京，成为中华大地上最后一个传统王朝，并推动多民族国家疆域由"有疆无界"的传统王朝国家属性向"有疆有界"的"条约化"国家疆域状态转变。这一时期多民族国家疆域呈现再次由分到合状态，并最终底定。

（1）明与蒙古对峙状态下多民族国家中国疆域样态

在传统的话语体系中，明朝被视为"大一统"王朝，但实际上明朝并没有实现中华大地的"大一统"，最突出的表现即是并没有对辽阔的草原地区以及西域实施有效管辖，多民族国家疆域在明代呈现的依然是分裂的状态。

《明史·地理一》对明朝的疆域有如下记载：

> 明太祖奋起淮右，首定金陵，西克湖、湘，东兼吴、会。然后遣将北伐，并山东，收河南，进取幽、燕，分军四出，芟除秦、晋，讫于岭表。最后削平巴、蜀，收复滇南。禹迹所奄，尽入版图，近古以来，所未有也……终明之世，为直隶者二：曰京师，曰南京。为布政使司者十三：曰山东，曰山西，曰河南，曰陕西，曰四川，曰湖广，曰浙江，曰江西，曰福建，曰广东，曰广西，曰云南，曰贵州。其分统之府百有四十，州百九十有三，县千一百三十有八。羁縻之府十有

九，州四十有七，县六。编里六万九千五百五十有六。而两京都督府分统都指挥使司十有六，行都指挥使司五，曰北平、曰山西、曰陕西、曰四川、曰福建，留守司二。所属卫四百九十有三，所二千五百九十有三，守御千户所三百一十有五。又土官宣慰司十有一，宣抚司十，安抚司二十有二，招讨司一，长官司一百六十有九，蛮夷长官司五……计明初封略，东起朝鲜，西据吐番，南包安南，北距大碛，东西一万一千七百五十里，南北一万零九百四里。自成祖弃大宁，徙东胜，宣宗迁开平于独石，世宗时复弃哈密、河套，则东起辽海，西至嘉峪，南至琼、崖，北抵云、朔，东西万余里，南北万里。其声教所讫，岁时纳赞，而非命吏置籍，侯尉羁属者，不在此数。呜呼盛矣！

和元朝疆域相比，明朝的疆域很明显没有达到元朝疆域的规模，即便是与汉唐疆域相比，也差距较大，因此称之为"大一统"王朝是名不副实的。从上述记载看，明朝没有实现对草原和西域的统一是其不能称为"大一统"王朝的主要原因，同时也说明多民族国家疆域的形成与发展在明代是呈现分裂状态的。《明史·外国传》为以下各政权立传即是明证：

蒙古各部："鞑靼，即蒙古，故元后也。太祖洪武元年，大将军徐达率师取元，元主自北平遁出塞，居开平，数遣其将也速等扰北边。明年，常遇春击败之，师进开平，俘宗王庆孙、平章鼎住……鞑靼地，东至兀良哈，西至瓦剌。当洪、永、宣世，国家全盛，颇受戎索，然畔服亦靡常。正统后，边备废弛，声灵不振。诸部长多以雄杰之姿，恃其暴强，迭出与中夏抗。边境之祸，遂与明终始云。"[1]"瓦剌，蒙古部落也，在鞑靼西。元亡，其强臣猛可帖木儿据之。死，众分为三，其渠曰马哈木，曰太平，曰把秃孛罗。"[2]"朵颜、福余、泰宁，高皇帝所置三卫也。其地为兀良哈，在黑龙江南，渔阳塞北……洪武二十二年置泰宁、朵颜、福余三卫指挥使司，俾其头目各自领其众，以为声援。自大宁前抵喜峰口，近宣府，曰朵颜；自锦、义历广宁至辽河，曰泰宁；自黄泥洼逾沈阳、铁岭至开原，曰福余。独朵颜地险而强。久之皆叛去。"[3]

哈密："东去嘉峪关一千六百里，汉伊吾卢地。明帝置宜禾都尉，领屯田。唐为伊

---

[1] 《明史》卷327《外国八》。
[2] 《明史》卷328《外国九》。
[3] 《明史》卷328《外国九》。

州。宋入于回纥。元末以威武王纳忽里镇之，寻改为肃王，卒，弟安克帖木儿嗣。洪武中，太祖既定畏兀儿地，置安定等卫，渐逼哈密。安克帖木儿惧，将纳款。成祖初，遣官招谕之，许其以马市易，即遣使来朝，贡马百九十匹。永乐元年十一月至京，帝喜，赐赉有加，命有司给直收其马四千七百四十匹，择良者十匹入内厩，余以给守边骑士。明年六月复贡，请封，乃封为忠顺王，赐金印，复贡马谢恩。"①

柳城："一名鲁陈，又名柳陈城，即后汉柳中地，西域长史所治。唐置柳中县。西去火州七十里，东去哈密千里。经一大川，道旁多骸骨，相传有鬼魅，行旅早暮失侣多迷死。出大川，渡流沙，在火山下，有城屹然广二三里，即柳城也……柳城密尔火州、土鲁番，凡天朝遣使及其酋长入贡，多与之偕。后土鲁番强，二国并为所灭。"②

火州："又名哈剌，在柳城西七十里，土鲁番东三十里，即汉车师前王地。隋时为高昌国。唐太宗灭高昌，以其地为西州。宋时回鹘居之，尝入贡。元名火州，与安定、曲先诸卫统号畏兀儿，置达鲁花赤监治之……其地多山，青红若火，故名火州。气候热。五谷、畜产与柳城同。城方十余里，僧寺多于民居。东有荒城，即高昌国都，汉戊己校尉所治。西北连别失八里。国小，不能自立，后为土鲁番所并。"③

土鲁番："在火州西百里，去哈密千余里，嘉峪关二千六百里。汉车师前王地。隋高昌国。唐灭高昌，置西州及交河县，此则交河县安乐城也。宋复名高昌，为回鹘所据，尝入贡。元设万户府……初，其地介于阗、别失八里诸大国间，势甚微弱。后侵掠火州、柳城，皆为所并，国日强，其酋也密力火者遂僭称王。"④

别失八里："西域大国也。南接于阗，北连瓦剌，西抵撒马儿罕，东抵火州，东南距嘉峪关三千七百里。或曰焉耆，或曰龟兹。"⑤

于阗："自古为大国，隋、唐间侵并戎卢、捍弥、渠勒、皮山诸国，其地益大。南距葱岭二百余里，东北去嘉峪关六千三百里。大略葱岭以南，撒马儿罕最大；以北，于阗最大。"⑥

乌斯藏："在云南西徼外，去云南丽江府千余里，四川马湖府千五百余里，陕西西

---

① 《明史》卷329《西域一》。
② 《明史》卷329《西域一》。
③ 《明史》卷329《西域一》。
④ 《明史》卷329《西域一》。
⑤ 《明史》卷332《西域四》。
⑥ 《明史》卷332《西域四》。

宁卫五千余里。其地多僧，无城郭。群居大土台上，不食肉娶妻，无刑罚，亦无兵革，鲜疾病。"①

明朝尽管不是一个"大一统"的王朝，但其独特的以卫所和文教为主的治理政策还是对多民族国家疆域的形成与发展起到了非同一般的作用。以文教政策为例，可以看出明朝治理政策的独到特点。以朱元璋为代表的明王朝最高统治者们屡屡强调"华夷一家"，应该一视同仁，而且还是针对所谓的"夷狄"首领说的。如洪武三年（1370）六月，"上遣使诏谕元宗室部落臣民……遍谕朕意。朕既为天下主，华夷无间，姓氏虽异，抚字如一"②。洪武九年（1376）八月，"庚戌，思南宣慰使田仁智入觐贡马及方物"，"上谕之曰：'汝在西南，远来朝贡，其意甚勤。朕以天下守土之臣皆朝廷命吏，人民皆朝廷赤子。汝归，善抚之，使得各安其生，则汝亦可以长享富贵矣。'"③朱元璋的这个表态也影响到了其后的明朝统治者。永乐二十一年（1423）十月，"宁阳侯陈懋等以也先土干及其部属入见……上曰：'华夷本一家。朕奉天命为天子，天之所覆，地之所载，皆朕赤子，岂有彼此？'"④在宣称"华夷一家"的同时，明王朝统治者还希望通过颁布一些具体的政策来实现对农耕族群的整合。洪武元年（1368）二月，朱元璋"诏复衣冠如唐制"，"胡服、胡语、胡姓一切禁止"，试图让"百有余年胡俗悉复中国之旧矣"。⑤朱元璋不仅关注了胡服、胡语、胡姓等表面的问题，更希望通过礼仪制度的重塑、儒家文化的传播来实现对农耕族群的整合。对传播儒学的认识则体现在洪武二年（1369）的上谕中。上谕责成中书省将学校教育作为当务之急的大事来落实。洪武二年十月辛巳，"上谕中书省臣曰：'学校之教，至元其弊极矣。使先王衣冠礼义之教，混为夷狄，上下之间，波颓风靡，故学校之设，名存实亡。况兵变以来，人习于战斗，惟知干戈，莫识俎豆。朕恒谓治国之要，教化为先；教化之道，学校为本。今京师虽有太学，而天下学校未兴，宜令郡县皆立学，礼延师儒，教授生徒，以讲论圣道，使人日渐月化，以复先王之旧，以革污染之习。此最急务，当速行之。'"⑥

通过兴办学校、推广儒学来实现对农耕族群的整合，应该说是一条见效虽慢但效

---

① 《明史》卷331《西域三》。
② 《明太祖实录》卷53，洪武三年六月丁丑条。
③ 《明太祖实录》卷108，洪武八年八月庚戌条。
④ 《明太宗实录》卷264，永乐二十一年十月己巳条。
⑤ 《明太祖实录》卷30，洪武元年二月壬子条。
⑥ 《明太祖实录》卷46，洪武二年十月辛巳条。

果稳固的道路，是否有效果更取决于政策落实是否持久。对于明王朝兴建学校推广儒学的效果，《明史·选举一》有如下记载："郡县之学，与太学相维，创立自唐始。宋置诸路州学官，元颇因之，其法皆未具。迄明，天下府、州、县、卫所，皆建儒学，教官四千二百余员，弟子无算，教养之法备矣。"明王朝"大建学校，府设教授，州设学正，县设教谕，各一。俱设训导，府四，州三，县二。生员之数，府学四十人，州、县以次减十。师生月廪食米，人六斗，有司给以鱼肉。学官月俸有差。生员专治一经，以礼、乐、射、御、书、数设科分教。务求实才，顽不率者黜之。十五年，颁学规于国子监，又颁禁例十二条于天下，镌立卧碑，置明伦堂之左。其不遵者，以违制论。盖无地而不设之学，无人而不纳之教。庠声序音，重规叠矩，无间于下邑荒徼，山陬海涯。此明代学校之盛，唐、宋以来所不及也"。由此可见，这一政策得到了广泛的实施，而且也取得了明显的效果。

明王朝兴办学校、推广儒学之所以能够在整合农耕族群，吸引遍地少数民族汉化方面取得一定效果，和科举制度的建立有着密切联系。一定程度上说，科举制度的建立，为兴办学校、推广儒学提供了广阔的发展前景，而科举方面对"夷狄"地区采取的优惠政策也是播州、贵州宣慰使司并所属宣抚司官"各遣其子来朝，请入太学"的主要动力之一。[①]明王朝的出现及其对农耕地区长达近三个世纪的统治，实现了对五代以后中原农耕地区不同族群的整合，朝鲜王朝尊明贬清[②]、清军入关所遇到的顽强抵抗似乎可以作为整合效果的一种体现，而其中礼仪制度的重建、儒学的推广起到了十分重要的作用。

（2）清朝前期"大一统"的实现与多民族国家疆域的整合

万历四十四年（1616），努尔哈赤登基称帝建立后金，崇德元年（1636）实现了对东北地区的局部统一，《清太宗实录》卷28崇德元年四月载："乙酉，上以受尊号，祭告天地……读祝文。其文曰：维丙子年四月十一日，满洲国皇帝臣皇太极敢昭告于皇天后土之神曰：臣以眇躬，嗣位以来，常思置器之重，时深履薄之虞，夜寐夙兴，兢兢业业，十年于此。幸赖皇穹降佑，克兴祖父基业，征服朝鲜，混一蒙古，更获玉玺，远拓边疆。今内外臣民谬推臣功，合称尊号，以付天心。臣以明人尚为敌国，尊号不可遽称，固辞弗获，勉徇群情，践天子位，建国号曰大清，改元为崇德元年。"此不仅标志着女真完成了内部的凝聚，而且也是后金由地方政权向"大一统"王朝转变的标志。

---

① 参见田继周等《中国历代民族政策研究》，青海人民出版社1993年版，第302—304页。
② 参见孙卫国《大明旗号与小中华意识——朝鲜王朝尊周思明问题研究（1637—1800）》，商务印书馆2007年版。

顺治元年（1644）四月，清王朝军队和李自成的起义军对峙于山海关，结果是明山海关总兵吴三桂与清军联合，李自成大败退回北京，清王朝军队顺利入关，五月初一即抵达了通州，由此开始了构建"大一统"王朝的征程。如果从1583年努尔哈赤起兵起算，至1759年平定西域结束，清王朝实现"大一统"用了长达一百七十六年的时间。《清史稿·地理一》对清朝"大一统"的疆域及其简要的演变过程有如下概述：

> 有清崛起东方，历世五六。太祖、太宗力征经营，奄有东土，首定哈达、辉发、乌拉、叶赫及宁古塔诸地，于是旧藩札萨克二十五部五十一旗悉入版图。世祖入关翦寇，定鼎燕都，悉有中国一十八省之地，统御九有，以定一尊。圣祖、世宗长驱远驭，拓土开疆，又有新藩喀尔喀四部八十二旗，青海四部二十九旗，及贺兰山厄鲁特，迄于两藏，四译之国，同我皇风。逮于高宗，定大小金川，收准噶尔、回部，天山南北二万余里毡裘浑酪之伦，树领蛾服，倚汉如天。自兹以来，东极三姓所属库页岛，西极新疆疏勒至于葱岭，北极外兴安岭，南极广东琼州之崖山，莫不稽颡内乡，诚系本朝。于皇铄哉！汉、唐以来未之有也。穆宗中兴以后，台湾、新疆改列行省；德宗嗣位，复将奉天、吉林、黑龙江改为东三省，与腹地同风：凡府、厅、州、县一千七百有奇。自唐三受降城以东，南卫边门，东凑松花江，北缘大漠，为内蒙古。其外涉瀚海，阻兴安，东滨黑龙江，西越阿尔泰山，为外蒙古。重之以屏翰，联之以昏姻，此皆列帝之所怀柔安辑，故历世二百余年，无敢生异志者。太宗之四征不庭也，朝鲜首先降服，赐号封王。顺治六年，琉球奉表纳款，永藩东土。继是安南、暹罗、缅甸、南掌、苏禄诸国请贡称臣，列为南服。高宗之世，削平西域，巴勒提、痕都斯坦、爱乌罕、拔达克山、布哈尔、博洛尔、塔什干、安集延、浩罕、东西布鲁特、左右哈萨克，及坎车提诸回部，联翩内附，来享来王。东西朔南，辟地至数万里，幅员之广，可谓极矣。洎乎末世，列强环起，虎眈鲸吞，凡重译贡市之国，四分五裂，悉为有力者负之走矣。

按照上述记载，清朝的疆域不仅在汉唐基础上有了进一步的发展，而且和元朝的"大一统"可有一比。"东极三姓所属库页岛，西极新疆疏勒至于葱岭，北极外兴安岭，南极广东琼州之崖山"是对清朝疆域四至的概括，其范围已经超过了元朝"大一统"的规模，学界一般认为有一千三百万平方公里，故而称之为"辟地至数万里，幅员之广，可谓极矣"并不夸张。

清朝"大一统"的出现，真正实现了中华大地上"天无二日，土无二王"的传统"大一统"理想，究其原因，各说纷纭，莫衷一是，但清朝雍正皇帝则撰著《大义觉迷录》对清朝能够实现"大一统"提出了自己的看法：

> 自古中国一统之世，幅员不能广远，其中有不向化者，则斥之为夷狄。如三代以上之有苗、荆楚、猃狁，即今湖南、湖北、山西之地也。在今日而目为夷狄可乎？至于汉、唐、宋全盛之时，北狄、西戎世为边患，从未能臣服而有其地，是以有此疆彼界之分。自我朝入主中土，君临天下，并蒙古，极边诸部落俱归版图。是中国之疆土，开拓广远，乃中国臣民之大幸，何得尚有华夷中外之分论哉！①

雍正皇帝将传统的"华夷中外之分"观念的长期存在视为历代王朝不能实现中华大地"大一统"的根本原因，并认为只有分裂时期才需要强调华夷之别："盖从来华夷之说，乃在晋宋六朝偏安之时，彼此地丑德齐，莫能相尚。是以北人诋南为岛夷，南人指北为索虏。在当日之人，不务修德行仁，而徒事口舌相讥，已为至卑至陋之见。今逆贼等，于天下一统、华夷一家之时，而妄判中外，谬生忿戾，岂非逆天悖理，无父无君，蜂蚁不若之异类乎？"同时强调"我朝既仰承天命，为中外臣民之主，则所以蒙抚绥爱育者，何得以华夷而有殊视？而中外臣民，既共奉我朝以为君，则所以归诚效顺，尽臣民之道者，尤不得以华夷而有异心。"②雍正皇帝的认识是在总结前代疆域规模的实际情况以及国家治理实践的基础上提出的，虽然不全面，但指出了问题的关键。"华夷中外之分"的观念是中国传统"大一统"思想的重要内容之一，其要点有二：一是"天下"百姓虽然分为"华夷"，但只有"华"建立的政权能够成为"正统"，这是自春秋以来就有的观念，并且是在东晋南北朝、宋辽金大分裂时期不断引发争论的问题，但值得关注的是和"五胡十六国"统治者争夺"正统"不同，雍正皇帝没有避讳其源出"东夷"的身份，而是将"满洲"定义为"犹中国之有籍贯"，进而认为"自古帝王之有天下，莫不由怀保万民，恩加四海，膺上天之眷命，协亿兆之欢心，用能统一寰区，垂祚奕世。盖生民之道，惟有德者可为天下君。此天下一家，万物一体，自古迄今，万世

---

① 《清世宗实录》卷86，雍正七年九月癸未。
② 《清世宗实录》卷86，雍正七年九月癸未。《大义觉迷录》也有大致相同的阐述。

不易之常经",借以为清朝乃"中国正统"申辩,并视清朝为历代王朝的延续,不仅为"中国之主",也为"中外臣民之主",目的是让"普天率土之众,莫不知大一统之在我朝"①,显示出雍正皇帝对历史上相关的论争有着充分的了解和不同以往的理解。二是主张"中国"是国家治理的重点,即唐人所言"中国百姓,天下本根;四夷之人,犹于枝叶。扰于根本,以厚枝附,而求久安,未之有也"②。对不同区域实施不同的政策对于国家治理而言是正常的选择,但从历代王朝国家治理的实践看,历代王朝的统治者往往是把对"四夷"分布区域经略视为负担。如贞观十四年(640)唐朝统一高昌,唐太宗有意在其地设置州县进行直接管理,但遭到了大臣魏徵的反对,其反对的理由即是:"今若利其土壤,以为州县,常须千余人镇守,数年一易,每及交番,死者十有三四,遣办衣资,离别亲戚,十年之后,陇右空虚。陛下终不得高昌撮谷尺布以助中国,所谓散有用而事无用,臣未见其可。"③"不毛之地,亡用之民,圣王不以劳中国"④,也是西汉大臣主张放弃对西南夷经营的重要理由。清朝的统治者出身"东夷",自然会对这种观念有切身体会,所以屡屡强调"一体",试图削弱这种观念的影响。在记录清朝历史的《清实录》中,"一体"一词出现过8435次,施用的范围十分广泛,其中有不少是专门针对族群关系而言的。皇太极曾言"满汉之人,均属一体"⑤;"汉人、满洲、蒙古一体恩养"⑥。康熙皇帝曾言,"朕视四海一家、中外一体"⑦。而雍正皇帝在前代基础上不仅说"云、贵、川、广、猺獞杂处,其奉公输赋之土司,皆当与内地人民一体休养"⑧,"满洲、汉军、汉人,朕俱视为一体,并无彼此分别"⑨,而且在《大义觉迷录》中对"华夷中外之分"带来的危害做了系统分析和有力批驳。也正是对"大一统"有着不同的深刻理解,清朝继承并发扬了元朝撰著"一统志"的做法,先后刊布了康熙、乾隆、嘉庆三部《大清一统志》,详述大清王朝的疆域沿革和政区设置,以体现清代国家的"大一统"盛世状况。

---

① 《清世宗实录》卷86,雍正七年九月癸未。
② 《旧唐书》卷62《李大亮传》。
③ 《旧唐书》卷198《西戎·高昌传》。
④ 《汉书》卷95《西南夷列传》。
⑤ 《清太宗实录》卷1,天命十一年八月丙子。
⑥ 《清太宗实录》卷19,天命八年八月丁丑。
⑦ 《清圣祖实录》卷112,康熙二十年九月癸未。
⑧ 《清世宗实录》卷3,雍正元年正月辛巳。
⑨ 《清世宗实录》卷72,雍正六年八月丁亥。

拥有辽阔的疆域只是清朝实现"大一统"的第一步，因为将"普天之下莫非王土，率土之滨莫非王臣"明确认定为乃"大一统之义"①，故而追求辽阔疆域内政治经济文化的"一体化"就成了清朝统治者努力的最高政治目标。如前所述，清朝统治者不避讳自己的"东夷"出身，且高举儒家传统的"有德者居之"的旗帜，在为清朝的"正统性"论争的同时，在总结前代的基础上也明确完善了自己的"大一统"思想，其中一项重要内容就是突破了传统"中国"和"华夷"概念的指称含义，其"天下"已经拓展为包含"中外"的"天下"，视野更为宏大，且更重要的是，清朝统治者将这种观念由一种理想逐渐贯穿到现实实践中，用于构建以清朝皇帝为核心的"大一统"王朝政治秩序的具体实践，并在管理体制、法律制度、文化建设等诸多方面努力实践着国家治理体系的"一体化"。

在《清实录》等清代文献中经常可以见到清朝统治者对历朝各代国家治理经验的分析，可以说清朝统治者吸纳了历朝各代在国家治理尤其是边疆治理方面的经验与教训，既有对前代治理思想和治理方式的继承，也有进一步的发展，而追求"一体化"则是一个突出的表现。从国家治理体系而言，"恩威并施"和"因俗而治"大体上可以体现清朝统治体系和统治政策的总方针，而无论是针对中原农耕族群设置的省、府、州、县的管辖方式，还是北部草原地区的盟旗制度、东北地区与西北地区的军政和军府制度，及南部地区的土司制度，都将"因俗而治"的特点表露无遗。但是，需要强调的是，清朝将盟旗制度实行于草原地区的蒙古部落本身就是对前代"统而不治"治理方式的修正，是一大进步，同时清朝在针对不同族群确立的不同的管理方式和各有特点的政策中，也体现出其趋向"一体化"努力的特点，突出表现在以下方面：

（1）放弃分隔农耕和牧业区域的长城防御体系，充分利用蒙古力量巩固统一，这是一个创举，有助于疆域整合和两大群体的融合。在有大臣建言修缮长城的时候，康熙皇帝说了如下一段话："谕扈从诸臣曰：昔秦兴土石之工，修筑长城，我朝施恩于喀尔喀，使之防备朔方，较长城更为坚固。"②放弃长城防御体系对于古代中国的边疆治理而言是一个伟大的革命，一方面人为设置的阻碍中原农耕地区和边疆草原地区融为"一体"长达数千年的长城防御体系终于结束了它的历史使命，长城内外不仅在政治地理上加速了"一体化"进程，而且在客观上也消除了游牧族群与农耕族群出现争斗的诱因，

---

① 《清世宗实录》卷81，雍正七年五月乙丑。
② 《清圣祖实录》卷151，康熙三十年四月壬辰条。

为双方的正常交流、交往与交融提供了前提，而在清朝统治者屡屡强调"一体"的政治语境下，也有助于多民族国家的稳定和发展。

（2）实施"改土归流"，加速南部地区的"一体化"进程，国家治理能力和治理体系向社会基层的延伸，有助于多民族国家的巩固和发展。清朝统治者虽然还高举"因俗而治"的旗帜，但在具体治理政策上则彻底否定了传统的"羁縻而治"思想，代之以"天下一家，满汉官民，皆朕臣子"①，尤其是对南部地区的治理，自雍正皇帝开始即希望通过"改土归流"等政策的推行，让国家治理能力在边疆地区的管理中更加具体而深入。清朝大规模的"改土归流"，客观上推动了秦始皇时期实施郡县管理体系时就已经开始的南部地区的"一体化"进程，王朝国家势力向基层延展，对于巩固和维护国家统一起着十分重要的推动作用。

（3）完善法律制度建设，将国家对边疆的治理纳入法制化轨道，实现边疆治理的"一体化"。清朝统治者虽然高举"因俗而治"的大旗，但为了巩固和维护国家统一，在前代基础上清朝先后制定了《大清律例》《理藩院则例》《蒙古律例》《番例条款》《回疆则例》《西宁青海番夷成例》《酌定西藏善后章程十三条》《钦定西藏章程》等诸多法律，这是对中国传统治边思想和实践的又一大突破。从表面上看，有关边疆地区的法律制度建设体现了"因俗而治"的指导思想，但有关《大清律例》相关法律思想和条文在《蒙古律例》等边疆法律中的贯彻，和具体案例审判中适用原则的选择，依然体现着清朝统治者"一体化"的努力。实际上，早在努尔哈赤时期清朝统治者就已经有了将边疆其他部族纳入"国法"的意图，而对边疆治理"一体化"的意图则主要表现为清朝统治者逐步将《大清律例》的原则贯穿到具体案例的审判中，试图从法律制度上达到边疆与内地的划一，乾隆时期对有关回疆案件的处理就十分明显。乾隆二十四年（1759），清朝平定大小和卓之乱，"各部归一"，"今为我属，凡事皆归我律更章"。② 对于清朝的文教政策，有学者归纳为"本以武事起家却偃武修文，历经顺治、康熙、雍正、乾隆四朝皇帝刻意经营提倡，以传心殿经筵日讲为皇家崇重历代文教道统之圭臬，以祀孔大典推行全国为普及儒学圣教之传承"③，虽然准确但并不全面。实际上，将儒释道融为一体，打造清代"大一统"的中华文化也是清朝统治者巩固和维护统一的重要举措。

---

① 《清世祖实录》卷40，顺治五年八月壬子条。
② 阮明道主编：《西域地理图说注》卷2《官职制度》，延边大学出版社1992年版，第62页。
③ 王尔敏：《近代论域探索》，中华书局2014年版，第19页。

（4）在"臣民"的框架下整合境内百姓。与清朝实现"大一统"以及疆域明晰几乎同步的是清朝对境内百姓"臣民"（国民）身份的明确，而"臣民"（国民）界限确定的标志，除了确立对中原农耕族群的统治体系之外，还有一个更为明显的标志，即普遍存在于汉文典籍和汉文文学作品中的"留头不留发，留发不留头"，也称为"薙发令"以及服饰。在中国的传统意识中，划分"中国戎夷五方之民"的重要标志和依据即包括了"衣冠"，而清朝统治者的这种做法，让人不禁想到南梁大臣陈庆之认同鲜卑人所建北魏是中华代表时所言"衣冠人物尽在中原"，虽然不知道清朝统治者如此做的目的是否有谋求得到认同的意图，但此举却是清朝"臣民"塑造的一个突出外在标志，尤其是对于中原地区的汉人而言更是如此。

（5）构建完善的治理体系，谋求对辽阔疆域的直接有效的治理。就清朝的统治结构而言，在现代学者眼中依然属于传统王朝性质，如上引《清史稿·地理一》所言，在辽阔的疆域中，其中"中国一十八省之地"是"统御九有，以定一尊"的标志，属于王朝疆域的核心地区；"哈达、辉发、乌拉、叶赫及宁古塔诸地"是其"龙兴之地"；而"旧藩札萨克二十五部五十一旗""新藩喀尔喀四部八十二旗，青海四部二十九旗，及贺兰山厄鲁特，迄于两藏"及"大小金川，收准噶尔、回部，天山南北二万余里"则属于向清王朝皇帝称臣，且接受不同程度管理的"藩部"；朝鲜、琉球、安南、暹罗、缅甸、南掌、苏禄诸国则是和清王朝保持着密切的称臣纳贡关系的"属国"。清朝针对这些不同的区域也制定和实施着不同的治理措施，有些政策措施是清朝的创新并取得了显著效果。诸如用盟旗制度不仅解决了游牧族群和农耕族群之间长期存在冲突的问题，而且也解决了传统王朝难以对游牧族群进行有效管理的问题。更值得关注的是，清朝虽然在历代王朝国家治理的基础上确立了督抚制度管理"中国一十八省之地"，军府制度管理辽阔边疆的制度，但在管理体系的运行中依然存在着"一体化"的趋势，清末的边疆建省虽然从表面上看是为了应对殖民势力对边疆带来的威胁，实际上这应该也是清朝统治者的最大政治愿望。

总之，无论是疆域范围还是治理形式，清朝都可以说是继元王朝之后又一次实现中华大地"大一统"的王朝，雍正皇帝自己也称清朝实现了"大一统太平盛世"①是完全符合实际的。清朝对多民族国家疆域形成与发展的更大贡献并不仅仅体现在这些方

---

① 《清世宗实录》卷86，雍正七年九月癸未。

面,将多民族国家疆域从传统王朝国家的"有疆无界"状态向当今主权国家"条约化"疆域的"有疆有界"转变才是更重要的巨大贡献。

(二)多民族国家中国疆域从"有疆无界"向"有疆有界"的当代主权国家转型

在中国传统的观念中,传统王朝的疆域被称为"有疆无界"的"天下"。秦朝实现"大一统"后,先秦时期"天下"的"中国戎夷五方之民"演变为"华"与"夷"两部分,共同推动着多民族国家疆域的形成与发展。至清朝康熙二十八年(1689)与俄罗斯签订《尼布楚条约》划定中俄东段边界,多民族国家疆域开始由"有疆无界"的"天下",转变为"有疆有界"的"条约化"疆域。

1. "主动"状态下的清代疆域明晰

清朝实现了多民族中国前所未有的"大一统",并改变了传统王朝对边疆地区的管理模式,原本含混不清的传统王朝边界开始清晰,是传统王朝边界向近代国家边界转型的开端。清朝疆界意识更为清晰,开始与邻国"画界分疆",并尝试打破"天下"有疆无界的疆域观念,中国开始学习自存于世界秩序之中。"主动"状态下清朝的疆域明晰主要体现在康熙、雍正和乾隆三朝与俄罗斯的划界上。

(1)康熙朝边界划定

康熙二十八年(1689)中俄《尼布楚条约》是中国历史上第一次与邻国缔结的边界条约,中俄两国从此有了明确的边界划分,对传统王朝"有疆无界"的疆域观造成冲击。清朝建立之初即对东北实行有效的管辖,在军事要地广建卡伦(边防哨所)、驿站、军台,派兵严守,形成严密并带有边界性质的防御线。因此清朝前期已经产生了基本的边界意识,但受传统王朝疆域观的制约,这时的边界意识仅停留在守土封疆层面,并未产生与"他者"划定边界的观念。17世纪中叶,沙俄向东扩张,入侵中国黑龙江地区,刺激了清朝边界意识的转变。两次雅克萨之战胜利后,中方主动提出与俄国缔结边界条约,因此有学者指出,俄罗斯入侵和蒙古动乱,是促使清朝与俄国订约划界的重要因素。[①] 另外,西方地理知识与1648年《威斯特伐利亚和约》后形成的国家边界观念传入中国,对清朝统治者的疆域认知产生了巨大冲击,是促成中俄《尼布楚条约》的另一个原因。《尼布楚条约》在形式上是完全符合西方标准的近代条约,条约以拉丁文为正式

---

① 蒋廷黻:《最近三百年东北外患史(上)——从顺治到咸丰》,《清华大学学报》1932年第S1期。

文本，其写制、签署、钤印和互换等细节，都严格地依照欧洲的国际惯例，条约中还加入了为使条约得到遵守的附加条款（sanction），这也是自1648年《威斯特伐利亚和约》以来欧洲国家在条约实践中都曾采用的办法。① 条约的签订是由中方首先提议，签订过程完全符合西方近代边界条约标准，并根据中方代表提议以拉丁文作为正式界约文本，可以说明中方代表充分了解当时国际惯例的界约标准。清朝依据界约内容于国境内设立满文汉文界碑，界定了中俄东段边界：以额尔古纳河、格尔必齐河为界，再由格尔必齐河源顺外兴安岭往东至海，岭南属中国，岭北属俄国；乌第河和外兴安岭之间为待议地区。②《尼布楚条约》以"中国"指称清朝疆域，"中国"开始具有近代主权国家含义，"天下"在东北边疆开始有明确的近现代意义上的边界。③

康熙朝与俄罗斯划定边界，只是传统王朝疆域性质转变的开始，其后雍正、乾隆朝的接续努力，使清朝疆域边界更加清晰，从而具有了主权国家的疆域性质。

（2）雍正朝边界划定

雍正继位后，认为边界勘定"事关万年之是与非"④，因此加紧推进中俄订约划界工作。在尼布楚谈判期间，中方代表就曾提出划分中段边界的提议，被俄方代表以"没有得到任何训令"为由驳回。《尼布楚条约》虽然划定了中俄东段边界，但随着俄国入侵喀尔喀蒙古地区，中俄在该地区的边界划定工作变得十分迫切。雍正五年（1727）至雍正六年（1728）间，中俄双方签订了一系列关于划定中俄中段边界的界约。

雍正五年（1727）中俄双方代表在布尔河畔签订《布连斯奇界约》，划定中俄在喀尔喀地区的边界。界约有满、蒙、俄、拉丁文四种文本，根据界约规定，北自恰克图河流之俄国卡伦房屋，南迄鄂尔怀图山山顶之中国卡伦鄂博，鄂博为中俄边界主要标志，其中间区域由两方均分；俄国领土与各蒙古标记及卡伦间空地双方均分。由沙毕纳依岭起至额尔古纳河为止，其间以北地区归属俄国，以南地区归属中国。⑤ 界约签订后，中俄双方即开始实地考察界址，雍正谕令中方划界人员"需详审地形"，即亲自考察地形、

---

① 张建华：《清朝早期（1689—1869年）的条约实践与条约观念》，《学术研究》2004年第10期。
② 参见王铁崖主编《中外旧约章汇编》第一册，三联书店1995年版，第1—3页。
③ 李大龙：《从"天下"到"中国"：多民族国家疆域理论解构》，人民出版社2015年版，第46页。
④ 《清代中俄关系档案史料选编》，第一编《策凌奏与俄使会议边界情形折》中的朱批，中华书局2000年版，第516页。
⑤ 参见王铁崖主编《中外旧约章汇编》第一册，三联书店1995年版，第5—6页。

查勘界址，询问当地百姓①，又在给俄国划界人员的训令中提出"对于一切有争议的和未划定地段，应立即绘制十分可靠的地图供谈判人员使用"②。

双方经过多次谈判，仍存在较多争议，最终于同年在恰克图签订了有关政治、经济、宗教诸多方面的总条约草案《恰克图界约》及子约《阿巴哈依图界约》《色楞额界约》。边界方面，《恰克图界约》再次重申了中俄之前各项界约条款，包括《尼布楚条约》与《布连斯奇界约》的条款规定。恰克图、鄂尔怀图中间立为疆界：自鄂博向西，鄂尔怀图山……沙毕纳依岭，以此梁从中平分为界；由沙毕纳依岭至额尔古纳河岸，阳面作为中国，阴面作为俄国。③除此之外，双方还交换边界地图及相关地形说明，重申了乌第河及该处河流既不能议，仍照前暂置为两国之地，双方亦不可占据。《阿巴哈依图界约》对《恰克图界约》边界内容做出进一步细化与补充，按照《布连斯奇界约》为中俄两国画定疆界事，由恰克图左段起线直至额尔古纳河之最高处止。中俄中段水路按《尼布楚条约》规定，从阿巴哈依图至额尔古纳河口止。《色楞额界约》再次重申了中俄中段边界仍依照《布连斯奇界约》中内容进行划分，由恰克图右段起线，直至沙宾达巴哈及廓恩塔什地方，至两国所设鄂博暨卡伦。雍正朝签订的一系列界约，划定了中俄两国中段边界，对俄国侵蚀蒙古地区起到了一定的遏制作用。

将雍正朝与康熙朝界约对比，可以看出无论是内容还是形式上，都更接近近代西方边界条约的标准。从内容上看，《尼布楚条约》三种文本内容存在差异，虽明确规定了边界走向，但部分界点所指不明。《恰克图界约》附带子约内容更为具体翔实，准确标注界点鄂博的位置。中方代表纠正了俄方文本中将鄂博一词写成石头标记的讹误④，俄人也对划界所立的鄂博做了记述，"共立了六十三个界标（指鄂博——引者），其中三十九个在东段，二十四个在西段。最后一个界标在沙毕纳依岭。每一个界标上都刻有俄蒙两种文字的说明"⑤。除划界相关规定外，《恰克图界约》对外贸经济、边界交往、边境管理、文化交流等具体事务有着较为明确的规定。

---

① 《清代中俄关系档案史料选编》，第一编《策凌奏与俄使会议边界情形折》，中华书局2000年版，第478页。
② 《俄中两国外交文献汇编（1619—1792）·给界务官的训令》，商务印书出版1982年版，第145页。
③ 参见王铁崖主编《中外旧约章汇编》第一册，三联书店1995年版，第7—9页。
④ 步平等编：《东北国际约章汇释（1689—1919）》，黑龙江人民出版社1987年版，第48—51页。
⑤ ［俄］瓦西里耶夫著，徐演等译：《外贝加尔的哥萨克（史纲）》第二卷，商务印书馆1978年版，第35页。

（3）乾隆朝边界划定

乾隆三十三年（1768）《修改恰克图界约第十条》与乾隆五十七年（1792）《恰克图市约》，是对《恰克图界约》中的缺陷与不明之处进行修订，进一步明确了双方边界及相关事宜。乾隆末年击退廓尔喀（尼泊尔）对西藏的侵扰后，先后与廓尔喀、布鲁克巴（不丹）、哲孟雄（锡金）等划定了边界。

清朝与俄国签订《修改恰克图界约第十条》又称《恰克图条约附款》，对1727年《恰克图界约》进行修改，"即把修改后的条文代替了原来的条文"。新界约说明，"平和条约之十一条虽当保持之使永久不变，为欲开境界于山顶上，以收回自布尔古特依山附近俄罗斯之拒马（喀什喀）、毕齐克图、胡什古及他之场处为必要……以平和条约之俄罗斯语及罗甸（拉丁）语之稿本中隐有误谬，又遗漏许多重要之点，以正误更正之为适当……有隐约不明之观，故全然废弃此契约之第二条，而制定当遵受之新法律以代之也"①。乾隆五十七年（1792）中俄签订《恰克图市约》，重申中俄边境贸易相关规定，涉及中俄边界贸易中的法律管理问题，并将恰克图作为两国边境贸易之地。条约中清政府即考虑到边境地区的特殊情况，又坚持行使了自己国家的属地法权，这对于中俄双方边境的安宁和边贸的发展都是有益的。②此两次边界条约虽不涉及领土边界转移，但是由清政府主导对《恰克图界约》的深化和改善，仍可被视为清政府对完善边界条约制度的探索。乾隆朝《修改恰克图界约第十条》与《恰克图市约》签订后，中俄边界基本维持了半个世纪的和平。

乾隆五十七年（1792）以后，清政府与廓尔喀（尼泊尔）、哲孟雄（锡金）、布鲁克巴（不丹）划定边界，清朝西南边界开始清晰。乾隆五十三年（1788），日渐强大的廓尔喀入侵西藏地区，对清朝西南边疆造成威胁。"巴勒布廓尔喀属下头目苏尔巴尔达布等，西向沮木郎部落掳掠，复东向我边入寇。"③乾隆五十六年（1791），清朝派福康安入藏，收复失地，廓尔喀国王乞降诚归，并纳入藩属体系。乾隆五十七年（1792），谕令"查系藏内边地，一一设立鄂博，毋许越界，驻藏大臣按季轮往稽查"④。清政府进一步明确了西藏地区与廓尔喀的边界划分，"以热索桥迤西如协布噜、雍鸦、东觉、堆

---

① 王铁崖主编：《中外旧约章汇编》第1册，三联书店1995年版，第27—29页。
② 康大寿：《〈恰克图市约〉中的法权》，《清史研究》1999年第2期。
③ 《清高宗实录》卷1309，乾隆五十三年七月丁亥条。
④ 《清高宗实录》卷1411，乾隆五十七年八月壬午条。

补木、帕朗古等处,皆经大兵攻克,本应即以此为后藏边界,念尔悔罪投诚,仍行赏还。其热索桥以内济咙、聂拉木、宗喀等处,本属藏地,虽经汝侵占,现经大兵收复,非如上次讲和退还者可比。嗣后应以济咙、聂拉木以外为界,尔部落人等,不得尺寸擅越"①。清政府差穆克登与西藏第巴赴边地定界,在这些地方设立鄂博作为双方分界标志,这是历史上中央王朝首次与廓尔喀划定边界。

哲孟雄是清朝藩属国,清朝与廓尔喀划定边界时,哲孟雄曾向清朝提出,收回藏曲大河以西又被廓尔喀占领地区,"请断还六辈达赖喇嘛所定旧界",遭到清政府驳回。乾隆五十七年至五十九年会勘藏廓边界时,附近之哲孟雄、布鲁克巴一带同时进行勘察筹办。乾隆五十九年(1794),所有西藏与廓尔喀、哲孟雄、布鲁克巴边界均已划定。《卫藏通志》记载:"又自拉孜通绒辖至波底山顶,设立鄂博,此内为西藏境,此外为哲孟雄境。又自定结至萨热喀山顶、卧龙支达山顶、羊玛山顶,设立鄂博,此内为西藏境,此外为哲孟雄境。又自干坝至洛纳山顶、丈结山顶、雅纳山顶,设立鄂博,此内为西藏境,此外为哲孟雄境。"乾隆朝,藏哲、藏布边界的划定,同样是中央王朝首次与该地区划界,中国西南边疆开始有了清晰的边界,基本奠定了新中国成立后西南边界的基础。

康熙、雍正、乾隆三朝与邻国或藩属国的画界分疆,是传统王朝疆域观念和治边政策的重大转变,清朝辽阔的疆域开始有了清晰的边界。一方面,清朝通过一系列符合国际标准的边界条约的签订及界碑的设立,完成与俄国的划界,产生了近现代意义的国家边界。中国统治者明白了"天下"要有明确的界线,而传统王朝对所辖疆域认识的"天下"观,已经完全不适应当代的形势了,清朝边界意识较传统王朝有所进步,中国开始向近现代主权国家转化。另一方面,清政府国家边界意识仍不成熟,在处理与周边属国边界划分问题时,没有摆脱宗藩关系的束缚,为今后的边界危机埋下隐患。清朝并没有将朝鲜、廓尔喀、布鲁克巴、哲孟雄等属国同俄国一样,放在一个对等的国家关系上进行边界划定。与属国的边界划分没有依据国际标准,没有正式协议与换文,仍属"天下"内部藩属体系之间划界的行为,与外部国家边界的划分存在一定差异。乾隆年间,中国疆域逐渐固定,但由传统王朝边界向近现代国家边界的转变过程并没有完成,不仅中国与一些邻国尚未完成边界划分,受限于宗藩体系之内的属国边界也没有明确划分。随着清朝国力由盛转衰,西方殖民者入侵,清朝主导的"画界分疆"进程被打断,

---

① 《清高宗实录》卷 1412,乾隆五十八年九月丙午条。

中国疆域进入被西方列强蚕食瓜分的边界内缩时期。

2. "被动"状态下的清代疆域

（1）清朝与越南边界的明晰

越南本属于清朝的属国，但近代以来法国殖民势力进入后将越南纳入其殖民体系，并代表越南开始和清朝划定边界。

18世纪末，法国在加拿大殖民地的丧失，使其将目光转向亚洲。法国政府意欲占领越南，其目的不仅在于把越南变成自己的殖民地，而且更在于把越南当作其扩大对中国侵略的前沿阵地。1873年，法国攻占河内，武力胁迫越南签订了《西贡条约》。按条约规定，法国承认越南的主权和独立，但越南必须承认法国为越南的保护国。1882年至1883年，法军多次入侵与中国毗邻的越南北部，进而挑起"中法战争"。时任法国总理茹费里宣称："为了在中国摄取到自己的利益，必须先征服那个巨大的中华帝国是不成问题的。"1884年，中法签订《中法会议简明条款》，根据条款内容："中国南界毗连北圻，法国约明，无论遇何机会并或有他人侵犯情事，均应保全助护……中国南界既经法国与以实在凭据，不虞有侵占滋扰之事，中国约明，将所驻北圻各防营即行调回边界，并于法、越所有已定与未定各条约，均置不理。"[①] 这一条约的签订，使越南彻底沦为法国的殖民地，并造成了中国西南边疆危机。数月后，法国以中国方面破坏《中法会议简明条款》为借口，占领台湾，中法关系破裂。援越的中法战争失败后，于1885年签订《越南条约》，条约规定：

> 第一款　越南诸省与中国边界毗连者，其境内，法国约明自行弭乱安抚。其扰害百姓之匪党及无业流氓，悉由法国妥为设法，或应解散，或当驱逐出境，并禁其复聚为乱。惟无论遇有何事，法兵永不得过北圻与中国边界，法国并约明必不自侵此界，且保他人必不犯之……
>
> 第二款　中国既订明于法国所办弭乱安抚各事无所掣肘，凡有法国与越南自立之条约、章程，或已定者，或续立者，现时并日后均听办理。至中、越往来，言明必不致有碍中国威望体面，亦不致有违此次之约。
>
> 第三款　自此次订约画押之后起，限六个月期内，应由中、法两国各派官员，

---

① 王铁崖主编：《中外旧约章汇编》第一册，三联书店1995年版，第455—456页。

亲赴中国与北圻交界处所，会同勘定界限……

第四款　边界勘定之后，凡有法国人民及法国所保护人民与别国居住北圻人等，欲行过界入中国者，须俟法国官员请中国边界官员发给护照，方得执持前往……

第五款　中国与北圻陆路交界，允准法国商人及法国保护之商人并中国商人运货进出。其贸易应限定若干处，及在何处，俟日后体察两国生意多寡及往来道路定夺。须照中国内地现有章程酌核办理……①

该条约重申了《中法会议简明条款》的主要条款，另外重要的条款是："自此次订约画押之后起，限六个月期内，应由中、法两国各派官员，亲赴中国与北圻交界处所，会同勘定界限。"旷日持久的中越勘界展开。从1886年至1897年，中越边界勘定长达十一年，最终勘界立碑，划定了中越边界桂越段、粤越段、滇越段。中法签订的一系列关于越南的不平等条约，标志着越南与中国历代中央王朝特别是清朝的藩属关系中断，两国之间边界开始清晰。

（2）清朝与缅甸边界的明晰

和越南一样，缅甸原属清朝属国，两国没有签订过正式的划界协定，边境地区管理松散，某些地段边界模糊不清。1885年英国占领缅甸，正式宣布，缅甸已成为女王陛下的领土，拉开了滇缅划界的序幕。1886年中英签署《缅甸条约》："中国允英国在缅甸现时所秉一切政权，均听其便。中、缅边界应由中、英两国派员会同勘定，其边界通商事宜亦应另立专章，彼此保护振兴。"②英国对待滇缅边界问题，是采取先军事占领，而后进行谈判的策略。③经过三年中缅界务交涉，1894年中英两国在伦敦签署《续议滇缅界务商务条款》，条款内容共二十条，涉及边界内容七条，把中缅边界分为四段，条约签订后十二个月内双方派人共同勘定。总的来说，中缅划界后，原属于中国境内的昔董、虎踞关、汉龙关等被划入缅甸境内。中英关于缅中边界条约的签订，代表清朝正式承认了中缅之间的边界线，也接受了英国对缅甸的殖民统治。

（3）殖民势力对清朝疆域的"蚕食鲸吞"

殖民势力对清朝疆域的"蚕食鲸吞"主要体现在东北、北部和西北地区。

---

① 王铁崖主编:《中外旧约章汇编》第一册，三联书店1995年版，第467页。
② 王铁崖主编:《中外旧约章汇编》第一册，三联书店1995年版，第485页。
③ 吕一燃主编:《近代边界史》，四川人民出版社2006年版，第735页。

在东北和北部地区,1858年,英法联军攻占大沽,北京告急,俄国趁调解停战之机趁火打劫,武力胁迫清朝签订不平等的《瑷珲条约》。根据条约规定:

> 黑龙江、松花江左岸,由额尔古纳河至松花江海口,作为俄罗斯国所属之地;右岸顺江流至乌苏里河,作为大清国所属之地;由乌苏里河往彼至海所有之地,此地如同接连两国交界明定之间地方,作为两国共管之地。由黑龙江、松花江、乌苏里河,此后只准中国、俄国行船,各别外国船只不准由此江河行走。黑龙江左岸,由精奇里河以南至豁尔莫勒津屯,原住之满洲人等,照旧准其各在所住屯中永远居住,仍着满洲国大臣官员管理,俄罗斯人等和好,不得侵犯。①

根据《瑷珲条约》所划边界,完全更改了《尼布楚条约》中俄划定的国界,中国失去了外兴安岭以南、黑龙江左岸六十多万平方公里的领土,黑龙江由中国内河变为两国界河。由于清廷暂缓批准《瑷珲条约》,1860年俄国强迫清政府签订旨在确认《瑷珲条约》的基础上进一步侵占东北领土与西北领土的《北京条约》。根据条约规定,清朝承认1858年的《瑷珲条约》的有效性,并将原先规定为中俄"共管"的乌苏里江以东至海之地(包括库页岛以及不冻港海参崴在内)约四十万平方公里归俄国所属,从此中国失去了东北地区对日本海的出海口。

该条约主要将黑龙江左岸、乌苏里江以东中国领土割让给俄国,中国失去了乌苏里江以东四十多万平方公里的领土。沙俄先后通过以上不平等条约侵占中国东北一百多万平方公里领土,东北疆域急剧内缩,条约中还包含了对中俄西段边界的条款,为俄国日后进一步侵占西北边疆地区埋下隐患。

1876年日本以武力威胁朝鲜签订《江华条约》:"朝鲜为自主之邦,保有与日本平等之权",迫使朝鲜与清王朝脱离宗藩关系。中日甲午战争,清朝惨败,日本加深对朝鲜的进一步侵略,并强迫清政府签订《马关条约》,废除中朝的宗藩关系,承认朝鲜独立。"中国认明朝鲜国确为完全无缺之独立自主……台湾全岛及所有附属各岛屿……澎湖列岛,即英国格林尼次东经百十九度起至百二十度止,及北纬二十三度起至二十四度之间诸岛屿"割让日本②,清朝不仅失去了藩属国朝鲜,也丢失了台湾等岛屿。1909年,

---

① 王铁崖主编:《中外旧约章汇编》第一册,三联书店1995年版,第85—86页。
② 王铁崖主编:《中外旧约章汇编》第一册,三联书店1995年版,第614—615页。

清朝同日本签订《图们江中韩界务条款》，根据条款规定，"中、日两国政府彼此声明，以图们江为中、韩两国国界，其江源地方自定界碑起至石乙水为界"①。以上两条约的签订，厘清了中朝之间的边界，结束了边界争议，朝鲜与清政府脱离了藩属关系。

在清朝北部边疆地区，沙俄一直企图攫取外蒙古地区。1912年，俄国与外蒙古当局签订《俄蒙协议》及附约《商务专条》，其中有"俄国政府扶助蒙古保守现已成立之自治秩序及蒙古编练国民军"②，以及俄国在蒙古享有的各种特权，尽管中国政府提出严重抗议，并声明"无论贵国与蒙古订何种条款，中国政府概不承认"③。中俄经过多次交涉，1913年达成《中俄声明文件》，根据声明文件，俄国虽承认"外蒙古的土地为中国领土之一部分"，但中国政府被迫承认外蒙古地区的"自治"。

1945年第二次世界大战后，西方列强在没有中方代表参与的情况下签订《雅尔塔协定》，完成对中国外蒙古地区的议定"外蒙古维持现状即独立"。本属于中国北部边疆的外蒙古地区，在外部势力的干预下分裂，中国失去了一百五十七万平方公里的领土，外蒙古"独立"严重影响到了北部边疆地区的稳定。

在西北地区，沙俄加紧对新疆地区的侵占，通过武装入侵、签订不平等条约，侵占了我国五十多万平方公里的领土，造成我国西北边疆危机与边界的变迁。

1822年沙俄宣布实施《西西伯利亚吉尔吉斯人条例》，标志着沙俄对中亚哈萨克地区进行殖民统治，随后沙俄逼近中国西北边疆地区。19世纪20至50年代，俄军数次入侵西北边疆，侵占巴尔喀什湖以东、以南数十万平方公里领土，为了使其侵占的中国领土合法化，沙俄强迫清政府签订一系列包含中俄西疆划界的不平等条约。1860年，沙俄逼迫清朝秘密签订《续增条约》即《北京条约》，其中关于中俄西疆划界：

> 西疆尚在未定之交界，此后应顺山岭、大河之流，及现在中国常驻卡伦等处，及一千七百二十八年，即雍正六年，所立沙宾达巴哈之界牌末处起，往西直至斋桑淖尔湖，自此往西南，顺天山之特穆尔图淖尔，南至浩罕边界为界。④

---

① 王铁崖主编：《中外旧约章汇编》第二册，三联书店1995年版，第601页。
② 陈崇祖：《外蒙古近世史》，商务印书馆1922年版，第31页。
③ 陈崇祖：《外蒙古近世史》，商务印书馆1922年版，第44页。
④ 王铁崖主编：《中外旧约章汇编》第一册，三联书店1995年版，第150页。

根据这一不平等条约将原本属于中国境内的斋桑泊、山岭、大河、卡伦当作分界标志，侵占巴尔喀什湖以东、以南中国领土。中俄《北京条约》签订后，俄方利用条约有关西界的条款对中方施压，并以武力威胁中方进行划界。1862年至1864年，中俄双方在塔城进行三轮划界谈判，签订了《勘分西北界约记》与俄方绘制的分界地图。条约规定：

> 第一条　自沙宾达巴哈界牌起，先往西，后往南，顺萨彦山岭至唐努鄂拉巴哈西边末处，转往西南，顺赛留格木山岭至奎屯鄂拉，即往西行，顺大阿勒台山岭；至斋桑淖尔北面之海图两河中间之山，转往西南，顺此山至斋桑淖尔北边之察奇勒莫斯鄂拉；即转往东南，沿淖尔，顺喀喇额尔齐斯河岸至玛呢图噶图勒干卡伦为界。此间分别两国交界，即以水流为凭：向东、向南水流之处，为中国地；向西、向北水流之处，为俄国地。

> 第二条　自玛呢图噶图勒干卡伦起，往东南行，至赛里鄂拉；先往西南，后往西行，顺塔尔巴哈台山岭；至哈木尔达巴哈，即转往西南，顺库木尔齐、哈喇布拉克、巴克图、苇塘子、玛呢图、沙喇布拉克、察汗托霍依、额尔格图、巴尔鲁克、莫多巴尔鲁克等处卡伦之路；至巴尔鲁克、阿拉套两山岭中间，由平地行，即在哈布塔盖、阿噜沁达兰两卡伦中间，择山坡定界，自此至阿勒坦特布什山岭东边末处为界。此间分别两国交界，即以水流为凭：向东、向南水流之处，为中国地；向西、向北水流之处，为俄国地。

> 第三条　自阿勒坦特布什山岭东边末处起，依阿拉套大岭往西，顺阿勒坦特布什、索达巴哈、库克托木、罕喀尔察盖等山顶。向北水流之处，为俄国地；向南水流之处，为中国地。至向东水流之萨尔巴克图河，向西流水之库克鄂罗木河，向南流水之奎屯河源之匡果罗鄂博山，即转往南。向西流水之库克鄂罗木等河之处，为俄国地；向东流水之萨尔巴克图等河之处，为中国地。自此由奎屯河西边之奎塔斯山顶，行至图尔根河水从山内向南流出之处，即顺图尔根河，依博罗胡吉尔、奎屯、齐齐干、霍尔果斯等处卡伦，至伊犁河之齐钦卡伦。过伊犁河，往西南行，至春济卡伦，转往东南，至特穆尔里克河源。转东，由特穆尔里克（即南山也）山顶行，围绕哈萨克、布鲁特游牧之地，至格根河源，即转往西南。格根等向西流水之处，为俄国地；温都布拉克等向东流水之处，为中国地。自此往西南，由喀喇套山顶行，

至毕尔巴什山,即顺向南流水之达喇图河,至特克斯河。过特克斯河,顺那林哈勒哈河,靠天山岭为界。自此往西南,分晰回子部落、布鲁特部落住牧之处,由特穆尔图淖尔南边之军腾格尔、萨瓦巴齐、贡古鲁克、喀克善等山,统日天山之顶,行至葱岭,靠浩罕界为界。①

沙俄通过这一不平等条约,将原从沙宾达巴哈起至浩罕边界为止的中俄西段边界,向东南推移,"北起阿穆哈山,南达葱岭,西自爱古斯河、巴尔喀什湖、塔拉斯河一线,东临伊利九城、塔尔巴哈台绥靖城总面积约四十四万平方公里的中国西部领土"划归俄国。条约重新划定的中俄西北疆域分界,违背了《北京条约》规定的中俄边界走向,中国被迫割让了更多的领土。另外,根据条约规定,划界后,新边界线附近居民,"地面分在何国,其人丁即随地归为何国管辖",大批原新疆西部地区居民被迫划入俄国。②

1871年,沙俄利用新疆地区反清起义之时,侵占新疆伊犁地区,左宗棠收复新疆后,伊犁地区仍被沙俄侵占。1878年,中俄双方进行关于伊犁地区的谈判,继而签订《里瓦几亚条约》,后经修改为《改订条约》。根据条约规定"伊犁西边即帖克斯川一带地方,应规俄国管属",同时对已签订好的西部边界做出调整,总共割占中国四块领土。由于条约规定不明确,在乌兹别克里山口以南,留下两万多平方公里的帕米尔争议区,后被英俄私议分割。清政府拒绝批准《里瓦几亚条约》所规定的划界内容,沙俄对中国施加军事压力,最终双方达成《圣彼得堡条约》及其各子约,沙俄割占了中国西部边疆七万多平方公里领土。通过以上一系列不平等条约,不仅中国西部边疆地区被俄国割占,边界内缩,原属于清朝藩属体系之内的中亚各属国也沦为俄国殖民地。

(三)新中国成立后多民族国家中国疆域的"底定"

1949年10月1日,中华人民共和国宣告成立,中国疆域的形成与发展进入了一个全新的时期。尽管目前还尚未实现对台湾等地区的统一,但随着和十二个邻国通过谈判订立条约等形式划定了陆路边界,以及香港和澳门的回归,当今中国疆域的边界基

---

① 王铁崖主编:《中外旧约章汇编》第一册,三联书店1995年版,第215—216页。
② 厉声:《近代中国边界变迁与边疆问题(一)》,《百年潮》2007年第9期。

本清晰。目前中国陆地边界总长22000多公里，是世界上陆地边界线最长和邻国最多的国家。

中国与邻国陆路边界的划定，大致经历了两个时期：（1）20世纪60年代，先后和缅甸、尼泊尔、蒙古、巴基斯坦、阿富汗等国签订了边界条约或协定。（2）20世纪90年代至今，与俄罗斯、老挝、越南、哈萨克斯坦、吉尔吉斯斯坦、塔吉克斯坦等国解决了边界问题。

1. 20世纪60年代确立的边界

1960年10月1日，中国与缅甸签署边界条约，对双方边界线的具体走向做出了明确规定，明确了双方全长2186公里的边界线。[①]《中华人民共和国和缅甸联邦边界条约》是中华人民共和国成立后签署的第一个边界条约，对于当今中国疆域的底定起到了重要的示范作用。

1961年10月5日，中国和尼泊尔签订《关于两国边界问题的协定》，规定"缔约双方以传统习惯边界线为基础，联合进行了必要的实地调查和勘察并且根据平等互利、友好互让的原则作出某些调整以后，协议下列从西向东的全部边界线走向，线北为中国领土，线南为尼泊尔领土"[②]。明确后的边界线全长1414公里。

1962年12月26日，中国和蒙古国签订了边界条约，1964年6月30日再签订《关于两国边界的议定书》，明确了双方边界线的具体走向，明确后的边界线全长4676.8公里。[③]

1963年11月22日，中国与阿富汗签订边界条约，规定"缔约双方同意，两国沿分水岭和达坂（山口）而行的边界，以分水岭山脊和达坂（山口）的分水线为边界线"[④]。明确后的双方边界线全长92公里。

1963年3月2日，中国与巴基斯坦签订了《关于中国新疆和由巴基斯坦实际控制

---

① 《中华人民共和国和缅甸联邦边界条约》，全国人大网：http://www.npc.gov.cn/wxzl/wxzl/2000-12/25/content_748.htm，访问时间：2020年1月28日。

② 《中华人民共和国和尼泊尔王国边界条约》，中华人民共和国外交部网站：https://www.fmprc.gov.cn/web/ziliao_674904/tytj_674911/tyfg_674913/t372309.shtml，访问时间：2020年1月10日。

③ 《中华人民共和国政府和蒙古人民共和国政府关于中蒙边界制度和处理边境问题的条约》，全国人大网：http://www.npc.gov.cn/wxzl/gongbao/1989-09/04/content_1481187.htm，访问时间：2020年1月10日。

④ 《中华人民共和国和阿富汗王国边界条约》，中华人民共和国外交部网站：https://www.fmprc.gov.cn/web/ziliao_674904/tytj_674911/tyfg_674913/t4900.shtml，访问时间：2020年1月10日。

其防务的各个地区相接壤的边界的协定》，确定以传统习惯线为基础划定双方约599公里的边界线。①

此外，1962年10月，中国与朝鲜也签订了有关中朝边界的条约，确定了双方总长1420公里的边界线，但因各种原因迄今并未公布。

2. 20世纪90年代以来确立的边界

1991年5月16日，中国和苏联签订《关于中苏国界东段的协定》，苏联解体后的俄罗斯继承了该协定。1994年9月3日，中国和俄罗斯签订《关于中俄国界西段的协定》。2004年10月14日，中国和俄罗斯签署了《关于中俄国界东段的补充协定》。②至此，中国和俄罗斯全长4300多公里的边界线全部确定。

1991年10月24日，中国与老挝签订边界条约。1993年12月3日，双方签订《中华人民共和国政府和老挝人民民主共和国政府边界制度条约》，明确了双方边界线以中国境内的南腊河和老挝境内的南乌河诸支流的分水岭为界。③边界线全长约505公里。

1994年4月26日至2002年5月7日，中国先后与哈萨克斯坦、吉尔吉斯斯坦、塔吉克斯坦等国签订国界协定与补充协定，苏联时期遗留下来的3300公里边界线得到全面确定。④

1999年12月30日，中国与越南签订陆地边界条约，明确了双方陆路边界线自西向东的具体走向，⑤确定的边界线全长1347公里。

1998年12月8日，中国和不丹签订《关于在中不边境地区保持和平与安宁的协定》，虽然未确定双方边界，但规定"在边界问题最终解决之前，保持边境地区的和

---

① 《中华人民共和国和巴基斯坦政府关于中国新疆和由巴基斯坦实际控制其防务的各个地区相接壤的边界的协定》，外交部条约法律司编：《中华人民共和国边界事务条约集》（中阿·中巴卷），世界知识出版社2004年版，第23—24页。

② 《陆地边界条约及协定汇编》，中华人民共和国外交部网站：https://www.fmprc.gov.cn/web/ziliao_674904/tytj_674911/tyfg_674913/t556660.shtml，访问时间：2020年1月10日。

③ 《中华人民共和国和老挝人民民主共和国边界制度条约》，全国人大网：http://www.npc.gov.cn/wxzl/gongbao/2001-01/02/content_5003197.htm，访问时间：2020年1月10日。

④ 《外交部条约法律司司长谈中国与邻国的划界工作》，中华人民共和国外交部网站：https://www.fmprc.gov.cn/web/ziliao_674904/tytj_674911/tyfg_674913/t209314.shtml，访问时间：2020年1月20日。

⑤ 《中华人民共和国和越南社会主义共和国陆地边界条约》，全国人大网：http://www.npc.gov.cn/wxzl/gongbao/2000-12/17/content_5008962.htm，访问时间：2020年1月28日。

平与安宁，维持一九五九年三月以前的边界现状，不采取任何单方面行动改变边界现状"①。

目前，只有中国和印度之间全长约 2000 公里的边界线尚未确定，但双方在 1993 年 9 月和 1996 年 11 月签订了《关于在中印边境实际控制线地区保持和平与安宁的协定》《关于在中印边境实际控制线地区军事领域建立信任措施的协定》，双方都有自己明确的实际控制地区。

值得注意的是，随着中华人民共和国成立，近代以来殖民势力对中国疆域的蚕食鲸吞得到了遏制，而通过自 20 世纪 60 年代开始和邻国订立的一系列条约，当今中国疆域的陆地边界得以基本明确，960 万平方公里的领土有了国际法的保护。当然，陆地疆域并非当今中国疆域的全部，1982 年《联合国海洋法公约》出台以来，海疆及海洋权益的维护成为世界各国关注的焦点问题，而《中华人民共和国领海及毗连区法》虽然于 1992 年 2 月 25 日由全国人民代表大会常务委员会通过并颁布实施，确立了约 470 万平方公里的海疆，但海疆权益包括其中岛屿主权的维护依然任重道远。

多民族国家中国疆域是生息繁衍在中华大地上的众多族群共同缔造的，其过程可以用"自然凝聚，碰撞底定"来高度概括。所谓的"自然凝聚"，是指在没有域外势力介入的状态下，中华大地上各族群虽然也建立了诸多的王朝或政权，而诞生在中原农耕族群中的"大一统"观念却主导着这些王朝或政权的统治者将实现中华大地不同区域的"一统"乃至"大一统"作为最高政治追求，由此也衍生出了传统话语体系中的所谓"历代王朝"。在传统的"大一统"观念中，"天无二日，土无二王"是最理想的政治状态，而"天下"则是可以向外肆意拓展的"有疆无界"的理想状态。随着秦、汉、隋、唐、元等"大一统"王朝的出现，中华大地凝聚为"一体"的趋势不断推展，并最终在清朝康熙二十八年（1689）通过和俄罗斯签订《尼布楚条约》，"有疆无界"的"天下"开始有了为当今国际法承认的主权国家"边界"，多民族国家疆域也开始从传统王朝国家疆域向主权国家的"条约"疆界转变。但是，这一转变过程并没有完成，1840 年域外殖民势力进入东亚建立殖民体系中断了多民族国家疆域的转变过程，在和殖民势力构建殖民体系的碰撞中，不仅以前属于传统王朝藩属国的区域沦为了殖民地，康熙、雍正

---

① 《中华人民共和国政府和不丹王国政府关于在中不边境地区保持和平与安宁的协定》，中华人民共和国外交部网站：https://www.fmprc.gov.cn/web/ziliao_674904/tytj_674911/tyfg_674913/t5536.shtml），访问时间：2020 年 1 月 10 日。

和乾隆三朝通过签订边界条约划定的疆域也沦落到被蚕食鲸吞的境地，是1949年中华人民共和国的成立最终底定了960万平方公里领土、470万平方公里海域。这是中华民族共同体共同的家园。

（四）走廊与疆域：一个新视角

"走廊"一词本来是建筑学上的术语，被引入社会研究却成了近年来学界关注的热点话题，但主要集中在民族学和人类学以及经济学与国际关系领域，最近两年也得到了边疆学研究领域学者的关注。实际上就历史学而言，"走廊"的研究也很早就得到了重视，且是在多民族国家中国和中华民族形成与发展的视域下给予关注的，谷苞先生发表在《新疆社会科学》1984年第4期上的《论西汉政府设置河西四郡的历史意义》就是其中的代表作。该文后来作为重要组成部分纳入了费孝通主编《中华民族多元一体格局》一书中。① 遗憾的是这种研究视角并没有为学界继承和持续下来。从研究的目的而言，民族学/人类学与历史学虽然都是从人类社会的视角关注"走廊"，且给予走廊以高度关注，但还是存在明显的差别。

1. 国内有关"走廊"的研究

国内学界对"走廊"的研究从研究对象而言大致可以分为两部分：一是对中国疆域内部河西走廊、藏彝走廊、辽西走廊、苗疆走廊、岭南走廊、武陵走廊等走廊的研究；一是对中国联结世界的新亚欧大陆桥、中蒙俄经济走廊、中国—中亚—西亚经济走廊、中巴经济走廊、孟中印缅经济走廊、中国—中南半岛经济走廊等六大经济走廊的研究。对于前者的研究，应该说国内学界已经有了长期的积累，而对后者的研究近年来随着"一带一路"倡议的提出也出现增长的态势，并且为前者的研究提供了新的动力，由此也可以说"走廊"的研究当前呈现百花齐放的发展态势。

通过中国知网可以检索到题名中含有"走廊"的中文文献是8130篇，年度分布是1998年只有118篇，2004年增长到217篇，2014年是477篇，2019年达到了572篇。其中主题涉及河西走廊（包括甘肃走廊）的是2450篇，占30.1%；经济走廊（包括一带一路、中巴经济走廊）的是1146篇，占14.1%；藏彝走廊（包括民族走廊）的是346篇，占4.3%。如果按照学科分类，属于经济（包括国民经济、区域经济、工业经济和

---

① 参见费孝通等《中华民族多元一体格局》，中央民族学院出版社1989年版，第197—211页；费孝通主编：《中华民族多元一体格局》（修订本），中央民族大学出版社1999年版，第276—291页。

农业经济）方面的文献是 1949 篇，占 23.97%；环境方面的文献是 258 篇，占 3.17%；民族方面的文献是 247 篇，占 3.04%；历史方面的文献 225 篇，占 2.77%。这些文献涉及的关键词有：河西走廊（包括河西走廊东部、河西走廊地区）1167 篇，占 14.35%；中巴经济走廊 149 篇，占 1.83%；中蒙俄经济走廊 146 篇，占 1.8%；藏彝走廊（包括藏羌彝走廊）169 篇，占 2.08%；南岭走廊 38 篇，占 0.47%；辽西走廊 35 篇，占 0.43%；苗疆走廊 35 篇，占 0.43%；武陵民族走廊 24 篇，占 0.3%。①

综合分析上述检索数据不难看出，国内学界对"走廊"的研究有以下值得注意的特点：

其一是，从论文数量上看，"走廊"研究在世纪之交开始得到学界关注，而 2013 年"一带一路"倡议提出后已经渐成研究热点，且呈现经济学、民族学、人类学及国际关系诸多学科学者共同参与的态势。

其二是，学界对"走廊"的研究无论是从涉及的主题、学科分类还是关键词来看，依然大致可以分为两类，一是对国内河西走廊、藏彝走廊、南岭走廊、河西走廊、苗疆走廊及武陵民族走廊等的研究，一是对中巴经济走廊、中蒙俄经济走廊、孟中印缅经济走廊等国际经济走廊的研究，两者的研究目的除河西走廊研究存在交叉外，也有着明显不同。

其三是，对"走廊"的研究尽管涉及诸多具体的走廊，但主要还是集中在经济领域，即便是对河西走廊的研究也基本上多是在丝绸之路的视角下进行的研究，从民族或历史方面进行研究的论文数量仅仅占论文总量的 5.81%。

由此可见，"走廊"作为近年来被学界屡屡论及的研究对象，不同学科有着不同的界定和具体的研究对象，研究目的也有明显不同。就经济研究领域而言，国际性的经济通道一般被视为走廊，既可以是交通线网，如新欧亚大陆桥等，也可以是区域性的，如孟中印缅经济走廊等。应该说，在"一带一路"倡议的框架下，从经济发展的视角研究"走廊"，视野更为宏大，也为传统的走廊研究，如河西走廊研究等注入了新的活力。但是，值得注意的是，当前多数学者研究走廊的视角和目的已经脱离了以往的关注国内的传统，而且有些研究只是借用了"走廊"的概念，诸如六大国际经济走廊的研究，已经不是严格意义上的传统走廊研究。

---

① 依据中国知网的检索数据分析，访问时间 2020 年 2 月 3 日。

2. 走廊的分类：两种不同性质的走廊

尽管很早就有河西走廊、辽西走廊等有关走廊的用法，但在民族学领域，费孝通先生是较早提出"走廊"概念的学者之一，而在《谈深入开展民族调查问题》一文中又明确提及了藏彝走廊、河西走廊与南岭走廊三个概念："那个地带就是我所说的历史形成的民族地区，我也曾称它作藏彝走廊，包括从甘肃，到喜马拉雅山南坡的洛瑜地区。""广西、湖南、广东这几个省区能不能把南岭山脉这一条走廊上的苗、瑶、畲、壮、侗、水、布依等民族，即苗瑶语族和壮傣语族这两大集团的关系都搞出来。""西北地区还有一条走廊，从甘肃沿'丝绸之路'到新疆。在这条走廊里，分布着土族、撒拉族、东乡族、保安族、裕固族等等，他们是夹在汉族、藏族、蒙古族、回族中间。"① 费先生是将关于走廊的研究纳入了对民族、民族关系乃至中华民族形成与发展的阐释中。此后，关于走廊的研究成为民族学研究的重要内容，而尽管在对走廊数量的认定方面学者还存在不同的认识，但河西走廊、藏彝走廊、辽西走廊、苗疆走廊、南岭走廊、武陵走廊等六大走廊的看法似乎已经是民族学界的一般认识。

河西走廊，或称为甘肃走廊，是位于黄河以西，夹在祁连山和合黎山、龙首山等山脉之间，东起乌鞘岭，西迄甘肃与新疆交界，东西长约一千公里，呈西北—东南走向的狭长地带，因为形如走廊且地处黄河之西，故被人们称为"河西走廊"。

藏彝走廊，如上所述是费孝通先生首先提出的，李绍明认为："大多数人认为藏彝走廊与横断山脉、横断山脉中的六江流域关系密切。实际上，横断山脉中的六江流域是藏彝走廊的主要区域，与藏彝走廊大部分地区重合，但横断山脉也不是全部在藏彝走廊内。"② 结合上引费孝通先生的认识，可以说尽管存在藏彝走廊的概念，但其具体所指，学界尚未有一个确切的认识，只是有一个大致的范围认定。

辽西走廊，似有狭义和广义之分。狭义是指位于燕山山脉与渤海之间的区域，这一区域存在着沟通东北地区与中原的交通网络，辽西走廊之称概由此生。广义则应该包括辽河以西地区。崔向东认为："辽西区域即指燕山山地以北，西拉木伦河以南，医无闾山以西和七老图山以东的区域，但其核心区域主要是在今辽宁西部朝阳、锦州、葫芦岛和阜新等地。""所谓'辽西走廊'，指的是分布于辽西地区的连接中原和东北两大地域的交通廊道。辽西为丘陵地带，古道多沿河谷而行，河谷两侧山脉夹峙，中间一线之路

---

① 费孝通：《谈深入开展民族调查问题》，《中南民族学院学报》1982年第3期。
② 李绍明：《藏彝走廊研究中的几个问题》，《西南民族大学学报》2007年第1期。

蜿蜒逶迤，实为名副其实的交通廊道。"①

苗疆走廊，又称"古苗疆走廊"，是杨志强提出的概念。他认为，苗疆走廊"从地域空间上看，主要指的是明代以后正式开辟的起于湖广常德，经辰州（沅陵）、沅州（芷江）等地，东西横贯贵州中线的所谓入滇'东路'或'一线路'，沿这条古驿道形成了一条穿越数省、长达千余公里，涉及数万平方公里面积的狭长地带"②。此后关于苗疆走廊的研究逐渐得到学界尤其是贵州民族学界的关注。

南岭走廊，又称南岭民族走廊，如前所述是费先生提出的概念，是指分布于江西、湖南、广东和广西的南岭山脉地区。南岭，又称五岭，由一系列不连续的山地组成，麻国庆认为，南岭走廊"应包括武夷山区南端、赣南山区、粤北山区、湘南山区、桂东北山区、桂北—黔南喀斯特区、滇东高原山区，东连闽粤沿海，西接横断山脉（'藏彝走廊'区域）及东南亚山区"③。

武陵走廊，有学者称为"巫山—武陵山走廊"，也是费先生首先提出的。李星星认为其范围是"东北—西南走向的巫山、武陵山、雪峰山及清江、沅江流域地区"④。

对于上述六条走廊，尽管学界都以"走廊"称之，但实际上按照"走廊"一词的原意来说，只有河西走廊、辽西走廊、苗疆走廊具有明显的交通通道的性质，符合其标准，而藏彝走廊、南岭走廊、武陵走廊等虽然用了"走廊"二字，不过由于处于山脉的自然环境之中，其交通通道的特性并不是十分明显。也就是说，目前国内民族学界关注的这六条走廊可以大致分为两类：一是具有明显交通通道特征的走廊，河西走廊、辽西走廊和苗疆走廊即是。一是交通通道特征不明显但却是属于费先生所说"历史形成的民族地区"，藏彝走廊、南岭走廊、武陵走廊即是。至于费孝通先生为何将不同性质的区域通称为"走廊"，未见其有明确的阐述，由此也引发了学界的一些争论，尤其是在如何对走廊做出明确界定方面。

李绍明是积极响应并推动走廊研究的学者，在认定"走廊原本是建筑学的一个概念，指一种建筑形式"的前提下，经过反复之后，将走廊定名为"民族走廊"，并给出

---

① 崔向东：《辽西走廊变迁与民族迁徙和文化交流》，《广西民族大学学报》2012年第4期。
② 杨志强等：《重返"古苗疆走廊"——西南地区、民族研究与文化产业发展新视阈》，《中国边疆史地研究》2012年第2期。
③ 麻国庆：《南岭民族走廊的人类学定位及意义》，《广西民族大学学报》2013年第3期。
④ 李星星：《再论民族走廊：兼谈"巫山—武陵走廊"》，《广西民族大学学报》2013年第2期。

了如下定义:"民族走廊作为一个民族学概念有其特殊的含义,它必须以地理学概念的走廊运行为前提。简言之,民族走廊的特殊含义在于,某一或某民族长期移动的路线必须在特定的自然地理的走廊环境中,始可称之为民族走廊。"①李先生的界定在民族学界影响很大,但却遭到了李星星的质疑,并且李星星对"民族走廊"做了重新定义:"'民族走廊'是在中国特定的自然历史条件下形成的、处于古代冲积平原农业文明区域边缘、属一定历史民族或族群选择的、多半能够避开文明中心政治经略与开发、既便于迁徙流动又便于躲避以求自我保存的、其地形复杂而又依山川自然走向平面呈条带状的特殊地带。这些特殊地带也是中国少数民族的摇篮。"②实际上,恰如李星星上文中所言,费孝通先生并未明确提出"民族走廊"的概念,但"民族走廊"的提法似乎也并未正确理解费孝通先生的意图,而李星星在此基础上试图用"二纵三横"格局来概说中华大地上的"民族走廊"更是误读了费先生提出"走廊"概念的目的。

如前引费先生所述,提出"南岭走廊"的目的是把"这一条走廊上的苗、瑶、畲、壮、侗、水、布依等民族,即苗瑶语族和壮傣语族这两大集团的关系都搞出来"。也就是说,"走廊"是被作为一个多民族聚居的"地带"提出的,无论是河西走廊,还是南岭走廊、藏彝走廊,都有一个共同的特点,即都是一个狭长的多民族分布的"地带",注重对这一"地带"中各民族之间关系的研究是提出"走廊"概念的目的,而非"走廊"研究本身。因为只有这样的探讨,才会体现出一个区域内民族和文化的"多元"关系,进而才能更好地为"中华民族多元一体格局"理论的提出做"重要的铺垫"。关于这一点,在费孝通给"'藏彝走廊'历史文化学术讨论会"的贺信中已经有很明显的体现:"六江流域天然的河谷通道,民族种类繁多,支系复杂,相互间密切接触和交融。对这条走廊展开文献和实地田野考察,民族学、人类学、民族史学家能看到民族之间文化交流的历史和这一历史的结晶,从而能对'中华民族多元一体格局'有一个比较生动的认识。"③"六江流域天然的河谷通道"和河西走廊所具有的交通通道性质自然不可同日而语,但二者所具有的多民族分布却是共同的特点。前者"民族种类繁多,支系复杂",后者"这条走廊里,分布着土族、撒拉族、东乡族、保安族、裕固族等等",探

---

① 李绍明:《再谈民族走廊》,"藏彝走廊"历史文化学术讨论会会议论文,四川大学2003年11月,中国知网·中国会议数据库。
② 李星星:《论"民族走廊"及"二纵三横"的格局》,《中华文化论坛》2005年第3期。
③ 费孝通:《给"'藏彝走廊'历史文化学术讨论会"的贺信》,《藏学学刊》2005年第2辑。

讨多民族如何共存于同一个"走廊"之中，如何共同发展，自然可以很好地诠释"多元一体格局"理论，进而也可以得出"一个比较生动的认识"。

由此看，尽管存在两种不同的"走廊"形态，但费孝通先生提出"走廊"研究的目的并不仅仅限于研究"走廊"本身，而之所以提出和积极推动走廊的研究，既是费孝通先生为构筑"中华民族多元一体格局"理论做的前期准备，同时这种探讨也有助于人们更准确地理解"多元一体格局"这一理论。基于此，虽然"从'多元'走向'一体'的理论不仅可以被视为解读中华民族形成与发展的有效途径，对于解读中国疆域的形成与发展、中华文明的形成与发展乃至区域文明的形成与发展等等，都具有理论范式的重要作用"[①]，但将两种走廊的作用放到中国疆域和中华民族形成与发展的背景下审视，对于构建有中国特色的话语体系依然具有非同一般的价值和意义。

3. 榫卯："走廊"与不同区域、族群和文化的凝聚与交融

众所周知，"走廊"一词源自建筑术语，既然费孝通先生可以用其来诠释中华民族多元一体格局理论，那么笔者也想用同样源自建筑的词汇"榫卯"来诠释两种走廊在中国疆域和中华民族形成与发展中的重要作用。

榫卯结构是古代中国建筑的主要构成方式，即通过两个构件凹凸部位相连接，不用钉子和胶的黏合即可以实现建筑的牢固，体现着中国人超常的智慧，是中华文明优秀成果之一。如果将多民族国家中国视为当今五十六个民族以及已经消失在历史长河中的众多民族共同的家园的话，这一家园"坐落在亚洲东部，西起帕米尔高原，东到太平洋西岸诸岛，北有广漠，东南是海，西南是山的这一片广阔的大陆上"[②]，呈现西高东低三级阶梯状。青藏高原是第一级阶梯，准噶尔盆地、塔里木盆地、蒙古高原、黄土高原、四川盆地和云贵高原等地形区构成了第二级阶梯，东北平原、华北平原、长江中下游平原和东南丘陵等地形区则是第三级阶梯。是什么原因导致生息繁衍在不同自然环境下的众多族群成为这一家园的"家人"？共同的"家园"又是如何缔造的？这是中国边疆学和民族学学术体系、学科体系与话语体系建构迫切需要解答的基本问题。费孝通先生用"多元一体格局"理论来诠释"家人"（中华民族）的形成与发展，而史学界长期使用历代王朝的话语体系来阐述"家园"（中国疆域）的缔造过程。笔者在前

---

① 李大龙：《质疑、继承与发展——费孝通对中华民族理论阐述的重要贡献》，《中国边疆学》第九辑，社会科学文献出版社2018年版，第3—11页。

② 费孝通主编：《中华民族多元一体格局》（修订本），中央民族大学出版社1999年版，第4页。

人研究的基础上则提出了以"自然凝聚,碰撞底定"来诠释"家园"和"家人"形成与发展的轨迹。①在这一视角下审视中华大地上的众多族群共同缔造"家园"的过程,可以清楚地看出是形如榫卯的两种走廊将不同自然环境的区域及其上生息繁衍的族群"榫卯"在了一起,为中国疆域和中华民族的"自然凝聚"提供了牢固基础。

将青藏高原、准噶尔盆地、塔里木盆地、蒙古高原、黄土高原等"榫卯"在一起的是河西走廊,而真正使河西走廊发挥作用则是始于西汉武帝对河西的经营。西汉武帝之前,河西走廊先后是乌孙、月氏、羌和匈奴等控制的区域,在汉朝和匈奴对峙时期,匈奴经常联合西羌威胁西汉的西部边郡。据《汉书·武帝纪》记载,在西汉的持续武力打击下,元狩二年(前121)管辖河西走廊地区的匈奴浑邪王率众降汉,西汉于河西走廊设置武威郡、酒泉郡,元鼎六年(前111)又分置张掖郡、敦煌郡。后世史书载:"武帝征伐四夷,开地广境,北却匈奴,西逐诸羌,乃度河、湟,筑令居塞;初开河西,列置四郡,通道玉门,隔绝羌胡,使南北不得交关。于是障塞亭燧出长城外数千里。"②上引谷苞先生文中重点阐述了河西走廊四郡设置对历代王朝经营西域的重要意义,但实际上不仅仅限于西域,河西四郡设置后成为西汉经略河西走廊以西西域、以北匈奴、以南西羌等地区的重要基地,而且更重要的是,汉朝对河西走廊的经营为以后历朝各代所继承,丝绸之路的繁盛、盛唐文明的出现乃至近代国弱时领土被蚕食鲸吞状态下新疆建省能够成为中国疆域重要组成部分等等,这些历史事实皆是河西走廊的"榫卯"作用得到了完美发挥的表现。③

将东北平原、华北平原和蒙古高原"榫卯"在一起的是辽西走廊。尽管有学者认为辽西走廊的开发利用相对河西走廊要晚,"在辽金三百年的时间里,辽西走廊在交通、军事上的重要地位逐渐形成"④,但其在上述三个地区族群交融与文化融通方面的作用却是早在史前就开始了。辽西地区因为红山文化及其代表性器物玉猪龙的出现而被视为中华文化的起源地之一。商末三贤之一的箕子东走朝鲜半岛北部地区建立称臣于周朝的侯国

---

① 参见李大龙《从"天下"到"中国":多民族国家疆域理论解构》,人民出版社2015年版。
② 《后汉书》卷87《西羌传》。
③ 《中国民族报·理论周刊》从2017年5月26日至2019年2月1日先后刊发近二十篇有关河西走廊的文章,其中2018年10月19日刊出的《河西笔谈:从河西走廊发现更广阔中国》,笔者是作者之一。针对"从'如何认识中国'定位河西走廊",笔者明确提出了可以用"榫卯"定位河西走廊的巨大价值。参见黄达远等主编《从河西走廊看中国》,社会科学文献出版社2018年版。
④ 吴凤霞:《辽金时期的民族迁徙与辽西走廊滨海州县的发展》,《广西民族大学学报》2012年第4期。

朝鲜（箕子朝鲜），史称："昔武王封箕子于朝鲜，箕子教以礼义田蚕，又制八条之教。其人终不相盗，无门户之闭，妇人贞信。"① 西汉初期燕王卢绾反叛，"燕人卫满亡命，聚党千余人，椎髻、蛮夷服而东走出塞，渡浿水，居秦故空地上下障，稍役属真番、朝鲜蛮夷及燕亡命者王之"②。这些史实说明辽西走廊已经在发挥着中原与东北乃至朝鲜半岛族群流动与文化传播通道的作用，而以好太王碑、壁画墓和山城为代表的高句丽文化，在盛唐文明影响下出现的"海东盛国"等都是这种族群流动和文化传播结出的硕果。辽金时期，辽朝的疆域东至渤海、东海（日本海）和北海（鄂霍次克海），西至阿尔泰山以西，南至白沟，北至外兴安岭，而金朝在辽疆域的基础上更是将南部疆域拓展到了淮河一线③，辽西走廊沟通蒙古高原、东北平原和华北平原的作用更加凸显，这或许即是"重要地位逐渐形成"的关键性因素之一。明清时期，辽西走廊先是成为明朝经略蒙古高原和东北平原的主要补给通道，后是明朝和崛起的后金在傍海的辽西走廊地区展开了长达近三十年的争夺战，其结果却是明朝失去了对东北平原的经营，而后金发展而来的清朝则在1644年越过辽西走廊入关，实现了对中华大地的"大一统"。史载："顺治八年定，山海关外荒地甚多，有愿出关垦地者，令该管官造册报部，分地居住。"④"大一统"状态下的辽西走廊由此不仅成为华北平原移民⑤流入东北平原的重要通道，而辽西走廊的咽喉山海关也由军事防御的前沿兼有了移民中转站的功能，为东北平原、华北平原和蒙古高原融为一体起到了重要作用。

与北部地区不同，将东南丘陵地带、云贵高原与长江流域、四川盆地乃至青藏高原"榫卯"在一起的是南岭走廊、藏彝走廊和苗疆走廊。三条走廊在不同时期、不同方向发挥着同样性质的"榫卯"作用。

南岭走廊的重要作用在秦朝曾经有过一次完美体现。史载：始皇帝三十三年（前214），秦始皇"发诸尝逋亡人、赘婿、贾人为兵，略取南越陆梁地，置桂林、南海、象郡；以谪徙民五十万人戍五岭，与越杂处"⑥。秦朝的移民为秦汉之际南越国的出现奠定

---

① 《后汉书》卷85《东夷列传》。
② 《资治通鉴》卷21，元封二年正月条。
③ 参见林荣贵主编《中国古代疆域史》，黑龙江教育出版社2007年版，第875、1108页。
④ 《大清会典事例》卷1093《奉天府》。
⑤ 有关清朝东北移民政策的演变情况，参见范立君、谭玉秀《清前中期东北移民政策评析》，《北方文物》2013年第2期。
⑥ 《资治通鉴》卷7，始皇帝三十三年条。

了基础,也为西汉武帝统一南越国,将郡县推广到南岭以南至今越南中部以北地区提供了极为有利的条件。史载:元鼎五年(前112)秋,汉武帝派遣"卫尉路博德为伏波将军,出桂阳,下湟水;主爵都尉杨仆为楼船将军,出豫章,下横浦;故归义粤侯二人为戈船、下濑将军,出零陵,或下离水,或抵苍梧;使驰义侯因巴蜀罪人,发夜郎兵下牂柯江;咸会番禺"。"吕嘉、建德以夜与其属数百人亡入海","遂以其地为儋耳、珠崖、南海、苍梧、郁林、合浦、交阯、九真、日南九郡"。① 秦汉对南部地区的有效经略让南岭走廊"榫卯"作用有了更为具体的完美体现。

苗疆走廊的形成尽管相对较晚,但其"榫卯"作用也十分明显。苗疆走廊是明王朝为了经略云贵地区而在元代驿站基础上开辟的重要通道。这一通道虽然从涵盖范围上看是联通今湖南、贵州和云南的元代驿路,但其"榫卯"作用从《贵州通志》的如下记载中即有准确体现:"贵州四面皆夷,中路一线,实滇南出入门户也。黔之设,专为滇设,无黔则无滇矣。"② 贵州建省、军事卫所在苗疆走廊及黔滇的铺开乃至移民和文化的传播等等,都是这一走廊带来的效果,称其为"维系内地与西南边陲往来的主要交通命脉,并且也直接影响了明清时期西南边疆地区政治版图的变化"③ 是比较恰当的评价。

藏彝走廊的"榫卯"作用实际上司马迁在《史记》卷116《西南夷列传》中已经记述得很清楚:"西南夷君长以什数,夜郎最大;其西靡莫之属以什数,滇最大;自滇以北君长以什数,邛都最大;此皆魋结,耕田,有邑聚。其外西自同师以东,北至楪榆,名为嶲、昆明,皆编发,随畜迁徙,毋常处,毋君长,地方可数千里。自嶲以东北,君长以什数,徙、筰都最大;自筰以东北,君长以什数,冉駹最大。其俗或土著,或移徙,在蜀之西。自冉駹以东北,君长以什数,白马最大,皆氐类也。此皆巴蜀西南外蛮夷也。"西南夷不同群体之间的差异与共同性是藏彝走廊在族群流动和文化传播方面发挥重要作用的结果。石硕将藏彝走廊民族交往的特点归纳为两点:一是"主观上民族观念淡薄,民族界限模糊";二是"文化普遍持包容态度,使各民族在文化上往往'你中有我、我中有你'"。④ 应该说,正是这两个特点让藏彝走廊把四川盆地、青藏高原和云

---

① 《汉书》卷95《两粤传》。
② (民国)《贵州通志》卷2,第521—522页。
③ 杨志强等:《重返"古苗疆走廊"——西南地区、民族研究与文化产业发展新视阈》,《中国边疆史地研究》2012年第2期。
④ 石硕:《藏彝走廊多民族交往的特点与启示》,《中华文化论坛》2018年第10期。

贵高原牢固地"榫卯"在了一起,共同成为"家园"(中国疆域)和"家人"(中华民族)的组成部分。

在六条走廊中,武陵走廊是最为特殊的一个,其虽然在地域上东联两湖,西接巴蜀,北邻关中,南为两广,地处华中腹地,但并不具备其他走廊的特点,是被称为"蛮"的族群的主要分布区域,现在则是土家族、苗族、侗族等的分布地区。武陵山脉特殊的地理环境造就了武陵地区族群强悍的民风,尽管反叛屡屡见诸史书,但追求内地化的管理方式却是东汉以来的历代王朝努力的方向。《后汉书·南蛮西南夷列传》载,永元十三年(101),巫蛮"以郡收税不均,怀怨恨,遂屯聚反叛"。永和元年(136),武陵太守上书顺帝称"蛮夷率服,可比汉人,增其租赋"。实施郡县化管理,并和当地汉人一样征收租赋,这种做法体现着汉王朝谋求对其实行与内地郡县同质化的管理方式。经过历代王朝的努力,"若就文化多样而言,武陵地区三大少数民族文化亦各有特色。土家、苗、侗均有自身独特文化,但此三族的文化又有相互交融的现象,且呈现出地域不同的变异"[①],不过最终的结果却是同属于中华文化的组成部分。

应该特别指出的是,走廊之所以能够起到"榫卯"的作用,特定的地理环境是先决条件,其内部族群与文化的交流与交融则是内在的基本条件,而来自走廊外部的政权的有效经营则是走廊能够发挥其"榫卯"作用的关键性条件,多民族中国疆域形成与发展、中华民族形成与发展的过程中,河西走廊的"榫卯"作用即有完美体现。这也是费孝通等"中华民族多元一体格局"理论诠释过程中历代王朝对"河西四郡"的经营成为其重要内容的原因。

4. 结语

走廊,作为一个独特的区域,为不同学科的研究提供了不同的研究对象和研究视角。作为民族学研究对象的藏彝走廊、河西走廊、南岭走廊、辽西走廊、苗疆走廊和武陵走廊,学者们给予了充分关注,对于我们认识走廊内部不同民族和文化之间的密切关系有着极大帮助,更有助于证明"多元一体格局"理论具有方法论范式的重要意义。但是,将研究视角仅仅局限于某一走廊,探究其内部众多族群与文化之间的关系,抑或是从走廊的视角来探究今天多民族中国范围内走廊的分布结构,以诠释似乎没有必要进一步论证的今日中国中华民族和中国文化的"多元"特点,似乎都难以充分体现"走廊"

[①] 李绍明:《论武陵民族区与民族走廊研究》,《湖北民族学院学报》2007年第3期。

概念提出的巨大价值和意义。

毋庸置疑，费孝通先生提出"走廊"概念的初衷和目的是为了从"多元一体格局"视角诠释中华民族的形成与发展，回归这一研究初心，在诠释多民族中国的形成与发展、中华民族的形成与发展过程中探究上述诸多"走廊"的重要作用，不仅有助于推动国内学界的走廊研究，更有助于不同学科构建学科体系、学术体系和话语体系，尤其是边疆学有关多民族中国疆域话语体系的建设。将民族学领域提出的六大走廊在多民族中国疆域、中华民族形成与发展中的作用比喻为"榫卯"，能否准确而充分地体现走廊的价值尚待学界同仁提出高见，这是笔者走廊研究的第一步。主导或推动"走廊"发挥"榫卯"作用的，除历代王朝的边疆经略外，还有哪些因素，这是笔者今后重点研究的方向。与此同时，也期盼更多不同学科的学者参与走廊研究，放宽视野，共同将走廊研究不断推向深入。

第三章 "大一统"制度文明与多民族国家家园的形成与发展

多民族国家中国的形成与发展走过了和世界上其他国家不同的发展过程，这是学界的一般共识，但对于其中原因的探讨则不同学科从不同的角度会给出不同的结论。从多民族国家疆域形成与发展的历程看，生息繁衍在中华大地上的古人，有着和世界上其他地区不同的政权和人群观念，创造了以"大一统"政治秩序为核心独具特色的中华文明，主导着中华大地的政权和人群不断从"多元"走向"一体"，共同缔造了多民族国家中国。这种观点似乎越来越得到更多学者的认同。

第一节 农耕王朝对"大一统"的继承与发展

尽管中华大地在历史上分分合合，但最终却形成了多民族国家中国和中华民族共同体，"大一统"思想及其实践是推动多民族国家中国、中华民族以及中华民族共同体形成与发展的重要动力来源。尽管以往学界对"大一统"思想及其实践有过很多探讨，但多从"中国"的视角进行诠释，将其和"天下国家"、中华文明、中华民族共同体联系起来分析的论著尚不多见，实际上形成于先秦时期的"大一统"思想及其实践构成了中华文明的核心内容，这也是我们认识和理解多民族国家中国、中华民族共同体形成与发展的钥匙。

学界一般将"大一统"一词最早出现的古籍溯源到《春秋公羊传》。《春秋公羊传》的撰写目的，也揭示了其"大一统"的本意。春秋时期的中华大地诸侯争霸，难以用"大一统"概括，此"大一统"源自孔子的"一统"，而从这一记载将"大一统"和"文王"对接，已经说明"王正月"的"大一统"是始自"文王"，即西周的政治制度。

对于西周时期的政治制度，孔子和孟子虽然对其解释不同，但都强调"周王"的核心地位，并将其称为"天下国家"。《孟子·梁惠王章句上》载孟子曰"天下定于一"，《礼记·曾子问》载孔子曰"天无二日，土无二王，尝禘郊社，尊无二上"，也就是说，以"周天子"为核心的这一政治制度是"大一统"。

值得特别指出的是，"大一统"观念不仅为其后出现的秦汉等农耕王朝所继承和发展，同时也为源出于边疆的尤其是北部草原地区的游牧族群所承袭并得到更大发展，这也是为什么出现在中华大地上的众多政权没有一个简称为"中国"，而"中国"却成为清代之后多民族国家的简称，中华文明也在频繁的政权轮替中不仅没有毁灭而是持续发展的重要原因。

国人习惯上将中华大地上延续发展的王朝称为"历代王朝"，并将其等同于"汉族王朝"看待，但实际上建立这些王朝的并非都是源自中原地区的"华夏"或"汉族"，更多的则是来自边疆地区的"夷狄"。如果从生产生活方式上进行区分的话，将这些王朝分为农耕王朝、游牧王朝似乎更准确。这些王朝虽然都继承和发展了"大一统"制度文明，但却有着不同的特点。可以说，历代王朝的建立者虽然不同，直接管辖的疆域也存在差异，但对"大一统"的持续追求是推动多民族国家中国形成和发展的主要动力。

一、秦汉"大一统"思想的形成与实践

秦朝立国短暂，只能筑长城抵御匈奴的南下，但秦王嬴政结束春秋以来诸侯割据的局面并确立中央集权，最终导致了"大一统"思想的形成，并为后代所继承和发展。由秦朝的出现而形成的"大一统"思想有以下几个主要特点：

一是"天子（皇帝）"是"大一统"天下秩序的权力核心，这是"大一统"最核心的内容。公元前221年秦王嬴政并六国，在时人眼中是实现了开创性的"一统"："昔者五帝地方千里，其外侯服夷服，诸侯或朝或否，天子不能制。今陛下兴义兵，诛残贼，平定天下，海内为郡县，法令由一统，自上古以来未尝有，五帝所不及。"因此建议秦王嬴政上尊号为"泰皇"，但嬴政最终决定："去'泰'，著'皇'，采上古'帝'位号，号曰'皇帝'。"自称"始皇帝"，谋"传之无穷"。而值得特别注意的是，秦王嬴政虽然自诩开创了"皇帝"之始，但却认为"周得火德，秦代周德"，[①]将秦朝的"大一统"和先秦时期的周朝联系在一起，视为先秦时期"大一统"的延续。秦王嬴政的这一做法，为后世历朝各代统治者所继承，尽管其后中华大地的政治格局分裂与统一交替出现，而多民族国家中国却不断凝聚和壮大，其原因即是"大一统"观念起着重要的主导作用。

二是，秦朝废分封建立郡县的举措使"中国"（中原地区）有了凝聚为一体的趋势，不仅使"中国"成为"大一统"观念具体实践的核心区域，而且拥有"中国"并继承和发展"大一统"政治秩序成为评价后世王朝是否为"正统"的基础标准，这是多民族国家之所以称为"中国"的深层次原因。司马迁的《史记》对秦王嬴政立秦之后将"大一统"观念付诸实践的结果有概要记述："分天下以为三十六郡，郡置守、尉、监。更名民曰'黔首'……一法度衡石丈尺。车同轨。书同文字。地东至海暨朝鲜，西至临洮、羌中，南至北向户，北据河为塞，并阴山至辽东。"[②] 从三十六郡到四十个郡，郡县行政体制的划一不仅保证了秦朝中央政令的贯彻，而且先秦时期"大一统"观念谋求的

[①] 《史记》卷6《秦始皇本纪》。

[②] 《史记》卷6《秦始皇本纪》。

"六合同风"也随着文字、度量衡等在郡县区域的推行让先秦时期处于割据状态的中原地区有了实现"同风"的可能,而"皇帝"管辖的"中国"也由"王畿"(京师)拓展到了整个郡县涵盖的区域,为后世"大一统"王朝的建构树立了一个标杆和标准,也成为后世"大一统"思想的核心内容。

三是,"大一统"天下秩序下的人群由"五方之民"演变为了"华夏"(中国)与"夷狄"的二元结构。由于生产生活方式不同而被划分为"五方之民"的生息繁衍在中华大地上的人群,也随着秦朝中央集权的出现而在交流、交往、交融中发生了变化,一方面秦王嬴政的"西戎"身份被"中国"认同,并在"秦"的称呼下将春秋战国时期因为诸侯政权的存在而划分的人群整合为了"秦人",另一方面"五方之民"的划分虽然依然存在,但却被进一步划分为"中国"(秦人)和"四夷"两大群体。

汉承秦制,在武帝之前,以汉高祖刘邦为首的君臣受制于长期战争带来的"百业待兴"的国力,不得已满足于用"和亲"政策确立起与匈奴的"兄弟"之国关系,以及用册封和"约"的形式确立起和南越、东越、闽越、卫氏朝鲜的"外臣"和"藩臣"关系,进而保证了"大一统"政治格局的形成并为其后汉武帝时期的发展奠定了基础。秦始皇确立起来的"皇帝(天子)"在这一体系中的核心位置在汉代的"大一统"观念中则被进一步强化诠释为"天无二日,土无二王",以至于汉高祖刘邦见太公执"父子礼"也被视为"乱天下法"的行为。①

经过多年的"休养生息",公元前140年即位的西汉武帝执掌的西汉王朝国力已经发生了翻天覆地的变化,富强的国力和在和亲状态下匈奴对北疆时时寇扰带来的威胁并没有彻底改观且一直存在形成了巨大反差,尽管在建元六年(前135)大行王恢建议改变对匈奴的和亲政策,由于御史大夫韩安国的反对并没有得到西汉更多大臣的赞同,不过汉武帝虽然不得已依然遵循了前代旧制,以和亲维持与匈奴的关系,但其已经有了构建更大范围"大一统"王朝以改变这种状况的愿望。同年,为处理闽越、南越与东越之间的纷争,汉武帝在淮南王刘安的反对下出兵调节并取得了满意的效果,事后派遣大臣就出兵调节百越政权之间矛盾的做法向刘安做了解释,而解释话语中"汉为天下宗,操杀生之柄,以制海内之命,危者望安,乱者卬治"②的表述即凸显了汉武帝的"大一统"观念已经形成并有了进一步发展。应该说,"汉为天下宗"的意识更加确定了汉朝在

---

① 《史记》卷8《高祖本纪》。
② 《汉书》卷64上《严助传》。

"天下"的核心地位，但这一秩序的合法性尤其是"皇帝（天子）"在这一秩序中的核心地位还是需要有一个完善的理论诠释来支撑，而这一任务的完成即是儒士谋臣应该担负的重任。于是我们在史书中看到了汉武帝征召儒士贤良的记载，《汉书·武帝纪》记载：元光二年（前133）"诏贤良……于是董仲舒、公孙弘等出焉"。而董仲舒、公孙弘等儒士的出现满足了汉武帝的这一愿望，董仲舒在《春秋公羊传》基础上对"大一统"的系统诠释于是出现在了《汉书·董仲舒传》中。

也就是说，以往学界对"大一统"的探讨基本是从董仲舒开始并给予其高度评价的做法有本末倒置之嫌，实际情况是先有了汉武帝"汉为天下宗"的意识，才有了董仲舒等对《春秋公羊传》"大一统"的诠释，而汉武帝的意识在传统"大一统"观念基础上是有突破的，其视野已经不再局限于"中国"这一核心区域。这也可以理解为什么《春秋公羊传》在汉代之前并没有人给予过多关注，而在汉武帝时期才得到关注，其原因是西汉武帝时期有了构建"大一统"国家的需要，西汉不少大臣和儒士开始对"大一统"做出不同的解释。

董仲舒认为："《春秋》大一统者，天地之常经，古今之通谊也。今师异道，人异论，百家殊方，指意不同，是以上亡以持一统；法制数变，下不知所守。"[①] 董仲舒从天、地、人和谐的视角解读以"皇帝"为核心的天下秩序的正当性，可以视为对"汉为天下宗"观念做出理论上的进一步完善。董仲舒的诠释对后世影响很大，但是被后人忽视且几乎没有人提及的历史事实却是，汉武帝在董仲舒诠释《春秋公羊传》"大一统"的同时，即开始将"大一统"思想付诸构建"大一统"王朝的实践。元光二年（前133），采纳了雁门马邑豪聂壹的建议，遣兵三十万设伏于马邑，欲以马邑诱匈奴单于，围而歼之，虽然没有成功，但开启了与匈奴长达数十年的战争，遗憾的是"外臣"[②]匈奴的目的没有实现。元鼎五年（前112），兴兵讨伐南越相吕嘉反叛，灭南越国，"遂以其地为儋耳、珠崖、南海、苍梧、郁林、合浦、交阯、九真、日南九郡"[③]，将郡县推广到了今越南中部地区。卫氏朝鲜王杀西汉辽东郡东部都尉涉何，元封二年（前109）汉武帝兴兵朝鲜，翌年"遂定朝鲜为真番、临屯、乐浪、玄菟四郡"[④]。而在张骞"既连

---

① 《汉书》卷56《董仲舒传》。
② 《汉书》卷94上《匈奴传》。
③ 《汉书》卷95《两粤传》。
④ 《汉书》卷95《朝鲜传》。关于四郡的地望及其变化，参见李大龙《汉四郡研究》，马大正等：《古代中国高句丽历史续论》，中国社会科学出版社2003年版，第81—96页。

乌孙，自其西大夏之属皆可招来而为外臣"，"则广地万里，重九译，致殊俗，威德遍于四海"①的鼓动下，西汉派遣张骞再次出使西域，对西域的经略也成为汉武帝构建"大一统"王朝的战略目标。②

汉武帝构建"大一统"王朝的努力在汉宣帝时期终于有了结果，不仅神爵三年（前59）设置西域都护府将辽阔西域纳入版图，而且在甘露二年（前52）随着匈奴呼韩邪单于的降汉受封，匈奴也成为西汉的藩属。对订阔的边疆地区实施管辖是西汉王朝的一个创举，而治理体系的正当性则需要一个理论来支撑，对《春秋》"大一统"的诠释再次出现。这一时期对"大一统"的诠释以王吉为代表，其关注点是西汉王朝以"皇帝"为核心的治理体系的整齐划一："《春秋》所以大一统者，六合同风，九州共贯也。"③强调"大一统"本意是指"天下"在政治、经济、文化习俗等诸多方面的同质性。不过，西汉建立起来的"大一统"体系在意图取代汉朝的王莽眼中则是违背《春秋》"大一统"原则的："天无二日，土无二王，百王不易之道也。汉氏诸侯或称王，至于四夷亦如之，违于古典，缪于一统。其定诸侯王之号皆称公，及四夷僭号称王者皆更为侯。"④王莽废汉立新被《汉书》的作者班固视为"篡位"，因此其在《汉书》中对王莽的所作所为多大加贬损。不过，取消刘氏诸王以及边疆诸多政权统治者的王位却是王莽新朝对治理方式的一大变革，其目的虽然是为了加强"天子"（王莽）为核心的中央集权，以有助于王莽新朝的稳固，但"天无二日，土无二王"也确实是《春秋》"大一统"的最高原则。遗憾的是，王莽的这一政治改革虽然实施了，但与这一政治改革相伴的经济改革的失败加剧了新朝国力衰弱的速度，再无力保持对边疆足够的威慑力，不仅进攻匈奴的计划迟迟难以实施，而且"久屯不休"也加重了经济负担，结果是导致了治理体系的更大混乱。利用边疆民族的军队征讨反叛是中原王朝惯用的手段，王莽新朝也不例外，尤其是在对匈奴的防御和征讨过程中，王莽先后征发了乌桓、丁零、高句丽等众多边疆民族的军队，但由于"久屯不休"，一些边疆民族的士兵难以承受沉重的负担，"遂自亡畔，还为抄盗"，其为质的亲属则为郡县官吏所杀⑤，所以班固认为王莽的政治

---

① 《汉书》卷61《张骞传》。
② 有关汉武帝"大一统"思想的形成与实践，参见李大龙《汉武帝"大一统"思想的形成及实践》，《北方民族大学学报》2013年第1期。
③ 《汉书》卷72《王吉传》。
④ 《汉书》卷99中《王莽传》。
⑤ 《后汉书》卷90《乌桓鲜卑列传》。

改革导致了"三边蛮夷愁扰尽反"[①]。

虽然以"天无二日，土无二王"为核心的改革的失败导致了王莽新朝的快速覆亡，但时人还是将其失败的原因归结为"篡位"，视东汉的继起为西汉"大一统"王朝的延续。班固所言即是典型代表：王莽"篡位，海内畔之，世祖受命中兴，拨乱反正"[②]。以"天子"为核心的"大一统"秩序由此不仅成为华夏众多政权为之奋斗的最高政治目标，也成为吸引边疆"夷狄"族群进入中原建立政权争夺"正统"的主要动力之一，而"大一统"观念也随着"五胡乱华"的出现为"夷狄"族群所继承并得到进一步的发展，主导着中华大地的政治格局由魏蜀吴三足鼎立到隋唐再次实现"大一统"。

二、唐朝对"大一统"思想的继承与发展

经过魏晋南北朝时期的分裂之后，中华大地随着隋唐王朝的出现又呈现"大一统"的状态，尤其是唐王朝在隋王朝疆域的基础上实现了更大范围内的"大一统"。隋大业十三年（617）五月，太原留守李渊乘天下大乱之机，踏上夺取"中国正统"的征程。贞观二年（628），在经过十几年的东征西讨之后，唐王朝终于消灭了各路割据势力，成为我国历史上继隋朝之后的又一个"大一统"的王朝。由此，随着隋唐"大一统"王朝的出现，唐代人的"大一统"观念在汉代的基础上有了进一步发展，并更加完善。主要体现在以下几个方面：

其一，"天子"以"九州为家"发展为"四海为家"，王朝疆域的核心区域在时空上也有了很大拓展。"家天下"是"大一统"的另类表述。《汉书·地理志》是在"九州"到郡县的基础上记述汉朝"大一统"疆域的，与此同时，"陛下以四海为境，九州为家"[③]也成为对汉代"大一统"疆域治理方式的形象表述。"九州"即《汉书·地理志》所载东北到在朝鲜半岛及东北地区设置的乐浪、玄菟等郡，西北到在河西走廊设置的酒泉、张掖等郡，南到今越南中部设置的日南等郡被称为"十二部刺史"的郡县区域，这也是西汉王朝的直接管辖区域，并被视为皇帝的"家"的范围。随着唐朝"大一统"王朝疆域的形成，尤其是唐朝通过设置安北、单于都护府管辖辽阔的北部草原地区，安东

---

① 《汉书》卷95《西南夷传》。
② 《汉书》卷22《礼乐志》。
③ 《汉书》卷64上《严助传》。

都护府等管辖东北亚地区，安西和北庭都护府等管辖辽阔的西域，安南都护府管辖南部边疆地区，类似"家"的表述演变为了《旧唐书·礼仪二》所载："天子以四海为家。故置一堂以象元气，并取四海为家之义。"不仅观念发生了变化，而且落实到了具体的礼仪制度上。观念的变化实际上也是唐朝在边疆治理方面较汉代更为直接有效这一实践结果在"大一统"观念上的必然反映。

其二，"中国天下本根，四夷为枝叶"的经略思想得到继承，"中国""一统"的政治基础得到进一步强化。唐王朝的疆域分为正式府州区域和由都护府体系管辖的羁縻府州区域，而源自先秦时期的"中国"概念在唐代依然沿用，多是用于指称唐王朝的正式府州区域。在唐代的"大一统"观念中，这两大区域的重要性在汉代基础上有了更清晰的表述，即唐太宗李世民时期的大臣李大亮所言："中国，天下本根，四夷犹枝叶也。残本根，厚枝叶，而曰求安，未之有也。"① 当今学者往往从"平等"的视角冠之以"民族歧视"的评价，但实际上该比喻在强调"中国"为"天下本根"的同时，更强调对这一区域的有效管辖，这是"大一统"思想的标志。类似的认识还有，如主导隋唐两朝四代皇帝（隋文帝、隋炀帝、唐太宗、唐高宗）坚持不懈"一统"高句丽政权行为的即是《旧唐书·东夷传·高丽》所载："辽东之地，周为箕子之国，汉家玄菟郡耳！魏、晋已前，近在提封之内，不可许以不臣。且中国之于夷狄，犹太阳之对列星，理无降尊，俯同藩服。"在"中国"范围内不能存在"不臣"的政权是主导隋唐两朝四代皇帝实现统一高句丽政权大业的关键性因素，凸显"大一统"观念对隋唐两朝治边政策的重大影响。

其三，"天下一家"的观念在经过两晋南北朝分裂时期后得到进一步强化。随着秦汉对"大一统"的实践，"五方之民"演变为了"夏"（华）、"夷"（胡），但在"大一统"观念下依然是被视为"一家"的，在西汉与匈奴缔结的盟约中可见"汉与匈奴合为一家，世世毋得相诈相攻"②的内容，而"一家"的观念也频繁出现在唐朝皇帝的口中。《旧唐书·高祖本纪》载：贞观八年（634），"阅武于城西，高祖亲自临视，劳将士而还。置酒于未央宫，三品已上咸侍。高祖命突厥颉利可汗起舞，又遣南越酋长冯智戴咏诗，既而笑曰：'胡越一家，自古未之有也。'"《资治通鉴》卷197贞观十八年十二月条载唐太宗曰："夷狄亦人耳，其情与中夏不殊。人主患德泽不加，不必猜忌异类。盖德泽洽，则四夷可使如一家；猜忌多，则骨肉不免为仇敌……"而唐太宗李世民被尊为

---

① 《新唐书》卷99《李大亮传》。
② 《汉书》卷94下《匈奴传》。

"天可汗"①也说明"一家"的这种观念是"五胡乱华"带来的直接影响,"天下"为"华夷"共有已经是普遍的认识。

总体而言,隋唐王朝虽然在今人的观念中被视为"汉族王朝",但一个难以回避的史实却是两个王朝"王统"源头是承袭于鲜卑人建立的西魏王朝。也就是说,尽管这一时期存在着一个所谓的"五胡乱华"和"南北朝",但隋唐两朝对"大一统"的继承和发展及其实践是在"五胡十六国"对"正统"的争夺中实现的,是北魏实现中国北部局部"一统"的延续和发展,并为宋辽金时期各王朝再次争夺"正统"提供了思想和历史基础。

三、明朝对"大一统"思想的改造与发扬

明清虽然是中国历史上两个前后相继的王朝,学界往往以"明清"来称呼明朝和清朝这两个王朝存在的时期,且两个王朝都自认为是"中国正统"王朝,但两个王朝的建立者却具有不同的来源,且两个王朝的统治者虽然都视自己为中国传统"大一统"天下秩序——"中华"的继承者,其"大一统"思想却存在较大差异,甚至可以说截然不同,在很多方面存在差异。朱元璋是举着"驱逐胡虏,恢复中华"②的旗帜在1368年取代元朝而建立明朝的,由其奠基和倡导的明朝"大一统"观念更多体现出先秦秦汉时期传统"大一统"观念的回归,目的是在确立明朝"中国正统"的基础上实现以中原为核心分布的人群与文化在"中华"旗帜下的重新整合。建立清朝的满洲人则不仅没有回避其"东夷"的出身,反而在天子"有德者居之"旗号下对魏晋以来边疆政权对"大一统"观念继承与发展的基础上有了更进一步发扬,目的是在确立满洲及其所建清朝的"中国正统"地位的基础上实现中华大地更大范围内的"大一统"。

为了推翻元朝和确立明朝统治的政治需要,朱元璋试图通过回归先秦时期的传统夷夏观在"华夏""中华""中夏"乃至"中国"观念下重构"大一统"天下政治秩序,宣称:"自古帝王临御天下,中国居内以制夷狄,夷狄居外以奉中国,未闻以夷狄居中国治天下者也。"③应该说,朱元璋的这种观念并非创新,而是自"大一统"观念萌芽以

---

① 《旧唐书》卷3《太宗本纪下》:"自是西北诸蕃咸请上尊号为'天可汗',于是降玺书册命其君长,则兼称之。"
② 《明太祖实录》卷26,吴元年十月丙寅。
③ 《明太祖实录》卷26,吴元年十月丙寅。

来即被后人时时提及作为反对王朝经略边疆的重要依据，且在魏晋时期，随着"五胡乱华"的出现，类似的话语更是充斥于史书和时人的议论之中，晋人江统的《徙戎论》是其典型代表。但不同的是，魏晋时期的这类观念多限于有关的争论言语之中，中原地区"戎夷居半"的人群分布状况已经让这种观念没有了具体实施的可能。而朱元璋所言不仅是对传统"大一统"观念的回归，而且在确立明朝"正统"的同时，也有在"华夏""中华"的框架下整合境内民众，以巩固其"大一统"天下秩序的企图。打着回归传统旗号的明朝统治者的"大一统"观念呈现以下主要特点：

其一，"天子"依然是"大一统"政治秩序的核心，这是"大一统"观念一以贯之的根本原则，明朝的"大一统"观念也不例外。明朝以"人君""天子""皇帝"等称呼其最高统治者，"权者，人君所以统驭天下之具，不可一日下移，臣下亦不可毫发僭逾"[1]，而"人君""以四海为家"[2]构成了明朝"大一统"观念的核心内容。就这一核心内容而言，明朝的"大一统"观念与前代并没有根本性差异，但不同的是明朝是在元朝基础上出现的，"大一统"天下体系的核心"人君"的身份表面上有一个由"夷"到"夏"的转变，即由蒙古回归"华夏"，而由此带来的则是政治统治秩序与文化思想的重构。

尽管元朝用"四等人"的划分打乱了传统的夷夏观念，但元朝统治者的"夷狄"身份依然是被攻击的主要理由，朱元璋即是以"驱逐胡虏，恢复中华"的名义发动了推翻元朝统治的运动，建立明朝后强调的则是"复我中国先王之治"，即是以"华夏"继承者的身份出现的。不过，出于获得"中国正统"的政治需要，朱元璋并没有办法将明朝和元朝完全割裂开来。朱元璋在教育皇太子和诸王的时候将"人君之有天下者。当法天之德也"视为最高原则，并在这一原则下对忽必烈做出了"昔元世祖东征西讨，混一华夏，是能勤于政事"[3]的高度评价，并遣官员祭祀"伏羲至元世祖凡十七帝"[4]。如何评价忽必烈能够体现出朱元璋面对此问题的尴尬，即一方面不得不承认元朝开国皇帝忽必烈的丰功伟绩，并将其置于历代帝王庙中进行祭祀，体现着明朝统治者并没有否认元朝皇帝在"大一统"政治秩序中的核心地位，而且是作为其后继者的身份出现的；另

---

[1] 《明世宗实录》卷393，嘉靖三十二年正月庚子。
[2] 《明史》卷77《食货一》。
[3] 《明太祖实录》卷208，洪武二十四年三月癸卯。
[4] 《明太祖实录》卷92，洪武七年八月甲午。

一方面又认为元代"华风沦没,彝道倾颓"的原因是"元氏以戎狄入主中国,大抵多用夷法典章",进而视自己为"华夏正统"并负有"恢复中华"的责任。① 也就是说,"人君""天子"依然是"大一统"天下权力的核心,在元明两代的"大一统"观念中并没有根本差别,差别只是在于"人君""天子"的出身由"戎狄"回归到了"中国":"朕承天命,主宰生民,惟体天心以为治,海内海外,一视同仁。今天下底定,四方万国罔不来廷,皆已厚加抚绥,欢欣感戴,惟迤北诸部犹观望进退,出没边境,未有归诚。"②明成祖朱棣的这一表述,基本体现了传统"大一统"观念的回归,而《大明一统志》的编撰则是对明朝"大一统"观念具体实践结果的完整体现。

其二,以恢复"中华"传统的名义,凝聚境内百姓。

重新确立出自"中国"的"天子"在"大一统"政治秩序中的核心地位只是明代"大一统"观念回归传统的第一步,而如何在"中华"的旗帜下恢复传统"大一统"政治秩序才是更为重要的内容。以往学界对于明朝统治者屡屡强调"中华""中国"多从民族歧视的角度进行评析,却忽略了其强调"中华""中国"的目的除表明自己的"中国正统"之外,也有着重新构建天下"大一统"统治体系和整合境内人群的用意。在明朝统治者看来,元朝将"夷法典章"施用于中原造成了中华大地的"彝道倾颓",而元朝的四等人观念③则是不仅打破了传统的华夷界限,也造成了族群分裂,所以朱元璋取代元朝后既有回归传统治理理念的现实需要,也有重新确立夷夏观念进而重新凝聚华夏的重任。如果说明朝统治者主张"不得服两截胡衣,其辫发、椎髻、胡服、胡语、胡姓,一切禁止"是回归传统夷夏观以凝聚华夏人群的开始,希望达到"百有余年胡俗悉复中国之旧矣",④那么取代元朝后"制礼乐,定法制,改衣冠,别章服,正纲常,明上下,尽复先王之旧,使民晓然,知有礼义,莫敢犯分而挠法"⑤,则是朱元璋确立的重新恢复原有政治秩序的指导思想。其后,明朝统治者在这种观念主导下从思想到具体政策采取的一系列重要措施,构成了明朝"大一统"观念的主要内容。

在明朝统治者的倡导下,传统的华夷观得到了回归,突出的表现有两个:一是华

---

① 《明太祖实录》卷176,洪武十八年十月己丑。
② 《明太宗实录》卷30,永乐二年四月辛未。
③ 有关元朝的"四等人"政策,参见李大龙《浅议元朝的"四等人"政策》,《史学集刊》2010年第2期。
④ 《明太祖实录》卷30,洪武元年二月壬子。
⑤ 《明太祖实录》卷176,洪武十八年十月己丑。

夷观念得到强化，并成为区分人群的基本标准，不仅"内中国而外夷狄""北狄""北虏""西蕃"等言论和用语充斥于史书，而且为适应区分华夷的需要也出现了《四夷考》《皇明四夷考》《裔乘》等诸多梳理明代边疆政权及族群沿革情况的专门性著作。二是"华人""中华人""中国人"等不仅出现在史书中，而且成为明朝对外交流中的词汇。应该说，自东晋以来黄河流域的"汉人"大规模南迁之后，随着匈奴、鲜卑、羯、氐、羌等"五胡"迁入中原地区，中国北方人口流动与交融一直处于频繁状态，而元朝将其界定为"汉人"可以视为对这种交融成果的一种官方认同，取代元朝的明朝则不仅面临着被元朝认定的"汉人"群体，也要面对以长江流域为主的被认定为"南人"的群体，以及残留在中原地区的蒙古和色目人群体。值得注意的是，在记录明朝历史的《明实录》中，明朝统治者虽然沿用了"汉人""夷人"词汇以区别境内人群，但也使用"华人""中华人""中国人"等词语，甚至有了"蒙古、色目之人多改为汉姓，与华人无异"①的认识，而"华人"②不仅在朝鲜国王的上奏中屡有使用，"中华人"③也出现在了明朝与日本交涉的记载中。由此可见，明朝对境内族群整合的效果还是明显的，尽管在称谓上尚未统一，但总体是在"华""华夏""中国"的大框架下进行的，构成了明朝的主体人群，这也是明朝"大一统"观念中"华夏"虽然依然是核心的族群，但该"华夏"已经并非秦汉之前的"华夏"，而是明朝在元代四等人划分的基础上将"汉人""南人"等在"华人""中华人"旗帜下重新整合的结果。值得说明的是，被整合而成的"华人""中华人"是明朝的主体人群。

其三，虽主张"华夷有别"，但强调"华夷一家"与"用夏变夷"。

明朝既然是高举"恢复中华"的旗帜，出于确立"正统"以凝聚人心的需要，自然也会继承传统的族群观念，并对传统族群观念有了更为明确的诠释。主张"华夷有别"是明朝立国的基础，其核心内容虽然名义上也是"中国居内以制夷狄，夷狄居外以奉中国"，但由于元朝不仅将"中国"的范围在唐代基础上扩大到了整个行省区域，而且也打乱了"华""夷"的传统分布区域，"中国"无论是在地域范围上还是在指称人群方面都需要进一步明确，但传统的观念与现实出现了脱节，故而为了适应这一现实需

---

① 《明太祖实录》卷109，洪武元年闰九月丙午。
② 如《明神宗实录》卷156万历十二年十二月庚戌载："礼部题朝鲜国王李昖送还漂海华人一名……"
③ 《明史》卷322《日本传》载：永乐十五年，"乃命刑部员外郎吕渊等赍敕责让，令悔罪自新。中华人被掠者，亦令送还。"《万历野获编》卷16《科场》也有："窃以故元用蒙古人为状元，而中华人次之，此陋俗何足效。"

要,"严华夷之辨"不再出现在记录明朝历史的《明实录》中,明朝统治者反而更强调"华夷一家""华夷一体"和"用夏变夷",其整合境内人群的意图十分明显。

如果说唐太宗将氐人苻坚的思想升华为"自古皆贵中华,贱夷、狄,朕独爱之如一,故其种落皆依朕如父母"①是一种进步,那么明太祖则在此基础上有了更进一步发展,其宣称"朕既为天下主,华夷无间,姓氏虽异,抚字如一"②。朱元璋的这一观念为其后的明朝皇帝所继承并发扬,成为明朝"大一统"观念的主要内容之一。明成祖朱棣在给瓦剌的诏书中明确提出了"华夷一家"的观念:"朕意夫天下一统,华夷一家,何有彼此之间尔!"③"华夷一家"与"天下一统"对应,且主张消弭华夷间的隔阂。嘉靖皇帝则意欲将皇太子出生的好消息不仅昭告"天地百神"而且特别提出要"即当使华夷一体知悉"。④也就是说,从表象上看,明朝虽然强调"华""夷"差别,但是却是在"华夷一家"的大前提下强调的。在传统夷夏观中,"五方之民""夏夷"和"华夷"尽管被比喻为"树"或"太阳"与"列星"隐喻为"一体",那么明代"华夷一家""华夷一体"的提出应该是对传统夷夏观的极大发展,构成了明朝"大一统"观念的主要内容。

既然提出"华""夷"有别,又强调"华夷一家""华夷一体",那么如何协调华夷之间的关系就成为明朝统治者构建"大一统"政治秩序需要解决的大问题,由此"用夏变夷"成了明朝"大一统"观念的主要内容。"严华夷之辨"和"用夏变夷"是传统"大一统"观念中处理夷夏关系的两种主要方式,魏晋南北朝、宋辽金时期因为面临各王朝争夺"中国正统"的状态,"严华夷之辨"往往被强调,而在实现"大一统"的王朝天下政治秩序中则往往是"用夏变夷"被屡屡提及,成为整合疆域内人群的主要指导思想。代元而立的明朝尽管尚未实现元朝旧疆的"大一统",疆域范围甚至不及汉唐,但其"正统"地位是无可辩驳的,因此"用夏变夷"构成了"大一统"观念的主要内容并被付诸实施,且取得了显著效果,成为其维持"大一统"政治秩序的有效补充。

"用夏变夷"的倡导者是明朝开国皇帝朱元璋,其在洪武十一年(1378)凉州卫接

---

① 《资治通鉴》卷198,贞观二十一年五月庚辰。
② 《明太祖实录》卷53,洪武三年六月丁丑。
③ 《明太宗实录》卷30,永乐二年四月辛未。
④ 《明世宗实录》卷192,嘉靖十五年十月壬子。

受故元降众时说:"人性皆可与为善,用夏变夷,古之道也。今所获故元官并降人,宜内徙,使之服我中国圣人之教,渐摩礼义,以革其故俗。"① 由此奠定了"用夏变夷"在明朝国家治理政策中的重要地位。明朝的"用夏变夷"是通过广设儒学得以实现的,即"移风善俗,礼为之本,敷训导民,教为之先,故礼教明于朝廷,而后风化达于四海"②,并在云南、四川等"边夷土官皆设儒学,选其子孙弟侄之俊秀者以教之,使之知君臣、父子之义,而无悖礼争斗之事,亦安边之道也。"③,同时希望也可以达到"变其土俗同于中国"④的目的。在朱元璋的积极推动下,明代儒学之盛远超历代,也确实在明朝的边疆治理中发挥了重要作用。

总体而言,"恢复中华"旗号下明朝的"大一统"观念的核心内容依然是以"天子"(皇帝)为中心的政治秩序,这和传统"大一统"观念是一脉相承的,不同的主要有两点:一是将作为"大一统"天下政治格局核心的"天子"(皇帝)从"夷狄"重新回归到了"中国",这是明朝得以被视为"中国正统"的原因之一。二是虽然强调"华""夷"差别和"内中国外夷狄",却是在"一家"的前提之下,而且"华""夷"及"中国"的指称对象和范围已经与先秦秦汉时期有了很大变化,一方面明代的"华"和"中国"不仅囊括了魏晋以来进入中原地区的匈奴、鲜卑、羯、氐、羌所谓的"五胡",也包括了被元朝视为"汉人"的契丹、女真、渤海等,以及在元廷北撤草原后留在中原地区的蒙古、色目等;另一方面在"华夷一家"和"用夏变夷"观念的主导下其涵盖的范围和人群也依然在扩大。明朝"大一统"这种变化可以视为是明朝面对境内外民族分布格局的变化对传统观念的继承与发展,但其核心要义是维护以"天子"(皇帝)为中心的政治秩序并没有发生根本性质的变化。

"大一统"观念诞生于中原地区的农耕族群中是学界普遍的认识,其在多民族国家中国形成与发展过程中的重要作用也得到了高度评价,但也应该清醒地认识到,以秦、汉、隋、唐、明等为代表的农耕王朝的"大一统"观念依然具有局限性,清朝雍正皇帝在《大义觉迷录》中曾经对前代的治理思想和实践做过如下评价:"自古中国一统之世,幅员不能广远,其中有不向化者,则斥之为夷狄。如三代以上之有苗、荆楚、狁狁,即

---

① 《明太祖实录》卷117,洪武十一年二月己未。
② 《明太祖实录》卷202,洪武二十三年五月己酉。
③ 《明太祖实录》卷239,洪武二十八年六月壬申。
④ 《明太祖实录》卷150,洪武十五年十一月甲戌。

今湖南、湖北、山西之地也。在今日而目为夷狄可乎？至于汉、唐、宋全盛之时，北狄、西戎世为边患，从未能臣服而有其地，是以有此疆彼界之分。自我朝入主中土，君临天下，并蒙古，极边诸部落俱归版图。是中国之疆土，开拓广远，乃中国臣民之大幸，何得尚有华夷中外之分论哉！"[①] 虽然强调"大一统"，但又强化"华夷中外之分"，忽视对非农耕地区的有效经营，雍正皇帝的评价可谓一语中的，点出了农耕王朝"大一统"观念共有的显著弊端，这或许也是北魏、辽、金、元、清等非农耕王朝之所以持续推动多民族国家中国不断发展最终底定于清代的深层次原因。

第二节　游牧族群对"大一统"的继承与发展

多民族国家中国是生息繁衍在中华大地上的众多族群共同缔造的，司马迁在《史记》中将这些族群所建政权分为"城国"和"行国"两大类，而民国时期胡焕庸以瑷珲（黑河）和腾冲为两极画出的人口线则将这些人群分为东部的农耕和西部的游牧两大部分。相对应的是，在传统的话语体系中，所谓"二十四史"记载的历代王朝被视为中国正统王朝，在当今话语体系中则被确定为多民族国家中国形成与发展的主导者。如果按照司马迁和胡焕庸的界定，则依据建立者的来源，历代王朝大致也可以分为来自农耕族群的秦、汉、隋、唐、宋、明等王朝和源自游牧族群的北魏、辽、金、元、清等王朝两大类。对于这两大类族群及其所建王朝在多民族国家中国形成与发展中所起的作用，学界长期以来存在较大分歧，尤其是受到"民族国家"和"中原中心"观念的影响，农耕王朝的作用已经得到充分甚至夸大的肯定，而游牧政权的作用则往往得不到客观评价，甚至对魏晋南北朝时期进入中原建立政权的匈奴、鲜卑、羯、氐、羌，不仅其所建政权未被视为中国王朝，且有了"五胡乱华"的定位。如此诠释中国历史不仅导致了话语体系的不能自圆其说，也为"新清史"等国外学者解构中国历史的观点在国内肆意传播提供了可能。应该说，两大类王朝对"大一统"的继承和发展是一以贯之的，这也是多民族国家中国得以形成和发展，中华文明得以延续不断的决定性因素，但两大

[①]《清世宗实录》卷86，雍正七年九月癸未。《大义觉迷录》也有大致相同的阐述。

类王朝的"大一统"思想呈现不同特点,是导致这些王朝在推动多民族国家形成与发展过程中发挥着不同作用的重要因素。但总体而言,源自农耕的王朝起到了奠基作用,而出自游牧的王朝则起到了底定的作用。笔者对农耕王朝对"大一统"思想的继承与发展做过分析①,以下试图对游牧族群所建王朝对"大一统"思想的继承与发展再做探讨,希望有助于客观认识游牧族群及其所建政权在多民族国家中国形成与发展中的重要作用。

一、对抗、认同与发展：从匈奴到鲜卑

与秦汉王朝大致同时,我国北方草原地区也出现了第一个实现草原"大一统"的王朝——匈奴。虽然司马迁的《史记》、班固的《汉书》和范晔的《后汉书》都为匈奴立传,但匈奴不属于传统话语体系中的历代王朝,更不属于"正统"王朝,不过从史书的记载看,匈奴却是第一个挑战并接受和实践"大一统"思想的游牧族群所建政权。匈奴对"大一统"思想的认识和继承过程大致经历了西汉时期在对抗中熟悉并接纳、两汉之际的"挑战"萌芽,再到两晋时期的认同与实践。

匈奴是在与汉朝的对抗中逐渐熟悉并接纳"大一统"思想的。匈奴和西汉王朝的关系大致经历了对抗—和亲—对抗—称臣被统辖的演变过程②,在这一过程中匈奴逐渐熟悉和融入了西汉以"皇帝"为核心的"大一统"政治秩序。据史书记载,东胡"与匈奴中间有弃地莫居千余里,各居其边为瓯脱",其王看到冒顿刚刚即位,遣使匈奴欲占有瓯脱,冒顿则以"地者,国之本也,奈何予人"为由斩杀了答应东胡要求的属下,既而兴兵东胡,不仅"大破灭东胡王,虏其民众畜产",而且"西击走月氏,南并楼烦、白羊河南王,悉复收秦所使蒙恬所夺匈奴地者,与汉关故河南塞,至朝那、肤施,遂侵燕、代。是时,汉方与项羽相距,中国罢于兵革,以故冒顿得自强,控弦之士三十余万"。③由此看,匈奴最迟在冒顿时期已经有了明确的领土观念,并在楚汉相争之际实现了崛起,与西汉形成了对峙。高帝七年(前200),匈奴通过"白登之围"大败汉高祖刘邦,

---

① 李大龙:《农耕王朝对"大一统"思想的继承与发展》,《云南师范大学学报(哲学社会科学版)》2020年第6期。
② 参见李大龙《汉代边疆史》,黑龙江教育出版社2014年版,第18—57页。
③ 《汉书》卷94上《匈奴传》。

九年(前198)西汉和亲匈奴,双方建立起"昆弟"关系,一直维持到元光二年(前133)。其间,由于中行说降于匈奴,让匈奴人对西汉和亲的目的是"外臣"匈奴以及汉朝的"大一统"政治秩序有了更清楚的认识,双方于是在礼仪制度上有了纷争:"汉遗单于书,以尺一牍,辞曰'皇帝敬问匈奴大单于无恙',所以遗物及言语云云。中行说令单于以尺二寸牍,及印封皆令广长大,倨骜其辞曰'天地所生、日月所置匈奴大单于敬问汉皇帝无恙',所以遗物言语亦云云。"①匈奴虽然利用和亲带来的宽松的外部环境在文帝四年(前176)实现了对包括西域在内的北部草原地区的"大一统",但在其后和西汉八十余年的战争中并没有取得最后胜利,反而是在甘露三年(前51),"单于正月朝天子于甘泉宫,汉宠以殊礼,位在诸侯王上,赞谒称臣而不名",匈奴正式成为西汉的"藩臣"。其后作为"藩臣"的匈奴开始接受西汉"大一统"思想主导下的藩属体制中的册封、纳质、纳贡等制度安排,甚至"上书愿保塞上谷以西至敦煌,传之无穷,请罢边备塞吏卒,以休天子人民"。②呼韩邪单于的这一上书虽然有向西汉王朝皇帝表忠心的意味,但也体现出匈奴人对西汉"大一统"政治秩序的认同。

两汉时期游牧族群对汉朝"大一统"进行"挑战"的一是两汉之际的匈奴,一是东汉后期的鲜卑。匈奴在称臣西汉的过程中势力得到一定程度恢复,而在经历了和王莽新朝的武力对峙后,面对中原的混乱局面,匈奴单于也有了摆脱称臣状况的想法并付诸了实施。更始二年(24),更始帝遣中郎将归德侯飒携单于汉旧制玺绶出使匈奴,但遭到了匈奴单于舆的明确拒绝,理由是:"匈奴本与汉为兄弟,匈奴中乱,孝宣皇帝辅立呼韩邪单于,故称臣以尊汉。今汉亦大乱,为王莽所篡,匈奴亦出兵击莽,空其边境,令天下骚动思汉,莽卒以败而汉复兴,亦我力也,当复尊我!"③如果说基于东汉时期匈奴分裂为南北二部,南匈奴接受东汉使匈奴中郎将和度辽将军的直接管辖,匈奴单于舆的这一表述并不能代表东汉时期匈奴的整体情况,那么"当复尊我"的意识在两晋时期的匈奴人刘渊身上不仅扎根了,且完全转化为对传统"大一统"思想的继承。鲜卑对东汉"大一统"的"挑战"则在檀石槐对东汉册封与求"和亲"的回绝上体现最为明显。延熹年间(158—167),鲜卑檀石槐势力强盛,"朝廷积患之,而不能制,遂遣使持印绶封檀石槐为王,欲与和亲。檀石槐不肯受,而寇抄滋甚。乃自分其地为三部,从右北平

---

① 《汉书》卷94上《匈奴传》。
② 《汉书》卷94下《匈奴传》。
③ 《汉书》卷94下《匈奴传》。

以东至辽东，接夫余、濊貊二十余邑为东部，从右北平以西至上谷十余邑为中部，从上谷以西至敦煌、乌孙二十余邑为西部，各置大人主领之，皆属檀石槐。"①"不肯受"已经充分体现出了檀石槐对纳入东汉"大一统"政治秩序的抗拒态度，而其后的拓跋鲜卑人则在檀石槐的基础上通过实践建立了"一统"中华大地北部地区的北魏王朝。

两晋时期被称为"五胡"的匈奴、鲜卑、羯、氐、羌因为内迁到了中原地区，直接受到了"大一统"思想的影响，在普遍认同的同时也将"大一统"思想提升到了一个更高的层次，且将其付诸实施。从"五胡"对"大一统"政治秩序的冲击看，以刘渊为代表的匈奴人是先行者，建立前秦的以苻健、苻坚为代表的氐人是"大一统"思想的积极实践者，而成就显著者则是建立北魏的拓跋鲜卑人。

《晋书》载刘渊其人"幼好学"，"尤好《春秋左氏传》、孙吴兵法，略皆诵之"。②《春秋左氏传》等儒家典籍是"大一统"思想的载体，深受其熏陶的匈奴人刘渊的政治理想也由此有了翻天覆地的巨大变化，自言"大丈夫当为汉高、魏武，呼韩邪何足效哉"，说明刘渊已经超越作为一个匈奴人应有的复国责任而视"大一统"为最高政治追求。刘渊不仅完全接受了"大一统"思想，且将其付诸实践，假托为刘氏后裔，称"昔汉有天下久长，恩结于民，吾汉氏之甥，约为兄弟，兄亡弟绍，不亦可乎"，③于永嘉二年（308）十月即皇帝位，改元永熙。其即位诏书中有言："黄巾海沸于九州，群阉毒流于四海，董卓因之肆其猖勃，曹操父子凶逆相寻……自社稷沦丧，宗庙之不血食四十年于兹矣。今天诱其衷，悔祸皇汉，使司马氏父子兄弟迭相残灭。黎庶涂炭，靡所控告。孤今猥为群公所推，绍修三祖之业。"④刘渊完全是以"大一统"继承者的身份出现的，而其对"大一统"的实践不仅结束了西晋的短暂"一统"，也为东汉以来进入中原地区的羯、氐、羌和鲜卑等提供了借鉴，它们纷纷在中原地区建立政权，此即是以匈奴人刘渊为开端而先后出现的未列入历代王朝系统的"五胡十六国"，而从史书的记载看这一时期出现在中华大地上的政权远远超出了"十六国"，有学者统计为二十个。⑤

永和七年（351），氐人苻健在长安称天王、大单于，国号大秦，翌年称皇帝。升

---

① 《后汉书》卷90《鲜卑列传》。
② 《晋书》卷101《刘元海载记》。
③ 《资治通鉴》卷85，惠帝永兴元年八月条。
④ 《晋书》卷101《刘元海载记》。
⑤ 翁独健主编：《中国民族关系史纲要》，中国社会科学出版社2001年版，第216页。

平元年（357），苻坚武力获得大秦皇位，不仅提出了"黎元应抚，夷狄应和"的治国方略，任用士人王猛等，"课农桑，立学校"，①实现了对北方地区的统一，而且以"吾统承大业垂二十载，芟夷逋秽，四方略定，惟东南一隅未宾王化。吾每思天下不一，未尝不临食辍餔"②为由，在太元八年（383）兴兵南下，发动了灭亡东晋的淝水之战。尽管战争以前秦的彻底失败而告终，并导致前秦的迅速败亡，但苻坚追求"混一六合"的战争目的是传统"大一统"思想的核心内容却是难以否认的。也就是说，前秦不仅继承了"大一统"思想，而且将其付诸行动，淝水之战即是其具体实施的结果。前秦构建"大一统"王朝的努力虽然失败了，且前秦之后的北方地区又呈现分裂的状态，但氐人对"大一统"的继承与实践却为拓跋鲜卑人所继承，北魏在"大一统"思想的指导下不仅实现了对北方地区的"一统"，而且通过"孝文改制"由"大江以北皆戎狄之乡"演变为了"衣冠人物尽在中原"③，其"中华"身份得到了南朝士人的一定认同，而记录其历史的《魏书》也得以位列"正史"系列。

在传统的话语体系中，"五胡"不属于"中国"，故有"五胡乱华"之说，但不可否认的是"五胡"内迁致使"关中之人百余万口，率其少多，戎狄居半"④，不仅改变了中原地区的人群结构，而且其所建立的众多政权也填补了中华大地北部的政治真空。所谓"乱华"应该是指对"大一统"天下秩序带来的混乱，而"五胡"对"大一统"思想的继承与实践也并非对汉代以来形成的"大一统"天下秩序的简单全盘接纳，也有很多创新的内容，并非"汉化"一词所能准确表述，将其视为对"中华"的重塑似乎更为恰当。从匈奴人刘渊伪托刘氏之后建立汉政权，到鲜卑人建立的北魏，"五胡"为代表的游牧族群对"大一统"思想的发展大致可以归纳为以下几个方面：

一是"惟德所授"，"五胡"也可以成为"大一统"政治秩序的核心。"夷狄"是否能够成为"大一统"政治秩序的核心是"五胡"所建政权谋求"正统性"遇到的关键问题。匈奴人刘渊给出的解释是："夫帝王岂有常哉，大禹出于西戎，文王生于东夷，顾惟德所授耳。"⑤氐人苻坚亦曰："帝王历数，岂有常邪，惟德之所在耳！"⑥鲜卑人秃

---

① 《晋书》卷113《苻坚载记上》。
② 《晋书》卷114《苻坚载记下》。
③ 《资治通鉴》卷153，中大通元年闰六月壬申。
④ 《晋书》卷56《江统传》。
⑤ 《晋书》卷101《刘元海载记》。
⑥ 《资治通鉴》卷104，太元七年十月。

发乌孤则说:"帝王之起,岂有常哉!无道则灭,有德则昌。吾将顺天人之望,为天下主。"① "五胡"的这一认识虽然因为东晋和南朝的存在以及"五胡"所建政权并没有真正实现中华大地的"大一统"而没有得到广泛认同,但却为"大一统"思想增添了新内容,并为其后边疆族群所建政权争夺中华大地的"正统"提供了借鉴。

二是"大一统"的"天下"由"华夷(胡)"构成,但"华""夷"指称的对象却出现了颠覆性变化。《春秋》所主张的"内诸夏而外夷狄"是维护以"诸夏"为核心的"大一统"政治秩序的,所以晋人江统撰写《徙戎论》提出将内迁中原地区的"五胡"外迁以维护西晋"大一统"政治秩序②。"五胡十六国"追求的"大一统"理想虽然也包括"诸夏"与"夷狄",但对"夷狄"的认定则出现了明显变化,大致分为两种不同的类型。一是视自己为"诸夏"后裔,匈奴人刘渊伪托为"汉氏之甥",且"追尊刘禅为孝怀皇帝,立汉高祖以下三祖五宗神主而祭之",③氐人苻氏、鲜卑人慕容氏和羌人姚氏则分别追溯其祖先为"其先盖有扈之苗裔"④、"其先有熊氏之苗裔"⑤、"其先有虞氏之苗裔"⑥等,而将东晋和南朝视为"夷",《魏书》以"岛夷"名下为其立传即是突出表现。二是视"胡人"为"国人"。羯人石勒即明言"朕出自边戎,忝君诸夏"⑦,且严令"不得侮易衣冠华族。号胡为国人"⑧。更值得注意的是尽管"五胡"都称呼自己的政治对手为"夷",但却将"混六合以一家"视为政治理想。"以一六合"并非慕容鲜卑人独有的意识,氐人苻坚在回应反对其兴兵东晋的进言时也言:"今四海事旷,兆庶未宁,黎元应抚,夷狄应和,方将混六合以一家,同有形于赤子,汝其息之,勿怀耿介。"⑨ 苻坚等对传统"大一统"思想的发展为后世唐太宗所继承,为盛唐文明的出现奠定了基础。

三是实现"大一统"的"帝王""以四海为家"。在汉代的"大一统"思想中,尽管在刘邦时期也有"天子以四海为家"的说法,但更具体的说法却是"陛下以四海为

---

① 《晋书》卷126《秃发乌孤载记》。
② 参见《晋书》卷65《江统传》。
③ 《晋书》卷101《刘元海载记》。
④ 《晋书》卷112《苻洪载记》。
⑤ 《晋书》卷108《慕容廆载记》。
⑥ 《晋书》卷108《姚弋仲载记》。
⑦ 《晋书》卷95《佛图澄传》。
⑧ 《晋书》卷105《石勒载记下》。
⑨ 《晋书》卷113《苻坚载记上》。

境，九州为家"①，而其具体范围则是《汉书·地理志》所记述的从先秦时期九州基础上发展而来的郡县区域。随着"混六合以一家"的提出，"五胡"的"大一统"思想继承了西汉初期的"四海为家"的观念，将其范围拓展到了包括"夷狄"分布的"四海"，在《魏书》中可以看到"四海咸泰，天下一家"②、"朕既以四海为家，或南或北，迟速无常"③、"以四海为家，宣文德以怀天下"④等等。"五胡""大一统"思想的这一变化，也为唐王朝所直接继承，用于指导"大一统"王朝的构建。

四是"五胡"所建立的"大一统"政治秩序也能够代表"中华"。由于失去了对黄河流域这一传统"中国"区域的有效控制，东晋和南朝士人难以再利用"中国"概念来质疑"五胡"政权的"合法性"，于是"中华"成为指称"大一统"政治秩序的代称，而"五胡"则被认为是这一政治秩序的破坏者，即所谓"中华所以倾弊，四海所以土崩"⑤、"自强胡陵暴，中华荡覆，狼狈失据"⑥、"防夷狄之乱中华"⑦、"传至魏、晋，中华覆败，沉没戎虏，绩、蕃旧器，亦不复存"⑧等充斥于史书。然"五胡"也并不认同东晋和南朝是"中华"，"五胡"是"乱中华"。史载"自南伪相承，窃有淮北，欲擅中华之称，且以招诱边民，故侨置中州郡县"⑨、"唯我皇魏之奄有中华也，岁越百龄，年几十纪"⑩等，即是明证。而至中大通元年（529），南朝梁大臣陈庆之出使洛阳之后观念的改变则显示"中华"所指有了一个明显改变："吾始以为大江以北皆戎狄之乡，比至洛阳，乃知衣冠人物尽在中原，非江东所及也，奈何轻之？"⑪

鲜卑人所建北魏位列历代王朝既是以匈奴为首的"五胡"继承与实践"大一统"思想的结果，同时也是盛唐文明得以出现的基础，更值得关注的是，游牧族群对"大一统"思想的继承与发展并没有止步于此，其后的突厥、契丹、女真、蒙古等都持续继承

---

① 《汉书》卷 64 上《严助传》。
② 《魏书》卷 101《吐谷浑传》。
③ 《魏书》卷 14《诸帝子孙传》。
④ 《魏书》卷 19《任城王传》。
⑤ 《晋书》卷 71《陈頵传》。
⑥ 《晋书》卷 98《桓温传》。
⑦ 《晋书》卷 101《刘元海载记序》。
⑧ 《宋书》卷 23《天文一》。
⑨ 《魏书》卷 60《韩麒麟传》。
⑩ 《魏书》卷 62《李彪传》。
⑪ 《资治通鉴》卷 153，中大通元年闰月癸酉。

和在实践中发展着"大一统"思想。

二、对"中国"的一统：从突厥、契丹、女真到蒙古

公元 534 年，北魏分裂为东魏、西魏，550 年再为北齐、北周取代，581 年杨坚在北周基础上建立的隋朝实现了中华大地的"大一统"，而 618 年代隋而立的唐朝将"大一统"发挥到了一个新的高度，通过羁縻府州的设置将北部草原地区的游牧族群纳入了"大一统"体制之下。[①] 唐朝统治者有游牧族群的血统，且唐朝是间接溯源于游牧族群所建政权，其人之所以能够构建包括游牧族群在内的"大一统"体制应该和继承了"五胡"的"四海为家""混六合以一家"观念存在一定联系。值得进一步关注的是，虽然被纳入了隋唐构建的"大一统"体制之下，但游牧族群对"大一统"的追求并没有消失，自隋唐至元代重演了秦汉以来的"故事"：由东突厥汗国扶植中原势力，中经契丹和女真将北部中原地区纳入草原"大一统"，蒙古建立的元朝则实现了中华大地的"大一统"，明显不同的是主导者换成了游牧族群。

尽管在隋朝立国之初突厥曾经数次发动对隋朝的大规模进攻，但至仁寿三年（603）达头可汗兵败漠北，隋朝册封的启民可汗实现了对草原地区的一统，被纳入隋朝的"大一统"体制之下。[②] 突厥人对"天无二日，土无二王"[③]的"大一统"思想有着清楚的认识，于是隋末唐初将其付诸实施，开始构建以突厥为核心的"大一统"体制。《通典·突厥上》载：隋末唐初的突厥汗国"控弦百万，戎狄之盛，近代未之有也"。"薛举、窦建德、王充、刘武周、梁师都、李轨、高开道之徒，虽僭尊号，北面称臣，受其可汗之号。东自契丹，西尽吐谷浑、高昌诸国，皆臣之……大唐起义太原，刘文静聘其国，引以为援。"遗憾的是，突厥人构建起来的这一体系只是昙花一现，随着贞观四年（630）东突厥汗国的覆灭而土崩瓦解了。

突厥人之后，薛延陀、后东突厥汗国以及回纥（鹘）汗国虽然先后实现了对草原游牧族群的一统，但并没有能力继承和实践传统的"大一统"思想，反而是长期蛰伏

[①] 参见李大龙《汉唐藩属体制研究》，中国社会科学出版社 2006 年版；《都护制度研究》，黑龙江教育出版社 2003 年版。另见刘统《唐代羁縻府州研究》，西北大学出版社 1998 年版。

[②] 有关突厥和隋朝关系的发展，参见薛宗正《突厥史》，中国社会科学出版社 1992 年版；吴玉贵：《隋唐与突厥关系史研究》，中国社会科学出版社 1998 年版。

[③] 《隋书》卷 84《突厥传》突厥可汗"上表"中语。

在唐朝"大一统"体制下的契丹在唐朝消失的同年实现了建国,进而继承了突厥人的做法,将构建"大一统"王朝的实践指向了中原农耕地区。907年,耶律阿保机称帝建立辽朝,受到"大一统"思想影响一度想进军中原成为"天下共主",但917年在幽州被后唐沙陀突厥人李存勖大败,发出"天未令我到此"①的感叹而打消了入主中原构建"大一统"王朝的愿望。其后代耶律德光则在天福元年(936)扶持石敬瑭即皇帝位,"国号晋,以幽、涿、蓟、檀、顺、瀛、莫、蔚、朔、云、应、新、妫、儒、武、寰州入于契丹"②。扶持中原政权的做法虽然在赵匡胤建立的宋朝结束了"五代十国"的分裂局面后,失去了继续实施的基础,但与宋朝争夺"天下共主"依然是影响辽宋双方关系发展的主导思想。北宋和南朝不同,由于实现了中原地区的一统,放弃了"中华"而热衷于依靠诠释"中国"而谋求"天下共主",有关"中国"和"正统"的讨论由此成为宋人关心时政的热门话题。石介撰著的《中国论》、欧阳修撰著《正统论》即是其中的典型代表,以往有学者从"民族主义"的视角进行解读似乎并不准确③,且不说"民族主义"是后人的思想,就其内容而言也是从"中国"(地域)出发来论证宋朝的"正统性",如《中国论》开篇即言:"夫天处乎上,地处乎下。居天地之中者,曰中国。居天地之偏者,曰四夷。四夷外也,中国内也。"④但是,契丹人虽然只占据了燕云十六州而没有"地利"的优势,却是自认为"出自炎帝"⑤且依靠实力与宋朝博弈来获取"正统"。博弈的最终结果是"澶渊之盟"的出现。景德元年(1004)辽圣宗与萧太后亲率大军南下,宋真宗接受宰相寇准的建议亲临澶州督师作战,最终双方以"大宋皇帝""大契丹皇帝"的对等身份交换"誓书",确定宋朝每年给与辽"绢二十万匹、银一十万两",双方"沿边州、军,各守疆界,两地人户,不得交侵"。⑥如果说"澶渊之盟"的出现体现着契丹人和宋人对"正统"的争夺势均力敌,那么作为后来者的女真人则取得了绝对优势。

---

① 《旧五代史》卷137《契丹传》。
② 《新五代史》卷8《晋本纪》。
③ 参见葛兆光《宋代"中国"意识的凸显——关于近世民族主义思想的一个远源》,《文史哲》2004年第1期;王灿:《北宋"正统""夷夏""中国"诸观念问题新探》,《北京社会科学》2018年第2期。有关辽朝对"中国"的认同,参见赵永春、李玉君《辽人自称"中国"考论》,《社会科学辑刊》2010年第5期。
④ 石介:《徂徕集》卷10《中国论》,四库全书本。
⑤ 《辽史》卷2《太祖纪》。
⑥ 《契丹国志》卷20《澶渊誓书》。

政和五年（1115），女真人完颜阿骨打在会宁即皇帝位，"国号大金，改元收国"①。金朝最初以取代辽朝为政治目标，于是在政和七年（1117）和北宋达成了以攻取燕京为目的的"海上之盟"。金与宋联合带来的结果出乎意料，在夺取燕京过程中北宋呈现的衰弱状态促成了金军在宣和七年（1125）开始的大举南下，女真人尽管也有阿骨打"今欲中外一统"②的理想，但具体实践则没有取得明显效果，而是在南宋皇帝赵构"愿去尊称，甘心贬屈，请用正朔，比于藩臣"③的情况下，先后"立张邦昌为楚帝"④、立刘豫为齐国皇帝，最终也并没有实现对南宋的一统。因此，相比较而言，女真人的做法虽然较契丹人有一定程度的发展，但"自古帝王混一天下，然后可为正统"⑤的理想只有"正统"地位随着南宋皇帝自称"藩臣"和《金史》位列"正史"得以实现，而"混一天下"则止步于秦岭—淮河一线，并没有真正实现中华大地的"大一统"，这一重任则留给了之后崛起于草原地区的蒙古人。

在金朝统治下崛起的蒙古 1206 年建国，"天下土地广大，河水众多，你们尽可以各自去扩大营盘，占领国土"⑥，这是成吉思汗的"大一统"思想。在这一思想的主导下，天兴三年（1234），蒙古灭亡金朝，其后将兵锋指向南宋，至元十六年（1279）南宋卫王赵昺投海自尽，蒙古人实现了对中华大地的"大一统"。建立明朝的朱元璋对此的评价是"混一华夏"⑦，而《元史·地理志》作者则认为："自封建变为郡县，有天下者，汉、隋、唐、宋为盛，然幅员之广，咸不逮元……若元，则起朔漠，并西域，平西夏，灭女真，臣高丽，定南诏，遂下江南，而天下为一。"这一记载可以视为后人对蒙古人在突厥、契丹、女真等游牧族群所建王朝持续不断对"大一统"继承与发展基础之上终于实现的包括"中国"在内的"大一统"实践行为的认同，而更值得关注的是，尽管这一时期"天子"依然是"大一统"政治秩序的核心这一根本原则没有变化，但游牧族群在继承和实践"大一统"的过程中赋予了其新的内涵，主要体现在以下几个方面：

一是游牧族群也可以继承和实践"大一统"思想。如果说东晋时期的"五胡十六

---

① 《金史》卷 2《太祖纪》。
② 《金史》卷 2《太祖纪》。
③ 《宋史》卷 114《礼十七》。《建炎以来系年要录》卷 29 也有相同的记载。
④ 《宋史》卷 23《钦宗纪》。
⑤ 《金史》卷 84《耨盌温敦思忠传》。
⑥ 《元朝秘史》，第 225 节。
⑦ 《明太祖实录》卷 208，洪武二十四年三月癸卯。

国"对"大一统"思想的继承与实践并没有得到认同,突厥汗国在隋末唐初对中原割据势力的扶持也尚不足以视为对传统"大一统"的继承和实践,那么契丹、女真在突厥之后所做的努力则得到了一定程度的承认,记录辽朝历史的《辽史》和记录金朝历史的《金史》位列"二十四史"是其"正统"地位得到后世认同的主要标志,而辽朝和宋朝互称"正统",南宋皇帝则直接向金朝称"藩臣"则是当时得到认同的重要标志。以"恢复中华"为旗帜的朱元璋尽管认为蒙古人实现中华大地的"大一统"是"华风沦没,彝道倾颓"①,但给忽必烈建立元朝的评价却是"混一华夏",并将其在历代帝王庙中加以供奉,依然是承认其"大一统"地位。

二是"大一统"天下涵盖的范围在唐代基础上有了进一步拓展。在辽、金实现局部"一统"的基础上,元朝实现了更大范围内的"大一统",《元史·地理志》载:元朝"大一统""其地北逾阴山,西极流沙,东尽辽左,南越海表。盖汉东西九千三百二里,南北一万三千三百六十八里,唐东西九千五百一十一里,南北一万六千九百一十八里,元东南所至不下汉、唐,而西北则过之,有难以里数限者矣"。《元史》为明朝的创建者朱元璋下旨所撰,其对元朝"大一统"疆域的认定应该说代表着明代人的主流认识,也是对元朝继承与实践"大一统"思想的认同与肯定。

三是在"混六合以一家"的基础上对传统"华夷"观念做出了颠覆性突破。宋朝因为恢复了对"中国"(中原地区)的一统而重新拿起了"中国"作为争夺"正统"的武器,而契丹则以"出自炎帝"相抗衡,金朝则基于"自建炎以来,中国非宋所有"②的认识直接自称为"中国",元朝实现"大一统"之后,将"天下百姓"按照降服蒙古和元朝的时间先后分为四等,即蒙古、色目、汉人、南人。《南村辍耕录·氏族》对"四等人"中的蒙古七十二种、色目三十一种、汉人八种有较详细的记载,而官员任用和法律制度等诸多方面也有针对四等人实施不同政策的规定,体现着蒙古人从政策层面上彻底放弃了"华""夷"的划分,为"大一统"思想赋予了全新的内容。

从突厥汗国扶持中原分裂势力到蒙古人所建元朝实现中华大地的"大一统",游牧族群对"大一统"思想的继承是在具体实践中不断发展的,而蒙古人更是在契丹、女真基础上有了更大发展,不仅拓展了"大一统"实施的范围,而且突破了传统的"华夷"

---

① 《明太祖实录》卷176,洪武十八年十月己丑。
② 王恽:《秋涧先生大全文集》卷100《玉堂嘉话卷之八》,四部丛刊初编本。

界限，而后者对中华大地上人群的重新聚合影响巨大，突出表现是，进入中原地区的契丹、女真、渤海等加快了与"汉人"融为一体的步伐，而南部地区的众多人群则在"南人"的旗帜下实现了凝聚，而这两部分人经过明朝的进一步整合，则有了"明人"或"中华人"的称呼，最终定型为今天的汉族。与此同时，在"四等人"观念主导下的蒙古、回回等也在元朝"大一统"的状态下实现着凝聚，为草原地区的蒙古化和回回群体的诞生提供了牢固基础。也就是说，作为"大一统"观念组成部分的传统夷夏观的变化，不仅导致了一些民族的消失，也促进了一些族群的凝聚与壮大并最终促成了新民族的形成，而这种族群融合和族群分布格局的巨大变化对于中原和边疆关系"一体化"趋势则起到了凝固作用，并为明清时期"大一统"观念增加了新的内容和提供了更有利的实践环境。

第三节　清朝的集大成："大一统之在我朝"

作为制度文明的"大一统"思想是中华文明的核心内容，对多民族国家中国的形成与发展起到了决定性的指导作用。清代是多民族国家中国从传统王朝国家迈入近现代主权国家的重要时期，尽管有关清朝多民族国家历史的探讨已经取得了丰硕成果，但有些问题依然值得进一步深入探讨，清朝对"大一统"思想的继承与实践即是其中之一。以下试图在以往研究的基础上就清朝对传统"大一统"思想的继承和发展及其实践再做讨论。

一、清代"大一统"研究评述

历代王朝对疆域"大一统"的持续追求是多民族国家中国得以形成和发展的重要原因，清朝则集历代"大一统"思想及实践之大成，对此学术界已有不少成果予以关注，仅从中国知网通过主题词检索就可以查到1983篇学术论文，但涉及清朝的只有72篇，显示对清朝"大一统"的研究似乎并没有得到学界应有的关注。不过，虽然论著数量不多，但也可以从以下几个重要的方面予以评述：

一是对清朝"大一统"思想的重新诠释。陈跃回顾了历代"大一统"思想的内涵，认为清朝的"大一统"突破了此前的"华夷之别"和"内外之别"，突出华夷一体、中外一体和对中华文化的高度认同，从而实现了"大一统"思想的重大突破，并指出疆域统一、华夷一体与施政一致，三者共同构成清朝"大一统"新理论的三个基石，从而解决了夷狄入"中国"这一根本问题，实现了由"以夷治夷"向"国家治理"的转变。① 陈跃的研究虽然较为准确地阐明了清朝构建"大一统"的理论基础，但对清朝统治者如何在前代基础上继承和完善中国传统"大一统"思想的讨论并没有进一步展开。

二是清朝如何通过对"大一统"的诠释来解决其"正统"性问题。将"大一统"的探讨和"正统"联系在一起，是学界持续关注的话题，也是探讨的主要聚焦点。就清朝的"大一统"研究而言，杨念群的研究较有代表性。杨念群认为，"中国"或"天下"不足以解释清朝的统治特性，"满人统治集团"进入中原入主大统之后，由于无法将自己摆到"中国"的框架里面进行陈述，所以清朝皇帝就转换了一种方式，用"大一统"观念来克服这种身份认同的困境。② 清朝皇帝首先强调清朝对广大疆域占有远迈前代，以突出"正统观"因素中"大一统"的重要性，以"统一"中国的业绩消解和克服宋明"夷夏之辨"歧视北方异族的思想倾向。其次，清朝皇帝通过改造理学"五伦"次序，把"君臣之义"列于"父子关系"之前，修正了宋明"正统观"的道德人伦秩序，建立起了君权至上的独特思想体系。再次，通过组织编纂《春秋》注释读本，参与阐释其微言大义，并亲自评鉴《资治通鉴》所记史事之成败得失，建立起了一套有别于士林思想的"帝王经学"体系。③ 杨念群的研究认识到了"中国"或"天下"不足以解释清朝的统治特性，但认为"中国"这个概念在产生之初即是与"夷狄"形成对立似乎有进一步讨论的必要。先秦时期形成的"大一统"观，实际上是对理想中的以"天子"为核心的"天下"政治秩序的描述，"中国"既然指称以"王畿"为中心分布的人群，相应地和夷、戎、蛮、狄构成的"五方之民"则是构成"天下"秩序的重要内容，也是先秦时期形成的重要的"族群观"。先秦时期形成于中原地区的"大一统"思想为秦汉王朝所实践，魏晋以后边疆族群建立的王朝不断与中原王朝争夺"天下共主"的地位成为贯穿中国历史的一条主线，并不断丰富和发展着传统的"大一统"思想。建立清朝的满洲

---

① 陈跃：《论中国古代"大一统"内涵的发展演变》，《中国边疆史地研究》2022年第1期。
② 杨念群：《"天命"如何转移：清朝"大一统"观的形成与实践》，上海人民出版社2022版，第30—36页。
③ 杨念群：《"天命"如何转移：清朝"大一统"观再诠释》，《清华大学学报》2020年第6期。

人不仅没有回避其"东夷"的出身，反而在天子"有德者居之"的旗号下，对魏晋以来边疆政权对"大一统"思想继承与发展有了更进一步发扬，目的是在确立满洲及其所建清朝的"中国正统"地位的基础上实现中华大地更大范围内的"大一统"。

三是从"民族大一统"的角度认识清朝的"大一统"。李治亭认为，清朝提出并实践"民族大一统"的新观念，其内涵十分丰富，包容了不同的民族，视各民族为一个整体，解决了传统"华夷之辨"的民族观排他性的问题。① 传统时期"大一统"的民族观是随着时代不断变化的概念，宋明时期强调的"华夷之辨""华夷有别"是具有排他性的特点，但明朝也强调"华夷一家"与"用夏变夷"，其维护以"天子"（皇帝）为中心的政治秩序并没有发生根本性质的变化。魏晋时期由边疆族群建立的王朝开始与中原王朝争夺"天下共主"的地位，并不断丰富和发展着传统的"大一统"思想，鲜卑人建立的北魏也被视为中华正统。② 唐朝的"夷狄"观念则体现出更大的包容性，唐太宗在总结其成功经验时说："自古皆贵中华，贱夷、狄，朕独爱之如一，故其种落皆依朕如父母。"③ 唐太宗的大臣李大亮也说："中国，天下本根，四夷犹枝叶也。残本根，厚枝叶，而曰求安，未之有也。"④ 因此，清朝统治者并不回避其"东夷"出身，其"大一统"民族观也是在继承前代基础上发展和完善的结果。

四是关注清朝"大一统"疆域观的新变化。李金飞认为，清代以前，受"华夷之辨"思维的影响，历朝构建的"大一统"疆域观未包括边疆地区尤其是长城以外的"三北"，清代始突破"华夷之辨"，把边疆地区纳入"大一统"疆域内，实现了"中外一家"局面下真正的国家"大一统"。其核心要旨在反复重申疆域超越以往历代，兼具规模之广大，获取之德性，实体之清晰三重要素，确立起凭疆域即可为"正统"的唯一评价体系，实现了"大一统"与"正统"的合一。⑤ 李金飞从清朝"华夷之辨"思想转变的视角，比较准确地阐释了清朝"大一统"疆域观的变化。在"大一统"疆域"一体化"的具体实践中，清朝还通过满蒙联姻、盟旗制度等措施，成功解决了先秦以来长期

---

① 李治亭：《清代民族"大一统"观念的时代变革》，《社会科学辑刊》2006年第3期。
② 李大龙：《试论游牧王朝对"大一统"思想的继承与实践》，《西北民族研究》2021年第2期；李大龙：《农耕王朝对"大一统"思想的继承与发展》，《云南师范大学学报（哲学社会科学版）》2020年第6期。
③ 《资治通鉴》卷198，贞观二十一年五月庚辰。
④ 《新唐书》卷99《李大亮传》。
⑤ 李金飞：《清代疆域"大一统"观念的变革——以〈大清一统志〉为中心》，《中国边疆史地研究》2020年第2期。李金飞：《清朝的疆域"大一统"观》，《北京师范大学学报（社会科学版）》2023年第2期。

影响中国历史发展的农牧冲突问题。

以上研究尽管可以体现学界对清朝"大一统"的研究取得了较大进展，但过于注重思想的探讨似乎依然不能满足完整地认识清朝对"大一统"思想继承、发展及其实践的需要。实际上，清朝"大一统"的实践之所以能够超越历代，除重新诠释正统思想，实现疆域、民族的一统外，更重要的是全面推动了国家疆域理念、行政管理、法律制度、文教政策、天下民人等诸多层面的"一体化"实践，不仅实现了中华大地更大范围的"大一统"，而且将多民族中国从传统王朝国家带到了近现代主权国家行列。

二、清朝对传统"大一统"思想的继承和发展

就文献记载而言，尽管在史书中可以看到历代王朝尤其是出身"夷狄"的王朝统治者为自己"正统"地位进行分辨的阐述，但多是只言片语，清朝雍正皇帝《大义觉迷录》的系统驳论则是前无古人后无来者，其宣称的"莫不知大一统之在我朝"既体现着对传统"大一统"思想的继承和发展，更多的则是对清朝实践"大一统"结果的自豪。清朝对历代"大一统"思想的继承和发展，是其能够实现疆域远超历代"大一统"王朝的重要原因。清朝的"大一统"思想并非是对历代王朝"大一统"的简单因袭，而是对历代王朝"大一统"思想进行批判继承和发展，是历代"大一统"思想的集大成者。天聪九年（1635），缴获"天锡至宝"，被视为"一统万年之瑞也"①。次年，皇太极改国号为"大清"，其君臣认为"一统基业，已在掌握中矣"②，构建"大一统"王朝已经成为清朝统治者的理想追求。到顺治时期诏谕西藏使臣"方今天下一家，虽远方异域亦不殊视"，"一如旧例不易"③；康熙二十五年（1686）设置了"一统志馆"，开始编撰《大清一统志》，并明确宣称"朕为天下大一统之主"④。可以说，经过顺治、康熙、雍正时期的不断发展和完善，以乾隆时期《大清一统志》的编撰完成为标志，清朝"大一统"的构建基本完成。其中，雍正皇帝撰著的《大义觉迷录》是清朝对"大一统"思想重新系统阐释的集大成者，成为清朝能够突破历代"大一统"思想窠臼，确立"中国正统"地位的

---

① 《清太宗实录》卷24，天聪九年八月庚辰。
② 《清太宗实录》卷59，崇德七年三月辛巳。
③ 《顺治帝恩准禅化王旺舒克奏文并宣命收回明朝所赐印文后准赐册文印信之敕谕》（顺治五年七月二十八日），中国第一历史档案馆藏内秘书院档。
④ 《清圣祖实录》卷173，康熙三十五年五月乙丑。

关键。

《大义觉迷录》的突出贡献表现在以下几个方面：

其一是，"有德者可为天下君"①。雍正引用《书》所言"皇天无亲，惟德是辅"，认为有德者为君，生息繁衍的地点不是标准："自古帝王之有天下，莫不由怀保万民，恩加四海。膺上天之眷命，协亿兆之欢心，用能统一寰区，垂庥奕世。盖生民之道，惟有德者可为天下君。此天下一家，万物一体，自古迄今，万世不易之常经，非寻常之类聚群分，乡曲疆域之私衷浅见所可妄为同异者也。"②而清朝"肇基东土，列圣相承，保乂万邦，天心笃祐，德教宏敷，恩施遐畅，登生民于衽席，遍中外而尊亲者，百年于兹矣"③，完全有资格成为"天下之主"，"此民心向背之至情，未闻亿兆之归心，有不论德而但择地之理"④。可见清朝统治者并不忌讳其"东夷"出身，将"德"确立为天下之君的唯一标准而非出身。尽管这一理由在前代统治者的驳论中屡屡出现，但雍正皇帝的诠释似乎更加有力。

其二是，清朝实现"大一统"，是"仰承天命"，不能"以华夷而有殊视"。雍正皇帝说："我朝既仰承天命，为中外臣民之主，则所以蒙抚绥爱育者，何得以华夷而有殊视？而中外臣民，既共奉我朝以为君，则所以归诚效顺，尽臣民之道者，尤不得以华夷而有异心。此揆之天道，验之人理，海隅日出之乡，普天率土之众，莫不知大一统之在我朝。"⑤天下"大一统"非"华夷之别"，而是仰赖"天命"。在"天命"的旗帜下用"华夷"和"中外臣民"一体来化解"华夷之辨"不仅是在前代基础上的发展，还可以让"正统"更有说服力。

其三是，"满洲"是地域的含义，不能成为获得"正统"的障碍。中原儒士吕留良、曾静等"徒谓本朝以满洲之君，入为中国之主，妄生此疆彼界之私，遂故为诬谤诋讥之说耳。不知本朝之为满洲，犹中国之有籍贯。舜为东夷之人，文王为西夷之人，曾何损于圣德乎？《诗》言'戎狄是膺，荆舒是惩'者，以其僭王猾夏，不知君臣之大义，故声其罪而惩艾之，非以其为戎狄而外之也。若以戎狄而言，则孔子周游，不当至楚，应

---

① 雍正皇帝：《大义觉迷录》，《清史资料》（第四辑），中华书局1983版，第3页。
② 雍正皇帝：《大义觉迷录》，《清史资料》（第四辑），中华书局1983版，第3页。
③ 雍正皇帝：《大义觉迷录》，《清史资料》（第四辑），中华书局1983版，第4页。
④ 雍正皇帝：《大义觉迷录》，《清史资料》（第四辑），中华书局1983版，第3页。
⑤ 雍正皇帝：《大义觉迷录》，《清史资料》（第四辑），中华书局1983版，第4页。

昭王之聘。而秦穆之霸西戎，孔子删定之时，不应以其誓列于周书之后矣"①。这种认识是在先秦，尤其是南北朝时期得到强化的观念。针对这一认识，雍正皇帝给出了不同以往的解释：清朝统治者出身"东夷"，"犹中国之有籍贯"。这一说法，虽然有狡辩的成分，但可以说对"夷"做出了不同的定位，从根源上反驳了吕留良等人的认识。

其四是，"华夷之别"的提法适用于分裂时期，"大一统"时期则应该强调"华夷一家"。雍正皇帝说："盖从来华夷之说，乃在晋宋六朝偏安之时，彼此地丑德齐，莫能相尚。是以北人诋南为岛夷，南人指北为索虏。在当日之人，不务修德行仁，而徒事口舌相讥，已为至卑至陋之见。今逆贼等，于天下一统、华夷一家之时，而妄判中外，谬生忿戾，岂非逆天悖理，无父无君，蜂蚁不若之异类乎？"②"华夷之说"是出现在"晋宋六朝偏安之时"的认识是客观事实，"天下一统"和"华夷一家"是"大一统"王朝的重要标志，这种对比性的表述是对"华夷之辨"的进一步否定。

其五是，"华夷""中外"的区分是历代疆域不能广大的原因。雍正皇帝说："自古中国一统之世，幅员不能广远，其中有不向化者，则斥之为夷狄。如三代以上之有苗、荆楚、狁狁，即今湖南、湖北、山西之地也。在今日而目为夷狄可乎？至于汉、唐、宋全盛之时，北狄、西戎世为边患，从未能臣服而有其地，是以有此疆彼界之分。自我朝入主中土，君临天下，并蒙古，极边诸部落俱归版图。是中国之疆土，开拓广远，乃中国臣民之大幸，何得尚有华夷中外之分论哉！"③历代边患不断的主要原因是"中外有别"的华夷观念造成的，清朝能够实现疆域空前广大的"大一统"的根本缘由就在于摒弃了"华夷中外之分"。

其六是，"我朝之为君，实尽父母斯民之道"。雍正皇帝说："从来为君上之道，当视民如赤子；为臣下之道，当奉君如父母。我朝之为君，实尽父母斯民之道，殚诚求保赤之心，而逆贼尚忍肆为讪谤，生疾怨而行其忤逆乎？……明太祖，即元之子民也。以纲常伦纪言之，岂能逃篡窃之罪。至于我朝之于明，则邻国耳。且明之天下，丧于流贼之手……是我朝之有造于中国者，大矣至矣！……历代以来，如有元之混一区宇，有国百年，幅员极广，其政治规模，颇多美德，而后世称述者寥寥。"④也就说，能够成为

---

① 雍正皇帝：《大义觉迷录》，《清史资料》（第四辑），中华书局1983版，第4页。
② 雍正皇帝：《大义觉迷录》，《清史资料》（第四辑），中华书局1983版，第4—5页。
③ 雍正皇帝：《大义觉迷录》，《清史资料》（第四辑），中华书局1983版，第5页。
④ 雍正皇帝：《大义觉迷录》，《清史资料》（第四辑），中华书局1983版，第5—6页。

"中国正统"有一个重要的标准,就是统治者需要尽其"父母斯民之道"的职责。

雍正皇帝撰述的《大义觉迷录》之中,以上几点可以说是句句切中传统夷夏观的要害。尤其是将"中外华夷"定位为地域概念,进而反对以活动地域来否定清朝的"正统"地位的做法。清朝继承了传统"大一统"思想的核心内容,并将"普天之下莫非王土,率土之滨莫非王臣"明确认定为"大一统之义"①。与此同时,清朝统治者并没有避讳其源出"东夷"的身份,而是将"满洲"定义为"犹中国之有籍贯"②,进而认为"自古帝王之有天下,莫不由怀保万民……惟有德者可为天下君。此天下一家,万物一体,自古迄今万世不易之常经"③,借以为清朝"中国正统"申辩,并视清朝为历代王朝的延续,不仅为"中国之主"也为"中外臣民之主",让"普天率土之众,莫不知大一统之在我朝"④。雍正皇帝还将《大义觉迷录》刊刻"颁布天下各府州县远乡僻壤,俾读书士子及乡曲小民共知之"⑤。清朝的"大一统"已经突破了传统"中国"和"华夷"范围,其"天下"已经拓展为包含"中外"的"天下",视野更为宏大,且更重要的是,这种观念已经由一种理想逐渐演变为现实的以清朝皇帝为核心的"大一统"王朝的政治秩序。⑥

清朝统治者的"大一统"思想既有对传统"大一统"思想的继承,但更多的是在元明两朝基础上的进一步发展,而不避讳"东夷"出身和从严重影响"大一统"疆域进一步扩大的高度来认识"华夷中外之分"的危害是突出的表现。清朝"大一统"实践的成就,很大程度上要归功于其对传统"大一统"思想的弊端有了清晰的认识,特别是雍正皇帝对先秦以来中国传统"大一统"理论弊端的剖析,在承认满洲乃"东夷"的前提下为清朝"正统"的合法性进行了系统论辩,将传统的"华夷中外"的界定定位为分布区域的划分而并非对人群的认定,且将这种划分与"大一统"实施的范围广大密切联系在一起,不仅有助于论证清朝的"正统",更有助于多民族国家中国的形成与发展。甚至可以说,这也是清朝之所以能够将多民族国家中国的疆域由传统王朝国家的"有疆无界"带入近现代主权国家"有疆有界"状态的重要思想根源。

---

① 《清世宗实录》卷81,雍正七年五月乙丑。
② 雍正皇帝:《大义觉迷录》,《清史资料》(第四辑),中华书局1983版,第4页。
③ 雍正皇帝:《大义觉迷录》,《清史资料》(第四辑),中华书局1983版,第3页。
④ 雍正皇帝:《大义觉迷录》,《清史资料》(第四辑),中华书局1983版,第4页。
⑤ 雍正皇帝:《大义觉迷录》,《清史资料》(第四辑),中华书局1983版,第4页。
⑥ 李大龙、李元晖:《游牧行国体制与王朝藩属互动研究》,内蒙古大学出版社2018年版,第280—281页。

三、清朝"大一统"政治秩序的"一体化"实践

如果清朝统治者对"大一统"的继承和发展仅仅是围绕"正统"而展开,其对多民族国家中国形成与发展的贡献不会超过历代王朝,但值得高度肯定的是清朝统治者在构建"大一统"思想理论体系的同时,也将这种观念由一种理想逐渐贯穿到国家治理的实践过程之中,不仅构建和完善了以清朝皇帝为核心的"大一统"王朝政治秩序,同时将"九州攸同""天下大同"的传统"大一统"政治追求付诸疆域理念、行政体制、法律制度、文教政策、国民共同体等诸多方面的"一体化"实践。

(一)长城内外疆域"一体化"实践

自先秦以来,农牧区之间的联系与冲突贯穿了历代王朝发展的始终。秦朝实现"大一统"后,将战国时期秦、赵、燕修筑的长城连接起来,构筑起了防范游牧政权的军事防御体系,成为农牧人群之间的一个人为障碍。唐朝在汉代基础上实现更大范围的"大一统"后,将草原地区的游牧部落编为羁縻府州纳入都护府体制下进行管理,较前代是一个巨大突破①,但其有效治理也只存在于唐朝初期太宗和高宗时期的五十余年间。明代朱元璋虽然推翻了元朝统治,但国力所限并未能够实现对草原地区的控制,而是形成了农牧区之间长期的对峙局面,长城防御体系由此得到强化,成为明代国家治理体系的重要一环。然而,清朝在实现"大一统"的过程中,采取了一系列的措施,不仅放弃了历代以防御为主的长城防线,而且实现了农牧区之间的整合。众所周知,自努尔哈赤、皇太极时起,通过联姻的方式,清朝实现了满洲和蒙古的联合,不仅为清朝入关实现中华大地的"大一统"奠定了坚实的基础,同时也"消弭"了农牧区之间的对立。清朝实现"大一统"后,在总结前代经略经验的基础上,开创性地在漠南蒙古、漠北蒙古、漠西蒙古(包括青海蒙古)地区实行盟旗制度,有效降低了游牧人群流动性的同时加强了游牧部落的区域管辖,为清朝"大一统"国家的稳定与发展找到了一条有效路径。清朝统治者在思想上消除"中外华夷"的界限,使得草原地区的蒙古也成为王朝国家统一的维护者,是故在有官员建言康熙皇帝修缮长城时,康熙皇帝说:"谕扈从诸

---

① 李大龙:《"天可汗"与燕然都护府——唐太宗北疆经略的创新性尝试》,《西北民族研究》2023年第2期。

臣曰：昔秦兴土石之工，修筑长城，我朝施恩于喀尔喀，使之防备朔方，较长城更为坚固。"①放弃长城防御体系对于古代中国的边疆治理而言是一个伟大的革命。一方面消除了阻碍农牧区之间融为"一体"的人为障碍，加快了长城内外的交往、交流、交融；另一方面在清朝统治者屡屡强调"一体"的政治语境下，也有助于多民族国家的稳定和发展。

此外，清朝还通过《大清一统志》的编撰来明确"大一统"天下的范围。用"一统志"的方式将"大一统"天下明晰化虽然是元明两朝就有的做法，但就范围和内容而言，理想与现实还是存在较大差距。清朝则在元明基础上更加具体细致化，并通过续修和重修《大清一统志》将清朝实现和巩固统一的过程及时完整地记述下来。清朝对"大一统"天下的认识既有对历代王朝的继承和与前代"大一统"王朝疆域的对比，同时也基于清朝开疆拓土的实际而有所发展，即如雍正皇帝所言"中国之一统始于秦，塞外之一统始于元，而极盛于我朝。自古中外一家，幅员极广，未有如我朝者也"②。与传统"大一统"思想相比，清朝的"大一统"思想减少了很多理想的色彩，"大一统之在王朝"更具有实践的特点。从康熙二十八年（1689）和俄罗斯签订《尼布楚条约》开始，经雍正、乾隆两朝接续了划界的做法，通过签署《布连斯奇界约》《恰克图界约》《修改恰克图界约第十条》《恰克图市约》等，明确了和俄罗斯的东北和北部边界。③由此，清朝也实现了传统"大一统"思想与近现代国际法理论在一定程度上的接轨。

（二）边疆行政"一体化"实践

为了将"大一统"付诸实践，清朝统治者虽然还高举"因俗而治"的旗帜，但在具体治理政策上则彻底否定了传统的"羁縻而治"思想，代之以"天下一家，满汉官民，皆朕臣子"④。清朝实现"大一统"后延续了明朝在边疆地区推行的"改土归流"政策，自雍正皇帝开始，"改土归流"成为清朝巩固和维护国家统一的一个重要政策。自雍正年间起，便逐步开始在西南地区推行"改土归流"的政策，将土官转变为流官，将边疆地区的治理纳入国家行政管理"一体化"的秩序之中，消除长期以来存在的地方土

---

① 《清圣祖实录》卷151，康熙三十年四月。
② 《清世宗实录》卷83，雍正七年七月丙午。
③ 李大龙、铁颜颜：《"有疆无界"到"有疆有界"——中国疆域话语体系建构》，《思想战线》2020年第3期。
④ 《清世祖实录》卷40，顺治五年八月壬子。

官割据叛乱的隐患。"改土归流"政策在边疆地区推行,一方面加速了边疆地区社会治理方式的"一体化"趋势,另一方面也促进了边疆与内地的交往、交流、交融,为边疆与内地的"一体化"发展提供了制度保障。故而,有学者指出"对封建统治来说,当初设置土司是求得在全国发展不平衡的西南少数民族地区实行间接统治,而改土归流则意在取代土司,进一步实现对这一地区的直接统治。雍正朝的改土归流即突出地表明了这一根本目的"[①]。实际上,如果我们从国家转型的视角来看清朝的"改土归流",也可以透视出"改土归流"是势在必行的举措。清朝前期,世界历史已经进入了近代,清朝也面临着一系列的转型。从多民族国家疆域发展的层面来看,清朝是由传统王朝国家向近现代主权国家转变的阶段[②];从国家统治者属性的层面来看,清朝有着由"夷狄"王朝向"中国"王朝进而向主权国家转换的必然;从最高统治者皇帝个人的层面来看,清朝存在着由"夷狄"统治者身份向"大一统"王朝皇帝身份转换的内在要求。在此情况下,清前期的康熙、雍正两位皇帝迫切需要确立其在以天子为核心的"大一统"政治秩序中的核心地位,使"普天率土之众,莫不知大一统之在我朝。悉子悉臣,罔敢越志者也"[③]。故此,对于阻碍中央政令畅通的土司制度进行变革是其必然的选择。清朝大规模的"改土归流",客观上使得秦朝起就在西南地区施行的郡县管理体系定型,加速了边疆与内地行政"一体化"的进程,使王朝国家权力延展到了边疆地区的基层管理之中,对于巩固和维护国家统一起到了十分重要的作用。

(三)法制"一体化"实践

清朝较历代王朝更加注重国家法律制度建设,其法制体系也更加的完善。尤其是在边疆地区治理过程中,先后出台了一系列法律,将国家对边疆的治理纳入法制化轨道,推动了边疆地区"一体化"治理的实践。

清朝为维护和巩固国家的统一,在继承前代的基础上先后制定了《大清律例》《理藩院则例》《蒙古律例》《番例条款》《回疆则例》《西宁青海番夷成例》《酌定西藏善后章程十三条》《钦定西藏章程》等一系列法律,在边疆法制化治理方面较前代实现了一大突破。这些针对边疆地区制定的法律,在体现清朝"因俗而治"政策的同时,也将《大

---

① 李世愉:《清代土司制度论考》,中国社会科学出版社1998年,第42—50页。
② 李大龙:《中国疆域诠释视角:从王朝国家到主权国家》,《中国社会科学》2020年第7期。
③ 《清世宗实录》卷86,雍正七年九月癸未。

清律例》的基本精神和条文贯穿其中。实际上，早在天命七年（1622）二月，努尔哈赤在赐宴蒙古科尔沁王公时就说："尔蒙古人……今既归我，俱有来降之功，有才德者固优待之，无才能者亦抚育之，切毋萌不善之念，若旧恶不悛，即以国法治之。"① 天聪三年（1629）正月，皇太极"敕谕于科尔沁、敖汉、奈曼、喀尔喀、喀喇沁五部落，令悉遵我朝制度"②。这些均表明，清朝将边疆族群纳入"国法""一体化"建设的意图。崇德八年（1643），清朝就将蒙古陆续颁布的法令加以整理编定了一部法规《蒙古律书》，此后不断增补完善，至乾隆六年十二月《蒙古律例》告竣方才基本定型。③

清朝将《大清律例》的基本精神贯穿至边疆地区的法律体系当中，一直是其在边疆地区社会治理中坚持的原则，有力推动了边疆与内地的法律制度的"一体化"实践。以康熙六年（1667）制定的《蒙古律例》为例，第一条虽然是礼仪方面的规定，但充分体现了清朝和蒙古各部的关系，贯彻了《大清律例》的基本原则和规范。第二条规定"外蒙古之人等，倘为在彼未结案件而来，先不得擅自奏上，具文案件情由，告于理藩院"④，则明确了理藩院是管理蒙古各部的主要机构。再如，乾隆时期对有关回疆案件的处理体现得更直白，乾隆二十四年（1759），定大小和卓之乱，"各部归一"，"今为我属，凡事皆归我律更章"⑤。《清高宗实录》卷608、648前后两次记载了乾隆皇帝对回疆案件的处理意见，其中都有"非可尽以内地之法治也"一语，似乎表现了"修其教不易其俗，齐其政不易其宜"的传统治边精神，但"非可尽以内地之法治也"的意思似乎可以理解为尽可能"以内地之法治"，因此乾隆皇帝通过法律制度追求"一体化"的意图还是表露无遗。

（四）文教"一体化"实践

清朝完成"大一统"后，也继承了历代以儒家思想为核心的文教传统，并由内地到边疆逐步全面普及儒家文化教育。尽管清初"国语骑射"被视为清朝立国之根本，但是出于维护和巩固"大一统"的需要，以及身处汉字汉语文化圈之中的现实，以儒家文

---

① 《满洲实录》卷7，天命七年二月。
② 《清太宗实录》卷5，天聪三年正月辛未。
③ 达力扎布：《〈蒙古律例〉及其与〈理藩院则例〉关系》，《清史研究》2003年第4期。
④ 中国第一历史档案馆：《康熙六年〈蒙古律书〉》，《历史档案》2002年第4期。
⑤ 阮明道主编：《西域地理图说注》卷2《官职制度》，延边大学出版社1992年版，第62页。

化为主体将境内不同文化整合为一体是清朝统治者的必然选择。有学者对清朝的文教政策进行了总结:"本以武事起家却偃武修文,历经顺治、康熙、雍正、乾隆四朝皇帝刻意经营提倡,以传心殿经筵日讲为皇家崇重历代文教道统之圭臬,以祀孔大典推行全国为普及儒学圣教之传承"[①],比较准确地归纳了清朝以儒学为核心的文教政策。清朝在文化建设方面实施的诸多政策和措施,依托儒家文化而确立并不断完善的科举制度和教育体系,自然体现出清朝统治者对汉文化的接纳,而残留至今的众多集儒释道乃至关公等文化元素为一体、散布在中华大地上的文化和宗教场所则是清朝对境内不同文化整合的具体体现。在边疆地区也根据实际情况不遗余力地推行儒家文化教育。例如,清末针对新疆"未能与内地一道同风"[②],"虽久隶版图,实仍各分气类"[③]的状况,左宗棠在办理新疆善后事宜的奏折中提议,要"多设义塾并刊发《千字文》《三字经》《百家姓》《四字韵书》及《杂字》各本,以训蒙童。续发《孝经》《小学》,课之诵读。兼印楷书仿本,令其摹写。拟诸本读毕,再颁行六经,俾与讲求经义"[④]。新疆建省后"各城创设义学,选缠回子弟入塾读书","以易汉服通华语为先务,以读书讲解经义为紧要法门,并依照内地书院章程,取其粗知文义者,按月酌给膏火银粮以示奖励,行之数年,渐知向化"[⑤]。经过数年努力,回部百姓"渐知向化",风气逐渐得到改善。遗憾的是"民族国家"观念传入中国之后,清朝整合的进程又被分别打上了不同民族的标签,一定程度上瓦解了清朝统治者对文化整合的努力。此外,清朝将儒释道融为一体,不断将中原的文化风俗推行至全国,也是清朝"大一统"中华文化整合的重要举措。

(五)消除"华夷"之别的"一体化"实践

清朝统治者对"一体化"实践有着清醒的认识,从思想观念到文化习俗均致力于消弭"华""夷"之间界限,塑造没有华夷之别的"天下民人"共同体。清朝的"大一统"思想中也有"华""夷"之分,但是却不避讳"满洲"属于"东夷"的身份认定,而是将其定性为具有中华地域性质的"籍贯"。清朝试图在"天下一统、华夷一家"的

---

① 王尔敏:《近代论域探索》,中华书局2014年版,第19页。
② 左宗棠:《复陈新疆情形折》,《左宗棠全集·奏稿》(七),岳麓书社1992年版,第193页。
③ 左宗棠:《哈密回务请由哈密通判兼管折》,《左宗棠全集·奏稿》(七),岳麓书社1992年版,第585页。
④ 左宗棠:《办理新疆善后事宜折》,《左宗棠全集·奏稿》(七),岳麓书社1992年版,第519页。
⑤ 刘锦棠:《刘襄勤公奏稿·拟将义塾学童另行酌奖备取俻生折》,《中国近代史资料丛刊》,文海出版社1968年版,第1414—1415页。

前提下将"天下民人"塑造为清朝"大一统"治下的"臣民"。① 清朝的历史文献中出现了大量"一体"的表述,仅《清实录》中"一体"一词就出现过8435次,涉及国家治理的各个层面。其中,有不少是关于民人、满汉蒙人群相关的"一体"表述。如,皇太极曾言"满汉之人,均属一体"②;"汉人、满洲、蒙古一体恩养"③。康熙皇帝也说:"朕视四海一家、中外一体。"④ 到雍正皇帝时进一步视"云、贵、川、广、瑶獞杂处,其奉公输赋之土司,皆当与内地人民一体休养"⑤,"满洲、汉军、汉人、朕俱视为一体并无彼此分别"⑥。如此,便在思想观念上和认识上不断将"大一统"疆域内所有百姓视为"一体",推动了消除"华夷之别"构建"一体化"中华民族共同体的发展。

在"天下民人""一体化"实践当中,"薙发令"和统一"衣冠"两项政策是其重要的外在体现。实际上,利用薙发、衣冠来实现对境内族群的整合既是综合了中国历代王朝的传统做法,更是借鉴了朱元璋在推翻元王朝统治后所采取的"胡服、胡语、胡姓一切禁止……百有余年胡俗悉复中国之旧矣"⑦ 的经验。尽管,这种做法因为和很多族群尤其是同中原地区汉人的文化传统相对立,在清朝实现"大一统"过程中导致了严重的族群冲突。但是,长期实施的实际结果却是为境内不同族群之间的交融奠定了基础,甚至作为清朝核心族群的满洲也在这种交融中丧失了对自己传统语言文字的使用,几乎在这种整合中失去了"自我",而逐渐与汉人在文化习俗上日趋接近。也就是说,尽管清朝统治者试图以满洲的文化特点整合境内百姓,但中华传统也在改变着满洲人,而呈现的最终结果则是满洲与汉人的交融。"薙发令"和统一"衣冠"政策的推行,不仅对于清朝明确辖境内族群的"臣民"身份起到了重要作用,而且也为将这些族群整合为"国民"提供了前提。⑧

总之,清朝对传统"大一统"思想的继承并不仅仅是简单地为了确立清朝的"正统"地位,更有很多发展的内容,其将"满洲"的东夷身份用"籍贯"进行解释,虽然

---

① 李大龙:《转型与"臣民"(国民)塑造:清朝多民族国家建构的努力》,《学习与探索》2014年第9期。
② 《清太宗实录》卷1,天命十一年八月丙子。
③ 《清太宗实录》卷19,天命八年八月丁丑。
④ 《清圣祖实录》卷112,康熙二十年九月癸未。
⑤ 《清世宗实录》卷3,雍正元年正月辛巳。
⑥ 《清世宗实录》卷72,雍正六年八月丁亥。
⑦ 《明太祖实录》卷30,洪武二年二月壬子。
⑧ 李大龙:《转型与"臣民"(国民)塑造:清朝多民族国家建构的努力》,《学习与探索》2014年第9期。

具有狡辩的意味在内,但不失为对传统"华夷之辨"的有力反驳。在此基础上将"华夷之辨"和前代疆域不能广大相联系,更是指出了这一传统认识对历代王朝疆域发展带来的负面影响,实现了更大范围的"大一统",清朝用"天下一统"和"华夷一家"取代"华夷中外"自然是一个正确的选择。更重要的是,清朝统治者对传统"大一统"思想的辨析并不是仅停留在"正统"之争的层面,而是将传统"大一统"思想的"九州攸同""天下大同"理念付诸国家治理的实践,推动着多民族国家中国在清代实现了从传统王朝国家向近现代主权国家的转型。清朝在实现、巩固和维护国家统一过程中的成功经验可以总结为以下几个方面:一是集历代王朝之大成,在继承传统"大一统"思想的基础上重新阐释构建超越历代的"大一统"思想,并确立了其"中国正统"的地位,为推动多民族国家的最终形成和"大一统"的国家认同意识深入人心做出了重要贡献;二是极大拓展了多民族国家的疆域,并将中国疆域从传统王朝国家的"有疆无界"状态带到了近现代主权国家行列,使中华各民族共同的"家园"得以最终底定;三是积极实践"大一统"思想,在疆域理念、行政体制、法律制度、文教政策、国民共同体等诸多方面推动治理体系的"一体化",为多民族国家的稳定和发展提供了有力保障;四是致力于消弭族群冲突,反对传统的"华夷之辨""中外有别"观念,并在"臣民"旗帜下整合境内百姓,促成了中华民族共同体的形成与发展。也就是说,清朝对"大一统"的继承不仅仅是从思想上继承和发展,更重要的是将"大一统"思想付诸实践,而追求的"一体化"即是传统"大一统"的理想追求"天下大同",故而"大一统之在我朝"是对清朝"大一统"实践结果的准确定位。

第四章 "天下"政治格局演变与王朝国家治理

多民族国家中国、中华民族共同体形成与发展在东亚地区，在历史上长期存在着一个以中国历代王朝为核心的藩属体系，历代统治者也多将对属国的管理纳入边疆治理体系中。只是到了近代，有些属国才脱离多民族国家中国形成与发展的轨道。这种变化是多种力量博弈的结果，其过程纷繁复杂。只有将这个历程放到整个东亚历史的进程中、放到传统王朝国家向近现代主权国家演变的大背景下观察，才能得出一个符合实际的、完整的诠释。

第一节 "天下"格局由传统向近现代国际关系的演变

多民族国家中国诞生于东亚世界,而历史上长期存在着以中国历代王朝为"中心"的"天下"政治格局,随着中国疆域由传统王朝"有疆无界"到"有疆有界"转变,东亚的诸多国家也开始向近现代主权国家转变,只不过这些国家的这种转变是在西方国家对其殖民的过程中实现的。因此对东亚"天下"的范围、政权建构与族群凝聚的主要形态及其发展趋势的探讨,也属于中国边疆学研究的基本内容,其有助于我们更清晰地认识中国边疆形成与发展的轨迹,也有助于认识当今中国边疆学存在的诸多问题。

东亚"天下"格局或称之为东亚国际关系[①],是国内外学界关注已久的话题,有学者从礼仪制度方面进行解析,黄枝连《天朝礼治体系研究》[②]可以视为这方面研究的代表;有学者从以中国为中心的政治和朝贡关系方面进行解析,费正清《中国的世界秩序——传统中国的对外关系》[③]、滨下武志《近代中国的国际契机:朝贡贸易体系与近代亚洲经济圈》[④]、李云泉《朝贡制度史论——中国古代对外关系体制研究》[⑤]可以视为代表。笔者则试图从藩属体制的构筑视角,以多民族国家中国的形成和发展为例,解析东亚"天下"格局由传统王朝国家关系向近现代主权民族国家演变的轨迹,代表性著作是《汉唐藩属体制研究》[⑥]。应该说,单纯地从某个视角皆很难准确而全面地解析东亚"天

[①] "国际关系"是今人设定的定位概念,更多地体现政权之间关系的平等,但古代东亚政权之间的关系更多情况下是一种附属关系,有主次之分,因此将之用于说明古代政权之间关系并不是十分准确,这也是本节用东亚"天下"格局的说法的主要原因。

[②] 黄枝连:《天朝礼治体系研究》(上、中、下卷),中国人民大学出版社1994年版。

[③] [美]费正清编,杜继东译:《中国的世界秩序:传统中国的对外关系》,中国社会科学出版社2010年版。

[④] [日]滨下武志著,朱荫贵、欧阳菲译:《近代中国的国际契机:朝贡贸易体系与近代亚洲经济圈》,中国社会科学出版社1999年版。

[⑤] 李云泉:《朝贡制度史论——中国古代对外关系体制研究》,新华出版社2004年版。

[⑥] 李大龙:《汉唐藩属体制研究》,中国社会科学出版社2006年版。

下"格局，但决定和推动东亚"天下"格局形成和运转的是其政治属性①，因此笔者认为从政权建构和族群凝聚的视角似乎更能认清东亚"天下"格局演变的轨迹。

受自然环境和交通条件的制约，政权的建构和族群的凝聚虽然呈现区域性的特点，但一般而言，任何政权的建构和族群的凝聚都经历了由小到大的过程，而且这种建构和凝聚在多数情况下是反复进行的。相对于其他地区而言，东亚地区政权结构和族群凝聚的发展趋势则呈现前后两个明显不同的时期。近代以前，由于没有来自域外势力的影响，政权的建构和族群的凝聚基本是在传统王朝尤其是以中国中原地区为中心的王朝主导下进行，呈现区域内自然凝聚的状态；近代之后，以西方为主的域外势力不仅开始介入乃至推动东亚地区的政权建构，而且兴起于西方的近现代民族国家理论传入东亚地区，在将东亚地区的政权结构和族群凝聚引向民族国家的同时，也推动了东亚"天下"格局的演变完成了由传统向近现代国际关系的转变。②因此，下面笔者试图从政权建构和族群凝聚的视角来解构东亚"天下"格局由传统向近现代国际关系发展的轨迹，不妥之处敬请指正。

一、中国古代"天下"的范围及其自成体系的自然环境

对于东亚的范围首先做出界定，是因为本文要讨论的东亚不仅仅是一个单纯的地理范围，而且是东亚历史上各政权建构和族群凝聚的舞台。对于中国古人而言，囿于对地理环境认知范围的限制和对皇权的崇拜，一般情况下将东亚区域称为"天下"。"天下"的范围是随着人们的认知水平而扩展的，但基本上由"夏""夷"两大族群构成，且有狭义和广义之分。狭义的"天下"乃是以郡县为核心的皇帝政令可以实施的范围，所谓"大赦天下"即是此类；广义的"天下"则是以"夏"的居住地位中心，包含了更

---

① 笔者认为，决定东亚"天下"格局形成和发展的因素虽然很多，但政治属性是第一位的，因此从朝贡的角度称之为"朝贡体系"或"朝贡制度""朝贡关系""朝贡贸易体系"等并不准确，不能反映其本质，还是称为"藩属体系"或"藩属制体制"较为合适。参见李元晖、李大龙《是"藩属体系"还是"朝贡体系"？——以唐王朝为例》，《中国边疆史地研究》2014年第2期。

② 近现代国际关系是随着国家主权原则的实现而出现的，国家主权原则是由1648年10月签订的西荷和约确认的威斯特伐利亚体系而实现的：一是"领土原则：国家拥有确定的边界，这些边界划定并确立国家的统治范围"；二是"主权原则：国家及其代表拥有采取行动和实行统治的主权"；三是"合法性原则：主权国家之间的关系可以成为国际协议与国际法的对象，但是，国际协议与国家法要产生效力，则必须得到各个国家的同意"。参见[德]乌·贝克、哈贝马斯等著，王学东等译《全球化与政治》，中央编译出版社2000年版，第11—12页。

广阔的"夷"的分布区,是人们可以认知的区域。^①后者是本节标题中东亚"'天下'格局"的使用范围。

费孝通先生在阐述中华民族的生存空间时有如下描述:"任何民族的生息繁衍都有其具体的生存空间。中华民族的家园坐落在亚洲东部,西起帕米尔高原,东到太平洋西岸诸岛,北有广漠,东南是海,西南是山的这一片广阔的大陆上。这片大陆的四周有自然屏障,内部有结构完整的体系,形成一个地理单元。这个地区在古代居民的概念里是人类得以生息的、唯一的一块土地,因而称之为天下,又以为四面环海所以称为四海之内。这种概念固然已经过时,但是不会过时的却是这一片地理上自成单元的土地上一直是中华民族的生存空间。"[②]费先生的这一认识尽管关注的是中华民族的凝聚,而非整个东亚地区政权格局的演变和族群的凝聚轨迹,但对我们观察东亚"天下"格局的演变和族群凝聚还是有着极高的启示价值,只不过我们观察的范围应该放得更大些,要将西伯利亚、朝鲜半岛、日本列岛及东南亚、中亚各个地区都纳入进来,甚至在某些时候还要旁及南亚次大陆等地区。

因为东亚历史上"天下"的范围包括了上述辽阔的区域,描绘多民族国家中国形成主要轨迹的所谓"二十五史"叙述的范围虽然以中国中原地区(郡县区域)为中心,但基本上也体现了中国人对"天下"范围的认知和这一认知的发展。

《史记》和《汉书》《后汉书》是记载两汉历史的正史,同时也奠定了中国正史记述东亚"天下"范围的基础。司马迁虽然遭到了汉武帝的不公正处罚,但还是迎合汉武帝构建"大一统"战略的实施而编纂了《史记》,匈奴、南越、东越、朝鲜、西南夷、大宛等被纳入《史记》的列传系列及将匈奴等族群塑造为华夏分支即是明确的表现。[③]《汉书》和《后汉书》则不仅继承了《史记》的记述方式和思想,而且将之进一步发扬。如果说《汉书》将记述的范围扩大到了中亚及南亚次大陆,那么《后汉书》之《东夷列传》《南蛮西南夷列传》《西羌传》《西域传》《南匈奴列传》和《乌桓鲜卑列传》不仅将今天我国东北地区的夫余、高句丽、东沃沮、濊貊等纳入其中,也将日本列岛的倭国、朝鲜半岛的三韩(马韩、辰韩、弁辰)也纳入叙述范围;不仅将西汉武帝所设置的

---

① 参见李大龙《汉唐藩属体制研究》关于夷夏观的部分,中国社会科学出版社2006年版。
② 费孝通等著:《中华民族多元一体格局》,中央民族学院出版社1989年版,第2页。
③ 参见李大龙《汉武帝"大一统"思想的形成及实践》,《北方民族大学学报(哲学社会科学版)》2013年第1期。

交阯、日南、珠崖、儋耳等九郡范围纳入叙述之中,也将哀牢夷、交阯之南的越裳国、各郡"徼外蛮"①等纳入叙述之列;不仅将西羌、西域各国的情况详述,而且将条支国、安息国、大秦国、大月氏国、天竺国等纳入叙述之列。有学者认为《汉书》《后汉书》"民族列传的增减实际上反映了统一多民族国家的发展变化"②,针对多民族国家中国构建而言无疑这种认识是十分准确的,但叙述范围的扩展也是"天下"认知范围扩大的表现,而这种扩大一方面反映了作者对东亚"天下"范围的认知在扩大,另一方面也反映了随着交往范围的扩展,政权构建和族群凝聚范围也在不断扩大。

除西晋之外,魏晋南北朝时期东亚虽然没有主宰"天下"的"大一统"政权,但这一时期的诸部正史依然沿用了前代各史开创的记述方式,记述的范围在前代基础上有所拓展,反映了各政权内部族群凝聚的情况及对外联系的状况。以《魏书》为例,其列传第八十八记述了高句丽、百济、勿吉、失韦、豆莫娄、地豆于、库莫奚、契丹、乌洛侯等我国东北地区和朝鲜半岛族群凝聚的情况;列传八十九记述了氐、吐谷浑、宕昌羌、高昌、邓至、蛮、獠等族群的分布和凝聚情况;列传九十则在分记鄯善、且末、于阗 蒲山、悉居半、权於摩、渠莎、车师、且弥、焉耆、龟兹、姑默、温宿、尉头、乌孙、疏勒、悦般等狭义西域境内分布的族群基础上,对波斯、大月氏、安息、大秦、罽宾、南天竺等中亚、南亚次大陆的族群分布也有记述。

隋唐时期,东亚地区出现了隋、唐、突厥等在辽阔地域内实现"大一统"的政权,因而记述这一时期历史的《隋书》《旧唐书》《新唐书》记述的范围有了很大拓展,几乎囊括了整个亚洲,并波及了欧洲东部地区,反映了时人对广义"天下"范围的认知。以《新唐书》为例,其列传中《突厥传》记述了突厥汗国构建的过程及其对辽阔北亚草原族群凝聚的情况;《吐蕃传》则记述了吐蕃政权建构的过程及其对青藏高原、陇右和西域地区族群凝聚的情况;《回鹘传》则记述了回鹘汗国构建的过程及其对草原众多族群凝聚的情况;《沙陀传》记述了沙陀汗国的构建情况及其族群凝聚的状况;《北狄传》则记述了契丹、奚、室韦、靺鞨、黑水靺鞨的族群凝聚情况,及渤海政权的建构;《东夷传》则记述了我国东北及朝鲜半岛北部地区的高丽(高句丽),半岛中南部新罗、百济,及日本、流鬼等政权建构与族群凝聚的情况;《西域传》记述了泥婆罗、党项、东女、高昌、吐谷浑、焉耆、龟兹、疏勒、于阗、天竺、摩揭陀、罽宾、康、宁远、大勃律、

---

① 《后汉书》卷86《南蛮西南夷列传》。
② 王文光:《〈汉书〉、〈后汉书〉民族列传与汉代边疆民族历史的文本书写》,《中国边疆史地研究》2013年第4期。

吐火罗、谢䫻、识匿、箇失密、骨咄、苏毗、师子、波斯、拂菻、大食等政权的建构及族群凝聚的情况;《南蛮传》记述南诏、环王、盘盘、扶南、真腊、诃陵、投和、瞻博、室利佛逝、名蔑、单单、骠、两爨蛮、南平獠、西原蛮等政权建构和族群凝聚的历史。《新唐书》记述范围的拓展,不仅仅说明了唐代人对"天下"的认知范围有了很大扩展,更重要的是唐王朝将更多的族群纳入了多民族国家中国的构建过程中,且这一建构过程也波及并带动了更大范围内的政权建构和族群整合。

进入唐宋元时期以后,《元和郡县图志》《太平寰宇记》《元丰九域志》《舆地广记》《舆地纪胜》《方域胜览》《大元一统志》《圣朝混一方舆胜览》等记述多民族政权建构和族群凝聚的专门性著作开始不断涌现,而且明清两朝也都有官方修纂的《大明一统志》《大清一统志》等专门记述王朝的疆域,尤其是清朝,先后刊布了康熙、乾隆、嘉庆三部《一统志》,详述大清朝的疆域沿革和政区设置。① 受此影响,《元史》《明史》《清史稿》等正史记述的"天下"范围更加广大。如果说《明史》记述的范围是航海技术发展的结果,不能准确体现明代的"天下"范围,那么《清史稿》的作者认为清朝疆域广大:"自兹以来,东极三姓所属库页岛,西极新疆疏勒至于葱岭,北极外兴安岭,南极广东琼州之崖山,莫不稽颡内乡,诚系本朝。"② 并没有对域外的政权建构和族群凝聚做系统记述,而是从卷526至卷529列《属国传》记述朝鲜、琉球、越南、缅甸、暹罗、南掌、苏禄、廓尔喀、浩罕、布鲁特、哈萨克、安集延、玛尔噶朗、那木干、塔什干、巴达克山、博罗尔、阿富汗、坎巨提等和清朝关系密切的政权的建构情况及其辖境内族群的凝聚状态。

应该说,上述列举的对东亚"天下"范围的认知虽然代表了中国史书记述的一般看法,而且也是围绕多民族国家中国的建构和族群凝聚为中心展开的,但也说明了在中国古代的认知体系中,西起帕米尔高原,东到太平洋西岸诸岛,南自东南亚,北至西伯利亚的辽阔区域,是一个相对独立的政治舞台。毫无疑问,多民族国家中国的建构和族群凝聚是推动这一区域政治格局演变的主要动力,与此同时,在少有域外强大势力进入的情况下③,历史

---

① 据中国人民大学清史研究所张永江教授提供的信息,在台北故宫发现光绪年间编纂的《皇朝地理志》。如属实,则此书应该是清朝继康熙、乾隆、嘉庆三部《一统志》之后又一次编纂的《一统志》性质的疆域志。
② 《清史稿》卷54《地理志》。
③ 发生在唐代的怛罗斯之战被学界认为是来自地跨亚、欧、非三洲的大食帝国与唐王朝的冲突,似乎是来自域外势力和域内势力的对立,但如前述,大食往往也被视为这一区域内的政权。参见王小甫《唐、吐蕃、大食政治关系史》,北京大学出版社1992年版;李方《怛罗斯之战与唐朝西域政策》,《中国边疆史地研究》2006年第1期。

上活动在这个舞台之上的众多族群，在建构各自政权的同时相互碰撞，并形成了亲疏不同的关系，共同推动着东亚"天下"政治格局由传统王朝主导向近现代国际关系演变。

二、"天下"自然状态下政权建构的主要形态

因为"天下"的称呼产生于中国中原地区，而且将"二十五史"综合观察可以透视多民族国家中国的形成轨迹，所以其描述的范围体现了"中国"的视角，但由此也可以窥知整个东亚政权建构和族群凝聚的主要特点。

在东亚"天下"辽阔的范围内，分布着众多的族群，由于居住环境和生产生活方式的差异，中国古人将其分为五大不同的类别，这就是影响深远的上引《礼记·王制》所载"中国、戎、夷，五方之民"。虽然其认识的范围受制于当时认知条件而有限制，但对于中国古人认知和区分"天下"族群起到了重要的指导作用，秦汉之后形成的"天下"由"夏""夷"构成的"二元"结构观念即是在其影响下形成和发展的。[1] 不同的生产生活方式不仅导致了不同文化的出现，为了生存和共同的利益，不同族群在凝聚形式和政权建构方式上也存在较大差异[2]，但司马迁在《史记》中对这些族群和政权结构特点的归纳给人很多启发。

在《史记·大宛列传》中，司马迁根据匈奴和中原族群居住的特点将众多政权和族群划分为"城邑"和"行国"两大类。《史记·大宛列传》中有多处使用"行国"一词：

> 乌孙在大宛东北可二千里，行国，随畜，与匈奴同俗。控弦者数万，敢战。故服匈奴，及盛，取其羁属，不肯往朝会焉。
>
> 康居在大宛西北可二千里，行国，与月氏大同俗。控弦者八九万人。与大宛邻国。国小，南羁事月氏，东羁事匈奴。
>
> 奄蔡在康居西北可二千里，行国，与康居大同俗。控弦者十余万。临大泽，无崖，盖乃北海云。

---

[1] 参见李大龙《汉唐藩属体制研究》，中国社会科学出版社2006年版。
[2] 对此学界已有众多的论著论及，即便是马克思主义经典作家在这方面也有很多值得认真参考的著作，限于主题和篇幅，不做进一步讨论。

大月氏在大宛西可二三千里，居妫水北。其南则大夏，西则安息，北则康居。行国也，随畜移徙，与匈奴同俗。控弦者可一二十万。故时强，轻匈奴，及冒顿立，攻破月氏，至匈奴老上单于，杀月氏王，以其头为饮器。始月氏居敦煌、祁连闲（间），及为匈奴所败，乃远去，过宛，西击大夏而臣之，遂都妫水北，为王庭。其余小众不能去者，保南山羌，号小月氏。

与此同时，也有多处提及"城邑"之国：

大宛在匈奴西南，在汉正西，去汉可万里。其俗土著，耕田，田稻麦。有蒲陶酒。多善马，马汗血，其先天马子也。有城郭屋室。其属邑大小七十余城，众可数十万。其兵弓矛骑射。……

而楼兰、姑师邑有城郭，临盐泽。……

安息在大月氏西可数千里。其俗土著，耕田，田稻麦，蒲陶酒。城邑如大宛。其属小大数百城，地方数千里，最为大国。临妫水，有市，民商贾用车及船，行旁国或数千里。以银为钱，钱如其王面，王死辄更钱，效王面焉。……

大夏在大宛西南二千余里妫水南。其俗土著，有城屋，与大宛同俗。无大君长，往往城邑置小长。其兵弱，畏战。善贾市。及大月氏西徙，攻败之，皆臣畜大夏。大夏民多，可百余万。其都曰蓝市城，有市贩贾诸物。其东南有身毒国。

司马迁"城邑"国和"行国"的划分虽然是针对西域及其附近地区族群凝聚和政权存在的状态而进行的，但对我们认识历史上东亚"天下"中的众多族群和政权的存在状态具有重要的指导意义。众所周知，农耕、游牧与渔猎是东亚众多族群主要的生产生活方式，但从政权建构和族群凝聚视角看，农耕和游牧相对于渔猎却主导着政权建构和族群凝聚的方式和形态。也就是说，我们也可以按照司马迁的"城邑"国和"行国"的标准来区分东亚历史上存在的众多政权和族群。地理学者胡焕庸以黑龙江省瑷珲（今黑河）、云南省腾冲为南北两极将中华大地划分为东西两半区域，并指出："此东南西北两人口区域之分垒，与全国种族之分布，亦殊相合，东南半壁为纯粹汉人之世界，惟西南山地，有少数异族杂居其间；西北半壁则汉人殊少，除'甘肃孔道'及新疆境内有少数汉人以外，其余均为满蒙回藏各族之领域，此区以内，面积虽广，人口则少，境内各地，盖大部为不毛之沙漠，与积雪之寒漠，仅极少数之水草地，可供畜牧或耕种之用。"①胡焕庸如此做法一定程度上是认同了司马迁的说法。但是，从史学发展的成果看，以往学者们多从"城邑"国或"行国"某一个方面去解构人类发展的历史，并且留下了大量的经典著作。从"城邑"国视角阐述东亚历史最为显著的是中国学者的著作，尽管王朝史观在 20 世纪 50 年代之后被广泛质疑，但几乎所有的通史著作还是沿用王朝兴替的轨迹构建叙述框架，其他尤其是边疆地区政权建构和族群凝聚的历史则属于从属乃至点缀的状态。而西方学者则有将边疆地区尤其是草原地区游牧行国和游牧族群凝聚的历史独立于农耕族群之外进行阐述的倾向。法国学者勒内·格鲁塞撰著的《草原帝国》②、美国学者拉铁摩尔撰著的《中国的亚洲内陆边疆》③、狄宇宙撰著的《古代中国与其强邻——东亚历史上游牧力量的兴起》④、日本学者江上波夫撰著的《骑马民族国家》⑤等等都是这方面的代表作。近年来出现在美国的"新清史"学派也试图否认满族的汉化过程及满汉之间的融合，强调清朝与众不同的满洲元素，进而和中国学者形成了某种对立。⑥笔者认为形成对立的根源在于学者受到了单一民族国家理论的严重影响，从不同的视角将东亚众多政权的构建看成了单一民族国家的形成，而实际上这些族群凝聚形成的政权和我们现在所认为的民族国家并不是一回事，多数情况下是以某一族群为核心将其他更多族群凝聚在一起的政治体，而这些族群是否会被整合为一个我们现在所认为的民族，要取决于这个政治体存在的时间长短。一般而言，政权的出现是族群凝聚的结果，政权的存在不仅为辖境内部族群的整合提供了环境保障，而且也为更大范围内族群的进一步凝聚提供了可能。诸如汉朝的存在为境内族群整合为汉人提供了环境保障，同时随着在边疆地区统治秩序的构建，也为其他族群融入汉人之中提供了可能。但是，由于农耕族群凝聚而成的政权较游牧行国更为稳固，存在的时间相对长些，为族群内部的进一步凝聚和整合提供了有利条件，加之定居生活的限制，族群凝聚和整合的结果更容

---

① 参见胡焕庸《中国人口之分布——附统计表与密度图》，《地理学报》1935 年第 2 期。
② ［法］勒内·格鲁塞著，蓝琪译：《草原帝国》，商务印书馆 1998 年版。
③ ［美］拉铁摩尔著，唐晓峰译：《中国的亚洲内陆边疆》，江苏人民出版社 2008 年版。
④ ［美］狄宇宙著，贺严、高书文译：《古代中国与其强邻——东亚历史上游牧力量的兴起》，中国社会科学出版社 2010 年版。
⑤ ［日］江上波夫著，张承志译：《骑马民族国家》，光明日报出版社 1988 年版。
⑥ 有关这方面的讨论，参见刘凤云、刘文鹏编《清朝的国家认同——"新清史"研究与争鸣》，中国人民大学出版社 2010 年版。

易形成我们现在所认为的民族。对于边疆地区尤其是草原游牧族群而言，游牧行国的出现虽然也为族群凝聚提供了有利条件，但族群凝聚的结果往往在游牧行国崩溃之后难以保持，很快就变成了其他游牧行国和族群凝聚的组成部分。《后汉书·乌桓鲜卑列传》载："和帝永元中，大将军窦宪遣右校尉耿夔击破匈奴，北单于逃走，鲜卑因此转徙据其地。匈奴余种留者尚有十余万落，皆自号鲜卑，鲜卑由此渐盛。"匈奴游牧行国灭亡导致了游牧族群凝聚为匈奴人的结束，而鲜卑兴起于草原之后，已经实现凝聚的所谓"匈奴余种"则放弃了成为匈奴人的可能，通过"自号鲜卑"的形式成为鲜卑族群的组成部分。"匈奴余种"变为"鲜卑"就是这方面的很好例证。

基于上述认识，从推动政权建构和族群演变的视角，大体上我们可以将东亚历史上的政权建构和族群凝聚分为五大类别：

（1）以汉、唐王朝为代表的以农耕族群为主体构建的王朝和族群凝聚。按照汉文史书的记载，农耕族群的凝聚和构建政权的努力要早于游牧族群，就东亚地区而言，被称为先秦时期的夏、商、周三朝及实现"大一统"的秦朝，尽管也实现了对部分农耕族群的凝聚，夏人、商人、周人、秦人称呼的出现即是标志，但汉朝的出现则固定了这种凝聚的结果，汉人的出现是其表现。在魏晋南北朝之后出现的唐朝，不仅巩固了中原地区之前族群凝聚的结果，而且将农耕族群构建政权的能力发挥到了极致，构建起来包括草原游牧族群等众多族群在内的"大一统"王朝。

（2）以匈奴、突厥、薛延陀、回纥等为代表的游牧行国和族群凝聚。与农耕族群政权建构和凝聚相对应，草原游牧族群也进入了游牧行国的构建过程，东胡、乌孙、大月氏等政治体的出现即是标志，而与秦汉对峙出现的匈奴则实现了对草原族群的凝聚和整合。隋唐时期，突厥、薛延陀、回纥等也先后在构建游牧行国的过程中实现了对草原族群的凝聚和整合。这些游牧族群构建的行国，尽管在与农耕王朝的对峙中最终处于劣势，但都完成了以北部游牧族群为核心的游牧族群的凝聚，因而可以视其为实现草原游牧族群凝聚的代表性政权。

（3）以北魏、辽、金为代表的以游牧族群为核心构建的实现局部"一统"的政权和族群凝聚。汉代之后，草原游牧族群在与农耕族群的互动中取得了一定优势，其标志即游牧族群在游牧行国基础之上构建的政治体，囊括了部分农耕族群和农耕地区，而政权的构建形式也呈现由游牧行国向农耕王朝转换的方向发展，一方面说明在两大族群的互动中游牧族群起到了主导作用，另一方面也表明两大族群的凝聚和融合是族群互动的发展趋势，北魏、辽、金政权的出现即是这种互动和凝聚的主要表现。

（4）以元、清朝等为代表的"大一统"的政权和族群凝聚。蒙古汗国的出现将草原游牧族群的凝聚带入了一个新时期，而众多草原游牧族群的蒙古化以及元朝的出现不仅标志着游牧族群的凝聚基本完成，而且也推动着农耕族群的进一步凝聚，契丹人、女真人、渤海人被纳入汉人之中即是显著标志。其后，农耕族群构建的明朝虽然将元朝势力驱逐出了农耕地区，但蒙古作为游牧族群凝聚的结果则一直主导着游牧族群政权的建构，并最终成为女真人构建后金政权不可或缺的重要辅助力量。正是有了蒙古势力的大力支持和加入，"满洲"混合了农耕、游牧和渔猎的多种成分，构建起了后金及其发展而来的清朝，实现了东亚以中原地区为核心的辽阔范围的"大一统"，开始了对这一区域内众多族群的凝聚和整合。

（5）以朝鲜、越南、日本等地区出现的政权为代表的附属政权和族群凝聚。在以中原地区为核心的农耕族群和以中国北部草原地区为核心的游牧族群的互动过程中，活动在朝鲜半岛、日本列岛、越南等周边地区的族群也在通过建构政权而实现着族群的凝聚，但这些地区的政权建构和族群凝聚往往会受到上述两大族群政权建构和凝聚的严重影响而处于"半独立"附属状态。

需要进一步说明的是，上述五大类别的划分并非十分严格和准确，其原因在于笔者划分类别的主要目的是有助于说明东亚地区的政权建构和族群凝聚在不同地区呈现不同的特点而已，而以中原地区农耕族群为核心构建的政权，和以草原地区游牧族群为核心构建的游牧行国，在完成各自政权建构和族群凝聚的过程中结成了不断碰撞、重组的密切关系，进而将东亚其他地区的政权建构和族群凝聚裹挟其中，主导着东亚"天下"格局的演变和发展趋势。

三、"天下"格局构成的常态及其发展趋势

五大类别的政权建构和族群凝聚的状态，反映着东亚"天下"格局中众多政权建构和族群凝聚的一般特征，而将这些政权建构和族群凝聚联系在一起的则是诞生于中国中原地区农耕族群中的"天下"观及其实践，其中北部草原地区游牧族群对这种观念的继承和发展，以及不断加入，导致了东亚"天下"格局的演变最终结束于清代，并随着西方外部势力的介入，近现代主权国家理论的传入，实现了由传统向近现代国

际关系的转变。

滨下武志先生在《近代中国的国际契机：朝贡贸易体系与近代亚洲经济圈》从经济关系的视角对清代中国与周边的关系做了如下图示。①

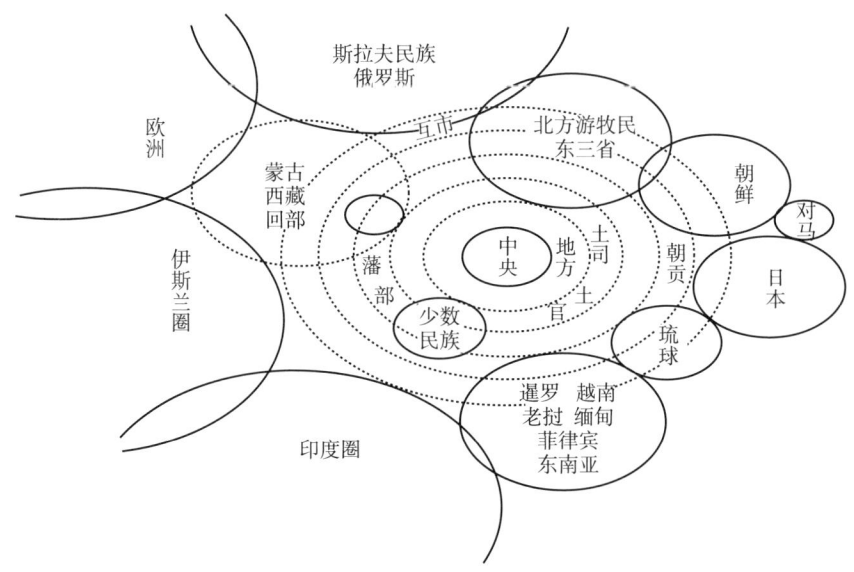

古代中国与周边关系（以清代为例）

对于滨下先生的上述图示，笔者认为单纯地从经济关系的视角解读清代东亚各政权或族群之间的关系是不完整的，因为清朝构建的"天下"体系首先是从政治角度出发的，经济、文化的交流是体系构建起来之后衍生出来的结果②，因此，虽然不完全赞同滨下先生的解读，但却认为这个简图也可以说明清代的东亚政治格局是以清朝为中心的"天下"。也就是说，这一简图所反映的清代东亚"天下"格局是历史长期发展的结果，其中农耕和游牧族群及其互动起到了十分重要的作用。

面对星罗棋布、形式不同的政权和族群，中国古人并没有将其视为一个个孤立存在的个体，而是将其看作"天下"中相互联系的不同部分，由此形成了东亚特有的"天下"观念，并主导着东亚"天下"格局的演变。

---

① ［日］滨下武志著，朱荫贵、欧阳菲译：《近代中国的国际契机：朝贡贸易体系与近代亚洲经济圈》，第39页。
② 有关这方面的论著较多，参见张永江《清代藩部研究——以政治变迁为中心》，黑龙江教育出版社2001年版。

先秦时期中国古人的"天下"观如上述是由"中国、戎、夷,五方之民"构成的,随着秦对中原农耕地区的"统一",尤其是汉朝持续四个世纪之久的"大一统","天下"是由"夏""夷"构成的观念逐渐形成,中原农耕地区在东亚政权建构中的核心地区也日益为众多族群包括游牧族群所接受。至唐代,以中原农耕地区和农耕族群为核心的"天下"体系已经完成建构,相关理论和观念也逐渐形成并成为主导思想,这就是《旧唐书·李大亮传》载李大亮的如下表述:"臣闻欲绥远者,必先安近。中国百姓,天下本根;四夷之人,犹于枝叶。扰于根本,以厚枝附,而求久安,未之有也。自古明王,化中国以信,驭夷狄以权,故《春秋》云:'戎狄豺狼,不可厌也;诸夏亲昵,不可弃也。'自陛下君临区宇,深根固本,人逸兵强,九州殷盛,四夷自服。今者招致突厥,虽入提封,臣愚稍觉劳费,未悟其有益也。然河西氓庶,积御蕃夷,州县萧条,户口鲜少,加因隋乱,减耗尤多。突厥未平之前,尚不安业;匈奴微弱已来,始就农亩。若即劳役,恐致妨损。以臣愚惑,请停招慰。"对于"中国"和"四夷"的关系,温彦博、裴矩则将其比喻为"中国之于夷狄,犹太阳之对列星,理无降尊,俯同藩服"①。也就是说,无论是"五方之民"还是"夏""夷"构成的"二元"体系,都是一个整体,只不过这个整体被比喻为树或星系,且有了主次之分,中原农耕地区及其在农耕地区活动的农耕族群被视为"本根"或"太阳",而"四夷"地区和"四夷之人"则被看作"枝叶"或"列星"。在这种观念的指导下,农耕族群先是在先秦时期构建起了以王畿为中心的五层结构的政权体系,即《国语·周语上》所载:"夫先王之制:邦内甸服,邦外侯服,侯卫宾服,蛮夷要服,戎狄荒服。甸服者祭,侯服者祀,宾服者享,要服者贡,荒服者王。日祭、月祀、时享、岁贡、终王,先王之训也。有不祭则修意,有不祀则修言,有不享则修文,有不贡则修名,有不王则修德,序成而有不至则修刑。于是乎有刑不祭,伐不祀,征不享,让不贡,告不王。于是乎有刑罚之辟,有攻伐之兵,有征讨之备,有威让之令,有文告之辞。布令陈辞而又不至,则增修于德而无勤民于远,是以近无不听,远无不服。"五层结构的政权体系,随着秦汉王朝的出现,发展为由郡县、特设机构、藩臣(藩国)构成的藩属体制,并在唐朝时期有了进一步发展。对此笔者在《汉唐藩属体制研究》中有系统的阐述。② 由此,农耕族群构建藩属体制以保护农耕地区(被视为中国,多数情况下是指汉代的郡县区域)安全的努力,成为推动东亚地区众多族群

---

① 《旧唐书》卷199上《东夷·高丽传》。
② 参见李大龙《汉唐藩属体制研究》,中国社会科学出版社2006年版。

发生政治乃至经济、文化关系的主要推动力量之一。

从东亚"天下"政治格局的演变看，农耕族群虽然构建起来以藩属体制为特征的政治体，并不断巩固着农耕族群凝聚的结果，但却面临着持续不断的来自北部草原地区游牧族群的南下压力和威胁，长城防御体系的出现即是为克服这种压力和抵御威胁的主要表现。客观现实是，北部草原地区游牧族群构建的游牧行国虽然不像农耕族群所建政权那样被后世政权或学者确立起前后相继的有机联系，但南下侵扰农耕地区进而建立游牧和农耕混合政权却是这些游牧族群共有的愿望和企图，由此在东亚历史上游牧族群的不断南下成为推动东亚众多族群互动的又一个主要动力来源。对于游牧族群的南下，法国学者勒内·格鲁塞撰著的《草原帝国》[①]梳理了从上古开始到清代游牧民族与农耕民族之间的关系，可以说是欧洲学者认识东亚游牧帝国与中原农耕王朝之间互动关系的代表性著作，他对东亚北部游牧族群的频繁南下做了如下阐述："13世纪的忽必烈的功绩只不过是4世纪的刘聪和5世纪的拓跋人的重复。又过二、三代后（如果不被某次民族起义赶出长城的话）这些中国化的蛮族们除了丧失蛮族性格的坚韧和吸收了文明生活的享乐腐化外，从文明中一无所获，现在轮到他们成为蔑视的对象，他们的领土成为那些还留在他们土生土长的草原深处的、仍在挨饿的其它游牧蛮族垂涎的战利品。于是，上述过程又重复出现。"[②]勒内·格鲁塞将游牧族群和农耕族群分别看成了"独立"的个体，试图从单一民族国家的视角去审视这种互动，自然不能很好理解这种"重复"的意义。认为农耕文明对于游牧族群的发展而言是无意义的，这大概也是勒内·格鲁塞认为游牧族群"从文明中一无所获"的主要原因。实际上，从整个东亚的历史长河看，东亚游牧族群频繁南下的这种"重复"，如果从农耕与游牧族群互动，共同构建多民族国家的视角，其意义却是非凡的。因为这种"重复"的南下不仅给东亚各族群的互动带来了动力，促使"天下"格局发生演变，蒙古汗国及其元朝给东亚"天下"格局带来的变化即是有力证据，而且这种"重复"的南下也积极推动着农耕族群和游牧族群的凝聚，每次"重复"都会推动游牧族群和农耕族群的凝聚和整合，最终促成了多民族国家中国的形成和发展。

基于此，笔者认为不断变动是东亚"天下"格局的常态，而以中国中原地区为核心构建藩属体制的政权或族群，以及不断南下并加入这一行动中的游牧行国或族群是推动东亚"天下"格局演变的主要动力，因此多民族国家中国的建构进程决定着东亚

[①] ［法］勒内·格鲁塞著，蓝琪译：《草原帝国》，商务印书馆1998年版。
[②] ［法］勒内·格鲁塞著，蓝琪译：《草原帝国》，商务印书馆1998年版，第15—17页。

"天下"格局的演变状态。而在多民族国家中国的建构中,农耕族群和游牧族群的互动决定着其建构历程,按照游牧行国的兴衰历程、游牧族群的聚散转变,以及其与王朝藩属、农耕族群互动的轨迹,笔者将游牧行国与王朝藩属的互动过程做以下阶段划分:

(一)先秦至秦汉时期(公元1世纪之前),是匈奴游牧行国的出现及与汉王朝藩属体系的碰撞、对峙和交融的时期。这一时期,随着秦汉王朝的出现,农耕族群完成了政权的建构及族群的凝聚,夏、商、周、秦、汉政权的出现及夏人、商人、周人、秦人、汉人称呼的先后出现为我们揭示了其发展轨迹。与此同时,游牧族群开始出现于北部和西部草原地区,经过长期的凝聚发展,至战国时期形成了东胡、月氏、乌孙、匈奴等几个大的游牧行国。秦汉之际,匈奴游牧行国得到进一步壮大,不仅涵盖了整个北方草原地区,而且兼并了东胡、月氏、乌孙等行国,将势力扩展到东起辽河,南至黄河以南,整个西域都成了匈奴游牧行国的范围。西汉初至甘露元年(前53),是匈奴游牧行国和汉王朝藩属体系进入碰撞、对峙的阶段。甘露二年(前52),随着呼韩邪单于南下降汉,匈奴游牧行国虽然地位特殊,但依然是汉王朝藩属体系的重要组成部分,这种状况一直保持到东汉永元三年(91)北匈奴单于"逃亡不知所在"[①]。在这一时期,游牧行国形成和发展的突出特点是,匈奴在众多游牧行国中异军突起,不仅构建起了东起兴安岭,西至葱岭,涵盖整个草原地区的游牧行国,第一次以一个完整的政治体的形式和农耕族群及王朝藩属形成对立,并展开互动关系,而且实现了对游牧族群的第一次凝聚和整合,游牧族群呈现匈奴化趋势。

(二)从"匈奴遁逃"到北魏灭亡,是游牧行国发展并和农耕政权实现对峙的时期,时间大致从永元三年(91)到北魏永熙三年(534)。这一时期,农耕族群建立的东汉逐渐软弱,并最终分裂为魏、蜀、吴三国,经过西晋的短暂"一统","五胡"(匈奴、鲜卑、羯、氐、羌)中原争霸,最终农耕与游牧族群所建政权实现了对峙。而游牧族群的凝聚过程则是,以鲜卑人为主体建立起来的游牧行国强大起来,先是檀石槐在延熹年间(158—166)建立了覆盖北部草原地区的游牧行国并拒绝了东汉王朝的册封,后是拓跋鲜卑人力微在魏甘露三年(258)迁都盛乐(今内蒙古和林格尔县北),晋太元十一年(386)拓跋珪立国为代,后改称魏,史称北魏。在游牧行国基础上发展起来的北魏,不仅将势力范围涵盖了整个北部草原地区,一度定都洛阳,将黄河中下游流域农耕地区

[①] 《后汉书》卷89《南匈奴列传》。

也纳入其有效控制之下,而且将农耕族群建立的王朝势力压至长江流域,形成了二者的对峙,甚至使农耕族群的历史书写发生了根本改变,在游牧行国基础上发展而来的北魏,也成了"中国"王朝的"正统"之一。

(三)从北魏分裂至唐朝灭亡,是农耕政权发展并将游牧族群纳入其藩属体制之中的时期,时间大致从东魏天平元年(534)到后梁开平元年(907)。这一时期,进入黄河中下游农耕地区的游牧族群逐渐融入农耕族群,而在北方和西方草原地区先后出现的柔然、突厥、吐蕃、薛延陀、回纥(回鹘)等游牧行国,虽然一度和王朝藩属形成对峙,但随着游牧族群为主的隋唐王朝的出现,多数情况下则是王朝藩属的组成部分。

(四)从后梁开平元年(907)到明朝建立(1368),是游牧行国和农耕政权互动的第四个时期。这一时期,游牧族群建立的政治体已经超出了单纯的游牧行国的范畴,其涵盖的范围不仅包括了草原地区,也向农耕地区拓展,进而与农耕族群政治体形成隶属关系,甚至将辽阔的农耕地区纳入有效控制之下。先是契丹对后晋积极扶持,后晋皇帝石敬瑭自称"儿皇帝",燕云十六州成为辽的有效控制范围,进而与北宋王朝对峙;后是女真建立的金朝不仅取代辽朝成为草原霸主,而且在绍兴十一年(1141)迫使南宋达成"绍兴和议",以淮河为界,南宋称臣,"中国正统"换位;最后是蒙古兴起于草原地区,蒙古汗国不仅将游牧行国的优势发挥到极致,而且第一次实现了游牧族群主导的中华大地所有地区的"大一统"。

(五)从明朝建立到清朝的"大一统",是游牧行国发展并与农耕族群互动的第五个时期,时间是洪武元年(1368)至1911年。这一时期,先是明朝的出现结束了游牧族群构建的"大一统",使游牧行国和王朝藩属对峙局面重新出现,但王朝藩属具有主导优势;后是兼有渔猎、耕牧多重特征的建州女真建立的后金(清)和游牧族群蒙古联合,再次实现了对中华大地的"大一统",而多民族国家由王朝国家向近现代主权国家的转化不仅使游牧行国和王朝藩属的互动有了一个结果,也将农耕、游牧两大族群纳入了多民族国家"国民"的塑造轨道,使其成为中华民族的重要组成部分。

在农耕族群和游牧族群的互动历史中,我们可以发现其中存在明显的三条主线:一是以中原农耕地区为核心的政权建构及其对农耕族群的凝聚,结果即是"汉人"称呼的出现及其壮大。二是游牧行国的建构及其对游牧族群的凝聚,结果是"匈奴人""突厥人""契丹人"等等称呼的出现,但最终是"蒙古人"的形成与壮大。三是农耕族群和游牧族群互动中政权建构地区的交叉,构建混合政权的努力及族群的混合乃至交融,最终是"秦人""汉人""唐人""中华人"等称呼的出现,最终定名为"中华民族"。第一条主线发展的结果是不断完成着农耕族群的凝聚,第二条主线则是以草原地区游牧族群的蒙古化为结果,而两条主线合力构成的第三条主线则最终实现了多民族国家中国的建构和族群的整合。以上三条主线并没有明确的分野,是交叉存在的,尽管三条主线共同作用的结果是完成了多民族国家中国的建构和不同族群的凝聚(其结果今天被称为"中华民族"),但其影响则不仅仅限于上述费孝通先生所划定的区域,而是波及了亚洲的绝大部分地区,乃至欧洲、非洲部分地区的族群,而东亚其他地区尽管也存在着政权建构及族群凝聚的状态,但多数情况下是被裹挟其中,抑或具有"独立"存在的个性特征,其影响也无法相比。这也是笔者认为多民族国家中国建构的进程决定着东亚"天下"格局的演变状态的最主要的原因。

多民族国家中国建构的进程不仅决定着东亚"天下"格局的演变状态,实际上也是东亚乃至整个世界范围内多数地区政权建构和族群凝聚一般特点的反映:无论是何种政权和族群,都有着由小到大,不断发展,并在发展壮大中结成各种联系的过程。尽管在发展过程中会有分裂和离散,但总的趋势是涵盖较大范围的政权不断出现,由此带动族群在更大范围内的凝聚和融合。值得特别说明的是,当今学术界从"民族国家"视角对东亚历史和现实中众多政权或民族的称呼,多数是对这种政权碰撞、重组与族群凝聚和融合结果的称呼。也就是说,在"民族国家"理论传入东亚之前,东亚不仅存在着独特的对政权建构和族群凝聚认知的理论,而且也存在着协调政权和族群之间关系的有效机制,只不过是近代域外势力的进入破坏了东亚内部政权建构和族群凝聚的环境,更大范围内族群凝聚的过程由此中断,附着于多民族国家中国形成和发展轨道上的周边政权,脱离了多民族国家中国发展的轨道,与中国的关系演变为国际关系,而族群凝聚由此在较小的范围展开,这些政权及其辖境内的族群往往被当今学者称为"民族国家",东亚"天下"格局完成了由传统向近现代国际关系的转变。

第二节 历代王朝边疆治理的理论与实践

当前,有关国家治理体系与治理能力现代化的研究已经成为学界关注的热点,在中国知网可以检索到题名中含有"治理体系"的文献12660篇可以作为一个直接的证据，说明学界对此议题十分关注，发表了众多专门性论文。但综合分析这些专论，对当下我国国家治理体系的探讨占据了绝对优势，而有关中国古代国家治理思想及其实践的探讨虽然也得到了关注，但发表的专门性成果并不多见，以"古代治理思想"为主题词进行检索，得到的检索结果，包括硕士/博士学位论文在内也只有41条。[①] 这说明尽管国家治理体系与治理能力现代化已经成为当今我国国家治理的大政方针，但相关研究成果数量和现实需要似乎还存在一定差距，依然有待加强。

一、王朝国家治理思想与实践

在中国传统王朝的治国理念中，以《诗经·小雅·北山》所载"溥天之下，莫非王土；率土之滨，莫非王臣"为核心内容的"大一统"天下观是重要指导思想，但从历代王朝的治理思想和具体实践看，王朝国家的治理总体呈现"因俗而治""华夷之辨"和"用夏变夷"三大特征。当今中国是历史长期发展的结果，是生息繁衍在中华大地上的众多族群共同缔造的，对历代王朝国家治理经验与教训进行总结可以为当今多民族国家治理体系和治理能力现代化提供借鉴。以下试图对中国历朝各代的国家治理思想及其实践做宏观探讨，目的是为构建有中国特色的中国国家治理历史话语体系提供一个新思路。

（一）追求"大一统"是王朝国家治理的总目标

秦王嬴政并六国建立秦朝，在学界和国民的意识中，秦朝是中国历史上第一个实现统一的王朝，其中的一个重要原因在于秦始皇实现了"平定天下，海内为郡县，法令由一统，自上古以来未尝有，五帝所不及"[②]。而实际上如前所述，有关"一统"的思想早在西周时期就已经萌芽并在春秋战国时期已经明确形成了"大一统"的观念，主要表现即是西周时期形成并付诸实施的服事制和其后出现的"大一统"概念。

西周的服事制见诸上引《国语·周语上》所载："夫先王之制，邦内甸服，邦外侯服，侯卫宾服，蛮夷要服，戎狄荒服。甸服者祭，侯服者祀，宾服者享，要服者贡，荒

---

① 中国知网（https://kns.cnki.net）的检索结果，登录时间：2024年2月13日。
② 《史记》卷6《秦始皇本纪》。

服者王。日祭、月祀、时享、岁贡、终王，先王之训也。"这是周人用以构建以"周王"为核心的"天下"（国家）政治秩序的指导思想，其要义是按照亲疏不同将诸侯据点式分布于地方，并按照甸服、侯服、宾服、要服、荒服等五个等级分别给予祭、祀、享、贡、王等不同的权利与义务，起着藩屏的作用，以维护以"周王"为核心的政治秩序。在这一政治秩序中的周王虽然被视为"天下"政治秩序的核心，且其直接管辖的"王畿"被称为"中国"，但其和其他地方诸侯在实力对比方面并没有绝对性优势，而一旦有地方诸侯势力壮大到影响了这一政治秩序的正常运转，那么周王的政治"核心"地位就会变得有名无实，春秋战国时期诸侯纷争政治格局的出现即充分说明了这一点。面对诸侯争霸所带来的割据和战乱，尤其是对以"周王"为核心的政治秩序的严重冲击，"大一统"思想得以萌芽并随着秦汉统一王朝的出现而成为指导古代王朝国家治理的最高宗旨。迎合中华大地政治格局发展的这一需要，秦王嬴政统一六国建立秦朝成为第一个将"大一统"思想付诸实践的帝王，但将其发扬光大的则是西汉武帝刘彻。汉武帝为构建"大一统"王朝，兴兵弭平南越、闽越和东瓯之间的纷争，设置交阯、九真、日南等九郡，将郡县推广到了今越南中部地区；北击匈奴，收复河南地；东征卫氏朝鲜，设置乐浪、真番、玄菟、临屯等四郡，将郡县推广到了东邻日本海地区；为实现"广地万里，重九译，致殊俗，威德遍于四海"①的政治理想而派遣张骞出使西域，等等。②为了迎合汉武帝构建"大一统"王朝的需要，董仲舒认为："《春秋》大一统者，天地之常经，古今之通谊也。今师异道，人异论，百家殊方，指意不同，是以上亡以持一统；法制数变，下不知所守。"③从天、地、人和谐的视角对开始于秦王嬴政的以"皇帝"为核心的天下秩序的正当性做了诠释，而司马迁的《史记》也是适应了这一需要而撰写的。④

尽管国内外学界对"文明"的界定还存在较大分歧，但应该明确的是"大一统"思想及其实践构成了中华文明的核心内容，这也是西方学者称中国是一个"伪装成国家

---

① 《汉书》卷61《张骞传》。
② 有关汉武帝的"大一统"观念及其实践活动，参见李大龙《汉武帝"大一统"思想的形成及实践》，《北方民族大学学报（哲学社会科学版）》2013年第1期。
③ 《汉书》卷56《董仲舒传》。
④ 参见康宇凤《浅谈〈史记〉对春秋公羊学"大一统"思想的继承与发展》，《内蒙古师范大学学报（哲学社会科学版）》2007年第6期。

的文明"的直接原因。①经过西汉时期的继承和发展,追求中华大地的"大一统"成为众多政权统治者追求的最高政治理想,并引导着中华大地政治格局由分分合合不断走向统一。从三国到西晋、南北朝到隋唐、五代到元、明到清,"大一统"思想就像一只无形的手牵引着中华大地历史发展的走向,"大一统"政治秩序及其不断实践由之成为中华文明的核心内容。在历代王朝的实践中,源出于农耕族群的王朝,如秦、汉、隋、唐、宋、明等尽管实现"一统"的范围各异,但基本上是努力继承和实践着传统的"大一统"思想,而边疆族群尤其是北方游牧族群为主体建立的政权或王朝,则往往在继承传统"大一统"思想的基础上又有进一步的发展,尤其是实现中华大地统一的王朝不仅认同"中华"并以"中国正统"自居,极大拓展了"大一统"实施的范围,最终促成了多民族国家中国的定型。匈奴人刘渊以"汉氏之甥"②身份入主中原,开启了游牧族群继承和实践"大一统"思想的先河,其后鲜卑、突厥、契丹、女真、蒙古、满洲等接续努力,都将实现中华大地的有效管辖视为"大一统"的重要标志和努力奋斗的目标。建立金朝的女真人认为"自古帝王混一天下,然后可为正统"③,而蒙古建立的元朝则有《大元一统志》记录其实践取得的"大一统"疆域,而清朝的统治者不仅将"大一统"视为自己奋斗的终极政治目标,如康熙皇帝建孝陵神功圣德碑记顺治皇帝功绩即有"由是下楚蜀,平浙闽、两粤滇黔,数年之内以次扫荡,遂成大一统之业"④,而且在康熙二十五年(1686)设置了一统志馆作为专门机构,具体负责《大清一统志》的编撰,并先后颁行了数部"一统志""以昭大一统之盛"⑤。由此说明出身满洲的清朝统治者对"大一统"的继承与实践是中国疆域定型于清代的关键性因素之一。

"大一统"思想的本质是建构"天无二日,土无二王,国无二君,家无二尊,以一理之也"⑥的政治秩序。这一政治理想虽然诞生于中原地区的农耕族群中,但为生息繁衍在中华大地上的众多族群所认同并积极付诸实施。从具体实施效果看,农耕族群所建王朝实现了秦汉、隋唐的"大一统",而游牧族群所建立的王朝在农耕王朝"大一统"

---

① 参见[美]塞缪尔·亨廷顿著,周琪译《文明的冲突》,新华出版社2013年版;[英]马丁·雅克著,张莉等译《当中国统治世界:中国的崛起和西方世界的衰落》,中信出版社2010年版。
② (宋)司马光编著,(元)胡三省音注:《资治通鉴》卷85,惠帝永兴元年十月条。
③ 《金史》卷84《耨盌温敦思忠传》。
④ 《清圣祖实录》卷25,康熙七年正月庚戌条。
⑤ 《清高宗实录》卷131,乾隆五年十一月甲午条。
⑥ 《旧唐书》卷27《礼仪七》。

的基础上则实现了元、清两代更大范围的"大一统"。① 正是在这一政治理想的主导之下，中华大地先后出现了由农耕族建立的汉、唐等王朝的"大一统"，由游牧族群建立的辽、金到元实现了更大范围的"大一统"，并在清代由满洲人建立的清朝最终实现了国家疆域由传统王朝时期"有疆无界"的疆域状态到现代主权国家时期"有疆有界"疆域状态的转变。② 遗憾的是这一转变过程被进入亚洲的西方殖民势力1840年发动的鸦片战争中断了，中华民族共同体的"家园"最终底定为960万平方公里陆上领土、300万平方公里海疆。

（二）"因俗而治"是王朝国家治理的总原则

尽管历代王朝统治者将"大一统"作为最高政治追求，但治理国家的现实却是要面对如何管理中华大地上文化各异的众多人群，于是"因俗而治"就成为历代王朝国家治理的一个重要指导原则。

"一方水土养一方人"是流传至今的俗语，实际上早在先秦时期中原农耕地区的古人就认识到了这一点，并有了按照物质文化的不同而划分人群的做法，这就是上引《礼记·王制》的记载："凡居民材，必因天地寒暖燥湿，广谷大川异制。民生其间者异俗，刚柔轻重迟速异齐，五味异和，器械异制，衣服异宜。修其教，不易其俗；齐其政，不易其宜。中国戎夷，五方之民，皆有其性也，不可推移。东方曰夷，被发文身，有不火食者矣。南方曰蛮，雕题交趾，有不火食者矣。西方曰戎，被发衣皮，有不粒食者矣。北方曰狄，衣羽毛穴居，有不粒食者矣。中国、夷、蛮、戎、狄，皆有安居、和味、宜服、利用、备器，五方之民，言语不通，嗜欲不同。"依据居住方式、饮食习惯、服饰、语言等生产生活方式的不同，不仅将中华大地上的人群分为"五方之民"，而且提出了"修其教不易其俗，齐其政不易其宜"的治理思想。先秦时期形成的这一观念，成为其后历朝各代所推崇的"因俗而治"治理原则的直接源头。

当今学者一般将"因俗而治"视为历代王朝边疆治理所遵循的原则，而实际上这样的认识并不全面，因为这一原则并不仅仅限于历代王朝对边疆的治理，也是历代王朝

---

① 有关农耕与游牧王朝对"大一统"思想的继承与实践，参见李大龙《农耕王朝对"大一统"思想的继承与发展》，《云南师范大学学报（哲学社会科学版）》2020年第6期；《试论游牧王朝对"大一统"思想的继承与实践》，《西北民族研究》2021年第2期。

② 参见李大龙、铁颜颜《"有疆无界"到"有疆有界"：中国疆域话语体系建构》，《思想战线》2020年第3期。

整个治国理念的主要内容，对中原农耕地区和边疆实施不同的治理方式即是突出表现。如果说按照亲疏关系的不同将诸多诸侯据点状安置分布在各地以卫护以"王"为核心的政治秩序是夏商周三代的做法，那么在秦王嬴政统一六国建立秦朝之后，"分天下以为三十六郡，郡置守、尉、监"，并在"地东至海暨朝鲜，西至临洮、羌中，南至北向户，北据河为塞，并阴山至辽东"的辽阔地区，"一法度衡石丈尺，车同轨，书同文字"，[1]却不仅催生了"华夏（中国）"概念的出现，也开创了历代王朝尤其是"大一统"王朝将国家治理分为"华夏（中国）"直接管辖和"四夷（边疆）"间接管辖"二元"结构治理方式的先河。汉朝在秦朝的基础上，"攘却胡、越，开地斥境，南置交阯，北置朔方之州，兼徐、梁、幽、并夏、周之制，改雍曰凉，改梁曰益，凡十三（郡）〔部〕，置刺史"[2]，拓展了郡县管理区域，而在郡县之外的区域则设置护乌桓校尉、护羌校尉、西域都护、属国都尉等特殊机构进行管理，同时对更外围的匈奴等在册封基础上确立了以册封和朝见等为主要特征的政治隶属关系，实施羁縻统治。汉代在"以俗而治"原则下确立的这种治理原则可以视为是对秦朝所形成的"二元"结构治理方式的再次实践，并对唐代人形成了重要影响。"中国百姓""四夷之人"是"二元"结构治理在唐代人国家治理思想中的形象体现，唐朝在国家治理中对直接管辖区域实施府州治理方式，而对辽阔的边疆地区则采取在安东、安北、单于、安西、北庭、安南等都护府体制下设置众多羁縻府州进行治理，即《新唐书·地理七》所载："唐兴，初未暇于四夷，自太宗平突厥，西北诸蕃及蛮夷稍稍内属，即其部落列置州县。其大者为都督府，以其首领为都督、刺史，皆得世袭。虽贡赋版籍，多不上户部，然声教所暨，皆边州都督、都护所领，著于令式。今录招降开置之目，以见其盛。其后或臣或叛，经制不一，不能详见。突厥、回纥、党项、吐谷浑隶关内道者，为府二十九，州九十。突厥之别部及奚、契丹、靺鞨、降胡、高丽隶河北者，为府十四，州四十六。突厥、回纥、党项、吐谷浑之别部及龟兹、于阗、焉耆、疏勒、河西内属诸胡、西域十六国隶陇右者，为府五十一，州百九十八。羌、蛮隶剑南者，为州二百六十一。蛮隶江南者，为州五十一，隶岭南者，为州九十二。又有党项州二十四，不知其隶属。大凡府州八百五十六，号为羁縻云。"[3]唐人对直接和间接实施不同管理方式的两大区域的不同认识可以视为中国传统王朝国家

---

[1] 《史记》卷6《秦始皇本纪》。
[2] 《汉书》卷28上《地理志上》。
[3] 《新唐书》卷43下《地理志七下》。

治理原则的典型代表,同时也是"因俗而治"原则得以实施的思想基础。在这一认识的主导下,尽管之后的历代王朝在国家治理上存在差异并具有不同特点,但以"华夏(中国)"为中心立国的历代王朝坚持对"华夏(中国)"实施直接管辖,对其外的"四夷(边疆)"区域实施以羁縻为特点的治理方式,则成为共同的特征。

"二元"结构的治理方式在游牧族群所建王朝国家治理过程中虽然也有继承,但却呈现不同的特点,突出的表现是在保持"二元"结构治理方式的同时,对境内的不同族群实施不同的治理方式与政策。西晋以来,匈奴、鲜卑、羯、氐、羌所谓"五胡"进入中原地区建立的政权,尽管被视为"五胡乱华",但其对境内"胡""汉"族群即是采取两种不同的治理方式,而契丹人建立的辽朝则在此基础上更明确提出了"官分南、北,以国制治契丹,以汉制待汉人。国制简朴,汉制则沿名之风固存也。辽国官制分北、南院。北面治宫帐、部族、属国之政,南面治汉人州县、租赋、军马之事。因俗而治,得其宜矣"①的治国方略,对辖境内的契丹人和汉人及其他属国分别实施不同的管理方式并将其制度化。如果说辽朝对"因俗而治"思想的实践是"五胡十六国"的延续,那么蒙古人建立的元朝在一定程度上甚至可以称为是在此基础上的一种创造性发展。元朝一方面一改之前历代王朝将辖境分为直接和间接统治的方式,试图用行省制度谋求对"大一统"疆域的直接管理,另一方面在具体治理方式上也有创造,尤其是将境内百姓分为蒙古、色目、汉人和南人等四个不同群体,实施不同的管理政策,即是元朝将"因俗而治"治理思想创造性实践的表现。《南村辍耕录·氏族》对于"四等人"划分中的蒙古人、色目人和汉人有明确的记载。分布在草原地区的"阿剌剌、札剌儿歹、忽神忙兀歹"等72个游牧部落被视为"蒙古",是元朝统治者认定的核心群体;来源于西域的"畏吾兀、回回、乃蛮歹"等31种人则被视为"色目",是重要的依靠群体,位居二等;分布在原北宋辖境内的"契丹、高丽、女直、竹因歹、术里阔歹、竹温、竹赤歹、渤海"等8种人则被视为"汉人",是第三类群体。虽然该记载接下来对作为第四类群体的"南人"没有明确记述,但"南人"一词也频见于《元史》等史书之中。尽管有学者质疑元朝存在"四等人"制度②或用"民族歧视"③来评价这一治理方式,但都无法否认元代"四等人"现象的存在,更无法否认"四等人"的划分促成了元代"蒙古人""汉

---

① 《辽史》卷45《百官志》。
② 张帆、刘芳芳:《我的学术历程——张帆教授访谈录》,《历史教学》2019年第22期。
③ 田继周等:《中国历代民族政策研究》,青海人民出版社1993年版,第220—254页。

人""回回人"群体壮大的事实。

满洲人建立的清朝虽然集农耕王朝和游牧王朝治理思想与实践之大成，但迄至1840年鸦片战争爆发之前，按照《清史稿·地理一》的记载，清朝统治者不仅没有彻底改变前代所遵循的"因俗而治"治理方式，反而将其发挥到了极致。清朝统治者依然视"中国一十八省之地"是"统御九有，以定一尊"的腹心区域。在其外围的"哈达、辉发、乌拉、叶赫及宁古塔诸地"是清朝的"龙兴之地"，治理方式不同，设置将军管辖；"旧藩札萨克二十五部五十一旗"，"新藩喀尔喀四部八十二旗，青海四部二十九旗，及贺兰山、厄鲁特，迄于两藏"及"大小金川，收准噶尔、回部，天山南北二万余里"等辽阔的边疆地区，则属于向清朝称臣的区域，被称为"藩部"，设置将军、驻扎大臣等军府管理机构，羁縻管理性质突出；朝鲜、琉球、安南、暹罗、缅甸、南掌、苏禄诸国等则为和清王朝保持着密切的称臣纳贡关系的"属国"。[①] 因此，虽然雍正皇帝自己称清朝实现了"大一统太平盛世"[②]，也存在着追求"一体化"的努力，但从划分不同区域实施不同管理方式的国家治理实践看，其治理思想依然遵循着"因俗而治"的原则。

值得关注的是，从历代王朝的具体实践看，虽然历代王朝依据"因俗而治"的原则将辖境分为直接和间接两种不同的管辖区域，但直接管辖区域不断向边疆拓展，王朝对边疆的控驭能力持续强化则是一种明显的发展趋势。需要特别提及的是，清朝在总结元朝实践的基础上使直接管辖区域不断向外拓展的趋势在清代达到了一个高潮，但随着西方殖民势力进入东亚而停滞。进入近代，在殖民势力蚕食鲸吞的压力下，清末新政虽然推动了东北、北部和新疆等边疆地区的建省，国家对边疆的治理虽然依旧体现"一体化"的趋势，但清朝作为最后一个王朝已经是强弩之末，边疆建省等虽然在一定程度上强化了王朝对边疆的控制能力，但也并没有能够真正实现国家对边疆地区的"一体化"治理。

（三）"华夷之辨"是王朝国家治理与政治博弈的有力武器

既然在中国古人的意识中随着秦朝的出现，"天下"由"中国、戎、夷，五方之民"变为了"中国（诸夏或华夏）"与"四夷"构成的二元社会，那么处理这两大群体之间

---

① 《清史稿》卷54《地理一》。
② 《清世宗实录》卷86，雍正七年九月癸未。

的关系自然构成了历代王朝国家治理的主要内容。在以往的研究中,"华夷之辨"往往被学者们视为历代王朝治理境内两大群体的指导原则,但实际上这种认识只是揭示了"华夷之辨"在国家治理实践中的一个方面,忽略了其也是历代王朝尤其是在中华大地处于分立或对峙时期各王朝政治博弈过程中谋求"正统"地位的有力武器。

"内诸夏而外夷狄"[①]是在先秦时期就已经出现的观念,最初主要是针对"诸夏"与"夷狄"的分布区域而言的,是传统"天下观"的核心内容,只是"诸夏"和"夷狄"的分布范围并非一成不变,随着秦王嬴政统一六国以及郡县体制的持续推行,不属于"诸夏"的楚人和秦人也成为"诸夏"的涵盖范围,"诸夏"一词也由此逐渐和"中国""华夏"混用,用于指称以中原为中心的农耕地区及活动在其上的人群,并发展为隐含着指称以"诸夏"为核心的"大一统"的天下政治秩序。这一政治秩序虽然经过两汉王朝的实践得到了进一步强化,但魏、蜀、吴三足鼎立局面的出现不仅让"大一统"政治秩序遇到了来自"诸夏"内部的挑战,而且随着匈奴、鲜卑、羯、氐、羌等"五胡"的内迁,"诸夏"为"天下"核心的分布格局也面临着巨大压力。匈奴人的内迁虽然早在西汉武帝设置"五属国"时期就已经存在,但大规模内迁则是在东汉初期。建武二十四年(48),匈奴分裂为南北匈奴,南匈奴单于比率领属部南下称臣,接受东汉王朝使匈奴中郎将的管理,从而开始了匈奴大规模内迁中原的步伐。建武六年(30)东汉虽然恢复了护羌校尉的设置,但和西羌的关系在整个东汉时期一直处于紧张的对抗状态,氐、羌等随着东汉西部郡县的内迁也开始了内迁活动。鲜卑的内迁较早,随着匈奴势力的衰弱而崛起于东汉时期,并取代匈奴成为草原霸主。三国时期,曹魏和蜀汉的军事对峙使西北的氐、羌成为双方争夺的对象,而曹魏有计划的内迁政策成为"关中之人百余万口,率其少多,戎、狄居半"[②]的诱因之一。分布格局的演变催生了"内诸夏而外夷狄"意识的强化,其突出表现即是西晋江统《徙戎论》的出现。有感于"五胡"内迁对族群分布格局尤其是"大一统"政治格局带来的冲击,《晋书·江统传》载:"时关陇屡为氐羌所扰,孟观西讨,自擒氐帅齐万年。统深惟四夷乱华,宜杜其萌,乃作《徙戎论》。"将内迁的"五胡"迁出自然是不现实也是难以实施的主张,而"四夷乱华"的结果则是以匈奴人刘渊汉政权的成立为开端,在中华大地上先后出现了被称为"五胡乱

---

① 《汉书》卷94下《匈奴传下》。
② 《资治通鉴》卷83,元康九年正月条。

华"的"五胡十六国",而面对"五胡荐食,竞谋诸夏"①的政治格局,"华夷之辨"成为诸多政权标榜"正统"、整合境内族群以打击异己势力的锐利武器。建立前秦的氐人苻坚说"吾统承大业垂二十载,芟夷逋秽,四方略定,惟东南一隅未宾王化。吾每思天下不一,未尝不临食辍铺"②,说明其心目中的"华"代表的是自己,而"夷"则指向了东晋,是应该被"王化"的对象。这种情况到南北对峙时期则出现了变化,南梁大臣陈庆之在出使北魏洛阳之后言:"吾始以为大江以北皆戎狄之乡,比至洛阳,乃知衣冠人物尽在中原,非江东所及也。"③"衣冠人物"是"中华"的另类表述,说明在陈庆之的意识中,一方面鲜卑人建立的北魏已经由"戎狄"变为"中华",另一方面也说明北魏对传统"大一统"观念的继承与实践得到了部分南朝士人的承认,故而被视为"中华"的代表。

与东晋南北朝时期南朝丧失了对中原地区的统治不同,宋辽金时期由于宋朝重新恢复了在中原地区立国,"中国"一词也重新成为中华大地上诸多王朝争夺"正统"的旗帜,石介的《中国论》、欧阳修的《正统论》就是在这种政治格局下出现的。"夫天处乎上,地处乎下。居天地之中者曰中国,居天地之偏者曰四夷。四夷外也,中国内也"。这是石介沿用传统的"内诸夏而外夷狄"观念来认定宋朝是"中国"的理由。占有了燕云十六州而与宋朝对峙的辽朝面对宋人的质疑则躲开了"中国"一词而从祖源上入手,以"辽之先,出自炎帝,世为审吉国"④来阐明其正统性,"国家系轩辕黄帝之后"⑤等类似的祖先记忆也屡屡出现在墓志中。"自建炎之后,中国非宋所有"⑥,占有了中原地区的金朝则具有了"中国"身份,金人的相关表述也自然频繁出现在《金史》中,而从"以宋政令不常,有改事中国之意"⑦的记载看,在吐蕃人的眼中金朝也被视为"中国"。由此可见,占据中原地区似乎是获得"正统"被视为"中国"的重要条件之一,但也有特殊情况存在。实现了涵盖中原地区"大一统"的元朝虽然自称为"中国"并缺失了竞

---

① 《陈书》卷1《高祖本纪》。
② 《晋书》卷114《苻坚载记》。
③ 《资治通鉴》卷153,后梁中大通元年闰月条。
④ 《辽史》卷2《太祖纪下》。
⑤ 袁海波、李宇峰:《辽代汉文〈永清公主墓志〉考释》,《中国历史文物》2004年第5期。
⑥ 王恽:《秋涧先生大全文集》卷100《玉堂嘉话卷之八》,四库全书初编本。转引自赵永春《从复数"中国"到单数"中国"——中国历史疆域理论研究》,黑龙江教育出版社2014年版,第423页。
⑦ 《金史》卷98《完颜纲传》。

争的对象，但明朝的建立者朱元璋却援引"自古帝王临御天下，中国居内以制夷狄，夷狄居外以奉中国，未闻以夷狄居中国治天下者也"为理由，以"驱除胡虏，恢复中华"为口号推翻了元朝的统治。"华夷之辨"不仅成为明朝确立"正统"的有力武器，而且"中华"也成为明朝打乱元朝"四等人"划分，重新整合境内百姓，构建"天下"统治秩序的现实需求，即所谓"胡服、胡语、胡姓一切禁止……于是百有余年胡俗悉复中国之旧矣"①。"华夷之辨"在历代王朝争夺"正统"中的作用由此可见一斑。

清朝在实现了中华大地的"大一统"后，也同样面临着以曾静、吕留良为代表的中原儒士对其"正统"地位的质疑，只是满洲人建立的清朝集历代王朝国家治理之大成，不仅实现了中华大地的"大一统"，更是公开反对"华夷之辨"，雍正皇帝则撰著《大义觉迷录》，认为前代疆域不能广大的原因就在于有华夷"此疆彼界之分"，而"我朝入主中土，君临天下，并蒙古，极边诸部落俱归版图。是中国之疆土开拓广远，乃中国臣民之大幸，何得尚有华夷中外之分论哉"②。雍正皇帝的这一表述虽然有自夸的成分，但也在一定程度上说明了"华夷之辨"观念对历代王朝国家治理以及多民族国家疆域形成与发展所产生的重大影响。遗憾的是，雍正皇帝撰写的《大义觉迷录》被乾隆皇帝列为禁书并没有得到广泛传播。

（四）"用夏变夷"是王朝边疆治理的有效手段

"用夏变夷"在以往学者的研究中往往被视为"汉化"或"民族同化"，但从历代王朝的治理实践看，情况并非如此简单。一般而言，处于分裂状态或没有实现"大一统"的王朝往往强调"华夷之辨"，疏于对边疆的治理，集中力量以保障王朝对直接管辖区域的有效统治，而实现"大一统"或较大范围"一统"的王朝则往往将"用夏变夷"用于指导王朝国家的治理尤其是边疆治理的实践。同时也需要特别指出的是，"用夏变夷"之"夏"是指源自以"诸夏"为中心的"大一统"政治理念，并非具有族群含义的"诸夏"或"汉族"。所谓"用夏变夷"主要是历代王朝统治者希望通过政治、经济、文化的"一体化"而达到政治秩序稳定发展的另类表述。

"用夏变夷"在先秦时期就已经用于边疆治理，目的是实现"六合同风，九州共贯

---

① 《明太祖实录》卷30，洪武元年二月壬子条。
② 《清世宗实录》卷86，雍正七年九月癸未条。

也"①，即实现王朝统治区域内政治、经济、文化等诸多方面的"一体化"。在历代王朝的实践中，尽管遗留下的史书对历代王朝经略边疆的记载多是武力征服，以往的论著也给予了很多褒贬不一的评价，但难以否认的是发生战争的年份并不占多数，即便是在西汉和匈奴长期对峙中也存在着"北边自宣帝以来，数世不见烟火之警，人民炽盛，牛马布野"②的局面，和平相处还是常态，只是由于没有突发事件史书缺乏具体记载而已。在如西汉和匈奴之间这种"不见烟火之警"的时期，历代王朝的边疆治理更多体现出柔性一面，而贯穿其中的指导思想即是"用夏变夷"，即通过非军事的方式达到治理的目的。值得关注的是，"用夏变夷"虽然有时候是作为战争的补充形式出现的，但更多的时候则是体现为文化的交流和治理方式的"一体化"。

"用夏变夷"作为战争的补充形式最突出的案例是西汉时期刘敬提出的对匈奴的和亲建议。长期以来，学界对刘敬和亲建议的关注主要集中在嫁公主给匈奴单于方面，故而给出了"书生气十足"和"屈辱"的评价，但实际上刘敬的和亲建议是由"以适长公主妻之""厚奉遗之""使辩士风谕以礼节"三项内容构成的，目的是"可以计久远子孙为臣"匈奴，是具有"用夏变夷"特征的进攻性政策。③《汉书·匈奴传》用大量篇幅完整记载了西汉使者和代表匈奴的中行说有关"匈奴俗贱老""父死，妻其后母；兄弟死，尽妻其妻。无冠带之节，阙庭之礼"等价值观念和习俗优劣的辩论，同时也记载了中行说向匈奴单于表达的对西汉"厚奉遗之"的担心："今单于变俗好汉物，汉物不过什二，则匈奴尽归于汉矣。"这些记载都充分说明了刘敬的和亲建议完美体现了"用夏变夷"的思想，即通过经济、文化的交流交往交融，以达到使匈奴臣服的目的。当然这一过程并非像军事征服那样很快取得效果，所以刘敬明告汉高祖刘邦是"计久远子孙为臣"。尽管针对和亲是否取得了效果，在汉武帝时期就存在不同认识，且汉武帝用战争取代了和亲，但从匈奴的最终结果看，和亲的影响应该还是有的。一个实现了对辽阔草原"大一统"的强大匈奴政权，在甘露二年（前52）称臣于西汉接受册封，固然与汉武帝时期持续的军事进攻以及自然灾害和内部出现纷争有关，但匈奴在东汉时期内迁并最终融入中华民族形成与发展的洪流中，"用夏变夷"思想指导下的和亲等柔性政策的

---

① 《汉书》卷72《王吉传》。
② 《汉书》卷94下《匈奴传下》。
③ 《史记》卷99《刘敬列传》。有关讨论，参见李大龙《"用夏变夷"与西汉初期刘敬的"和亲"建议》，《内蒙古社会科学》2000年第3期。

持久实施应该也发挥了潜移默化的作用。

如果说刘敬的和亲建议是对战争形式的补充,那么西汉景帝时期的蜀郡太守文翁通过兴办学校让"辟陋有蛮夷风"的蜀地变为"蜀地学于京师者比齐鲁焉",并推动"天下郡国皆立学校官"①,则是"用夏变夷"思想在和平时期具体实施的典型代表。类似文翁通过兴办学校推动边疆地区文化发展,进而实现王朝对边疆的有效治理的例证并非鲜见,《后汉书·循吏传》载:东汉初期任延为九真太守,"九真俗以射猎为业,不知牛耕,民常告籴交阯,每致困乏。延乃令铸作田器,教之垦辟。田畴岁岁开广,百姓充给。又骆越之民无嫁娶礼法,各因淫好,无适对匹,不识父子之性,夫妇之道。延乃移书属县,各使男年二十至五十,女年十五至四十,皆以年齿相配。其贫无礼娉,令长吏以下各省奉禄以赈助之。同时相娶者二千余人。……于是徼外蛮夷、夜郎等慕义保塞,延遂止罢侦候戍卒"。不过在历代王朝的国家治理尤其是边疆治理实践中,明朝是明确倡导"用夏变夷"并取得显著效果的王朝。朱元璋在洪武十一年(1378)凉州卫接受故元降众时即明确提出:"人性皆可与为善,用夏变夷,古之道也。今所获故元官并降人,宜内徙,使之服我中国圣人之教,渐摩礼义,以革其故俗。"②朱元璋的这一旨意基本奠定了"用夏变夷"思想在明朝国家治理政策中的重要指导地位。明朝将"用夏变夷"思想用于指导国家及边疆治理,具体政策体现即是通过广设儒学希望得以实现"移风善俗,礼为之本,敷训导民,教为之先,故礼教明于朝廷,而后风化达于四海"③的目的。此既是明朝统治者公开表达的"安边之道"④,明言是要达到"变其土俗同于中国"⑤,同时也是治国之策,史载:"郡县之学,与太学相维,创立自唐始。宋置诸路州学官,元颇因之,其法皆未具。迄明,天下府、州、县、卫所,皆建儒学,教官四千二百余员,弟子无算,教养之法备矣。"⑥明朝"移风善俗"和推广儒学等政策的实施,不仅弥补了其武备不足的缺憾,而且也成为其对辽阔边疆实施羁縻统治的有效手段。

值得关注的是,"用夏变夷"思想不能简单地以"汉化"视之,因为如明朝那样通过兴办学校推广儒学只是其中的表象之一,作为治理体系中的重要指导思想,其内涵

---

① 《汉书》卷89《循吏传》。
② 《明太祖实录》卷117,洪武十一年二月乙未。
③ 《明太祖实录》卷202,洪武二十三年五月己酉。
④ 《明太祖实录》卷239,洪武二十八年六月壬申。
⑤ 《明太祖实录》卷150,洪武十五年十一月甲戌。
⑥ 《明史》卷69《选举一》。

十分丰富，清朝在国家治理尤其是边疆治理过程中即将这一指导思想发挥到了极致。如前所述，清朝统治者公开反对"中外华夷"之分，"用夏变夷"思想对其国家及边疆治理的影响更多的是体现在对"一体化"目的的追求方面。在《清实录》和《清史稿》中，"一体"一词是出现频率非常高的词语，共出现了8595次，很多是出现在清朝统治者的诏令中，显示着"一体"在清朝统治者思想中占据着非常重要的位置。清太祖努尔哈赤言："所谓公正者，推己之心以及于人，视为一体之谓也。"① 因为在清朝的统治体系中存在着"满洲根本"的意识，所以"满汉之人均属一体"②"四海一家、中外一体"③"夷汉一体"④ 等频见于清朝皇帝的诏令中以体现所谓的"公正"。在清朝的国家治理中，雍正皇帝强力推行的对南部土司地区的"改土归流"应该是在管理体制上追求和实现"一体"的突出表现，对此以往的论著已经有详略不同的阐述，没有必要再赘述。⑤ 在此需要特别指出的是清朝在法律制度建设方面所体现出的对"一体"的追求。从表面上看，为了对边疆地区实施有效管辖，清朝先后分别针对蒙古、新疆、青海、西藏等地区出台了《理藩院则例》《蒙古律例》《回疆则例》《番例条款》《西宁青海番夷成例》《酌定西藏善后章程十三条》《钦定西藏章程》等一系列的法律，似乎体现着"因俗而治"的原则，但实际上早在天命七年（1622）二月努尔哈赤在宴请蒙古科尔沁王公时就明确表示"若旧恶不悛，即以国法治之"⑥。皇太极也曾经在天聪三年（1629）"敕谕于科尔沁、敖汉、奈曼、喀尔喀、喀喇沁五部落，令悉遵我朝制度"⑦。乾隆二十四年（1759），清朝平定大小和卓之乱，"各部归一"，乾隆皇帝也有"今为我属，凡事皆归我律更章"⑧ 的表述。乾隆二十六年（1761）十月伊斯拉木刺杀和卓案件的处理最终是按照乾隆皇帝指示"此案特因伊斯拉木稍有劳绩，是以格外加恩，否则

---

① 《清太祖实录》卷4，乙卯年五月庚戌。
② 《清太宗实录》卷1，天命十一年八月丙子。
③ 《清圣祖实录》卷112，康熙二十二年九月癸未。
④ 《清高宗实录》卷477，乾隆十九年十一月。
⑤ 有关改土归流的论著甚多，参见龚荫《中国土司制度》，云南民族出版社1992年版；李世愉《清代土司制度论考》，中国社会科学出版社1998年版；李大龙《多民族国家构建视野下的土司制度》，《云南师范大学学报（哲学社会科学版）》2012年第6期。
⑥ 《满洲实录》卷7，天命七年二月。
⑦ 《清太宗实录》卷5，天聪三年正月辛未。
⑧ 阮明道笺注，刘景宪译注：《西域地理图说注》卷2《官职制度》，延边大学出版社1992年版，第62页。

按律定拟，断不姑宽，仍晓示回众知之"①。由此看，尽管有了上述显示"因俗而治"的法律，但在具体治理过程中依然有着贯彻《大清律》（国法）的倾向，体现着清朝统治者"一体"的意愿。

综上所述，尽管最初中华大地的人群被分为"中国、戎、夷，五方之民"，但随着秦汉王朝的出现，不仅人群演变为"华夏（中国）"和"四夷（边疆）"两大群体，而且据点型的服事制治理方式也发展为王朝的直接统治和间接羁縻统治两类区域，并形成了以"皇帝"为核心的"大一统"政治秩序。秦汉以后的中华大地，虽然存在着以历朝各代为主要体系的诸多王朝或政权，但追求"大一统"是这些王朝或政权统治者的最高政治理想和追求，由此也导致了中华大地的政治格局呈现由"多元"（分离、分裂与对峙）到"一体"（局部统一与"大一统"）的演变轨迹。尽管建立者不同，但针对不同群体"因俗而治"却是历代王朝国家治理过程中遵循的总原则，只是游牧族群所建王朝不仅推动着"因俗而治"向"一体化"方向发展，而且也创新着族群划分的标准，尤其是元朝"四等人"的出现，而清朝则试图弥合"华夷中外"。与此同时，"华夷之辨"思想尽管在先秦时期就已经出现，但在西晋时期由于"五胡"的内迁而得到强化，《徙戎论》的出现即是标志。不过"五胡十六国"的出现以及鲜卑人建立的北魏与南朝的对峙，导致了"华夷之辨"内涵的变化，主要体现为"华""夷"的具体所指沦为各王朝与政权争夺"正统"的有力武器。五代之后，宋辽金夏各王朝的分立，各王朝聚焦于"中国"而展开的对"正统"的纷争，可以视为东晋南北朝时期围绕"中华"产生分歧的延续。元、清两朝尽管实现了中华大地的"大一统"，但也并没有摆脱"华夷之辨"的重大影响。尽管"华夷"在中国历史上所指的两大群体存在换位和涵盖范围变化的情况，但"用夏变夷"却是历代王朝国家治理希望达到的最终目的。将"用夏变夷"视为"汉化"并不准确，从历代王朝的具体实践看，其本质是实现王朝统治区域内政治、经济、文化等诸多方面的"一体化"，目的依然是巩固和加强王朝国家对边疆的有效治理。总之，历代王朝对边疆的治理不同于其他地区，体现着中国特色，根植于中国传统的族群观和"大一统"的天下观，多民族国家中国的形成与发展、中华民族的形成与发展，乃至中华文明的延绵不断的深层次原因或许就深藏其中。

---

① 《清高宗实录》卷646，乾隆二十六年十月癸酉。

二、王朝国家治边政策的继承与发展

历代治边政策与边疆治理,一直以来都是学界关注的热点,也已经取得了丰硕的成果,其中《中国古代边疆政策研究》①《中国边疆经略史》②及《中国历代民族政策研究》③是世纪之交的代表性成果。前两者分朝代对历代王朝的治边政策、管理机构等做了系统归纳,后者则是分朝代对历代王朝的民族观与民族政策进行了概述。但是,由于已有的成果多缺乏总体性阐述,并没有将历代王朝的治边政策视为一个整体进行探讨,难以系统诠释历代王朝治边政策的演变轨迹,因而还是有必要对历代王朝的治边政策做系统梳理,在阐述不同时期治边政策具有不同特点的同时,更要揭示其前后相继的内在联系,以补已有研究之不足。

在传统"天下观""大一统""夷夏观"及"羁縻"思想的影响下,历代王朝多依据国力强弱、边疆形势而采取不同的边疆治理政策,总体上看,尽管历代王朝的治边政策各有特点,但也存在着不断继承和发展的内在联系,而边疆治理方式的不断"内地化"和边疆地区最终和内地融为一体,成为中国疆域重要组成部分的结果,即是这种内在联系的重要表现。

(一)"守在四夷":秦汉传统治边政策的确立

尽管"边疆"之概念在先秦时期的典籍《左传》中就已经出现,但由于先秦三代的疆域主要是在中原地区,其边疆治理的一些思想是在秦汉时期随着"大一统"王朝的出现而得以付诸实施的,因此对历代王朝边疆治理而言,秦汉是历代王朝边疆治理的开端和奠基者。

秦王嬴政统一六国实现了"平定天下,海内为郡县,法令由一统",为保持"始皇帝"的权威,废除分封制,"分天下以为三十六郡,郡置守、尉、监",将"地东至海暨朝鲜,西至临洮、羌中,南至北向户,北据河为塞,并阴山至辽东"的辽阔地区纳入皇

---

① 马大正主编:《中国古代边疆政策研究》,中国社会科学出版社1990年版。
② 马大正主编:《中国边疆经略史》,中州古籍出版社2000年版。
③ 田继周等:《中国历代民族政策研究》,青海人民出版社1993年版。

帝的直接管辖之下。① 随着中原地区在政治经济文化诸多方面的"一体化"，中华大地被分为郡县和非郡县两个区域，而相应地生息繁衍在其上的百姓也被分为"秦人"（华夏）和"夷狄"两大族群，对"秦人"（华夏）的管理由皇帝所任命的"郡置守、尉、监"负责，实施直接的管辖，而对"夷狄"的管理则在中央设置了典客与典属国负责处理有关事务，在地方则是设置道的机构进行管理。

秦朝立国短暂，其治边政策虽然未能有机会得以全面实施，但有以下数项对后代影响深远。

1. 设置主管边疆事务的中央和地方机构

《汉书·百官公卿表》载，典客和典属国都是秦朝设置的中央机构，前者"掌诸归义蛮夷"，后者"掌蛮夷降者"，二者管理的对象不同。所谓"归义蛮夷"应该是指在郡县区域之外和秦朝存在一定政治隶属关系的族群或政权，秦朝对其的管理不是直接的。"蛮夷降者"则是指在郡县区域之内接受秦朝管辖的族群。相应地，在秦简或出土文献中，与秦朝边疆事务有关的官职是"臣邦"和"外臣邦"，其管理职责和方式大体应该和"典客""典属国"对边疆族群的管理有关。② 至于地方上"道"的设置，则简记为"有蛮夷曰道"，是属于郡下县级管理机构，应该是为管理县内的"蛮夷降者"而设置，显示在管理方式和政策上"秦人"和"蛮夷"还是存在差别的。遗憾的是，由于秦朝立国短暂，记载匮乏，其具体情况如何已经难览其详了，不过秦朝这些机构的设置却对以后的历朝各代边疆政策的制定和实施起到了奠基作用。

2. 构筑长城防御体系，分隔农耕与游牧两大族群

秦朝在边疆管理上的一大举措是沿用了春秋战国时期齐、燕、赵、秦等修建长城防范北部游牧族群的方式，试图分隔农耕和游牧两大族群，以保障农耕区的安全。《史记·匈奴列传》载："后秦灭六国，而始皇帝使蒙恬将十万之众北击胡，悉收河南地。因河为塞，筑四十四县城临河，徙适戍以充之。而通直道，自九原至云阳，因边山险堑溪谷可缮者治之，起临洮至辽东万余里。又度河据阳山北假中。"秦的长城防御体系并非简单地将战国时期各国的长城连接起来分兵戍守，而是还有"直道""移民"等措施配合，是一个庞大的防御体系。

---

① 《史记》卷6《秦始皇本纪》。
② 有关臣邦、外臣邦的具体情况尚不明晰，有关研究可以参见陈力《试论秦国之"属邦"与"臣邦"》，《民族研究》1997年第4期；刘瑞《秦"属邦"、"臣邦"与"典属国"》，《民族研究》1999年第4期等。

大量军队驻扎在长城沿线，其后勤补给和信息的沟通自然是一个需要解决的问题，为此在构筑长城防御体系的同时，秦朝也开始修筑连接长城防御线与关中地区的"直道"。关于"直道"的修筑，史书记载存在差异，按照《史记·匈奴列传》的记载，"直道"的修筑是长城防御体系的一个组成部分，是先设四十四县，再修"直道，自九原至云阳，因边山险堑溪谷可缮者治之"，最后是完善长城防御体系。秦朝长城防御体系的构筑是其巩固边防的一个重要举措，由此也奠定了我国古代中原地区各王朝以长城防御北部边疆游牧民族侵扰政策的基础，迄至清朝长城虽然在西部地区依然沿用，但分隔游牧和农耕两大族群的作用已经弱化。

3. 移民实边，巩固边防

在修筑长城之外，秦朝另一项重大治边政策即是移民实边。移民实边主要是在河套和岭南两个地区。在河套地区的移民实边，《史记·匈奴列传》载："筑四十四县城临河，徙適戍以充之。"按照史书的记载，秦朝设置有三十六郡，其中北地、上、九原、云中、雁门、代、右北平和辽西等郡分布在北边，尤其是前六郡，直接面对匈奴，成为秦朝防御匈奴南下的重要防御区域。而对岭南地区的移民则见于《资治通鉴》卷七始皇帝三十三年条载：秦"发诸尝逋亡人、赘婿、贾人为兵，略取南越陆梁地，置桂林、南海、象郡，以谪徙民五十万人戍五岭，与越杂处"。对于岭南的移民，秦朝依然是采取了设置郡县进行管理的方式，桂林、南海和象郡的设置也有《汉书·地理志》记载的佐证。移民实边的目的是为了固边，而对移民设置郡县进行管理，客观上带来了郡县体制向边疆地区的延展，不仅有助于"固边"更有助于边疆地区的开发。

公元前202年，刘邦在楚汉相争中获得胜利，建立西汉，承袭了秦朝的"大一统"。西汉不仅继承了秦朝的疆域和治理方式，而且在此基础上有了进一步发展，最突出的是巩固和扩大了郡县区域，并在郡县区域之外设置了属国都尉、西域都护、护羌校尉、护乌桓校尉等机构对"蛮夷"进行更有效的管理。中经新莽改制，继起的东汉国力和治边效果虽然不及西汉，但基本延续了西汉时期的管理方式，并有所发展，使匈奴中郎将、度辽将军的设置即是突出表现，而匈奴分裂为南北两部分，南匈奴接受东汉王朝的直接管辖和文教政策在南部边疆地区的有效推广则是其治边政策的积极效果。综观两汉的边疆政策，尽管存在着武力讨伐、和亲、册封授官、设置机构管理、移民实边等等具体的治边政策的不同，但宏观上大体可以归纳为具有以下两个主要特征：

1. 西汉的积极进取和东汉的柔性经营

西汉和东汉王朝由于面临着不同的边疆形势，采取的具体治边政策也存在很大差异，西汉的治边政策呈现的是积极主动的态势，而东汉则限于国力和内部政治因素的制约，尽管也存在武力征服等强势的治边政策，但总体属于柔性经营，且二者存在着继承和发展的密切关系。

西汉王朝自建立之日起即开始对边疆各族展开强大的统一攻势，但由于边疆地区各民族或政权强弱不同，对西汉王朝的安定影响各异，加之西汉王朝不同时期的国力强弱不同，因而西汉王朝对各边疆民族所采取的政策也不尽相同，不仅在时间上有先有后，在目的和手段上也有很大差别。一般而言，武帝之前的各位皇帝在位时期，多数是采取以"和"为主的方式，诸如以"约和"、册封与和亲等政策为主要手段，尽可能地保持和边疆民族或政权确立政治隶属关系。《汉书·朝鲜传》载："会孝惠、高后天下初定，辽东太守即约满为外臣，保塞外蛮夷，毋使盗边；蛮夷君长欲入见天子，勿得禁止。以闻，上许之，以故满得以兵威财物侵降其旁小邑，真番、临屯皆来服属，方数千里。"高帝七年（前200），刘邦亲征匈奴失败，转而采纳刘敬建议，"取家人子名为长公主，妻单于。使刘敬往结和亲约"，"长城以北，引弓之国，受命单于；长城以内，冠带之室，朕亦制之"。①西汉和匈奴进入了长达半个多世纪的和亲阶段。当然，在面对边疆受到侵扰的情况下兴兵讨伐或防御也是这一时期西汉王朝的选项，但总的治边方略是以"和"为主要特征。公元前140年刘彻即位伴随着国力的增强，构建"汉为天下宗"的"大一统"王朝成为汉武帝的政治诉求，并在元狩四年（前119）派遣大将军卫青和骠骑将军霍去病率数万大军将军事行动的目标指向了匈奴单于庭，汉军"封狼居胥山，禅于姑衍，以临翰海"取得了决定性胜利，结果是匈奴远遁漠北，"幕南无王庭"。②元封四年（前107），汉武帝灭亡卫氏朝鲜，汉设乐浪、玄菟、真番、临屯四郡。元鼎四年（前113），汉实现了对南越的统一，《汉书·两粤传》载："南粤已平。遂以其地为儋耳、珠崖、南海、苍梧、郁林、合浦、交阯、九真、日南九郡。"太初元年（前104），大宛杀西汉使者车令，贰师将军李广利领属国兵六千骑及"郡国恶少年"数万西击大宛。汉武帝构建"大一统"王朝的努力虽然没有完全实现，但其后的昭帝、宣帝却继承了其治边思想和政策，并最终在甘露二年（前52）以匈奴呼韩邪单于降汉为标志，完

---

① 《史记》卷99《刘敬传》，卷110《匈奴列传》。
② 《汉书》卷94《匈奴传》。

成了"大一统"王朝的构建。《汉书·食货志》称:"匈奴称藩,百蛮宾服,舟车所通,尽为臣妾,府库百官之富天下晏然。"

西汉治边的硕果为东汉所继承,但由于面对的边疆形势不同,东汉治边政策尽管也有武力讨伐等积极进取的成分,但总体还是体现出"以夷制夷"、推广儒学等柔性的特征。如东汉在统一东北边疆各族后,相应恢复了郡县建置,同时也确立了"以夷制夷"为主的统治政策,其中主要是以鲜卑制北匈奴、以乌桓制鲜卑、以夫余制高句丽等较为突出。而相应地,利用南匈奴控驭北匈奴则几乎是东汉北疆治理政策的主要内容,东汉对南匈奴单于的册封、设置护匈奴中郎将加强对南匈奴部众的管理、设置度辽将军营隔断南北匈奴之间的联系及利用度辽将军协调南匈奴、鲜卑等征讨北匈奴,并最终彻底解决了北匈奴对北部边疆的威胁,即是以夷制夷政策有效实施的结果。[①] 不过值得关注的是,东汉尽管将以夷制夷政策发挥到了极致,且取得了实际效果,如对匈奴问题的解决,但是从长远看匈奴问题的解决并不等于北疆问题的彻底解决,因为北匈奴势力消失之后鲜卑填补了草原的政治真空,史载"鲜卑因此转徙据其地。匈奴余种留者尚有十余万落,皆自号鲜卑,鲜卑由此渐盛"[②],不仅取代匈奴成为草原霸主,而且走上了不断寇扰东汉边郡的道路。在东汉经略西域过程中班超充分利用以夷制夷之策实现了对西域的有效管辖,但也并没有改变"三绝三通"局面的出现,说明单纯的以夷制夷政策也难以取得令人满意的效果。

儒学教育和中原生产技术在边疆地区的推广是两汉治边政策的另一个亮点,如果说西汉时期已经开始实施,那么东汉则继承和发展了这一政策。曾经出任蜀郡太守的文翁是西汉时期积极推广儒学教育的突出代表。史载:"蜀地学于京师者比齐鲁焉。至武帝时,乃令天下郡国皆立学校官,自文翁为之始云。"[③] 这一政策为东汉所继承,不少边疆官吏将推广儒学和中原先进技术作为治边政策的主要方式。推广儒学改变边疆地区的习俗,一方面有助于边疆地区的稳定和发展,另一方面则有利于边疆和内地的"一体化",这种"一体化"趋势对于多民族国家的形成和发展有着非同一般的作用,这也是"用夏变夷"思想作用于治边政策的结果。

[①] 有关东汉以夷制夷政策的论述,参见李大龙《汉代中国边疆史》第三章,黑龙江教育出版社2014年版,第182—219页。有关东汉利用南匈奴进攻北匈奴的记载,参见《后汉书》卷89《南匈奴列传》。

[②] 《后汉书》卷90《鲜卑列传》。

[③] 《汉书》卷89《循吏传》。

2. 前后相继完善管理体制，并不断调整和发展

汉承秦制，两汉不仅继承了秦的疆域，也继承和发展了秦朝的管理理念和管理方式，并依据国内外政治形势的发展演变不断完善，尤其是在边疆管理方面。西汉的边疆管理体制在秦朝基础上有所发展，大体分为中央和地方两部分，而地方又细分为三个不同类型，东汉继承了这一格局，但依据边疆形势变化有所调整。

西汉设置的管理边疆的中央机构主要是大鸿胪和典属国，后将典属国并于大鸿胪，在地方上对边疆民族政权的具体管理大致可以分为三种主要方式：一是由在边疆设置的郡县进行管理；一是设置特殊的机构进行管理，诸如属国都尉、西域都护、护羌校尉、护乌桓校尉等，笔者称之为特设机构；三是没有设置地方管理机构的，采取的是宽松的羁縻统治方式，即由皇帝通过派遣使者传达诏令或由大鸿胪管理其王位承袭等。边疆地方管理机构的发展主要体现在两个方面：一是郡县统治区域的不断扩大，一是特殊机构的出现。郡县的扩大始于建元六年（前135），西汉王朝统一西南夷，设置了犍为郡；之后随着对边疆地区经营力度的加大，又先后设置了众多的郡县，郡县统治区域不仅完全涵盖了中原地区，也延伸到了边疆地区。边疆地区特设机构管理区是在西汉王朝统一匈奴的过程中逐步形成的。首先元狩四年（前119）设置护乌桓校尉管理区，其次是元鼎六年（前111）设置护羌校尉，最后是神爵三年（前59）设置西域都护。

东汉在边疆管理机构的设置方面，基本沿用了西汉时期的管理体制，但有变化。如在地方管理机构的设置上东汉基本上是完全继承了西汉时期的管理制度，只是在郡县管理的职责方面略有变化，如属国都尉"稍有分县，治民比郡"[①]等，此外尚增设了一些管理机构，主要是使匈奴中郎将和度辽将军。《后汉书·百官五》载："使匈奴中郎将一人，比二千石。本注曰：主护南单于。置从事二人，有事随事增之，掾随事为员。"《后汉书·百官一》载："明帝初置度辽将军，以卫南单于众新降有二心者，后数有不安，遂为常守。"

两汉在继承秦朝治边思想和实践的基础上，最大的发展是在将郡县体制向边疆推广的基础上，适合边疆管理的需要设置了西域都护、护羌校尉、护乌桓校尉等特殊机构，既保证了朝廷对边疆地区的有效管理，同时也密切了边疆和内地的关系，并为其后历朝各代的边疆管理提供了借鉴。

---

① 《后汉书》志第28《百官五》。

（二）"守在四夷"思想的回归与强化：三国至隋唐治边政策的发展

三国时期魏蜀吴的治边政策因为针对的对象不同，各有其特点，但设置机构进行积极有效管理是三个政权治边方略中共同的内容，曹魏为管理东北边疆设置了东夷校尉①，可以视为在边疆管理体制上的进一步发展；蜀汉设置庲降都督本即是一个发展，而在其下推广郡县，对南中的管理方式更是较前代有了进一步深入；孙吴则是将郡县体制用于对山越的管理，实现了"立郡以镇山越"②，郡县体制在孙吴地区也有了进一步发展。而就总体的治边政策言，三个政权基本做到了根据不同的边疆形势而分别采取不同的政策，不过"以夷制夷""因俗而治"等传统治边思想在其中的影响还是明显的。

泰始元年（265）晋代曹魏，对边疆的管理也逐步走入正轨，虽沿用了汉魏以来的管理理念，中央依然设置大鸿胪总领边疆民族事务，但地方上则分置诸多校尉分别管理有关边疆地区事务。《晋书·百官志》载："护羌、夷、蛮等校尉，案武帝置南蛮校尉于襄阳，西戎校尉于长安，南夷校尉于宁州。元康中，护羌校尉为凉州刺史，西戎校尉为雍州刺史，南蛮校尉为荆州刺史。及江左初，省南蛮校尉，寻又置于江陵，改南夷校尉曰镇蛮校尉。及安帝时，于襄阳置宁蛮校尉。护匈奴、羌、戎、蛮、夷、越中郎将，案武帝置四中郎将，或领刺史，或持节为之。武帝又置平越中郎将，居广州，主护南越。"③遗憾的是，始于元康元年（291）的"八王之乱"让西晋只维持了短暂的统一，对边疆的治理并没有完全有效展开，而永兴元年（304）匈奴人刘渊建立政权自称汉王，不仅诱发了"永嘉之乱"导致晋室南迁，而且开启了"五胡乱华"的浪潮。

东晋十六国及其后的南北朝时期，由于"大一统"政权的缺失，中华大地政权林立且更替频繁，和三国时期一样并没有一个完整意义上的治边政策，但匈奴人刘渊开启的在中原地区建立政权争夺"正统"的政治追求及其实践，对内迁到中原地区的鲜卑、羯、氐、羌诸族起到了榜样作用。所谓"五胡乱华"不仅带来了"大一统"政权的弱化乃至消失，同时也造成了传统治边对象的变化，且谁为"正统"及"华夷"关系的协调

---

① 有关东夷校尉的设置及其职责，参见李大龙《东夷校尉考述》，《黑龙江民族丛刊》1999年第3期；程尼娜《护东夷校尉考》，《北方文物》2004年第4期。
② 《三国志》卷48《吴书·三嗣主传》注引。
③ 有关晋朝边疆管理机构的设置情况，参见赵云田《中国边疆民族管理机构沿革史》，中国社会科学出版社1993年版，第113—117页。

第四章 "天下"政治格局演变与王朝国家治理

则成为社会矛盾的突出表现。氐人苻坚不仅视东晋为"未宾王化",更明确说其兴兵进攻东晋是"非为地不广、人不足也,但思混一六合,以济苍生"①。于是在公元383年发生了中国历史上著名的"淝水之战",尽管没有"一统"东晋,但苻坚"混六合为一家,视夷狄为赤子"的思想却是为唐太宗李世民所继承发扬,成为唐朝治边思想的重要内容之一,进而对唐朝的治边政策构成了影响。

虽然隋二世而亡,立国短暂,但其治边政策除四次兴兵征讨高句丽外,基本体现了安抚的特点。如当时突厥五可汗分立,长孙晟提出"远交而近攻,离强而合弱"②的建议并得到实施,大业三年(607)启民可汗上书表示"臣今非是旧日边地突厥可汗,臣即是至尊臣民,至尊怜臣时,乞依大国服饰法用,一同华夏。臣今率部落,敢以上闻,伏愿天慈不违所请"③,虽然没有得到隋炀帝的同意,但也可以视为隋朝突厥政策效果显著的证据。隋朝对南部边疆的治理更是安抚怀柔的特点明显。史载:灭陈之后,"岭南未有所附,数郡共奉夫人,号为圣母,保境安民",高祖杨坚"遣总管韦洸安抚岭外",冼夫人"遣其孙魂帅众迎洸,入至广州,岭南悉定",隋"册夫人为谯国夫人",为其设官立府,而"夫人亲载诏书,自称使者,历十余州,宣述上意,谕诸俚獠,所至皆降"。④

唐朝的治边方略是在传统"大一统"观念下展开的,唐太宗李世民曾经说:"中国,根干也;四夷,枝叶也;割根干以奉枝叶,木安得滋荣!"⑤其大臣李大亮也有相同的表述:"臣闻欲绥远者必先安近。中国百姓,天下根本,四夷之人,犹于枝叶,扰其根本以厚枝叶,而求久安,未之有也。"⑥由此看,维护"中国"(正式府州区域)的安全是唐朝治边政策的根本原则,唐朝的边疆管理体系在这一原则的指导下在高宗时期逐渐形成了以正式府州为腹心,都护府为主的羁縻府州系统为藩卫,及外围为藩国的三级管理体系,对此《新唐书·地理七下》有明确的记载。正式府州区域是在秦汉郡县以来基础上设置的,而以都护府下辖羁縻府州管理边疆民族的方式首创于唐太宗时期,最早用于对北方游牧部众的管理,这是对秦汉治边政策的一大发展。贞观二十一年(647)四月,

---

① 《晋书》卷114《苻坚载记下》。
② 《隋书》卷51《长孙晟传》。
③ 《隋书》卷84《突厥传》。
④ 《隋书》卷80《谯国夫人传》。
⑤ 《资治通鉴》卷195,贞观十三年六月丙申。
⑥ 《贞观政要·论安边》。

再"置燕然都护府,统瀚海等六都督、皋兰等七州,以扬州都督府司马李素立为之"①,管理边疆的游牧部众。长安二年(702),为有效管辖原西突厥地区众多游牧部众,武则天在庭州设置了北庭都护府,不仅基本将原西突厥地区的众多游牧部众纳入有效管辖之下,而且奠定了和安西都护府分治西域地区的格局。至此,唐王朝的都护府管理体制最终形成。②

除设置管理机构外,唐朝还制定了由鸿胪寺主导的"藩臣之礼""舅甥之礼"和"敌国礼"构成的对藩属进行管理的礼仪制度③,同时册封与和亲政策则是唐朝针对边疆势力强大的政权,诸如突厥、薛延陀、回纥、契丹、南诏、渤海等经常采取的政策,是其"以夷制夷"羁縻方略的重要组成部分,而军事讨伐则是唐朝维持对边疆有效治理最后采取的手段。

(三)"华""夷"换位:宋辽金元治边政策的转变

后梁、后唐、后晋、后汉、后周尽管其建立者并非全部来自今人所谓的"汉族",更迭的背后也常有契丹的身影,但因为是在中原地区出现的政权,且有先后相继的关系,一般被视为中国正统王朝,记录其历史的《旧五代史》《新五代史》也被纳入"二十四史"系列即是表现。而在后周基础上出现的北宋,虽然结束了"五代十国"的分裂局面,但也并没有实现中华大地的"大一统",中华大地的政治格局演变先是北宋与辽、西夏对峙,后是南宋与金、西夏并立,最终蒙古建立的元朝实现了对中华大地的"大一统"。这一时期,不同的王朝有着不同的疆域,面对的也是不同的边疆形势,因此其治边政策也各不相同,但从多民族国家中国形成与发展的视角看,这一时期诸多王朝的治边政策既各有特点,同时也存在着一些共性的内容,突出体现在以下三个方面。

1.争夺"中国正统",南宋尊金,"华""夷"换位

五代宋辽金时期,五代和两宋王朝虽然立国中原,在"中国正统"争夺中居于有利地位,但魏晋时期匈奴、鲜卑、羯、氐、羌等入主中原建立政权被称为"五胡乱华"以来,"华""夷"之称就成为各政权为争夺"正统"而互相攻击的锐利武器。记录鲜

---

① 《资治通鉴》卷198,贞观二十一年四月丙寅条。
② 有关唐朝都护府的设置情况,参见赵云田《中国边疆民族管理机构沿革史》,中国社会科学出版社1993年版,第125—164页;李大龙《都护制度研究》,黑龙江教育出版社2003年版,第112—330页。
③ 参见李大龙《汉唐藩属体制研究》,中国社会科学出版社2006年版,第450—476页。

卑人建立的北魏、北齐和北周历史的《魏书》《北齐书》《周书》和记录东晋及宋、齐、梁、陈历史的《晋书》《宋书》《南齐书》《梁书》《陈书》以及《南史》《北史》都被纳入"二十四史"可以视为这些王朝或政权"正统"地位被后代各朝承认的一种官方表态。"华""夷"的论争尽管随着隋唐"大一统"王朝的出现而回归传统,但在宋辽金时期"大一统"王朝的再次缺失,"华""夷"之争与"正统"之争混杂在一起重新成为各朝相互攻击的利器。辽金与宋有关"中国""华夷"的论争,波及各个方面①,如果说"辽太宗改用'中国'国号和年号,穿上'中国'皇帝的服装,任用'中国'官员,袭用'中国'礼仪,且主张'蕃汉一家''四海一家',显然是以'中国'自居了"②,可以视为辽朝争夺"中国正统"的表现,那么在史书的修撰中针对"宋欧阳修编《五代史》,附我朝于四夷,妄加贬訾。且宋人赖我朝宽大,许通和好,得尽兄弟之礼。今反令臣下妄意作史,恬不经意"而做出"请以赵氏初起事迹,详附国史"③,及在始祖传说中建构与"炎黄"的关系,称"辽本炎帝之后"④,甚至将其写入墓志中等等做法,则是契丹人试图在出身和文化上彻底变"夷"为"华"的努力。对于契丹人的这些努力,一方面应视其为"五胡乱华"(争夺正统)的延续,同时也为南宋和金朝实现"华""夷"换位提供了思想基础和实践经验。

"澶渊之盟"的出现在一定程度上表明了辽朝和北宋对"正统"的争夺势均力敌,没有分出胜负,而女真人建立的金朝则实现了"华""夷"的换位。面对新出现的金朝,北宋为与其联合讨伐辽朝可以收回燕云十六州所诱惑,但金军乘灭亡辽朝之威势一举灭亡了北宋。建炎三年(1129),在金兵不断追击下的赵构,下诏:"愿去尊称,甘心贬屈,请用正朔,比于藩臣。"⑤对此金朝并没有将阿骨打的"今欲中外一统"的理想实现于中原地区,而是仿照契丹人扶持后晋的办法,先是"立张邦昌为楚帝",后册立刘豫为傀儡皇帝,但最终和南宋王朝实现了以淮河—秦岭为界南北对峙的局面。

南宋向金朝的"称臣"不仅标志着"华""夷"或者"正统"的争夺有了一个结

---

① 参见孟古托力《辽人"汉契一体"的中华观念述论》,《辽金史论集》第五集,文津出版社1991年版;郭康松《辽朝夷夏观的演变》,《中国史研究》2001年第2期等。
② 赵永春:《从复数"中国"到单数"中国"——中国历史疆域理论研究》,黑龙江教育出版社2014年版,第393页。
③ 《辽史》卷104《刘辉传》。
④ 《辽史》卷63《世系表》。
⑤ 《宋史》卷114《礼十七》。《建炎以来系年要录》卷29也有相同的记载。

果，更重要的是对多民族国家中国的形成与发展而言具有非同一般的重要标志性意义。自此之后，推动多民族国家形成与发展的主动力由中原地区的农耕族群（今人所说的汉族）转到了北方草原地区的游牧政权手中，为蒙古人建立的元朝实现中华大地"大一统"提供了思想保障。忽必烈谋求其"正统"地位获得认同的第一步是确立"中统""至元"的年号，第二步是改国号为"大元"，第三步则是实现对农耕地区的"一统"。对这一过程的实现，《元史》等诸多古籍都有明确的记载。在游牧族群与农耕族群的互动中被挤压到东南一隅的南宋王朝，尽管也出现了像文天祥那样的誓死捍卫者，但终于也难以挽回南宋王朝覆灭的命运，至元十六年（1279）卫王赵昺投海自尽，标志着元朝扫清了南宋王朝的残余势力，确立了对中原农耕地区的绝对统治地位。

2. 面对不同的国情和边疆形势，对峙的各方多创造性地制定各具特点的治边方略

北宋虽然实现了对以中原为核心的农耕地区的统一，但却和辽朝、西夏处于对峙状态，而其后的南宋则和金朝对峙。近年来宋朝的疆域尤其是北部和西北疆域的结构得到不少学者的关注，一般认为在北宋王朝的西北边地存在一种圈层结构，但对于这一结构是由"极边""次边""近里"三层构成，还是由"极边"和"次边"两层构成，尚存在分歧。① 从总体上看，两宋的治边政策大体上分为南北两种不同的方略。

由战到和，以订立盟约为主要内容的北疆政策，主要是针对辽、金和西夏。石敬瑭以幽州、顺州、儒州、檀州、蓟州、涿州、瀛州、莫州、新州、妫州、武州、蔚州、应州、寰州、朔州、云州等十六州为代价获取契丹对后晋的支持，但十六州归属却成为北宋和辽之间发生长期战争的直接原因。景德元年（1004），北宋"遣李继昌请和，以太后为叔母，愿岁输银十万两、绢二十万匹。许之。即遣阁门使丁振持书报聘"②，双方实现了议和，史称"澶渊之盟"③。自此之后，宋辽之间不仅使者往来不断，而且"互市不绝"④，北宋基本解决了北疆问题。

---

① 相关研究参见杜芝明、黎小龙《"极边"、"次边"与宋朝边疆思想探析》，《中国边疆史地研究》2010 年第 6 期；程龙《北宋西北战区粮食补给地理》，社会科学文献出版社 2006 年版；李晓《宋朝政府购买制度研究》，上海人民出版社 2007 年版；郑涛、张文《极边、次边、近里：北宋西北边疆层级体系三级制界说》，《中国边疆史地研究》2012 年第 2 期。
② 《辽史》卷 14《圣宗纪》。
③ 有关"澶渊之盟"形成的原因，学界有不同认识。参见李大龙《也谈"澶渊之盟"形成的原因》，《中央民族学院学报》1991 年第 3 期。
④ 《宋史》卷 186《食货志下》。

在西北边疆，面对之后崛起的西夏，北宋采取了大致相同的处理方式和方法。景祐五年（1038）党项人李元昊自称皇帝，建国为"大夏"，史称西夏。对于西夏的出现，宋朝开始也是试图用讨伐之策重新将党项纳入其藩属体制之下，于是下诏削去李元昊的官爵，兴兵西夏，开启了长达多年的战争。庆历四年（1044）在经历了三川口、好水川、定川寨等几次惨败之后，北宋与西夏通过谈判实现了议和，《宋史·仁宗三》载："遣保安军判官邵良佐使元昊，许封册为夏国主，岁赐绢十万匹、茶三万斤。"学界一般认为议和的主要内容是：西夏元昊取消帝号，宋封其为"夏国主"，每年给予西夏银七万两、绢十五万匹、茶三万斤等，但也有学者认为所谓的"岁赐"要视西夏对宋的态度而定，"并不是一成不变的"，双方发生战争的年代不会存在"岁赐"，"直至夏国主进'永遵先誓'，不犯宋边的誓表后"，宋朝才遵守"岁赐"的承诺。① 尽管学者对议和的条款内容及执行情况还存在认识上的差异，但通过"岁赐"而实现议和，进而保障边疆的安定构成了庆历议和之后宋朝西夏政策的主要内容，则是学界的一般认识。

对于南部及西南边疆的治理政策，北宋和南宋王朝基本上沿用了历代王朝传统的以羁縻为特点的政策。《宋史·地理志》载：北宋设置的羁縻府州在黎州五十四个、雅州四十四个、茂州十个、威州二个、叙州三十个、泸州十八个、绍庆四十九、邕州四十四个、庆远十个等共二百六十余个。范成大《桂海虞衡志》称其为："析其种落，大者为州，小者为县，又小者为峒。"针对一些反叛，"抚慰""招降"等也是其惯用的方式。如太平兴国二年（977），琼、崖等州黎众"扰动"，都巡检使李崇矩"抵其洞穴抚慰，以己财遗其酋长，众皆怀附"②。可知，"树其酋长，使自镇抚，始终蛮夷遇之"③，以实现"以夷制夷"是宋朝治理南部边疆的最突出特点。

相对于以农耕区域为主的宋朝，辽、金王朝则针对境内既有农耕也有游牧族群分布的特点，继承和发展了传统的"因俗而治"政策。《辽史·百官志一》载："官分南、北，以国制治契丹，以汉制待汉人。"辽朝的"二元"管理体制不仅仅是南、北两种不同的官制，即"北班国制，南班汉制，各从其便"④，实行的法律也有不同，即"以契

---

① 顾吉辰:《宋夏庆历议和考》,《宁夏社会科学》1988 年第 3 期。
② 《宋史》卷 257《李崇矩传》。
③ 《宋史》卷 493《蛮夷一》。
④ 《辽史》卷 56《仪卫志》。

丹、汉人风俗不同，国法不可异施"①。辽朝的这一治理政策，为契丹与汉人的融合提供了极为有利的条件，而其最终融合的成果则是元朝将分布在燕云十六州的契丹人也纳入"汉人"行列同等视之。

代辽而立的金朝，不仅基本继承了辽朝的疆域，而且随着灭亡北宋，将南部疆域拓展到了淮河流域，和南宋大体上"以淮水中流为界"②，其治理方式除在女真地区实施猛安谋克制度之外，对其他地区的治理史书作者以"往往因仍辽旧"③来形容，而金熙宗面对大臣提议"州郡长吏当并用本国人"时却用"四海之内，皆朕臣子，若分别待之，岂能致一。……自今本国及诸色人，量才通用之"④来回答，显示在传统的猛安谋克、路府州县政治体制⑤下利用契丹人、汉人来维护其统治是金朝治边政策的突出特点。

如果说辽朝的"以国制治契丹，以汉制待汉人"为金朝仿照宋朝将路府州县管理体制全面推行提供了前提，那么蒙古人建立的元朝在实现"大一统"后实施行省制度则是治理政策和治理方式上的更大发展。

3. 人分四等，边疆纳入行省制度，实现"大一统"

1279年，随着南宋的灭亡，蒙古人建立的元朝实现了"大一统"，《元史·地理一》载："盖岭北、辽阳与甘肃、四川、云南、湖广之边，唐所谓羁縻之州，往往在是，今皆赋役之，比于内地；而高丽守东藩，执臣礼惟谨，亦古所未见。"尽管行省、宣慰司、都元帅府等建制构成了元朝基本的地方管理体制，且在宣慰司、都元帅府管辖范围内推行了土司制度，但在前代的基础上，通过行省的设置实现行政管理制度的统一是元朝的一大贡献，而将唐朝曾经设置羁縻府州的区域也纳入其中，并"皆赋役之，比于内地"，更是在治边政策上较前代有了极大进步。尤其值得提及的是，在谋求行政体制整齐划一的前提下，元朝对境内百姓的凝聚和交融也做出了某种程度的制度安排，即"四等人"的划分。尽管有学者质疑"四等人"作为制度的存在，但蒙古人、色目人、汉人、南人之称呼常见于元代典籍，且《南村辍耕录·氏族》对其有明确的记述，而《元史·百官

---

① 《辽史》卷62《刑法志》。
② 李心传：《建炎以来系年要录》卷142，绍兴十一年十一月，中华书局1988年版。
③ 《金史》卷70《宗宪传》。
④ 《金史》卷4《熙宗纪》。
⑤ 关于金朝的地方管理体制，参见赵云田《中国边疆民族管理机构沿革史》，中国社会科学出版社1993年版，第204—216页；白钢主编《中国政治制度史》，天津人民出版社2002年，第620—633页。

志八》之"选举附录·科目"下也有:"国子生员十有八人:蒙古人六名,从六品出身;色目人六名,正七品出身;汉人、南人共六名,从七品出身。"可知在官员的选拔方面,"四等人"的划分是明确存在的。

值得关注的是,"四等人"的划分并非"民族国家"语境下简单的"民族歧视",其依据主要是降服蒙古和元朝的时间先后,同时也和唐代以来尤其是宋辽金时期中华大地上的族群融合形成了呼应,在客观上是对前代族群融合,尤其是游牧族群与农耕族群融合成果的一种认同,诸如进入中原农耕地区的契丹人、渤海人、女真人,在文化上和中原地区的汉人已经趋同,元王朝将其划分为一等只不过是承认了这种融合的结果而已。① 应该说,"四等人"的划分存在歧视的色彩,是不平等政策的体现,但这种划分客观上为草原地区游牧族群的"蒙古"化、中原地区族群的"汉人"化及"回回"人的形成和发展提供了有利条件。

(四)"华夷一体":明清边疆"内地化"政策的实施

朱元璋以"驱逐胡虏,恢复中华"② 为号召,迫使元廷北撤草原,在1368年建立了明朝,但并没有实现将辽阔的蒙古草原及西域纳入有效管辖之内。1644年兴起于东北的满洲建立清朝,入关取代明朝,实现了中华大地的"大一统",并完成了多民族国家中国由传统王朝国家向近现代主权国家的转型。两个王朝虽然国力存在差异,面临的边疆形势也不相同,但其治边方略实施结果呈现的总趋势是边疆地区的"内地化",多民族国家实现了从传统王朝国家向近现代主权国家的转型。

1. 羁縻状态下充分发挥文化"软实力"的作用

相对于实现了"大一统"的汉、唐、元等王朝,明朝的疆域受到国力的制约虽然构筑了以九边为骨干的长城防御体系,并没有实现对草原地区的统一,且对东北、西南和南部边疆地区的统治也并没有得到加强,但其在羁縻状态下充分发挥了文化软实力的作用,更加密切了中原地区和边疆的内在联系。

"境安则中国无事,四夷可以坐制"③,"御边之道,固当示以威武,尤必守以持重,

---

① 参见李大龙《浅议元朝的"四等人"政策》,《史学集刊》2010年第2期;李大龙、李元晖《游牧行国体制与王朝藩属互动研究》,内蒙古大学出版社2018年版,第217—231页。
② 《明太祖实录》卷26,吴元年十月丙寅。
③ 《明太祖实录》卷103,洪武九年正月癸未。

来则御之，去则勿追，斯为上策"①。这是太祖朱元璋制定的治边原则。在这一思想的指导下，明朝在数次讨伐难以征服蒙古的背景下完善了长城防御体系，"东起鸭绿，西抵嘉峪，绵亘万里，分地守御。初设辽东、宣府、大同、延绥四镇，继设宁夏、甘肃、蓟州三镇，而太原总兵治偏头，三边制府驻固原，亦称二镇，是为九边"②，同时借鉴了唐朝府兵制和元朝禁卫军卫所制度，"自京师达于郡县，皆立卫所。外统之都司，内统于五军都督府，而上十二卫为天子亲军者不与焉。征伐则命将充总兵官，调卫所军领之；既旋则将上所佩印，官军各回卫所"③。如果说，卫所和九边构成了明朝北部边疆治理的主干内容，体现着明朝边疆治理刚性的一面，那么遍布于东北和南部边疆地区的羁縻卫所、土司则是明朝将文化软实力引入边疆治理所体现的柔性的一面。

洪武二十二年（1389），明朝设置朵颜、福余、泰宁三卫，管理兀良哈蒙古部落。永乐初年，在奴儿干都司辖下已经设置了建州等四百余卫所，西北边疆也设置了安定、阿端、罕东、沙州、曲先、赤斤蒙古、哈密等卫，而在南部和西南地区则是设置"以夷制夷""多封众建"为特点的土司制度。《明史》的作者将土司的设置溯源到了秦汉时期，并认为"然其道在于羁縻"④。"凡土司之官九级，自从三品至从七品，皆无岁禄。其子弟、族属、妻女、若婿及甥之袭替，胥从其俗。附塞之官，自都督至镇抚，凡十四等，皆以诰敕，辨其伪冒。"⑤明朝在湖广、贵州、四川、云南及青海、西藏、甘肃等藏区广设土司。⑥土司制度虽然适应了"以夷制夷"的治边方针，但弱化了中央王朝对边疆的直接治理，所以在一些地区明朝也实行"土流合治"乃至"改土归流"⑦。如果说"改土归流"这一符合边疆"内地化"发展大势的政策推行并不顺利，那么开设学校，推广儒学，并辅之以提倡贡举，则是明朝治边政策中的又一个亮点。

朱元璋曾经下诏太学："移风善俗，礼为之本。敷训导民，教为之先。故礼教明于朝廷，而后风化达于四海。"⑧在这一思想的指导下，"天下府、州、县、卫所，皆建儒

---

① 《明太祖实录》卷 78，洪武六年正月壬子。
② 《明史》卷 91《兵三》。
③ 《明史》卷 89《兵一》。
④ 《明史》卷 310《土司传》。
⑤ 《明史》卷 72《职官一》。
⑥ 参见余贻泽《中国土司制度》，正中书局 1947 年版；龚荫《中国土司制度》，云南民族出版社 1992 年版等。
⑦ 《明史》卷 316《贵州土司》。
⑧ 《明太祖实录》卷 202，洪武二十三年五月己酉。

学，教官四千二百余员，弟子无算，教养之法备矣"①。而土司作为其边疆治理链条中的重要一环，土司及其子弟是其儒学教化的重点对象。《明太祖实录》卷239洪武二十八年六月壬申载，朱元璋下诏礼部："边夷土官，皆世袭其职，鲜知礼义。治之则激，纵之则玩，不预教之，何由能化。其云南、四川边夷土官，皆设儒学，选其子孙弟侄之俊秀者，以教之，使之知君臣、父子之义而无悖礼、争斗之事，亦安边之道也。"可知，朱元璋将儒学也纳入了其治边政策之中，而和科举制度联系在一起，更使其具有更大吸引力，充分发挥"文化软实力"的作用，形成了其治边的一大特色，史载"明代学校之盛，唐宋以来所不及也"②。

明朝推广儒学的目的是"教民子弟，变其夷俗"，这也是明朝统治者"华夷一家"观念的体现，说明尽管"当顺其性""顺而抚之"③"华夷无间，姓氏虽异，抚字如一"④等经常见诸诏书和史书，但通过发挥儒学文化的"软实力"，实现对边疆民族的"教化"，却是明朝统治者期望达到的目的，也是其治边政策的核心要义。

明朝精心打造的长城防御体系并没有解决农牧二大族群之间的冲突，但其柔性的"以夷制夷"治边政策却收到了一定效果。史载："初，太祖以西番地广，人犷悍，欲分其势而杀其力，使不为边患，故来者辄授官。又以其地皆食肉，倚中国茶为命，故设茶课司于天全六番，令以马市，而入贡者又优以茶布。诸番恋贡市之利，且欲保世官，不敢为变。迨成祖，益封法王及大国师、西天佛子等，俾转相化导，以共尊中国，以故西陲宴然，终明世无番寇之患。"⑤这一记载虽有夸大成分，但也说明明朝在其他边疆地区的治理政策还是取得了显著效果。

2. 国民（臣民）塑造目标下的边疆"内地化"政策

1644年入关的清朝，尽管在雍正时期，清朝的正统地位还依然受到质疑和挑战，以至于雍正皇帝亲自撰写了《大义觉迷录》为满洲所建清朝的正统性进行辩护，但最迟到乾隆二十四年（1759）平定大小和卓叛乱后，清朝已实现了"大一统"，基本完成了对中华大地的全部统一，并通过与俄罗斯签订《尼布楚条约》开始了步入近现代主权国

---

① 《明史》卷69《选举一》。
② 《明史》卷69《选举一》。
③ 《明太祖实录》卷59，洪武三年十二月戊午。
④ 《明太祖实录》卷53，洪武三年六月丁丑。
⑤ 《明史》卷331《西域三》。

家行列,却是不争的事实。按照《清史稿》的记载,关于清朝的疆域,"东极三姓所属库页岛,西极新疆疏勒至于葱岭,北极外兴安岭,南极广东琼州之崖山"是对其四至的概括,其统治结构依然属于现代学者眼中的传统王朝性质,其中"中国一十八省之地"是"统御九有,以定一尊"的标志,属于王朝疆域的核心地区;"哈达、辉发、乌拉、叶赫及宁古塔诸地"是其"龙兴之地";而"旧藩札萨克二十五部五十一旗""新藩喀尔喀四部八十二旗,青海四部二十九旗,及贺兰山、厄鲁特,迄于两藏"及"大小金川,收准噶尔、回部,天山南北二万余里"则属于向清朝皇帝称臣,且接受不同程度管理的"藩部";朝鲜、琉球、安南、暹罗、缅甸、南掌、苏禄诸国等则为和清朝保持着密切的称臣纳贡关系的"属国"。因此,无论是疆域范围还是构成形式,清朝都可以说是继元朝之后又一次实现中华大地"大一统"的王朝,雍正皇帝自己也称清朝实现了"大一统太平盛世"①。

面对如此辽阔的疆土,清朝统治者通过一系列的努力在维护自己正统地位的同时,也试图构建"华夷一体"的"大一统""臣民国家"。对于清朝的统治体系和治边政策,如边疆地区的军府制度、蒙古地区的盟旗制度、南部边疆的土司制度、新疆的伯克制度及满蒙联姻、西藏地区的金瓶掣签制度等都已经有了大量论著论及,一般会认为"恩威并施"和"因俗而治"大体上可以体现清朝统治体系和统治政策的总方针。实际上也确实如此,无论是针对中原农耕族群设置的省、府、州、县的管辖方式,还是北部草原地区的盟旗制度、东北地区与西北地区的军政和军府制度,及南部地区的土司制度,都将清朝"因俗而治"的治边特点表露无遗。不过,在此需要格外强调的是,在清朝针对不同地区、不同族群确立不同的管理方式和各有特点的治理政策中,也体现着"一体化"的努力,体现着清朝在继承传统治边政策的同时也有着很大的发展,反映着清朝在努力实现着对辽阔疆域和众多族群的整合。主要表现在以下方面:

其一,确立满洲正统,消弭"华夷中外"之分,用"臣民"整合中华大地上的众多族群。

面对来自"汉人"群体吕留良、曾静对清朝"正统"的质疑,雍正皇帝用"盖生民之道,惟有德者可为天下君,此天下一家,万物一体"作为反驳的重要理由,并以"自我朝入主中土,君临天下,并蒙古、极边诸部落俱归版图。是中国之疆土,开拓广

---

① 《清世宗实录》卷86,雍正七年九月癸未条。

远,乃中国臣民之大幸,何得尚有华夷中外之分论哉"①试图弥合族群裂痕。实际上在入关前就已经推出的"薙发令"虽被视为清朝"五大弊政"之一,且激化了族群矛盾,但其为大清百姓身份识别的主要标志,即"遵依者,为我国之民"②,也是难以否认的。"我国之民"在《清实录》辑录的诏书中则被屡屡称为"臣民",且在清朝持续努力下,至清末"大清帝国臣民"或"全国臣民"③则在光绪皇帝的"立宪"诏书中转变为大清"国民",进而催生了"中华民族"的称呼出现。④

其二,北部废弃长城的防御功能,内部改土归流,加速边疆与内地的"一体化"进程。

康熙三十四年(1695),面对修缮长城的提议,康熙皇帝对扈从诸臣曰:"昔秦兴土石之工,修筑长城,我朝施恩于喀尔喀,使之防备朔方,较长城更为坚固。"⑤其后尽管长城在西部地区的边疆治理中依然发挥着一些作用,但战国以来防御游牧族群南下的功能基本丧失了,这为游牧和农耕族群的"一体化"扫除了人为障碍。而面对南部地区自元代以来就推行的土司制度,雍正皇帝在"天下一家,满汉官民,皆朕臣子"⑥思想的指导下也开始了大规模的改土归流。用流官取代土司的目的是让清朝对南部边疆的统治变得更为深入、具体,加速边疆地区统治方式的内地化趋势,"雍正朝的改土归流即突出地表明了这一根本目的"⑦。雍正皇帝的改土归流客观上推动了秦始皇时期就已经开始的南部边疆地区的"一体化"进程,对于疆域和族群的整合起到了重要促进作用。

其三,"依法治边",通过一系列法律制度的完善,逐步实现法律制度的"一体化"。

清朝实现"大一统"后,或继承传统法律制度,或将习惯法变为成文法,先后推出了《大清律例》《理藩院则例》《蒙古律例》《番例条款》《回疆则例》《西宁青海番夷成例》《酌定西藏善后章程十三条》《钦定西藏章程》等诸多法律制度。这些法律针对

---

① 《清世宗实录》卷86,雍正七年九月癸未条。
② 《清世祖实录》卷17,顺治二年六月丙寅条。
③ 《清宣统政纪》卷62,宣统三年九月癸酉条;卷50,宣统三年三月癸卯条。
④ 参见李大龙《从夏人、汉人到中华民族——对中华大地上主体族群凝聚融合轨迹的考察》,《中国史研究》2017年第1期。
⑤ 《清圣祖实录》卷151,康熙三十年四月条。
⑥ 《清世祖实录》卷40,顺治五年八月条。
⑦ 李世愉:《清代土司制度论考》,中国社会科学出版社1998年版,第42—50页。

不同地区，凸显了"异俗而治"，但这多是表面现象，实际上早在努尔哈赤、皇太极时期即有蒙古科尔沁、敖汉、奈曼、喀尔喀、喀喇沁等部"以国法治之"①"令悉遵我朝制度"②的意图。实现"大一统"后，通过法律的形式规范不同族群与清朝的关系及实现对不同族群的整合，意图更加明显。乾隆二十四年（1759），清朝平定大小和卓之乱，"各部归一"，"今为我属，凡事皆归我律更章"③。《清高宗实录》卷 646 乾隆二十六年（1761）十月癸酉记载的对于"回人"伊斯拉木的处理，是按照《大清律例》还是按照伊斯兰教法（回经）体现了不同的认知，虽然乾隆皇帝最终同意没有"按律定拟"，但要求"晓示回众知之"此是"格外加恩"④，通过法律制度整合当时族群进而实现内地与边疆"一体化"的意图表露无遗。

总之，自秦朝实现了对中原地区的统一并开始经略边疆地区，历代王朝尽管建立者不同，拥有的疆域也存在巨大差异，同时也面临着不同的边疆形势，但其治边思想和政策却有着明显的前后相继不断发展的关系，而清朝是集大成者。如果说康熙二十八年（1689）《尼布楚条约》的签订将清朝由传统王朝国家带入了近现代主权国家行列，那么历代王朝对传统治边思想和政策的继承与发展及对边疆地区的持续治理则为这一转变提供了坚实基础。

三、论"羁縻"：历代治边政策的要义

历代王朝对边疆的治理也是中国边疆学的基本问题。尽管历代王朝面对不同的边疆形势采取了不同的治边方略，但在历代王朝的治边政策中，"羁縻"是屡屡被提及的词语，如何理解其要义，可谓是理解历代王朝治边政策的关键。以下试图从对"羁縻"的要义分析入手，对历代王朝对"羁縻"的使用做系统梳理，探究其作为基于"中国""四夷"二元族群结构统治理念而形成的补充治理方式的原因，进而对其"控制"的要义的形成及其消失做粗浅的阐述。

对中国古代治边政策的研究，学界一直较为关注，不仅出版了《中国古代边疆政

---

① 《满洲实录》卷 7，天命七年二月。
② 《清太宗实录》卷 5，天聪三年正月辛未。
③ 《西域地理图说注》卷 2《官职制度》，阮明道等整理本，延边大学出版社 1992 年版，第 62 页。
④ 《清高宗实录》卷 646，乾隆二十六年十月癸酉。

策研究》①《中国历代民族政策研究》②等专门性论集,也出版了《中国边疆经略史》③《中国古代羁縻政策的演变》④《中国边疆治理研究》⑤等诸多系统性专著,而且对某一朝代治边政策,或对某一地区具体治策的研究日益具体而深入似乎已经成为趋势,如对元、明、清三朝在南部边疆地区实施土司制度的研究即体现出了这一趋势,近些年不仅出版了诸多专门性著作⑥,发表了众多的论文⑦,甚至出现了构建"土司学"⑧的呼声,表明研究已经向深度和广度拓展。但是,综观已有的研究,笔者认为虽然研究的深度和广度都有了较大发展,但是在一些基本问题的研究方面依然还有进一步探讨的必要。比如,古人和今人多习惯用"羁縻"来概述历代王朝边疆治策的特点,但"羁縻"的具体含义如何,"羁縻"一词是否可以概括历代王朝治边的特点,如果可以,那么历代王朝的羁縻治策是否有差别,等等,这些基础性的问题并没有得到应有的关注。关于"羁縻"的研究,可以说,它虽然是一个简单的词,但事关对历代王朝治边政策的认识,是最基础的问题之一,遗憾的是学界对"羁縻"的含义少有关注,认知程度还停留在唐代人理解的水平上,甚至将"羁縻"和"笼络"画等号⑨,完全忽略其中"管理"的要义,一定程度上制约了我们对历代治边政策性质的深入了解和精髓的把握。下面,笔者试图围绕"羁縻"的要义及历代王朝羁縻政策的特点等做简要分析,希望有助于推动中国古代治边政策研究的不断深入。

---

① 马大正主编:《中国古代边疆政策研究》,中国社会科学出版社1990年版。
② 田继周等著:《中国历代民族政策研究》,青海人民出版社1993年版。
③ 马大正主编:《中国边疆经略史》,中州古籍出版社2000年版。
④ 彭建英著:《中国古代羁縻政策的演变》,中国社会科学出版社2004年版。
⑤ 周平等著:《中国边疆治理研究》,经济科学出版社2011年版。
⑥ 代表性著作有余贻泽《中国土司制度》,重庆正中书局1944年版;江应樑编著《明代云南境内的土官与土司》,云南人民出版社1958年版;吴永章《中国土司制度渊源与发展史》,四川民族出版社1988年版;龚荫《中国土司制度》,云南民族出版社1992年版;李世愉《清代土司制度论考》,中国社会科学出版社1998年版;成臻铭《清代土司研究——一种政治文化的历史人类学观察》,中国社会科学出版社2008年版等。
⑦ 参见贾霄锋《二十多年来土司制度研究综述》,《中国边疆史地研究》2004年第4期;李良品《中国土司研究百年学术史回顾》,《贵州民族研究》2011年第4期。
⑧ 参见成臻铭《论土司与土司学——兼及土司文化及其研究价值》,《青海民族研究》2010年第1期;李世愉《关于构建"土司学"的几个问题》,《云南师范大学学报(哲学社会科学版)》2011年第2期。
⑨ 诸如《辞海》释"羁縻"为:"笼络使不生异心。"(上海辞书出版社1979年版,第3860页)《现代汉语词典》释"羁縻"为:"①笼络(藩属等)。②羁留。"(商务印书馆2005年第5版,第635页)

(一)"羁縻"之要义是控制

据笔者对古籍的检索和分析,司马迁是第一个将"羁縻"一词用于概括中央王朝治边政策的正史作者,而唐人司马贞、颜师古则最早对司马迁所用的"羁縻"一词的含义做了有益探讨,并形成了迄今为止仅有的两种解释,对今人构成了严重影响。

《史记》卷117《司马相如列传》载:"盖闻天子之于夷狄也,其义羁縻勿绝而已。"这是司马迁使用"羁縻"一词的具体例证之一。中华书局本《史记》上述记载下引有唐人司马贞《索隐》案:"羁,马络头也。縻,牛缰也。汉官仪'马云羁,牛云縻'。言制四夷如牛马之受羁縻也。"此为司马贞对"羁縻"一词的解释。

唐人颜师古对"羁縻"的认定则是针对《汉书》卷25下《郊祀志》所载"方士之候神入海求蓬莱者终无验,公孙卿犹以大人之迹为解。天子犹羁縻不绝,几遇其真"做的注释:"羁縻,系联之意。马络头曰羁也。牛靷曰縻。"① 此为对"羁縻"一词的第二种解释。

今人虽然很少关注"羁縻",但却习惯用"羁縻政策"来概述历代治边政策,基本沿用了唐人对"羁縻"含义的解释,少有学者对其要义做进一步分析,甚至明确以"羁縻政策"为名的专门性著作的出版也出现得很晚,已经是21世纪初。2004年出版的彭建英《中国古代羁縻政策的演变》是第一部对此做系统探讨的专门性著作。作者引述《史记》卷117《司马相如列传》的相关记载及《辞海》"释其义为'笼络使不生异心'"后,认为"对少数民族进行笼络、系联,使之不生异心"是"羁縻"的"确定含义"。该书虽然名义上有对"羁縻"一词含义的分析,但实际上将"羁縻"和"羁縻政策"混在一起讨论,着眼点是"羁縻政策"而非"羁縻"一词的含义,同时认同了《辞海》的解释,于我们讨论"羁縻"一词的确切含义似乎帮助不大。不过,该著作最后得出的结论"仅仅以此来概括整个羁縻政策的实质和内容,显然过于笼统和表面化"② 却值得我们进一步思考:是后人对"羁縻"一词的要义没有准确理解,还是用"羁縻"来解释中国历代治边政策的特点不合适?这涉及我们对历代王朝治边政策性质的了解和把握。对此,笔者倾向于认同前者。也就是说,笔者认为《辞海》的解释也并没有准确把握"羁

---

① 《汉书》卷25下《郊祀志下》注。
② 彭建英:《中国古代羁縻政策的演变》,第2页。

縻"的要义。"笼络",按照《现代汉语词典》的解释是指"用手段拉拢"[1],如此解释很明显脱离了"羁縻"二字的本意,因为给马、牛施以羁、縻似乎仅仅用"拉拢"来定性是不准确的,更不能完全反映出行为主体的人与马、牛之间的控制关系,而这种解释影响到了后人对中国历代治边政策特点的分析和理解,有必要对"羁縻"的要义做重新阐释。

仔细分析唐人司马贞、颜师古两种解释,由于前者有"四夷"二字,似乎与历代王朝治理边疆民族的政策最为贴近,由所谓"制四夷如牛马之受羁縻也"的解释看,司马贞对"羁縻"含义的解释侧重于指称中原王朝对边疆民族的控制;后者颜师古则直接将"羁縻"解释为"系联",用以说明皇帝对待方士的态度或政策,具有很明显的笼络之意。对于这两种解释,由于"牛马之受羁縻"的比喻往往给今人一种歧视边疆民族的印象,因而今天我国的学者多采用了《辞海》"笼络使不生异心"的解释,彭建英的上述观点也是在此基础上有所发展。但综合分析已经有的各种解释,不可否认的是:所谓"马络头""牛缰"应该是"羁縻"的本义,而之所以称马络头为"羁"、牛缰为"縻",是因为这是针对两种不同对象而采取的不同的控制方式,虽然反映着"羁縻"具有一定的差异和灵活性,但其要义却是指用不同形式对不同对象进行"控制"。笔者曾经在丸都山城遗址中看到过一种牧牛的形式:用很长的缰绳将牛拴在固定的桩子上,这样牛可以吃到以桩子为中心、缰绳长度为半径区域内的青草,而不至于吃到周围的庄稼。而在河西走廊地区这种放牧的情况也很普遍,且当地百姓如今依然将这种放牧方式称为"縻牲口"[2]。也就是说,作为控制牛的牛鞿虽然多被称为"縻",但在不同地区为达到不同目的其形式也有差异,只是其性质是相同的,即对牛施以某种"控制"。至于唐人颜师古"羁縻,系联之意"的解释,"系联"实际上表达的也是一种"控制",只是"控制"的程度仅仅维持联系而已。

基于上述分析并结合古籍对"羁縻"的使用情况,笔者认为"羁縻"一词的要义就是"控制",只是因为"控制"的程度因实施羁縻的主体和客体之间实力对比的不同而有很大差别,所以古人将"羁縻"一词用于指称历代王朝的治边政策时往往在使用上表现得十分宽泛和灵活,仅仅保持名义上的"朝贡"联系可以称为"羁縻",而设置机构进行非直接或直接管理也可以称为"羁縻",差别甚大,不可一概视之,更不可等同

---

[1] 《现代汉语词典》,商务印书馆2005年版,第881页。
[2] 在兰州大学西北民族研究中心做讲座时,武沐教授提供的资料,特此致谢!

于"笼络"。

（二）同为"羁縻"但控制的程度不同

从史书使用"羁縻"的情况分析，虽然历代王朝国力不同，对边疆的控制程度和方式各异，但"羁縻"却是经常使用的词，并在使用的范围上比较宽泛，灵活性很大。

《汉书》有八处用到"羁縻"一词，从中体现了西汉王朝的官员和《汉书》的作者对"羁縻"的使用很灵活，尤其是在用于指称西汉和匈奴关系的时候就存在很大的灵活度，由此可以清楚看出汉人对"羁縻"的使用和认知。《汉书》卷78《萧望之传》在记录西汉王朝接受匈奴呼韩邪单于降汉事件时记载了萧望之对"羁縻"含义的理解："单于非正朔所加，故称敌国，宜待以不臣之礼，位在诸侯王上。外夷稽首称藩，中国让而不臣，此则羁縻之谊，谦亨之福也。书曰'戎狄荒服'，言其来〔服〕，荒忽亡常。如使匈奴后嗣卒有鸟窜鼠伏，阙于朝享，不为畔臣。信让行乎蛮貊，福祚流于亡穷，万世之长策也。"据此记载看，于萧望之而言"羁縻"即是指"外夷稽首称藩，中国让而不臣"的关系，隐含的具体治边政策的性质是西汉王朝没有对"外夷"有进一步具体的治理或称为控制，此也是汉代以前边疆治理的传统观念。尽管萧望之如此认识"羁縻"，但在记载西汉王朝针对降汉之后呼韩邪单于势力的政策时，《汉书》卷94下《匈奴传》的作者依然使用了"羁縻"来形容："呼韩邪携国归（死）〔化〕，扶伏称臣，然尚羁縻之，计不颛制。"不过此时的西汉王朝和匈奴的关系，已经远远不是萧望之所谓的"外夷稽首称藩，中国让而不臣"的状态了。从史书记载的西汉王朝和匈奴关系的发展看，实际上西汉王朝在呼韩邪单于降服后对匈奴的控制已经远远超出了"中国让而不臣"的程度，呼韩邪单于要接受册封、三年一朝、纳质、纳贡等，而更重要的是要遵从汉王朝皇帝的诏令。[①] 也就是说，尽管西汉王朝对匈奴控制的程度不同，但只要在"外夷稽首称藩，中国让而不臣"与保持称臣纳贡、接受册封等关系之间，在《汉书》卷94下《匈奴传》的作者看来都可以用"羁縻"称之。

东汉时期由于王朝国力无法与西汉时期相比，其治边政策中"以夷制夷"的特点十分突出，而这种特点的治边政策往往也被用"羁縻"来称。《后汉书》有九处用到了"羁縻"一词。如《后汉书》卷86《南蛮西南夷列传》有载："顺帝永和元年，武陵太

---

① 呼韩邪单于降汉后西汉王朝对匈奴的管理，参见拙著《汉唐藩属体制研究》，中国社会科学出版社2006年版，第105—158页。

守上书，以蛮夷率服，可比汉人，增其租赋。议者皆以为可。尚书令虞诩独奏曰：'自古圣王不臣异俗，非德不能及，威不能加，知其兽心贪婪，难率以礼。是故羁縻而绥抚之，附则受而不逆，叛则弃而不追。先帝旧典，贡税多少，所由来久矣。今猥增之，必有怨叛。计其所得，不偿所费，必有后悔。'帝不从。"按照尚书令虞诩对"羁縻"的解释，"羁縻"的要义则是管理与安抚兼备，基本原则是"附则受而不逆，叛则弃而不追"，虽然基本是一种"无为"性质的做法，但也可以用"羁縻"称之。也就是说，在尚书令虞诩看来，对边疆民族的控制并不一定非要进行管理，"附则受而不逆，叛则弃而不追"是基本原则，此种"羁縻"更多的与颜师古"系联之意"即保持联系的解释相吻合。

晋人虽然也用"羁縻"一词，但"羁縻"的含义则又有很大不同。《晋书》有八处用到了"羁縻"，其中《晋》卷110《慕容儁载记》的用法值得关注。该载记记载了慕容恪兵围叛军的事件，在叛军被包围之后，"诸将劝恪宜急攻之"，但慕容恪言："如其我强彼弱，外无寇援，力足制之者，当羁縻守之，以待其毙。"此处的"羁縻"虽然不是指称晋朝的治边政策而是指重兵围困，但相对于东汉尚书令虞诩对"羁縻"的理解，慕容恪所用"羁縻"的控制程度明显增强了很多。也就是说，如果认为虞诩所说"羁縻"的对象还可以来去自由，那么慕容恪的"羁縻"对象已经被完全围困，失去了自由，但尽管程度不同，都可以用"羁縻"称之。

《魏书》有十二处用到"羁縻"一词，作者魏收在卷100记述高句丽、百济等族国的历史之后有一个总结："史臣曰：夷狄之于中国，羁縻而已。高丽岁修贡职，东藩之冠，荣哀之礼，致自天朝，亦为优矣。其他碌碌，咸知款贡，岂牛马内向，东风入律者也。"卷102《西域传》后也有："史臣曰：西域虽通魏氏，而中原始平，天子方以混一为心，未遑征伐。其信使往来，深得羁縻勿绝之道耳。"魏收将"羁縻"与"勿绝"联系在一起，更多体现了颜师古"系联之意"的解释，虽然在具体记述中北魏与高句丽、百济的关系并非简单的"羁縻勿绝"，但依然属于"系联"的性质。

隋唐时期，从史书的记述看，隋人并不常用"羁縻"一词，《隋书》只有三处使用了"羁縻"，但只有卷62《刘行本传》体现的是隋人刘行本的话语，其中说党项羌"不悟羁縻之惠，讵知含养之恩，狼戾为心，独乖正朔"，且与隋朝的治边政策有关。而《旧唐书》《新唐书》因为唐王朝设置了众多羁縻府州则有三十三处使用了"羁縻"一词。《新唐书》卷43下《地理》对"羁縻州"的记载体现了唐代人对"羁縻"的认知：

"唐兴，初未暇于四夷，自太宗平突厥，西北诸蕃及蛮夷稍稍内属，即其部落列置州县。其大者为都督府，以其首领为都督、刺史，皆得世袭。虽贡赋版籍，多不上户部，然声教所暨，皆边州都督、都护所领，著于令式。今录招降开置之目，以见其盛。其后或臣或叛，经制不一，不能详见。突厥、回纥、党项、吐谷浑隶关内道者，为府二十九，州九十。突厥之别部及奚、契丹、靺鞨、降胡、高丽隶河北者，为府十四，州四十六。突厥、回纥、党项、吐谷浑之别部及龟兹、于阗、焉耆、疏勒、河西内属诸胡、西域十六国隶陇右者，为府五十一，州百九十八。羌、蛮隶剑南者，为州二百六十一。蛮隶江南者，为州五十一，隶岭南者，为州九十二。又有党项州二十四，不知其隶属。大凡府州八百五十六，号为羁縻云。"但从唐王朝羁縻府州制度看，其"羁縻"较颜师古"系联之意"的解释自然有了很大不同，上引中"声教所暨，皆边州都督、都护所领，著于令式"即是明证，显示"羁縻"并非简单的"系联"之意，而是唐朝对这些府州具有一定的管理能力。

宋人沿用了唐代的羁縻州制度，"羁縻"一词在《宋史》中出现有五十二次，其卷490《大食》载有太宗与其使者的一段对话，涉及"羁縻"的含义："太宗因问其国，对云：'与大秦国相邻，为其统属。今本国所管之民才及数千，有都城介山海间。'又问其山泽所出，对云：'惟犀象香药。'问犀象以何法可取，对云：'象用象媒诱至，渐以大绳羁縻之耳；犀则使人升大树操弓矢，伺其至射而杀之，其小者不用弓矢可以捕获。'""以大绳羁縻之"之"羁縻"，其具有控制的含义十分明显。不过宋人还经常将"羁縻"用于指称"羁縻州"和契丹等。卷285《贾昌朝传》有贾昌朝上备边六事："其四曰制远人。今四夷荡然与中国通，在北则臣契丹，其西则臣元昊，二国合从，有掎角中国之势。借使以岁币羁縻之，臣恐不可胜算。"对于宋朝与契丹、西夏的关系也称为"羁縻"，其含义较多的具有了"笼络"的性质。但更多的则是指羁縻州，如卷90《地理》邕州下有："羁縻州四十四，县五，洞十一。"既然设置机构进行管理，"羁縻"的含义应该是远远超出了"笼络"的性质。

辽金元时期的史书则很少用"羁縻"一词。笔者在《辽史》中未检索到"羁縻"一词。《金史》中"羁縻"仅仅出现三次。卷8有："上谓宰臣曰：'近闻乌底改有不顺服之意，若遣使责问，彼或抵捍不逊，则边境之事有不可已者。朕尝思之，招徕远人，于国家殊无所益。彼来则听之，不来则勿强其来，此前世羁縻之长策也。'"卷15有："甲戌，高丽先请朝贡，因遣使抚谕之，使还，表言道路不通，俟平定后议通款。命行省姑示羁縻，勿绝其好。"卷117有："生还父母之邦，富贵终身，传芳后世，与其羁縻异域，目以兵虏，孰愈哉。"其"羁縻"的使用更多的是体现了"笼络""勿绝"的一面。《元史》则仅仅在卷92中出现一次："平缅宣抚司。至正十五年八月，以云南死可伐等降，令其子莽三入贡方物，乃置平缅宣抚司以羁縻之。"此"羁縻"自然不同于《金史》中"勿绝"的用法。

明代人对"羁縻"的使用也较常见，检索《明史》"羁縻"一词出现了二十七次，除泛指外，其具体用法大致分为三种。一是指设置机构。卷40《地理一》有："洪武初，建都江表，革元中书省，以京畿应天诸府直隶京师。后乃尽革行中书省，置十三布政使司，分领天下府州县及羁縻诸司。……羁縻之府十有九，州四十有七，县六。编里六万九千五百五十有六。"卷90《兵二》有："羁縻卫所，洪武、永乐间边外归附者，官其长，为都督、都指挥、指挥、千百户、镇抚等官，赐以敕书印记，设都司卫所。"二是指具体治策。卷123《方国珍传》有："元既失江、淮，资国珍舟以通海运，重以官爵羁縻之，而无以难也。"卷209《杨继盛传》有："议者曰'吾外为市以羁縻之，而内修我甲兵。'此一谬也。夫寇欲无厌，其以衅终明甚。苟内修武备，安事羁縻？"卷250《孙承宗传》有："兵部尚书王在晋代廷弼经略辽东，与总督王象乾深相倚结。象乾在蓟门久，习知西部种类情性，西部亦爱戴之。然实无他才，惟啖以财物相羁縻，冀得以老解职而已。"三是用于指称对土司的管理。卷310《土司传》有："迨有明踵元故事，大为恢拓，分别司郡州县，额以赋役，听我驱调，而法始备矣。然其道在于羁縻。彼大姓相擅，世积威约，而必假我爵禄，宠之名号，乃易为统摄，故奔走惟命。然调遣日繁，急而生变，恃功怙过，侵扰益深，故历朝征发，利害各半。其要在于抚绥得人，恩威兼济，则得其死力而不足为患。"也即是说，虽然同是"羁縻"，但含义差别较大，不过基本在"控制"的要义之内。

清代人也经常使用"羁縻"，在《清史稿》中"羁縻"一词出现了三十八次，而在《清实录》中则出现了三百四十六次，从使用的具体情况看，屡屡用于指称对非汉族聚居地区的治理，似更能反映清人对"羁縻"的认知。《清实录》对"羁縻"的使用分为几种不同的情况：

一是用于指称针对境内民族的管理，既包括了西藏、台湾等地区，也包括了南部土司地区。如《清高宗实录》卷293有："西藏即系番类，一经办理宁谧至今，可见筹画有方，无必不可化诲慑服之理。朕观金川情形，虽不可遽照苗疆之例改土设流，或分置卫弁，统辖汛兵，或亦派大员弹压。田赋狱讼，听其经理。简节疏目，驯扰羁縻。期于绥靖地方，约束蛮众，不致如土司之专有其人，易于蠢动，可以永除后患。"卷50有："户部议覆、闽浙总督衔、专管福建事郝玉麟疏报：台湾社番巴老等率男妇二百八十五名归附版图，请输年贡獐鹿皮、暨折饷银两，酌收每年獐鹿皮各一张，免其折饷银两，以示羁縻。从之。"卷768有："奏请给还人口喇嘛，并欲给予贮库印信，与众土司一体羁縻。诸事悉遂其所欲，为此和事老人之举，适足为外夷所轻。"

二是用于指称藩属政权。《清高宗实录》卷527有清王朝针对西蒙古各部的政策变化的记载："朕办理始意，亦惟欲按其四部、分封四汗，众建而分其势，俾之各自为守，以奉中国号令，聊示羁縻而已。乃伊等蠢愚无知，不能承受太平之福，以致自干剿戮，实非朕之本怀。岂此中实有天意，故非人力所能与耶。况该夷地近西陲，虽定以疆界，准通贸易，而犬羊之性，久之亦难保其不生衅端。今即重烦兵力，得以永靖边圉。揆之事机，尚应断然为之。岂有已成之功，转为弃置之理。"

三是用于徼外藩属势力。《清高宗实录》卷891有："谕军机大臣等：据李侍尧奏，暹罗丕雅新将擒获花肚番头目男妇，差人解送来广。……自应即以该督之意，酌量赏给缎匹，稍示羁縻。该督仍给以檄文，回覆丕雅新。"卷895又载："著传谕李侍尧，嗣后丕雅新处若无人来则已，设或复遣使禀请加封，愿通朝贡，不必如前固却。察其来意果诚，即为奏闻，予以封号，方合羁縻控驭之道。"卷892有御制土尔扈特全部归顺记："若布噜特，俾为外圉而羁縻之。"卷1486有："谕曰：松筠等奏廓尔喀贡使到藏起程一折，内称巴都尔萨野住庙焚修，所有部落中事务，俱系该王拉特纳巴都尔自行管理等语。此等边徼外藩，归诚向化，天朝怀柔体统，不过示以羁縻。至其部落中事务，作何办理，原无事深求，已于折内批示。嗣后松筠等只可行所无事，不必过问也。将此谕令知之。"

四是指称英、俄等西方势力。《清高宗实录》卷1292有："谕军机大臣等：本日巴延三奏报，前藏达赖喇嘛遣使过境日期一折，内称夷使字样，甚属错谬。国家中外一家，况卫藏久隶版图，非若俄罗斯之尚在羁縻，犹以外夷目之者可比。自应以来使堪布书写为是。乃一任庸劣幕友，混行填写夷使字样，率尔具奏。巴延三于此等陈奏事件，全不留心寓目，何至糊涂若此。著传旨严行申饬。"《清宣宗实录》卷90有："谕军机大臣等：据托津奏，俄罗斯为徼外之国，设法羁縻，迄未臣服。"《清宣宗实录》卷329有："又谕：本日据杨芳驰奏，逆船驶进省河，旋即退出一折……到粤经年，被英夷牵累，不能开舱,并英国带货商船请准一体贸易,并据洋商呈出义律笔据,代恳通商等情……著杨芳设法羁縻,俾不得远遁外洋,致将来攻剿费手。其现在如何从权制驭之处,朕亦不为遥制。奕山、隆文,计已抵粤,著即妥筹密商。"《清实录》为清代文献,其对"羁縻"的使用似更能说明清代人对"羁縻"的认知。

从清王朝君臣对"羁縻"一词的具体使用看,虽然一再强调"羁縻"是治边传统之道,但往往将其与"抚驭"连用,称为"羁縻抚驭之道"①,"马络头""牛缰"与"抚驭"连在一起,显示出清人认识到了"羁縻"的精髓即是"控制"的要义,因而在使用上虽然依然分指不同的对象,但含义是逐渐清晰的。

从历代王朝用"羁縻"指称治边政策的实践看,有几个情况值得关注。一是在清代之前,以农耕族群为主体所建王朝多常用"羁縻"一词,契丹、女真、蒙古等所建王朝则较少使用,而清王朝因为含义较为明确则使用更加频繁。二是各朝虽都使用"羁縻",但表示的含义存在明显差别,一般而言则多是用于指称对"蛮夷"区域的统治,包括了直接统治区域内的"蛮夷"和直接统治区域外(徼外)的"蛮夷"。三是同是"羁縻"但表示的统治或称为"控制"的程度存在不同,甚至是差异较大,而清人将"羁縻"与"抚驭"连用则显示出较准确地把握了"羁縻"的要义。

(三)"羁縻"治策形成和实施的基础

如上所述,清代之前以农耕族群为主体所建王朝多常用"羁縻"一词,其原因和中国传统的"夏""夷"二元结构的族群观念有着直接的渊源关系,甚至可以说羁縻治策形成和实施的基础即是中国多民族国家构建过程中"夏""夷"二元族群结构观念的长期存在。在中国多民族国家的构建过程中,中原地区先于其他地区出现了凝聚为一体的趋势,一方面夏人、商人、周人凝聚为"夏"或称为"华夏"的族群,由之其族群观念也演变为由"夏""夷"构成的二元体系;另一方面在族群整合的同时,在"夏"中出现并不断完善的"大一统"思想也引导着中原(中国)地区在政治经济文化上有了"划一"的趋势,突出表现即是中央集权的出现及郡县制、经济制度和文字等的推广。中原地区在族群、政治经济文化上的"一体化"趋势,使中原地区在多民族国家构建过程中居于主导地位,而对"夷"的统治在"大一统"的思想中尽管有很大差别,但也是

---

① 《清宣宗实录》卷 15。

不可或缺的重要部分，唐人将中原地区视为"本根"，"夷"的区域视为"枝叶"，并有所谓"中国，天下本根，四夷犹枝叶也。残本根，厚枝叶，而曰求安，未之有也"①的阐述，但是换一个角度仔细分析这一比喻，其背后隐含的应该是"一体"的表示，因为无论是"本根"还是"枝叶"都是"树"的重要组成部分，不能截然分开。羁縻治策即是由此得以形成并有了实施的基础。

古人对族群的划分出现很早，其经典表述即前引《礼记·王制》的记述："中国、戎、夷，五方之民，皆有性也，不可推移。"而"溥天之下，莫非王土，率土之滨，莫非王臣"，是《诗经·小雅》对先秦时期以"王"为中心"天下观"的经典概述。在这些观念的基础上，最迟在西周时期已经形成了以"王"为中心的多民族国家的雏形以及统治理念，这就是西周王朝和《国语·周语上》所载："夫先王之制：邦内甸服，邦外侯服，侯卫宾服，蛮夷要服，戎狄荒服。甸服者祭，侯服者祀，宾服者享，要服者贡，荒服者王。日祭、月祀、时享、岁贡、终王，先王之训也。有不祭则修意，有不祀则修言，有不享则修文，有不贡则修名，有不王则修德，序成而有不至则修刑。于是乎有刑不祭，伐不祀，征不享，让不贡，告不王；于是乎有刑罚之辟，有攻伐之兵，有征讨之备，有威让之令，有文告之辞。布令陈辞而又不至，则增修于德而无勤民于远，是以近无不听，远无不服。"尽管后人对上述统治方式是否存在还有诸多疑问，但夏人、商人、周人凝结为"华夏"族群的过程以及多民族国家的构建却是实际存在于中华大地上的，并在秦汉时期得以实现，而上述统治理念也由此成为多民族国家构建和边疆治理过程中的重要指导思想。

公元前221年，秦王嬴政实现了对六国的统一，并"分天下以为三十六郡，郡置守、尉、监"，之后又将郡增加到了四十余，从而结束了诸侯分立的局面，实现了政令的统一，同时在"地东至海暨朝鲜，西至临洮、羌中，南至北向户，北据河为塞，并阴山至辽东"的辽阔地区，"一法度衡石丈尺，车同轨，书同文字"，②试图将前代"九州攸同"的愿望变为现实。不过，"华夏"族群虽然完成了凝聚，但是"天下"甚至郡县区域内的族群差别还是依然存在的，由此在管理方式上也就有了郡县的直接统治和作为郡县体制补充的以"典客""典属国""道""外臣邦""臣邦"等为主构成的专门管理"四夷"的羁縻统治方式。西汉王朝自汉武帝始，在秦王朝的基础上进一步完善了以皇

---

① 《新唐书》卷99《李大亮传》。
② 《史记》卷6《秦始皇本纪》。

帝为中心、郡县为内核、边疆民族为藩附的"大一统"王朝观念,将其发展为《汉书》卷64上《严助传》所载:"汉为天下宗,操杀生之柄,以制海内之命,危者望安,乱者卬治。"在这一观念的指导下,西汉王朝在秦王朝郡县基础上不仅扩大了郡县覆盖的范围,而且增设了西域都护、护羌校尉、护乌桓校尉、属国都尉等机构来管理被称为"四夷"的地区。值得说明的是,对上述机构管辖范围之内的"四夷",西汉王朝的管理方式也不同于郡县,而是如《汉书·西域传下》所载"最凡国五十。自译长、城长、君、监、吏、大禄、百长、千长、都尉、且渠、当户、将、相至侯、王,皆佩汉印绶,凡三百七十六人",以及高句丽"常从玄菟郡受朝服衣帻,高句丽令主其名籍"①,采取一种"间接"的管理方式。至于这一范围之外的族群,西汉王朝则本着"中国与夷狄有羁縻不绝之义"②的原则,视其情况分别采取不同方式保持关系。如上述,对匈奴,西汉王朝采取的是册封单于、和亲等被称为"羁縻"的管理方式,而对康居等西域外围族群,则是采取"终羁縻不绝"③的政策,虽然形式不同,但也可以用"羁縻"称之。

汉代之后,在中国多民族国家建构的过程中,由"夏""夷"构成的二元族群结构虽然在不同时期有不同表现,甚至"夷"(边疆民族)成为推动多民族国家建构的主导(如元、清两朝的统治民族分别为蒙古、满洲),但二元结构并没有发生根本性变化。这种状况也决定了历代王朝,尤其是以"夏"(汉人)为主体所建王朝对边疆地区的治理具有了"羁縻"或称之为非设官进行直接统治的特点。唐王朝在"四夷"地区设置的羁縻府州最为典型,上引《新唐书》卷43下《地理》:"唐兴,初未暇于四夷,自太宗平突厥,西北诸蕃及蛮夷稍稍内属,即其部落列置州县。其大者为都督府,以其首领为都督、刺史,皆得世袭。虽贡赋版籍,多不上户部,然声教所暨,皆边州都督、都护所领,著于令式。……大凡府州八百五十六,号为羁縻云。"即说明了这一点。而明王朝对西南地区实施的土司管理方式,《明史》卷310《土司传》开篇也说:"西南诸蛮……及楚庄蹻王滇,而秦开五尺道,置吏,沿及汉武,置都尉县属,仍令自保,此即土官、土吏之所始欤。迨有明踵元故事,大为恢拓,分别司郡州县,额以赋役,听我驱调,而法始备矣。然其道在于羁縻。彼大姓相擅,世积威约,而必假我爵禄,宠之名号,乃易为统摄,故奔走惟命。然调遣日繁,急而生变,恃功怙过,侵扰益深,故历朝征发,利

---

① 《三国志》卷30《东夷·高句丽传》。
② 《资治通鉴》卷28,初元五年六月。
③ 《资治通鉴》卷32,元延二年四月。

害各半。其要在于抚绥得人,恩威兼济,则得其死力而不足为患。"也就是说,唐王朝的羁縻府州制度、明王朝的土司制度都属于羁縻的性质,也都可以以"羁縻"称之,只是形式不同而已。

(四)羁縻是多民族国家构建过程中的补充治理方式

在多民族国家中国建构的过程中,"夏""夷"二元族群结构的长期存在虽然为羁縻治理方式提供了实施的基础,但族群的整合、治理方式的"一体化"却是一个必然的趋势,因而羁縻治理方式作为一种补充形式尽管其存在或许是长期的,但与中原地区的"划一"却是必然的结果,历代王朝对边疆地区的治理实践就说明了这一点。

秦汉时期,中央集权形成之后,郡县制是"大一统"王朝基本的管理方式。秦朝在"西南诸蛮"地区设置郡县的情况由于史书记载的原因有待探讨,但西汉王朝最迟在汉武帝时期已经将郡县体制推行到了整个南部地区。元鼎五年(前112)秋,汉武帝出兵统一南越,"遂以其地为儋耳、珠崖、南海、苍梧、郁林、合浦、交阯、九真、日南九郡"①。元鼎六年(前111),"南粤反,上使驰义侯因犍为发南夷兵。且兰君恐远行,旁国虏其老弱,乃与其众反,杀使者及犍为太守。汉乃发巴蜀罪人当击南粤者八校尉击之。会越已破,汉八校尉不下,中郎将郭昌、卫广引兵还,行诛隔滇道者且兰,斩首数万,遂平南夷为牂柯郡。夜郎侯始倚南粤,南粤已灭,还诛反者,夜郎遂入朝,上以为夜郎王。南粤破后,及汉诛且兰、邛君,并杀莋侯,冉駹皆震恐,请臣置吏。以邛都为粤(越)嶲郡,莋都为沈黎郡,冉駹为文山郡,广汉西白马为武都郡"。后又遣王然于"以粤破及诛南夷兵威风谕滇王入朝。滇王者,其众数万人,其旁东北劳深、靡莫皆同姓相杖,未肯听。劳、莫数侵犯使者吏卒。元封二年,天子发巴蜀兵击灭劳深、靡莫,以兵临滇。滇王始首善,以故弗诛。滇王离西夷,滇举国降,请置吏入朝。于是以为益州郡"。②西南夷地区就是这样被纳入了郡县管理体制之下,但是由于有族群的差异,王朝对西南地区的治理并非像内地郡县那样深入而具体,有些具体管理还需要委任当地族群原有的"君长"等进行,所谓"请臣置吏""请置吏入朝"等就是这种情况的反映。而这种情况则如前所引被《明史》的作者称为是土司的源头,并以"其道在于羁縻"来概述其特点。

---

① 《汉书》卷95《两粤传》。
② 《汉书》卷95《西南夷传》。

但是，从历代管理实践看，实际上在使用"土官""土吏"的同时使用"流官"的情况即已经存在，只是数量较少而已，即便是在边疆地区普遍设置羁縻府州的唐王朝也是如此。依据《旧唐书》卷199上《高丽传》的记载："高丽国旧分为五部，有城百七十六，户六十九万七千；乃分其地置都督府九、州四十二、县一百，又置安东都护府以统之。擢其酋渠有功者授都督、刺史及县令，与华人参理百姓。"所谓"擢其酋渠有功者授都督、刺史及县令"，无疑是指都督、刺史乃至县令等羁縻府州县的主要官员来源于当地族群，而"华人参理百姓"则应该是指唐王朝直接委派的官员，也即是"流官"。即便是土司制度盛行的明代，明王朝对西南地区的治理也不全依靠"土官""土吏"，"土流参治"的情况也存在。如《明太祖高皇帝实录》卷70洪武四年十二月戊申条载："吏部奏拟马湖府知府一人从四品，同知一人从五品，通判一人正七品……以流官土官参用从之。"这种"土流参治"情况的存在，一方面说明了羁縻性质的治边方式对于多民族国家主体管理方式而言是一种补充，代表了这种治理方式是过渡性的；另一方面"流官"的存在则是"大一统"王朝中央集权的需要，虽然个别地区"土官""土吏"会延续较长时间，但被"流官"取代是必然的趋势。

自先秦时期形成了"大一统"的天下观之后，构建"大一统"王朝的理想就不断被聚居在中原地区的"华夏"族群和分布在北方地区尤其是草原地区的非"华夏"族群积极实践着，多民族国家的构建也在分裂、统一、再分裂、再统一的发展历程中实现着内部的融合和不断向外拓展。在经过了汉、唐、元三次"大一统"王朝的建构之后，至清代，多民族国家就疆域形态而言已经开始由传统的王朝国家向近现代多民族国家转化，其标志即是通过一系列国际条约的签订有了明确的现代意义的国界，而这一系列国际条约的签订都发生在康熙、雍正时期。

康熙二十八年（1689），清王朝和沙俄签订了《尼布楚条约》，清朝代表的"中国"已经成为一个多民族统一国家的称呼，而且得到了邻国的承认。雍正五年（1727）七月十五日清王朝和俄国又签订了《布连斯奇界约》，双方通过国际条约的形式又确定了由沙毕纳依岭到额尔古纳河的边界。雍正五年九月初七日，清王朝和俄国双方再签订《恰克图界约》，划定恰克图附近疆界。雍正五年九月初十日，清王朝和俄国签订《阿巴哈依图界约》。

国际条约和界碑的出现，一方面说明清王朝的疆域开始由传统王朝疆域向条约疆界（现代疆域）转变，多民族国家疆域进入了明晰时期[①]；另一方面则表明多民族国家的疆域范围已经不能够再向外肆意拓展，古人理想中的"天下"开始和现实中的"中国"（多民族国家）逐渐重合，其内部的整合或称之为族群的整合、统治方式的划一等成为清王朝最高统治者需要集中精力解决的问题。

内部整合关键的问题是确立满洲统治者的"正统"地位和加强不同族群对多民族国家的认同。1644年，以红夷大炮和铁骑组成的八旗军队入关，开始了又一次构建"大一统"王朝的努力。虽然存在激烈的族群冲突，但至康熙时期清王朝基本完成了多民族国家的构建过程。值得关注的是，康熙时期清王朝遇到了来自蒙古噶尔丹对其"正统"王朝地位的挑战，而雍正皇帝即位之后则面临着来自以曾静、吕留良等为代表的汉人儒士挑起的对满洲成为"中国之主"合法性的质疑。而更耐人寻味的是雍正皇帝不惜降低身份，亲自出面进行驳斥，其言论辑录于《大义觉迷录》之中。从该书卷一的记载看，雍正并没有否认"满洲"统治者的"夷狄"身份："夷狄之名，本朝所不讳。"但却认为所谓的"夷狄"仅是一种地域上的划分："本其所生而言，犹今人之籍贯耳"，"何得以华夷而有殊视？"同时引上古的事例为满洲成为"中国之主"的合法性进行辩护："在逆贼等之意，徒谓本朝以满洲之君，入为中国之主，妄生此疆彼界之私，遂故为诬谤讥讪之说耳。不知本朝之为满洲，犹中国之有籍贯。舜为东夷之人，文王为西夷之人，曾何损于圣德乎？"更进一步，雍正皇帝将这种观念和中国疆域的发展相联系，认为正是这种观念的负面影响阻碍了多民族国家疆域的形成和发展："自古中国一统之世，幅员不能广远，其中有不向化者，则斥之为夷狄。如三代以上之有苗、荆楚、猃狁，即今湖南、湖北、山西之地也。在今日而目为夷狄可乎？至于汉、唐、宋全盛之时，北狄、西戎世为边患，从未能臣服而有其地，是以有此疆彼界之分。自我朝入主中土，君临天下，并蒙古极边诸部落俱归版图，是中国之疆土开拓广远，乃中国臣民之大幸，何得尚有华夷中外之分论哉！"雍正皇帝的这些言论，目的虽然是为清朝的"正统王朝"地位进行争辩，但其中试图消除"夏"（汉）、"夷"（边疆民族）族群之间尤其是汉人和满人之间认同矛盾的意图也很明显，而这不仅有助于多民族国家的稳定，也自然有助于多民族"国

[①] 笔者将多民族国家疆域发展的历程分为康熙二十八年（1689）《尼布楚条约》签订前的自然凝聚时期，从《尼布楚条约》的签订到1840年鸦片战争爆发为疆域明晰时期，从鸦片战争爆发到1949年中华人民共和国成立为列强的蚕食鲸吞时期，中华人民共和国成立后为现代疆域巩固时期。参见李大龙《试论中国疆域形成和发展的分期和特点》，《中国边疆史地研究》2011年第3期。

民"的形成。也就是说，康熙和雍正时期多民族国家的构建已经到了最后形成时期，而清王朝也面临着一系列的转型：在多民族国家疆域层面存在着由传统王朝国家向近现代国家的转化，在国家属性的层面存在着由"夷狄"王朝向"中国"王朝的转换，在皇帝个人层面则存在着由"夷狄"统治者身份向"大一统"王朝皇帝身份的转换等。在这种情况下，康熙和雍正应该说迫切需要确立自己的核心地位，使"普天率土之众，莫不知大一统之在我朝。悉子悉臣，罔敢越志者也"①，改变阻碍中央政令畅通的羁縻性质的管理制度也由之成为必然的选择。

统治方式的划一虽然是中央集权的需要，但同时也是多民族国家构建所必须要走的一个过程，清王朝在边疆治理中的一系列变化，尤其是改土归流政策可以视为多民族国家建构历经数千年发展的必然结果。对于清王朝多民族国家建构的过程和规模，《清史稿》卷54《地理一》如前引有概要记载，面对辽阔的区域，清王朝初期也沿用了明王朝的一些制度，尤其是在南部地区沿用了土司制度。但是，这种状况在雍正时期出现了根本性变化，据《清史稿》卷512《土司一》载：西南诸省"至雍正初，而有改土归流之议。四年春，以鄂尔泰巡抚云南兼总督事，奏言：'云贵大患，无如苗蛮。欲安民必先制夷，欲制夷必改土归流。……'于是自四年至九年，蛮悉改流，苗亦归化，间有叛逆，旋即平定。"随着南部地区改土归流的大规模推行，尽管还有土司存在，但其影响已今非昔比，据学者研究："就其权势而言，能够掌握一府一县的土司已经没有了。所存之土司。不管职衔品级高低，他们实际控制的地区是很有限的。如贵州改流后仍有土司百余家，绝大多数为长官司，但全归府、州、县管辖。"②这就是频繁出现在清代史书中的"改土归流"，而土司制度在《明史》作者眼中被视为"羁縻"性质的政策。

清王朝对边疆地区的统治虽然依然可以用"羁縻"来概括，但情况和前代也有了明显的差别，如放弃了主导历代王朝北部治边政策千年的长城防御体系。按照康熙皇帝的说法："昔秦兴土石之工、修筑长城。我朝施恩于喀尔喀，使之防备朔方，较长城更为坚固。"③这一做法于边疆治理而言是一次革命，自此之后长达数千年的人为设置的阻碍中原农耕地区和边疆草原地区融为一体的长城，终于结束了其历史使命，通过在辽阔的草原地区设置盟旗制度的方式不仅改变了前代"统而不治"的状况，而且对草原地区

---

① 《清世宗实录》卷86，雍正七年九月癸未条。
② 李世愉：《清代土司制度论考》，第104页。
③ 《清圣祖实录》卷151，康熙三十年四月条。

的管理也更加深入，使长城内外在政治地理上加速了"一体化"进程，也有助于巩固北疆各族群对"中国"（多民族国家）的认同。

对新疆、西藏地区的治理也变得更加具体而深入。清王朝自康熙二十九年（1690）始用兵于新疆，乾隆二十七年（1762）设置总统伊犁等处将军对新疆进行管理，下设都统和诸多参赞大臣、办事大臣、领队大臣、协办大臣等分管伊犁、塔城、喀什噶尔、英吉沙尔、叶尔羌、和阗、乌什、阿克苏、库车、喀喇沙尔、吐鲁番、乌鲁木齐、哈密、镇西、古城、库尔喀喇乌苏等地。初期，采用州县、伯克和札萨克制度分别管理北疆和南疆诸多族群，光绪十年（1884）随着新疆建省都统、参赞和办事大臣等"概予裁撤"①，全疆统一设立府、州、县进行管理。与新疆相比，清王朝对西藏的管理虽然相对宽松，但于前代而言也有了进一步发展。据《清史稿》卷276《马喇传》载："雍正五年，西藏阿尔布巴等与贝子康济鼐不睦，命马喇往驻西藏。既，阿尔布巴戕害康济鼐，后藏颇罗鼐率兵报仇，执阿尔布巴等。遣尚书查郎阿等谳其罪，磔之。诏颇罗鼐总管前后藏事，移达赖喇嘛于里塘。七年，命马喇驻里塘守护，赐帑金二千，总藏事。擢护军统领。还京，迁工部尚书，坐免。十一年，复以副都统衔往西藏办事。"尽管学者对驻藏大臣的始置时间尚有争论，但驻藏大臣"办理前后藏一切事务""西藏诸处事务均隶驻藏大臣核办"是《理藩院则例》卷61的明确规定。

清王朝不仅注重设置管理机构加强对边疆的管理，而且希望通过法律的形式加以巩固，先后出台了一系列法律制度，减弱治边政策中的传统"羁縻"色彩的意图，或称之为"内地化"的趋势也十分明显。清代是多民族国家法律制度不断完善的时期，用法律制度规范对边疆地区的管理是一个重要方面。如乾隆六年（1741）定名的针对蒙古地区的《蒙古律例》分为十二卷，内容涵盖官衔、户口、差徭、朝贡、会盟行军、边境卡哨、盗贼、人命、首告、捕亡、杂犯、喇嘛例、断狱等诸多方面，从内容上看不仅采用了内地法典的一般命名方式，而且采用了传统中华法系的十二编排模式，而更重要的是它体现出清王朝对蒙古各部的管理更加具体且日益深入。其后，乾隆十六年（1751）和乾隆五十八年（1793）分别针对西藏制定了《酌定西藏善后章程》和《藏内善后章程二十九条》，将驻藏大臣的权力法制化。嘉庆十六年（1811）《理藩院则例》《回疆则例》先后开始纂修，嘉庆二十年（1815）完成，清王朝对边疆地区乃至藩属国的管理也逐步

---

① 《新疆图志》卷1《建制一》。

规范。虽然这些法律照顾到了边疆地区的实际情况,具有"羁縻"的性质,但却是以维护国家统一、法制统一为原则,因而"一体化"的趋势也很明显。

在清代,"羁縻"增加了用于指称英、俄等列强的含义,虽然这是边疆外围环境变化导致的必然结果,但也是多民族中国构建过程中,"夏""夷"之间差异逐渐缩小,尤其是清王朝注重辖区内不同族群的整合,"国民"①初步形成的表现。

总之,"羁縻"是对基于"中国百姓""四夷之人"②的二元族群结构统治理念而形成的补充治理方式的概述,所指虽然宽泛和灵活,但其"控制"的要义并没有根本改变,不可否认这也是统治的一种方式。随着多民族国家构建过程中族群的整合、疆域的整合及"大一统"统治的需要,"一体化"是一种必然的趋势,而"一体化"不仅仅是统治方式的划一,经济和文化的趋同,更重要的是族群的整合,夏人、商人、周人、秦人、汉人,这些名词的先后出现,已经为我们揭示出了这种族群整合的轨迹,而多民族国家族群整合的结果即是国民(中华民族)的形成和发展,由此多民族国家也发展成为单一民族国家。

四、藩属体系:历代王朝边疆治理的理论与实践

藩属体系事关对东亚"天下"秩序的认识,也是中国边疆学研究的基本问题。"藩""属"二字连用是清代出现的现象,用于指称分布在边疆地区的藩部和属国,而出现在先秦时期的藩属理论是历代王朝构筑边疆管理体制的重要指导思想,但学界对其形成与发展及其实践却没有给予足够重视,甚至自近代以来很长时间里学界有不少学者认为古代东亚并不存在以中国历代王朝为中心的藩属体系,直到美国学者费正清提出"中国的世界秩序",相关研究才重新回归学界研究的视野。其结果即是藩属体制③成为学术界近年来较为关注的问题之一。

从现有的研究成果看,学者们多是针对清代的藩属体制进行探讨,关注点或在中朝、中越关系,或在清代藩部等方面,或在册封朝贡等礼仪制度方面,而对藩属体制的

---

① 国民是指清代中国人,其含义类同于近现代主权国家的百姓。以往学者一般用"中华民族",但笔者认为学者和政治家赋予"中华民族"的含义歧义颇多,"国民"似更准确。

② 《新唐书》卷99《李大亮传》。

③ 学界一般用"宗藩"体制或朝贡册封体制来称呼,但笔者认为这种称呼并不准确。参见李大龙《"藩属"与"宗藩"辨析——中国古代疆域形成理论研究之四》,《中国边疆史地研究》2006年第3期。

形成、发展,以及其与羁縻统治和册封朝贡制度的关系,在历代王朝统治体系中的作用等诸多方面则鲜有人进行研究。[①]对藩属体制缺乏整体性研究,不仅影响到了人们对这一制度本身的全面认识,也导致了人们对一些相关问题认识的偏差。

有鉴于此,笔者试图从藩属体制形成的思想基础、实施的客观条件、藩属体系的不同形态、藩属体制与册封朝贡的关系、藩属体制的发展趋势等几个方面进行粗浅的探讨,以抛砖引玉,希望引起更多学者的关注和指正。

(一)藩属体制形成的思想基础

关于藩属体制形成的思想基础,学界一般将其指向先秦时期的分封制度,但分封制度作为一种王朝统治政体似乎并不能成为藩属体制的思想来源,一方面分封制度作为一种在先秦时期就已经形成的统治方式是一种统治制度而非思想观念,另一方面藩属体制形成于秦汉时期,更多的是指对边疆的统治,是分封制度在异族统治方面的一种变异。因此,探索藩属体制形成的思想基础应该从先秦至秦汉时期中原王朝的治国理念中去寻找。

对藩属体制形成具有重要影响的治国理念,首先是先秦至秦汉时期人们对王朝疆域的认识,即在先秦时期就已经形成并在秦汉时期开始用于指导对边疆民族管理的"天下观"。

"溥天之下,莫非王土。率土之滨,莫非王臣。"这是《诗经·小雅·北山》对先秦时期"天下观"的高度概括,不仅为以后的历朝各代所引用,而且也深深根植于每一个中国人的内心深处。这一观念有两层值得注意的含义:一是在中国古人的"天下观"中,王朝的疆域并没有一个固定的界限,有的只是和中央王朝保持臣属关系的地方政权,这也是导致中国历朝各代的疆域难以有一个清晰界限的思想根源;二是处于中国古人"天下观"核心的是王和秦汉以来出现的皇帝,皇帝不仅是"天下"的权力核心,也是维持"天下"秩序运转的中枢、"天下"的主宰。上述"天下观"在春秋战国时期中原政权分立、人思统一的社会环境下派生出了更为具体的"大一统"思想,《春秋集传详说·纲领》解释为:"《春秋》大一统之义,内京师而外诸夏,内中国而外吴楚,尊王抑霸,讨贼扶善,以存天理而遏乱源。"

---

① 2004年,黄松筠曾发表《中国藩属制度研究的理论问题》(《社会科学战线》2004年第6期)对藩属体制的相关问题阐明了自己的认识,但过于泛泛,且存在一些问题。

"大一统"思想随着秦汉多民族统一王朝的建立以及儒学在汉代的发展而成为秦汉王朝构筑"天下"统治秩序的重要指导思想,一方面皇帝的"正统"地位需要得到"四夷"的认同才能体现出天子应有的"德政",另一方面保持对边疆民族的统治也是多民族统一国家稳定的需要。正是在这种思想的支配下,对边疆民族地区的经营成为一种必需,由此"德被蛮貊四夷"①"四夷宾服"②"泽及四夷"③"天下有道,守在四夷"④"德服四夷"⑤等等成为标榜皇帝德政的重要尺度。对边疆民族地区的经营虽然是必需的,但在传统的"天下观"中,边疆民族地区却是处于从属地位的,所谓"中国,天下本根,四夷犹枝叶也"⑥,即是对这种观念的形象表述。

"天下"在古人的观念中又被分为"九州""海内""海外"三个由内及外的不同层次,其中"九州""海内"被喻为天子的"家",所谓"陛下以四海为境,九州为家"⑦,"天子以四海为家。故置一堂以象元气,并取四海为家之义"⑧等都是这种思想的反映。为了保卫家的安全而在家或居住区的周围设置称为藩的篱笆墙或其他设施早在新石器时期的半坡遗址等众多遗址中就已经被发现,既然"九州""海内"被喻为天子的"家",那么对边疆民族地区的经营也由之被形象地称为藩属、藩屏等。也就是说,王朝经营"四夷"(边疆民族地区)的目的是藩卫"中国"(中原地区)的安全,这正是藩属体制构建的直接思想基础。

其次,促成藩属体制形成的另一个治国理念是先秦时期形成并得到具体实施的服事制理论。

为解决王与华夏诸侯乃至与夷狄之间的关系,夏、商、周三代逐步确立了以服事制为特点的统治理论和制度。夏、商、周三代疆域统治体系的构筑,一般都认为是以"王畿"为中心而建立的"服事制",又有"九服""五服"之说,或"九州"内外之说,不仅包括了同姓诸侯、异姓诸侯,也包括了被称为"四夷"的边疆民族或政权。关于周

---

① 《汉书》卷48《贾谊传》。
② 《汉书》卷22《礼乐志》、卷85《谷永传》、卷86《何武传》、卷94上《匈奴传上》等。
③ 《汉书》卷49《晁错传》。
④ 《后汉书》卷62《陈寔传》。
⑤ 《清史稿》卷336《方昂传》。
⑥ 《新唐书》卷99《李大亮传》。
⑦ 《汉书》卷64上《严助传》。
⑧ 《旧唐书》卷22《礼仪二》。

朝的服事制理论，即上引《国语·周语上》的记载："夫先王之制，邦内甸服，邦外侯服，侯卫宾服，蛮夷要服，戎狄荒服。甸服者祭，侯服者祀，宾服者享，要服者贡，荒服者王。日祭、月祀、时享、岁贡、终王，先王之训也。有不祭则修意，有不祀则修言，有不享则修文，有不贡则修名，有不王则修德，序成而有不至则修刑。于是乎有刑不祭，伐不祀，征不享，让不贡，告不王。于是乎有刑罚之辟，有攻伐之兵，有征讨之备，有威让之令，有文告之辞。布令陈辞而又不至，则增修于德而无勤民于远，是以近无不听，远无不服。"

关于服事制理论在先秦时期是否具体实施过，学界还有不同的认识，但从汉朝之后的历朝各代对藩属的管理实践看，服事制理论的影响是直接而深远的。藩属被称为"宾服"，称臣纳贡和接受分封是藩属的重要标志，对藩属的反抗遵循先"责让"后武力讨伐的政策等等，这些具体的政策和管理理念，都是源自上述服事制理论。如在藩属关系的处理方面，所谓"修意""修言""修文""修名""修德""修刑"是周王朝为维持藩属体制运转而采取的政策，其中包括征伐在内的"修刑"是最后采取的政策，而在汉唐的实践中这一观念得到了很好的贯彻。

西汉在处理和藩属卫氏朝鲜的关系时，据《汉书·朝鲜传》载："（卫满）传子至孙右渠，所诱汉亡人滋多，又未尝入见，真番、辰国欲上书见天子，又雍阏弗通。"元封二年（前109），汉武帝派遣涉何为使者，前往朝鲜"谯谕"其王右渠。"谯"，按照颜师古的解释"责让也"，即代表汉武帝谴责朝鲜招诱汉人、不朝见天子、阻挠真番和辰国等其他边疆民族朝见天子等行为，但使者的责让并没有取得效果，右渠"终不肯奉诏"，后又杀担任辽东东部都尉的涉何，汉武帝于是兴兵灭亡了卫氏朝鲜。

唐朝在处理类似问题时也依然遵循先"责让"后出兵的原则，这一点从唐太宗处理和高昌、吐谷浑关系方面采取的政策中可以清楚地看出来。在解决吐谷浑问题时，唐王朝先是遣使者"责让"，即派遣使者前往吐谷浑谴责其寇掠鄯州的做法，并要求吐谷浑王伏允亲自入朝解释；伏允以有病为由不入朝，反为其子"求婚"，得到了唐王朝的同意，但吐谷浑依然不能满足唐王朝"责其亲迎"的要求，所以唐王朝又派遣了使者"中郎将康处直谕以祸福"，进行劝谕；在唐王朝多次劝谕之下，吐谷浑不仅没有改善和唐王朝的关系，且又一次寇掠兰州、廓州，最终唐王朝不得不采取了武力讨伐的政策。[①] 对高

---

① 《旧唐书》卷198《吐谷浑传》。

昌的讨伐也是如此，唐太宗不仅对高昌的使者详细列举了其错误做法，而且"冀其悔过，复下玺书，示以祸福，征之入朝"，但高昌王麴文泰已经打定和唐王朝武力对抗的主意，认为"设今伐我，发兵多则粮运不给，若发三万以下，吾能制之。加以碛路艰险，自然疲顿，吾以逸待劳，坐收其弊，何足为忧也"[①]，唐王朝采取武力讨伐的政策由此成为必然的选择。从这些事例中不难看出，服事制理论已经成为汉唐王朝处理藩属关系的直接理论依据。

第三，传统的夷夏观也对藩属体制的形成构成了直接影响。

藩属体制的建立最主要的目的是处理中央和边疆地区的关系，而边疆地区则是被称为"夷狄"的众多民族的分布区域，因此体现处理民族关系指导思想的"夷夏观"也是藩属体制形成和发展的思想基础。关于先秦时期人们对族群的认识，后人有各种各样的解释和总结，但《礼记·王制》"中国、戎、夷，五方之民"的记载最为精练、准确，是先秦时期人们区分和认识不同民族的经典表述，为众多研究先秦时期民族关系的学者所广泛引用。

对于这一记载，以往人们给予过多关注的一般是其中的"民族歧视"的内容，但这种先入为主的认识影响了我们的判断，实际上用科学的方法和理论认真分析这一表述，先秦时期的人们将"天下"的民族分为"五方之民"，直接源出于人们当时对自然界"天圆地方"的认识，而这一区分严格意义上也不是民族的划分，而是对民族集团或不同文化区域的划分，因为其着眼点并不在于民族的根本特点诸如血缘关系、共同的心理素质等方面，其主要的依据是居住方位的不同、衣食住行的差异、生产方式和语言的差别等，归根结底是文化的差异。既然先秦时期的人们是以文化的不同作为标准来区分民族，那么处理不同文化之间的关系自然也会比处理民族之间的关系要简单和容易得多，由此也派生出了两种不同的处理民族关系的理论和方法，其一是"严华夷之辨"，其二则是用夏变夷。

所谓"严华夷之辨"，其本意在于"中国、戎、夷，五方之民"应该各居其地，秩序的打乱不仅会带来"天下"秩序的混乱，更重要的是会影响"中国"的稳定和代表"中国"文化的"礼"的混乱。也就是说，"严华夷之辨"理论是反对"夷狄"进入中原地区扰乱中原地区的礼仪制度，主张"五方之民"应该各居其地，强调的是"夷夏

[①] 《旧唐书》卷198《高昌传》。

有别"。"夷夏有别"对中国历朝各代处理藩属关系的影响是巨大的,尤其是以农耕族群为主体建立的王朝,突出的表现就是反对直接经营边疆民族地区,即主张中央王朝对"四夷"实施"统而不治"的方法。所谓"统而不治"就是指用武力或其他方式统一"四夷"地区之后不采取积极有效的直接管理,而是实施羁縻统治,或扶持一个政权以保持名义上的藩属关系。西汉王朝对匈奴所采取的就是这种政策。西汉武、昭、宣三代都致力于解决匈奴问题,但在匈奴内乱、分裂之后,西汉宣帝并没有谋求对匈奴实施直接管理,而是采取了扶持呼韩邪单于统一匈奴的政策,这就是"统而不治"思想的表现。直至唐代,我们依然可以见到这种思想的影响。如贞观四年(630)突厥汗国灭亡后,唐太宗与大臣商讨安置突厥降众的办法,时夏州都督窦静即认为:"置之中国,有损无益,恐一旦变生,犯我王略。莫若因其破亡之余,施以望外之恩,假之王侯之号,妻以宗室之女,分其土地,析其部落,使其权弱势分,易为羁制,可使常为藩臣,永保边塞。"①也正是在"严华夷之辨"理论的影响下,在中国历史上长期在边疆地区存在着一个藩属区域,与此相适应,羁縻统治也成为中国古代治边政策、民族政策的主要内容之一,而这些则是历代王朝维持藩属体制运转的主要措施。

在强调"严华夷之辨"的同时,传统的"夷夏观"也主张"用夏变夷"。"夏""夷"既然是以文化的不同划分的,那么自然也可以通过文化的传播达到化"夷"为"夏"的目的,这就是"用夏变夷"思想的基础。"用夏变夷"对藩属体制的影响主要体现在后世广泛引用"用夏变夷"的思想处理藩属问题,不仅仅是因为它在处理藩属关系方面所表现出的积极主动,而且更重要的是为后世直接经营藩属地区提供了理论基础。秦汉王朝将郡县管理方式推广到边疆民族地区,尤其是汉唐两朝对更为辽阔的边疆民族地区的经营,以及和亲政策、鼓励边疆民族学习中原传统典章制度的政策等等,这些协调中央与藩属关系的政策都是以此为理论基础的。也正是因为有了这些发端于"用夏变夷"思想的政策的实施,藩属地区与内地的联系不断密切,进而促成了藩属地区和内地融为一体的进程。

总体而言,藩属体制形成的思想基础直接源自先秦时期形成的"天下观"、"服事制"观念和"夷夏观",这些观念综合作用于边疆治理而形成了藩属这一特殊的政治体制,其最直接的思想基础从"藩"的基本字意"篱笆"上可以清楚地体现出来,即古

---

① 《资治通鉴》卷193,贞观四年四月。

人将"天下"视为皇帝的"家",因而将经营边疆地区对于巩固王朝核心区域中原地区安全的作用,与篱笆对于家的护卫作用相提并论,由此也就有了"藩屏""藩属"等称谓。

（二）"二元天下"的出现与藩属体制的确立

藩属体制形成的思想基础虽然可以上溯到先秦时期,但形成一种制度并用于边疆治理则是在"二元"结构的"天下"形成之后。

如前所述,藩属体制形成的思想基础基本上都是形成于先秦时期,但藩属体制何以在汉代才成为一种管理边疆地区的重要制度？笔者认为造成这种状况的原因很复杂,但最主要的因素是作为古代中国核心的中原地区尚未完成融为一体的过程,作为"天下"权力核心的"王权"虽然已经确立,但其权力覆盖的区域还很有限,对中原地区难以实现有效的直接控制,因此采取了分封众多诸侯的体制,委托诸侯进行管理,自然谈不上对边疆民族地区的直接统治了。在探讨藩属体制的形成时,学者们经常引用"封建亲戚,以藩屏周"①的记载,但此"藩"非指管理边疆民族的藩属体制,而是指分布于中原地区的众多诸侯。周朝的疆域范围史书明确记载为:"我自夏以后稷、魏、骀、芮、岐、毕,吾西土也；及武王克商,蒲姑、商奄,吾东土也；巴、濮、楚、邓,吾南土也；肃慎、燕、亳,吾北土也。"②面对这一区域,周王的直接统治范围也仅仅限于王畿,王畿之外还存在着诸多的诸侯国,《国语·郑语》载:"当成周者,南有荆蛮、申、吕、应、邓、陈、蔡、随、唐,北有卫、燕、狄、鲜虞、潞、洛、泉、徐蒲,西有虞、虢、晋、隗、霍、杨、魏、芮,东有齐、鲁、曹、宋、滕、薛、邹、莒。是非王之支子母弟甥舅也,则皆蛮夷戎狄之人也。"其中能够起到"以藩屏周"的诸侯也仅仅是属于"王之支子母弟甥舅"的诸侯。也就是说,虽然服事制政体的构筑已经涵盖了"蛮夷戎狄",但这一政体藩卫的是王权、王畿,与汉代形成的藩属体制有着本质的差别。

藩属体制虽然在汉代开始出现,但秦朝多民族统一国家的形成藩属体制的实施奠定了基础,这就是"二元天下"的形成。"九州攸同"一直是先秦时期为政者和思想家所梦寐以求的理想境界,宋人林之奇所撰《尚书全解·禹贡》将其总结为:"自九州攸

---

① 《左传》僖公二十四年。

② 《左传》昭公九年。

同以下又所以同之也。盖有以辨之，则广谷大川异制，民生其间异俗，五味异和，器械异制，衣服异宜，各得其所而不相杂乱。故有以同之，则车同轨，书同文，行同伦，各要其所归而不见其为异，此先王疆理天下之大要也。"但这一理想的实现是秦朝的建立。公元前221年，秦国完成了统一六国的重任，结束了中原地区分裂的局面，萌芽于先秦时期的"大一统"观念开始由一种理想向现实转变，对于藩属体制形成的影响主要有三：一是确立了皇帝在天下统治结构中的绝对地位；二是认为"天下共苦战斗不休"的原因在于诸侯的分立，因而放弃了分封制度，代之以"分天下以为三十六郡，郡置守、尉、监"，对中原地区实施直接管理，之后又将郡增加到了四十余个，从而结束了中原地区诸侯分立的局面，实现了政令的统一；三是在"地东至海暨朝鲜，西至临洮、羌中，南至北向户，北据河为塞，并阴山至辽东"的辽阔地区，"一法度衡石丈尺，车同轨，书同文字"[①]，将前代"九州攸同"的愿望变为现实。伴随着郡县的推行以及"诸夏"称号向"秦人"的转变，中原地区无论是在管理体制还是在政治、文化、交通等诸多领域都实现了高度统一，称之为"九州"的中原地区已经逐渐牢固地凝结为一体，"天下"真正成为由"夏""夷"构成的"二元"政体结构，藩卫郡县区域（也是皇帝直接统治区域）安全由此也成为为政者要考虑的问题，以将边疆民族地区经营为中原"藩屏"为主要目的的藩属体制的出现即是顺应了这一要求。

秦朝已经出现了藩属体制的萌芽，秦朝虽然面对北方的匈奴等游牧族群修筑了长城作为捍卫中原地区安全的"藩篱"，没有展开对北部边疆的进一步经营，但在秦朝的地方政体中有了称为"道"的一级管理机构，所谓"有蛮夷曰道"[②]，表明"道"是为管理边疆民族而设置。此外在"云梦秦简"中多次出现三个与少数民族有密切关系的组织，即"属邦""臣邦"和"外臣邦"，有学者认为"臣邦大约是降服于秦的少数民族之国，它的首领已经放弃了王的称号，大约由秦中央政府赐予爵位，其民众要交租税、服徭役；外臣邦是秦的附庸国，其首领仍称王，政权的独立性也较强；而属邦很可能是对包括臣邦、外臣邦等臣属国的统称"[③]。如果这一考证没有问题的话，那么这些机构应该是藩属体制的萌芽，只是秦朝立国短暂，没有能够建立起完善的藩属体制。

汉代秦而立，不仅继承了秦朝的疆域，而且其由夏、夷构成的"天下观"更加明

---

① 《史记》卷6《秦始皇本纪》。
② 《汉书》卷19上《百官公卿表上》。
③ 陈力：《试论秦国之"属邦"与"臣邦"》，《民族研究》1997年第4期。

确了，与此同时，匈奴、南越、卫氏朝鲜等边疆政权给汉朝郡县区域带来的危机也日益明显，在边疆地区构筑有效的防御体制成为当务之急，藩属体制就是在这种状况下出现的。构筑藩属体制以保证边疆地区的安定，早在西汉王朝建立之初即已经开始了，大致到了惠帝、吕后时期，在西汉王朝郡县统治区域之外，已经出现了一个相对完善的"藩臣""外臣"统治区域，即被称为"藩臣"的闽越、东瓯，被称为"外臣"的南越和卫氏朝鲜。但是，汉初的藩属体制是在"百业待兴"的基础上形成的，更多的具有相互妥协的成分，所以随着西汉国力的强盛，经过汉武帝、昭帝、宣帝三代的努力，一套新的藩属体制建立了起来。这套新的藩属体制，按照统治方式的不同可以分为：郡县统治下的边疆族群，主要包括百越、西南夷等；属国，主要是内迁的匈奴、羌等，由属国都尉节制但保留了原有的组织体系；特设机构管理下的边疆族群，主要是西域都护、护羌校尉、护乌桓校尉管辖下的西域各国、乌桓、鲜卑、氐、羌等，实施更为宽松的羁縻统治；称臣但没有实施直接管理的政权，主要是匈奴，但要接受册封，履行朝贡、朝见、服从皇帝诏令等义务。①

汉代以后的历朝各代虽然面临着不同的边疆形势，但中原王朝尤其是以农耕族群为主体建立的王朝一般都要建立藩属体制，尽管这些藩属体制有各自的特点，但作为中原地区"藩屏"的性质是一致的，在藩属体制构筑的原则和指导思想，乃至维持藩属体制运转的各项措施和政策等方面，也都有着许多共同之处。

（三）藩属体制与册封朝贡的关系

论及藩属的学者一般都会将其和册封朝贡相联系，甚至有不少学者将册封朝贡作为藩属体制的直接来源，或用册封朝贡代指藩属体制。堀敏一先生认为："册封，意即以册书来任命。而通过颁发册书的方式来任命的实际上只是在官阶较高的场合。向少数民族授予官职之际，一般多运用比之较为低级的任命方式。因向各少数民族的首领授予中国王朝官职的方式皆相同，根据日本学界的惯例，把所有此种对少数民族任命官职的方式，通称为册封或者册封体制。"② 应该说，将历朝各代对边疆民族首领的册封和授予官职用"册封"或"册封体制"概括并没有太大的问题，因为册封和授予官职属于相同

---

① 参见李大龙《汉唐藩属体制研究》，上编，中国社会科学出版社2006年版。
② ［日］堀敏一：《汉代少数民族地区的郡县与册封》，收录于《黎虎教授古稀纪念中国古代史论丛》，世界知识出版社2006年版。

的性质，但是将这种称呼用于指称历朝各代与边疆政权的关系则是存在问题的。如有学者认为："古代东北亚各国之间，尤其是中国历代王朝与周边国家和民族之间一直存在着可称之为朝贡册封体系的一种国际关系秩序"，"朝贡册封体系下的双方关系，并不能成为一国内的中央和地方的关系，而是古代中国与周边国家或民族、大国与小国、强国与弱国之间结成的一种政治外交秩序，符合当时的历史实际"[①]。这种观点在我国学者中似乎已经成为一种有较大影响的认识。但是，"朝贡册封体系"或"册封体制"是否能够揭示中国历朝各代与边疆民族乃至邻国的关系？藩属体制和"朝贡册封体系"或"册封体制"之间是一种什么关系？这些都是需要进一步考察的问题。笔者认为用"朝贡册封体系"或"册封体制"并不能概括历朝各代与边疆民族乃至邻国的关系，与藩属体制相比册封或朝贡册封只是一种政策，是涵盖在藩属体制之下的一种制度，二者不能互相替代。

册封作为一种政策或制度早在先秦时期就已经出现，前引"封建亲戚，以藩屏周"即是周朝实施册封政策的情况。从中国历朝各代的具体实践看，册封分为各种不同的对象，但大体可以分为两类：一是王朝内部的册封，包括对皇室成员、功臣等，目的是巩固皇权、稳定地方，同时也兼有论功行赏的特色，但汉代以后此类册封逐渐集中到皇室内部；二是对藩属边疆政权首领的册封，但如堀敏一先生所言，对边疆政权首领的册封多限于一些势力较大的首领，更多的首领则只是被授予一般的地方官职，其目的是借助边疆政权首领的力量维护边疆地区的稳定，在很大程度上具有妥协的性质，是历朝各代难以对边疆地区实施直接有效管辖而采取羁縻统治的反映。仔细分析两种不同性质的册封在中国历史上的实践，不难发现二者在诸多方面存在差异，主要体现在以下方面：

一是分封的方式不同。作为藩属的边疆政权首领虽然有些接受了中央王朝的册封，但一般有自己的不属于中央王朝直接管辖的统治体系，这种册封更多的是中央王朝对边疆政权存在的一种承认，并不是中央王朝成立后中央和地方分权的结果。汉朝初期对南越、卫氏朝鲜的册封，武帝之后对匈奴、乌桓、鲜卑等首领的册封都是如此。这种状况在唐、宋、元、明、清各朝也普遍存在。

二是分布区域和政权构成不同。中央王朝内部分封的诸侯王多分布于中原地区或中原与边疆的交界地区，辖境内的族群以农耕为主，而藩属边疆地区诸王则居于边疆，

---

① 朴真奭：《试论四~五世纪东北亚世界的朝贡册封体系——以高句丽为中心》，马大正等主编：《高句丽渤海历史问题研究论文集》，延边大学出版社2004年版，第102页。

辖有的是边疆部众。

三是在统治体系中的地位不同。中央王朝内部分封的诸侯王一般为皇亲或有功之臣，是维护皇权的重要依靠力量，作为权力核心的皇帝对其有较强的控制能力，而藩属边疆政权诸侯王尽管也被称为"藩臣"，但一般游离于中央王朝的直接管辖区域之外，中央王朝对其控制能力相对较弱，因此不仅不是维护皇权的依靠力量，相反则多是中央王朝防御的对象。

四是藩卫的对象不同。中央王朝内部分封的诸侯王一般被认为是京师的"藩屏"，保卫的是权力核心地区的安全，而藩属边疆民族诸侯王一般被认为是中原地区或中央王朝直接管辖区域的"藩屏"，捍卫的是中原地区的安全。

也就是说，册封并不是单纯存在于历朝各代与边疆地区乃至邻国之间的一种制度，历朝各代对边疆政权乃至邻国的册封实际上是王朝内部的册封制度延伸到了边疆治理之中，是历朝各代为维持藩属体制而采取的众多政策中的一项，与藩属体制相比它不是一种政体而是藩属体制之下的政策。从历朝各代的具体实例看，是先有了标志双方臣属关系建立的"称臣"之后才有了册封政策的实施和授予边疆政权首领一般地方官职。对藩属体制的维持而言，历朝各代也并不是仅仅通过采取册封一项政策来保持藩属体制的运转。利用册封来协调与藩属的关系，我们在汉、唐、元、明、清等统一王朝处理与北疆众多民族关系方面可以找到很多例子，即使是在分裂时期的魏蜀吴三国、南北朝、宋辽金时期也有大量事例存在。唐朝在处理与突厥汗国、薛延陀汗国、西突厥汗国、回纥汗国等关系的时候，册封即是经常采用的政策①，清朝为维护与蒙古各部的藩属关系，册封也是一项重要的政策。②类似的例证经常见诸史书，无须一一例举。

对于朝贡，今人多关注其经济交流的一面，故有了"朝贡贸易"一说，但实际上朝贡也是历朝各代维持藩属体制运转的具体政策之一。作为赋税变化形式的朝贡在先秦时期就已经存在，前引有关西周服事制记载中的"日祭、月祀、时享、岁贡"都含有朝贡的成分在内，只是由于诸侯与周朝的关系存在亲疏之别，故在朝贡的种类、次数等方面存在差别而已。汉朝建立起藩属体制之后，朝贡作为一种维持藩属体制运转的政策而被沿用。杜钦曾经对朝贡有如下解释："凡中国所以为通厚蛮夷，慊快其求者，为壤比

---

① 参见《旧唐书》《新唐书》之《突厥传》《薛延陀传》《回纥传》等。
② 祁韵士《蒙古回部王公表传》及《皇朝藩部要略》对此有详细系统的记载。

而为寇也。"① 也就是说，尽管朝贡和其后的赏赐起到了贸易的作用，但作为这一政策实施主体的历朝各代，其关注的首先是朝贡所具有的政治功能，即维护藩属体制的运转以达到安定边疆的目的。当然也有不少边疆族群看到朝贡与赏赐带来的经济利益，进而利用这一制度的漏洞以朝贡为名行贸易之实，不过也由此有了历朝各代对朝贡采取的种种限制措施。

《唐会要》卷一百即记载了唐朝在这方面的具体做法："故事：西蕃诸国通唐使处，悉置铜鱼。雄雌相合，各十二只，皆铭其国名。第一至十二，雄者留在内，雌者付本国。如国使正月来者，赉第一鱼，余月准此。闰月赉本月而已，校其雌雄合……。"

明朝设置主客一职负责朝贡事务的管理，"主客，分掌诸蕃朝贡接待给赐之事。诸蕃朝贡，辨其贡道、贡使、贡物远近多寡丰约之数，以定主若使迎送、宴劳、庐帐、食料之等，赏赉之差。凡贡必省阅之，然后登内府，有附载物货，则给直。若蕃国请嗣封，则遣颁册于其国。使还，上其风土、方物之宜，赠遗礼文之节。诸蕃有保塞功，则授敕印封之。各国使人往来，有诰敕则验诰敕，有勘籍则验勘籍，毋令阑入。土官朝贡，亦验勘籍。其返，则以镂金敕谕行之，必与铜符相比。"② 朝贡带来的经济利益既然可以作为一种奖励，那么断绝"朝贡"自然也可以成为历朝各代对藩属的一种惩罚措施。在藩属体制运转出现问题的时候，拒绝接纳朝贡由之也成为一种政策选择。唐朝在武德九年（626）曾经回绝突厥贡献的马三千匹、羊万只③；贞观十八年（644）高句丽遣使贡金，褚遂良言于唐太宗曰："莫离支虐弑其主，九夷所不容，陛下以之兴兵，将事吊伐，为辽山之人报主辱之耻。古者，讨弑君之贼，不受其赂。昔宋督遗鲁君以郜鼎，桓公受之于太庙，臧哀伯谏曰：'君人者昭德塞违，今灭德立违，而置其赂器于太庙，百官象之，其又何诛焉？武王克商，迁九鼎于洛邑，义士犹或非之，而况将昭违乱之赂器，置诸太庙，其若之何？'夫《春秋》之书，百王取法，若受不臣之筐筐，纳弑逆之朝贡，不以为惩，何所致伐？臣谓莫离支所献，自不得受。"④ 褚遂良的话可以作为拒绝朝贡的原因。这种对藩属朝贡的回绝在明代依然存在，《明太祖实录》就记载了洪武十三年（1380）拒绝朝鲜朝贡、二十六年（1393）拒绝安南朝贡的事例。

---

① 《汉书》卷96上《西域传上》。
② 《明史》卷72《职官一》。
③ 参见《册府元龟》卷970《外臣部·朝贡》。
④ 《旧唐书》卷80《褚遂良传》。

从历朝各代的具体实践看，册封与朝贡虽然是维持藩属体制运转的重要措施，但并不是仅有的政策，称臣、纳质、按照规定定期朝见、接受相关机构的管理、服从王朝的诏令等等，这些也都是藩属要遵从的政策。可以说不管是统一王朝还是分裂时期的各王朝，对于藩属的管理都有一系列的制度、政策和措施，用其中的册封、朝贡并不能涵盖所有的内容，二者只是藩属体制之下的两项具体政策而已。

（四）藩属体系的多样化

构筑藩属体系以保护政权核心地区（或本部）的安全是中国历史上普遍存在的现象，并不是只存在于历朝各代对边疆的治理之中，那种认为"藩属是统一王朝地方政权的另类构成形式，它与王朝直属郡县之间实行一朝两制，于藩属政权内部实行地方自治与民族自治"①的认识只是揭示了藩属存在的部分现象，并不能反映藩属的全貌。在中国历史上既存在着如汉、唐、元、清之类的多民族统一王朝，也存在着魏蜀吴三足鼎立、南北朝隔江而治、五代十国以及宋、辽、金、西夏并列称雄等大分裂的时期，统一王朝由于国力强盛会构筑起完善的藩属体系以治理边疆、巩固内地，但分裂时期的各政权也都有自己的藩属体系，甚至作为一般的边疆政权，无论是在统一时期还是分裂时期，只要其势力在某一地区强过其他政权，也会臣服周围弱小的政权，使其成为自己的藩属。也就是说，藩属体制并不是统一王朝独有的体制，藩属体系在中国历史上的存在有两个显著的特点：一是呈现多样化的态势，一是处于不断变化之中。

如果我们将中国历史的某一个时段作为横断面的话，可以清楚地看到在中华大地上存在着众多由大小不同的藩属构成的政治实体，犹如浩瀚的宇宙分为不同的星系一样，这些藩属体系有的处于并列互不统属的状态，有的大的藩属体系之下包含着众多小的藩属体系，有的则是游离于其他藩属体系之外，呈现复杂的态势。一般而言，在统一的时期，中华大地上会出现一个以统一王朝为核心的藩属体系，将众多的小藩属体系凝聚在一起，但在这一藩属体系之下某些势力相对较大的边疆政权也会臣服周边的民族进而构筑起自己的藩属体系，笔者称之为亚藩属体系，同时在以统一王朝为核心的藩属体系没有涵盖的区域也会形成一些更为弱小的藩属体系。在分裂的时期，由于没有统一王朝的存在，围绕各分裂政权，以及与分裂政权保持臣属关系和没有臣属关系的其他政权

---

① 黄松筠：《中国藩属制度研究的理论问题》，《社会科学战线》2004年第6期。

为核心也会形成更多的藩属体系。

在统一时期，尽管受到国力等因素的制约，各统一王朝构筑的藩属体系涵盖的范围及内容存在差异，但一般而言此类藩属体系能够涵盖中华大地的多数地区，对其他藩属体系具有支配权，在众多的藩属体制中处于最高层次。如鼎盛时期的汉朝将北疆以匈奴为首的众多政权或族群，东北地区的夫余、濊貊、乌桓、鲜卑等族群，西北地区的氐、羌，西域城邦之国，乌孙等，南部地区的西南夷、百越等都纳入自己的藩属体系之下。强盛时期的唐朝构筑起了以都护制度为主体的藩属管理体系，将边疆地区的高句丽、百济、靺鞨、契丹、奚、突厥、铁勒、吐谷浑、西域各国，以及南部的众多政权或族群都纳入安东、单于、安北、安西、北庭、安南等都护府的管辖之下，建立起了一个完善的藩属体系。① 元朝是以北疆蒙古族为主体建立的王朝，虽然在前代的基础上推行行省制度，加强了对边疆的统治，但也设置了宣慰司、都元帅府等机构，实施"因其俗而柔其人"②的政策。《元史·地理志一》载："自封建变为郡县，有天下者，汉、隋、唐、宋为盛，然幅员之广，咸不逮元。汉梗于北狄，隋不能服东夷，唐患在西戎，宋患常在西北。若元，则起朔漠，并西域，平西夏，灭女真，臣高丽，定南诏，遂下江南，而天下为一。"也就是说，元朝不仅将更大范围内的边疆族群纳入藩属体系之下，而且也将高丽等纳入其中。清朝藩属体制涵盖的范围更向周边地区拓展，《清史稿·礼十》载："清初藩服有二类，分隶理藩院、主客司。隶院者，蒙古喀尔喀，西藏，青海，廓尔喀是也；隶司者，曰朝鲜，曰越南，曰南掌，曰缅甸，曰苏禄，曰荷兰，曰暹罗，曰琉球。亲疏略判，于礼同为属也。"③则清朝初期的藩属体制涵盖的范围包括了理藩院和主客司管辖的众多边疆族群和属国，不仅包括内外蒙古、回部、西藏，而且也涵盖了朝鲜、南掌、琉球、苏禄、缅甸、暹罗、越南等周边邻国。④

值得说明的是，尽管都是统一的王朝，但以各王朝为核心凝聚起的藩属体系涵盖的范围并不相同，尤其是以汉、唐为核心的藩属体系涵盖的范围并没有囊括中华大地的

---

① 关于汉唐的藩属体制，参见拙著《汉唐藩属体制研究》，中国社会科学出版社2006年版。
② 《元史》卷202《释老传》。
③ 将荷兰也纳入其中反映了传统"天下观"和"王权观"对清人的影响，而实际上由于荷兰并不与清朝接壤，所以其名要大于实际。
④ 张永江曾经对清朝藩部涵盖的范围做过深入研究，将清朝的藩部分为直辖藩部、兼辖藩部和名义藩部（《清代藩部研究——以政治变迁为中心》，黑龙江教育出版社2001年版，第112—165页）。不过藩部只是清朝藩属体制的一部分，还有称为属国的部分，二者在清人的观念中合称为"藩属"。

全部，所以还有亚藩属体系及其他藩属体系的存在。汉朝在宣帝时期达到鼎盛，其标志即是匈奴呼韩邪单于称臣于汉朝，这一时期以汉朝为核心的藩属体系涵盖范围最大，但由于汉朝对像匈奴之类藩属的控制力较弱，匈奴对乌桓等其他政权或族群依然具有一定的统治权，乌桓每年要向匈奴缴纳"皮布税"①就是一个明显的例证，也就是说乌桓在成为汉朝藩属的同时也是匈奴的藩属，这种状况一直持续到王莽时期。唐朝尽管构筑起了以都护府为主体的藩属管理体系，但处于北疆的众多游牧政权或族群也有不少臣属于先后出现在草原地区的薛延陀汗国、后突厥汗国、回纥汗国。这些在统一王朝之下出现的以边疆民族政权为核心形成的藩属体系即是亚藩属体系。就是在清朝实现中华大地大一统的状态下，亚藩属体系也是存在的，只是数量大大减少了。如《清史稿》卷525载有驻藏大臣升泰的奏疏，其中有："隆吐山南北本皆哲孟雄地方。英人虽视为保护境内，其实哲孟雄、布鲁克巴皆西藏藩属。"除亚藩属体系之外，还有在另一种状况下存在的藩属体系，即在统一王朝势力没有达到的区域，不同政权之间的关系往往也是以藩属体系的形式存在着。唐代的西藏地区在吐蕃统一之前就是一个部落林立的状态，《新唐书·吐蕃传》记载了这些大小政权由分散凝聚为以吐蕃为核心的藩属体系的过程："吐蕃本西羌属，盖百有五十种，散处河、湟、江、岷间，有发羌、唐旄等，然未始与中国通。居析支水西。祖曰鹘提勃悉野，健武多智，稍并诸羌，据其地。蕃、发声近，故其子孙曰吐蕃，而姓勃窣野。或曰南凉秃发利鹿孤之后，二子，曰樊尼，曰傉檀。傉檀嗣，为乞佛炽盘所灭。樊尼挈残部臣沮渠蒙逊，以为临松太守。蒙逊灭，樊尼率兵西济河，逾积石，遂抚有群羌云。"

在分裂时期，藩属体系呈现更为复杂的态势，一方面，以各分裂政权为核心会出现两个乃至多个藩属体系，另一方面各藩属体系之间的关系更为复杂，并列的各藩属体系之下不仅存在着亚藩属体系，而且也存在着两属或多属的边疆民族政权。以北宋时期为例，宋朝、辽朝、西夏并立，各朝都有自己的藩属体系，处于并立的状态。宋朝将南部地区的各民族、河湟地区的吐蕃部落纳为自己的藩属；西夏则据有"东尽黄河，西界玉门，南接萧关，北控大漠，地方万余里"②，将境内乃至周边的民族纳为自己的藩属；辽朝则不仅辖有燕云十六州等农耕族群聚居区，而且也辖有辽阔北部草原地区的众多民族，《辽史·属国表》对辽朝属国的情况有概要的记载，反映了以辽朝为核心的藩属体

---

① 《汉书》卷94下《匈奴传下》。
② 《西夏书事》卷12。

系的部分情况。分别以宋、辽、西夏为核心的藩属体系在多数情况下是处于并立状态的，只是西夏和辽、宋有名义上的臣属关系。三个藩属体系的存在并不是这一时期藩属体系的全部，一方面在三个藩属体系之下还存在着亚藩属体系，另一方面在三个藩属体系之外还存在着其他的藩属体系。诸如西州回纥汗国的主体民族是回纥，但辖境内还分布着突厥部众、葛逻、黠戛斯、样磨等民族或部落[①]，它们无疑是高昌回纥的藩属，由之在该地区也形成了一个以高昌回纥为核心的藩属体系。高昌回纥在名义上和宋朝保持着藩属关系，但位处三个藩属体系之间的民族政权则成为争夺的对象，各方都希望将其纳入自己的藩属体系之中。诸如河湟地区的吐蕃各部由于处于北宋和西夏之间，即成为宋、夏争夺的对象[②]，其归属更多决定于宋、西夏力量的对比。

上述藩属体系的状况是一种相对静态的描述，而在更多情况下不同藩属体系随着各自核心政权势力的变化其涵盖范围也是处于不断变动中的。构成藩属体系的一个重要条件是核心政权的出现，因之核心政权势力的强弱乃至消亡对藩属体系的存在起着决定作用。也就是说，不同藩属体系之间随着核心政权势力的消长会出现碰撞、重组，进而形成新的藩属体系分布格局。在这一过程中，有些藩属体系随着核心政权的败亡会成为其他藩属的组成部分，或组成新的藩属体系，有些藩属体系则随着核心政权势力的壮大而兼并其他的藩属体系。以汉代为例，西汉初期，中华大地上存在着以汉朝、匈奴为核心的两大藩属体系，但随着汉朝国力的增强，两大藩属体系在汉武帝时期开始碰撞、重组，至宣帝时期，不仅原属于匈奴藩属的西域诸国、乌桓、鲜卑等成为西汉的藩属，就是匈奴本身也成为西汉藩属体系的一部分。[③]类似的状况可以说普遍存在于自汉之后的历朝各代中。

（五）藩属体制的发展趋势

藩属体制作为一种管理制度在不同的时期有着不同的内容和表现形式，但从中国疆域形成的历程看，其发展呈现出两种截然不同的趋势：一是藩属地区的不断"内地化"，成为中国疆域不可分割的组成部分；一是藩属地区脱离中国疆域的形成轨迹，演变为现代意义的主权国家，与中国的关系则发展成为国际关系。

---

① 参见翁独健主编《中国民族关系史纲要》，中国社会科学出版社1990年版，第479—480页。
② 参见《宋史》卷492《吐蕃传》。
③ 参见李大龙《汉唐藩属体制研究》，中国社会科学出版社2006年版。

第四章 "天下"政治格局演变与王朝国家治理

由历代王朝为核心构筑的藩属体制自汉代形成之后,经过不断地与其他藩属体系碰撞、重组,至清代已经出现了两种不同的发展态势。笔者曾经利用《清实录》《钦定大清会典》《清史稿》《钦定大清会典事例》《皇朝经世文编》等文献对"藩属"一词的使用情况,对清人观念中藩属涵盖的范围做过探讨,结论是:一是用于指称朝鲜、越南、琉球、缅甸、暹罗、东西布鲁特、左右哈萨克等周边民族或政权;二是用于指称被称为"外藩"或"内藩"的蒙古各部、回部、西藏、索伦等边疆民族或政权;三是用于指称清初的地方势力,如清初的"藩王";四是用于指称大小政权之间的隶属关系或是属下的代称,如清人有时也用"藩属"来指称大小政权之间的隶属关系或属下。在清代"藩属"的上述几种用法中,第一、二种从使用的频率看应该是较为常见的用法,也反映着"藩属"一词在清代的基本词义。也就是说,清代的"藩属"既用于称呼朝鲜、缅甸、越南、琉球、哈萨克等属于"属国"的周边民族或政权,同时也用于指称蒙古各部、回部、青海、西藏以及东北地区的边疆民族。① 虽然清人将边疆民族和邻国都视为藩属涵盖的范围,但在这些藩属的具体管理方面和前代相比已经出现了分化的态势,"藩部"和"属国"的出现即是这种情况的反映,《清史稿》即是将清朝的藩属划分为"藩部"与"属国"分别列传的。

"藩部",有学者认为是清代的概念②,但实际上这是错误的认识。"藩部"一词最迟在南北朝时期即已出现,《梁书·武帝纪中》即有"朕自藩部,常躬讯录,求理得情,洪细必尽"一语,只是清朝赋予了"藩部"新的含义而已。关于清代的藩部,祁韵士《皇朝藩部要略》将藩部的范围划定为内蒙古、外蒙古、厄鲁特、回部、西藏五个部分,并没有涉及属国的情况。而《清史稿》卷518至卷525列有藩部传,将藩部的范围划定在科尔沁、扎赉特、杜尔伯特、郭尔罗斯、喀喇沁、土默特、敖汉、奈曼、巴林、扎噜特、阿噜科尔沁、翁牛特、克什克腾、喀尔喀左翼、乌珠穆沁、浩齐特、苏尼特、阿巴噶、阿巴哈纳尔、四子部落、茂明安、喀尔喀右翼、乌喇特、鄂尔多斯、阿拉善、额济讷、喀尔喀土谢图汗部、喀尔喀车臣汗部、喀尔喀赛因诺颜部、喀尔喀札萨克图汗部、青海额鲁特、杜尔伯特、旧土尔扈特、新土尔扈特、和硕特、唐努乌梁海、阿尔泰乌梁

---

① 参见刘志扬、李大龙《"藩属"与"宗藩"辨析——中国古代疆域形成理论研究之四》,《中国边疆史地研究》2006年第3期。
② 参见包文汉《清代"藩部"一词考释》,《清史研究》2000年第4期;张永江《清代藩部研究——以政治变迁为中心》,第1页。

海、阿尔泰淖尔乌梁海、西藏。张永江对清代藩部进行过详细考证，将清朝的藩部分为三类。一是理藩院直辖的内札萨克蒙古、外札萨克蒙古、回部、西藏。二是理藩院兼辖的游牧内属部落和内属回城，即《嘉庆大清会典·理藩院》所载："凡游牧之内属者，曰土默特，统其治于将军而以达于院。布特哈之内属者也如之"，"凡游牧之内属者，曰察哈尔，曰巴尔呼，曰额鲁特，曰札哈沁，曰明阿特，曰乌梁海，曰达木，曰哈萨克，统其治于将军，若都统，若大臣而以达于院"，"凡回众，惟哈密，吐鲁番治以札萨克，内属者回城八。各统其治于将军，若大臣，而以达于院"。三是理藩院所属名义藩部，即哈萨克、布鲁特。①

"属国"在汉代即已成为藩属体制的一个重要组成部分，即汉武帝时期开始为安置匈奴等降众而在边郡设置属国进行管理。《汉书·武帝纪》载：元狩二年（前121）"秋，匈奴昆邪王杀休屠王，并将其众合四万余人来降，置五属国以处之。以其地为武威、酒泉郡"。颜师古注曰："凡言属国者，存其国号而属汉朝，故曰属国。"清代的属国虽然继承了汉代属国的名称，但含义发生了明显变化，被用来指称藩部之外的藩属国。《清史稿》卷526至卷529有属国传，列有朝鲜、琉球、越南、缅甸、暹罗、南掌、苏禄、廓尔喀、浩罕等国。这些和清朝保持一定政治隶属关系的邻国被称为"属国"，也是清朝藩属体制的重要组成部分。

将清朝的藩属体制和前代进行比较，不难发现有了明显的变化，从内部结构上看，虽然依然统称为"藩属"，但内部已经出现了界限明晰的两个组成部分，即藩部和属国。应该说，藩部和属国的划分一方面是以历代王朝为核心的藩属体制长期发展的结果，另一方面也预示着藩属体制的发展已经出现了两个不同的发展趋向。就清朝藩部而言，其"内地化"的趋势是明显的，主要表现在：一是藩部向更外层的区域扩展，朝廷的直接管辖区域较前代有了巨大的变化，南部、西南地区的众多民族已经不属于藩部。二是朝廷对藩部的管理较前代也更为直接，将军、都统、参赞大臣、领队大臣、办事大臣等在藩部地区的广泛设置，以及盟旗制度在草原地区的推广，朝廷对藩部的控制能力是前代无法比拟的，尤其是将藩部的军权收归朝廷，使藩部丧失了成为政治实体的可能性。三是州县体制在藩部地区的推广使藩部在行政建制上加速了"内地化"进程，漠南蒙古地区、新疆北部地区州县的设置，以及清朝后期的边疆建省、西藏改驻藏大臣为行部大臣

---

① 参见张永江《清代藩部研究——以政治变迁为中心》，第112—165页。

等等，都是这种"内地化"的表现。四是内地的一般社会、经济制度，诸如户籍、比丁、族长管理方式以及币制等在藩部地区也广泛推广①，反映着在社会经济制度等众多方面藩部地区与中原地区的差异呈现缩小的趋势。就属国而言，清朝和属国虽然保持着政治上的隶属关系，但清朝"素守羁縻属国之策，不干内政，兴衰治乱，袖手膜视"②，且也存在着明确的疆界划分，因而双方的关系具有了向现代国家关系发展的趋向。

中国古代藩属体制的终结是以1840年鸦片战争的爆发为起点的。在鸦片战争之前，东亚地区众多王朝、民族之间的关系处于一种没有外力影响的自由的发展状态，以中国历朝各代为核心的藩属体制也是在这种自由发展的大背景下不断发展的。但是，西方列强的侵入，尤其是在东亚、南亚地区划分殖民地的行动，不仅中断了以中国历朝各代为核心的藩属体制的发展进程，同时也促成了清朝藩属体制的分化，一方面朝鲜、琉球、越南、缅甸、暹罗、南掌、苏禄、廓尔喀、浩罕等清朝的"属国"纷纷沦为殖民地，最终与中国的关系发展成为现代的国际关系；另一方面虽然大片的藩部领土被蚕食鲸吞，但由于长期和历朝各代保持着密切的藩属关系，内蒙古、新疆、西藏等藩部地区已经和内地融为一体，最终成为中国疆域不可分割的组成部分。

五、"皇帝天可汗"：一种突破性尝试

"天可汗"称号的出现和燕然都护府的设置，是唐朝以唐太宗为首的统治者对草原地区实施有效经略的创新性尝试，开农牧交融管理之先河，对多民族国家中国的形成与发展起着十分重要的推动作用。但是，学界有关"天可汗"的探讨多聚焦于"天可汗"名称和唐朝是否对草原实施有效治理两个方面进行分析③，而对燕然都护府的设置则往往在追溯安北都护府的沿革时略有提及不做专门性探讨④，这种做法似乎并不能全面而准确揭示唐朝统治者经略北疆的目的和意义。应该说，农耕和游牧族群之间的博弈在先

---

① 参见张永江《清代藩部研究——以政治变迁为中心》，第271—280页。
② 《清史稿》卷526《属国一》。
③ 有关"天可汗"研究成果的分析，参见刘子凡《"天可汗"称号与唐代国家建构》，《历史研究》2021年第6期。
④ 目前通过中国知网检索不到以"燕然都护"为题的论文，有关单于、安北都护府的专论中会有概要论及，专门性研究则是拙著《都护制度研究》，其中对燕然都护府的设置、职责及历任都护的情况有系统讨论。参见李大龙《都护制度研究》，黑龙江教育出版社2003年版，第202—218页。

秦时期已经显现并贯穿于整个古代，是推动多民族国家形成与发展的主要因素之一。协调与北疆游牧族群之间的关系，西周已经给予高度重视，秦汉时期则凸显为王朝国家治理的主要问题，唐朝对北疆的经略既是对前代经略的延续和发展，同时也为后代的经略提供了基础。只有在多民族国家形成与发展的这一大背景下审视，才能给唐朝"天可汗"称号与燕然都护府设置的重要价值一个符合逻辑的解释。

（一）虚实："天可汗"与燕然都护府的设置

隋朝通过和突厥确立册封关系大致保持了北疆的稳定，但隋末乱世中出现的唐朝则是突厥扶持的结果。对于隋末唐初的北疆形势，《通典·突厥上》记载："此后隋乱，中国人归之者甚众，又更强盛，势陵中夏。迎萧皇后，置于定襄。薛举、窦建德、王充、刘武周、梁师都、李轨、高开道之徒，虽僭尊号，北面称臣，受其可汗之号。东自契丹，西尽吐谷浑、高昌诸国，皆臣之。控弦百万，戎狄之盛，近代未之有也。大唐起义太原，刘文静聘其国，引以为援。"可知唐朝的兴起和诸多割据势力一样，依然得益于东突厥汗国的大力扶持，唐太宗所谓"往者太上皇以百姓之故，称臣于突厥"①也说明了这一点。经过数年的博弈，唐朝与东突厥汗国虽然在"武德五年双方的关系已经由'称臣'演变为了'敌国'（平等）关系"②，并在武德九年（626）达成了"渭水之盟"，但协调与东突厥汗国的关系依然是李世民即位初期北疆治理迫切需要解决的重大问题。

李世民，武德九年（626）通过玄武门之变获取了皇位，改年号为贞观，崩于贞观二十三年（649），史称唐太宗。有关唐太宗时期的北疆经略，诸多史书有详略不同的记述，以往的论著也多有论及，但综合起来看，唐太宗的北疆经略成果大致可以从三个方面进行归纳总结：一是改变和消除了来自东突厥汗国的威胁；二是通过实施和亲、册封等政策瓦解了薛延陀汗国；三是获得了"天可汗"的称号并在羁縻府州基础上设置燕然都护府对诸多草原部落进行管辖。贞观四年（630）随着颉利可汗的被俘，作为北疆主要威胁的东突厥汗国已经不复存在，剩下的只是突厥部众的安置问题，对此多部有关突厥的通史性著作已经有系统的阐述③，没有必要在此展开论述。继起的薛延陀汗国，虽

---

① 《资治通鉴》卷193，贞观三年十二月。
② 李元晖：《由"称臣"到"敌国"——唐初和东突厥盟约的变化》，《黑龙江民族丛刊》2021年第1期。
③ 参见陈寅恪《唐代政治史述论稿》，商务印书馆2011年版；林幹《突厥史》，内蒙古人民出版社1988年版；薛宗正《突厥史》，中国社会科学出版社1992年版；吴玉贵《突厥汗国与隋唐关系史研究》，中国社会科学出版社1998年版等。

然有一统草原地区的趋势，但唐太宗巧妙利用册封夷男可汗二子为可汗，削弱其势力并引发其内讧，先同意与其和亲，后又悔婚，以显示并不支持薛延陀等政策的实施，称霸草原的薛延陀汗国仅仅十年有余即土崩瓦解，可谓昙花一现。有关薛延陀汗国的兴衰过程，段连勤先生的《隋唐时期的薛延陀》①已经有详细的阐述，在此也无须多做介绍。故而，在此只对唐北疆政策做必要阐述，以便于下文展开相关分析。

"天可汗"的称号在诸多史书中都有记载，虽然是始于唐太宗李世民，但并非其独有，唐肃宗、代宗等在草原部落统治者的意识中也被视为"天可汗"。"天可汗"是东突厥汗国灭亡后出现的草原部落对唐太宗的称呼，最早见于贞观四年（630）。《旧唐书·太宗纪》载：贞观四年，"夏四月丁酉，御顺天门，军吏执颉利以献捷。自是西北诸蕃咸请上尊号为'天可汗'，于是降玺书册命其君长，则兼称之"。《资治通鉴》卷193贞观四年三月条亦载："四夷君长诣阙请上为天可汗，上曰：'我为大唐天子，又下行可汗事乎！'群臣及四夷皆称万岁。是后以玺书赐西北君长，皆称天可汗。"颉利可汗被俘是东突厥汗国灭亡的主要标志之一，此时北疆诸多游牧部落将最高首领的称号"可汗"奉献给唐太宗，"请上为天可汗"，既是一种尊称，同时也是甘愿称臣接受唐朝统治的意愿表达，《通典》的作者即是如此认定唐太宗接受"天可汗"称号的意义的。《通典·北狄》对"请上为天可汗"有更为详细的记载："大唐贞观中，户部奏言，中国人自塞外来归及突厥前后降附开四夷为州县者，男女百二十余万口。时诸蕃君长诣阙顿颡，请太宗为天可汗。制曰：'我为大唐天子，又下行可汗事乎？'群臣及四夷咸称万岁。是后以玺书赐西域、北荒之君长，皆称'皇帝天可汗'。诸蕃渠帅死亡者，必诏册立其后嗣焉。临统四夷，自此始也。"将唐太宗接受"天可汗"称号，视为唐朝"临统四夷"的开始，应该是代表了中原史家的一般认识。

综合各书有关"天可汗"的记载，有两点需要给予关注。一是"天可汗"之称似乎也并不能完全体现草原部落统治者对唐太宗的尊崇，故而唐太宗被称为"天可汗"的同时又往往被称为"天至尊"。贞观二十年（646）九月，唐太宗出巡至灵州，"敕勒诸部俟斤遣使相继诣灵州者数千人，咸云：'愿得天至尊为奴等天可汗，子子孙孙常为天至尊奴，死无所恨。'甲辰，上为诗序其事曰：'雪耻酬百王，除凶报千古。'公卿请勒石于灵州，从之"②。从"天可汗"到"天至尊"，不仅仅是尊重程度的变化，更应该是

---

① 段连勤：《隋唐时期的薛延陀》，三秦出版社1988年版。
② 《资治通鉴》卷198，贞观二十年九月。

唐朝政治地位得到充分肯定的标志。二是"天可汗"并非唐太宗独享,至少在草原部落统治者的意识中唐肃宗、代宗等唐朝皇帝也被视为"天可汗"。乾元元年(758)唐与回纥和亲,册礼使者殿中监汉中王瑀见回纥可汗"不拜而立,可汗曰:'我与天可汗两国之君,君臣有礼,何得不拜?'"①永泰元年(765)回纥、吐蕃等三十万入寇,唐代宗急令郭子仪率军迎击,"回纥怪问:'是谓谁?'报曰:'郭令公。'惊曰:'令公存乎?怀恩言天可汗弃天下,令公即世,中国无主,故我从以来。公今存,天可汗存乎?'报曰:'天子万寿。'回纥悟曰:'彼欺我乎!'"危机得以顺利解除。②可知,在回纥可汗的意识中,肃宗、代宗等唐朝皇帝是被视为"天可汗"的。安史之乱后,回纥汗国实现了草原一统,但依然认同唐朝的"大一统"政治体系,接受册封和和亲等是重要标志,唐太宗时期形成的"天可汗"意识在其中的主导作用也是明显的。

与"天可汗"相关的是"参天可汗道"的开辟和燕然都护府的设置。关于燕然都护府的设置,尽管史书记载中出现了贞观四年、二十一年和二十二年等不同说法,但贞观二十一年(647)设置的说法得到了较多学者的认同。《唐会要·安北都护府》将"参天可汗道"和"燕然都护府"的设置联系起来进行了记载:"(贞观)二十一年正月九日,以铁勒回纥等十三部内附,置六都督府、七州并以各其酋帅为都督刺史,给元金鱼、黄金为字,以为符信。于是回纥等请于回纥以南突厥以北置邮驿,总六十六所,以通北荒,号为参天可汗道,俾通贡焉,以貂皮充赋税。至四月十日,置燕然都护府,以扬州司马李素立为都护,瀚海等六都督、皋兰等七州并隶焉。"《资治通鉴》卷198则是分两条记载,贞观二十一年正月记载:"丙申,诏以回纥部为瀚海府,仆骨为金微府,多滥葛为燕然府,拔野古为幽陵府,同罗为龟林府,思结为卢山府,浑为皋兰州,斛薛为高阙州,奚结为鸡鹿州,阿跌为鸡田州,契苾为榆溪州,思结别部为蹛林州,白霫为寘颜州;各以其酋长为都督、刺史,各赐金银缯帛及锦袍。敕勒大喜,捧戴欢呼拜舞,宛转尘中。及还,上御天成殿宴,设十部乐而遣之。诸酋长奏称:'臣等既为唐民,往来天至尊所,如诣父母,请于回纥以南、突厥以北开一道,谓之参天可汗道,置六十八驿,各有马及酒肉以供过使,岁贡貂皮以充租赋,仍请能属文人,使为表疏。'上皆许之。于是北荒悉平,然回纥吐迷度已私自称可汗,官号皆如突厥故事。"四月条又载:"丙寅,置燕然都护府,统瀚海等六都督、皋兰等七州,以扬州都督府司马李素立为之。

---

① 《资治通鉴》卷220,乾元元年七月。
② 《新唐书》卷137《郭子仪传》。

素立抚以恩信,夷落怀之,共率马牛为献;素立唯受其酒一杯,余悉还之。"

由于史书对唐高宗时期调整都护府的设置记载不清晰,有学者误以为唐朝同时设置过两个都护府,对此已有多位学者专文进行了辨析,或认为"永徽元年,北方边疆惟置燕然都护府,统辖碛北铁勒诸部府州"①,或认为"至贞观二十三年西突厥葛逻禄等部来降,为便于统一管理突厥诸部,唐廷对漠南突厥部众的统属关系进行调整。原属云中都督府的思壁、白登二州改属燕然都护府"②,或认为"因为当时在回纥部落设置了'瀚海都督府',燕然都护府作为上级管理机关迁到该处,应当改为'瀚海都护府'"③。尽管存在认识上的差异,但燕然都护府是唐朝灭亡薛延陀后的第二年即贞观二十一年(647)在北疆设置的第一个都护府,也是唯一的一个都护府,是符合史书记载的。

燕然都护府的职责和管辖范围从上引史书的记载看是很明确的,即管辖在契苾、回纥等十余部落基础上设置的十三个府州,但燕然都护府的辖境并不是固定不变的,也经历了一个由扩大到缩小的过程。贞观二十三年(649)三月丙辰,唐朝又"置丰州都督府,使燕然都护李素立兼都督"④。龙朔三年(663)更名瀚海都护府后,都护府的辖境发生了一次比较大的变化,即《资治通鉴》卷201所载:龙朔三年二月,"徙燕然都护府于回纥,更名瀚海都护;徙故瀚海都护于云中古城,更名云中都护。以碛为境,碛北州府皆隶瀚海,碛南隶云中"。两个都护府分治草原以及总章二年(669)瀚海都护府再为安北都护府,则不仅终结了燕然都护府的使命,也彻底改变了唐朝的北疆治理格局。⑤

或许是《通典》的作者用"临统四夷,自此始也"定位"天可汗",给后人的感觉是唐朝对草原地区一直实施着有效管辖,故而引发了当今学界对"天可汗"虚实的探讨,也由此出现了一些分歧。传统的做法是将唐朝在辽阔的草原设置众多的羁縻府州和"天可汗"的称呼联系在一起来认识唐朝对北疆的经略,将"天可汗"视为"号令包括

---

① 参加艾冲《关于唐代单于都护府的两个问题》,《民族研究》2002年第3期;艾冲《唐代安北都护府迁徙考论》,《陕西师范大学学报(哲学社会科学版)》2001年第4期。
② 李培生、郭声波:《唐定襄、云中二都督府设置时间新考》,《中国历史地理论丛》2021年第2辑。
③ 霍红霞:《唐代参天可汗道设立时间考》,《阴山学刊》2011年第6期。
④ 《资治通鉴》卷199。
⑤ 史书关于燕然都护府沿革的记载是完整的,对此笔者也做过系统的探讨。参见李大龙《有关唐安北都护府的几个问题》,《北方文物》2004年第2期;李大龙《都护制度研究》,第202—218页。

突厥大可汗在内的所有游牧世界的统治者"①,但也有学者认为"天可汗制度"仅仅存在于唐太宗和高宗时期,更有学者认为"天可汗"称号的含义是变化的,"这一称号是皇权的延伸,唐代不存在与'皇帝'和'天可汗'分别对应的两个统治系统","过于强调'天可汗'称号甚或皇室血统在唐代国家建构中的作用,显然背离历史实际"。②应该说,这些探讨虽然有助于加深对唐朝北疆治理的认识,但为什么唐太宗会接受并不能够体现中华正统的"天可汗"称呼,或者说将草原纳入有效管辖是否为唐太宗治理北疆的政治追求等关键性的问题则被忽略了,而且有关"天可汗"虚实的讨论更多关注的是唐朝"临统四夷"的程度而已,并不能否定唐太宗接受"天可汗"的称呼并设置燕然都护府管理在游牧部落基础上设置的诸多羁縻府州的史实。

(二)"上策":唐太宗经略北疆的诱因

《新唐书·北狄传》"赞曰"有:"唐之德大矣!际天所覆,悉臣而属之,薄海内外,无不州县,遂尊天子曰'天可汗'。三王以来,未有以过之。至荒区君长,待唐玺纆乃能国,一为不宾,随辄夷缚。故蛮琛夷宝,踵相逮于廷。""德被蛮貊四夷"③虽然是历代王朝统治者的最高追求,但"天子有道,守在四夷"④"务安诸夏,不事要荒"⑤等言论屡屡见诸史书,则体现着不谋求对"四夷"实施直接统治是王朝国家治理的传统,故而从"三王以来,未有以过之"认定和"临统四夷,自此始也"相比,很显然《新唐书》的作者给出了更高的评价。也就是说,在《新唐书》的作者看来,唐太宗对北疆的经略不仅是对传统治理观念的突破,也是对前代具体治理实践的创新性发展。

唐太宗是历史上少有的经常比对前代来总结其治理得失的统治者,并自认为超过了前代。"自古帝王虽平定中夏,不能服戎、狄。朕才不逮古人而成功过之"是李世民对自己二十多年治理结果的评价,"自古皆贵中华,贱夷、狄,朕独爱之如一,故其种落皆依朕如父母"⑥,则被其视为能够取得成功的五个因素之一。尽管被视为"五胡十六

---

① 林冠群:《隋唐君主可汗号比较研究》,《中央民族大学学报(哲学社会科学版)》2019年第3期。
② 刘子凡:《"天可汗"称号与唐代国家建构》,《历史研究》2021年第6期。
③ 《汉书》卷48《贾谊传》。
④ 《后汉书》卷62《陈寔传》。
⑤ 《北史》卷97《西域传》。
⑥ 《资治通鉴》卷198,贞观二十一年五月。

国"之一的前秦皇帝苻坚也说过"朕方混六合为一家,视夷狄为赤子"①等类似的表述,但当今不少学者还是据此认为唐太宗具有"民族平等"的观念,并给予了很高的评价。②实际上,唐太宗在接受"天可汗"称号时也有过类似的议论,见于《资治通鉴》卷193贞观三年十二月戊辰条:"突利可汗入朝,上谓侍臣曰:'往者太上皇以百姓之故,称臣于突厥,朕常痛心。今单于稽颡,庶几可雪前耻。'壬午,靺鞨遣使入贡,上曰:'靺鞨远来,盖突厥已服之故也。昔人谓御戎无上策,朕今治安中国,而四夷自服,岂非上策乎?'"通过分析这一表述,我们或许可以窥知唐太宗接受"天可汗"称呼并设置燕然都护府的心态。

唐太宗何以会有"岂非上策"之问?《唐会要·靺鞨传》有更为详细的记载:"初,上谓侍臣曰:'靺鞨远来,盖突厥服之所致也。昔周宣之时,猃狁孔炽,出兵驱逐,比之蚊蚋。议者以为中策。汉武帝北事匈奴,中国虚竭,议者以为下策。秦始皇北筑长城,人神怨愤,议者以为无策。然则自古以来,其无上策乎?朕承隋之弊,而四夷归伏,无为而治,得非上策乎?'礼部侍郎李百药进曰:'陛下以武功定四海,以文德绥万物,至道所感,格于天地。斯盖二仪降福,以祚圣人。岂与周汉失策,较其长短哉。'太宗大悦。"据此可知,所谓"上策"也是和前代边疆经略比对的结果,而周为"中策"、西汉武帝为"下策"与秦始皇为"无策"则从《新唐书·突厥传上》的记载看是直接源自王莽新朝时期的严尤所论。

《新唐书·突厥传上》载:"夷狄为中国患,尚矣。在前世者,史家类能言之。唐兴,蛮夷更盛衰,尝与中国亢衡者有四:突厥、吐蕃、回鹘、云南是也。方其时,群臣献议盈廷,或听或置,班然可睹也。刘贶以为:严尤辩而未详,班固详而未尽,权其至当,周得上策,秦得其中,汉无策。何以言之?荒服之外,声教所不逮,其叛不为之劳师,其降不为之释备,严守御,险走集,使其为寇不能也,为臣不得也。'惠此中夏,以绥四方',周之道也,故曰周得上策。……赵简子起长城备胡,燕、秦亦筑长城限中外,益理城堑,城全国灭,人归咎焉。后魏筑长城,议者以为人治一步,方千里,役三十万人,不旬朔而获久逸,故曰秦得中策。……诚能移其财以赏戍卒,则民富;移其爵以饵守臣,则将良。富利归于我,危亡移于彼,无纳女之辱,无传送之劳,

---

① 《资治通鉴》卷103,宁康元年条。《晋书》卷113《苻坚载记》记为:"今四海事旷,兆庶未宁,黎元应抚,夷狄应和。方将混六合以一家,同有形于赤子,汝其息之,勿怀耿介。"

② 参见田继周等著《中国历代民族政策研究》,青海人民出版社1990年版,第126—127页。

弃此而不为，故曰汉无策。"其中所谓"群臣献议盈廷"是对大臣参与讨论热烈程度的描述，讨论的内容则涉及广泛，其中刘贶提及了严尤和班固，显见唐朝初期北疆经略是大臣们热衷讨论的主要话题。既然引发了讨论，那么自然会有自己的看法，故而唐太宗所谓"上策"的自评应该是来源于此。但是，这种讨论前代也曾经有过，而两汉之际王莽新朝的大臣严尤是最突出者，是严尤较早对周、秦和汉对北疆的治理政策进行了对比。

如何处理和游牧族群及其所建政权的关系，早在先秦时期就已经成为困扰三朝尤其是周朝的主要边疆问题，这种状况不仅没有因为秦汉统一王朝的出现而改变，反而随着草原统一政权匈奴的出现而有加剧的趋势。西汉经过武帝、昭帝和宣帝三朝的积极经略，甘露二年（前52）随着呼韩邪单于降汉接受册封，来自北部游牧族群的威胁有所缓解，但至王莽新朝匈奴重新成为边患，严尤即是在此时依据新朝北疆治理的需要而提出了谏言，其中对周、秦和汉武帝时期的北疆治策做出了"中策""无策"和"下策"的评价：

> 臣闻匈奴为害，所从来久矣，未闻上世有必征之者也。后世三家周、秦、汉征之，然皆未有得上策者也。周得中策，汉得下策，秦无策焉。当周宣王时，狁内侵，至于泾阳，命将征之，尽境而还。其视戎狄之侵，譬犹蚊虻之螫，驱之而已。故天下称明，是为中策。汉武帝选将练兵，约赍轻粮，深入远戍，虽有克获之功，胡辄报之，兵连祸结三十余年，中国罢耗，匈奴亦创艾，而天下称武，是为下策。秦始皇不忍小耻而轻民力，筑长城之固，延袤万里，转输之行，起于负海，疆境既完，中国内竭，以丧社稷，是为无策。①

上引严尤所言是为王莽新朝解决匈奴问题而提出建议的一部分，不仅对周、秦和西汉的北疆治策进行了对比，而且提出了解决匈奴问题面临的五大困难："兵先至者聚居暴露，师老械弊，势不可用，此一难也"；"边既空虚，不能奉军粮，内调郡国，不相及属，此二难也"；"胡地沙卤，多乏水草，以往事揆之，军出未满百日，牛必物故且尽，余粮尚多，人不能负，此三难也"；"胡地秋冬甚寒，春夏甚风，多赍鬴鍑薪炭，重不可胜，食糗饮水，以历四时，师有疾疫之忧，是故前世伐胡，不过百日，非不欲久，

---

① 《汉书》卷94下《匈奴传下》。朱尖将严尤之论称为"严尤之问"，并专文探讨了其对后世的影响。参见朱尖《论严尤的民族观与边疆思想》，《民族研究》2021年第3期。

势力不能，此四难也"；"辎重自随，则轻锐者少，不得疾行，虏徐遁逃，势不能及，幸而逢虏，又累辎重，如遇险阻，衔尾相随，虏要遮前后，危殆不测，此五难也"。①"五难"也是导致治策效果不同的制约因素。

对比上述对周、秦和汉北疆经略的评价，《唐会要·靺鞨传》的认定和《汉书·匈奴传》所载严尤的评价是一样的，但与《新唐书·突厥传》所载刘贶的认定"周得上策，秦得其中，汉无策"存在明显差别，值得说明的是刘贶也提及并分析了严尤的认定标准："严尤谓古无上策，谓不能臣妾之也。诚能之而不用耳。秦无策，谓攘狄而亡国也。秦亡，非攘狄也。汉得下策，谓伐胡而人病。人既病矣，又役人而奉之，无策也。故曰严尤辩而未详也。"②刘贶的认定和严尤存在差别，根源在于刘贶并不认同严尤的标准，但刘贶是否认同严尤的评价标准和结果并不重要，重要的是严尤的"皆未有得上策者也"对唐太宗而言却是一个极大的诱惑，而且在东突厥汗国灭亡后成为刺激唐太宗积极经略北疆的一个重要原因。

贞观四年（630）东突厥汗国的灭亡及其所导致突厥、靺鞨等部众的纷纷降服引发了唐太宗对大臣们"自古以来，其无上策乎？朕承隋之弊，而四夷归伏，无为而治，得非上策乎"的发问，而上引礼部侍郎李百药以'陛下以武功定四海，以文德绥万物，至道所感，格于天地。斯盖二仪降福，以祚圣人。岂与周汉失策，较其长短哉"来回应，表明唐太宗在边疆经略尤其是北疆治理中，已经萌生了突破传统以求得"上策"评价的政治追求，而其核心即是实现《通典》作者所言的"临统四夷"。而从具体实施过程看，唐太宗对草原地区的"临统"也有一个逐步深入的过程，接受"四夷君长诣阙请上为天可汗"只是一个开端。从"天可汗"到"皇帝天可汗""天至尊"等称号的出现，如果从唐朝是否在建立"分别对应的两个统治系统"理解，似乎存在较大偏差，因为结合"降玺书册命其君长，则兼称之"③来分析，则"皇帝天可汗"的含义更多的是注重表明唐朝皇帝的身份，一方面强调唐朝皇帝"大一统"的政治地位，另一方面也表明唐朝皇帝具有"临统"草原诸多部落的权力，协调草原部落之间的关系是其重要内容。正是在这一认识的主导下，贞观十六年（642）唐太宗意识到"北狄世为寇乱，今延陀崛强，须早为之所"，进而提出解决薛延陀汗国问题的两个选择："朕熟思之，唯有二策：选徒

---

① 《汉书》卷94下《匈奴传下》。
② 《新唐书》卷215上《突厥传上》。
③ 《旧唐书》卷3《太宗本纪下》。

十万，击而虏之，灭除凶丑，百年无事，此一策也；若遂其来请，结以婚姻，缓辔羁縻，亦足三十年安静，此亦一策也。未知何者为先？"①而在经过了实施册封、和亲等政策并没有取得明显效果后，唐太宗最终还是在贞观二十年（646）发动了武力统一薛延陀的行动。"正月辛未，夏州都督乔师望及薛延陀战，败之。……六月乙亥，江夏郡王道宗、李世勣伐薛延陀。七月……李世勣及薛延陀战，败之。"②《资治通鉴》卷198 贞观二十年条也载："诏以江夏王道宗、左卫大将军阿史那社尔为瀚海安抚大使；又遣右领卫大将军执失思力将突厥兵，右骁卫大将军契苾何力将凉州及胡兵，代州都督薛万彻、营州都督张俭各将所部兵，分道并进，以击薛延陀。……江夏王道宗兵既渡碛，遇薛延陀阿波达官众数万拒战，道宗击破之，斩首千余级，追奔二百里。道宗与薛万彻各遣使招谕敕勒诸部，其酋长皆喜，顿首请入朝。庚午，车驾至泾阳。回纥、拔野古、同罗、仆骨、多滥葛、思结、阿跌、契苾、跌结、浑、斛薛等十一姓各遣使入贡，称：'薛延陀不事大国，暴虐无道，不能与奴等为主，自取败死，部落鸟散，不知所之。奴等各有分地，不从薛延陀去，归命天子。愿赐哀怜，乞置官司，养育奴等。'上大喜。"薛延陀汗国的灭亡为"参天可汗道"的修筑以及燕然都护府的设置提供了基础，而诸多羁縻府州和燕然都护府的设置则是唐太宗对辽阔草原实施"临统"的具体举措，更是其为达到"上策"评价标准而做出的努力。

有意思的是，昭陵作为唐太宗的最后归宿，立有突厥颉利可汗、左卫大将军阿史那咄苾，突厥突利可汗、右卫大将军阿史那什体苾，突厥乙弥泥敦俟利苾可汗、右武卫大将军阿史那思摩，突厥答布可汗、右卫大将军阿史那社尔，薛延陀真珠毗伽可汗等十四位蕃君像，体现着唐太宗"皇帝天可汗"的权威和边疆经略"上策"的定位，而整座陵园恰如有学者所言："这座庞大而缜密、集绘画、雕塑和建筑于一体的造物，以具体的视觉和物质形式强化了当时的权力观念，书写着唐太宗的雄心和欲望，也见证了贞观王朝的丰功伟业和政治秩序，以及七世纪初中原政权历史视野和总体格局。"③

（三）"燕然"：前代边疆经略对唐太宗的影响

唐太宗将草原地区设置的第一个都护府命名为燕然都护府的原因，史书虽然没有

---

① 《旧唐书》卷199下《铁勒传》。
② 《新唐书》卷2《太宗本纪》。
③ 李丹婕：《太宗昭陵与贞观时代的君臣形塑》，《中华文史论丛》2019年第1期。

明确记载,但和"燕然"在前代尤其是汉代是经略北疆的重要标志性地名不能说没有任何关系。"燕然"一词频繁出现在史书记载中,最早是指北疆地区的燕然山,屡屡出现在西汉武帝时期进攻匈奴的路线记载上,而东汉时期窦宪领兵北征匈奴获大胜后勒石燕然山,史书称之为"封燕然山铭",则让"燕然"成为历代王朝夸耀经略北疆成果的标志性用语。

东汉初期,匈奴分裂为南北两部,建武二十五年(49)南匈奴南下依附东汉,东汉设置使匈奴中郎将进行管理,北匈奴则成为一个迫切需要解决的边疆问题,主要原因在于北匈奴不断胁迫西域之国骚扰东汉河西诸郡,对东汉北部,尤其是西北边疆构成了极大威胁,史载:"永平中,北房乃胁诸国共寇河西,郡县城门昼闭。"[①]和帝永元元年至二年(89—90),东汉王朝对北匈奴进行了一次大规模的进攻。《后汉书·窦宪传》载:"会南单于请兵北伐,乃拜宪车骑将军,金印紫绶,官属依司空,以执金吾耿秉为副,发北军五校、黎阳、雍营、缘边十二郡骑士,及羌胡兵出塞。明年,宪与秉各将四千骑及南匈奴左谷蠡王师子万骑出朔方鸡鹿塞,南单于屯屠河,将万余骑出满夷谷,度辽将军邓鸿及缘边义从羌胡八千骑,与左贤王安国万骑出稒阳塞,皆会涿邪山。宪分遣副校尉阎盘、司马耿夔、耿谭将左谷蠡王师子、右呼衍王须訾等,精骑万余,与北单于战于稽落山,大破之,虏众崩溃,单于遁走,追击诸部,遂临私渠比鞮海。斩名王已下万三千级,获生口马牛羊橐驼百余万头。于是温犊须、日逐、温吾、夫渠王柳鞮等八十一部率众降者,前后二十余万人。宪、秉遂登燕然山,去塞三千余里,刻石勒功,纪汉威德,令班固作铭曰:'惟永元元年秋七月,有汉元舅曰车骑将军窦宪,寅亮圣明,登翼王室,纳于大麓,惟清缉熙。乃与执金吾耿秉,述职巡御,理兵于朔方。鹰扬之校,螭虎之士,爰该六师,暨南单于、东乌桓、西戎氐羌侯王君长之群,骁骑三万。元戎轻武,长毂四分,云辎蔽路,万有三千余乘。勒以八阵,莅以威神,玄甲耀日,朱旗绛天。遂陵高阙,下鸡鹿,经碛卤,绝大漠,斩温禺以衅鼓,血尸逐以染锷。然后四校横徂,星流彗扫,萧条万里,野无遗寇。于是域灭区单,反斾而旋,考传验图,穷览其山川。遂逾涿邪,跨安侯,乘燕然,蹑冒顿之区落,焚老上之龙庭。上以摅高、文之宿愤,光祖宗之玄灵;下以安固后嗣,恢拓境宇,振大汉之天声。兹所谓一劳而久逸,暂费而永宁者也。乃遂封山刊石,昭铭上德。……'"此班固撰的《封燕然山铭》在2017

---

① 《后汉书》卷88《西域传》。

年被发现于蒙古国德勒格尔杭爱山南麓摩崖之上，明确了汉代燕然山的具体位置。①

"燕然"之名因为东汉窦宪的燕然山之役而频繁出现在后人尤其是唐宋诗词中，唐太宗君臣既然对前代的北疆经略有过议论，将其在北疆设置的第一个都护府以"燕然"命名既可以借古扬名，凸显其"治安中国，而四夷自服，岂非上策乎"②，同时也和燕然都护府的辖地相吻合。但是，前代尤其是汉代边疆经略对唐太宗边疆治理的影响远不止如此，突出者还可以举出如下数端：

一是效仿"汉武故事"安置东突厥汗国降众。贞观四年（630），东突厥汗国灭亡，如何安置十万余突厥降众成为唐太宗面对的一大问题，为此君臣有过深入讨论。"突厥扰中国久，今天丧之，非慕义自归，请悉籍降俘，内兖、豫闲处，使习耕织，百万之虏，可化为齐人，是中国有加户，而漠北遂空也"是多数大臣的意见，唯有中书令温彦博提出："如汉建武时，置降匈奴留五原塞，全其部落，以为捍蔽，不革其俗，因而抚之，实空虚之地，且示无所猜。若内兖、豫，则乖本性，非函育之道。"理由是"圣人之道无不通，故曰'有教无类'。彼创残之余，以穷归我，我援护之，收处内地，将教以礼法，职以耕农，又选酋良入宿卫，何患之恤？且光武置南单于，卒无叛亡"。中书侍郎颜师古、给事中杜楚客、礼部侍郎李百药、秘书监魏徵等虽然发表了不同意见，但"帝主彦博语，卒度朔方地，自幽州属灵州，建顺、祐、化、长四州为都督府，剖颉利故地，左置定襄都督、右置云中都督二府统之。擢酋豪为将军、郎将者五百人，奉朝请者且百员，入长安自籍者数千户。乃以突利可汗为顺州都督，令率其下就部"。③《资治通鉴》卷193贞观四年三月条则将温彦博的谏言称为"请准汉建武故事"。这一处理方式既体现了东汉光武帝刘秀北疆经略对唐太宗北疆治理的影响，同时也为"燕然都护府"之定名有借东汉燕然山之役进行自夸的嫌疑提供了一个旁证。

二是统一高昌后设置西州，效仿西汉设置都护，为经略西域做准备。高昌是较早向唐朝称臣的西域政权，贞观四年（630）其王麴文泰至长安朝见唐太宗，诏赐李氏。后高昌挑战唐朝"大一统"政治秩序，导致贞观十四年（640）唐太宗派遣侯君集兴兵讨伐。唐太宗讨伐高昌的理由是："高昌数年来朝贡脱略，无藩臣礼，国中署置官号，准我百僚，称臣于人，岂得如此！今兹岁首，万国来朝，而文泰不至。增城深堑，预备

---

① 参见高建国、齐木德道尔吉《汉代燕然山的位置》，《中国历史地理论丛》2021年第2辑。
② 《资治通鉴》卷193，贞观三年十二月壬午。
③ 《新唐书》卷215上《突厥传》。

讨伐。日者我使人至彼，文泰云：'鹰飞于天，雉窜于蒿，猫游于堂，鼠安于穴，各得其所，岂不活耶！'又西域使欲来者，文泰悉拘留之。又遣使谓薛延陀云：'既自为可汗，与汉天子敌也，何须拜谒其使。'事人阙礼，离间邻好，恶而不诛，善者何劝？明年，当发兵马以击尔。"①侯君集顺利完成了对高昌的统一，意外的是唐太宗在高昌灭亡之后对该地管理体制的处理，先是"赦高昌所部，披其地皆州县之，号西昌州"，后是"改西昌州曰西州，更置安西都护府，岁调千兵，谪罪人以戍"。更让人难以理解的是此处理方式先后遭到了魏徵和褚遂良的反对。魏徵反对的理由是："陛下即位，高昌最先朝谒。俄以掠商胡，遏贡献，故王诛加焉。文泰死，罪止矣。抚其人，立其子，伐罪吊民，道也。今利其土，屯守常千人，屯士数年一易，办装资，离亲戚，不十年陇右且空。陛下终不得高昌圭粒冊帛助中国费，所谓散有用事无用。"褚遂良劝谏列举的理由更充分："古者先函夏，后夷狄，务广德化，不争荒逊。今高昌诛灭，威动四夷，然自王师始征，河西供役，飞米转刍，十室九匮，五年未可复。今又岁遣屯戍，行李万里，去者资装使自营办，卖菽粟，倾机杼，道路死亡尚不计。罪人始于犯法，终于惰业，无益于行。所遣复有亡命，官司捕逮，株蔓相牵。有如张掖、酒泉尘飞烽举，岂得高昌一乘一卒及事乎？必发陇右、河西耳。然则河西为我腹心，高昌，他人手足也，何必耗中华，事无用？昔陛下平颉利、吐谷浑，皆为立君，盖罪而诛之，伏而立之，百蛮所以畏威慕德也。今宜择高昌可立者立之，召首领悉还本土，长为藩翰，中国不扰。"②但是都没有为唐太宗采纳。尽管史书没有对唐太宗如此做的原因有进一步记载，但从唐朝在高宗开始以西州为基地积极经略西域的实际看，高昌之地在汉代经营西域中起到了重要作用应该是对唐太宗构成了重要影响，安西都护府的设置是其标志，遗憾的是唐太宗在位时期未能展开对西域的进一步经营。

三是"魏晋时故封内，不可不臣"成为唐太宗构建"大一统"政治体系的主导思想，并继承了隋朝武力统一高句丽的政策。如果说在经营西域方面汉代的实践对唐太宗的影响尚缺乏直接证据，那么在处理和高句丽政权的关系上前代尤其是汉代对唐太宗的影响则非常明确。高句丽是西汉时期出现在玄菟郡高句丽县境内的政权，历经魏晋南北朝至隋代称霸东北地区七个世纪之久，隋文帝尤其是炀帝数次兴兵讨伐未果。唐朝建立初期，高句丽王遣使朝贡，高祖李渊本要拒绝，但为大臣温彦博谏止。《新唐书·东

---

① 《旧唐书》卷198《西戎·高昌传》。
② 《新唐书》卷221上《西域·高昌传》。

夷·高丽传》记载了这一过程："帝谓左右曰：'名实须相副。高丽虽臣于隋，而终拒炀帝，何臣之为？朕务安人，何必受其臣？'裴矩、温彦博谏曰：'辽东本箕子国，魏晋时故封内，不可不臣。中国与夷狄，犹太阳于列星，不可以降。'乃止。"与李渊相比较，唐太宗李世民则完全接纳了温彦博、裴矩等人的观点，不仅坚持认为高句丽必须称臣，甚至连高句丽不听从自己的诏令都无法忍受了："辽东旧中国之有，自魏涉周，置之度外。隋氏出师者四，丧律而还，杀中国良善不可胜数。今彼弑其主，恃险骄盈，朕长夜思之而辍寝。将为中国复子弟之仇，为高丽讨弑君之贼。今九瀛大定，唯此一隅，用将士之余力，平荡妖寇耳。然恐于后子孙，或因士马强盛，必有奇决之士，劝其伐辽，兴师遐征，或起丧乱。及朕未老，欲自取之，亦不遗后人也。"①这是唐太宗兴兵高句丽昭告天下的诏令，而唐太宗在位期间先后多次兴兵高句丽，高宗则延续了其政策。贞观十八年（644）七月，唐太宗决定征讨高句丽，并积极进行战争准备，十九年（645）三月开始进攻高句丽，结果唐军未胜而归。贞观二十一年（647）三月，唐太宗再击高句丽，诸军皆胜。贞观二十二年（648）正月，唐王朝再击高句丽伯灼城，大败高句丽。同年七月，唐太宗欲在贞观二十三年发兵三十万击高句丽，因病死而未果。永徽六年（655）二月，唐王朝发兵攻高句丽新城，败高句丽。显庆三年（658）六月，再攻高句丽赤烽城，拔之，大败高句丽。龙朔元年（661）正月，唐王朝攻高句丽，九月，兵围平壤城，不克而还。二年（662），唐王朝再围平壤城，会天大雪，不克而返。乾封元年（666）六月，再攻高句丽，迎高句丽莫离支泉男生。同年十一月，再攻高句丽，翌年九月攻取新城等。总章元年（668）九月再取平壤城，擒高句丽王，设置安东都护府管辖其地。②

通过上述事例可以看到前代尤其是汉代边疆经略对唐太宗边疆治理的影响，同时也可以理解为什么唐太宗用"燕然"来命名其在草原设置的第一个都护府管理机构，因为这些都是唐太宗寻求突破传统而实现"临统四夷"政治追求的组成部分。

总之，尽管通过向东突厥汗国称臣而获得支持，进而建立唐朝是李渊无法抹掉的历史，但从史书的记载看唐太宗李世民还是做出了很大努力要改变和东突厥汗国的这种关系。如果说改变和东突厥汗国的称臣关系是李渊和李世民父子共同的政治追求，那么这一政治愿望在武德五年（622）已经实现，并在武德九年通过订立渭水之盟得到强

---

① 《册府元龟》卷117《帝王部·亲征二》。
② 参见马大正、李大龙等著《古代中国高句丽历史续论》，中国社会科学出版社2003年版，第126—138页。

化①,但东突厥汗国依然是唐太宗即位之初北疆亟须解决的主要问题。贞观四年(630)东突厥汗国的灭亡,既是唐太宗努力经营的结果,同时由此引发的草原诸多部落的降服,尤其是"四夷君长诣阙请上为天可汗"也为其规划北疆治理方略提供了可能。作为一代明君的唐太宗,通过君臣对"严尤之问"的讨论,确立了超越前代的治理方略,并且将自己北疆治理的策略定位为"上策"成为其最高政治追求。薛延陀汗国在贞观二十年(646)的覆亡,虽然是各种政治势力博弈的结果,但和唐太宗利用册封、和亲等政策的有意经营也是分不开的。北疆政治格局的这一演变,为唐太宗设置燕然都护府管理北疆羁縻府州提供了可能,唐太宗终于实现了"临统"辽阔草原的目的。唐太宗北疆经略的成功,总结前代经略的实践起到了积极推动作用,将第一个管理机构命名为燕然都护府虽然体现着前代尤其是汉代北疆经略对唐太宗的重要影响,但前代尤其是汉代对唐太宗整个边疆治理实践的影响也都是很明显的。

从"请上为天可汗""天至尊"到"皇帝天可汗",可以看到草原游牧部落诸多统治者对唐太宗的认同和唐太宗本人的"正统"意识之间存在着明显的差别,唐太宗对自己的定位是周、秦、汉等"正统"的继承者,追求的是超越这些王朝实施对北疆的"临统",以得到"上策"的评价。唐太宗接受"天可汗"将其改称"皇帝天可汗"以及设置燕然都护府的行为,如果从"大一统"王朝国家建构的实践可以得到很符合逻辑的解释,游牧部落"请上为天可汗"则是其认同唐朝"大一统"政治体系的表现,而唐太宗称"皇帝天可汗"则是推动"大一统"王朝发展壮大的重要动力。"因俗而治"是"大一统"政治体系之下的重要治理原则之一,故而"大一统"政治体制本身即存在多种统治体系,"分别对应的两个统治系统"视角是无法准确诠释唐太宗时期的"天可汗"现象的。

将自己定位为周、秦、汉等王朝的继承者,并寻求在边疆治理上获得突破,这应该是唐朝在汉朝"大一统"基础上有更大拓展的重要原因,唐太宗在其中发挥着举足轻重的推动作用。也正是历代王朝对"大一统"王朝国家建设的痴迷和努力追求,以及诸多边疆族群和政权对其的不断认同,多民族国家的历史才能延续而没有中断,今天的多民族国家中国是中华大地上众多族群共同缔造的,这是历史史实。

---

① 参见李元晖《由"称臣"到"敌国"——唐初和东突厥盟约的变化》,《黑龙江民族丛刊》2021年第1期。

第五章 中华民族共同体的形成与发展

多民族国家中国的形成与发展是和中华民族共同体的形成与发展同步进行、互为因果的，因为中华民族共同体是在多民族国家中国进入主权国家行列后而出现的概念，其属性是主权国家的"国民"，对应的是近代以来传入的"民族国家"之"民族"，而非新中国成立以后通过民族识别而来的五十六个民族之"民族"。认识到这一点，不仅可以准确认识和理解多民族国家形成与发展的历史，而且有助于认识中华大地上传统的人群划分和"民族国家"具有不同的标准，更容易理解中华民族共同体形成与发展的历史。而确立正确的中华民族共同体形成与发展的历史观，是铸牢中华民族共同体意识的基础。

第一节 中华民族与中华民族共同体

费孝通先生在《中华民族的多元一体格局》一文中将"中华民族"的形成与发展分为"自在"和"自觉"两个不同阶段。历史研究的学者对"中华民族"的探讨往往从"中华"切入，而民族学界的学者则是将切入点聚焦到"民族"，体现着不同的视角，进而也得出了不同的结论。随着铸牢中华民族共同体意识的提出，当今学界则出现了新的视角，往往从"共同体"切入，来分析中华民族共同体的形成与发展。但实际上，无论是"中华""民族"还是"共同体"都难以摆脱西方"民族国家"观念的影响，回归中华大地人群划分的实际，才能准确认识中华民族共同体的形成与发展。

一、从"五方之民""华夷之辨"到"中华民族"

回顾多民族国家中国、中华民族共同体形成与发展的历史，中华大地上的人群划分很明显具有自己独特的划分标准和原则。认识到划分标准的不同，是正确认识中华民族共同体形成与发展的关键。

（一）先秦时期的"五方之民"

中华大地上最早出现的对人群的划分是"五方之民"。虽然有关蛮、夷、戎、狄的来源学界有不同的认识，但"中国、戎、夷，五方之民"的记载最早出现于《礼记·王制》似乎是学界的共识。

如前所引，《礼记·王制》对"中国、戎、夷，五方之民"有相对完整的记述：

> 凡居民材，必因天地寒暖燥湿，广谷大川异制。民生其间者异俗。刚柔轻重，迟速异齐。五味异和，器械异制。衣服异宜。修其教不易其俗，齐其政不易其宜。中国、戎、夷，五方之民，皆有性也，不可推移。东方曰夷，被发文身，有不火食者矣。南方曰蛮，雕题交趾，有不火食者矣。西方曰戎，被发衣皮，有不粒食者矣。

北方曰狄，衣羽毛穴居，有不粒食者矣。中国、夷、蛮、戎、狄，皆有安居、和味、宜服、利用、备器，五方之民，言语不通，嗜欲不同。达其志，通其欲，东方曰寄，南方曰象，西方曰狄鞮，北方曰译。

"五方之民"划分的标准：一是分布的区域方位；二是物质文化的差异。之所以有如此划分，是认识到了分布区域自然环境的差异所带来的不同人群在居住方式、饮食习惯、衣冠服饰、生产方式、生活用具以及语言等方面存在不同。但是，尽管存在"五方之民"的划分，由于人群的分布是处于不断变动之中的，所以即便是在先秦时期"五方之民"的称呼也不是固定不变的，如"夷"的分布也并非全部是在东部地区，在西部也存在称为"夷"的群体。如畎夷，《汉书·匈奴传》有："周西伯昌伐畎夷。"此畎夷的分布地是在西部地区。与此同时，如前所述，和方位组合而成的"中国""东夷""南蛮""西戎""北狄"也是对不同区域内人群的概称，并非指向某个具体人群。进入春秋战国之后，出于维护"正统"的需要，"中国"和由此衍生出的"诸夏"的政治地位凸显，而秦汉王朝的持续存在加强了这一人群的凝聚，先是在夏人、商人、周人基础上促成了"秦人"的壮大，后是推动了"汉人"群体的形成。

（二）迎合"正统"之争而出现的"华夷之辨"

汉朝的出现促成了"汉人"群体的壮大和最终形成，是学界的一般认识，而将其直接视为"汉族"则是国人乃至学界的传统做法。

"汉作为一个族名是汉代和其后中原的人和四围外族人接触中产生的。""汉族这个名称不能早于汉代，但其形成则必须早于汉代。有人说：汉人成为族称起于南北朝初期，可能是符合事实的，因为魏晋之后正是北方诸族纷纷入主中原的十六国分裂时期，也正是汉人和非汉诸族接触和混杂的时候。汉人这个名称也成了当时流行的指中原原有居民的称呼了。"[①] 这一认识应该是符合历史事实的，如果没有汉朝境内人群的长期凝聚，不可能存在"汉人"称号的定型和长期存在，但是否可以将"汉人"直接称为"汉族"则学界存在分歧，故而有学者对此做出了进一步阐述："汉族名称的产生或从夏族、华夏族改成汉族，不是这一人们共同体的质的变化，更不是新民族的形成，只是名称的

---

① 费孝通等著：《中华民族多元一体格局》，中央民族学院出版社1989年版，第7—8页。

改变。"① 但是这一解释并没有从根本上回应质疑，因为早在1939年顾颉刚先生就指出了其中存在的问题：

> 我当初使用"民族"一名正同你的意思一样，凡是文化，语言，体质有一点不同的就称之为一个民族。请你翻出我的《古史辨》看，"夏民族"，"商民族"，"周民族"，"楚民族"，"越民族"……写得真太多了。向来汉人自己都说是黄帝子孙，我研究古史的结果，确知黄帝传说是后起的，把许多国君的祖先拉到黄帝的系统下更是秦汉间人所伪造，于是我断然说，汉人是许多民族混合起来的，他不是一个民族。但是九一八的炮声响了，伪满洲国在伪"民族自觉"的口号下成立了，我才觉得这"民族"不该乱用，开始慎重起来。②

因为中国是多民族国家，日本侵华期间试图利用"民族"来分裂多民族国家中国进而达到灭亡中国的目的虽然是路人皆知的问题，但中国学人能够明确看到这一点如顾颉刚先生所言则有一个过程。但是，更重要的是称"人"还是称"族"体现着两种不同的对人群划分的标准。因为中文的"民族"一词是近代传入中国的概念，但中华大地历史上的政权都是多族群构成的，和其含义并不能够形成完全对应关系，用"民族"视角解读古籍中的"夏人""商人""周人""秦人""汉人""匈奴人""突厥人"等等，并不准确，因为古人划分人群的标准不同于当今的"民族"划分。故而将"夏人""商人""周人""秦人""汉人""匈奴人"等其中的"人"替换为"族"，明显混淆了两种不同的划分标准。值得进一步说明的不仅仅是，将"人"简单地替换为"族"混淆了两种不同的话语体系对人群的认定标准，在"民族"语境下认识和分析"华夷之辨"更是无视两套不同话语体系的差异。

如前所述，"中华"一词出现在魏晋时期，其背景是东汉以来随着匈奴、鲜卑、羯、氐、羌等大量迁入中原地区，改变了中原地区的人群分布结构。尽管出现了以撰著《徙戎论》的江统为代表的士人强烈反对"五胡"的内迁，希望将其迁出中原以维护原有的人群分布结构，但在战争导致人口锐减状态下并没有实施的可能性，而随着晋室南

---

① 翁独健主编：《中国民族关系史纲要》，中国社会科学出版社2000年版，第88页。
② 顾颉刚：《续论中华民族是一个：答费孝通先生》，原刊于《益世报·边疆周刊》第20期，1939年5月8日，引自马戎主编《"中华民族是一个"——围绕1939年这一议题的大讨论》，社会科学文献出版社2016年版，第76页。

迁，中原地区进入"五胡十六国"时代以及其后的南北对峙，"中华"取代"中国"成为"正统"的重要标识，由此也强化了所谓的"华夷之辨"。可以说，自魏晋以后的中华大地，"华夷之辨"屡屡被提及，成为区分人群的主要标准，充斥于史书。但古籍中出现的"华"与"夷"并没有具体固定不变的指称对象，在具有不同"正统"选项的人口中，"华"与"夷"有着不同所指。当今国人将"华"和今天的汉族对接，将"夷"视为指称少数民族的认识并不准确。

魏晋南北朝时期，东晋南朝视北魏为"戎狄"是一贯的做法，而北魏视东晋南朝为"岛夷"也见诸史书，但记录东晋南朝和北魏北朝历史的《南史》《北史》以及《梁书》《魏书》等都被纳入"正史"系列，而相关的政权也被称为历代王朝。对这种情况，如上引《大义觉迷录》所载，清朝的雍正皇帝都有清楚的认识："盖从来华夷之说，乃在晋宋六朝偏安之时，彼此地丑德齐，莫能相尚。是以北人诋南为岛夷，南人指北为索虏。"遗憾的是，不仅当今国人甚至学者都受到"民族国家"观念的影响习惯将"华"视为今天的"汉族"而"夷"是指称"少数民族"。但是，经过辽宋夏金时期对"正统"的争夺，元朝的人群划分观念发生了巨大变化，这就是蒙古人、色目人、汉人和南人"四等人"的划分。不过这种划分在明朝时期又重新回归传统的"华夷之辨"，在明朝开国皇帝朱元璋的影响下，"中华"再次成为整合境内百姓的旗帜，推动了"汉人"群体的壮大，并在清代成为一个"自在"的共同体。

清代是多民族国家疆域从传统王朝国家的"有疆无界"转变为近现代主权国家的"有疆有界"的时期，这一转变实际上也促成中华大地上的人群实现了从"自在"到"自觉"的转变，"中华民族"称号的出现即是其标志。

"中华民族"是一个中西合璧的词语，最早是梁启超使用的。梁启超在1902年发表的《中国学术思想变迁之大势》一文中有："上古时代，我中华民族之有四海思想者厥惟齐，故于其间产生两种观念焉，一曰国家观，二曰世界观。"①学界一般认为这是"中华民族"一词最早出现的年代。此处之"中华民族"从梁启超的使用情况看，当指华夏和从华夏发展不断壮大的"汉人"群体。因为梁启超在"中华民族"一词的使用上具有很大随意性，有时是指称"中国民族"，有时则指称"汉族"群体，显示并没有赋予其特定的含义。但是，梁启超提出"中华民族"一词，恰逢当时的多民族国家中国处于变

---

① 梁启超：《中国学术思想变迁之大势》，《梁启超全集》（第3卷），北京出版社1999年版，第573页。

法革新的时代，日本明治维新的成功似乎让日本成为清朝革新派模仿的对象，从传统王朝国家向现代国家转型成为一种普遍的政治诉求，而国家体制的转变则需要一个稳定的共同体支撑，于是我们在光绪三十二年（1906）光绪皇帝的"立宪"革新的上谕中看到了"国民"一词：

> 我朝自开国以来，列圣相承，谟烈昭垂，无不因时损益，著为宪典。现在各国交通，政治法度，皆有彼此相因之势，而我国政令积久相仍日处阽危，忧患迫切，非广求智识，更订法制，上无以承祖宗缔造之心，下无以慰臣庶治平之望，是以前派大臣分赴各国考察政治。现载泽等回国陈奏，皆以国势不振，实由上下相暌，内外隔阂，官不知所以保民，民不知所以卫国。而各国之所以富强者，实由于实行宪法，取决公论，君民一体，呼吸相通，博采众长，明定权限，以及筹备财用，经画政务，无不公之于黎庶。……著内外臣工，切实振兴，力求成效，俟数年后规模粗具，查看情形，参用各国成法，妥议立宪实行期限，再行宣布天下。视进步之迟速，定期限之远近。著各省将军督抚晓谕士庶人等，发愤为学，各明忠君爱国之义，合群进化之理，勿以私见害公益，勿以小忿败大谋，尊崇秩序，保守平和，以预备立宪国民之资格，有厚望焉。将此通谕知之。钦此。①

在上谕中，"国民"是作为"宪政"革新的一项重要内容而被提及的，其中"明忠君爱国之义，合群进化之理，勿以私见害公益，勿以小忿败大谋，尊崇秩序，保守平和"是对"国民"提出的明确要求。上谕的时间比梁启超使用"中华民族"一词略晚，但在《梁启超全集》中不难发现梁启超在1899年的《论近世国民竞争之大势及中国之前途》中早于"中华民族"一词使用之前已经有关于"国民"的论述："以一国之民治一国之事，定一国之法，谋一国之利，捍一国之患，其民不可得而侮，其国不可得而亡，是谓之国民。"②1922年，或许是看到了"中华民族"一词带来的困扰，梁启超最终还是给出了一个明确的界定："凡一遇到他族而立刻有'我中国人'之一观念浮于其脑

---

① 《清德宗实录》卷562，光绪三十二年七月戊申。
② 梁启超：《论近世国民竞争之大势及中国之前途》，汤志钧、汤仁泽编：《梁启超全集》第二集，中国人民大学出版社2018年版，第206页。

际者,此人即中华民族一员也。"① 这一界定,很明确将"中华民族"定位为多民族国家中国的"国民"属性。

如果说梁启超在"中华民族"的使用上存在不确定性,或许是不仅看到了这一点,也更看到了"中华民族"一词内涵的不确定给国家稳定带来的潜在威胁。对中国古史有深入研究的顾颉刚先生成为第二个从理论上诠释"中华民族"的学者。在国家面临生死存亡的情况下,1939年顾颉刚先生发表了《中华民族是一个》的宏文,将"中华民族"界定为:"我们从来没有种族的成见,只要能在中国疆域之内受一个政府的统治,就会彼此承认都是同等一体的人民。'中华民族是一个',这句话固然到了现在才说出口来,但默默地实行却已经有了二千数百年的历史了。"② 由"在中国疆域之内受一个政府的统治,就会彼此承认都是同等一体的人民"所指分析,顾颉刚先生的"中华民族"自然是指中华民国的国民,而中华民国的国民则是由清朝的"国民"直接发展而来的,是指相同性质的一群人。

费孝通先生是第三个对"中华民族"进行理论探索的学者。曾经对顾颉刚的"中华民族"强烈质疑的费孝通先生,经过数十年的思考,在1989年公开发表《中华民族的多元一体格局》一文,明确将"中华民族"界定为:"为了避免对一些根本概念做冗长的说明,我将把中华民族这个词用来指现在中国疆域里具有民族认同的十亿人民。"此处的"中国疆域"既包括了大陆,也包括了港澳台等地区,是指生活在这一区域内"具有民族认同的十亿人民",即费孝通所言"中华民族"是指生活在当今960万平方公里领土上的中国人。

二、"中华民族共同体"的出现及其内涵演变

对中华民族共同体的研究,首先遇到的问题就是对"中华民族共同体"概念的界定,并且学界大有将"中华民族共同体"概念的出现归功于考古学家夏鼐先生的趋势。夏鼐先生虽然是最早使用"中华民族共同体"一词的学者,但其本意大概率并不是和"中华民族"进行区分,而且也没有赋予"中华民族共同体"特殊的含义。也就是说,

---

① 梁启超:《中国历史上民族之研究》,《梁启超全集》(第12卷),北京出版社1999年版,第3435页。
② 顾颉刚:《中华民族是一个》,《益世报·边疆周刊》第9期,1939年2月13日,引自马戎主编《中华民族是一个"——围绕1939年这一议题的大讨论》,社会科学文献出版社2016年版,第36页。

"中华民族共同体"虽然出现在20世纪六七十年代的报刊中,但和梁启超最初使用"中华民族"一样,并没有明确其含义和属性,不是作为一个政治概念提出的。这是我们认识中华民族共同体理论形成与发展的重要起点。

(一)"中华民族共同体"概念解析

对"中华民族共同体"的界定离不开"中华民族"。"中华民族"虽然是中西合璧的概念,但无论是梁启超最早用此概念,还是顾颉刚和费孝通对"中华民族"做出明确界定,都是围绕多民族国家的"国民"展开的,离不开如何认识nation的影响。①

"中华民族共同体"一词最早出现在20世纪60年代。著名的考古学家夏鼐1962年在《考古》第9期发表的《新中国的考古学》中首先使用了"中华民族共同体"概念,认为"各兄弟民族的祖先在悠久的历史过程中,与汉族的祖先建立起日益紧密的联系,今日大家一起构成了中华民族共同体"。夏鼐是目前已知最早提出"中华民族共同体"概念的学者似乎得到了学界普遍认同②,但是夏鼐是否有意"将'中华民族共同体'一词作为'中华民族'的替换词"③,笔者认为未必是有意为之,因为从其上下文论及的中国古代的原始社会等社会结构分析,其"中华民族共同体"应该是强调"各兄弟民族"共同构成了"中华民族"这个"共同体",似乎并非有意提出以"中华民族共同体"取代"中华民族"。甚至可以说,夏鼐文中的"中华民族共同体"并非是一个完整的概念,其要表达的意思是指"中华民族"是一个"共同体"。类似的情况在20世纪80年代出现的有关"中华民族共同体"的文献中依然存在。1986年12月2日,黎澍在《文汇报》发表《中国历史上的民族关系》④一文,尽管有"中华民族共同体的形成和发展,经历了十分漫长而艰难的道路"等表述,似乎有用"中华民族共同体"概念代替"中华民族"的意图,但文中"中华民族""中华民族共同体""多民族共同体"等几个概念同时出现,说明作者的这一意图并不明确。而为了与之进行讨论,1987年周维衍在《复旦学报(社会科学版)》第3期发表《谈谈中华民族共同体的主要完成形式——兼与黎澍

---

① 参见李大龙《对中华民族(国民)凝聚轨迹的理论解读——从梁启超、顾颉刚到费孝通》,《思想战线》2017年第3期。

② 参见李大龙《中华民族共同体属性与建设途径探究》,《西南民族大学学报(人文社会科学版)》2022年第3期;杨须爱:《"中华民族共同体"概念演进史钩沉》,《中华民族共同体研究》2022年第3期。

③ 杨须爱:《"中华民族共同体"概念演进史钩沉》,《中华民族共同体研究》2022年第3期。

④ 参见黎澍《中国历史上的民族关系》,《文汇报》1986年12月2日第3版。

同志商榷》，虽然将"中华民族共同体"纳入文章的标题之中，但似乎依然没有将"中华民族共同体"代替"中华民族"的意图，这一点从文章"从上述东北到西南、北方到南方各族成为共同体一部分的过程，可以表明，真正用战争手段来完成的实属不多，大半情况是各民族本着自己的愿望参加的"的表述中可以明确看出，其"中华民族共同体"依然强调的是"共同体"。但是，这一状况在新时代出现了变化，"中华民族共同体"明确成为一个完整的政治概念应该是在2014年。

2014年，习近平总书记先后在第二次中央新疆工作座谈会、中央民族工作会议的讲话中明确提出"中华民族共同体"和"中华民族共同体意识"，指出："坚持打牢中华民族共同体的思想基础。这是国家统一之基、民族团结之本、精神力量之魂，必须牢固树立汉族离不开少数民族、少数民族离不开汉族、各少数民族之间也相互离不开的思想，增强对伟大祖国、中华民族、中华文化、中国共产党、中国特色社会主义的认同。"①"中华民族共同体""中华民族"并用，被赋予了不同的含义。其后在2019年全国民族团结进步表彰大会、2021年中央民族工作会议的重要讲话中，有关"中华民族共同体"的思想随着"四个共同"和"铸牢中华民族共同体意识是新时代党的民族工作的主线"的提出其内涵得到了进一步完善。

2021年是中国共产党成立100周年，习近平总书记在纪念大会上的讲话中多次使用"中华民族"，从中或许可以对"中华民族"的具体所指有一个相对清晰的了解。《在庆祝中国共产党成立100周年大会上的讲话》中出现的和"共同体"相关的词主要有"中华民族""中国人民""中华儿女""全国各族人民""民族"等，其中"中华民族"出现44次，"中华民族"出现44次，"中国人民"出现32次，"民族"出现11次，"中华儿女"出现5次，"各族"出现4次。就这些概念的涵盖范围而言，不同概念具有不同的指称范围，有些概念是类同的，有些相互之间存在兼容的关系，而"中华民族"的使用呈现以下特征：

1."中华民族"是涵盖范围最大的概念。"中华民族"的使用多数是和"伟大复兴""历史"和"民族"（民族独立：指中华民族）联系在一起使用的，和"全国各族"（全国各族人民）的"族"有着明确区分，具有不同的性质。

2."中国人民"和"中华民族"连用，是两个指称范围不同的概念。如"中国人民

---

① 国家民族事务委员会编：《中央民族工作会议精神学习辅导读本（增订本）》，民族出版社2019年版，第41页。

和中华民族的伟大觉醒","中国人民和中华民族的前途和命运","中国共产党一经诞生，就把为中国人民谋幸福、为中华民族谋复兴确立为自己的初心使命"。"中国人民是崇尚正义、不畏强暴的人民，中华民族是具有强烈民族自豪感和自信心的民族。中国人民从来没有欺负、压迫、奴役过其他国家人民，过去没有，现在没有，将来也不会有。同时，中国人民也绝不允许任何外来势力欺负、压迫、奴役我们，谁妄想这样干，必将在14亿多中国人民用血肉筑成的钢铁长城面前碰得头破血流！""中国人民"相对"中华民族"是一个更具体的概念，是指"14亿多中国人"。

3."中华儿女"类同于"中华民族"，是一个在更大范围内使用且涵盖范围较"中国人民"更宽泛的概念，包括了海外华人华侨。如"爱国统一战线是中国共产党团结海内外全体中华儿女实现中华民族伟大复兴的重要法宝"，"解决台湾问题、实现祖国统一……是全体中华儿女的共同愿望"，"两岸同胞在内的所有中华儿女"。①

在2021年7月考察西藏时的讲话中，习近平总书记进一步指出："我们56个民族是中华民族共同体，要同舟共济、迈向第二个百年奋斗目标。只要我们跟着中国共产党走、坚定走中国特色社会主义道路、同心协力、加强民族团结，就一定能够如期实现中华民族伟大复兴的辉煌目标。"②

综合分析上述"中华民族""中华儿女""中华民族共同体""中国人民"等概念的使用，可以看出尽管各个概念的聚焦点存在差异，但基本是基于生息繁衍在多民族国家中国疆域或称之为中华大地上的族群而言的，和民族学界所言一般性的"民族"并不相同。即费孝通先生所言："我将把中华民族这个词用来指现在中国疆域里具有民族认同的11亿人民。它所包括的50多个民族单位是多元，中华民族是一体，它们虽则都称'民族'，但层次不同。"③实际上并非简单的"多元"相加的"一体"和"层次不同"，所指群体的属性也存在根本性质的差异，"中华民族"是指缔造多民族国家中国的生息繁衍在中华大地上的所有人群，已经超越了国内民族学研究中的一般民族的性质，其对应的是主权国家的"国民"。按照这一思路，我们对"中华民族"和"中华民族共同体"

---

① 习近平:《在庆祝中国共产党成立100周年大会上的讲话》，中华人民共和国中央人民政府网（http://www.gov.cn/xinwen/2021-07/04/content_5622390.htm），访问时间：2021年7月23日。

② 中国共产党新闻网（http://cpc.people.com.cn/n1/2021/0723/c64094-32168233.html），访问时间：2021年8月1日。

③ 费孝通主编:《中华民族多元一体格局》（修订本），中央民族大学出版社1999年版，第3页。

似乎可以做出如下界定和区分：

狭义的中华民族是指居住在960万平方公里领土上的"中国人民"，这是构成中华民族的核心群体。"中国人民"既包括大陆上的中国人，也包括台湾、香港、澳门等地区的中国人。因为生活在这一区域内的人群面对有待实现国家统一的政治现状依然对多民族国家中国有着普遍的认同，有着共同的政治追求和利益，结成了共同的命运共同体，这也应该是习总书记"56个民族是中华民族共同体"阐述的直接原因。

广义的中华民族则是在狭义的中华民族基础上更为宽泛的概念，既包括认同多民族国家中国身份的中国人，也包括没有了中国身份的海外华人。因为没有了中国身份的海外华人虽然拥有着中华民族的血脉，但在政治上已经认同其他国家，其作为"中华民族共同体"一部分的属性已经表现不完整，故更准确地可称之为广义的"中华民族共同体"，或"中华民族"。

也就是说，从"铸牢中华民族共同体意识"出发审视"中华民族""中华民族共同体"，在今天的话语体系中，"中华民族"已经发展为一个更宽泛的概念，既包括生活在960万平方公里领土上的对多民族国家有认同的中国人，也包括了海外华人和华侨，与"中华儿女"的含义等同，而"中华民族共同体"则相对具体，是指在政治上对多民族国家中国有认同的中国人，也即"56个民族是中华民族共同体"。

三、铸牢中华民族共同体意识提出的内外环境分析

尽管在20世纪60年代初就已经有学者提出了"中华民族共同体"的概念，而有关"民族意识"的讨论在20世纪八九十年代也一直是民族理论学界研究的热点，但学界关注的视角依然不是"中华民族"的"民族意识"，直至中国共产党第十九次全国代表大会明确提出"铸牢中华民族共同体意识"，有关"中华民族共同体意识"的研究才成为学界关注的热点和焦点问题。也就是说，"铸牢中华民族共同体意识"并非学界主动提出的命题，而是党的十九大面对当前我国经济社会发展所面临的内外环境变化而做出的战略抉择，对此有清晰的认识不仅有助于铸牢中华民族共同体意识的学术探讨，更有助于铸牢中华民族共同体意识的实践。

中华人民共和国成立之后，为了实现民族平等、民族团结和共同富裕，我国进行了民族识别，进而奠定了当今56个民族的分布格局，先后设置了5个省级民族自治地

方、30个自治州、120个自治县（旗），并颁布了《中华人民共和国民族区域自治法》等法律法规，中国特色社会主义新型民族关系得以建立并健康发展。2014年习近平总书记在中央民族工作会议上的讲话中指出："近些年来，我国民族关系出现一些新情况，民族地区改革发展稳定面临一些新问题，特别是拉萨'3·14'、乌鲁木齐'7·5'等事件发生后，社会上、党内外对民族问题、民族工作出现了不同认识，既有肯定性和建设性意见，也有批评和质疑的看法。"① 实际上，尽管我国的民族工作已经取得了骄人的成就，但如习总书记所言进入21世纪以来我国民族关系还是出现了一些新情况，这些新情况则是国内外诸多因素共同促成的，并和我国学界已有的研究倾向密切相关。

改革开放以来，中国经济社会发展取得的巨大成就是有目共睹的，而"一带一路"倡议得到世界上越来越多国家的积极响应也体现着中国是世界和平和发展不可或缺的重要推动力量。但是，中国是联合国安理会五个常任理事国中唯一一个尚未实现完全统一的国家，涉及国家稳定与发展的边疆与民族问题也往往是以美国为首的西方国家和国外敌对势力试图遏制中国发展的着力点，肆意歪曲解读我国的边疆和民族政策，丑化抹黑中国的国际形象，不仅危害着我国经济社会的发展，也为"一带一路"倡议的实施及构建人类命运共同体的努力带来了巨大压力。而在这种"百年未有之大变局"状态下回顾我国的中华民族共同体建设，则呈现着另外一种状况，自费孝通先生在20世纪90年代提出"中华民族多元一体格局"理论之后，学界有关"中华民族"的探讨则多集中在"多元"的结构方面，"一体"则不是学界关注的主要内容。如在中国知网以"中华民族"为主题词进行检索，可以得到196339条论文数据，在此数据基础上进一步以"多元"为主题词再检索，可以得到6307条论文数据，而以"多元一体"和"一体"为主题词再检索，则只能得到982条、1806条论文数据。② 这些检索数据，一方面说明"中华民族"的使用在学术界已经是一个普遍现象，但多数学者并没有对"中华民族"的具体所指进行具体探讨，对其内部结构进行具体研究的学者只占到了4.6%，绝大多数是在模糊地使用，而对其内部结构进行关注的学者中69.3%关注的是"中华民族"的"多元"，探讨其"多元一体"和"一体"的则只有很少的30.7%。对中华民族过于关注"多元"而有意或无意忽略"多元一体"和"一体"的研究带来的一个明显的结果即

---

① 参见丹珠昂奔《沿着中国特色解决民族问题的道路前进——中央民族工作会议精神学习体会》，中华人民共和国民族事务委员会网站（https://www.neac.gov.cn/seac/xwzx/201411/1007903.shtml），访问时间：2021年7月20日。
② 上述统计数据来源于中国知网（https://www.cnki.net）的检索，访问时间：2021年6月20日。

是学界出现了中华民族是"一个实体""一个复合体"乃至"一个政治概念"的不同认定。①如前所述,中华民族和我国通过民族识别认定的56个民族具有不同的属性,将其视为是56个民族的"复合体"虽然从学理上有一定合理性,但因此将其视为"一个政治概念"进而否认中华民族是一个客观存在的"实体"则是有违历史事实的,更是有害的。因为生息繁衍在中华大地上的人群早就有了"中华人""中国人"的意识并通过长期的交流交往交融结成了密切的血肉联系,"中华民族"名称的出现只不过是给了这一共同体一个称号而已。否认这一事实存在的有害性突出的表现是国民受到"民族意识"的左右对所属某个具体民族的认同得到强化,而对中华民族的认同则呈现弱化的趋势,甚至在高校中出现了承认自己是"某某族"而否认其属于中华民族一员的现象。在这种情况下,党和国家明确提出"铸牢中华民族共同体意识"自然是一个非常正确的决策。

应对中华民族认同弱化只是铸牢中华民族共同体意识提出的一个方面,更重要的是在中央民族工作会议上的讲话中,习近平总书记还明确提出"开展民族识别和建立民族区域自治地方的任务已经基本完成,不存在继续推进的问题,不要在这个问题上继续做文章了"②。这一认定,不仅仅是指出了我国民族关系所面临的一系列新问题,同时也是对我国以往民族工作的总结,而"任务已经基本完成"的论断同时也预示着面对新情况我国的民族工作应该转入下一个新的阶段,这个新阶段民族工作的主要任务即是党的十九大提出的:"深化民族团结进步教育,铸牢中华民族共同体意识,加强各民族交往交流交融,促进各民族像石榴籽一样紧紧抱在一起,共同团结奋斗、共同繁荣发展。"③

如何在新时期实现铸牢中华民族共同体意识,这是国内各界尤其是学界关注的重要课题,但既然中华民族共同体和我国56个民族具有不同的属性,那么就应该从一个全新的"共同体"的视角来探讨其应有的路径,不过无论是从何种视角和路径,"构筑各民族共有精神家园"无疑是重中之重的核心内容。

---

① 参见张琳、袁丽霞《近三十年来"中华民族多元一体格局"理论研究概况》,《赤峰学院学报(汉文哲学社会科学版)》2021年第3期。

② 参见丹珠昂奔《沿着中国特色解决民族问题的道路前进——中央民族工作会议精神学习体会》,中华人民共和国民族事务委员会网站(https://www.neac.gov.cn/seac/xwzx/201411/1007903.shtml),访问时间:2021年7月20日。

③ 习近平:《在中国共产党第十九次全国代表大会上的报告》,人民出版社2017年版,第40页。

第二节　多民族国家建构视野下农耕与游牧族群的互动及其特点

尽管存在着"五方之民""华夷之辨""四等人"等不同的人群划分方式，但中华大地上的人群在司马迁的《史记》中则被分为"行国"和"城国"两大类。而民国时期的胡焕庸则以瑷珲和腾冲为两点画线，将中华大地分为东农、西牧两大区域。从中华大地的历史看，生息繁衍在中华大地的人群可以归结为农牧两大群体。这两大群体之间的互动几乎是中国史书的全部内容，而两大群体的互动不仅推动着多民族国家的形成与发展，同时也凝聚成了中华民族共同体。

一、"行国"与"行国体制"

"行国"一词，如前所述最早出现在司马迁的《史记》中，在进行具体论述之前对"行国""行国体制"等概念的内涵做必要的交代自然是需要的。

（一）"行国"概念的出现

"行国"一词最早出现在司马迁的《史记》中，对此贾敬颜先生已经指出。司马迁在《史记·大宛列传》中有多处使用到"行国"一词：

> 乌孙在大宛东北可二千里，行国，随畜，与匈奴同俗。控弦者数万，敢战。故服匈奴，及盛，取其羁属，不肯往朝会焉。
>
> 康居在大宛西北可二千里，行国，与月氏大同俗。控弦者八九万人。与大宛邻国。国小，南羁事月氏，东羁事匈奴。
>
> 奄蔡在康居西北可二千里，行国，与康居大同俗。控弦者十余万。临大泽，无崖，盖乃北海云。
>
> 大月氏在大宛西可二三千里，居妫水北。其南则大夏，西则安息，北则康居。行国也，随畜移徙，与匈奴同俗。控弦者可一二十万。故时强，轻匈奴，及冒顿立，

攻破月氏，至匈奴老上单于，杀月氏王，以其头为饮器。始月氏居敦煌、祁连闲（间），及为匈奴所败，乃远去，过宛，西击大夏而臣之，遂都妫水北，为王庭。其余小众不能去者，保南山羌，号小月氏。

对于司马迁所用"行国"一词的具体含义，中华书局本《史记》在上述引文其下引《集解》曰："徐广曰：'不土著。'"贾敬颜先生据此认为"'不土著'的行国与'土著耕田'、'有城屋'、'有市民商贾'的安息、条支、大夏、身毒这些城国绝对不相同，即是说，他（它）们都是以畜牧业为经济基础的国家"①。贾先生的这一认识十分准确，从《史记》的具体使用也可以看出，司马迁的所谓"行国"是相对于"城国"而提出的。司马迁的着眼点是西域众多族群或政权在生产、生活方面的明显差异，不过从上述记载中有"乌孙在大宛东北可二千里，行国，随畜，与匈奴同俗"的表述，可知司马迁虽然没有明确说匈奴也属于"行国"，但其确定是否是"行国"的标准则是依据匈奴的"风俗"而确定的，即所谓"同俗"。

对于匈奴的习俗，《史记·匈奴列传》有如下概要记载：

匈奴，其先祖夏后氏之苗裔也，曰淳维。唐虞以上有山戎、猃狁、荤粥，居于北蛮，随畜牧而转移。其畜之所多则马、牛、羊，其奇畜则橐驼、驴、骡、駃騠、騊駼、驒騱。逐水草迁徙，毋城郭常处耕田之业，然亦各有分地。毋文书，以言语为约束。儿能骑羊，引弓射鸟鼠；少长则射狐兔，用为食。士力能毌弓，尽为甲骑。其俗，宽则随畜，因射猎禽兽为生业，急则人习战攻以侵伐，其天性也。其长兵则弓矢，短兵则刀铤。利则进，不利则退，不羞遁走。苟利所在，不知礼义。自君王以下，咸食畜肉，衣其皮革，被旃裘。壮者食肥美，老者食其余。贵壮健，贱老弱。父死，妻其后母；兄弟死，皆取其妻妻之。其俗有名不讳，而无姓字。

从这一记载分析，所谓"行"应该是指"随畜牧而转移"、"逐水草迁徙，毋城郭常处耕田之业"，而之所以称其为"行国"，则因为匈奴虽然"逐水草迁徙"但却是以"政治体"的形式存在于草原之上的。由上述记述，我们大体上可以将司马迁认定"行国"的

---

① 贾敬颜：《释"行国"——游牧国家的一些特征》，《历史教学》1980年第1期。

要素做如下归纳：

首先应该是"国"，即是有一定规模的拥有"君王"的"政治体"。"行国"最典型的特征是"政治体"也即政权，这是毫无疑问的，为了放牧的需要几"落"乃至十几"落"游牧民聚居在一起似乎构不成"行国"。从《史记》中司马迁对"行国"的使用看，乌孙、大月氏、康居、奄蔡等规模从"控弦者数万"到"一二十万"差别很大，但都属于"行国"。而从《汉书》对"行国"的使用看，其《西域传》有："西夜国，王号子合王，治呼犍谷，去长安万二百五十里。户三百五十，口四千，胜兵千人。东北到都护治所五千四十六里，东与皮山、西南与乌秅、北与莎车、西与蒲犁接。蒲犁（反）〔及〕依耐、无雷国皆西夜类也。西夜与胡异，其种类羌氐行国，随畜逐水草往来。"[①]仅仅三百十户、人口四千、胜兵千人的西夜国也被称为"行国"，主要原因应该是其已经是一个"政治体"，有"王"为首的管理体系。

其次是以"行"为生存特征，即以游牧为生业，"逐水草迁徙"。司马迁《史记》中所指出的几个"行国"都是或"随畜"或"随畜迁徙"，而对匈奴习俗的解释中更加突出了这一点，并特别强调"毋城郭常处耕田之业，然亦各有分地"，以示与农耕族群之间的差别，不过从"然亦各有分地"以及结合有"王治"来分析，其"行"也有一定的范围，而且内部包括游牧民、草场似乎有明确划分。

再次是拥有军队，即"控弦者"，或称为"甲骑""胜兵"。上引《史记》的记载已经清晰地表明了"行国"的这一要素，不过"控弦者"或"甲骑"似乎更能显示其军队的特征，即"儿能骑羊，引弓射鸟鼠；少长则射狐兔，用为食。士力能毌弓，尽为甲骑"，这是一支游牧生活培养出来的军队，弓箭、马匹、甲是其主要的装备。

最后是有独特的风俗和价值体系。由于生产生活方式不同，"行国"也有着与农耕族群不同的习俗和文化价值体系。司马迁虽然没有明确描述乌孙、康居等"行国"的习俗，但指出其与匈奴同俗，而对匈奴习俗和价值体系的记述则如上引，不仅包括了语言文字、衣着等生活习俗，而更重要的是归纳了其社会价值体系，即所谓"宽则随畜，因射猎禽兽为生业，急则人习战攻以侵伐，其天性也"，"利则进，不利则退，不羞遁走。苟利所在，不知礼义"，"贵壮健，贱老弱"，"父死，妻其后母；兄弟死，皆取其妻妻之"。这些构成了"行国"社会价值体系的鲜明特征，尤其值得特别指出的是这些特征

[①] 《汉书》卷96上《西域传上》。

的归纳是通过和农耕族群社会的对比得出的结论，一定程度上可以说是农耕族群处理与游牧族群关系的思想基础。也就是说，它也体现了农耕族群对游牧族群价值体系的一般认识，从其后史书的大量记载看，这些认识不仅成为农耕族群观的重要内容，而且也由此影响到了农耕"政治体"的对外政策制定和实施。

（二）行国体制的内涵及其特点

司马迁对"行国"一词的使用，从草原地区众多游牧行国的兴废历史看，只是揭示了游牧行国建立初期，也即行国形成初期凝聚核心（或称之为"行国内核"）形成后的一些特征，而对于强盛起来的行国，则做出如此简单的概述是难以让人了解全貌的。实际上，随着行国凝聚内核的完成，为了保护其利益，它会将更多的其他"行国"或"半行国"纳入自己的体系之中，进而构建起更大规模的游牧行国。以匈奴为例，"匈奴"之称虽然早已出现，而且司马迁在其《史记》中也将其形成历史追溯到夏代，但其核心族群的凝聚由史书记载看则一直到秦汉时期才完成，头曼单于向冒顿单于过渡应该是其标志。核心族群凝聚完成后，匈奴游牧行国开始了对草原地区其他族群的整合，在冒顿时期就已经构建起了以单于为中心、以匈奴族群为核心，南起河套，东至兴安岭，西包括西域在内的庞大游牧行国。对于匈奴构建起来的以匈奴族群为核心的"政治体"，我国史书多以"匈奴"称之，而勒内·格鲁塞和狄宇宙都称之为"匈奴帝国"[①]，美国学者托马斯·巴费尔德则称之为"匈奴帝国联盟"[②]。笔者认为不管是"匈奴"，还是"帝国""帝国联盟"，似乎都没有充分反映出其特点。从草原地区族群发展的历史来看，匈奴"政治体"不是第一个，也不是最后一个，草原地区出现的这些"政治体"虽然具有明显差异，但共同点也很多，冠以核心族群的名称、用"游牧行国"称呼这些"政治体"似乎更为恰当，更能反映其主要特征。

勒内·格鲁塞在《草原帝国》中将斯基泰人、匈奴、鲜卑、突厥、回纥、契丹、女真、喀喇契丹、花剌子模以及蒙古各部建立的众多"政治体"列为阐述的对象，称为"草原帝国"。应该说，这些"政治体"从史书的记载看多有"游牧行国"的特征，但

---

① [法]勒内·格鲁塞著，蓝琪译：《草原帝国》，第43—68页；[美]狄宇宙著，贺严、高书文译：《古代中国与其强邻》，第195页。

② [美]托马斯·巴费尔德著，邱克摘译：《匈奴帝国联盟：其社会组织与对外交往》，《西北民族学院学报（哲学社会科学版）》1984年第4期。

由于笔者考察的主旨是"游牧行国"与"王朝藩属"之间的互动关系，而上述这些"政治体"有些和"王朝藩属"之间并没有发生密切的互动关系，或是作为一些大的"政治体"的组成部分而和"王朝藩属"发生互动关系，因而笔者只将在北部草原地区建立过相对完善的"行国体制"的匈奴、鲜卑、突厥、回鹘、契丹、女真以及蒙古列为重点考察的对象。从秦汉时期始，至元王朝我国北方草原地区众多族群的蒙古化，以游牧族群为核心构筑起相对完善的"游牧行国"体制的"政治体"，从史书的记载看，大致呈现以下主要特征：

1. 都有一个以游牧为生业的族群作为维持行国凝聚的核心力量。

匈奴虽然不是第一个在北方草原地区出现的游牧行国，但从史书的记载看它却是第一个实现草原较大范围统一的游牧行国，由此开创了游牧行国辉煌的历史。从匈奴到蒙古汗国，虽然每个游牧行国存续的时间不同，但都有一个构成游牧行国核心力量的游牧族群。核心族群的出现是游牧行国得以形成的基础，同时在游牧行国存续期间不断凝聚着其他游牧族群，随着游牧行国力量的膨胀而壮大。诸如匈奴游牧行国因为匈奴族群的形成而出现，司马迁的《史记·匈奴列传》载"匈奴，其先祖夏后氏之苗裔也，曰淳维。唐虞以上有山戎、猃狁、荤粥，居于北蛮，随畜牧而转移"，为我们勾画出了构成匈奴游牧行国核心族群的发展脉络。《隋书·北狄传·突厥》对构成突厥游牧行国核心族群的形成则是如下描述的："突厥之先，平凉杂胡也，姓阿史那氏。后魏太武灭沮渠氏，阿史那以五百家奔茹茹，世居金山，工于铁作。金山状如兜鍪，俗呼兜鍪为'突厥'，因以为号。或云，其先国于西海之上，为邻国所灭，男女无少长尽杀之。至一儿，不忍杀，刖足断臂，弃于大泽中。有一牝狼，每衔肉至其所，此儿因食之，得以不死。其后遂与狼交，狼有孕焉。彼邻国者，复令人杀此儿，而狼在其侧。使者将杀之，其狼若为神所凭，欻然至于海东，止于山上。其山在高昌西北，下有洞穴，狼入其中，遇得平壤茂草，地方二百余里。其后狼生十男，其一姓阿史那氏，最贤，遂为君长，故牙门建狼头纛，示不忘本也。"记述中虽然有传说的成分，且真实性有待考证，但也为我们勾勒出了一个游牧族群形成的轨迹。如匈奴、突厥游牧行国一样，构成其他游牧行国的核心族群也大致都有一个凝聚形成的过程。核心族群的形成为匈奴、突厥等游牧行国的出现提供了基础，同时也为族群的进一步发展壮大创造了更为有利的条件，这就是游牧行国的形成和发展。从游牧族群的发展历史看，游牧行国的出现和长期存在，一方面将草原地区众多的游牧族群纳入游牧行国体制之下，构建起一个庞大的"政治体"，匈奴、鲜卑、突厥、回纥（回鹘）、蒙古等都是如此；另一方面，游牧行国的长期存在又为族群之间的凝聚、融合，提供了稳定的政治环境，有助于新的更大族群的出现，匈奴人、鲜卑人、突厥人等的壮大无不是在匈奴、北魏、突厥等政权长期统治下草原众多游牧族群凝聚的结果。《后汉书·鲜卑传》载："和帝永元中，大将军窦宪遣右校尉耿夔击破匈奴，北单于逃走，鲜卑因此转徙据其地。匈奴余种留者尚有十余万落，皆自号鲜卑，鲜卑由此渐盛。"该记载既说明了游牧行国的存在对游牧族群的凝聚作用，同时也反映了新的游牧行国的出现也会导致游牧族群身份的变化。从一个长的时段观察，我们会很容易看出和中原地区族群融合为汉族的过程大体一样，在经过匈奴、北魏、突厥、回鹘、辽、金对草原地区众多族群的分离、融合之后，最终大蒙古国的出现实现了对草原地区众多族群的凝聚，并因为蒙古汗国及元朝的长期统治，游牧族群实现了蒙古化。因此，可以说，今天的蒙古民族就是大蒙古国（包括元王朝）在草原地区长期存在下众多游牧族群不断凝聚的结果。

2. 都拥有一个被称为单于或可汗，类似于中原农耕王朝皇帝的行国最高权力核心。

游牧行国和中原地区出现的"政治体"一样，无论大小，都有一个权力核心，最早见于汉文史书记载且用自己的语言称呼的权力核心是匈奴的"单于"。《汉书·匈奴传》有对"单于"的解释："单于姓挛鞮氏，其国称之曰'撑犁孤涂单于'。匈奴谓天为'撑犁'，谓子为'孤涂'，单于者，广大之貌也，言其象天单于然也。"这一记载从具体表述分析存在一定矛盾。因为按照"撑犁孤涂"是"天子"的解释，"单于"是"广大之貌"，加在一起并不能得出"象天单于然"的含义，如果其意是"象天子然"相对更容易理解。由此笔者认为《汉书》对"撑犁孤涂单于"的解释明显有附会汉语"天子"的嫌疑，这很大程度上可能是和农耕族群接触后受到了汉语"天子"的影响。不过，上述记载尽管存在一些疑问，但它传递给我们的信息是明确的：匈奴游牧行国权力的核心与中原"王朝藩属"的权力核心称呼不同，一称为"单于"，一称为"天子"。虽然称呼不同，辖众不同，但在游牧族群的心目中"单于"和"天子"并没有差别。

游牧行国的权力核心在经过了匈奴游牧行国对草原地区的长期统治之后，被"可汗"的称呼所取代。《旧唐书·音乐二》有"北虏之俗，呼主为可汗"的记载，但是对于"可汗"出现于何时，含义是什么，学界历来有鲜卑、柔然两种不同的解释。《通典·北狄》载:"蠕蠕自拓跋初徙云中,即有种落,后魏太武神麕中强盛,又尽有匈奴故地。其主社仑始号可汗,犹言皇帝,以后常与后魏为敌国。"而《晋书·乞伏国仁载记》则有:"四部服其雄武,推为统主,号之曰乞伏可汗托铎莫何。"似乎乞伏国仁称可汗在前。对此,薛宗正认为:"鲜卑、柔然皆乃兴起于公元三、四世纪之交的漠北民族,何以不约而同地采用此一尊号呢?迄今仍无令人满意的解释,可见二说皆非学术定论。我以为'可汗'……大贤王之意也。突厥又为柔然属部,布民放弃十门(万人长)旧称,同柔然主一样上建可汗尊号,自称伊利可汗,意味着正式宣布同柔然脱离传统的宗藩关系,并进一步取而代之。"①罗新则认为:"吐谷浑时期的慕容鲜卑和力微以前的拓跋鲜卑,其政治体(polities)都处于较低级别的发展阶段,尚未进入原始国家,甚至还只是处于酋邦的初始阶段。而柔然社仑称可汗,是与北魏天子相对抗的一种政治形态,其政治体已经具备早期国家的基本特征。因此,依据现存史料,认为可汗作为原始国家或酋邦这一级政治体(supratribal polities)的首脑(supremeruler)的称谓最早见于柔然,也是可以成立的。……无论可汗一词最早出现于哪一部族、哪一语言,在柔然之后,经嚈哒、吐谷浑,特别是突厥等民族的传布,作为高级政治体首脑、取代匈奴单于的可汗称谓,遂广泛流行于内亚各语系、各人种的民族中。"②

笔者则认为于游牧行国形成和发展而言,是称"单于"还是称"可汗"并不重要,重要的是这种类似于农耕族群"天子"一样的核心权力的出现。草原地区游牧行国的历史已经表明,核心权力的出现不仅标志着游牧行国已经形成,而且也是游牧族群实现局部或更大范围统一的开始,这一点与中原农耕族群历史的发展轨迹是相同的。对于这一点,我们从汉文史书的记述中可以清晰地看出来。从司马迁的《史记》开始,汉文史书基本上都是以核心权力的出现为开端来记述游牧行国的发展轨迹。《史记·匈奴列传》虽然将匈奴游牧行国发展史追溯到传说中的夏,但游牧行国的历史是从单于的出现开始的,即:"当是之时,东胡强而月氏盛。匈奴单曰头曼,头曼不胜秦,北徙。"《旧唐书·突厥上》开头言"突厥之始,启民之前,《隋书》载之备矣",然《隋书·突厥传》如上所引也是以记述可汗家族的兴起为开端的。《新唐书·突厥上》则载:"突厥阿史那氏,盖古匈奴北部也。居金山之阳,臣于蠕蠕,种裔繁衍。至吐门,遂强大,更号可汗,犹单于也,妻曰可敦。其地三垂薄海,南抵大漠。"《旧唐书·回纥传》对回纥游

---

① 薛宗正:《突厥史》,中国社会科学出版社1992年版,第87页。
② 罗新:《可汗号研究——兼论中国古代"生称谥"问题》,《中国社会科学》2005年第2期。

牧行国形成和发展的记述相对比较典型："回纥，其先匈奴之裔也，在后魏时，号铁勒部落。其众微小，其俗骁强，依托高车，臣属突厥，近谓之特勒。无君长，居无恒所，随水草流移，人性凶忍，善骑射，贪婪尤甚，以寇抄为生。自突厥有国，东西征讨，皆资其用，以制北荒。隋开皇末，晋王广北征突厥，大破步迦可汗，特勒于是分散。大业元年，突厥处罗可汗击特勒诸部，厚敛其物，又猜忌薛延陀，恐为变，遂集其渠帅数百人尽诛之，特勒由是叛。特勒始有仆骨、同罗、回纥、拔野古、覆罗，并号俟斤，后称回纥焉。在薛延陀北境，居婆陵水侧，去长安六千九百里，随逐水草，胜兵五万，人口十万人。初，有特健俟斤死，有子曰菩萨，部落以为贤而立之。贞观初，菩萨与薛延陀侵突厥北边，突厥颉利可汗遣子欲谷设率十万骑讨之，菩萨领骑五千与战，破之于马鬣山，因逐北至于天山，又进击，大破之，俘其部众，回纥由是大振。因率其众附于薛延陀，号菩萨为'活颉利发'，仍遣使朝贡。菩萨劲勇，有胆气，善筹策，每对敌临阵，必身先士卒，以少制众，常以战阵射猎为务。其母乌罗浑主知争讼之事，平反严明，部内齐肃。回纥之盛，由菩萨之兴焉。"从中我们很容易看出权力核心的出现对游牧行国的形成和壮大的主要作用。应该说，从史书的记载看，草原地区游牧行国的形成和发展都遵循着这一规律，有着大体类似的发展轨迹。

3. 都拥有一支以骑兵为主体的军队，维持和推进行国体制的运转。

以游牧为生业构成了游牧行国的最大特征，而由此导致了游牧行国的军队构成也是以骑兵为主，甲骑，"长兵则弓矢，短兵则刀铤"①，是其最显著的基本特征。在冷兵器时代，游牧行国的骑兵和"弓矢"的结合给农耕族群带来了很大威胁，以至于我们在汉文史书中见到的记载，不仅如上所引司马迁《史记》对西域各国的记载大多以"控弦"的多少来记述游牧行国的军事力量，而且在农耕族群有识之士议论军事力量尤其是游牧行国强弱的时候也经常见到用同样的例子。如《后汉书·班超列传》载：班超"以乌孙兵强，宜因其力，乃上言：'乌孙大国，控弦十万，故武帝妻以公主，至孝宣皇帝，卒得其用。今可遣使招慰，与共合力。'帝纳之"。这种状况一直延续到明清时期。按照上述《史记·匈奴列传》对匈奴习惯的记载，骑马和射箭是游牧族群必备的技能，即"儿能骑羊，引弓射鸟鼠；少长则射狐兔，用为食。士力能毌弓，尽为甲骑"。也正因为如此，骑兵不仅成为游牧行国维持内部稳定的主要力量，也是对外战争的保障。赵武

---

① 《史记》卷110《匈奴列传》。

灵王引入"胡服骑射"虽然带给农耕族群的多是惊讶，但游牧行国的"甲骑"真正带给中原农耕族群的震撼似乎应该是史家笔下对匈奴甲骑兵围白登的描述："是时，汉初定，徙韩王信于代，都马邑。匈奴大攻围马邑，韩信降匈奴。匈奴得信，因引兵南逾句注，攻太原，至晋阳下。高帝自将兵往击之。会冬大寒雨雪，卒之堕指者十二三，于是冒顿阳败走，诱汉兵。汉兵逐击冒顿，冒顿匿其精兵，见其羸弱，于是汉悉兵，多步兵，三十二万，北逐之。高帝先至平城，步兵未尽到，冒顿纵精兵三十余万骑围高帝于白登，七日，汉兵中外不得相救饷。匈奴骑，其西方尽白，东方尽駹，北方尽骊，南方尽骍马。高帝乃使使间厚遗阏氏，阏氏乃谓冒顿曰：'两主不相困。今得汉地，单于终非能居之。且汉主有神，单于察之。'冒顿与韩信将王黄、赵利期，而兵久不来，疑其与汉有谋，亦取阏氏之言，乃开围一角。于是高皇帝令士皆持满傅矢外乡，从解角直出，得与大军合，而冒顿遂引兵去。汉亦引兵罢，使刘敬结和亲之约。"①"三十余万骑"且分为白、駹（青色）、骊（深黑）、骍（红）四种不同的颜色，这是《史记》和《汉书》作者笔下对汉初匈奴游牧行国军力的记述，而这支强大的"甲骑"也是匈奴构筑起东起大兴安岭，西到中亚，将众多草原游牧族群囊括其中的庞大游牧行国，并维持其正常运转的重要力量。

从史书的记载看，能够构建起涵盖整个草原地区，或实现草原大部分地区统一的游牧行国基本都有一支和匈奴一样规模强大的"甲骑"。《隋书·突厥传》载："佗钵以摄图为尔伏可汗，统其东面，又以其弟褥但可汗子为步离可汗，居西方。时佗钵控弦数十万，中国惮之，周、齐争结姻好，倾府藏以事之。"至隋文帝立国时，沙钵略为汗，"控弦之士四十万"，沙钵略上书隋朝皇帝，自言："突厥自天置以来，五十余载，保有沙漠，自王蕃隅。地过万里，士马亿数，恒力兼戎夷，抗礼华夏，在于北狄，莫与为大。"回纥汗国的形成和发展从《旧唐书·回纥传》的记载看也是依赖于强大的"甲骑"。据该传记载："贞观初，菩萨与薛延陀侵突厥北边，突厥颉利可汗遣子欲谷设率十万骑讨之，菩萨领骑五千与战，破之于马鬣山，因逐北至于天山，又进击，大破之，俘其部众，回纥由是大振。……回纥之盛，由菩萨之兴焉。"其后的契丹建立辽，女真建立金，乃至成吉思汗建立蒙古汗国等，也都是依靠游牧族群强大的"甲骑"。也就是说，保持一支强大的骑兵队伍不仅是维持游牧行国存在的基本条件，同时也是游牧行国

---

① 《汉书》卷94上《匈奴传》。

实现草原"一统"的牢固基础。

4.都拥有一套维持行国体制运转的以数量为单位设置的管理体系。

"不土著""毋城郭""随水草迁徙"是草原游牧族群和中原农耕族群明显不同的居住特点，因而在内部管理体系的构成上游牧行国也形成了独特的以数量为单位的管理体制。《史记·匈奴列传》是如此记述匈奴游牧行国管理体制的："自淳维以至头曼千有余岁，时大时小，别散分离，尚矣，其世传不可得而次云。然至冒顿而匈奴最强大，尽服从北夷，而南与中国为敌国，其世传国官号乃可得而记云。置左右贤王，左右谷蠡王，左右大将，左右大都尉，左右大当户，左右骨都侯。匈奴谓贤曰'屠耆'，故常以太子为左屠耆王。自如左右贤王以下至当户，大者万骑，小者数千，凡二十四长，立号曰'万骑'。诸大臣皆世官。呼衍氏，兰氏，其后有须卜氏，此三姓其贵种也。诸左方王将居东方，直上谷以往者，东接秽貉、朝鲜；右方王将居西方，直上郡以西，接月氏、氐、羌；而单于之庭直代、云中：各有分地，逐水草移徙。而左右贤王、左右谷蠡王最为大（国），左右骨都侯辅政。诸二十四长亦各自置千长、百长、什长、裨小王、相、封都尉、当户、且渠之属。"随水草迁徙、不定居，导致游牧行国难以像农耕政权那样构建以村寨为基础单位的管理体系，但也出现了以什长、百长、千长乃至"万骑"以数量为特点的政权体系。

游牧行国的这一独特的内部结构，是适应游牧行国的发展需要而出现的，其形成的时间是在匈奴时期，与中原地区秦汉大一统王朝同时，甚至略早。这一结构在经过鲜卑、突厥、薛延陀、回纥、契丹、女真等游牧行国的不断实践之后，至辽金后期被成吉思汗的大蒙古国发挥到了极致。《元史·百官一》载："元太祖起自朔土，统有其众，部落野处，非有城郭之制，国俗淳厚，非有庶事之繁，惟以万户统军旅，以断事官治政刑，任用者不过一二亲贵重臣耳。"似乎《元史》的作者对蒙古汗国的内部结构并没有做出太高的评价，但是其记载的视角是从农耕族群的角度出发的，和农耕王朝的管理相比游牧行国的管理体系虽然简单，但确实是适应游牧行国的需要而发展起来的。实际上，在继承和发展游牧行国组织体制的基础上，蒙古汗国建立了更加完备的千户体制，《蒙古秘史》第191节记载面对乃蛮的威胁，成吉思汗停止了围猎，"点数自己的人马。每一千人，组成一个千户（千人队），委派了千户长、百户长、十户长"[①]。成吉思汗打

---

① 余大钧译注：《蒙古秘史》，河北人民出版社2001年版，第292页。

乱了草原原有的部落组织，按照地域划分为左右两个万户，万户之下以十进制分设千户、百户、十户，功臣为千户长，"人们只能留在指定的百户、千户或十户内，不得转移到另一单位去，也不得到别的地方寻求庇护。违反此令，迁移者要当着军士被处死，收容者也要受到惩罚"①。千户制将分布在草原地区的众多游牧族群凝聚到了一起，不仅为蒙古汗国的形成和发展提供基础，也为蒙古构建融游牧和农耕族群为一体的大一统的元王朝提供了重要保障，更为草原游牧族群的蒙古化创造了极为有利的政治环境。

5. 拥有以一定继承关系的价值体系为核心的游牧文化。

游牧族群不仅有着独特的生产和生活习惯，形成了和农耕族群不同的组织和政治结构，也有着维持其社会稳定的价值体系，进而形成了独特的游牧文化。

对于游牧族群的价值体系，以司马迁的《史记》为开端，汉文史书从文化差异的角度多有记述并大加诟病，其关注点从《史记·匈奴列传》的记载看主要集中在以下几个方面：

一是"宽则随畜，因射猎禽兽为生业，急则人习战攻以侵伐，其天性也"，且"利则进，不利则退，不羞遁走。苟利所在，不知礼义"。所谓"宽"，一般理解为平常时期，但似乎更应该是指生活稳定，能够维持生计的状态，而"急"虽然可以理解为紧急，但更多则应该指生活处于窘迫的状态，故有"随畜""侵伐"两种截然不同的行为。如此理解这一记述，和"利则进，不利则退，不羞遁走"的评价也能够形成呼应，因为"侵伐"的目的是解决生活遇到的困难，是为"利"而去，自然"不利则退"。至于"苟利所在，不知礼义"的评价，则完全是站在农耕族群的视角做出的，丝毫没有考虑到游牧族群的文化特点。

二是"自君王以下，咸食畜肉，衣其皮革，被旃裘。壮者食肥美，老者食其余。贵壮健，贱老弱"。作为游牧族群，"咸食畜肉，衣其皮革，被旃裘"是由牧业这一生产方式决定的，只是"君王以下"似乎是试图说明"君王"和一般百姓不同，但不同不可能是表现在"食畜肉"上，而应该是指穿着。也就是说，君王的穿着已经不限于畜皮等畜产品，也有了与农耕族群交换来的衣服，这也是等级观念出现的表现之一。而更能显示游牧族群价值观念的则是"贵壮健，贱老弱"一语，这一观念和农耕族群的"尊老爱幼"形成巨大反差，因而也是被农耕族群强烈否定的观念之一。

---

① ［伊朗］志费尼著，何高济译：《世界征服者史》，上册，内蒙古人民出版社1980年版，第34页。

三是"父死,妻其后母;兄弟死,皆取其妻妻之"。在父亲和兄弟死后,娶后母和兄弟的妻子为妻,是游牧族群与农耕族群在婚俗方面最显著的不同,尤其是"妻其后母"的习俗显示了不同经济形态所导致的巨大的文化差异,而这种差异随着农耕王朝边疆政策中和亲政策的实施遭到了广泛质疑。

《史记·匈奴列传》记载的上述这些习俗虽然在游牧族群不同时期具有不同的表现,但"宽则随畜,因射猎禽兽为生业,急则人习战攻以侵伐"大体上反映出了游牧行国存在的基本特征。《汉书·匈奴传》记载了西汉降匈奴者中行说和西汉使臣辩论的一例,从中很容易就能看出游牧行国的文化特点:

> 初,单于好汉缯絮食物,中行说曰:"匈奴人众不能当汉之一郡,然所以强之者,以衣食异,无印于汉。今单于变俗好汉物,汉物不过什二,则匈奴尽归于汉矣。其得汉絮缯,以驰草棘中,衣裤皆裂弊,以视不如旃裘坚善也;得汉食物皆去之,以视不如重酪之便美也。"于是说教单于左右疏记,以计识其人众畜牧。汉遗单于书,以尺一牍,辞曰"皇帝敬问匈奴大单于无恙",所以遗物及言语云云。中行说令单于以尺二寸牍,及印封皆令广长大,倨骜其辞曰"天地所生日月所置匈奴大单于敬问汉皇帝无恙",所以遗物言语亦云云。汉使或言匈奴俗贱老,中行说穷汉使曰:"而汉俗屯戍从军当发者,其亲岂不自夺温厚肥美贵送饮食行者乎?"汉使曰:"然。"说曰:"匈奴明以攻战为事,老弱不能斗,故以其肥美饮食壮健以自卫,如此父子各得相保,何以言匈奴轻老也?"汉使曰:"匈奴父子同穹庐卧。父死,妻其后母;兄弟死,尽妻其妻。无冠带之节,阙庭之礼。"中行说曰:"匈奴之俗,食畜肉,饮其汁,衣其皮;畜食草饮水,随时转移。故其急则人习骑射,宽则人乐无事。约束径,易行;君臣简,可久。一国之政犹一体也。父兄死,则妻其妻,恶种姓之失也。故匈奴虽乱,必立宗种。今中国虽阳不取其父兄之妻,亲属益疏则相杀,至到易姓,皆从此类也。且礼义之敝,上下交怨,而室屋之极,生力屈焉。夫力耕桑以求衣食,筑城郭以自备,故其民急则不习战攻,缓则罢于作业。嗟土室之人,顾无喋喋占占,冠固何当!"自是之后,汉使欲辩论者,中行说辄曰:"汉使毋多言,顾汉所输匈奴缯絮米糵,令其量中,必善美而已,何以言为乎?且所给备善则已,不备善而苦恶,则候秋孰,以骑驰蹂乃稼穑也。"日夜教单于候利害处。

以往的学者很少有人关注上述记载，但仔细分析中行说的言行可知，实际上早在汉代中原地区的人已经充分认识到了游牧和农耕给族群文化带来的差异，并利用这些差异制定出了相关政策，来维系相互之间的关系。也就是说，草原地区自然环境恶劣，游牧族群赖以生存的生产生活资料是牛羊等牲畜，而牲畜及游牧的生产方式很难抵御各种自然灾害，其生产、生活保障远不如农耕族群那么稳定，因而在生产、生活难以为继的情况下进行狩猎或"侵伐"是维持其存在的唯一出路，具有普遍性。游牧生产方式的这一特性也决定了游牧文化的其他特征，而这种差异也早已为农耕族群所认识，并成为其族群同化政策的主要目标。但恰如中行说所言，如果游牧行国改变习俗，那么游牧行国的立国基础就会被削弱，没有了立国的基础，其归宿就只剩下被农耕族群融合一途，两汉时期的南匈奴、南北朝时期的鲜卑，以及建立辽、金的契丹、女真等最终融合为"汉人"都是例证，或多或少都起始于游牧习俗的改变。

总之，从东亚以蒙古高原为中心的草原地区游牧行国的发展历史看，游牧行国或称为政治体的聚合大体上和中原地区一样，遵循着以下发展轨迹：最初分布着星罗棋布的小的族群，之后不断凝聚、壮大，发展成为一些规模不等的，以某一族群为核心的游牧行国。在不同时期，草原上的游牧行国数量取决于实力的对比，一般的状态是势力较大的游牧行国和周围的实力相对较小的游牧行国构成某种依附关系，但这种依附关系取决于双方势力的对比，一旦势力对比发生变化，旧有的依附关系就会为新的依附关系所取代，所以草原地区游牧行国的数量和规模是在不断变动中的，变化是其常态。和农耕地区政治体的运行轨迹一样，在经过长期的凝聚后，有一定规模的游牧行国会出现在草原地区，不仅会带动更大范围内游牧族群的凝聚，也会改变游牧行国之间的依附关系，进而使游牧行国涵盖的范围更大，所体现出的政治格局演变即是实现局部乃至整个草原地区统一的游牧行国的形成，游牧行国和农耕王朝藩属一样，由之达到了最大化，其形态即是如法国学者勒内·格鲁塞所称的"草原帝国"。但是，和农耕王朝藩属不同的是，支撑游牧行国的如果是单纯的游牧经济，往往难以抵御持续的天灾和人祸，盛极一时的游牧行国持续的时间不如农耕王朝藩属那样持久，将分裂为几个行国，甚至瓦解，草原地区游牧行国呈现的状态又将是一个个涵盖某一区域的政治体。在不断聚散的过程中，游牧族群的凝聚却是一直在进行着，经过数次聚散，至成吉思汗构建起庞大的蒙古汗国，游牧行国的发展步入了一个新的阶段，蒙古汗国及其后继者元王朝的长期存在，使草原地区的游牧族群终于如中原地区农耕族群的汉化一样，也实现了蒙古化。

二、游牧与农耕族群互动的分期与特点

关于游牧和农耕族群之间的关系，很早就是学界关注的热点问题，以往有很多论著论及，并取得了丰硕的成果。但是，综观已有的成果，由于学者的切入视角差异很大，导致结论也千变万化，即便是对同一事件也有着不同的解读。大体而言，已有的研究呈现以下突出特点：（1）从历代王朝的视角对两大族群的互动进行探讨，其中以农耕族群为主体建立的历代王朝居于绝对的主导地位，游牧族群则作为配角属于落后的或被动的一方而被论及，此可视为中原中心论。这是国内众多中国史（通史类）著作普遍的叙述方式，十分普遍，无须例举。（2）从历代王朝的治边政策，由汉族—少数民族关系的视角进行研究，游牧族群是被治理的对象，其掠夺性特点被夸大，文化被看低，或被视为落后。这是一般民族史著作或边疆史著作经常采用的方式，也属于"中心—边缘"模式的叙述方式。① 20世纪末期，有学者在西方学界影响下提议从"边缘"或边疆的视角探讨两大族群及其互动，但限于多语种资料的匮乏及其解读困难似乎也并没有得到积极响应，相关成果多数只是停留在对国外学者观点的进一步解读方面，自然也难以彻底改变上述两种基本研究模式。（3）国外学者则是从骑马民族国家、内陆亚洲等视角将游牧族群"独立"出中国历史进行探讨，拉铁摩尔的《中国的亚洲内陆边疆》②、勒内·格鲁塞的《草原帝国》③、狄宇宙的《古代中国与其强邻：东亚历史上游牧力量的兴起》④等是其中的代表作。新出现的"新清史"学派虽然选择的研究对象是满洲及其建立的清朝，但其视角也是放在了满洲一方，并无根本性创新。近年来，"新清史"学派遭到了国内很多学者的批驳，但所谓的"内陆亚洲"视角却得到了个别学者的吹捧和奉行，甚至出现了有学者从"中亚"视角看中国边疆历史的做法，岂不知此和前述国外著作的视角是异曲同工的，将"边疆"脱离开中国进行阐述的意图还是十分明显的。也就是说，这些论著所选择的切入视角是将草原作为一个研究对象，目的是脱离开中国历史来探讨

---

① 相关研究成果很多，限于篇幅不具体评述，可参见达力扎布主编《中国民族史研究60年》，中央民族大学出版社2010年版。
② ［美］拉铁摩尔著，唐晓峰译：《中国的亚洲内陆边疆》，江苏人民出版社2010年版。
③ ［法］勒内·格鲁塞著，蓝琪译：《草原帝国》，商务印书馆1998年版。
④ ［美］狄宇宙著，贺严、高书文译：《古代中国与其强邻：东亚历史上游牧力量的兴起》，中国社会科学出版社2009年版。

草原政权和族群的形成与发展，不管其是否存在某种政治意图，实际结果却是实践着对中国历史的解构，其所提出的核心概念是其总观点的重要组成部分，肆意借用甚至将其视为地理区域性质的概念使用是有问题的，因为其背后都有一套话语体系支持。

由于自2002年以来一直致力于探讨汉唐时期东北亚高句丽政权历史包括归属问题，旁及中国疆域史的研究，笔者发现尽管学界目前已经出版了多部疆域史著作，但多是从"民族国家"或"王朝国家"的视角来阐述中国疆域形成的历史。这些著作所阐述的内容基本是属于对历代王朝疆域的具体考述，之后命名为"中国疆域史"，至于这些王朝之间、疆域之间是否存在有机联系，则尚有待对其进行理论概括，因此遇到边疆政权的归属问题时往往难以圆说，或没有给出合适的理论解释。"中国百姓，天下本根；四夷之人，犹于枝叶。扰于根本，以厚枝附，而求久安，未之有也。"[①] "中国之于夷狄，犹太阳之对列星。"[②] 这是唐人李大亮、温彦博对唐代"天下"族群关系的认识。尽管其也将"天下"百姓分为"中国""夷狄"两大群体，并将其比喻为"本根"与"枝叶"、"太阳"和"列星"，但仔细分析他们的认识依然是将两大群体看为一个整体的：本根与枝叶构成了树，太阳与列星则构成了完整的星系。由此，也影响到了我对多民族国家中国疆域形成和发展、中华大地上诸多族群的凝聚和交融的一些理论思考，从多民族国家建构的视阈探讨中华大地上众多政权和族群的凝聚及其互动关系即是我选择的视角之一。

2012年，笔者将研究对象首先确定为农耕王朝和游牧行国以及由此带来的农耕族群和游牧族群的凝聚和互动，以此申报承担的国家社科基金重大委托项目"北部边疆历史与现状研究"项目子项目"游牧行国与藩属体制互动研究"，已经顺利完成，此节即是该成果完成之后的再思考。笔者试图从多民族国家建构的视阈观察游牧与农耕两大族群的凝聚及互动轨迹，进而诠释二者在多民族国家建构中的作用。因为笔者将中国多民族国家疆域的形成和发展划分为自然凝聚和碰撞底定两大时期，而清朝的疆域是自然凝聚的最后结果[③]，因此将考察的时段限定在自然凝聚时期。从游牧和农耕两大族群的互动历史看，自然凝聚时期两大族群的互动可以分为五个时期，并呈现不同的特点，以下分别就分期的原则和特点做概要阐述。

---

① 《旧唐书》卷62《李大亮传》。
② 《旧唐书》卷199《东夷·高丽传》。
③ 参见李大龙《从"天下"到"中国"：多民族国家疆域理论解构》，人民出版社2015年版；《自然凝聚：多民族中国形成轨迹的理论解读》，《西北师大学报（社会科学版）》2017年第3期。

（一）1世纪之前：先秦到秦汉两大族群碰撞、对峙和交融，农耕族群是最终的主导者

关于游牧和农耕的起源学界还有不同的认识，但现有文献明确记载了最初在先秦时期中华大地上的人们已经认识到了自然环境对族群凝聚的影响，并依此来划分族群，由此有了"五方之民"的观念。在五大族群凝聚的过程中，游牧族群和农耕族群的互动无疑起着重要的推动作用。从族群凝聚和互动的历史看，至秦汉时期，两大族群在实现各自凝聚的基础上，通过构建"大一统"政权的形式形成了碰撞、对峙和交融，而这一过程的结束则以汉和帝永元三年（91）"北单于复为右校尉耿夔所破，逃亡不知所在"①为标志。这一时期，两大族群的凝聚与互动具有四大特点：

1. 农耕和游牧族群先后完成了凝聚，并构建了各具特色的政权。

从已有的文献记载和考古发现看，农耕族群先于游牧族群实现了更大范围的凝聚。对于农耕族群的凝聚和发展，如果三皇五帝的神话传说以及遍布在中原大地上的仰韶文化、龙山文化遗存为我们提供的是早期农耕族群由分散逐步走向凝聚的朦胧认识，那么出现在汉文典籍中的夏、商、周三个王朝的依次出现，则将农耕族群先后凝聚为夏人、商人和周人。而结束了春秋战国诸侯争霸出现在中华大地上的秦王朝，尽管存在时间短暂，但由于实现了对中原地区的"大一统"且"分天下以为三十六郡，郡置守、尉、监"，"一法度衡石丈尺，车同轨，书同文字"②，使农耕族群有了一个新的称呼：秦人。汉代秦而立，随着疆域的扩大，农耕族群的分布范围在拓展的同时，凝聚的程度和规模也不断发展，并以"汉人"的身份开始与游牧族群进行互动。夏人、商人、周人、秦人、汉人等称呼的出现，一方面体现了农耕族群凝聚规模不断壮大的轨迹，另一方面也是汉王朝这一政权存在对族群凝聚具有重要影响的直接证据。

在农耕族群完成凝聚的同时，游牧族群的凝聚也在持续进行着，并且其凝聚也呈现着大体相同的特点。东胡、月氏、乌孙、匈奴是出现在司马迁《史记》中的几个势力较大的游牧行国，而月氏和乌孙由河西走廊向西方的迁徙及东胡分裂为乌桓和鲜卑两部分则是匈奴核心区域形成和发展的结果。匈奴"大破灭东胡王，而虏其民人及畜产。既归，西击走月氏，南并楼烦、白羊河南王，悉复收秦所使蒙恬所夺匈奴地者，与汉关故

---

① 《后汉书》卷89《南匈奴列传》。
② 《史记》卷6《秦始皇本纪》。

河南塞，至朝那、肤施，遂侵燕、代"，"尽服从北夷"，①为我们认识这一核心区域的形成和发展提供了可能：东至东胡的活动区域，南至故河南塞，西界于月氏、氐、羌，北则囊括了"北夷"。匈奴游牧行国核心区域统治秩序构建的完成，也是对游牧族群整合的开始，类似于汉王朝对农耕族群的整合，与"汉"称呼的出现具有同样意义，草原族群由于匈奴游牧行国的出现也由此实现了凝聚，并有了一个共同的名称"匈奴"，而此前见于史书记载的楼烦、白羊等族群名称消失于史则是这种整合的结果，匈奴也因此成为这一时期游牧族群凝聚主体的代名词。

2. 在政权建立初期，两大族群互动过程中出现了匈奴和秦汉的碰撞，长城的修筑则是标志。

游牧和农耕两大族群在各自实现凝聚的过程中即出现了碰撞。如果说"胡服骑射"是互动中游牧族群带给农耕族群的一个军事技能进步的话，那么长城的出现则是两大族群剧烈碰撞的真实写照。《史记·匈奴列传》载："秦有陇西、北地、上郡，筑长城以拒胡。而赵武灵王亦变俗胡服，习骑射，北破林胡、楼烦。筑长城，自代并阴山下，至高阙为塞。""燕亦筑长城，自造阳至襄平，置上谷、渔阳、右北平、辽西、辽东郡以拒胡。"而《汉书·匈奴传》又载："秦灭六国，而始皇帝使蒙恬将数十万之（物）〔众〕北击胡，悉收河南地，因河为塞，筑四十四县城临河，徙（谪）戍以充之。而通直道，自九原至云阳，因边山险，堑溪谷，可缮者缮之，起临洮至辽东万余里。又度河据阳山北假中。"因此可见，长城的出现是两大族群在互动中碰撞而导致的直接结果，并成为两大族群的分界线，于是在汉文帝的诏书中出现了以长城为界的表述："长城以北，引弓之国，受命单于，长城以内，冠带之室，朕亦制之。"②长城防御体系由此也奠定了在汉代及其之后一直到清代游牧与农耕族群之间的人为构筑的分界线。

3. 两大族群碰撞的结果是出现了汉与匈奴的对峙，和亲现象的出现是其标志。

如果说修筑长城抵御游牧族群南下对农耕族群来说还有积极主动防御的意味，那么和亲政策的出现则是双方由碰撞发展到对峙的产物。形成对峙的原因从农耕族群而言，尽管西汉的和亲怀有"可以计久远子孙为臣"③匈奴的美好愿望，但游牧行国匈奴的单于并没有"一统"农耕地区的意愿却是关键性因素。冒顿单于白登之围放过刘邦以

---

① 《史记》卷110《匈奴列传》。
② 《史记》卷110《匈奴列传》。
③ 《史记》卷99《刘敬列传》。

及"灭夷月氏,尽斩杀降下定之。楼兰、乌孙、呼揭及其旁二十六国皆已为匈奴。诸引弓之民并为一家,北州以定。愿寝兵休士养马,除前事,复故约,以安边民,以应古始,使少者得成其长,老者得安其处,世世平乐"①等等记载就充分说明了这一点。因此,汉与匈奴对峙的出现,并非双方势力均衡的结果,这也是汉匈关系不稳定,两大族群在汉武帝时期最终走向碰撞、重组的重要原因。

4. 对峙之后匈奴被纳入了汉朝的管辖之下,两大族群也有了交融的出现。

元光二年(前133),武帝采纳了雁门马邑豪聂壹的建议,遣兵三十万设伏于马邑,欲以马邑引诱匈奴单于领兵前来,围而歼之,但遗憾的是为匈奴单于发觉而未果,自此后"匈奴绝和亲,攻当塞路,往往入盗于边,不可胜数"②。西汉王朝和匈奴的关系由此转入战争,两大族群的互动由此进入碰撞和重组的状态中。甘露二年(前52),呼韩邪单于遣使至西汉表示要在次年朝觐西汉宣帝以确立双方的臣属关系,则标志着两大族群的碰撞和重组有了初步结果,原属于匈奴控制的西域诸国、乌桓和鲜卑被纳入西汉王朝的羁縻统治之下,匈奴呼韩邪单于虽然得到了"位在诸侯王上,赞谒称臣而不名"的殊礼并拥有西汉王朝颁发的"黄金玺",但也难以否认匈奴已经成为西汉王朝的"藩臣",西汉王朝实现了对游牧族群的控制。这种状况一直持续到王莽新朝取代西汉王朝之时,其间两大族群也自然出现了交融的态势,为匈奴融入农耕族群之中埋下了伏笔。

(二)从"匈奴遁逃"到北魏灭亡(91—534):游牧族群的鲜卑是主导者

一如王莽废汉立新并没有中断汉朝对农耕族群的维系一样,南北匈奴的分裂也并没有影响到在匈奴旗号下游牧族群的凝聚和发展,永元元年(89)、永元二年(90)、永元三年(91),东汉窦宪对北匈奴的连续进攻对于游牧族群的影响则是重大且具有决定性的。此役,不仅结束了匈奴对游牧族群整合的历史,而且也为鲜卑取代匈奴成为草原游牧族群重新凝聚的核心提供了有利条件,两大族群的互动由此进入了第二个阶段。在第二阶段,推动两大族群互动的力量已经不再是农耕族群,而是源自游牧族群的鲜卑。这一时期两大族群互动呈现以下特点:

1. 农耕族群由凝聚到分散,政权状态则是由东汉到西晋,先后对境内的族群进行着整合,并出现了源自这些政权而形成的汉人、魏人、蜀人、吴人、晋人等称呼。

---

① 《汉书》卷94上《匈奴传上》。
② 《汉书》卷94上《匈奴传上》。

解决了匈奴问题的东汉王朝也很快步入了乱世,"奉天子以令诸侯"①的曹操虽然依然举着"汉"的旗号,但"汉"已经难以维系农耕族群的凝聚,蜀汉和孙吴的割据称雄即是表现,而随着魏、蜀、吴三足鼎立的形成,农耕族群也被分为了三部分,在《三国志》中,"魏人""吴人""蜀人"分别用来称呼曹魏、孙吴、蜀汉三个政权境内的族群,而西晋统一中原后,"晋人"的称呼于是也出现在《晋书》的记述中。《晋书·北狄传》有:"武帝践阼后,塞外匈奴大水,塞泥、黑难等二万余落归化,帝复纳之,使居河西故宜阳城下。后复与晋人杂居,由是平阳、西河、太原、新兴、上党、乐平诸郡靡不有焉。"这些称呼的演变,一方面体现着政权建构对族群聚散离合起着重要作用,另一方面这些政权也在不断加深着农耕族群内部的融合,所谓"非我族类,其心必异"②经常被一些农耕族群的士人作为划分势力集团的标志则是融合加剧的逆向反应。

2. 南匈奴融入农耕族群,北匈奴则实现了身份由匈奴到鲜卑的转化,游牧族群有了鲜卑化的趋势。

被匈奴整合的游牧族群,南边的部分被称为"南匈奴",在这一时期逐渐走上了和农耕族群融合的道路,而留在草原的被称为"北匈奴"的匈奴人则实现了身份由匈奴到鲜卑的转变。当今学者一般认为鲜卑的活动地域是在乌桓之北的大兴安岭一带,而鲜卑最初是作为匈奴游牧行国的组成部分与农耕王朝藩属体系发生关系的,时间是在东汉初期。《后汉书·鲜卑传》有:"汉初,亦为冒顿所破,远窜辽东塞外,与乌桓相接,未常通中国焉。光武初,匈奴强盛,率鲜卑与乌桓寇抄北边,杀略吏人,无有宁岁。"也就是说,在匈奴游牧行国时代,鲜卑也被纳入了其游牧行国体制之下,是匈奴游牧行国的外围属部,而按照《汉书·匈奴传》的记载则应该属于匈奴左贤王管辖,东汉时期逐步南下被东汉利用成为打击北匈奴的重要力量,但由此也逐渐壮大。在北匈奴离散之后,"鲜卑因此转徙据其地。匈奴余种留者尚有十余万落,皆自号鲜卑,鲜卑由此渐盛"③。这一记载一方面说明了鲜卑成为草原游牧族群凝聚的核心力量,匈奴余众"自号鲜卑"即说明了这一点;另一面则表明鲜卑继匈奴之后开始了又一轮的对草原游牧族群的整合,而鲜卑政权则在这种整合中不断壮大,最终成为草原霸主,游牧族群开始了鲜卑化的历程。

---

① 《资治通鉴》卷63,建安四年春。
② 《晋书》卷78《孔安国传》。
③ 《后汉书》卷90《鲜卑传》。

3. 鲜卑在实现对草原族群"一统"的基础上，建立了含有农耕族群在内的北魏政权，两大族群的互动进入了对峙状态。

鲜卑对游牧族群的整合也不是一蹴而就的，而是经过了数代人的努力。汉桓帝时，檀石槐已经完成了对鲜卑各部的整合，在匈奴故地建立起了南至东汉边郡，北与丁零为邻，东西界于夫余、乌孙之间的地域辽阔的游牧行国，而最迟在延熹九年（166）檀石槐已经完成了对草原族群的统一，仿照匈奴构建起了由东、中、西三部分构成的游牧行国管理体系，各部置大人，下辖数量不一的"邑"，而统归檀石槐节制。① 遗憾的是，檀石槐构建的鲜卑游牧行国维持的时间较短，在其死后即分裂了，因而可以算作是鲜卑对草原族群的第一次整合。其后，鲜卑虽然在曹魏时期又有了一次凝聚整合的努力，但因魏幽州刺史王雄暗杀了其首领轲比能而再遇挫折。② 不过鲜卑追求统一的梦想并没有中断，至晋代鲜卑慕容氏先后建立的前燕、后燕、南燕等诸燕政权多是鲜卑人努力实现这一梦想的结果，而鲜卑拓跋氏在公元315年建立的代国，后改称魏，则不仅实现了统一鲜卑的梦想，而且完成了对中国北部的统一，和南朝对峙，构成了我国历史上的南北朝，成为第一个被纳入中国传统王朝系列由边疆民族建立的政权，游牧族群和农耕族群的互动随着北魏对中国北部"一统"的实现而进入对峙状态。

4. 进入中原地区的"五胡"与农耕族群在诸多方面实现了交融，"五胡乱华"观念的出现乃至强化是农耕族群对交融的被动反应。

对于两晋南北朝时期中华大地上的族群互动，传统以"五胡乱华"来描述，今人则多在"汉化"语境下以"第一次民族大融合"称之，但如此评价并不能准确和全面揭示游牧族群南下或东进中原对多民族国家和推动中华文明发展的重大意义。从互动的视角看，以匈奴、鲜卑等游牧族群为主体的"五胡"进入农耕区域，在将农耕族群纳入游牧行国体制之下的同时，其所构建政权的性质也在实现着由游牧行国向传统王朝的转变，而外在的样态即是重塑"中华"，也即习惯所认为的"汉化"。游牧族群的这种主动"融入"行为，不仅仅表现在不同族群在血脉上的融合，从文明传承的角度也可以视为是对"中国正统"的争夺和对"中华"的继承和发展。而更有意思的是，游牧族群的"融入"努力是得到了农耕族群认同的，中大通元年（529）南梁重臣陈庆之在出使北魏后所言"吾始以为大江以北皆戎狄之乡，比至洛阳，乃知衣冠人物尽在中原，非江东所

---

① 参见《后汉书》卷90《鲜卑传》。
② 参见《资治通鉴》卷73，明帝青龙三年条。

及也，奈何轻之"①，可以视为农耕族群认同游牧族群"融入"的表现，而《魏书》被列入正史则更突出表明了农耕族群对游牧族群所建政权完成由游牧行国向王朝国家转型，且实现了重塑"中华"的认同。

（三）北魏分裂到唐朝灭亡（534—907）：农耕族群是最终主导者

北魏分裂为东魏、西魏，不仅标志着鲜卑对中华大地北部族群整合的结束，同时也是游牧族群推动两大族群互动能力弱化的重要标志，而接下来出现的隋朝虽然源出于北魏分裂演化而来的北周，但已经彻底失去了游牧行国的特点，已经被视为农耕族群所建立的传统王朝。因此，北魏的分裂及其后隋王朝的出现是两个大族群互动进入一个新阶段的重要标志，而农耕族群由于隋王朝及其为唐王朝所取代再次成为两大族群互动的主要推动者。这一时期两大族群的互动总的趋势是游牧族群开始了不断被突厥、薛延陀、回纥等先后整合的过程，在努力实现着和农耕族群所建王朝对峙的情况下，最终依然是游牧族群被纳入农耕族群所建王朝的藩属体系之内。由此观之，这一时期两大族群的互动呈现如下主要特点：

1. 农耕地区由分裂走向凝聚，南北朝到隋唐，先后出现了以南朝乃至隋唐为名的族群称呼。

南北朝的对峙从中原的传统视角看，一般被视为中华大地的分裂时期，但从两大族群互动的视角看，随着北魏分裂为东魏、西魏及向北齐、北周演变，不仅鲜卑主导的中华大地北部地区族群互动已经告一段落，而且脱胎于北周的隋王朝成为整合农耕族群的主导者，在宋、齐、梁、陈将农耕族群分别整合为宋人、齐人、梁人、陈人的基础上，在更大范围内实现了对农耕族群的整合，农耕族群开始以隋人的身份出现在中华大地的政治舞台上。《旧唐书·淮安王神通子道彦传》载："李靖之击吐谷浑也，诏道彦为赤水道行军总管。时朝廷复厚币遗党项令为乡导，党项首领拓拔赤辞来诣靖军，请诸将曰：'往者隋人来击吐谷浑，我党项每资军用，而隋人无信，必见侵掠。今将军若无他心者，我当资给粮运；如或我欺，当即固险以塞军路。'诸将与之歃血而盟，赤辞信之。"

2. 游牧族群也由分裂走向凝聚，突厥汗国、薛延陀汗国、回纥汗国、契丹等的出现是标志，这些游牧行国的出现由此也将游牧族群整合为突厥人、薛延陀人、回纥人、契

---

① 《资治通鉴》卷153，后梁中大通元年闰月条。

丹人等。

与农耕族群的凝聚同时，在这一时期草原虽然也出现了东突厥汗国、薛延陀汗国、回纥汗国等游牧行国的不断更替，但因为持续时间不长等各方面的原因，并没有像汉王朝长期存在而遗留下以"汉"为名称的族群称谓，而是将不同时期不同区域的游牧族群凝聚为突厥人、薛延陀人、回纥（鹘）人等不同的群体。值得关注的是按照汉文史书的记载，尽管作为核心部落称呼的突厥、薛延陀、回纥在血缘上还有着某些渊源联系[①]，但这些部落却成为东突厥汗国、薛延陀汗国、回纥汗国凝聚其他游牧族群的核心力量，而凝聚形成的族群虽然依然被称呼为突厥人、薛延陀人、回纥（鹘）人，但已经与原有的核心族群有了很大的区别，融入了更多其他游牧族群的成分。

3.农耕族群建立的隋唐王朝将游牧族群纳入王朝藩属体系之下，让两大族群有了进一步多方面的交融。

游牧族群所建立的游牧行国，尤其是东突厥汗国、薛延陀汗国、回纥汗国等，虽然实现了对草原地区的"一统"，但其势力基本限定在游牧族群的活动范围，而农耕族群所建立的隋王朝及其在此基础上出现的唐王朝，则实现了将游牧族群纳入其藩属体系之下，一方面为两大族群的活动提供了更为辽阔的空间，使政治经济文化等更多方面的联系更加密切，另一方面包括两大族群在内的中华大地上的族群沟通创造了灿烂的盛唐文明，这一点从隋唐朝举行重大政治活动时演奏的九（十）部乐的构成即能够充分得到证明。《新唐书·礼乐志》载："至唐，东夷乐有高丽、百济，北狄有鲜卑、吐谷浑、部落稽，南蛮有扶南、天竺、南诏、骠国，西戎有高昌、龟兹、疏勒、康国、安国，凡十四国之乐，而八国之伎，列于十部乐。"九（十）部乐是盛唐文明中礼乐文化的核心，从一个侧面反映着包括两大族群在内的中华大地上诸多族群交融的状况。

4.农耕族群主导着两大族群的互动走向。

这一时期，尽管游牧族群建立的东突厥汗国等对农耕族群和游牧族群互动形成了重要影响，但总体而言农耕族群所建立的隋唐王朝还是主导着两大族群的互动走向，尤其是在安史之乱之前更是如此。东突厥汗国的覆亡、薛延陀汗国的骤兴骤灭、唐王朝管理包括游牧族群在内的众多边疆族群的都护府体制的完备[②]，以及唐太宗李世民"天可

[①]《新唐书·突厥传》载"突厥阿史那氏，盖古匈奴北部也"；同书卷217上《回鹘传上》则载"回纥，其先匈奴也"，而卷下则载薛延陀与之同属铁勒。

[②] 关于唐王朝的都护府体制的建立和发展，参见李大龙《都护制度研究》，黑龙江教育出版社2013年版。

汗"称号的获得等，都是最为有力的证明。《旧唐书·太宗纪》载：贞观四年（630），"自是西北诸蕃咸请上尊号为'天可汗'，于是降玺书册命其君长，则兼称之"。《新唐书·北狄传》："唐之德大矣！际天所覆，悉臣而属之，薄海内外，无不州县，遂尊天子曰'天可汗'。三王以来，未有以过之。"后者虽有溢美成分，但也体现着唐王朝是唐代两大族群互动的推动者，并主导着互动的走向。

（四）后梁建立到元朝北迁草原地区是第四个时期（907—1368）：游牧族群蒙古是最后的主导者

安史之乱后的唐王朝虽然对游牧族群的控驭能力有所减弱，但作为一种象征还是主导着回纥汗国等游牧族群所建政权与唐王朝的关系，并将这种能力延续到了唐王朝为后梁所取代。后梁的出现不仅标志着中原又进入了分裂状态，北方有后梁、后唐、后晋、后汉、后周的更替，南方则有前蜀、后蜀、吴、南唐、吴越等十国的割据，农耕族群则由此被划分和整合为更多不同的族群，而且更重要的是出于游牧族群的契丹在整合草原游牧族群的基础上，将势力触角伸向了农耕地区，成为五代更替的背后推手。继之而出现的北宋虽然实现了农耕族群的局部统一，但在游牧族群的冲击下作为北宋继承者的南宋王朝则仅仅维持着对长江流域及其以南地区农耕族群的控制。而结束中华大地政权林立，实现"大一统"的则是实现游牧族群"一统"的元王朝。由此，以契丹为先导，女真人建立的金王朝、蒙古人建立的蒙古汗国及其后的元王朝则重新让游牧族群成为推动两大族群互动的主导者，并将活动在中华大地上更大区域内的族群都纳入了整合的范围内。这一时期两大族群活动的主要特点是：

1.农耕族群由分散走向凝聚，宋人以及汉人（包括南人）的出现是其凝聚的结果。

和汉王朝将农耕族群凝聚为汉人的途径一样，这一时期农耕族群也因为宋王朝的存在而被整合为宋人，开始以"宋人"的身份活动在中华大地的政治舞台，并与游牧族群凝聚而成的辽人、金人相对应出现在史书之中。《金史·交聘表上》有："天下之势，曷有常哉。金人日寻干戈，抚制诸郡，保其疆圉，以求逞志于辽也，岂一日哉。……辽人过计，宋人亦过计。"《宋史·食货上》则有："世谓儒者论议多于事功，若宋人之言食货，大率然也。"在学人眼中一般将南宋视为北宋王朝的延续，但在蒙古人的眼中，南宋的百姓虽然还是自称为宋人，却被称为"南人"。忽必烈即说过："汝未用南人，何以知南人不可用！自今省部台院，必参用南人。"①尽管称呼不同，但宋人、南人群体的形成则是两宋王朝对农耕族群整合的结果。

2. 游牧族群也由分散走向凝聚，辽人、金人、蒙古人的出现是其凝聚的结果。

在农耕族群被整合为"宋人"的同时，游牧族群也经历着辽王朝、金王朝的整合，在《辽史》《金史》及有关典籍中出现的"辽人""金人"即是整合的结果，而随着辽、金被蒙古汗国及其后出现的元王朝取代，游牧族群的凝聚和整合在经过了匈奴化、鲜卑化、突厥化、薛延陀化、回纥化、契丹化、女真化之后，最终实现了蒙古化，且定型于蒙古。《南村辍耕录·氏族》虽然罗列了蒙古七十二部："阿剌剌、札剌儿歹、忽神忙兀歹、瓮吉剌歹、晃忽摊、永吉列思、兀鲁兀、郭儿剌思、别剌歹、怯烈歹、秃别歹、八鲁剌忽、曲吕律、也里吉斤、扎剌只剌、脱里别歹、塔塔儿、哈答吉、散儿歹、乞要歹、列术歹、颜不花歹、歹列里养赛、散术兀歹、灭里吉歹、阿大里吉歹、兀罗歹、别帖里歹、蛮歹、也可抹合剌、那颜吉歹、阿塔里吉歹、亦乞列歹、合忒乞歹、木里乞、外兀歹、外抹歹、阿儿剌歹、伯要歹、捏古歹、外剌歹、末里乞歹、许大歹、晃兀摊、别速歹、颜不草歹、木温塔歹、忙兀歹、塔塔歹、那颜乞台、阿塔力吉歹、忽神、塔一儿、兀鲁歹、撒术歹、灭里吉、阿火里力歹、扎马儿歹、兀罗罗歹、答答儿歹、别帖乞乃蛮歹、也可林合剌、瓮吉歹、术里歹、忙古歹、外抹歹乃、朵里别歹、八怜、察里吉歹、八鲁忽歹、哈答歹、外剌"，但经过蒙元时期的蒙古化后，在明代以后草原的游牧族群即已以"蒙古"身份参与两大族群的互动。②

3. 从契丹人扶持农耕政权，辽、金与两宋对峙，到元朝"大一统"，游牧族群将农耕族群纳入了游牧行国体系之下，四等人的划分促成了蒙古、色目、汉的凝聚，但不利于进一步凝聚。

在农耕族群凝聚为宋人的同时，两大族群之外的其他族群也被裹挟其中，尤其是元王朝四等人政策的实行，客观上也促成了"汉人"群体的形成和进一步凝聚，以及在色目基础上凝聚而成的回回族群的出现。元王朝依据族群的不同、被征服的前后顺序将境内的众多族群分为四等：蒙古人为第一等；色目人，包括畏兀儿人、回回人、钦察人、康里人、唐兀人、汪古人等为第二等；汉人，主要指汉化的契丹、女真人等，为

---

① 《元史》卷172《程钜夫传》。
② 对游牧族群蒙古化的过程，亦邻真先生有过系统阐释，参见亦邻真《中国北方民族与蒙古族族源》，《内蒙古大学学报（哲学社会科学版）》1979年第2期。

第三等；南人，主要指宋王朝辖下的汉人。①四等人的划分，虽然不利于游牧和农耕两大族群之间的整体交融，但却有助于等内族群的凝聚和交融。曾经建立实现中国北部统一王朝的契丹、女真人，除居住在故地的女真人外，进入农耕地区的部分不仅实现了族群身份的转变，也成为农耕族群的组成部分。伴随着这些族群的消失，一些族群，诸如汉人得到了壮大，同时在族群融合中也诞生了一些新的族群，畏吾儿、回回即是在宋辽金元时期的族群大融合中形成的。

4.两大族群活动的主导者在金与宋的对峙中实现了换位，游牧族群最终依然主导着两大族群的互动走向。

宋、辽、金以及西夏等的对峙习惯上被视为中国历史上的分裂时期，且是以两宋王朝的视角认识这一时期的历史，尤其是给予了北宋王朝很高的评价。但应该给予高度关注的则是在这一时期两大族群互动主导者的换位，游牧族群重新成为主导者虽然是中华大地上族群凝聚发展规律的必然选择，但却让游牧族群成为多民族国家定型的最终决定者。如果说"澶渊之盟"体现着游牧族群所建立的辽王朝虽然占据了燕云十六州，但和实现了农耕族群"一统"的北宋之间的势力对比有着某种平衡的话，那么在灭辽之后的金王朝面前，南宋统治者则"愿去尊称，甘自贬黜，请用正朔，比于藩臣"②，不仅失去了主导两大族群互动的愿望和能力，甚至自身也成为游牧族群所建政权名义上的"藩属"。在辽、金王朝的努力之后，实现了草原游牧族群整合的蒙古汗国则继承了契丹、女真南下农耕地区的方略，经过数代人的努力，最终构建起来兼有游牧和农耕两大族群的元王朝"大一统"，并依据文化特点和降附时间的先后将境内族群按照蒙古、色目、汉人、南人进行了区分，真正成为两大族群互动走向的主导者。

（五）明清时期（1368—1911）两大族群的交融：最终主导者是源出游牧的满洲与蒙古人的联合

农耕族群建立的明王朝虽然在1368年结束了蒙古人主导两大族群互动的历史，但

---

① 《南村辍耕录·氏族》记载，色目三十一种："哈剌鲁、钦察、唐兀、阿速、秃八、康里、苦里鲁、剌乞歹、赤乞歹、畏吾儿、回回、乃蛮歹、阿儿浑、合鲁歹、火里剌、撒里哥、秃伯歹、雍古歹、蜜赤思、夯力、苦鲁丁、贵赤、匣剌鲁、秃鲁花、哈剌吉答歹、拙见察歹、秃鲁八歹、火里剌、甘木鲁、彻儿哥、乞失迷儿。"汉人有八种："契丹、高丽、女直、竹因歹、术里阔歹、竹温、竹赤歹、渤海。"

② 《建炎以来系年要录》卷29，中华书局2013年版。

却没有能力将游牧族群长期凝聚而形成的所有蒙古人纳入其有效控制之下，两大族群的互动也由此又呈现为对峙的状态。《明史·地理志一》载："计明初封略，东起朝鲜，西据吐番，南包安南，北距大碛，东西一万一千七百五十里，南北一万零九百四里。自成祖弃大宁，徙东胜，宣宗迁开平于独石，世宗时复弃哈密、河套，则东起辽海，西至嘉峪，南至琼、崖，北抵云、朔，东西万余里，南北万里。其声教所讫，岁时纳贽，而非命吏置籍，侯尉羁属者，不在此数。呜呼盛矣！"这是对明王朝实现农耕族群凝聚范围的大概描述，虽然与汉、唐、元的"大一统"存在较大差距，但基本涵盖了农耕族群的主体部分，而长城防御体系的再次完善，一方面人为限制了两大族群的互动，使互动以对峙和攻防的状态呈现；另一方面也使明王朝为农耕族群所建王朝的特点更加明显。两大族群这种对峙和攻防状态最终是由作为女真后裔的满洲联合蒙古建立的清王朝结束的，清王朝在实现中华大地"大一统"的同时，废弃了长城防御线，试图将游牧族群和农耕族群都整合为其"臣民"，使之成为大清国民的重要组成部分。这一时期两大族群互动主要呈现以下特点：

1.明朝实现了对农耕族群的再次整合，明人和中华人的称呼出现是这种整合的结果。

"驱逐胡虏，恢复中华"[①]是朱元璋挑动农耕族群推翻蒙古所建元王朝统治的锐利武器。1368年，明王朝建立后，重新"制礼乐，定法制，改衣冠，别章服，正纲常，明上下，尽复先王之旧，使民晓然，知有礼义，莫敢犯分而挠法"[②]等便成为明王朝对农耕族群进行整合，维持政权稳定的第一要务。由此，"明人"之称经常见诸满洲人之口，乃至"中华人"也出现在了史书之中。《明史·日本传》载："（永乐）十五年，倭寇松门、金乡、平阳。有捕倭寇数十人至京者，廷臣请正法。帝曰：'威之以刑，不若怀之以德，宜还之。'乃命刑部员外郎吕渊等赍敕责让，令悔罪自新。中华人被掠者，亦令送还。"长期以来，学者多从"民族国家"的"民族"视角以民族歧视来看待以朱元璋为代表的明王朝统治者的族群观，冠之以"大汉族主义"的帽子[③]，但实际上元代分布于中原地区的四等人中的"汉人"已非汉唐时期的"汉人"，而明王朝统治阶层中非"华夏"成分的官员也大量存在，且并非以当今的"民族"观念来区分的，因此明王朝

---

① 《明太祖实录》卷26，吴元年冬十月丙寅条。
② 《明太祖实录》卷176，洪武十八年十月己丑。
③ 参见田继周等著《中国历代民族政策研究》，青海人民出版社1990年版，第260页。

虽然以"驱逐胡虏"为号召来推翻元王朝，但也需要在弥合族群之间矛盾的基础上实现农耕族群的整合。在这种情况下，一方面宣称"华狄一家"，一方面恢复传统的礼仪制度，进而大加提倡儒学以整合大明百姓便成为一种积极有效的方式，而"中华人"称呼的出现应该是这种文化整合的突出表现，只是经过明王朝整合的"明人"虽然其后再次以"中华人"或"汉人"的身份出现，但与汉代的"汉人"已经截然不同，而融入了更多游牧族群的成分。

2. 游牧族群则是在分裂状态下实现着局部凝聚，并和农耕族群建立的明朝呈现对峙状态，蒙古各部的形成即是表现。

与明王朝对农耕族群的凝聚整合不同，游牧族群随着元王朝的崩溃而陷入了分裂状态，其凝聚结果则有了瓦剌、兀良哈、卫拉特、土默特、喀尔喀或漠南蒙古、漠西蒙古等不同称呼。这些称呼的出现虽然有地域分布、血缘联系等方面的因素，但蒙古内部不同势力对游牧族群不断凝聚整合是其中的主导和关键性因素。遗憾的是，尽管也出现了脱欢、也先、达延汗、俺答汗、林丹汗乃至噶尔丹等较大势力，但游牧族群"大一统"的局面并没有出现，这也是清王朝最终能够将游牧族群纳入其"臣民"系列并以盟旗制度实施有效管辖的原因之一，对此已有很多论著做过系统阐述。[①]

3. 长城防御线的兴废凸显两大族群的互动非人为因素所能阻挡。

春秋战国时期出现的长城防御体系被明王朝发挥到了极致。《明史·兵三》对长城防御线的形成有如下概述："元人北归，屡谋兴复。永乐迁都北平，三面近塞。正统以后，敌患日多。故终明之世，边防甚重。东起鸭绿，西抵嘉峪，绵亘万里，分地守御。初设辽东、宣府、大同、延绥四镇，继设宁夏、甘肃、蓟州三镇，而太原总兵治偏头，三边制府驻固原，亦称二镇，是为九边。"也就是说，《明史》的作者认为九边防御线的完善是从正统以后开始的。尽管后人包括今人给予了长城很多美誉，但不可否认其是农耕族群为防御游牧族群南下而修筑的障碍，在起到一定防御作用的同时客观上也限制了两大族群的互动。而面对长城防御线的出现，陷入分裂状态的游牧族群也依然没有断绝和农耕族群互动的愿望，上引所谓"敌患日多"即是对这种状况的描述，而隆庆五年（1571）明王朝对俺答汗的册封虽然以"俺答封贡"名留青史[②]，但也可以视其为农耕族

---

① 参见《蒙古族通史》，民族出版社1991年版。相关研究情况，参见达力扎布主编《中国民族史研究60年》，中央民族大学出版社2010年版。

② 参见杨绍猷《俺答汗评传》，中国社会科学出版社1992年版。

群所建政权对游牧族群互动要求的被迫回应。对入关之后的清王朝来说，蒙古是其维持统治的重要依靠力量，由此在两大族群之间人为修建的长城便失去了其作用，废弃成为必然选择。康熙皇帝"谕扈从诸臣曰：昔秦兴土石之工，修筑长城，我朝施恩于喀尔喀，使之防备朔方，较长城更为坚固"①。放弃长城对于清王朝的边疆治理而言是一个革命，对于两大族群的互动更是一场革命。自此之后早在先秦时期就已经存在的、人为设置的阻碍中原农耕地区和边疆草原地区融为一体长达数千年的长城终于结束了它的历史使命，为两大族群的"一体化"进程加剧提供了可能。

4.女真异军突起，建立后金（清），联合蒙古，实现了"大一统"，并试图弥合包括两大族群在内的"华夷"之间的差异，实现"臣民"（国民）的塑造，"中华民族"称呼即是在这种族群整合的基础上出现的。

1644年入关的清王朝虽然在康熙时期顺利完成了"大一统"的建构，并试图利用"剃发易服"来实现对境内族群的整合，但初期的严酷统治所导致的族群矛盾十分尖锐，华夷分界也更加明显。雍正时期，以曾静、吕留良为代表的汉人儒士以先秦时期夷夏观为理论基础、肆意宣传对满族的歧视思想即是突出表现，而雍正皇帝对此做出的系统回应则充分体现了消弭"华夷"界限的企图。在雍正皇帝三千余字的宏论中，引用的多是《尚书》及孔子的经典言论，目的是在申明清王朝合法性的同时，消弭族群分界，塑造大清"臣民"："我朝既仰承天命，为中外臣民之主，则所以蒙抚绥爱育者，何得以华夷而有殊视？而中外臣民，既共奉我朝以为君，则所以归诚效顺，尽臣民之道者，尤不得以华夷而有异心。此揆之天道，验之人理，海隅日出之乡，普天率土之众，莫不知大一统之在我朝。"而为了消除这些族群分界及其影响，雍正皇帝希望"臣民"（国民）都要理解他所阐述的道理，故"著将朕谕旨，通行颁布天下各府、州、县远乡僻壤，俾读书士子及乡曲小民共知之"②。"恩威并施"和"因俗而治"大体上可以体现清王朝统治体系和统治政策的总方针，而无论是针对中原农耕族群设置的省、府、州、县的管辖方式，还是北部草原地区的盟旗制度、东北地区与西北地区的军政和军府制度，及南部地区的土司制度，都将"因俗而治"的特点表露无遗。对此学界给予了很多关注，不过笔者在此要强调的是，在清王朝的诸多政策中也存在着"趋同"的努力，改土归流、边疆地区的法治建设等，都反映着清王朝在努力实现着对境内族群包括游牧和农耕族群的整

---

① 《清圣祖实录》卷151，康熙三十年四月。
② 《清世宗实录》卷86，雍正七年九月癸未条。

合。①清末，中国面临着由王朝国家向国民国家转变的种种压力，为了迎合这一需要，大清"臣民"在光绪皇帝的改革诏书中变为"国民"，而梁启超则将其称为"中华民族"，并对此做了一系列学理上的论证。②这一转变，既可以看作两大族群互动的结果，同时也可以视其为两大族群互动的延续。两大族群的互动依然是推动中华民族形成和发展的重要力量。

综观中华大地上族群互动的历史，尽管存在着由"中国、戎、夷，五方之民"及其演化而来的众多族群，而其后出现的众多政权也通过各种方式对这些族群进行着凝聚和整合，使其以不同的身份出现在史书之中，但农耕和游牧两大族群之间的互动自始至终是其中最主要的推动力量。其互动轨迹有两个明显的结果：（1）推动多民族国家疆域形成与发展，奠定了多民族国家中国的疆域，借用古人的说法即是"家"的建构；（2）推动着中华大地上族群的凝聚，清末"臣民"到国民（中华民族）身份的转变是两大族群凝聚并积极推动的结果，由古人"家"的称呼引申可以概称为"家人"。也就是说，尽管还可以寻找出其他各种原因，但"家"（多民族国家疆域）和"家人"（中华民族）是两大族群互动的结果，且"家"的建构和"家人"的凝聚是同步共生的，互为因果的。农耕和游牧族群的互动是推动多民族国家形成的主要动力，两大族群建立的众多政权尽管推动着族群的凝聚，但是都难以完成两大族群的整合。具有农耕和游牧双重特点的清朝虽然推动了融合进程并将其扩大到中华大地更大的范围，而且出现了"中华民族"的称呼，但内部的整合依然是在路上，任重道远。自20世纪初梁启超命名"中华民族"，经1939年顾颉刚先生明确提出"中华民族是一个"的观点，到1989年费孝通先生用"多元一体格局"理论来概述中华民族的形成与发展，学界的讨论逐渐形成共识，而"中华民族共同体""铸牢中华民族共同体意识"的提出并出现在官方的正式文件之中，中华民族共同体的建设业已得到社会各界的广泛关注，从而为中华民族共同体的发展壮大提供了极为有利的内外环境。

---

① 对此笔者有专文做过探讨，参见李大龙《转型与"臣民"（国民）塑造：清朝多民族国家建构的努力》，《学习与探索》2014年第5期。
② 参见李大龙《对中华民族（国民）凝聚轨迹的理论解读——从梁启超、顾颉刚到费孝通》，《思想战线》2017年第3期。

三、"四等人":一种特殊的人群划分方式

元代是我国历史上第三次实现"大一统",对于我国疆域的形成、中华民族的形成起到了十分重要的作用。为了维护对辽阔疆域的统治,元朝实施了"四等人"政策。关于元朝的"四等人"政策,以往学界已经有很多论著涉及,其中《中国历代民族政策研究》[①]中"论元朝的民族政策"部分对此有较详细论述。该书因为是改革开放后较早出版的以我国历代民族政策为研究对象的专论,所以有着非同一般的影响。不知道是否因受到了该书的影响,其后出版的有关蒙元民族史的著作虽然多有论及元朝的"四等人"政策,但基本上沿用了《中国历代民族政策研究》的观点,将元朝的"四等人"政策定义为"具有浓厚的民族歧视与民族压迫的色彩"[②]。认为元朝的"四等人"政策具有民族压迫和歧视的色彩是有道理的,值得关注的是我国历史上所有王朝或政权的民族政策都有这一相同的特点,即使是被今人广泛赞誉的唐朝皇帝李世民,不断宣称"自古皆贵中华,贱夷、狄,朕独爱之如一,故其种落皆依朕如父母"[③],但实际上其民族政策也有很多民族压迫和歧视的色彩。《册府元龟·帝王部·来远》载:"(贞观)二十年十二月戊寅,铁勒、回纥俟利发等诸姓并诣阙朝见,帝谓之曰:'汝来归我,领得安存,犹如鼠之得窟,鱼之得水。不知夫我窟及水能容汝否!纵令不能容受,我必为汝大作窟,深作水,以容受汝等。'又云:'苍蝇之飞不过一二尺,及附骥尾日行千里,何以致然?为所托处远。我今为天下主,无问中国及四夷,皆养活之。不安者,我必令安;不乐者,我必令乐。还如骥之受蝇,随其远近,不劳蝇身自然远去。'"唐太宗这些言论所体现的观念也难说没有对边疆民族歧视的意思在内,和"爱之如一"的观念形成了一定反差。因此,学界对元朝"四等人"政策的认识尽管有一定的根据,但似乎也不是对元朝"四等人"政策科学客观的评价,而更多体现的是以现代人的观念对元朝民族政策做出的评判,没有将这一政策放置于当时的历史背景下进行分析,因而得出元朝的"四等人"政策是消极的、具有民族压迫彩色的结论也是正常的。

笔者对蒙元历史没有做过深入研究,但在长期进行中国边疆民族历史,尤其是中

---

① 田继周等:《中国历代民族政策研究》,第220—254页。
② 田继周等:《中国历代民族政策研究》,第249页。
③ 《资治通鉴》卷198,贞观二十一年五月。

国疆域形成历史、中华民族形成史的研究中，对于元朝的"四等人"政策有一些不同的看法，下面提出来，求教于方家。

关于元朝"四等人"的划分，笔者没有查到明确的记载，但《南村辍耕录·氏族》对"四等人"中的蒙古、色目、汉人有较详细的记载。元朝何以将辖境内的众多民族划分为四等进行统治？这应该是一个值得深入探讨的问题，而且这种探讨有助于我们更客观地评价元朝的政策。实际上，如果换一个角度，依据元朝的民族分布和融合的情况，从维护统一、中华民族形成的角度去看待元朝"四等人"的划分及"四等人"政策的制定和实施，可能会得出和以往不同的结论。

首先，从维护"大一统"的角度看，"四等人"划分的主要目的是维护元朝对全国的统治，这是元朝统治者必须采取的政策，一如清朝实现全国统一之后采取的八旗满洲为"国家根本"[①]。

元朝是以蒙古族为主体建立的王朝，对于元朝的民族政策中对蒙古人制定了各种优厚政策人们一般容易理解，实际上将其他民族划分为色目、汉人、南人也是出于统治需要的考虑。一方面，活动在西部地区乃至中亚地区的色目人对蒙古的臣服要早于其他地区。1209年高昌回鹘归顺蒙古，不久哈剌鲁也归顺了成吉思汗。1218年，蒙古灭亡西辽。1219年蒙古进攻花剌子模，由此开始了对中亚地区乃至欧洲的征服。在征服了上述地区之后，1226年，成吉思汗开始了灭亡西夏的战争，翌年西夏灭亡。1234年，蒙古灭亡金朝。1279年，南宋最终也被蒙古统一。在逐步实现对全国的统一过程中，如何保持对辽阔地区的统治是摆在元朝统治者面前的大问题。忽必烈曾经试图利用汉人、南人来巩固统治，1287年由于任用南人程钜夫为御史中丞遭到了大臣的反对，忽必烈即说过："汝未用南人，何以知南人不可用！自今省部台院，必参用南人。"[②]但是汉人、南人的反抗不断冲击着忽必烈的用人政策。有学者将发生在中统二年（1261）汉人"李璮之乱"与至元二年（1265）忽必烈出台"以蒙古人充各路达鲁花赤，汉人充总管，回回人充同知，永为定制"[③]的政策相联系[④]，即是认识到了这种情况。因此，在一定程度上可以说是汉人的不断反抗和叛服不定催生了"四等人"政策的出台，而从实施

---

① 《清圣祖实录》卷32，康熙九年三月丁丑条。
② 《元史》卷172《程钜夫传》。
③ 《元史》卷6《世祖本纪》。
④ 参见翁独健主编《中国民族关系史纲要》，中国社会科学出版社1990年版，第546—547页。

效果看，以蒙古为根本，以色目牵制汉人，对于维护大一统局面也起到了一定的作用。从另一方面说，虽然有了"四等人"政策，但也并非汉人、南人完全得不到重用，契丹人耶律楚材、汉人刘秉忠等即是例证，也就是说虽然元朝有汉人不得为相的规定，但也并非没有特例。将元末以汉族为主体对元朝统治进行反抗原因完全归于"四等人"政策虽然有一定道理，但也应该充分考虑到为了号召汉族起来反对元朝统治，以朱元璋为首的起义军首领对元朝的所谓"暴政"也做过夸大的宣传，因而经过明代遗留至今的史书记载的可靠性也是一个值得关注的问题。总之，"四等人"政策是元朝必然采取的政策，考虑到还有大量的汉人、南人被重用，其原则主要还是体现在是否对元朝忠诚方面，将其与民族歧视、民族压迫完全画等号似有以今非古之嫌。

其次，"四等人"的划分在客观上是对前代民族融合成果的一种认同，其对中华民族的形成也具有十分重要的作用。五代至辽金时期是我国民族分布格局再次发生巨大变化和出现第二次民族融合的时期。伴随着以契丹为主体建立的辽朝、以女真为主体建立的金朝对中国北部的有效统治，我国北方民族之间的融合不断持续着。一方面将契丹、高丽、女真、渤海等划为汉人，不仅是对这些民族融合结果的一种承认，另一方面也为这些民族的进一步融合提供了有利的外部环境。不仅如此，元王朝的出现，打破了五代宋辽金时期的长期分裂的局面，民族的大迁徙、大杂居在蒙元时期有了进一步的发展，为各民族之间的融合创造了更为有利的条件。明人修《元史·地理志》对元朝的版图有如下记述："自封建变为郡县，有天下者，汉、隋、唐、宋为盛，然幅员之广，咸不逮元。汉梗于北狄，隋不能服东夷，唐患在西戎，宋患常在西北。若元，则起朔漠，并西域，平西夏，灭女真，臣高丽，定南诏，遂下江南，而天下为一。故其地北逾阴山，西极流沙，东尽辽左，南越海表。盖汉东西九千三百二里，南北一万三千三百六十八里，唐东西九千五百一十一里，南北一万六千九百一十八里，元东南所至不下汉、唐，而西北则过之，有难以里数限者矣。"蒙元时期各民族的迁徙自始至终都存在着，无论是迁徙的范围还是规模都是前代所无法比拟的。民族的大迁徙是通过多种形式表现出来的，其中俘掠、戍守、出仕、流放、有计划迁徙、经商成为六种最主要的途径。诸如成吉思汗在南下进攻金朝的过程中，一次性就将河北十余万户汉等民族迁徙到土拉河流域。这些被迁徙到草原地区的民族成为工匠或牧奴。全真道士丘处机在游历漠北的时候曾经见到"汉匠千百人居之"①，而《黑鞑事略》所记载的南宋官员在漠北见到的牧奴中"回回

---

① 李志常：《长春真人西游记》卷上，河北人民出版社2001年版，第391页。

居其三,汉人居其七"。这些记载反映着俘掠给民族迁徙、杂居状况所带来的重大影响。《元史·兵志二》记载:"元初以武功定天下,四方镇戍之兵亦重矣。然自其始而观之,则太祖、太宗相继以有西域、中原,而攻取之际,屯兵盖无定向,其制殆不可考也。世祖之时,海宇混一,然后命宗王将兵镇边徼襟喉之地,而河洛、山东据天下腹心,则以蒙古、探马赤军列大府以屯之。淮、江以南,地尽南海,则名藩列郡,又各以汉军及新附等军戍焉。"也就是说,北方地区主要是由蒙古军、探马赤军镇戍为主,淮河以南地区则主要是汉军和新附军戍守,但也有少量的蒙古军、探马赤军,其职责带有"监军"的性质。为保证戍守军队的供应问题,元朝采取了屯田的政策,《元史·兵志三》对此有概要的记载:"国初,用兵征讨,遇坚城大敌,则必屯田以守之。海内既一,于是内而各卫,外而行省,皆立屯田,以资军饷。或因古之制,或以地之宜,其为虑盖甚详密矣。大抵芍陂、洪泽、甘、肃、瓜、沙,因昔人之制,其地利盖不减于旧;和林、陕西、四川等地,则因地之宜而肇为之,亦未尝遗其利焉。至于云南八番,海南、海北,虽非屯田之所,而以为蛮夷腹心之地,则又因制兵屯旅以控扼之。由是而天下无不可屯之兵,无不可耕之地矣。"也就是说,伴随着戍守和屯田,更多的蒙古人、色目人、汉人被迁徙到了全国各地,无论是规模还是涉及的范围都是远超前代的。如元朝在云南戍守就导致了大量蒙古人进入云南,有学者估计人数在十万以上。[①]民族大杂居状况的加剧,以及元王朝将全国的民族分为四等,为民族的大融合提供了极为有利的社会环境。

元王朝将天下之民分为四等,固然是其民族政策具有民族歧视成分的表现形式之一,但是仔细分析"四等人"划分的依据,实际上就是五代宋辽金时期民族大融合的结果。诸如汉人、南人等级的划分,从《元史·选举志一》所载"汉人取合格者七十五人:大都一十人,上都四人,真定等十一人,东平等九人,山东七人,河东七人,河南九人,四川五人,云南二人,甘肃二人,岭北一人,陕西五人,辽阳二人,征东一人。南人取合格者七十五人:湖广一十八人,江浙二十八人,江西二十二人,河南七人"看,基本上分布在南宋统治区域除四川之外的汉人都属于南人的范围,其他地区包括四川的汉人都纳入了汉人的等级之中。但所谓汉人的等级,也包括了已经汉化的渤海人、契丹人、女真人等。也就是说,"四等人"的划分尽管有民族歧视的成分,但对民族融合也有着积极的作用:一方面不同等级内的民族已经存在着一定程度的融合,形成了你

---

① 翁独健主编:《中国民族关系史纲要》,第567—568页。

中有我、我中有你的状况；另一方面这一划分又迫使同一等级内的民族由于政治待遇等相同而日益凝聚在一起，加速了他们之间的融合步伐。

蒙元"大一统"的形成，不仅促成了蒙古民族的发展壮大，也推进了中华民族形成的历史进程，曾经建立实现中国北部统一王朝的契丹、女真民族，除居住在故地的女真人外，基本上和汉等其他民族融合了，实现局部统一的党项人在经过元朝之后也消失在历史长河中。伴随着这些民族的消失，另一些民族诸如汉族得到了壮大，同时在民族融合中也诞生了一些新的民族，畏吾儿、回回即是在宋辽金元时期的民族大融合中形成的。

"回回"一词，据学者的考证最早出现于宋人沈括的《梦溪笔谈》中。该书卷五载有诗一首："旗队浑如锦绣堆，银装背嵬打回回。先教净扫安西路，待向河源饮马来。"尽管关于此处的"回回"是指"回鹘"还是指回回民族，学者们还存在较大分歧，但是回回民族开始形成于宋元时期是较普遍的认识。元代的"回回"是指成吉思汗及其后代西征之后，葱岭以西地区居民迁居中国的侨民，包括波斯人、阿拉伯人以及其他信仰伊斯兰教的中亚民族成员。由于这些被称为"回回人""西域人""西北人""色目人"的回回民族的先民是较早接受蒙古统治的，成为蒙元实施统治的重要依靠力量，因而在成吉思汗时期就开始大量东迁，其身份或为军士、官吏，或为商人、学者、工匠、医生等等，但以军士和经商者居多。这些回回人东迁之后，广泛分布于全国各地，尤其是商品经济发达的城市，诸如泉州、大都等，有些则进入了边疆地区，诸如回回人赛典赤·赡思丁任职云南行省时有不少回回人随从前往。这些分布于各地的回回人，由于多是只身东来，很少携带家眷，因此很多人与留居之地的民族互通婚姻，加之伊斯兰教信仰的存在，在元代他们已经成为一个特殊的社会群体，同时由于他们政治待遇相同、宗教信仰相同，最终在吸收其他民族成分的基础上形成了具有多种民族成分的新的人们共同体，入明后开始以"回回"为名活动于政治舞台，成为中华民族的一个新的成员。所以有学者认为元朝末年回回已经具备了一个民族的雏形。

最后，"四等人"的划分进一步巩固了草原地区民族的蒙古化。蒙古汗国的出现对草原众多民族的蒙古化起的作用是举足轻重的，而元朝的持续统治和"四等人"的划分对草原民族的蒙古化起着推波助澜的作用，更有助于蒙古各部的融合，明代之后，草原地区众多民族的蒙古化过程基本完成，历史上活动在草原地区的众多民族或部族基本上都成为蒙古民族的组成部分。辽阔草原地区民族分布和融合的变化是摆在我们面前的事实，似乎没有必要再做进一步的阐述。

总之，"四等人"的划分既有维持大一统的需要，也是对民族融合成果的一种承认，而以蒙古为国之根本、色目和汉人互相牵制的政策又导致民族分布格局的巨大变化，进而为更大范围内的民族融合创造了条件，所以仅仅以民族歧视和压迫来评价元朝的"四等人"政策的历史作用似乎是不全面的，也是不科学的。

第三节　中华大地上主体族群凝聚的轨迹

虽然"民族"一词很早就出现在汉文古籍中[①]，但具有近现代意义的"民族"（nation）一词一般认为是在近代才由日本传入中国。"民族"传入中国后，先是梁启超将其与中国国民建构实际相联系，创造了"中华民族"的概念，其后"中华民族"被以孙中山为首的革命者引入推翻清朝统治的政治领域，而推翻殖民地统治的"民族主义"浪潮更是让学者乃至国人习惯于用"民族国家"理论来解读和看待中华大地上族群凝聚融合的历史，从而彻底抛弃了主导东亚历史书写数千年的传统话语体系。由此带来的问题不仅仅是如何定义"中华民族"以及合理阐述"中华民族"与我国现有五十六个民族之间的关系等一系列问题，更重要的是"民族国家理论"是否能够准确解释按照中国传统话语体系书写的中华大地上族群凝聚融合的历史。这是一个长期被学界忽视的重要问题。基于此，笔者试图在前人研究成果的基础上，对中华大地上主体族群的凝聚融合的轨迹[②]做初步梳理，以求正于学界同仁。

一、古代中国传统的族群观

古代中国人对族群的划分和"民族国家"理论对"民族"的界定依据存在明显的

[①] 中华书局本《南齐书》卷54《顾欢传》有："今诸华士女，民族弗革，而露首〔编〕〔偏〕踞，滥用夷礼，云于莩落之徒，全是胡人，国有旧风，法不可变。"其下有注则言："'民'南监本及南史、元龟八百三十作'氏'。"据此"民族"则可能是"氏族"抄录之误所致。

[②] 有关中国历史上民族关系和民族融合的论著很多，限于篇幅笔者对以往的研究不做评述，相关研究论著的情况，可参见达力扎布主编《中国民族史研究60年》，中央民族大学出版社2010年版。

不同，同时与斯大林对"民族"的界定也有着一定的差异。斯大林认为："民族是人们在历史上形成的一个有共同语言、共同地域、共同经济生活以及表现于共同文化上的共同心理素质的稳定的共同体。"民族是"资本主义上升时代的历史范畴。封建制度消灭和资本主义发展的过程同时也是人们形成为民族的过程"。[①]斯大林的这一看法不仅为我们的民族工作和民族研究带来了不少的麻烦，而且也为我们阐述中国历史上的族群关系带来了麻烦，最主要的原因即是斯大林说民族在资本主义时期才形成，而我国在中华人民共和国成立前并没有经过资本主义阶段，按照这一说法，中国历史上根本不存在民族。所以，在20世纪50年代民族识别的过程中没有采纳这一时间观点，但构成"民族"的四个基本要素却得到了我国学界的普遍认同。

实际上，早在"民族国家"理论传入东亚之前，东亚特别是古代中国人就已经有了认识族群并对其进行划分的理论。"天下一家"是古代中国人对"天下"秩序的基本认识，而对"天下"族群的划分早在先秦时期就已经理论化，这就是上引《礼记·王制》明确记载的"中国、戎、夷，五方之民"。从该记载看，所谓"中国"是指生活在中原地区的华夏族群而言的，而"夷""戎""狄""蛮"，则分指居住在其周围的其他族群，划分的标准则是不同族群在"安居、和味、宜服、利用、备器"等方面表现出来的差异。很明显的是，这些划分族群的标准不是民族国家理论中的人种或血缘，而是在物质文化方面，包括生产方式、生活方式等方面所具有的特殊性。因而，古代中国人对"五方之民"的认识与其说是对族群的划分，还不如说是对不同的区域文化的划分。

正因为先秦时期的人们是以文化的不同来区分中华大地上的族群，所以在这一基础上形成的夷夏观也具有了鲜明的文化特色，同时这种以文化、分布区域区分族群的方式不仅催生了"夏（中国）""夷""戎""狄""蛮""胡"等具有鲜明文化特点的族群名称，进而形成了贯穿多数古代典籍的按照这一传统话语体系书写的中华大地上族群凝聚融合历史的话语体系，而且也为后代处理族群之间的关系乃至中华大地上族群的凝聚与融合提供了理论基础，"华夷之辨""用夏变夷""因俗而治"等政策都是在这种思想基础上形成并不断发展的。

[①] 《斯大林全集》第2卷，人民出版社1953年版，第294、300页。

二、由"夏人"到"汉人":农耕族群的初步凝聚

关于由"夏人"到"汉人"的发展过程,《中国民族关系史纲要》有具体的阐述,并认为:"汉族名称的产生或从夏族、华夏族改称汉族,不是这一人们共同体的质的变化,更不是新民族的形成,只是名称的改变。"①应该说,该书对"汉人"或称之为"汉民族"形成过程的描述是符合史实的,但是建立夏、商、周、秦、汉诸政权的主体族群来源是不同的,分属于"五方之民"中的不同族群,认为其不是"质"的变化而"只是名称的改变"的阐述并不准确,因为"夏族""汉族"具有不同的"质",分指构成两个政权的主体族群。"汉人"称呼的出现自然是源于汉朝的名称及其持续的存在,我们在史书中也可以找到政权更替对族群名称变化形成直接影响的例证。如夏人,《汉书·地理志下》有:"颍川、南阳,本夏禹之国。夏人上忠,其敝鄙朴。"商人,《史记·周本纪》有:"武王使群臣告语商百姓曰:'上天降休!'商人皆再拜稽首,武王亦答拜。"周人,《史记·苏秦列传》有:"周人之俗,治产业,力工商,逐什二以为务。"秦人,《旧唐书·地理一》有:"郡县为理,秦人不免于败亡。"与此类似,是在秦朝基础上出现的汉朝的长期存在,将汉朝境内以"中国"(中原郡县地区)为核心分布的百姓融合成了"汉人",由此"汉人"成了自称和他称。值得注意的是,这些百姓的来源并非全是"五方之民"中的"中国"成分,也有"东夷""西戎"和"南蛮"(楚国统治者自认非"中国",乃南蛮之人)成分。也就是说,"汉人"的出现是夏、商、周、秦、汉众多政权对"中国"(中原地区)区域内不同族群整合的结果,当然也包括不同族群间的自然融合,在汉代之前并不存在称为"汉人"的族群,而是有夏人、商人、周人、秦人等源自政权名称的对族群的命名。

汉朝的长期存在固然导致了汉人群体的形成,但其凝聚的基础应该是秦朝对中原地区的统一以及郡县制等族群整合措施的实行。嬴政在实现"一统"之后,"分天下以为三十六郡,郡置守、尉、监",并在"地东至海暨朝鲜,西至临洮、羌中,南至北乡(向)户,北据河为塞,并阴山至辽东"的辽阔地区,"一法度衡石丈尺,车同轨,书同文字",②不仅结束了中原地区诸侯分立的局面,实现了政令的统一,而且在经济文化上

---

① 翁独健主编:《中国民族关系史纲要》,中国社会科学出版社1990年版,第88页。
② 《史记》卷6《秦始皇本纪》。

中原地区也日益凝聚为一个整体，并以"中国"称之，在为中国疆域进一步凝聚提供了内核的同时，也促成了这一区域内族群的凝聚和融合，"秦人"的出现即是族群整合的结果，同时也为"汉人"族群的形成奠定了牢固的基础。

"汉人"之称早在楚汉相争之时就已经形成，用于指称汉王刘邦部众，见于《史记》卷92《淮阴侯列传》蒯生游说韩信语中："今足下戴震主之威，挟不赏之功，归楚，楚人不信；归汉，汉人震恐：足下欲持是安归乎？夫势在人臣之位而有震主之威，名高天下，窃为足下危之。"而在《汉书》卷94上《匈奴传上》中中行说则是以"中国"称呼"汉人"："匈奴之俗，食畜肉，饮其汁，衣其皮；畜食草饮水，随时转移。故其急则人习骑射，宽则人乐无事。约束径，易行；君臣简，可久。一国之政犹一体也。父兄死，则妻其妻，恶种姓之失也。故匈奴虽乱，必立宗种。今中国虽阳不取其父兄之妻，亲属益疏则相杀，至到易姓，皆从此类也。且礼义之弊，上下交怨，而室屋之极，生力屈焉。夫力耕桑以求衣食，筑城郭以自备，故其民急则不习战攻，缓则罢于作业。嗟土室之人，顾无喋喋占占，冠固何当！"《后汉书·南蛮西南夷列传》则有："顺帝永和元年，武陵太守上书，以蛮夷率服，可比汉人，增其租赋。"由此看，以农耕为主要特征的社会文化和以郡县为特征的制度文化似乎成了汉代区分族群的重要标志，而汉朝的长期延续则为"汉人"族群的形成提供了有利的内部环境。《后汉书·南蛮西南夷列传》还有："莋都夷者，武帝所开，以为莋都县。其人皆被发左衽，言语多好譬类，居处略与汶山夷同。土出长年神药，仙人山图所居焉。元鼎六年，以为沈黎郡。至天汉四年，并蜀为西部，置两都尉，一居旄牛，主徼外夷。一居青衣，主汉人。"说明在汉代即便是在杂居地区，"夷""汉"也有明确区分，并制定了不同的管理方式，而"租赋"缴纳与否和管理方式的异同是两个明显的特征。

基于此，笔者认为"夏人""商人""周人""秦人""汉人"等称呼既有区别，也有内在联系。区别主要体现在这些称呼分别代表着夏、商、周、秦、汉各政权对境内族群凝聚整合的结果，主导者不同，而内在联系则是在"夏人"基础上不断融入其他族群，最终形成了"汉人"。

三、由"汉人"到"唐人"：农耕族群的进一步凝聚

三国至唐时期，随着汉朝的灭亡，"汉人"也不再是农耕族群的普遍称呼，代之而

出现的则是以政权的名称来称呼各政权辖区内的族群，同时也出现了"华人"的称呼。

在《三国志》中，"魏人""吴人""蜀人"分别用来称呼曹魏、孙吴、蜀汉三个政权境内的族群，而西晋统一中原后，"晋人"的称呼于是也出现在《晋书》的记述中。《晋书·北狄传》有："武帝践阼后，塞外匈奴大水，塞泥、黑难等二万余落归化，帝复纳之，使居河西故宜阳城下。后复与晋人杂居，由是平阳、西河、太原、新兴、上党、乐平诸郡靡不有焉。"唐代，"唐人"则成了主体族群的称呼。《新唐书·西域下》有："天宝元年，王哥逻仆罗遣使者献方物，诏封怀德王，即上言：'祖考以来，奉天可汗，愿同唐人受调发，佐天子征讨。'"

魏人、蜀人、吴人称呼的出现自然是曹魏、蜀汉、孙吴三个政权并立存在所导致族群的分裂，但分裂是暂时的，晋的出现再次导致了晋朝境内主体族群的凝聚，而且被称为"晋人"的主体族群和内迁的边疆族群尽管"杂居"，但也能够区分出来，区分的标志自然是不同的文化特点和不同的管理方式。有意思的是，随着不同族群杂居状况的加剧，"中华"一词出现这一时期的典籍中，并成为划分族群的一个重要标准。学者一般认为"中华"一词首见于裴松之在《三国志·诸葛亮传》中所作评论，中有"若使游步中华，聘其龙光"，并将"中华"的含义确定为指称中原地区[①]，但《资治通鉴》卷104太元七年十月条载阳平公融谏苻坚曰："'知足不辱，知止不殆。'自古穷兵极武，未有不亡者。且国家本戎狄也，正朔会不归人。江东虽微弱仅存，然中华正统，天意必不绝之。"此处的"中华"似乎更多具有文化的含义，而三国南北朝时期"华夷之辨"思想极为突出，代表正统文化的"中华"用以区分族群，与传统的区分族群的标准也相符合。屡屡出现在史书中的"非我族类，其心必异"，被当今很多学者认定为"民族歧视"，但实际上"族类"的含义最初并非指"民族属性"，因为在古人中国的思想中没有"民族"的概念，"族类"更多的是指文化属性的差异。如《晋书·段灼传》有："昔在汉世，诸吕自疑，内有朱虚、东牟之亲，外有诸侯九国之强，故不敢动摇。于今之宜，诸侯强大，是为太山之固。非我族类，其心必异。而魏法禁锢诸王，亲戚隔绝，不祥莫大焉。间者无故又瓜分天下，立五等诸侯。上不象贤，下不议功，而是非杂糅，例受茅土。似权时之宜，非经久之制，将遂不改，此亦烦扰之人，渐乱之阶也。"议论的

---

① 参见陈连开《中国·华夷·蕃汉·中华·中华民族——一个内在联系发展被认识的过程》；费孝通等著《中华民族多元一体格局》，中央民族学院出版社1989年版，第105页；田晓岫《中华民族形成时代新考》，《广西民族学院学报（哲学社会科学版）》2002年第1期。

内容并不涉及"民族",而是统治体系内部的各种势力,今人将其附会为"民族歧视"似乎并不十分准确。

正是因为有了"中华"的概念,所以也有了"中华人"的称呼,对此当今学者很少给予关注。《全唐诗》卷637顾云的《筑城篇》中有"西川父老贺子孙,从兹始是中华人"的诗句,杜佑所著《通典》在卷185《边防一》记述"濊"时,言"正始六年,不耐濊侯等举邑降,四时诣乐浪、带方二郡朝谒,有军征赋调,如中华人焉"。长孙无忌《唐律疏议》卷4中也有:"没落,谓中华人没落蕃中。"这些记载说明最迟在唐代已经有"中华人"的用法,而且从该词出现在唐诗之中的情况看,其使用具有一定的普遍性,而且"中华人"和"唐人""中国人"具有相同的性质,一定程度上说都是对唐朝主体族群的称呼。

四、"汉人"的再次出现:农耕族群的再次壮大

唐代之后,农耕族群的凝聚再次分裂,并随着五代、宋辽金各政权的先后出现被分割为不同的群体,纳入各政权的统治体系之中。尽管史书中存在以政权名称称呼辖境内群体的情况,但从史书的一些记载来看,不同族群之间的界限在一些统治者及史书作者眼中依然是清晰的,尤其是北部的辽金政权。

耶律德光时期(927—947),契丹通过参与中原地区的混战,不仅获得了后晋的称臣纳贡,而且后晋"割幽、蓟、瀛、莫、涿、檀、顺、新、妫、儒、武、云、应、寰、朔、蔚十六州以与契丹,仍许岁输帛三十万匹"[①],契丹人建立的辽成为兼有农耕和游牧两个不同族群的政权。《辽史·百官志》载:"契丹旧俗,事简职专,官制朴实,不以名乱之,其兴也勃焉。太祖神册六年,诏正班爵。至于太宗,兼制中国,官分南、北,以国制治契丹,以汉制待汉人。国制简朴,汉制则沿名之风固存也。辽国官制,分北、南院。北面治宫帐、部族、属国之政,南面治汉人州县、租赋、军马之事。因俗而治,得其宜矣。"针对不同族群实施不同的管理方式尽管不是契丹人的首创,且"汉制"实际上是沿用了前代的制度,但"以国制治契丹,以汉制待汉人"的治理方式依然得到了当今学者的很高评价。[②] 只是两种不同管理方式的存在对中华大地上族群之间的凝聚,尤

---

① 《资治通鉴》卷280,天福元年十一月丁酉。
② 参见马大正主编《中国边疆经略史》,中州古籍出版社2000年版;田继周等《中国历代民族政策研究》,青海人民出版社1993年版;赵云田《中国边疆民族管理机构沿革史》,中国社会科学出版社1993年版等。

其是农耕族群和游牧族群之间的凝聚并不是十分有利的,一方面"汉人""契丹人"及两种不同的管理方式的存在是辽朝境内农耕与游牧族群之间存在着明显分界的体现,另一方面两种不同的管理制度固然有利于统治,体现了"因俗而治"的原则,也有利于两个群体内部的融合,但却为两大不同族群之间的融合制造了人为障碍,不利于辽朝主体族群的形成与壮大。

《金史·太祖纪》载,收国二年(1116),诏曰:"自破辽兵,四方来降者众,宜加优恤。自今契丹、奚、汉、渤海、系辽籍女直、室韦、达鲁古、兀惹、铁骊诸部官民,已降或为军所俘获,逃遁而还者,勿以为罪,其酋长仍官之,且使从宜居处。"这一记载说明金朝建立初期在我国北部地区族群之间的界限依然很清晰,但随着灭亡辽和北宋,金朝的统治者却采取了和辽朝不同的治理方式,有学者称之为"经历了一个不断完善、逐渐汉化的过程"①。"汉化"自然是从今天汉族视角得出的结论,也代表了当今学界在"民族国家"语境下的一般看法,但金朝的族群凝聚情况由《金史·唐括安礼传》记载的金世宗与尚书右丞唐括安礼的一段对话可以反映出来。大定七年(1167),"诏曰:'南路女直户颇有贫者,汉户租佃田土,所得无几,费用不给,不习骑射,不任军旅。凡成丁者签入军籍,月给钱米,山东路沿边安置。其议以闻。'浃旬,上问曰:'宰臣议山东猛安贫户如之何?'奏曰:'未也。'乃问安礼曰:'于卿意如何?'对曰:'猛安人与汉户,今皆一家,彼耕此种,皆是国人,即日签军,恐妨农作。'上责安礼曰:'朕谓卿有知识,每事专效汉人。若无事之际可务农作,度宋人之意且起争端,国家有事,农作奚暇?卿习汉字,读《诗》《书》,姑置此以讲本朝之法。前日宰臣皆女直拜,卿独汉人拜,是邪非邪?所谓一家者,皆一类也,女直、汉人,其实则二。朕即位东京,契丹、汉人皆不往,惟女直人偕来,此可谓一类乎。'又曰:'朕夙夜思念,使太祖皇帝功业不坠,传及万世,女直人物力不困。卿等悉之。'因以有益贫穷猛安人数事,诏左司郎中粘割斡特剌使书之,百官集议于尚书省"。其中"女直""汉人""契丹"称呼的存在无疑是族群分界依然明显的证据,但"国人"称呼的出现也是统治者内部有人主张弥合族群差异、塑造"国人"共同体的例证。尽管这种认识是否付诸实施,效果如何,尚有待探讨,但蒙元时期"四等人"中"汉人"称呼的出现及其构成则可以视为对五代宋辽金时期族群凝聚结果的一种承认。

---

① 赵云田:《中国边疆民族管理机构沿革史》,第207页。

《南村辍耕录·氏族》对"四等人"中的蒙古、色目、汉人有较详细的记载,其中汉人有八种:"契丹、高丽、女直、竹因歹、术里阔歹、竹温、竹赤歹、渤海。"① 有学者将元朝的"四等人"政策定义为"具有浓厚的民族歧视与民族压迫的色彩"②,从"民族国家"理论及当今民族理论的视角看是没有问题的,但契丹、高丽、女直、竹因歹、术里阔歹、竹温、竹赤歹、渤海都被纳入"汉人"名称之下却值得引起我们的高度重视。这种情况的出现,一方面说明在元朝统治者眼中他们和"汉人"在文化特征和管理方式上有某种共同性,可以共同对待;另一方面这种划分也为这些族群之间的进一步融合提供了制度保障。所以笔者认为"四等人"的划分既是元朝统治者对五代宋辽金时期族群融合成果的一种承认,同时也为明朝将"汉人"和"南人"融合为一体创造了更为有利的条件,进而促成了"中华人"的再次出现。

五、"中华人"的重新出现:"汉人"群体的壮大及其身份转变

明朝的建立者朱元璋以"驱逐胡虏,恢复中华"③为口号推翻了元朝的统治,即位后虽然试图以恢复"华风"来凝聚主体族群,但"华""夷"之间的界限还是存在的,所以又提出了"华夷无间,姓氏虽异,抚字如一"④"夫天下一统,华夷一家,何有彼此之间"⑤等,试图弥合族群之间的差异。也正因如此,"明人""汉人""华人"等称呼均见于《明实录》,成为对明朝主体族群的称呼。值得关注的是"中华人"的称呼也明确出现在《明史·日本传》中:

(永乐)十五年,倭寇松门、金乡、平阳。有捕倭寇数十人至京者,廷臣请正法。帝曰:"威之以刑,不若怀之以德,宜还之。"乃命刑部员外郎吕渊等赍敕责让,令悔罪自新。中华人被掠者,亦令送还。明年四月,其王遣使随渊等来贡,谓:"海寇旁午,故贡使不能上达。其无赖鼠窃者,实非臣所知。愿贷罪,容其朝贡。"帝以

---

① 田继周等《中国历代民族政策研究》认为吐蕃也包括在色目之中,汉人主要是淮河以北原金朝辖境内的汉、女真、契丹、渤海、高丽等,南人主要是原南宋辖境内各族。(第246页)
② 田继周等:《中国历代民族政策研究》,第249页。
③ 《明太祖实录》卷26,吴元年十月丙寅。
④ 《明太祖实录》卷53,洪武三年六月丁丑。
⑤ 《明太宗实录》卷30,永乐二年四月壬午。

其词顺，许之，礼使者如故，然海寇犹不绝。

此处的"中华人"是相对日本人而言的，其含义应该和"明人"等同，而非指中原人，一定程度上是明朝主体族群的又一个称呼。

清朝实现对中华大地的"大一统"之后，尽管屡屡强调"满洲根本"，但从顺治时期开始其统治者就一直在努力弥合族群之间的差异，希望得到各族群尤其是"汉人"对其"正统"的认同。[①] 有意思的是，尽管以朝代名称用于指称境内百姓的做法在史书中是一个普遍现象，而且今人也普遍用"清人"来指称清朝时期的人，但笔者在清代文献《清实录》和民国时期撰著的记述清代历史的《清史稿》中则没有查到"清人"的用法，而"臣民"却是一个对清朝辖境内不同族群的统一称呼。"臣民"一词在《清实录》和《清史稿》中出现过883次，具有了和"百姓"相同的含义。清朝对"臣民"的塑造，随着清朝由王朝国家向近现代主权国家的转变，也出现了"国民"的称呼。"国民"一词用于指称清朝治下的"臣民"始于清德宗光绪年间，虽然有清朝末期"立宪"改革的背景，但也可以视为清朝"臣民"塑造的一个结果。《清德宗实录》卷562光绪三十二年七月戊申条记载了光绪皇帝"立宪"改革的上谕：

……著内外臣工，切实振兴，力求成效，俟数年后规模粗具，察看情形，参用各国成法，妥议立宪实行期限，再行宣布天下。视进步之迟速，定期限之远近，著各将军、督抚晓谕士庶人等，发愤为学，各明忠君爱国之义，合群进化之理，勿以私见害公益，勿以小忿败大谋，尊崇秩序，保守和平，以豫储立宪国民之资格，长厚望焉。将此通谕知之。

值得关注的是上谕中"臣民"塑造理想是"明忠君爱国之义"的"国民"。如果清朝可以依据国际条约中的表述称自己为"中国"，那么这个"国民"自然也可以称为"中国人"，此也是梁启超创造"中华民族"一词的主要根据。

"中华民族"是一个中西合璧的词，最早是梁启超使用的。梁启超在1902年发表的《中国学术思想变迁之大势》一文中有："上古时代，我中华民族之有四海思想者厥

---

① 参见李大龙《转型与"臣民"（国民）塑造：清朝多民族国家建构的努力》，《学习与探索》2014年第9期。

惟齐，故于其间产生两种观念焉，一曰国家观，二曰世界观。"① 此处之"中华民族"当指华夏族和从华夏族发展至今不断壮大的"汉人"群体。但是，梁启超在1922年《中国历史上民族之研究》一文中又认为："凡一遇到他族而立刻有'我中国人'之一观念浮于其脑际者，此人即中华民族一员也"，同时也认为"故凡满洲人今皆中华民族之一员"。② 从内容分析，此处所言"中华民族"很显然不仅包括了今人所称汉族，也包括了满族等其他少数民族，实际上等同于"中国人"。因此，笔者认为梁启超对"中华民族"概念的使用也有着一个由不准确到准确的发展过程，其本意是要描述清朝的"国民"，也就是光绪皇帝"立宪"诏书中的"国民"，而构成"国民"主体的是自"夏人"发端不断融合其他族群而壮大的"汉人"群体。③

综上所述，中华大地上的族群凝聚与融合是复杂的，以上仅仅是从政权与族群凝聚关系的视角，通过名称的演变来分析古代中国主体族群的凝聚轨迹。古代中国人早就有自己独特的以文化特征为显著特点的划分族群的理论体系，而中华大地上出现的众多政权也在这一理论的指导下不断地对境内的族群进行着整合。尽管存在着以政权名称称呼族群整合结果的现象，但"汉人""华人"乃至"中华人"逐渐成为对中华大地上族群凝聚主体的称呼，而清朝统治者弥合族群之间差异塑造"臣民"（国民）的努力虽然催生了以"汉人"为主体包括其他族群在内的"中华民族"概念的出现，但也只是大体上完成了中华大地上众多族群的凝聚，而其内部的融合依然在延续着。

第四节　清朝近现代主权国家建构的努力

在由王朝国家向近现代主权国家转变的过程中，清朝是一个主要的时间节点，甚至可以说是清朝主导着这一转变，它不仅奠定了中国疆域的基本格局，而且也为今天中

---

① 梁启超：《中国学术思想变迁之大势》，《梁启超全集》（第3卷），北京出版社1999年版，第573页。
② 梁启超：《中国历史上民族之研究》，《梁启超全集》（第12卷），北京出版社1999年版，第3435页。
③ 或许是看到了这一点，顾颉刚先生在1939年的《益世报·边疆周刊》上发表《中华民族是一个》（《益世报·边疆周刊》第9期，1939年2月13日）再次对"中华民族"的来源与内涵进行阐述，惜后人并没有从学理上给予关注，而是将其看作在中华民族危亡时局下学者"爱国"的表现。费孝通虽然不赞同顾颉刚先生的观点，但其在新中国成立后则撰写了《中华民族多元一体格局》，应该说是从另一个角度继承和发展了顾先生的观点。

国边疆的形成提供了前提。因此清朝在多民族国家中国历史中的作用也是中国边疆学研究的基本问题。

早在民族国家或国民国家、近现代主权国家的理论传入中国之前，清王朝实现了"大一统"之后，在整合游牧族群和农耕族群的过程中，已经有意或无意地开始了构建多民族主权国家的努力，而这一过程既可以看作游牧和农耕两大族群互动的结果，同时也可以视其为两大族群互动的延续。从由王朝国家向近现代主权国家转型的视角，可以清晰地看出清朝在"臣民"（国民）塑造、消除族群分界与确立满洲正统以及通过调整政策实现不同族群的整合等方面为推动王朝国家转型而做出的种种努力。

对于清王朝构建的"大一统"王朝，国内外学界给予了很多的关注。国内学界多从中国王朝系列和汉化的视角，对其历史进行解读，而近年来在国外出现的"新清史"则强调其与众不同的满洲元素，进而试图否认满族的汉化过程及满汉之间的融合，由此形成了一定程度的对立。[①] 近年来，有些学者开始关注清王朝国家建构中的蒙古因素，如李勤璞的博士论文《蒙古之道：西藏佛教和太宗时代的清朝国家》即从蒙古信仰藏传佛教对清王朝影响的视角，认为："伴随蒙古诸部与满洲并立、联合、联盟、归附，最后成为外藩这样一个政治进程，满洲国家的国体经历着一个逆方向的建构过程，最终达成满蒙信仰共同体、满蒙间文化的统一。比照关于清朝、满族'汉化'、'儒化'等讨论，本文称这个建构过程为'满洲蒙化'，即清朝国体上的蒙古化（Mongolization），具体内涵是蒙古人信持的西藏佛教体现在清朝国家意识形态、皇家精神生活上。清朝踵行这条'蒙古之道'，稳步地将内陆亚洲一体化，从而自身发展壮大。"[②] 实际上，无论是满族的汉化还是蒙古化，清王朝的"独特性"，以及李勤璞提出的清王朝"稳步地将内陆亚洲一体化"，都是清王朝多民族国家建构中的关键问题，反映着多民族国家由王朝国家向近现代主权国家转型过程中对境内不同族群，尤其是游牧族群和农耕族群整合的状况。在此需要进一步强调指出的是，和以往的中国传统王朝不同，清王朝的疆域在发展的过程中和沙俄势力范围的东扩形成了碰撞，而其统治者"夷狄"的身份也受到了质疑。在这种情况下，尽管有关西方近现代主权国家的理论还没有形成和传入中华大地，

[①] 有关这方面的讨论，参见刘凤云、刘文鹏编《清朝的国家认同——"新清史"研究与争鸣》，中国人民大学出版社2010年版。

[②] 李勤璞：《蒙古之道：西藏佛教和太宗时代的清朝国家》，内蒙古大学博士论文2007年，中国知网·中国博士学位论文全文数据库（www.cnki.net），访问时间：2014年3月7日。

实现"大一统"的清王朝统治者即已经开始有意或无意间试图通过签署国际条约的形式对疆域的范围进行规范,与此同时在弥合族群差异方面做了很多努力,试图实现对"臣民"(国民)的整合,其中也包括了游牧族群和农耕族群。

有了红夷大炮的配合,和成吉思汗的蒙古铁骑相比,八旗军队更具有难以抵御的威力,实现"大一统",构建多民族国家的重任自然而然地落在了有准备的清王朝统治者身上。虽然清王朝的统治者经常将其和汉、唐、元等中国传统王朝相比,而后人亦多将其视为中国传统王朝的延续,但和前代相比,清王朝的"大一统"构建还是有着很多不同以往的鲜明特点,突出表现在以下三个方面:一是实现了疆域属性由王朝国家向近现代主权国家的转型;二是在确立"正统"的过程中试图弥合族群之间的差异;三是有意识地塑造清王朝"臣民"(国民)。

一、由王朝国家向近现代主权国家的转型

清王朝由传统王朝国家向近现代主权国家的转型,在很多方面都有表现,尤其是1840年之后面对西方的坚船利炮和东渐的西学,近现代主权国家和民族国家理论严重影响到了清王朝的内政和外交,由此出现了一系列变化。清王朝的这些变化虽然得到了学界的广泛关注,但需要说明的是清王朝向近现代主权国家的转型并非开始于这个时候,而是早在清军入关后不久即开始了,开始于康熙皇帝时期的一系列边界条约的签订及其划界行动即是显著证据。

在清代以前,理想中的"大一统天下"是"有疆无界"的,所谓"中国正统王朝"除了农耕族群和游牧族群所建王朝的对峙之外,再没有与之能够对峙的政权,而清王朝实现中华大地的"大一统"之后不久,其"德被四夷"的范围却已经不能像前代那样无限制地向外拓展,其疆域在拓展的过程中和沙俄的控制区域发生了碰撞。如何处理这一理想和现实出现的矛盾便成为清王朝统治者需要解决的问题。为了解决沙俄向东扩张而引发的领土争端,康熙二十八年(1689),清朝和沙俄签订了《尼布楚条约》。清朝依据《尼布楚条约》所立界碑的碑文如下:

大清国遣大臣与鄂罗斯国议定边界之碑。一、将由北流入黑龙江之绰尔纳,即乌伦穆河、相近格尔必齐河为界。循此河上流不毛之地,有石大兴安以至于海。凡

山南一带，流入黑龙江之溪河，尽属中国。山北一带之溪河尽属鄂罗斯。一、将流入黑龙江之额尔古纳河为界，河之南岸属于中国，河之北岸属于鄂罗斯。其南岸之眉勒尔客河口所有鄂罗斯房舍迁移北岸。一、将雅克萨地方鄂罗斯所修之城尽行除毁，雅克萨所居鄂罗斯人民及诸物尽行撤往察汉汗之地。一、凡猎户人等断不许越界。如有一二小人擅自越界捕猎偷盗者，即行擒拏，送各地方该管官，照所犯轻重惩处。或十人，或十五人，相聚持械捕猎，杀人抢掠者，必奏闻，即行正法。不以小故沮坏大事。仍与中国和好，毋起争端。一、从前一切旧事不议外。中国所有鄂罗斯之人，鄂罗斯所有中国之人，仍留不必遣还。一、今既永相和好，以后一切行旅，有准令往来文票者，许其贸易不禁。一、和好会盟之后，有逃亡者，不许收留，即行送还。①

很显然，尽管条约没有汉文本，但上述史书中出现的碑文中"清朝"和"中国"是可以互称的，"中国"的范围不仅由指称中原地区发展为指称"大一统"的清王朝疆域，而且由此也具有了一个近现代主权国家的含义。该条约的满文、俄文、拉丁文本也都是如此。② 据此，我们可以说，最迟到康熙二十八年《尼布楚条约》签订，清朝代表的"中国"已经成为一个多民族统一国家的称呼，不仅得到了邻国的承认，而且清朝的疆域也开始由传统疆域（或称王朝疆域）向条约疆界（现代疆域）转变，疆域范围逐渐明晰。因此笔者认为该条约的签订是中国疆域最终形成的开始，也是"中国"由传统的王朝国家向多民族主权国家转变的起点。在《尼布楚条约》签订之前，历代王朝多以"天下"来称呼自己治下的疆域，"天下"虽然有时表示皇帝诏令可以有效实施的区域，更多情况下则是没有界限的理想中的泛称，缺乏实际意义。在《尼布楚条约》中，清朝不仅开始以多民族统一"中国"的身份出现在国际事务中，而且开始通过签订国际条约的方式确定多民族国家的疆域范围，中国疆域的范围因为有了国界也由模糊的"天下"而逐渐清晰起来：条约规定中俄以额尔古纳河、格尔必齐河为界，再由格尔必齐河源顺外兴安岭往东至海，岭南属中国，岭北属俄国；乌第河和外兴安岭之间为待议地区。

多民族中国的疆域是历史长期发展的结果，"中国"含义由最初的指称京师到指称中原，再发展到指称多民族统一的国家疆域，反映着不同时期多民族中国疆域的凝聚过

---

① 《清圣祖实录》卷143，康熙二十八年十二月。
② 参见王铁崖编《中外旧约章汇编》，三联书店1957年版，第1—2页。

程，而"中国"成为一个近现代主权国家的名称，既是中华大地上各民族长期争夺"中国""正统王朝"的结果，同时也是中国疆域进入最后形成阶段的标志，1840年鸦片战争的爆发则标志着形成阶段的结束。① 清王朝以"中国"的名义作为一个主权国家和邻国划定边界，不仅是古人观念中"天下"与"中国"含义重合的表现，也标志着古代中国疆域进入了最后形成阶段。

清王朝实现多民族中国由传统王朝发展到近现代主权国家，康熙时期《尼布楚条约》的签订只是一个开端，《尼布楚条约》之后，雍正五年（1727）七月十五日中国和俄国又签订了《布连斯奇界约》，双方通过国际条约的形式又确定了由沙毕纳依岭到额尔古纳河的边界：

> 北自恰克图河流之俄国卡伦房屋，南迄鄂尔怀图山顶之中国卡伦鄂博，此卡伦房屋暨鄂博适中平分，设立鄂博，作为两国通商地方。至如何划定疆界，由两国各派廓米萨尔前往。由此地起往左段一面，至布尔古特依山，顺此山梁至奇兰卡伦，由奇兰卡伦起至阿鲁哈当苏，中间有齐克太、阿鲁奇都垮二处，此四卡伦鄂博以一段楚库河为界。由阿鲁哈当苏至额波尔哈当苏卡伦鄂博，由额波尔哈当苏至察罕鄂拉蒙古卡伦鄂博而为俄国所属者，暨中国之蒙古卡伦鄂博，将此两边以及中间空地酌中均分，比照划定恰克图疆界办理，以示公允。如俄国人所占地方之附近处遇有山、或山顶、或河，应即以此为界。如附近蒙古卡伦鄂博处遇有山、或山顶、或河，亦即以此为界。凡无山、河荒野之地，两国应适中平分设分鄂博，以清疆界。自察罕鄂拉之卡伦鄂博至额尔古纳河岸蒙古卡伦鄂博之外，两国于附近一带，各派人员，前往妥商，设立鄂博，以清疆界。恰克图、鄂尔怀图山之间，应即作为两国疆界。由第一鄂博起往右段一面，应经鄂尔怀图山、特们库朱浑、毕齐克图、胡什古、卑勒苏图山、库克齐老图、黄果尔鄂博、永霍尔山、博斯口、贡赞山、胡塔河图山、蒯梁、布尔胡图岭、额古德恩昭梁、多什图岭、克色纳克图岭、固尔毕岭、努克图岭、额尔寄克塔尔噶克台干、托罗斯岭、柯纳满达、霍尼音岭、柯木查克博木、沙毕纳依岭等处。按以上各山岭，均须择其最高之处，适中平分，以为疆界。其间如横有山、河，此等山、河两国应适中平分，各得一半。

---

① 关于古代中国疆域形成的最后期限，学界尚有许多不同的认识，考虑到鸦片战争爆发之前古代中国的疆域一直处于一个没有外来势力介入的自然发展状态，笔者将其形成时期确定为鸦片战争爆发的1840年。

按照以上划定疆界，由沙毕纳依岭起至额尔古纳河为止，其间在迤北一带者归俄国。在迤南一带者，归中国。所有山、河鄂博，何者为俄属，何者为中国属，各自写明，绘成图说，由此次两国派往划界各员即互换文件，各送全权大臣查阅。疆界既定之后，如两国有无知之徒，偷入游牧，占踞地方，建屋居住，一经查明，应即饬令迁回。本处两国人民，如有互相出入杂居者，一经查明，应即各自取回，以安边疆。两边乌梁海人之取五貂者，准其仍在原处居住；惟取一貂者，自划定疆界之日起，应永远禁止。①

雍正五年（1727）九月初七日，中俄双方再签订《恰克图界约》，划定恰克图附近疆界：

中国大臣会同俄国所遣使臣所定两国边界在恰克图河溪之俄国卡伦房屋，在鄂尔怀图山顶之中国卡伦鄂博，此卡伦房屋鄂博适中平分，设立鄂博，作为两国贸易疆界地方后，两边疆界立定，遣喀密萨尔等前往。自此地起，东顺至布尔古特依山梁，至奇兰卡伦，由奇兰卡伦、齐克太、阿鲁奇都垺、阿鲁哈当苏，此四卡伦鄂博，以一段楚库河为界；由阿鲁哈当苏至额波尔哈当苏卡伦鄂博，由额波尔哈当苏至察罕鄂拉蒙古卡伦鄂博，俄国所属之人所占之地，中国蒙古卡伦鄂博，将在此两边中间空地，照分恰克图地方，划开平分。俄罗斯所属之人所占地方附近如有山、台干、河，以山、台干、河为界；蒙古卡伦鄂博附近如有山、台干、河，以山、台干、河为界；无山、河空旷之地，从中平分，设立鄂博为界；察罕鄂拉之卡伦鄂博至额尔古纳河岸蒙古卡伦鄂博以外，就近前往两国之人，妥商设立鄂博为界。恰克图、鄂尔怀图两中间立为疆界；自鄂博向西，鄂尔怀图山、特们库朱浑、毕齐克图、胡什古、卑勒苏图山、库克齐老图、黄果尔鄂博、永霍尔山、博斯口、贡赞山、胡塔海图山、蒯梁、布尔胡图岭、额古德恩昭梁、多什图岭、古色纳克图岭、固尔毕岭、努克图岭、额尔奇克塔尔噶克台干、托罗斯岭、柯纳满达、霍尼音岭、柯木查克博木、沙毕纳依岭，以此梁从中平分为界。其间如横有山、河，即横断山、河，平分为界；由沙毕纳依岭至额尔古纳河岸，阳面作为中国，阴面作为俄国。将所分地方，

---

① 《布连斯奇界约》，王铁崖编：《中外旧约章汇编》第一册，第5—6页。

写明绘图，两国所差之人互换文书，各给大臣等。①

雍正五年（1727）九月初十日，中俄签订《阿巴哈依图界约》："按照布连斯奇条约为中、俄两国画定疆界事，由恰克图左段起线，直至额尔古讷河之最高处止。"二十四日再签《色楞额界约》："按照布连斯基（齐）条约为中、俄两国划定疆界事，由恰克图右段起线，直至沙宾达巴哈及廓恩塔什地方，至两国所设鄂博暨卡伦等。"②

乾隆三十三年（1768）九月十九日，清朝和俄国签订《修改恰克图界约第十条》，乾隆五十七年（1792）正月再签《恰克图市约》，对双方边界及其相关权利做了进一步明确。③

中朝之间的边界也在康熙五十年（1711）、五十一年（1712）随着打牲乌拉总管穆克登两次前往长白山区踏查边界，基本明确了两国长白山地区的边界走向，穆克登还在鸭绿江、图们江两江分水岭立"审视碑"作为查边定界的凭证："大清乌喇总管穆克登奉旨查边，至此审视，西为鸭绿，东为土门，故于分水岭上勒石为记。康熙五十一年五月十五日。笔帖式苏尔昌，通官二哥，朝鲜军官李义复、赵台相，差使官许梁、朴道常，通官金应瀗、金庆门。"④朝鲜国王于当年十一月向清廷进《谢定界表》，将此事奉为"克正边疆"之举。⑤

乾隆五十六年（1791），清朝派福康安入藏，组织抗击廓尔喀（尼泊尔）的侵扰，顺利击退了廓尔喀。翌年九月，福康安受命相继与廓尔喀、哲孟雄（锡金）等划定了边界。⑥

通过这一系列条约的签订和划分边界的行动，清王朝开始向我们现在所认为的一个近现代意义上的主权国家转变，主要表现即是边界⑦逐渐清晰，疆域也由传统疆域（或称王朝疆域）向近现代疆域（或称条约疆域）转变。但遗憾的是，1840年爆发鸦片

---

① 《恰克图界约》，王铁崖编：《中外旧约章汇编》，第一册，第7—8页。
② 《阿巴哈依图界约》《色楞额界约》，参见王铁崖编《中外旧约章汇编》，第一册，第14—26页。
③ 《修改恰克图界约第十条》《恰克图市约》，参见王铁崖编《中外旧约章汇编》，第一册，第27—29页。
④ 刘建封：《长白山江岗志略》，吉林文史出版社1987年版，第74页。
⑤ 《同文汇考原编》卷48《疆界》，台北圭庭出版社1978年版。
⑥ 参见吕一燃主编《中国近代边界史》，四川人民出版社2007年版，第678页。
⑦ 之前中国疆域的内部边界清晰，诸如游牧和农业区之间的界限明确，而外部边界（国界）即使有也多属于传统的习惯线，没有条约的保证。

343

战争，以英国为首的列强通过坚船利炮中断了中国疆域的这种自然形成过程，中国疆域由传统疆域（没有明确边界的"天下"）向近现代疆域（有以界碑为标志的边界线）的转变过程并没有完成，不仅中国和一些传统的藩属国之间的国界尚未明确划定，和其他邻国的边界更没有明确。也就是在这种情况下，中国疆域开始遭到列强的蚕食鲸吞，不仅传统的藩属区域（诸如朝鲜、越南等）沦为列强的殖民地，脱离了中国疆域的形成轨道，藩属国和中国的关系也发展为近现代意义上的国际关系，甚至已经有条约保证的大片领土（主要是北部边疆）也通过一系列不平等条约的签订纷纷落入列强之手。仅仅是俄国，通过《北京条约》即使中国丧失了100万平方公里的领土（其中黑龙江以北60万平方公里，乌苏里江以东40万平方公里）。自此之后，由《尼布楚条约》确定的中国东北边界走向发生了重大变化。因此，笔者认为将1840年鸦片战争的爆发作为中国疆域最终形成的标志是恰当的，因为中国疆域在康熙二十八年（1689）《尼布楚条约》签订到1840年鸦片战争爆发这一时期，和以前一样还是处于一个自然的发展过程。也就是说，尽管近现代主权国家的理论不是形成于东亚地区，但是清王朝自康熙皇帝开始已经有了构建近现代意义上多民族国家的实践，当然"中国"成为一个主权国家的名称，既是中华各民族长期为之奋斗的结果，同时也是古代中国疆域进入最后形成阶段的标志，1840年鸦片战争的爆发则标志着形成阶段的结束。①

二、"臣民"（国民）塑造的尝试

与清王朝疆域的明晰同步的是清王朝"臣民"（国民）界限的明确，而"臣民"（国民）界限确定的标志，除了确立对中原农耕族群的统治体系之外，还有一个更为明显的标志，这即是存在于汉文典籍和汉文文学作品中的"留头不留发，留发不留头"，也称为"薙发令"。

关于清王朝实施的"薙发令"，由于在推行过程中导致大量汉人被屠杀，因此一直是学界否定清王朝的主要证据之一。冯尔康先生《清初的剃发与易衣冠——兼论民族关系史研究内容》是改革开放之后较早对此进行阐述的专论。该文从民族关系史研究的视

---

① 关于古代中国疆域形成的最后期限，学界尚有许多不同的认识，考虑到鸦片战争爆发之前古代中国的疆域一直处于一个没有外来势力介入的自然发展状态，笔者将最后形成时期确定为鸦片战争爆发的1840年。参见李大龙《试论中国疆域形成和发展的分期与特点》，《中国边疆史地研究》，2011年第3期。

角，围绕剃发—易衣冠令的实施与反清斗争的开展、剃发易衣冠是顺治间社会矛盾的焦点、生活习俗的差异是民族关系史的不可忽视的研究内容等展开讨论，认为："衣冠、发式制度和习俗，既然是民族关系的一个内容，那么民族关系史的研究，也需要把它当作一项内容加以说明，即在民族关系史研究中要注意到民族的衣冠、发式在民族交往中起的作用，它是加剧了还是缩小了民族分裂，它是促进了还是阻碍了我国多民族国家的统一、巩固，是促进了还是阻碍了生产力和社会经济的发展。研究民族关系史，不注意民族习俗的影响，是很难把它搞清楚的。过往的民族关系史研究，在民族战争及其危害、少数民族汉化政策、民族矛盾在社会诸矛盾中的地位等方面的研究是很有成绩的。对民族风习在民族关系史研究中的地位，虽也不无注意，但认识不足。各少数民族统治北方或全国时，它们的服制、发式政策，汉族对少数民族的相关政策，均未见专论，人们对清朝推行剃发易衣冠一事倒是比较重视的，但亦未有令人满意的说明。而且在论及此事时，多从少数民族统治残暴、汉人受害的角度着眼，没有能揭示推行那项政策的历史必然性和它的全部后果。"①遗憾的是，尽管已经有了如此认识，但冯先生在该文中也并没有对清王朝初期的"薙发令"做出评价。

"薙发令"的推行由于曾经导致族群之间的激烈对立而与易服、圈地、投充和逃人牵连在一起被列为清王朝初期的五大弊政。应该说，"薙发令"在强制推行的过程中不仅遭到了农耕族群的强烈反对，也带来了八旗军队对其他族群的大肆杀戮。这是不争的事实，对此以往的论著也多有详略不同的阐述，毋庸赘言。值得关注的是，清王朝统治者在入关初期制定和推行"薙发令"的目的往往被政策实行过程中族群冲突的浪潮所淹没，难以得到客观的分析。实际上，"薙发令"并非在清军入关后才有，努尔哈赤时期就制定和推行过这一政策。在《满洲实录》卷7天命六年（1621）三月条中有"其余官民皆薙发降""大小七十余城官民俱薙发降""今辽东官民已薙发归降"等多处"薙发降"的记载，表明在努尔哈赤时期"薙发"就已经成为加入后金的主要标志。而另据《清世祖实录》卷17顺治二年（1645）六月丙寅条载："谕礼部曰：向来薙发之制，不即令画一，姑听自便者，欲俟天下大定，始行此制耳。今中外一家，君犹父也，民犹子也，父子一体岂可违异。若不画一，终属二心，不几为异国之人乎，此事无俟。朕言想天下臣民亦必自知也。自今布告之后，京城内外限旬日，直隶各省地方，自部文到日亦

---

① 冯尔康：《清初的剃发与易衣冠——兼论民族关系史研究内容》，《史学集刊》1985年第2期。

限旬日，尽令薙发。遵依者，为我国之民。迟疑者，同逆命之寇，必置重罪。若规避惜发，巧辞争辨，决不轻贷。该地方文武各官，皆当严行察验。若有复为此事渎进章奏，欲将朕已定地方人民，仍存明制，不随本朝制度者，杀无赦。其衣帽装束，许从容更易，悉从本朝制度，不得违异。该部即行传谕京城内外，并直隶各省、府、州、县、卫、所、城堡等处。俾文武衙门官吏、师生一应军民人等，一体遵行。"如果说从《满洲实录》卷7的记载中我们尚难以全面认识"薙发"的意义，那么在顺治皇帝给礼部的指令中已经再清楚不过地表明了"薙发之制"推广的目的已经不是简单的表示"降服"，所谓"遵依者，为我国之民"已经明确地说出了"薙发令"推广的目的是整合境内族群，是使之成为"我国之民"的重要标志。

在要求执行"薙发令"的同时，顺治皇帝也要求统一"衣冠"。《清世祖实录》卷19顺治二年七月戊午："谕礼部。官民既已薙发，衣冠皆宜遵本朝之制，从前原欲即令改易，恐物价腾贵，一时措置维艰，故缓至今日。近见京城内外军民，衣冠遵满式者甚少，仍著旧时巾帽者甚多，甚非一道同风之义。尔部即行文顺天府五城御史晓示，禁止官吏纵容者访出并坐，仍通行各该抚按转行所属，一体遵行。"同书卷72顺治十年（1653）二月丙寅："谕礼部。一代冠服，自有一代之制。本朝定制久已颁行，近见汉官人等冠服体式以及袖口宽长，多不遵制。夫满洲冠服，岂难仿效。汉人狃于习尚，因而愆懑，以后务照满式，不许异同。如仍有参差不合定式者，以违制定罪。"由这些记载可以看出，用"满洲冠服"统一衣冠的目的和"薙发令"的制定和实施一样，也是对境内族群的整合。

利用薙发、衣冠来实现对境内族群的整合应该是借鉴了朱元璋在推翻元王朝统治后所采取的"胡服、胡语、胡姓一切禁止""百有余年胡俗悉复中国之旧矣"①的经验。尽管这种做法在推行的初期导致了族群冲突的加剧，所谓"留身不留发，留发不留身"即充分反映了冲突的激烈程度，而且也造成了大量汉人被屠杀。但是，我们从清王朝对中国的统治维持近三个世纪，并实现了中国多民族国家由王朝国家向近现代主权国家的转变等众多方面看，都难以否认这些政策对中华大地上众多族群，尤其是农耕族群整合的效果，毋庸讳言是显著的，甚至作为清王朝核心族群的满洲在这种整合中也几乎失去了"自我"，而逐渐与汉人在文化习俗上日趋接近。也就是说，尽管族群之间的融合是

---

① 《明太祖实录》卷30，洪武二年二月壬子。

缓慢的，但"薙发令"和统一"衣冠"政策的推行，不仅对清王朝明确辖境内族群的"臣民"身份起到了重要作用，而且也为将这些族群整合为"国民"提供了前提，随着清王朝由王朝国家向近现代主权国家转型以及在列强侵逼下出现的"中华民族"称号，一定程度上是"臣民"转化为"国民"的标志。

三、消除族群分界与确立满洲正统的努力

　　清王朝的建立者虽然以金王朝继承者的面貌出现，并联合了蒙古，实现了对中原农耕族群的有效治理，但其正统地位的获得还需要得到农耕族群的认同，为此以雍正为首的清王朝的统治者也做了大量的努力，其中试图弥合族群分界，以巩固"满洲"的正统地位即是重要方面。

　　"夷夏有别"的观念，是自夏、商、周三代时期就已经形成的民族观，不仅严重影响到了以后历朝各代的族群关系的处理，而且也成为非华夏农耕族群争夺正统的障碍。如前所述，鲜卑人建立的北魏、契丹人建立的辽王朝、女真人建立的金王朝乃至实现中华大地"大一统"的元王朝"正统"地位都受到过质疑。以农耕族群为主体建立的大一统王朝——明朝的建立者又是打着"驱逐胡虏，恢复中华"①的旗号推翻元王朝统治的，所以先秦时期形成的以"夷夏有别"为主要特征的观念在明代不仅得到了继承而且肆意发展。清王朝虽然在康熙时期顺利完成了"大一统"的建构，并试图利用薙发、衣冠来实现对境内族群的整合，但初期滥杀导致的族群矛盾和分界并没有消失，其统治地位也还是不断受到来自农耕族群的质疑。雍正时期，以曾静、吕留良为代表的汉人儒士以先秦时期夷夏观为理论基础，肆意宣传对满洲的歧视思想，导致这种质疑已经严重影响到了清王朝的统治，于是以雍正皇帝为首的清王朝统治者开始针对这些人的言论进行系统批判。

　　雍正皇帝的有关言论完全按照农耕族群的传统理论展开，在为清王朝正统地位辩护的同时，也指出了传统观念的弊端，消弭夷夏之间差异的企图明显。《清世宗实录》卷86雍正七年九月癸未条有详细的记载，大致包括以下几个方面的内容。

　　其一，"有德者可为天下君"。雍正引用《尚书》所言"皇天无亲，惟德是辅"，认

---

① 《明太祖实录》卷26，吴元年十月条。

为有德者为君，而不以生息繁衍的地点为标准："自古帝王之有天下，莫不由怀保万民，恩加四海。膺上天之眷命，协亿兆之欢心，用能统一寰区，垂庥奕世。盖生民之道，惟有德者可为天下君。此天下一家，万物一体，自古迄今，万世不易之常经，非寻常之类聚群分，乡曲疆域之私衷浅见所可妄为同异者也。"而清王朝"肇基东土，列圣相承，保乂万邦，天心笃佑，德教宏敷，恩施遐畅，登生民于衽席，遍中外而尊亲者，百年于兹矣"，完全有资格成为"天下之主"，"此民心向背之至情，未闻亿兆之归心，有不论德而但择地之理"。

其二，清王朝实现"大一统"，是"仰承天命"，不能"以华夷而有殊视"："我朝既仰承天命，为中外臣民之主，则所以蒙抚绥爱育者，何得以华夷而有殊视？而中外臣民，既共奉我朝以为君，则所以归诚效顺，尽臣民之道者，尤不得以华夷而有异心。此揆之天道，验之人理，海隅日出之乡，普天率土之众，莫不知大一统之在我朝。"

其三，"满洲"是地域的含义，不是被否认的理由。汉人儒士吕留良、曾静等"徒谓本朝以满洲之君，入为中国之主，妄生此疆彼界之私，遂故为诬谤诋讥之说耳。不知本朝之为满洲，犹中国之有籍贯。舜为东夷之人，文王为西夷之人，曾何损于圣德乎？诗言'戎狄是膺，荆舒是惩'者，以其僭王猾夏，不知君臣之大义，故声其罪而惩艾之，非以其为戎狄而外之也。若以戎狄而言，则孔子周游，不当至楚，应昭王之聘。而秦穆之霸西戎，孔子删定之时，不应以其誓列于周书之后矣"。

其四，华夷之别的说法适用于分裂时期，"大一统"时期应该强调"华夷一家"："盖从来华夷之说，乃在晋宋六朝偏安之时，彼此地丑德齐，莫能相尚。是以北人诋南为岛夷，南人指北为索虏。在当日之人，不务修德行仁，而徒事口舌相讥，已为至卑至陋之见。今逆贼等，于天下一统、华夷一家之时，而妄判中外，谬生忿戾，岂非逆天悖理，无父无君，蜂蚁不若之异类乎？"

其五，"华夷""中外"的区分是历代疆域不能广大的原因："自古中国一统之世，幅员不能广远，其中有不向化者，则斥之为夷狄。如三代以上之有苗、荆楚、玁狁，即今湖南、湖北、山西之地也。在今日而目为夷狄可乎？至于汉、唐、宋全盛之时，北狄、西戎，世为边患，从未能臣服而有其地，是以有此疆彼界之分。自我朝入主中土，君临天下，并蒙古极边诸部落俱归版图。是中国之疆土，开拓广远，乃中国臣民之大幸，何得尚有华夷中外之分论哉！"

其六，"我朝之为君，实尽父母斯民之道"："从来为君上之道，当视民如赤子，为臣下之道，当奉君如父母。我朝之为君，实尽父母斯民之道，殚诚求保赤之心，而逆贼尚忍肆为讪谤，生疾怨而行其忤逆乎？……明太祖，即元之子民也。以纲常伦纪言之，岂能逃篡窃之罪。至于我朝之于明，则邻国耳。且明之天下，丧于流贼之手。……是我朝之有造于中国者，大矣至矣！……历代以来，如有元之混一区宇，有国百年，幅员极广，其政治规模，颇多美德，而后世称述者寥寥。"

在雍正皇帝长达三千余字的大论中，上述几点可以说是句句切中传统夷夏观的要害，且引用的也都是《尚书》及孔子的经典言论，尤其是反对以活动地域否定清王朝，认为"本朝之为满洲，犹中国之有籍贯"，"汉、唐、宋全盛之时，北狄、西戎，世为边患，从未能臣服而有其地，是以有此疆彼界之分"，更是指出了阻碍中华大地族群融合乃至疆域广大的主要原因就是有地域和华夷的差别。而为了消除这些族群分界及其影响，雍正皇帝希望"臣民"（国民）都要理解他所阐述的道理，故在最后有："若吕留良、严鸿逵、曾静等，逆天背理，惑世诬民之贼，而晓以天经地义，纲常伦纪之大道，使愚昧无知，平日为邪说陷溺之人，豁然醒悟，不致遭天谴而罹国法，此乃为世道人心计也。著将朕谕旨，通行颁布天下各府、州、县远乡僻壤，俾读书士子及乡曲小民共知之。"由此看，雍正皇帝在为"满洲正统"争辩的同时，试图消弭华夏族群之间差异的目的也十分明显，尤其是最后所言指明其也有消弭"天下"族群分界的宏愿。

雍正皇帝的上述言论似乎不仅仅是为了巩固统治的需要，也是其内心的真实想法，笔者在《清世宗实录》没有发现雍正皇帝提及"国语"，提及"骑射"也没有和"满洲"联系在一起，这点和以往学界认为的清王朝统治者多强调"国语骑射""满洲根本"似有不同，而记载的有关官员任用的例证却说明了雍正皇帝将自己的认识贯彻到了具体实践中："镶黄旗蒙古副都统宗室满珠锡礼奏言：京营武弁等员，参将以下、千总以上，应参用满洲，不宜专用汉人。得旨：从来为治之道，在开诚布公，遐迩一体。若因满汉存分别之见，则是有意猜疑，互相漠视，岂可以为治乎？天之生人，满汉一理，其才质不齐，有善有不善者，乃人情之常。用人惟当辨其可否，不当论其为满为汉也。自我太祖高皇帝开国之初，即满汉兼用，是以规模宏远，中外归心。盖汉人中固有不可用之人，而可用者亦多，如三藩变乱之际，汉人中能奋勇效力，以及捐躯殉节者，正不乏人。岂可谓汉人不当用乎？满洲中固有可用之人，而不可用者亦多，如贪赃坏法，罔上营私之辈，岂可因其为满洲而用之乎？且满洲人数本少，今只将中外紧要之缺补用，已足办理。若参将以下之员弁，悉将满洲补用，则人数不敷，势必有员缺而无补授之人。

朕屡谕在廷诸臣，当一德一心，和衷共济，勿各存私见而分彼此，在满洲当礼重汉人，勿有意以相远，始为存至公无我之心，去党同伐异之习。盖天下之人，有不必强同者，五方风气不齐，习尚因之有异。如满洲长于骑射，汉人长于文章，西北之人，果决有余，东南之人，颖慧较胜，非惟不必强同，实可以相济为理者也。至若言语嗜好，服食起居，从俗从宜，各得其适。此则天下之大，各省不同，而一省之中，各府州县亦有不同，岂但满汉有异乎？朕临御以来，以四海为一家，万物为一体，于用人之际，必期有裨于国计民生。故凡秉公持正，实心办事者，虽疏远之人而必用，有徇私利己，坏法乱政者，虽亲近之人而必黜，总无分别，满汉之见，惟知天下为公。凡中外诸臣，皆宜深体朕怀，同寅协恭，股肱手足，交相为济，则国家深有倚赖，久安长治之道，必由于此也。"①

雍正皇帝的上述言论被以《大义觉迷录》为名刊刻颁行全国，但遗憾的是其子弘历即位后将其列为禁书，私藏者有被杀的风险，不过雍正的思想对清代族群融合尤其是满、汉之间融合的影响还是显著的，乾隆皇帝之后屡屡强调"骑射国语，乃满洲之根本，旗人之要务"②即说明了这一点。而实际上乾隆皇帝本人也已经受到了其父的影响。欧立德在《清八旗的种族性》中列举了一个例证作为引子："1737年初，一份奇怪的请求引起了乾隆皇帝的注意，其时，乾隆皇帝25岁，进入其60年的统治才仅仅12个月。这份请求是在阿尔赛（Arsai）提交的一份奏折中提出的，他是位汉军正黄旗成员，并且是驻防东南沿海城市福州的八旗将领。阿尔赛似乎想改名。在不久前的一次觐见中，他在提出请求一开始就提醒皇帝说他们之间有过一次交流：'皇帝：尔系名汉军，为何有满名？阿尔赛：卑职原名崔志禄，自幼学习清语（满语），因取满名。'此次觐见之后过了一段时间，从皇帝处传来谕旨，尽管此谕旨针对的是不同的事情，但还是使阿尔赛陷入恐慌：跪接圣旨，卑职不胜惶悚，无以自安，乞请圣上允准恢复原名。皇帝在谕旨中亦迷惑不解：朕只随意问尔名字，尔何归咎自取满名？"③欧立德由此认为清代即便是八旗中也存在着"种族"的标准，中国古代社会是否存在"种族"意识是存疑的，但笔者关注的不是阿尔赛的所为，而是乾隆皇帝的态度，即乾隆皇帝对汉军用满名似乎已

---

① 《清世宗实录》卷74，雍正六年十月癸未。
② 《清朝文献通考》卷192。
③ 刘风云、刘文鹏编：《清朝的国家认同——"新清史"研究与争鸣》，中国人民大学出版社2010年版，第93页。

经习以为常,而不在意官员是满还是汉的做法和上引雍正皇帝对满珠锡礼奏言的答复并无明显差别。

有清一代,是中华民族形成的关键时期,而中华大地上众多族群实现凝聚尽管有地理和历史的众多原因,但以雍正皇帝为代表的清王朝统治者对族群分界的弥合、臣民(国民)的塑造在其中也应该起到了十分重要的推动作用。

四、通过调整政策,实现不同族群的整合

对于清王朝的统治体系和统治政策,以往的论著给予了足够的关注,但一般而言通史性论著多是从中原地区,边疆史或地方史论著多是从边疆或某个地区的角度进行阐述,鲜有从族群整合的视角进行分析的论著。实际上,"恩威并施"和"因俗而治"大体上可以体现清王朝统治体系和统治政策的总方针,而无论是针对中原农耕族群设置的省、府、州、县的管辖方式,还是北部草原地区的盟旗制度、东北地区与西北地区的军政和军府制度,及南部地区的土司制度,都将"因俗而治"的特点表露无遗。不过,笔者在此要强调的是,在清王朝针对不同族群确立的不同的管理方式和各有特点的政策中,也体现着"趋同"的努力,反映着清王朝在努力实现着对境内族群的整合,主要表现在以下方面。

其一,放弃长城防御体系,客观上消除了游牧族群和农耕族群之间的人为障碍,有助于在"臣民"(国民)及中华民族的框架下实现族群的整合。

如前所述,努尔哈赤、皇太极是通过联姻的方式实现了和蒙古的联合,实现"大一统"之后,如何利用和防范蒙古依然是清王朝统治者的首要任务。应该说,清王朝开创性地在漠南蒙古、漠北蒙古、漠西蒙古(包括青海蒙古)地区实行的盟旗制度,有效地实现了防止游牧族群重新凝聚的作用,对此以往论著多有详细阐述,毋庸赘言,由此长城防御线对清王朝的统治而言自然没有了利用价值。于是,在有大臣建言康熙皇帝修缮长城的时候,就有了如下一段记载:"谕扈从诸臣曰:昔秦兴土石之工,修筑长城,我朝施恩于喀尔喀,使之防备朔方,较长城更为坚固。"[①] 放弃长城对于古代中国的边疆治理而言是一个革命,自此之后早在先秦时期就已经存在的、人为设置的阻碍中原农耕

---

① 《清圣祖实录》卷151,康熙三十年四月。

地区和边疆草原地区融为一体长达数千年的长城终于结束了它的历史使命，长城内外在政治地理上加速了"一体化"进程，而且也消除了游牧族群与农耕族群形成争斗的原因，有助于多民族国家国民塑造和中华民族的凝聚。

其二，改土归流加速南部地区的"一体化"进程，有助于南部地区农耕族群的整合。

历代王朝对南部地区的统治自秦始即实现了郡县化，但管理方式的划一、族群之间的整合是一个长期的过程，于是就有了自元王朝时期实施的土司制度。元代以来边疆地区广泛推行的"土司"制度虽然顺应了当时边疆稳定的需要，避免了边疆民族政权的壮大，但毕竟还带有浓重的"羁縻"色彩，土司独据一方也成为中央政令在边疆民族地区彻底贯彻的障碍，因此在明代"改土归流"即已成为边疆政策改革的一项重要内容。

明代是土司制度最盛的时期，但明朝在实行土司制度的同时也推行着改土归流的政策，对此已有大量论著论及[①]，无须赘言。但是，改土归流又如何成为清王朝，尤其是雍正王朝迫切需要推行的政策？进入清代，清王朝彻底否定了传统的"羁縻而治"思想，代之以"天下一家，满汉官民，皆朕臣子"[②]，通过"改土归流"等政策的推行，对边疆地区实施更为具体的管理方式。"改土归流"政策在边疆地区广泛推行，使清朝对边疆的统治变得更为深入、具体，加速了边疆地区统治方式的内地化趋势，为边疆、内地的"一体化"提供了制度保障。这一点是值得给予关注的。李世愉先生在《清代土司制度论考》中对清王朝尤其是雍正朝改土归流的原因有过详细的分析，认为改土归流发生在雍正朝有着"深刻的社会原因：一方面从土司制度来看，它的发展已被历史证明不适应多民族国家的统一和巩固，同时已被封建政权所不能继续容纳，改流已成为客观需要。另一方面，从封建政府方面看，已具备了强大的政治、军事、经济力量，能够进行改土归流。这两方面的条件缺一不可"。进而通过对西南地区与内地的联系更加密切，土民与土司的矛盾日益激化，中央政权与土司的矛盾日益尖锐，改土归流的呼声越来越高等方面的阐述，论证了雍正朝改土归流的时机已经成熟。对于清王朝改土归流的目的，认为"对封建统治来说，当初设置土司是求得在全国发展不平衡的西南少数民族地区实行间接统治，而改土归流则意在取代土司，进一步实现对这一地区的直接统治。雍

---

① 参见吴永章《中国土司制度渊源与发展史》，四川民族出版社1988年版，第203—209页。
② 《清世祖实录》卷40，顺治五年八月条。

正朝的改土归流即突出地表明了这一根本目的"①。笔者十分赞同这一认识，但是如果我们将改土归流政策和雍正弥合族群分界的上述思想结合起来分析，认识会更加深入。康熙和雍正时期的清王朝也面临着一系列的转型：在多民族国家疆域层面存在着由传统王朝国家向近现代国家的转化，在国家属性的层面存在着由"夷狄"王朝向"中国"王朝的转换，皇帝个人层面则存在着"夷狄"统治者身份向"大一统"王朝皇帝身份的转换等。在这种情况下，康熙和雍正应该说迫切需要确立自己的核心地位，使"普天率土之众，莫不知大一统之在我朝。悉子悉臣，罔敢越志者也"②，改变阻碍中央政令畅通的土司制度也由之成为必然的选择。清王朝雍正时期大规模的改土归流就是在这一大背景下出现的，是雍正皇帝进行族群整合的重要举措。雍正皇帝改土归流的这些措施，客观上也推动了秦始皇时期就已经开始的南部地区的"一体化"进程，对于南部地区族群的整合起到了重要的促进作用。

其三，通过一系列法律制度的完善，实现对境内族群的整合。

为了整合境内族群，法律制度建设也是清王朝采取的主要手段之一。清王朝先后制定了《大清律例》《理藩院则例》《蒙古律例》《番例条款》《回疆则例》《西宁青海番夷成例》《酌定西藏善后章程十三条》《钦定西藏章程》等诸多法律，而且很早就有了希望通过法律的制定规范和整合非满洲族群的意识。努尔哈赤在天命七年（1622）二月十六日赐宴蒙古科尔沁王公，"赐宴毕，乃谕之曰：'吾国之风俗，主忠信，持法度，贤能者举之不遗，横逆者惩之不贷，无盗贼诈伪，无凶顽暴乱，是以道不拾遗，拾物必还其主，皇天所以眷顾，盖因吾国风俗如此。尔蒙古人持素珠念佛，而盗贼欺伪之行不息，是以上天不佑，使汝诸贝勒之心变乱为害，而殃及于国矣。今既归我，俱有来降之功，有才德者固优待之，无才能者亦抚育之，切毋萌不善之念，若旧恶不悛，即以国法治之"③。天聪三年（1629）正月辛未，"上（皇太极）颁敕谕于科尔沁、敖汉、奈曼、喀尔喀、喀喇沁五部落，令悉遵我朝制度"④。

实现"大一统"后，通过法律的形式规范不同族群与清王朝的关系及实现对不同族群的整合，意图更加明显。以康熙六年（1667）《蒙古律例》为例，第一条虽然是礼

---

① 李世愉：《清代土司制度论考》，中国社会科学出版社1998年版，第42—50页。
② 《清世宗实录》卷86，雍正七年九月癸未。
③ 《满洲实录》卷7，天命七年二月。
④ 《清太宗实录》卷5，天聪三年正月辛未。

仪方面的规定，但充分体现了清王朝和蒙古各部的关系："第一条，外蒙古札萨克王、诺颜等当大典会盟审事，若派大臣，则持钤有玉玺之敕谕前往。至其国界，该境之民询问前往之大臣职名、情由，先急往告各自所属王、诺颜等。本国之王、诺颜至五里路程之地往迎。同众下马，在右边站立，俟敕谕过，骑马自后赶至。钦差大臣列于左，迎接之王、诺颜等列于右，敕谕在前。抵家之后，设香案，前往之大臣，将敕谕置于案上，左立右向。该王、诺颜等一跪三叩，跪候，前往之大臣将敕谕自案捧下，交与宣读之笔帖式，宣读之笔帖式立读。已毕，前往之大臣将敕谕置案上，王、诺颜等再行一跪三叩礼。前往之大臣将敕谕自案捧下，递与王、诺颜等，王、诺颜等两手跪接，交属下之人，行一跪三叩。拜毕，交收掌敕谕之人，王、诺颜等与前往之大臣彼此两跪两叩，安置中位，前往之大臣坐于左，王、诺颜等坐于右。"第二条"外蒙古之人等，倘为在彼未结案件而来，先不得擅自奏上，具文案件情由，告于理藩院"①，则明确了理藩院是管理蒙古各部的主要机构。

对族群的整合则主要表现为逐步将《大清律例》的原则贯穿到具体案例的审判中，从法律制度上达到划一。对此，有关回疆案件的处理可以体现出这一明显趋势。乾隆二十四年（1759），清王朝平定大小和卓之乱，"各部归一"，"今为我属，凡事皆归我律更章"。②《清高宗实录》卷608、648前后两次记载了乾隆皇帝对回疆案件的处理意见，其中都有"非可尽以内地之法治也"一语，似乎表现了"修其教不易其俗，齐其政不易其宜"的传统治边精神，但同书卷646记载的一个案例则可以如实反映乾隆皇帝的真实想法。乾隆二十六年（1761）十月癸酉，"谕军机大臣等、永贵等奏，照管屯田回人伊斯拉木，因回人台因和卓之妻，辱詈起衅，刺杀台因和卓，并伤及其妻与弟，不应引照回经出财抵罪，应依斗杀律拟绞等语。伊斯拉木以兵刃斗殴，致有杀伤，按律拟绞，情罪允当。但据奏称，伊从前随副将军富德，在阿喇巴捉生，始知将军兆惠等坚守信息，曾赏给翎顶。而回经又有死者之家如愿受普尔一千腾格，免其抵偿等语。著询问死者亲属，情愿与否，如不愿受财，仍将伊斯拉木论抵。此案特因伊斯拉木稍有劳绩，是以格外加恩，否则按律定拟，断不姑宽，仍晓示回众知之。"③对伊斯拉木的处理，是按照《大清律例》还是按照伊斯兰教法（回经）体现了不同的认知，虽然乾隆皇帝最终同意

---

① 中国第一历史档案馆：《康熙六年〈蒙古律书〉》，《历史档案》2002年第4期。
② 《西域地理图说注》卷2《官职制度》，阮明道等整理本，延边大学出版社1992年版，第62页。
③ 《清高宗实录》卷646，乾隆二十六年十月癸酉。

可以"格外加恩",但指出需要"晓示回众知之"。据此,"非可尽以内地之法治也"的意思似乎可以理解为尽可能"以内地之法治",因此乾隆皇帝通过法律制度整合当代族群的意图表露无遗。

总之,早在民族国家或国民国家、近现代主权国家的理论传入中国之前,清王朝实现了"大一统"之后,在整合游牧族群和农耕族群的过程中,已经有意或无意地开始了构建多民族主权国家的努力,而这一过程既可以看作两大族群互动的结果,同时也可以视其为两大族群互动的延续。此外值得提及的是,清王朝统治者自努尔哈赤时期已经开始,雍正皇帝时期再次积极推动的对境内族群整合的努力,最终催生了"中华民族"一词的出现。遗憾的是,"中华民族"作为"国民"的代名词,虽然是清代中华大地上众多族群凝聚的结果,但由于凝聚过程并没有结束,反而成为民主主义革命者反对清王朝统治的政治口号,由此派生出很多不同的理解,成为困扰当今中国学界的一大难题。

第六章 视角、理论与方法：中国边疆学建设的思考

从事中国民族史、边疆史的研究迄今已经三十九个年头，多年的研究实践让我感悟到了一个值得关注的重要问题，即研究视角的定位决定着研究结果的最终走向。如，是"民族"还是"国家"看似是并不矛盾的两个视角，但对于多民族国家中国边疆而言却是至关重要的，以历代王朝为主体构建话语体系是中国的传统，而"长城以北非中国"则是国外学者在"民族国家"理论下形成的对中国历史的错误认识。从两个不同视角出发研究历史所形成的认识是截然不同的，甚至存在严重分歧。是否能够找到一个符合多民族国家中国形成与发展实际的视角定位，这是我几十年来努力思考的问题。逐渐形成的基本能够自圆其说的视角为：从传统王朝国家向主权国家转变视角诠释中国疆域、中国历史。如此，一方面可以纠正以历代王朝为主体基础上形成的传统话语体系的偏差，另一方面也可以规避"民族国家"的影响，进而在"四个共同"指导下建立一个完善的有中国特色的中国边疆话语体系。因此，以下就视角、理论和方法的问题谈些看法。

第一节　诠释中国疆域的视角、理论和方法：研究边疆地区融入多民族国家历史应有的视角

一、边疆归属标准的探讨

如何诠释中国边疆融入中国历史的过程，既是当今历史学界遇到的巨大难题，更是中国边疆学也要解决的基本问题。因为缺乏一个科学客观的视角和理论，历史学界在20世纪五六十年代曾经有过如何书写中国历史范围的大讨论，历代王朝的疆域不能代替中国历史上的疆域似乎得到了绝大多数学者的认同，但在如何诠释边疆融入多民族国家历史的具体实践中依然难以摆脱历代王朝史观的束缚，甚至设治、驻军、收税等判定当今主权国家的标准也被引入作为判定中国边疆融入中国历史的重要标准，历代王朝实施有效管辖作为认定的标准即是突出表现。但是，不能否认的是，当今主权国家构成的标准源自1648年出现在欧洲的《威斯特伐利亚和约》，用其判定中国古代边疆地区的归属是不适宜的。如前所述，中国疆域有一个从传统王朝国家的"有疆无界"到近现代主权国家"有疆有界"的转变过程，在"有疆有界"之前，历代王朝只是中华大地上众多政权的一部分，并非全部，在这些众多政权疆域基础上实现"大一统"的清朝将中国疆域从传统王朝时期的"有疆无界"带入了近现代主权国时期的"有疆有界"。因此，不管历代王朝是否实施过有效统辖，在中华大地上存在过的众多政权的疆域都是中国疆域的组成部分。遗憾的是，目前学界流行的一般看法不仅受制于历代王朝史观，而且附加上了当今世界判断领土主权的标准，相应出现的话语体系自然也出现了难以圆说的矛盾。

以下试图在对匈奴和西汉在西域分别设置的管理机构僮仆都尉、西域都护的设置时间、职责等进行探讨的基础上，对诠释西域纳入多民族国家中国版图历史的标志是僮仆都尉还是西域都护进行讨论，同时结合吐蕃的情况，提出将匈奴设置僮仆都尉对西域实施有效管辖视为西域融入多民族国家中国疆域的开端也并非不可，而之前"自古以

来"的定位不仅是客观的做法,也更符合多民族国家是中华大地上诸多政权和族群共同缔造的这一主流看法。

有关多民族国家中国形成与发展的传统话语体系是以历代王朝为基点建立的,尽管随着20世纪五六十年代开始的"历史上的中国"的讨论,边疆政权和民族在其中的地位得到了关注,"民族国家"视角占据了主导地位,但依然没有彻底摆脱历代王朝话语体系的影响,一些观点难以自圆其说,这一点在如何认定边疆地区纳入多民族国家疆域形成轨道的标准上即有突出体现。以下以西域出现的僮仆都尉和西域都护为例,阐述一些不成熟的看法,以求正于学界。

(一)有关僮仆都尉的记载

僮仆都尉是匈奴在西域设置的管理机构,但史书中有关僮仆都尉的记载较少,主要有三条:

1.《汉书·西域传上》:"西域诸国大率土著,有城郭田畜,与匈奴、乌孙异俗,故皆役属匈奴。匈奴西边日逐王置僮仆都尉,使领西域,常居焉耆、危须、尉黎间,赋税诸国,取富给焉。"中华书局本《汉书》在其下引唐人颜师古的三个注曰:"言著土地而有常居,不随畜牧移徙也。""服属于匈奴,为其所役使也。""给,足也。"

2.《资治通鉴》卷20元鼎二年(前115):

"西域凡三十六国,南北有大山,中央有河,东西六千余里,南北千余里,东则接汉玉门、阳关,西则限以葱岭。河有两源,一出葱岭,一出于寘,合流东注盐泽。盐泽去玉门、阳关三百余里。自玉门、阳关出西域有两道:从鄯善傍南山北,循河西行至莎车,为南道;南道西逾葱岭,则出大月氏、安息。自车师前王廷随北山循河西行至疏勒,为北道;北道西逾葱岭,则出大宛、康居、奄蔡焉。故皆役属匈奴,匈奴西边日逐王,置僮仆都尉,赋税诸国,取富给焉。"

3.《资治通鉴》卷26神爵二年(前60):

"吉既破车师,降日逐,威震西域,遂并护车师以西北道,故号都护。都护之置,自吉始焉。……匈奴益弱,不敢争西域,僮仆都尉由此罢。"

由上述记载看,僮仆都尉是匈奴设置的管理西域的机构是明确的,只是这些记载过于简略,不仅未记载僮仆都尉如何实施对西域的具体管理、僮仆都尉官职的任用等情况,而且也没有记载匈奴设置僮仆都尉的具体时间。从现有的研究情况看,国内学者对僮仆都尉的关注也很少，笔者只查到了林幹、王子今、刘锡淦先生对其进行探讨的专文。刘锡淦《关于西域都护与僮仆都尉问题的质疑》中对僮仆都尉的设置时间做了如下表述："僮仆都尉何时所建，史书无载，徐松考证置于太始时，查太始有四年，在哪一年，徐松没有进一步说明。"进而通过考证匈奴左大将之子先贤掸受封为日逐王的时间为太始三年（前94），由此认为"日逐王先贤掸离左贤王领地，到达西边，在西域确定建立僮仆都尉需要一定时间。僮仆都尉设于太始四年，或三至四年间，是可以确认的"[1]。林幹先生则是将僮仆都尉的设置时间认定为征和元年（前92）。[2] 王子今先生先后发表两文对僮仆都尉进行探讨，对于我们了解其来源和僮仆都尉对西域的管理提供了可能，遗憾的是对于僮仆都尉的设置时间并没有做出进一步明晰，只是对林幹先生的观点发表了如下意见："这样的意见，或许还可以讨论。"[3] 实际情况也确实如此，从史书的记载看，有些问题确实有必要做进一步讨论。

尽管《汉书·匈奴传上》在最初记载匈奴官职时有"单于者，广大之貌也，言其象天单于然也。置左右贤王，左右谷蠡，左右大将，左右大都尉，左右大当户，左右骨都侯。匈奴谓贤曰'屠耆'，故常以太子为左屠耆王。自左右贤王以下至当户，大者万余骑，小者数千，凡二十四长，立号曰'万骑'。其大臣皆世官。呼衍氏，兰氏，其后有须卜氏，此三姓，其贵种也。诸左王将居东方，直上谷以东，接秽貊、朝鲜；右王将居西方，直上郡以西，接氐、羌；而单于庭直代、云中。各有分地，逐水草移徙。而左右贤王、左右谷蠡最大国，左右骨都侯辅政。诸二十四长，亦各自置千长、百长、什长、裨小王、相、都尉、当户、且渠之属"，并没有在其中列举日逐王。匈奴日逐王之称呼是否为先贤掸被封才开始有也依然是值得关注的问题，因为按照《后汉书·匈奴列传》的记载，在匈奴的官职系列中设置有"左右日逐王"。也就是说，虽然僮仆都尉是随着日逐王先贤掸的降汉才撤销的，但《汉书·匈奴传上》"狐鹿姑单于立，以左大将为左贤王，数年病死，其子先贤掸不得代，更以为日逐王。日逐王者，贱于左贤王。单于自以其子为左贤王"的记载并不能说明"日逐王"是始于先贤掸，即设置僮仆都尉的日逐王是否为先贤掸是有疑问的。

从史书的记载看，匈奴对西域的统一是在冒顿单于时期。史书对此虽然没有明确

---

[1] 刘锡淦：《关于西域都护与僮仆都尉问题的质疑》，《新疆大学学报（哲学社会科学版）》1983年第1期。
[2] 林幹：《匈奴历史年表》，中华书局1984年版，第38页。
[3] 王子今：《匈奴"僮仆都尉"考》，《南都学坛（人文社会科学学报）》2012年第4期。

记载，但依据《汉书》所载冒顿单于和西汉文帝来往的文书，匈奴冒顿单派遣右贤王实施了对西域的征服。《汉书·匈奴传上》载："（文帝）其明年，单于遗汉书曰：'天所立匈奴大单于敬问皇帝无恙。前时皇帝言和亲事，称书意合欢。汉边吏侵侮右贤王，右贤王不请，听后义卢侯难支等计，与汉吏相恨，绝二主之约，离昆弟之亲。皇帝让书再至，发使以书报，不来，汉使不至。汉以其故不和，邻国不附。今以少吏之败约，故罚右贤王，使至西方求月氏击之。以天之福，吏卒良，马力强，以灭夷月氏，尽斩杀降下定之。楼兰、乌孙、呼揭及其旁二十六国皆已为匈奴。诸引弓之民并为一家，北州以定。愿寝兵休士养马，除前事，复故约，以安边民，以应古始，使少者得成其长，老者得安其处，世世平乐。……'"林幹先生将此事发生的时间定为汉文帝六年/匈奴冒顿单于三十六年（前174）。① 但按照《史记·文帝纪》的记载：文帝三年（前177）五月，匈奴右贤王率军入侵河南地，汉文帝派遣灌婴领八万车骑迎击，结果是右贤王"走出塞"。如果这一记载准确，那么接下来的"其明年"，应该为汉文帝四年（前176）。也就是说，匈奴冒顿单于派遣右贤王对西域征服发生的时间应该是公元前176年，由此也奠定了匈奴对西域的全面统治。而如果认为僮仆都尉是匈奴日逐王先贤掸在太始年间或征和元年（前92）设置，由此带来的问题是之前匈奴既然已经实现了对西域的统一，那么对西域的管理是如何进行的，抑或是近百年之后匈奴日逐王先贤掸设置僮仆都尉后匈奴才开始对西域实施有效管辖？故而，认为僮仆都尉为先贤掸所设置在逻辑上似乎难以说通，该机构的设置和匈奴对西域的统一应该是同步的。

上述所载"僮仆都尉，使领西域，常居焉耆、危须、尉黎间，赋税诸国，取富给焉"是对僮仆都尉设置地点及具体职责的高度概括。王子今先生在《匈奴"僮仆都尉"考》中对"僮仆都尉"的词义有过系统阐述，认为"'僮仆都尉'称谓则与其他'官号'明显不同，突出显示了汉文化影响的某种痕迹"②。笔者对此深表赞同，应该说"僮仆都尉"之"僮仆""都尉"都是汉语词，以往学者多从"僮仆"为"奴隶"之意出发来解释其具体职责，认为"匈奴单于国在西域设置的官员，'僮仆'即指奴隶，僮仆都尉的职责是统管西域各国，从官名可知，匈奴将西域各国居民视为奴隶"③。但是，这种认识似乎需要补充修订。首先要明确的是，"僮仆都尉"虽然是一个匈奴官称，但其和"撑

---

① 林幹：《匈奴历史年表》，中华书局1984年版，第10—11页。
② 王子今：《匈奴"僮仆都尉"考》，《南都学坛（人文社会科学学报）》2012年第4期。
③ 刘维新主编：《新疆民族辞典》，新疆人民出版社1995年版，第41页。

犁孤涂单于"等汉字注音的匈奴词语不同,"僮仆""都尉"都是汉语词,因此"僮仆都尉"的性质有两种可能:一是其可能并非匈奴原有的官职称呼,而是汉语的意译词;二是该名称如果是匈奴原有的官称,则可能是匈奴人设置了一个由汉语词汇构成的官职,其背后体现的即如王子今先生所言"显示了汉文化影响的某种痕迹"。但鉴于文帝和冒顿单于时期汉朝和匈奴之间的政治文化交流存在"争长"的情况,冒顿单于将对西域的统一作为向西汉文帝炫耀的重大事件,似乎匈奴不太可能用来自汉语的词汇命名其官职。因此,"僮仆都尉"的匈奴语原称是什么我们可能已经无法知道。至于从"奴隶"出发来理解"僮仆都尉"官职的含义,笔者认为其反映的是汉人的认识,视之为"属民" / "属国"似乎更为准确。"都尉""使领""常居""赋税诸国"等也都是汉语词汇,是汉人对"僮仆都尉"职责的解释,即领兵镇抚西域诸国,经常驻扎在焉耆、危须、尉黎三国之间,似乎并没有固定的府衙,但收取赋税,以示和西域诸国之间存在政治隶属关系。

从史书的记载看,"僮仆都尉"为匈奴日逐王辖下的官员,而神爵二年(前60)日逐王降汉之后,自然结束了其使命,同时也标志着匈奴对西域全面管理的结束,西汉逐步实施对西域全面管理的开始。尽管"僮仆都尉"和"西域都护"分属匈奴和西汉两个不同的政权,但从对西域管理的角度上看,将二者看作前后相继的关系应该是符合逻辑的。

(二)有关西域都护府的记载

有关西域都护府或西域都护的记载则相对较多,而涉及西域都护设置时间、职责及历任都护的主要有以下诸条。

1.《汉书·公卿表》:"西域都护加官,宣帝地节二年初置,以骑都尉、谏大夫使护西域三十六国,有副校尉,秩比二千石,丞一人,司马、候、千人各二人。"

2.《汉官六种·汉官仪卷上》:"西域都护,武皇帝始开通西域三十六国,其后稍分至五十余国,置使者、校尉以领护之。宣帝神雀(爵)三年,改曰都护,秩二千石。平帝时省都护,令戊己(都护)〔校尉〕领之。"

3.《汉书·郑吉传》:"郑吉,会稽人也,以卒伍从军,数出西域,由是为郎。吉为人强执,习外国事。自张骞通西域,李广利征伐之后,初置校尉,屯田渠黎。至宣帝时,吉以侍郎田渠黎,积谷,因发诸国兵攻破车师,迁卫司马,使护鄯善以西南道。神爵中，匈奴乖乱，日逐王先贤掸欲降汉，使人与吉相闻。吉发渠黎、龟兹诸国五万人迎日逐王，口万二千人、小王将十二人随吉至河曲，颇有亡者，吉追斩之，遂将诣京师。汉封日逐王为归德侯。吉既破车师，降日逐，威震西域，遂并护车师以西北道，故号都护。都护之置自吉始焉。上嘉其功效，乃下诏曰：'都护西域骑都尉郑吉，拊循外蛮，宣明威信，迎匈奴单于从兄日逐王众，击破车师兜訾城，功效茂著。其封吉为安远侯，食邑千户。'吉于是中西域而立莫府，治乌垒城，镇抚诸国，诛伐怀集之。汉之号令班西域矣，始自张骞而成于郑吉。语在《西域传》。"

4.《汉书·西域传上》："自贰师将军伐大宛之后，西域震惧，多遣使来贡献，汉使西域者益得职。于是自敦煌西至盐泽，往往起亭，而轮台、渠犁皆有田卒数百人，置使者校尉领护，以给使外国者。至宣帝时，遣卫司马使护鄯善以西数国。及破姑师，未尽殄，分以为车师前后王及山北六国。时汉独护南道，未能尽并北道也，然匈奴不自安矣。其后日逐王畔单于，将众来降，护鄯善以西使者郑吉迎之。既至汉，封日逐王为归德侯，吉为安远侯，是岁，神爵三年也。乃因使吉并护北道，故号曰都护。都护之起，自吉置矣。僮仆都尉由此罢，匈奴益弱，不得近西域。于是徙屯田，田于北胥鞬，披莎车之地，屯田校尉始属都护。都护督察乌孙、康居诸外国动静，有变以闻。可安辑，安辑之；可击，击之。都护治乌垒城，去阳关二千七百三十八里，与渠犁田官相近，土地肥饶，于西域为中，故都护治焉。"

5.《汉书·傅常郑甘陈段传》："赞曰：自元狩之际，张骞始通西域，至于地节，郑吉建都护之号，讫王莽世，凡十八人，皆以勇略选，然其有功迹者具此。廉褒以恩信称，郭舜以廉平著，孙建用威重显，其余无称焉。陈汤儻荡，不自收敛，卒用困穷，议者闵之，故备列云。"

6. 汉简："元康四年二月己未朔乙亥使护鄯善以西校尉吉副卫司马富昌丞庆都尉宣建都☐乃元康二年五月癸未以使都护檄书遣尉丞赦将施刑士五十人送致将车□发。"①

当然，史书和汉简对历任西域都护事迹的记述还有很多，只是与本文讨论主题关系不大，所以不再一一罗列。综合分析上述记载，我们不难发现以下几个问题：

其一是，有关西域都护和僮仆都尉的记述方式有着很大的相似性。作为主管西域的最高长官，西域都护的职责是"使护"，僮仆都尉的职责则是"使领"。"使护"和

---

① 谢桂华等：《居延汉简释文合校》，文物出版社1987年版，第192页。

"使领"是有差别的,反映着西汉和匈奴对西域有着不同的管理方式。具体言之,西汉王朝不收取赋税,西域都护是"督察乌孙、康居诸外国动静,有变以闻。可安辑,安辑之;可击,击之",重点在于"督察"和"镇抚";匈奴对西域则是侧重行政管理,僮仆都尉虽然也领有军队,但主要职责是"赋税诸国,取富给焉",重点在于管理方面的收取赋税。或许是"使护"和"使领"职责实施需要的不同,西域都护"治乌垒城",因为该地"与渠犁田官相近,土地肥饶,于西域为中,故都护治焉";而僮仆都尉则是"常居焉耆、危须、尉黎间",便于"赋税诸国,取富给焉"。与此同时,这种叙述方式的相似性为"僮仆都尉"是汉人意译的官称的认识提供了又一个佐证。

其二是,西域都护的设置时间存在较大差异。从文献记载来看,对西域都护始置时间的记述有地节二年(前68)、神爵二年(前60)和三年(前59)三个说法;而汉简资料则显示"都护"一词出现在元康四年(前62)。针对这些不同记载,尽管各类史书多采用神爵二年的说法,但依然有进一步探讨的必要,其中刘锡淦、李大龙、刘国防、李炳泉等均有专文讨论,而最新的专文则是张瑛的《汉代西域都护设置的时间及其职责相关问题考辨》。这些专论在上述三种不同认识基础上,又出现了神爵二年设置、三年立府施政的第四种说法,值得关注。

赞同西域都护设置于地节二年。刘锡淦先生认为:"西域都护之设,不在神爵三年,而是地节二年。那么,神爵三年之说,从何而来,此乃设官与正式任命两事混淆所致。""地节二年,破车师,汉设西域都护,升郑吉为卫司马,令代行都护之权,所以《公卿表》在西域都护之后,特写'加官'二字,其所以如此,就因当时郑吉的级别尚低,待封安远侯后,才正式任命为都护。都护之设在地节,正式任命在神爵,均以郑吉始。"①刘国防在列举了史书和汉简的记载后大体赞同此说法,认为"我们认为建号于地节二年(公元前68年)的说法是可信的。除上引居延汉简可以为证外,《汉书》之《百官公卿表》和《傅常郑甘陈段传赞》也有相似之记载",并认为使者校尉是西域都护的前身。②

赞同西域都护设置于神爵三年。笔者通过考证,认为"使者校尉"实际上是"使者"和"校尉",并非一个官称,进而认为:《汉书》有关西域都护始置时间的不同记载,虽然互有矛盾,但也有相同之处,即都与郑吉有着密不可分的联系,时间不同是对郑吉的职务的不同记载所致,因而要想探明西域都护的始置时间,区分上述记载的正

---

① 刘锡淦:《关于西域都护与僮仆都尉问题的质疑》,《新疆大学学报(哲学社会科学版)》1983年第1期。
② 刘国防:《汉西域都护的始置及其年代》,《西域研究》2002年第3期。

误,关键是要弄清楚郑吉的职务变化及其年代。"从史书的记载看,郑吉的职务变化是郎→侍郎→卫司马,使护鄯善以西南道使者→西域都护。"而使护鄯善以西南道改称西域都护是在神爵三年,即公元前 59 年。"①

赞同西域都护设置于神爵二年。张瑛通过分析史书、汉简及之前诸多学者的观点,认为:"神爵二年说和神爵三年说其实并无绝对矛盾,只是在时间节点的选择上略有不同。""神爵二年,随着匈奴日逐王降汉、车师彻底被汉王朝占领,匈奴在西域的主体势力基本瓦解。西域都护军政职能的强化,不仅对西域南北道诸国进行领护监管,还统一管辖了包括屯田机构在内的在西域的其他机构,因此,传世文献称西域都护建立于神爵二年有其合理性。"②

尤其值得提及的是李炳泉在《关于汉代西域都护的两个问题》中对汉简中的"都护"一词进行了分析,并在此基础上试图弥合神爵二年和三年两种说法的矛盾。他认为:汉简中的"都护"并非指"西域都护","将西域都护的设立时间确定为宣帝地节二年是不能成立的"。"西域都护设官于宣帝神爵二年,立府施政在神爵三年;它在建立初期为加官,属虚名,约在汉成帝时变为国家正式编制下的实名官职。"③

尽管学者对西域都护的设置时间依然存在不同的认定,且有想将西域都护始置时间提前到地节二年的倾向,但随着匈奴日逐王降汉,匈奴设置的僮仆都尉撤销,西汉的西域都护取而代之却得到了学者的普遍赞同,似乎没有被质疑过,而对于西域管理来说,僮仆都尉和西域都护也构成了实际上的前后相继的关系。如此,如何认识僮仆都尉和西域都护之间的关系,或者说诠释西域被纳入多民族国家中国版图的标志是僮仆都尉还是西域都护就成了学界必须应该面对的重要问题。值得特别指出的是,这一问题的提出并不在于僮仆都尉的设置要远远早于西域都护数十年,而是事关我们如何认识中国疆域史及如何评价边疆政权在其中的作用的大问题。

(三)如何定位僮仆都尉与西域都护

如何认识僮仆都尉和西域都护的关系,实际上早就有人给予过关注,不过是从族

---

① 李大龙:《西汉西域都护略论》,《中国边疆史地研究》1991 年第 2 期。
② 张瑛:《汉代西域都护设置的时间及其职责相关问题考辨》,《西北民族大学学报(哲学社会科学版)》2019 年第 3 期。
③ 李炳泉:《关于汉代西域都护的两个问题》,《民族研究》2003 年第 6 期。

群的视角提出的。刘锡淦在前引文中曾经提及：有学者认为西域都护的前身"不是使者校尉，而是僮仆都尉，理由是匈奴既然是中华民族的成员之一，它所建立的僮仆都尉是'领西域'，'领'也就是管理或治理的意思，西域都护的职权则与此同，后者接替了前者，作为中华民族说来，僮仆都尉应该是西域都护的前身"。但此认识为刘锡淦所反对，理由是："第一，二者职权虽同，但二者所推行的政令不一；第二，西域都护的建立，不是因日逐王降汉才设，而是在这之前即有此职；第三，前后之间毫无继承性。因此，把僮仆都尉作为西域都护的前身是不适宜的，从而也是不可取的。"① 将僮仆都尉视为西域都护的前身自然是不成立的，因为西域都护的前身是使者或"使者校尉"，但笔者则认为，在诠释西域被纳入多民族国家中国疆域形成轨道过程中完全忽视僮仆都尉的重要作用，或完全割断僮仆都尉和西域都护之间前后相继的关系的做法似乎过于简单了，更是严重"不可取的"做法。

或许是受到了上述观点的影响，在诠释西域纳入多民族国家中国疆域形成轨道时，国内的论著无一例外将西汉设置西域都护作为标志，而非僮仆都尉。

《新疆简史》是较早系统诠释新疆历史的专门性著作，其选择的标志即是西域都护的设置：神爵二年（前60），郑吉为西域都护，"至此西域这块地方，包括今北疆及巴尔喀什湖以东以南广大地区，就都正式列入汉朝版图。这不仅是新疆历史上的一件大事，而且也是我们统一的多民族国家的形成与发展史上的一件大事。而且上述历史表明，这也是我国整个历史和新疆地方历史发展的一个必然结果"②。

《中国新疆：历史与现状》是新世纪撰写的有关新疆历史的著作，其对新疆纳入中国版图过程的诠释是："公元前60年（神爵二年），匈奴日逐王降汉，匈奴势力最终退出西域，汉朝取代匈奴，统一了西域。从此，西域正式纳入中央王朝的统治体系。"③

上述论著基本反映了国内学界的一般认识，基本属于以历代王朝或中央王朝为基点出发而构建起来的话语体系，其背后或多或少还有"汉族中心论"的影子。面对西域历史发展的实际情况，脱离开历代王朝叙述视角，如果认为匈奴也是中国历史上的古代政权，其历史属于中国历史，那么匈奴在西域设置僮仆都尉对于西域纳入多民族国家中国疆域形成轨道的重要作用就存在一个是否应该重新定位的问题。或者说，我们可否将

---

① 刘锡淦：《关于西域都护与僮仆都尉问题的质疑》，《新疆大学学报（哲学社会科学版）》1983年第1期。
② 《新疆简史》（第一册），新疆人民出版社1980年版，第37页。
③ 厉声主编：《中国新疆：历史与现状》，新疆人民出版社2003年版，第13页。

匈奴政权在西域设置僮仆都尉对西域实施有效管辖视为西域纳入多民族国家疆域形成轨道开始的标志？理由是，既然匈奴历史是中国历史的重要组成部分，而匈奴对草原地区的"一统"为其后的鲜卑、突厥、蒙古等所继承和发扬，为草原地区最终融入中国历史成为中国疆域重要组成部分奠定了牢固基础，从逻辑推理言，匈奴疆域也自然是"历史上的中国"疆域的组成部分，那么其所设置的僮仆都尉完全可以视为西域融入多民族国家中国疆域开端的标志。即匈奴设置的僮仆都尉虽然不能将其看作是西汉西域都护的前身，但我们可以视其为中华大地上的古代王朝（还是游牧王朝）对西域实施有效管辖的开端。更重要的是，类似如何定位僮仆都尉和西域都护的情况，实际上并非个案，我们在构建西藏历史话语体系的过程中也遇到了相同的问题。

如何认识西藏被纳入多民族国家疆域的历史，以往我国学界经过了几度变化，目前大致存在两种不同的说法：一是"西藏自古就是中国领土"；二是"西藏自元代以来纳入中国版图"。罗广武《为什么说"西藏自古以来就是中国的一部分"》可以视为前一种观点的代表，该文以谭其骧先生对中国疆域的界定为基础，从地理、考古、民族学等诸多方面论证，认为："我们的结论是两句话：西藏自古以来就是中国的一部分，到了元朝又成为中国中央政权管辖下的一个行政地区。这两句话是科学的、完整的、含义明确的、不会引起误解的，也是完全符合历史事实的。"① 这种观点应该是我国学界的传统认识。张江华《西藏何时归入中国版图》则代表着后一种认识。该文认为"唐朝与吐蕃实质上是并列关系"，"到元代，西藏与中原王朝不再是并列关系，西藏成为元帝国的一部分。其重要标志就是元朝中央对西藏有一系列施政措施，由中央委任地方官员。吐蕃王国在九世纪崩溃以后，西藏再没有统一的政权，地方势力各自为政，长达数百年。1206 年，成吉思汗出兵西藏……1247 年萨班接受了归顺蒙古汗国的条件，并向各分散的地方头人写信，要他们以和平方式归顺，'各处部众原有之官员仍然加委供职'，否则'定遭覆亡'。于是全藏以萨班为首的僧俗头人皆顺应了元统一中国的时代潮流，服从元朝中央的行政管辖"。"从元朝统一西藏的过程看，以军事先导为起点，崇佛为手段，恩威并施，笼络上层，建制委官，使中央对西藏享有完全的主权。从此西藏完全归入中国版图，成为祖国领土不可分割的一部分。"② 应该说，两种认识对元朝管辖西藏给予了

---

① 罗广武：《为什么说"西藏自古以来就是中国的一部分"》，《西藏民族学院学报（哲学社会科学版）》2010 年第 6 期。

② 张江华：《西藏何时归入中国版图》，《民族研究》1989 年第 3 期。

高度评价，但由于受到了"中国中央政权"观念和"主权"理论的影响，得出两种不同的结论，而差异形成的关键点则是对唐朝和吐蕃关系的认定上。在后一种观点看来，唐朝和吐蕃是并列关系，唐朝是实现了中国"大一统"的王朝，可以视为"中国"，但其并没有对西藏地区实施有效管辖，且吐蕃也并未被视为"中国"，而元朝既被视为"中国"的"中央王朝"，同时又实现了对西藏的有效管辖，故而认为在元代"西藏完全归入中国版图"。但是，且不说这种逻辑推理所涉及的"主权"是1648年《威斯特伐利亚和约》带给欧洲乃至当今世界的概念，用其审视古代传统王朝的疆域构成是否适宜是一个值得考虑的重大问题，而且这种推理也完全忽略了吐蕃及其之前西藏地方诸多政权和族群在多民族国家中国疆域构建中的作用，犯了和认定西域纳入中国版图相同的错误：吐蕃和设置僮仆都尉的匈奴一样，因为被认为不是"中国"的"中央政权"，故其对西藏和西域的有效统治自然不能称之为"纳入中国版图"的开始。但是，值得注意的是，相对于吐蕃而言，唐朝统治者可以视自己为"中国"，而相对于实现更"大一统"的元、清、民国乃至于今天的多民族国家而言，唐朝和吐蕃则都属于"中国"，不仅其疆域可以被视为"中国"的组成部分，其设置机构实施有效管辖的区域也应该被一视同仁，因为我们诠释的是多民族国家中国的历史，而非单纯的汉朝或唐朝疆域及其历史。

在历代王朝主导的传统的话语体系中，实现局部"统一"的匈奴、吐蕃、突厥、回鹘、南诏、高句丽、渤海等因为政治中心没有进入过中原地区，都是难以进入王朝主体系列的，而进入中原地区和其他中原王朝争夺"中国正统"的政权也是被分为两类的。一类为实现了局部"一统"乃至"大一统"的王朝，如鲜卑建立的北魏、契丹建立的辽朝、女真建立的金朝、蒙古建立的元朝和满洲建立的清朝是被纳入历代王朝系列之中的，可以被视为"中国"；一类则是在"正统"的争夺中败北的，如东晋以来进入中原地区的匈奴、鲜卑、羯、氐、羌诸族建立的汉、赵、秦及诸燕等政权，因为没有获得"正统"的确认，其地位没有被列入"历代王朝"序列的可能，不仅不能以"中国"称呼之，而且还被称为"五胡乱华"。也就是说，尽管在20世纪50年代开始的"历史上的中国"的大讨论基本达成了历代王朝疆域不能等同于多民族国家中国疆域的一般认识[①]，但历代王朝尤其是实现"一统"的王朝往往被视为"中国中央王朝"的认识还是制约着我

---

① 参见李大龙、刘清涛《统一多民族国家的疆域问题研究》，达力扎布主编：《中国民族史研究60年》，中央民族大学出版社2010年版，第37—46页。

们对中国历史的诠释，边疆地区尤其是边疆地区政权在多民族国家形成过程中的重要地位并没有得到应有的定位。在这种状况下，西汉在西域设置西域都护而非匈奴设置僮仆都尉、元朝对西藏实施有效统治而非吐蕃实现了对西藏地区的"一统"被视为西域、西藏"纳入中国版图"的开始就是一个自然而然的结果了。

由此看，是以西域都护还是以僮仆都尉的设置为开端体现着学界不同的视角，而是"自古"还是"元代开始"也体现着史观的不同，其背后支撑的理论则是两种不同的话语体系，一是传统的历代王朝话语体系，一是出现在近代并构成国家法基础的"主权国家"话语体系。

"主权"理论形成于1648年的《威斯特伐利亚和约》的签订，而中国符合主权国家理论的第一个条约则是康熙二十八年（1689）年清朝与俄罗斯签订的《尼布楚条约》，不加区分地完全用"主权"的原则审视中华大地古代王朝的疆域自然是存在缺陷的。而历代王朝为主体的话语体系却是对我国学界影响至深，最主要的原因是有号称"二十五史"的"中国正史"系列作为支撑，所涉及的历代王朝则被视为"中国正统"。值得关注的是，"中国正统"是中华大地上诸多政权尤其是进入中原地区的政权打击异己势力的有力武器，由此也形成了中华大地上在时间上具有先后相继关系的历代王朝体系，但这一体系尽管屡屡强调"华夷之别"却并没有将非"华"族群建立的政权排斥在外。只是以历代王朝为基点构建起来的话语体系在"民族国家"理论的影响下往往被扣上"大汉族主义"或"中原中心"的帽子，而进入新世纪之后，不仅面临着来自"疆独""藏独"等国内分裂势力对中国历史的肆意解读，而且也迎来了美国"新清史"学派的挑战，更面临着诸多邻国为构建自己国家的历史话语而对我国边疆历史的肆意解读。新近由中国社会科学出版社出版的《哈萨克斯坦简史》即是将匈奴、突厥、蒙古等我国北方草原地区的历史纳入了其叙述体系。[①] 在这种情况下，抛开所谓"中国中央王朝"叙述体系，重新建构客观阐述边疆政权在多民族国家中国疆域形成与发展中的重要作用的话语体系就显得尤为重要和日益迫切了。

多民族国家中国是中华大地上诸多政权和族群共同缔造的，这是当今我国学界的共识。而既然中华大地上的诸多政权和族群共同缔造了多民族国家中国，那么这些政权和族群的历史自然就应该是我们诠释多民族国家历史所应该涵盖的内容，这些政权所设

---

① 参见［哈］坎·格奥尔吉·瓦西利耶维奇著：《哈萨克斯坦简史》，中国社会科学出版社2018年版。

置机构进行有效管辖地区的历史也应该包括在内。唐人李大亮曾经用"本根"和"枝叶"来形容唐人心目中的"天下",此说法也得到了唐太宗李世民的认同。但是,当今学者多从民族国家视角将其认识归入"歧视"或"中原中心论"之列。从"天下"的角度看,无论是"本根"还是"枝叶"都是"树"的组成部分,尽管存在差别,但二者是一体的,共同构成了"天下"。"天下"是中华大地上诸多族群或政权用以形容"大一统"王朝疆域理想的词语,但理想中"大一统"的"天下"演变为现实中的多民族国家的"中国"则是历经二千多年的发展在清朝最终实现的,康熙二十八年(1689)和俄罗斯签订的《尼布楚条约》则是其开始实现的重要标志,清朝以近现代主权国家"中国"的身份出现在国际舞台。[①] 既然今天多民族国家"中国"是构成"天下"的"中国百姓(华夏)"和"四夷"共同缔造的,那么从逻辑上讲,不仅历代王朝是今天多民族国家疆域的"自古","四夷"的区域也应该给予相同的认定,即"四夷"活动的边疆地区也应该是多民族国家疆域"自古"的重要组成部分。如此诠释多民族国家形成和发展的历史并不是刻意地夸耀其辽阔和强大,因为其间也存在有些政权和族群脱离的情况。至于有些政权和族群互动的区域在多民族国家形成和发展的过程中脱离了多民族国家形成的轨道,客观诠释其过程无疑也是历史研究应有的做法,也更符合多民族国家是中华大地上诸多政权和族群共同缔造的这一主流看法。

二、"天下国家"与整体史观

如何认识"中国"与"边疆"本是在诠释中国历史时困扰我国史学界的一大难题,而当今随着政治学、民族学、人类学等诸多学科学者介入边疆研究,"何以边疆""何来中国"成为不同学科学者热衷讨论的话题,相关专题的讨论会不断见诸各种媒体。回溯历史,实际上类似的讨论在"中国"和"边疆"概念出现的春秋战国时期就已经存在,而且相关争论不仅在东晋南北朝、宋辽金的大分裂时期,就是在元清两代实现中华大地"大一统"的时期都曾经掀起过讨论高潮,严重影响着多民族国家形成与发展历史的走向。源自20世纪50年代的讨论虽然围绕"历史上的中国"范围展开,但如何定位历代王朝和边疆及边疆政权在中国疆域形成与发展中的作用则成为争论的问

[①] 相关探讨,参见李大龙《从"天下"到"中国":多民族国家疆域理论解构》,人民出版社2015年版。

题，实质则关乎对多民族国家中国属性的认识。在"百年未有之大变局"的当下，随着铸牢中华民族共同体意识的提出，更赋予了"中国"与"边疆"的讨论更丰富的内涵与更重要的意义。

以下试图在回顾"历史上的中国"的讨论基础上从"天下"的视角就"中国"与"边疆"的关系谈点粗浅的认识，希望有助于认识"历史上的中国"讨论的意义及研究存在的误区，进而为客观认识"中国"与"边疆"在多民族国家形成与发展中的不同贡献提供一个新视角和新方法，助力于有中国特色中国边疆学"三大体系"建设。

（一）"历史上的中国"讨论的意义和研究误区

"中国自古就是统一多民族国家"，不仅是得到很多中国人认同的观点，更是在众多论著中经常可以见到的表述[①]，但是多民族国家中国是否"自古"就有在学界却存在着不同的意见。因为尽管存在着被称为"二十四史"的所谓"正史"系列古籍，但如何认识和诠释中国疆域形成与发展的历史，在我国历史学界尤其是中国民族史学界还存在比较大的分歧，甚至在新中国成立后曾经出现过两次争论高潮。[②]

第一次是在20世纪五六十年代。1951年5月5日，白寿彝先生针对如何确定中国历史的叙述范围，在《光明日报》发表了《论历史上祖国国土问题的处理》的文章。文中提出"我们在本国史上怎样处理祖国国土的问题"有两个办法：一个办法是以"历代皇朝的疆域"作为不同时期中国"国土的范围"，但这一范围在不同时期会有"变更或伸缩"；另一个办法是以中华人民共和国的疆域范围为基础，"由此上溯"，依据"有历史以来，在这土地上的先民的活动"再来确定范围。文中白寿彝先生最终认为后一种是"正确的办法"。[③] 因为历代王朝叙事体系是我国史学界的传统做法，白寿彝先生此文引发了国内学界的广泛讨论，以《光明日报》和《文汇报》为主要载体，翦伯赞、吕振羽、何兹全、孙祚民等众多前辈学者纷纷围绕白寿彝先生提出的如何确定"历代国土范围"问题展开了热烈讨论，可以将此次讨论视为第一次研究高潮。遗憾的是，这次讨论

[①] 在中国知网以"中国自古就是统一多民族国家"为题进行全文检索，可以得到24205条文献数据，既包括硕博学位论文，也包括了众多期刊论文，体现着这一认识具有普遍性。访问时间：2022年6月20日。

[②] 两次大讨论的代表性成果，分别被辑录于《中国民族关系史论文集》，民族出版社1982年版；《中国民族关系史研究》，中国社会科学出版社1984年版。

[③] 白寿彝：《论历史上祖国国土问题的处理》，《中国民族关系史论文集》（上），民族出版社1982年版，第207—208页。原载《光明日报》1951年5月5日。

因"文革"的出现而中断,而从依然有学者坚持历代王朝叙事体系看,并没有形成统一的认识。

第二次是在20世纪八九十年代。1981年5月,中国民族研究学会和中国社会科学院民族研究所组织的中国民族关系史学术座谈会在北京召开,会议的议题是我国历史上的民族关系,但因为也存在一个需要确定叙述范围的问题,"中国疆域范围"由之也成为与会学者聚焦讨论的重要方面,其中"民族关系与疆域问题"是白寿彝先生大会发言涉及的一个重要内容,而谭其骧先生大会发言的题目则是《历史上的中国和中国历代疆域》,由此引发了学界对"历史上的中国"的讨论热潮,相关论文纷纷见诸不同报刊。

通过两次大规模的讨论,白寿彝先生提出的以中华人民共和国疆域为范围"由此上溯"的观点似乎得到了国内大多数学者的赞同,但是也不是没有不同意见出现,其中两种反对意见值得给予关注。一种是以孙祚民先生的认识为代表的观点。他认为匈奴、突厥、契丹、女真和蒙古等"这些民族国家对当时的汉、唐、宋、明王朝来说,还是外族和外国……在过去各该历史的当时,这些少数民族,还是独立的民族国家,还未成为中国民族大家庭的成员,从而,它也就只能是一个外族的国家",进而认为如果按照今天的疆域判定,是"混淆了历史上的'当时'和现在的'今天',就必然把问题导向错误的境地"。① 第二种是以葛剑雄先生的认识为代表的观点。他认为"能不能就用今天中华人民共和国的领土为范围呢? 显然也不妥当。因为由于一百多年来帝国主义的侵略和掠夺,中国已有一百多万平方公里的土地被攫取。"② 实际上针对讨论中出现的第一种意见,谭其骧先生在《历史上的中国和中国历代疆域》中已经做出了回应:"我们是现代的中国人,我们不能拿古人心目中的'中国'作为中国的范围",进而提出应该以"从18世纪50年代到19世纪40年代鸦片战争以前这个时期的中国版图作为我们历史时期的中国的范围"。③ 谭其骧先生的认识客观上也避免了葛剑雄先生所指出的以今天的疆域为范围所带来的问题,并成为其主编的《中国历史地图集》绘制的指导思想。

综合分析两次讨论聚焦的问题,虽然分别是"历代国土范围"和"历史上的中

---

① 孙祚民:《中国古代史中有关祖国疆域和少数民族的问题》,《中国民族关系史论文集》(上),民族出版社1982年版,第220页。原文载《文汇报》1961年11月4日。
② 葛剑雄:《中国历代疆域的变迁》,引言,第6页。
③ 谭其骧:《历史上的中国和中国历代疆域》,《中国边疆史地研究》1991年第1期。

国",前者聚焦"国史范围"是为中国历史的书写确定一个明确的范围,后者则是为"中国历史上的民族关系"划定一个明确范围,但涉及的根本问题实际上是一个,即如何认识多民族国家中国疆域的形成与发展,而其中的关键问题则是如何处理传统话语体系中历代王朝所代表的"中国"和当今多民族国家之"中国"的关系。谭其骧先生提出的主张虽然在中国历史的具体叙述中可以回应鸦片战争以来中国疆域被蚕食鲸吞的问题,但似乎和白寿彝先生的观点也并没有本质上的差别,依然是在古人和今人"中国"概念的视角下分析问题,也没有从根本上回应孙祚民先生提出的问题,因为古人和今人所提及的"中国"概念不仅在涵盖范围上并不相同,而且性质上也存在巨大差异。今人的"中国"概念是中华人民共和国的简称,其疆域属于主权国家的范围,因此可以作为判定归属的标志,但古人的"中国"概念更多情况下是历代王朝"正统性"的标志,并不具有近代以来主权国家领土的属性,且没有一个明确的范围,无法作为判定归属的标准。正因为讨论没有一个完善的结论出现,尽管以今天的中华人民共和国的疆域"由此上溯"的观点得到了国内不少学者的赞同,但相关讨论的文章依然不断见诸报刊,而虽然很少再有学者坚持以历代王朝的疆域代表"中国"疆域的说法,但却出现了一个新观点,即将历代王朝视为延续发展的"中国",边疆融入多民族国家中国的过程则被视为"逐步加入"的观点。

"逐步加入"的观点在国内学界有一定市场,但其判定标准却存在着时空错位的问题,持有这种观点的学者一般不会赞同"中国自古是统一多民族国家"的观点,给出的理由是我国统一多民族国家并非是"自古"就有的,而是有一个发展过程[①],更有学者在此基础上进而或提出我国统一多民族国家的形成过程表现为"各族并非同时加入",而是"不同时期逐步加入"[②],或认为"在中国疆域形成过程中,不断有新的民族和政权主动嵌入正在形成和发展的中国版图之中"[③]。笔者曾经考察过学者认定边疆政权归属的标准也存在不能圆说和标准不一的情况,但历代王朝设置机构进行管理还是主流说

---

① 参见张璇如《民族关系史若干问题的我见》,《中国民族关系史研究》,中国社会科学出版社1984年版,第61页。

② 孙进己:《我国历史上民族关系的几个问题》,《中国民族关系史研究》,中国社会科学出版社1984年版,第116页。在《史学集刊》2001年第3期发表的《我国统一多民族国家的形成与发展》中,孙先生对这一观点又做了进一步论证。

③ 杨建新:《"中国"一词和中国疆域形成再探讨》,《中国边疆史地研究》2006年第2期。

法①,说明"逐步进入"在具体认定上虽然各说纷纭,莫衷一是,但历代王朝依然是确定归属的重要依据,甚至唯一标准,体现着历代王朝代表"中国"的观念根深蒂固。

面对长期的争论,有学者关注到了争论的焦点实际上是"以谁代表中国":"学界对中国历史疆域问题认识不一,主要原因还是在'以谁代表中国'的问题上没有形成共识,有人主张以汉族及其政权代表中国,有人主张以中原王朝代表中国,也有人主张以中原统一王朝的疆域代表中国的疆域,等等。"②仔细分析,"以谁代表中国"和如何诠释中国疆域乃至中国历史虽然有联系,但并不是同一件事情。因为即便是按照传统认识,历代王朝可以代表"中国",那么除元、清两朝之外历代王朝的疆域都没有能够涵盖今天中华人民共和国疆域的所有区域,且"中国"不是表示王朝疆域的概念,也不是一个完整的行政区域,更多的体现的是"正统"。也就是说,两次大规模讨论实际上都没有聚焦在中国历史阐述的视角与方法的讨论上,而过于聚焦"中国"概念和"以谁代表中国",反而忽视了"中国"并非传统话语体系中指称王朝疆域的概念,这不仅制约着讨论的进一步深入,也将讨论引入了误区。因为在历代王朝统治者的疆域意识中,"天下"才是表示王朝疆域的用语,"中国"虽然有指称地域的用法,但更多情况下是表达拥有"正统"的要件之一。故而史书中,不仅有"天下名山八,而三在蛮夷,五在中国"③的记述,更有"儒者所谓中国者,于天下乃八十一分居其一分耳"④的认识。"中国"只是"天下"的一部分,并非王朝疆域的全部。中华大地上众多王朝对"中国"的争夺,绝大多数情况下是出于谋求"正统"地位的需要而提出,是各朝夺取"正统"的要件之一。即如宋人富弼所言:"自契丹侵取燕、蓟以北,拓跋自得灵、夏以西,其间所生豪英,皆为其用。得中国土地,役中国人力,称中国位号,仿中国官属,任中国贤才,读中国书籍,用中国车服,行中国法令,是二敌所为,皆与中国等。"⑤当时的中华大地上存在着很多的政权,北宋的"正统"地位直接面临着来自契丹建立的辽和党项人建立的西夏的挑战,但和东晋南北朝时期南朝丧失了对"中国"区域的有效控制不同,北宋拥

---

① 参见李大龙《如何诠释边疆——从僮仆都尉和西域都护说起》,《西南民族大学学报(人文社会科学版)》2020年第7期。
② 赵永春:《从复数"中国"到单数"中国"——试论统一多民族中国疆域的形成》,《中国边疆史地研究》2011年第3期;《从复数"中国"到单数"中国"——中国历史疆域理论研究》,黑龙江教育出版社2014年版,前言第3页。
③ 《史记》卷12《孝武本纪》,卷28《封禅书》,《汉书》卷25上《郊祀上》。
④ 《史记》卷74《孟子荀卿列传》。
⑤ 《续资治通鉴长编》卷150,庆历四年六月戊午条。

有对"中国"绝大部分地区的控制权,"中国"是证明其"正统"地位的有利条件,所以在富弼的话语中宋朝才是"中国",是"正统"。

当今中国虽然是历史发展的结果,但历代王朝并没有一个将"中国"作为国号,即便是"中国"用于指称中原或汉代的郡县区域,历代王朝的疆域能够与之完全重合的情况也是不存在的。①也就是说,"中国"并非专指王朝的疆域,其适用的场景是中华大地上众多政权对"正统"乃至"大一统"的博弈,将其引入"历代国土范围""历史上的中国"的讨论,和其性质并非完全吻合,不仅无助于讨论的深入反而极容易将讨论引入"以谁代表中国"的误区,而现实情况却是中华大地上的历代王朝("中国")和非历代王朝("边疆政权和族群")共同缔造了多民族国家中国,二者合在一起才能完整地"代表中国",缺一不可。聚焦于"中国"或许也是导致以往"何为中国"长期争论不休的深层次原因所在,因此如何诠释中国疆域乃至中国历史应该摆脱"以谁代表中国"的误区,寻找一个更完善的视角和方法。

(二)未被关注的视角:中国历史发展的"整体性"

回顾在延续数十年争论中出现的众多成果,尽管多民族国家有一个形成与发展的过程的认识似乎得到了学界的普遍认同,但多数学者依然是在"以谁代表中国"的误区中寻找着答案。不过也有极少能够跳出这一误区,从多民族国家整体发展的视角来审视多民族国家形成与发展历史的论著,方国瑜先生的《论中国历史发展的整体性》就是其中的一个。

《论中国历史发展的整体性》发表于《学术研究》1963年第9期,是第一次高潮期间参与讨论"历代国土范围"的代表性著作。虽然该文在当时并没有得到学界应有的重视,但其视角和观点在"铸牢中华民族共同体意识"的当下却是非常值得关注的,因为其跳出了"中国"概念之争的陷阱,提出了一个全新的视角和思路。方先生在文中指出其借鉴了吴玉章在1936年发表的《中国历史教程绪论》中提出的"我们应该把各民族的历史合起来成为中国历史"的观点,进而从中国历史的范围、中国历史的整体性和统一性、中国历史的整体性与不平衡性、整体之内存在差别而歧视是错误的等方面对中国历史发展的整体性做了有益探索,为我们提供了一个和历代王朝话语体系不同的视角和

---

① 有关"中国"概念的使用,亦可参见胡阿祥《吾国与吾名:中国历代国号与古今名称研究》,江苏人民出版社2018年版;历代王朝的政区情况,可参见谭其骧主编《中国历史地图集》,中国地图出版社1982年版。

方法。方先生在该文中明确提出：中国历史既然是生活在"这块土地上"各族人民的历史，当然包括"他们全部"。"中国历史是有其整体性的"，统一和分裂"并没有破裂了整体"。这个整体的范围即是中华人民共和国的疆域。[①] 从表面上看，方国瑜先生对"中国历史范围"的界定沿用了范文澜先生的做法，但其"中国历史"的观察视角已经不再聚焦于指称历代王朝的"中国"概念及其变化上，而是真正指向多民族国家中国发展的最终结果"中华人民共和国的国土范围"，已经显现出与传统说法明显不同的研究视角，自然结论也不同。

阐述中国历史的传统做法一般是从所谓的"正统"王朝夏朝说起，不仅将开始于夏朝至清的历代王朝视为"中国"，而且也将历代王朝的疆域和历史视为今天多民族国家中国的疆域和中国的历史。正是在这一前提下，孙进己先生在《我国统一多民族国家的形成和发展》[②] 中认为："今天的中国境土是逐渐发展而成的，不是自古就这样大的，正是由于今天中国一些民族的祖先，在历史上加入于中国，并把他们居住的土地带入于中国，这些土地才成为今天中国的土地。这些土地不可能自古以来就是中国的，是在不同时期逐步成为中国的，这样就有一个从中国以外转为中国以内的过程，而不可能自古就是中国的。"应该说，孙先生的这一认识是基于将多民族国家中国视为历代王朝所代表的"中国"发展而来的视角来审视中国历史而必然会得出的结论，代表着中国学界的一般认识。这种认识存在的问题是，"今天中国一些民族的祖先，在历史上加入于中国，并把他们居住的土地带入于中国"之"中国"应该是指历代王朝的"中国"，所以就有了"加入"的说法。但是，历代王朝并不能代表多民族国家中国是我国学界多数学者的共识，那么既然历代王朝不能代表"中国"，何来"加入"的问题，显见这一认识在逻辑上还有待完善，也不符合中国历史的实际。

方先生在《论中国历史发展的整体性》中的研究视角则超出了历代王朝的视野，虽然方先生在文中也关注到了因为历代王朝而导致的"统一""正统"等，但是其并没有局限于对"以谁代表中国"这一问题展开讨论，而是将在历史上存在于当今960万平方公里领土上的所有政权和生息繁衍在这一土地上的所有民族，都视为一个整体来看待，于是就有了如下的结论："统一"是针对政权而言的，一个政权统治可以谓之"统

[①] 方国瑜：《论中国历史发展的整体性》，《方国瑜文集》（第一辑），云南教育出版社2001年版，第5页。原文载云南《学术研究》1963年第9期。

[②] 孙进己：《我国统一多民族国家的形成和发展》，《史学集刊》2001年第3期。

一", 中国历史的发展,"政权统一是正常现象", 但也存在三国、南北朝、五代十国以及辽、宋与金的分立时期"不论是统一政权与不统一政权的建立, 都是在中国整体之内, 都为中国历史"①。方先生的"中国历史""中国整体"之"中国"指称的是当今的多民族国家中国, 即中华大地上存在的唯一合法政府——中华人民共和国, 而非历代王朝为争夺"正统"而自称的"中国"。这是很明确的。与此同时, 对于历史上在"中华人民共和国的国土范围"内出现的所谓"正统"之争, 方先生也给出了一个不同以往的结论: "自欧阳修作《正统论》以后, 章望之有正统、霸统之说, 方孝孺有正统、变统之说, 余如苏轼、修端、杨维桢诸人都作了讨论, 各有主张", 但只有在一个"整体"之内才会有"正统""分立""割据"等说法出现, "只承认一个政权为合法, 反映了中国历史的整体性"②。方先生的这一认识无疑是十分准确的。

应该说, 这一不同以往的看法最大的贡献是突破了传统对"正统"之争的认识, 对于我们理解历代王朝和边疆在缔造多民族国家中国过程中做出的不同贡献有着重要的指导意义。因为在"中国历史发展整体性"的视角下, 不论是被称为"正统"的历代王朝, 还是不被视为"正统"的其他所有政权, 二者合在一起才能构成"中国历史的整体"。"正统"王朝和非"正统"王朝之间是否存在政治隶属关系并不影响我们将其视为一个"整体", 其中的逻辑类似在传统话语体系中如何看待统一和分裂。如魏、蜀、吴是源自汉朝, 虽然互相之间并没有政治隶属关系, 但在传统的话语体系中并不认为它们是三个独立存在而没有任何关系的个体, 而之所以将其称为"三足鼎立", 视为一个完整的三足鼎, 是因为背后隐含着一个完整的"天下"。尽管是三个分立的政权, 但这个"天下"是一个完整的整体。反之, 将历代王朝视为"中国"是"正统"论主导下中国传统历史话语体系的核心内容, 而在此视角下将获得"正统"之称的历代王朝视为"中国", 不仅不能客观完整地体现出中国历史的"整体", 也会得出存在逻辑问题的"逐步加入"的不完整的认识。

从"整体性"的视角看待王朝国家疆域的做法由来已久, 既有古人, 亦有今人。古人如唐人李大亮, 用"树"来比喻唐朝"天下"的人群: "中国百姓, 天下本根; 四夷之人, 犹于枝叶。"③ 其中的"中国百姓"无论是从地域范围、政权指向, 还是从人群

---

① 方国瑜:《论中国历史发展的整体性》,《方国瑜文集》(第一辑), 第5—6页。
② 方国瑜:《论中国历史发展的整体性》,《方国瑜文集》(第一辑), 第7页。
③ 《旧唐书》卷62《李大亮传》。

分布，似乎都可以对应传统话语体系中的唐朝所代表的"中国"，而"四夷之人"则对应的是非"中国"的其他区域，但是这种划分存在的前提是"天下"和"树"，即"中国百姓"与"四夷之人"共同构成了"天下"，"本根"和"枝叶"共同构成了"树"，而"天下"与"树"则是完整的整体。李大亮"树"的比喻从一定意义上也印证了方先生"中国历史发展的整体性"的认识是符合中国历史发展实际的。

今人则如翦伯赞先生也是从"整体性"的视角看待中国历史。翦先生在其遗作《关于处理中国史上的民族关系问题》一文中曾经认为："由于中国这个多民族国家，有时是统一的，有时是分裂的。在统一时期，这些民族就纳入汉族或其他统治民族的统治范围之内；在不统一的时候，它们就摆脱了汉族王朝或其他支配民族所建立的王朝的统治，形成许多独立的王国，甚至一个民族还分裂为几个独立的王国。怎么能说它们和汉族王朝脱离从属关系以后不算中国人呢？在我看来，出现在中国史上的一些民族，作为一个民族，他们和汉族是属于不同的民族，但作为多民族国家的一个成员，不管在分裂时期或统一时期，也不管是纳入或未纳入汉族王朝统治范围之内，应该承认他们都是中国人。"[①]翦伯赞先生的上述叙述逻辑和方先生的"中国历史发展整体性"可谓异曲同工。但是，针对翦伯赞先生的上述认识，有学者则引用孙祚民先生反对白寿彝先生观点的理由，将其视为"混淆了历史上的'当时'和当代的'今天'"，以此来质疑翦伯赞先生的这一认识，认为翦伯赞先生是用"今天中国的概念""去硬套""当时尚未加入中国的各族"，"是违背历史的"。[②]实际上恰恰相反，存在逻辑问题的并非翦伯赞先生，反而是持有"加入"观点的学者"混淆了历史上的'当时'和当代的'今天'"。因为翦伯赞先生表述中的"中国"是指"中华人民共和国的疆域"，其背后的逻辑也是历史上在今天中华人民共和国疆域之内的所有政权和人群都是中国历史上的政权和中华民族的成员，反而是质疑者犯了将指称历代王朝的"中国"等同于当今多民族国家中国的逻辑错误，所以出现了如下的错误认定："由于今天中国一些民族的祖先，在历史上加入于中国，并把他们居住的土地带入于中国，这些土地才成为今天中国的土地。"即他自己是用古人的"中国"概念去判定古代"中国的各族""加入"到当今的"统一多民族国家"中国的，完全忽视了历代王朝的"中国"和当今"统一多民族国家"并不等同，属于时空错位的做法。而从"中国历史发展的整体性"的视角审视中国疆域和历史，根本

---

① 翦伯赞：《关于处理中国史上的民族关系问题》，《中央民族学院学报》1979年第1—2期。
② 孙进己：《我国统一多民族国家的形成和发展》，《史学集刊》2001年第3期。

就不存在"加入"的问题,因为历代王朝的"正统"和非历代王朝的边疆政权共同缔造和构成了"中国整体","加入"指称历代王朝的"中国"与否并不妨碍认定非历代王朝的边疆政权及其区域和人群也属于"中国整体"。也就是说,从方先生"中国历史发展的整体性"的视角审视,翦伯赞先生的上述认识是完全符合中国历史发展的实际的,也是合乎逻辑的,因为不论是被称为"中国"的历代王朝还是非"中国"的边疆政权及其族群都是在"我国国土之内","构成一个整体"。

由此看,不同认识的出现不仅仅在于对"中国"概念的认定存在着差异,更在于分析问题的视角不同,而翦伯赞先生的认识同时也佐证了方先生"中国历史发展的整体性"视角适合诠释多民族国家中国的历史。但是,需要指出的是,方先生将"中国历史发展的整体性"之"这块土地"不加辨析地对接于白寿彝先生的"中华人民共和国的国土范围"似乎也和"中国历史发展"的定位难以做到完全吻合,存在进一步讨论的必要。因为一方面,这一范围的认定无法回应上述葛剑雄先生提出的近代以来多民族国家中国领土被列强蚕食鲸吞的情况,另一方面,既然认为生息繁衍在我国国土之内的不同民族"构成一个整体"①,那么认定"构成一个整体"的标准是什么,以及将其范围确定为"中华人民共和国的国土范围"的依据是什么,等等,方先生并没有做出进一步说明。如前所述,在中国传统话语体系中,用于指称"大一统"疆域的用词是"天下",方先生文中"正统"论中所谓"承认一个王朝为正统,其余则为地方割据的政权"也是针对"天下"而言的,并非指"中华人民共和国的国土范围"。故而,"中国历史发展的整体性"依然需要在传统的"天下"语境下进行分析,才能更符合多民族国家中国形成与发展历史的实际。

(三)"天下"与"水系":整体的视角

当今的多民族国家中国是经过了数千年的发展才形成的,表面上看"以谁代表中国"的争论目的是为中国历史书写明确一个客观恰当的空间范围,尽管空间范围的讨论少有学者给予关注,但讨论聚焦的关键性问题则是如何定位历代王朝和边疆的关系及其在多民族国家中国形成与发展中的作用,而这也是相关争论持续近百年的原因和讨论的现实价值所在。鉴于"中国"含义的复杂性,且并非指称王朝疆域的专门性用语,具有

---

① 方国瑜:《论中国历史发展的整体性》,《方国瑜文集》(第一辑),第17页。

地域含义的"中国"区域和非"中国"共同构成了表述王朝疆域范围的"天下";而类似的情况在描述水系的形成与发展过程中也经常出现,如黄河水系由被称为"黄河"的干流和没有被称为"黄河"的众多支流构成。受到方先生"中国历史发展的整体性"的启发,笔者试图用"水系"来描述多民族国家中国形成与发展的历史。期盼找到符合多民族国家中国形成与发展实际的阐述视角和方法,以此摆脱用"王朝国家"和"民族国家"的视角看待中国历史所造成的困境。

当今的多民族国家中国是中华大地上的众多族群共同缔造的,就政治格局演变而言,在传统的话语体系中有一个被称为"中国"的王朝系列,即夏、商、周、秦、汉、三国(魏、蜀、吴)、晋、南北朝(南朝:宋、齐、梁、陈;北朝:北魏及其后的东魏、西魏、北齐、北周)、隋、唐、五代(梁、唐、晋、汉、周)、宋、辽、金、元、明、清等所谓的"正统"历代王朝。这些王朝由于是"正统"争夺的获胜者和宣示"正统"的需要而不仅被今人视为历代王朝,记录其历史的史书也被称为"正史"纳入传统的中国历史叙述体系之中,构成了今人撰著中国通史的主体框架。而在历代王朝之外的中华大地上还存在过更多的政权,不仅有实现了局部统一的匈奴、鲜卑、高句丽、突厥、薛延陀、回纥、渤海、南诏、吐蕃、西夏、大理等未能够列为"正统",就是匈奴、鲜卑、羯、氐、羌进入中原地区建立的汉(前赵)、成汉、后赵、前燕、前秦、后燕、后秦、西秦、后凉、前凉、南燕、北凉等政权也被称为"五胡十六国",不仅不在"中国"之列,且其在多民族国家中国形成与发展中的作用被视为"乱华"而受到否定。但在这些政权中,并没有一个以"中国"为国号,"中国"是"大一统"政治体系的核心标志,用于指称"王"(皇帝)理想和现实中直接管辖的区域,经过了指称"京师""郡县"等发展过程,"中国"取代"天下"成为指代具有主权国家疆域性质的多民族国家则是体现在康熙二十八年(1689)清朝和俄国签署《尼布楚条约》中。条约中不仅出现了"将流入黑龙江之额尔古纳河为界,河之南岸属于中国,河之北岸属于鄂罗斯"等表述,而且清朝的谈判大臣也直接称为"中国大圣皇帝钦差分界大臣、议政大臣、领侍卫内大臣索额图"[①],体现着清朝疆域从传统王朝国家向多民族国家疆域属性的转变,"中国"成为多民族国家的简称。也就是说,出现在中华大地上的众多政权,也只有少数的被视为"正统"的历代王朝具有"中国"的身份,其他政权虽然最终的流向也是多民族国家的

---

① 西清:《黑龙江外记》卷1,黑龙江教育出版社2014年版,第185页。

组成部分，但却无此殊荣。

传统话语体系中的"天下"并没有一个明确的区域界定，但费孝通先生在《中华民族多元一体格局》中则对"天下"给出了一个范围："中华民族的家园坐落在亚洲东部，西起帕米尔高原，东到太平洋西岸诸岛，北有广漠，东南是海，西南是山的这一片广阔的大陆上。这片大陆四周有自然屏障，内部有结构完整的体系，形成一个地理单元。这个地区在古代居民的概念里是人类得以生息的、惟一的一块土地，因而称之为天下，又以为四面环海所以称四海之内。这种概念固然已经过时，但是不会过时的却是这一片地理上自成单元的土地一直是中华民族的生存空间。"① 这一地理空间，不仅是中华民族生息繁衍的家园，同时也孕育了黄河和长江等水系，尤其是黄河被称为"母亲河"。中国古人对黄河的关注虽然可以追溯到很早，但对其源头的探查则一直持续到清朝。史载：乾隆四十七年（1782），乾隆皇帝"命馆臣编辑河源纪略"，"遣大学士阿桂之子乾清门侍卫阿弥达前往青海，务穷河源，告祭河神，事竣复命，并据按定南针绘图具说呈览。据奏，星宿海西南有一河，名阿勒坦郭勒。蒙古语阿勒坦即黄金，郭勒即河也。此河实系黄河上源，其水色黄，回旋三百余里，穿入星宿海。自此合流至贵德堡，水色全黄，始名黄河"。② 黄河虽然在贵德堡段因为水色变黄而始称"黄河"，但青藏高原的扎曲、约古宗列曲和卡日曲是其源头则似乎是共识。也就是说，扎曲、约古宗列曲和卡日曲虽然不被称为"黄河"，但其属于黄河水系。而自贵德堡段后的黄河一路蜿蜒，途径青海、四川、甘肃、宁夏、内蒙古、山西、陕西、河南、山东等九省区，在山东入海。黄河从源头到入海口，干流全长5464公里，流域面积达75万平方公里。"黄河支流众多，从河源的玛曲曲果至入海口，沿途直接入黄河的流域面积大于100平方公里的支流共219条，组成黄河水系，使其成为我国的第二大河。支流中面积大于1000平方公里的有76条，流域面积达58万平方公里，占全河流域面积的77%；大于一万平方公里的支流有11条，流域面积达37万平方公里，占全河流域面积的50%。由此可知，较大支流是构成黄河流域面积的主体。"③ 也就是说，虽然都是黄河水系的组成部分，但只有从源头到入海口全长5464公里的干流被称为"黄河"，而多达219条的众多支流虽然属于黄河水系，但也并没有"黄河"的称号，这一点和中华大地上的历代王朝与其他众多王

---

① 费孝通主编：《中华民族多元一体格局》（修订本），中央民族大学出版社1999年版，第4页。
② 《清高宗实录》卷1160，乾隆四十七年七月己酉。
③ 李鸿杰等编著：《黄河》，科学普及出版社1992年版，第94页。

朝或主权的情况非常类似。

笔者觉得用类似黄河水系的叙述方式来类比描述多民族国家中国形成和发展的历史似乎更吻合，也更有助于理解方国瑜先生的"中国历史发展的整体性"理论：被视为"正统"的历代王朝既然被称为"中国"，而"中国"最终又成为多民族国家的简称，那么其在多民族国家形成与发展历史中的地位类似于黄河水系的干流。而被排除在"正统"之外的其他更多政权，虽然没有"中国"的名号，但最终却是多民族国家的组成部分，其在多民族国家形成与发展历史中的地位类似于黄河水系的众多支流，虽没有名号，却"构成黄河流域面积的主体"，二者都是多民族国家中国历史的组成部分。这一表述不仅有助于理解方国瑜先生的"中国历史发展的整体性"理论，也有助于认识自20世纪五六十年代开始的"历史上的中国"讨论出现歧义的原因，更有助于有中国特色中国历史话语体系的建设。

在这一视角下审视多民族国家中国形成与发展的历史，方国瑜先生在中国历史的整体性和统一性、中国历史的整体性与不平衡性、整体之内存在差别等三个方面对"中国历史发展的整体性"做了分析，笔者认为似乎还可以从以下三个方面做出调整和补充。

1. 在地域空间上，中国历史发展的"整体性"是在"天下一体"观念的基础上呈现从局部统一到"大一统"的发展轨迹。"天下大同"是传统"大一统"的主要内容和最高政治追求，但在具体实践中即便是实现"大一统"的王朝，除元朝、清朝之外的其他王朝疆域主要是实现了对"中国"所代表的腹心区域的统一，和理想中的"天下"也往往难以实现完全的重合，在更多情况下实现局部统一的数个或多个政权并立于"天下"是基本常态，"有疆无界"是突出特点。但是，在康熙二十八年（1689）随着《尼布楚条约》的签订，清朝的疆域具备了"有疆有界"的主权国家疆域特征，"中国"与"天下"在空间范围上实现了重合。

2. 在社会空间上，中国历史发展的"整体性"是在"华夷一家"观念的主导下呈现从"五方之民"，经过"华"与"夷"二元结构的持续磨合，最终凝聚为"中华民族是一个"的发展轨迹。中国、戎、夷构成的"五方之民"是先秦时期形成的人群划分观念，但这种划分方式在秦汉以后出现了变化，一方面演变为"华"与"夷"或称之为"中国百姓"和"四夷之人"的两大群体，另一方面"华"与"夷"也被赋予了政治含义，用于指称"正统"与"地方"，影响着人群的凝聚和整合。元朝和清朝则是在继承传统的基础上有较大创新，前者用蒙古、色目、汉人和南人重新整合人群，后者则是在

"满洲根本"的前提下试图消弭"华夷中外之分",引导着"天下"人群的凝聚。尽管存在各种观念,"华夷一家"观念却是被广泛认同的,且在中华大地上出现的王朝和政权基本都是多族群共存的,从中国历史发展的视角看,不同族群之间关系的发展呈现持续交流交往交融的趋势,最终以中华民族"一体"的身份完成了凝聚交融。

（3）在文化空间上,中国历史发展的"整体性"也是呈现由"多元"到"一体"的发展轨迹。"凡居民材,必因天地寒暖燥湿广谷大川异制,民生其间者异俗,刚柔轻重迟速异齐,五味异和,器械异制,衣服异宜。"① 不同环境造就了不同文化是先秦时期就已经清晰的认识,司马迁在其《史记》中依据物质文化的差异有"城国"和"行国"的划分,尽管文化的"多元"呈现多种样态并存的状况,但"一体化"是其发展趋势,秦朝"一法度衡石丈尺,车同轨,书同文字"② 是历代王朝"一体化"努力的突出代表。

值得特别说明的是,"黄河水系"只是一个用作比喻的对象,并非是将生息繁衍在中华大地其他水系内存在的政权排除在多民族国家形成与发展的历程之外。在"水系"视野下审视"中国"与"边疆"的关系,二者不仅构成了一个传统话语体系中的完整"天下",而且在不同时期"中国""边疆"及其相互关系呈现不同的样态,至清代以清朝和俄国《尼布楚条约》的签订为标志,"中国"不仅成为清朝多民族国家的代名词,而且也具有了指称清朝主权国家疆域的属性,在政治地理空间上"中国"和"天下"实现了重合,多民族国家疆域实现了从传统王朝国家向主权国家的转变。③ 当今的多民族国家中国则是在近代殖民势力对多民族国家疆域蚕食鲸吞后的结果,因此"中国历史发展的整体性"不能以"中华人民共和国的疆土"为范围,而应该以康熙二十八年（1689）《尼布楚条约》的签订至1840年鸦片战争爆发前的清朝疆域为范围才更符合中国历史发展的实际。只有这样,中国历史的"整体性"才能够得到完整体现,由此而构建起来的话语体系才能完善,这不仅是对"四个共同"理论的完美支撑,也有助于"四个与共"意识的实现和巩固。

---

① 《礼记·王制》。
② 《史记》卷6《秦始皇本纪》。
③ 参见李大龙《从"天下"到"中国":多民族国家疆域理论解构》,人民出版社2015年版;李大龙《"中国"与"天下"的重合:古代中国疆域形成的历史轨迹——古代中国疆域形成理论研究之六》,《中国边疆史地研究》2007年第3期。

铸牢中华民族共同体意识的提出是新时代我国应对"百年未有之大变局"而采取的重大举措，而客观诠释多民族国家形成与发展的历史是铸牢中华民族共同体意识的重要内容，这也是众多学科的学者关注"何以边疆""何来中国"的直接诱因。在这种情况下，回顾和总结20世纪五六十年代开始的"历史上的中国"的讨论不仅有着非同一般的现实意义，更有着重要的学术价值。因为今天依然很少有学者能够跳出"以谁代表中国"的误区，认识到实际上指称传统王朝疆域的用词并不是"中国"而是"天下"，需要在"天下"这一传统认识下审视"中国"与"边疆"及其关系，而不是将其对立起来。方国瑜先生提出的"中国历史发展的整体性"视角不仅有助于将我们的讨论回归到"天下"这一历史本真语境之下，更有助于我们客观认识"中国"与"边疆"之间的密切关系，二者不是对峙的独立个体，而是共同构成了"天下"这一整体，以此审视学界颇有市场的"逐步加入"观点，其认定标准存在时空错位，并不适合诠释多民族国家中国形成与发展的历史。

第二节　诠释中华民族的视角与方法

中华民族的形成与发展是中国边疆学研究的基本问题，同时也是民族学、社会学乃至政治学探讨的基本问题。尽管当今从事中国边疆史地研究的学者很少关注中华民族的形成与发展，但提出这一概念的梁启超和史学大家顾颉刚早就对其做过研究，尤其是顾颉刚在1939年发表《中华民族是一个》一文引发了国内学界的大讨论，而这种讨论则在民族学、社会学和政治学领域一直都存在。综观这些不同学科的讨论，关注现实，且从中外话语体系对比的视角进行探讨的论著占绝大多数，因此也出现了很多认识上的差异。从不同视角，用不同理论和方法对同一个研究对象进行诠释，其结果并不一定相同，这是我们诠释中华民族的形成与发展，进而构建符合实际的话语体系应该给予高度关注的。

以下试图从史观的影响、中国传统族群观等方面，对诠释中华民族形成与发展的视角、理论和方法提出不同以往的认识，期望有助于中华民族形成与发展话语体系的建设，为铸牢中华民族共同体意识提供学术支持。

第六章　视角、理论与方法：中国边疆学建设的思考

一、"民族"不是古籍固有用语

"民族"是近代引入的外来词，本是学界的普遍认识。如早在1984年，韩锦春、李毅夫即提出："在我国古代文献中，涉及民族问题和民族情况时，用以表达'民族'的词非常多，诸如'民'、'族'、'种'、'类'、'部'、'民人'、'种人'、'民种'、'民群'、'部族'、'部勒'、'部人'等，不下数十种，只是没有把'民'、'族'二字连在一起用作一个词。"① 这种认识一度基本是学界共识。但是，进入新世纪后先后不断有学者公开发表文章，论证"民族"是中国古籍乃至碑刻中出现的用词。综合这些论文提及的证据资料，墓志资料有一例，文献资料则有多例，通过对这些文献的考证核实，所谓"民族"应该都是"氏族"误抄所致，并不能成为"民族"一词出现在汉文古籍中的有力证据。

自称在中国古籍文献中发现"民族"一词的最早是茹莹，其在《世界民族》2001年第6期发表《汉语"民族"一词在我国的最早出现》一文，提出"汉语'民族'一词当始见于唐代李筌所著兵书《太白阴经》的序言中"，举出其用法为："愚人得之以倾宗社，灭民族。"② 其后是邱永君在《民族研究》2004年第3期发表《"民族"一词见于〈南齐书〉》一文，在肯定茹莹所论基础上，再次认为"民族"一词也出现在《南齐书·顾欢传》中，其用法为："今华风既变，恶同戎狄，佛来破之，良有以矣。佛道实贵，故戒业可遵；戎俗实贱，故言貌可弃。今诸华士女，民族弗革，而露首偏踞，滥用夷礼，云于蒻落之徒，全是胡人，国有旧风，法不可变。"同年，郝时远在《民族研究》第4期刊发《中文"民族"一词源流考辨》，虽然补充了唐人皮日休《忧赋》中有"上自太古，粤有民族。颛若混命，愚如视肉"③；《三朝北盟会编》有"陛下曾念中原之民族、故国之宫闱乎"④ 等例证，但也指出了《三朝北盟会编》所载"有被掳贵官二十余家，各称其民族"之"民族"是"指自报家门的姓氏、门第和身份，即宗族之属"⑤。虽然依然认为这是"民族"的证据，但"宗族之属"的认识无疑是准确的。2008年张军

---

① 韩锦春、李毅夫：《汉文"民族"一词的出现及其初期使用情况》，《民族研究》1984年第2期。
② （唐）李筌：《神机制敌太白阴经·序》，清咸丰四年（1854）长恩书室丛书本。
③ （唐）皮日休：《皮子文薮》卷1《忧赋》，四库全书本。
④ （南宋）徐梦莘：《三朝北盟会编》卷227，四库全书本。
⑤ 郝时远：《中文"民族"一词源流考辨》，《民族研究》2004年第4期。

在《辞书研究》第6期发表《谈辞书对"民族"一词的释义》，有选择性重复了之前学者对有关"民族"一词文献的解读，但并没有新的认识。

实际上，上述学者所举出的例证，其中的"民族"基本可以判定是"氏族"误抄所致，并不能说明在清代以前的中国古籍中存在着"民族"一词。以出现在《南齐书》中的"今诸华士女，民族弗革"记载为例，"民族"实为"氏族"误抄所致。理由有二：一是相同的记载也见于《南史·顾欢传》："佛道实贵，故戒业可遵；戎俗实贱，故言貌可弃。今诸华士女，氏族弗革，而露首偏踞，滥用夷礼。"明确记为"氏族"。二是在《南齐书》中华书局本的校勘记中，明确注明："民族弗革，'民'南监本及《南史》、《元龟》八百三十作'氏'。"①显见，有关这一记载的各种版本中"民族"并不是唯一的用词，"氏族"则是多个版本共同的用法。再以"愚人得之以倾宗社，灭民族"为例，"宗社"是古籍中常见的用词，一般用以指称皇室宗庙，泛指王朝国家，其对应的用词也是"氏族"而非"民族"。如上述学者所举出的例证中有"陛下曾念中原之民族、故国之宫闱乎"，其前面则有"三军降，京城陷，而万民哭我先帝弃宗社"之语，而更有意思的是，"陛下曾念中原之民族"之"民族"在不同版本的《三朝北盟会编》中则是以"陛下曾念中原之氏族"②的记述出现的，从而也说明了"民族"应该是"氏族"错抄所致。

文献记载是如此，那么墓志资料如何？明确提出"民族"一词见于墓志资料的是李超。其在2011年第4期的《世界民族》上发表《汉语"民族"一词见于西晋永嘉年间》一文，提出："1965年7月，北京市文物工作队于北京西郊发掘了一座西晋时代的砖室墓，墓主为幽州刺史王浚的夫人华芳，其墓志全文共1630字，为研究魏晋时期世族风貌之重要史料。该墓志……曰：夫人华氏，平原高唐人也。其民族繁茂，中外隆盛，列爵显号，已具之铭表。……"该文注其资料源自赵超编《汉魏南北朝墓志汇编》（天津古籍出版社1992年版）第121页。查该书确有该墓志的记载，墓志全称为"晋使持节侍中都督幽州诸军事领护乌丸校尉幽州刺史骠骑大将军博陵公太原晋阳王公故夫人平原华（芳）氏之铭"，引述的相同内容文字是出现在该书第13页而非121页。再查，相同的墓志在胡建林主编的《太原历史文献辑要·魏晋南北朝卷》③、韩理洲等辑录的

---

① 《南齐书》，中华书局1972年版，第950页。
② （南宋）徐梦莘：《三朝北盟会编》卷227，上海古籍出版社2008年版，第1634页。
③ 山西人民出版社2013年版，第359页。

《全三国两晋南北朝文补遗》①等中也有收录,从时间上判断后两者的资料均应该源自《汉魏南北朝墓志汇编》,故而文字相同,都是"民族"。但是,该书是赵超整理编辑的,并非是该墓志最早公布的考古报告。该墓志中的文字最早公布在《文物》1966年第2期上,作者为邵茗生,报告全名为《晋王浚妻华芳墓志铭释文》。李超引述的那段文字出现在该报告中的第23行,其文为:"夫人华氏,平原高唐人也。其氏族繁茂,中外隆盛,列爵显号,已具之铭表。"其中的"民族"是"氏族"。"氏族"无疑是正确的,因为"华氏"为一介女流,无论如何都和"民族"构不成对应关系,而表示其娘家情况的恰当用词自然应该是"氏族"而非"民族"。由此看,该墓志中的"民族"也是"氏族"误抄所致,而《汉魏南北朝墓志汇编》的编者赵超则是始作俑者,其后出版的《太原历史文献辑要·魏晋南北朝卷》《全三国两晋南北朝文补遗》沿袭这一错误。因此,该墓志资料并不能作为"民族"一词出现在西晋时期的直接证据。

由此看,上述作者认为"民族"一词出现在中国古籍中的学者很自然是受到了史书传抄过程中将"氏族"误抄为"民族"的误导,因此得出的相关结论是需要进一步斟酌的,因为这些学者举出的资料既有传统的汉文史料,也有流传至今的墓志资料,符合史学研究中的所谓"二重证据法",导致不少学者对此深信不疑。但遗憾的是作为考古资料的证据并不正确,也是误抄所致,这一结论在现有的证据下自然也是难以成立的。

实际上"民族"一词即便是出现在个别古籍中,也不能说明古人有着和现代人一样的"民族"观念,将学界对构成现在"民族"的诸多要素对接到古人观念之上的做法更是没有根据的,但遗憾的是这种做法真的出现了。如有学者在上述学者有关"民族"一词来源考证的基础上进一步发挥,认为:"'民族'一词发源于我国本土,并非外界误传的舶来品。'People''Nation''Ethnic''Nationality'等西方话语与我国的'民族'有着较大不同,应认清'民族'与'种族''族群'等词的区别,中国的'民族'观应回归于我们的历史与实践。共同历史渊源、共同生产方式、共同语言、共同文化、共同风俗习惯、共同心里(理)认同,这六个要素构成了我国'民族'内涵的核心。"②因为这一认识是建立在一个中国历史上近代之前根本不存在的"民族"一词来源的认定之上,不仅是不能成立的,而且该作者试图通过构建包括"六个要素"在内的"中国的'民族'观"更是臆测,会误导学界,这不仅是对古人族群观的歪曲,更是把我国本就混乱的对

---

① 三秦出版社2013年版,第89页。
② 井凯笛:《历史与回归:"民族"一词的起源与内涵》,《云南民族大学学报(哲学社会科学版)》2016年第2期。

"民族"的认识引入了一个更大的误区。

"民族"（nation）传入中国的大致时间，学界一般认为是19世纪七八十年代。前引李毅夫等认为"十九世纪末期我国开始使用'民族'一词"①。黄兴涛则在此基础上通过考证，进一步认为"中文里的'民族'一词最晚到1837年时，就已经出现了。1872年时，已有华人在现代意义上加以使用"②。民族理论学界对此也基本赞同，认为"中国古代没有专门的'民族'一词。'民族'传入中国大致是在19世纪七八十年代"③。金炳镐和彭英明认为王韬在《洋务在用其所长》中最早使用"民族"一词，但未得到重视，论及人们共同体用的词语是"种族"。20世纪初期"民族"一词开始普遍使用，梁启超使用该词是1902年，"中华民族"的用法也是在此年。

"民族"的概念源自"nation state"。该词最早出现在欧洲，本意是指"出现于西欧的那种摆脱中世纪和教权控制过程中所诞生的现代主权国家"。但在这一过程中，"民族的形成与国家的创立并头齐进，并且基本具备了民族与国家同一的形态，因此被称为'民族国家'"。由于"真正的民族国家应当是一个国家一个民族、一个民族一个国家"④，这也是梁启超、顾颉刚、费孝通从多民族国家中国的视角命名和诠释"中华民族"的原因。但是，将西欧出现的国家定位为"现代主权国家"是对的，但能否称之为"民族国家"则是存在疑问的。

当今我国学界有人将"民族国家"的理论源头追溯到《威斯特伐利亚和约》，并用"民族国家"来定位当今世界上的二百多个国家，但实际上该和约确立起来的是"主权国家"并非"民族国家"，当今世界上属于"民族国家"的国家也是凤毛麟角。1648年，欧洲十六个国家、神圣罗马帝国所属的六十六个王国的一百零九位代表在威斯特伐利亚达成的两个合约，被统称为《威斯特伐利亚和约》，主旨是划定神圣罗马帝国与法兰西的边界及规范双方的关系。和约并没有涉及人群和国家性质，而对"神圣罗马帝国"和法国边界的划定导致了欧洲国家开始摆脱神权控制，进入拥有主权的现代国家状态。和传统国家相比，现代主权国家的主体是"nation"（国民），因此更注重在"nation"（国民）的旗号下对境内民众进行整合。

---

① 韩锦春、李毅夫：《汉文"民族"一词的出现及其初期使用情况》，《民族研究》1984年第2期。
② 黄兴涛：《"民族"一词究竟何时在中文里出现？》，《浙江学刊》2002年第1期。
③ 金炳镐主编：《中国民族理论百年发展：1900—1999》，辽宁民族出版社2008年版，第44页。
④ 姜鹏：《民族主义与民族、民族国家——对欧洲现代民族主义的考察》，《欧洲》2000年第3期。

最早在1902年梁启超就开始命名和使用"中华民族"一词,尽管早期梁启超在"中华民族"的使用上存在或用于指称"中国民族",或用于指称"汉族"等的不同用法,在使用上有很大的随意性,而且也没有对其做出明确的理论诠释,不过最终还是给出了一个"中国人"的界定。梁启超视野中的"中国人"是指清朝的"国民"(臣民),也即《清德宗实录》卷562光绪三十二年七月戊申条所记载的光绪皇帝"立宪"改革上谕提及的"忠君爱国之义"的"国民"。影响梁启超将"中国民族"改为"中华民族"的原因大致有两个。一是受到了日本明治维新后国家得到快速发展的影响,也主张通过"立宪"改革效仿日本谋求清朝的壮大,认为:"今日欲救中国,无他术焉,亦先建设一民族主义之国家而已。"①其"民族主义之国家"对应的即是"中华民族"。二是"中华"一词在南北朝时期即有了代表"大一统"王朝国家政治秩序的含义,至唐代"华人""中华人"的称呼也见诸史书记载和出现在唐诗之中。在记录清朝历史的《清实录》中,尽管也存在着"满洲""蒙古""汉人"等用于指称人群的概念,但"臣民"是清代对清朝境内百姓的官方称呼,这也是"国民"称呼的直接源头。相对于"中国民族",用"中华民族"来称呼清朝的"国民"更贴切,而梁启超在《变法通义》中主张"变法必自平满汉之界始"②,也是希望在"国民"的旗帜下整合境内百姓。

1939年,面对着日本侵略带来的亡国灭种的威胁,顾颉刚先生在《益世报·边疆周刊》发表了《中华民族是一个》的宏文,将"中华民族"界定为:"我们从来没有种族的成见,只要能在中国疆域之内受一个政府的统治,就会彼此承认都是同等一体的人民。'中华民族是一个',这句话固然到了现在才说出口来,但默默地实行却已经有了二千数百年的历史了。……"当时对顾颉刚关于"中华民族是一个"提出强烈质疑的费孝通先生在经过数十年的思考,于1989年公开发表《中华民族的多元一体格局》一文,明确将"中华民族"界定为是指生活在当今960万平方公里领土上的中国人,这似乎已经是国人普遍的认识。

应该说,尽管政学各界对"nation state"的认识存在分歧,但这一理论的引入却适应了近代以来中国希望通过革新救亡图存的需要,构成了清末宪政革新的内容之一。梁启超"中华民族"含义的变化和顾颉刚将"中华民族"对应为"nation state"的"nation"也是在国内政学各界认识混乱基础上提出的,其含义和"nation state"的

---

① 梁启超:《论民族竞争之大势》,《梁启超全集》(第4卷),第899页。
② 梁启超:《变法通义》,《梁启超全集》(第1卷),第51页。

"nation"尽管在形成和发展的过程上还存在较大差异，但二者的基本属性是相同的。问题的出现是随着"nation"被译为"民族"，中国历史上的政权和人群称呼往往被冠之以"民族"，诸如"夏人""商人""汉人"乃至"匈奴人""突厥人"等，其中的"人"都被换为"民族"，导致了两套话语体系的错接。

对于两套话语体系的错接及其带来的问题，早在1939年顾颉刚先生已经做出明确判断。他在回答费孝通先生的质疑时认为："我当初使用这'民族'一词正同你的意思一样，凡是文化，语言，体质有一点不同的就称之为一个民族。请你翻出我的《古史辨》看，'夏民族'，'商民族'，'周民族'，'楚民族'，'越民族'……写得真太多了。向来汉人自己都说是黄帝子孙，我研究古史的结果，确知黄帝传说是后起的，把许多国君的祖先拉到黄帝的系统下更是秦汉间人所伪造，于是我断然地说，汉人是许多民族混合起来的，他不是一个民族。但是九一八的炮声响了，伪满洲国在伪'民族自觉'的口号下成立了，我才觉得这'民族'不该乱用，开始慎重起来。"[①]"汉人是许多民族混合起来的，他不是一个民族"的观点是否正确值得进一步探讨，因为无论是历史还是现实中中华大地上的人群都是"许多民族混合起来的"，这不是判定一个人群是否为"民族"的唯一标准，标准不同结论也会不同。这里值得关注的是顾颉刚先生已经发现了两个话语体系对接带来的问题，即中国古籍中的"夏人""商人""周人""楚人""越人"等和"在中国疆域之内受一个政府的统治，就会彼此承认都是同等一体的人民"的"中华民族"是不同的。尽管作为历代王朝话语体系中的中华民国和夏朝、商朝、周朝并没有本质的不同，故而"夏人""商人""周人"和顾颉刚所言民国时期的"中华民族"就政权而言具有相同属性，都属于"受一个政府的统治，就会彼此承认都是同等一体的人民"，但这些人群却是和"楚人""越人"具有不同的属性，因为"楚人""越人"应该属于"周人"的组成部分。顾颉刚先生所言虽然有待进一步探讨，但他看到了按照西方传入的"民族"概念来解释中国历史，存在错接和不吻合的状况，遗憾的是顾颉刚先生的鸿篇大论被定位为亡国灭种状况下的"爱国行为"，其认识是否具有学理性和能否自圆其说则为后人所忽略了。20世纪50年代开始的"民族识别"也并没有能够改变两套话语体系带来的混乱。

1954年开始的"民族识别"，从自报名称开始至1979年最后一个民族——基诺族

---

① 马戎主编：《"中华民族是一个"——围绕1939年这一议题的大讨论》，社会科学文献出版社2016年版，第76页。

得到确认，历时近三十年时间。其过程和标准在 1986 年国家民委出台的《关于我国的民族识别工作和更改民族成分的情况报告》中有完整的记载："我国大多数少数民族历史长、渊源久，社会经济文化发展不平衡。在我国民族识别中，没有搬套苏联的经验，区分氏族、部落、部族和民族，而统称民族。根据我国各民族的实际，参照斯大林关于现代民族四个特征（共同语言、共同地域、共同经济生活和共同心理素质）的理论，从民族集团的现实特征出发，对其历史、族源、政治制度、民族关系等情况，经过具体分析研究，有的确定为单一少数民族或某个少数民族的支系，有的确定为汉族。在民族称谓上，'名从主人'，尊重本民族的意愿。这符合我国的实际，得到了各族人民的拥护和支持。"[1] 应该说，"民族识别"对于我国建设社会主义新型民族关系的基础，起到了十分重要的作用，但当今我国的五十六个民族虽然和源自"nation"的"中华民族"都含有"民族"一词如何进行区分一度成为争论的热点问题。费孝通先生认为"它们虽则都称'民族'，但层次不同"[2]，已经成为国人普遍的认识，但大多数人并没有意识到二者并不具有相同的属性。

两套话语体系的错接在"民族"一词翻译的时候得到了充分体现，翻译界虽然首先意识到了存在的问题，但这一认识也有一个演变过程。如果说早在 1962 年学术界已经出现了有关"民族"一词翻译的讨论，但关注点主要集中在经典著作中该词的翻译，且是将外文翻译为汉文，章鲁《关于"民族"一词的使用和翻译情况》[3] 可以视为其中的代表，真正就"民族"一词的外译发表系统看法的则是阮西湖的《再谈民族一词以及相关术语的翻译问题》，认为："故凡与民族有关的术语，均用 ethnicity 以及其词根'ethno'构成的词，就不会错。若一味使用 nation（国家）词根构成的词，就会犯错误，因凡用 nation 作为词根的词既与国家有关，又与国家组织有关，用于民族，就会引起麻烦。"[4] 应该说学界已经意识到了源自"nation"的"民族"和"民族识别"而来的五十六个民族的性质和含义并不对应，出现了错位，由此也提出了不同的应对措施和方法。在学界的影响下，我国相关政府部门不再将"民族"英译为"nation"，而是用汉语拼音

---

[1] 广西壮族自治区民族事务委员会编：《广西民族工作手册》，1999 年版铅印本，第 370 页。
[2] 费孝通主编：《中华民族多元一体格局》，中央民族大学出版社 2018 年版，第 17 页。
[3] 章鲁：《关于"民族"一词的使用和翻译情况》，《中国民族》1962 年第 7 期。该期也有关于讨论会的报道。
[4] 阮西湖：《再谈民族一词以及相关术语的翻译问题》，《庆贺黄淑娉教授从教 50 周年暨人类学理论与方法学术研讨会论文集》（2002 年 8 月），中国知网（https://navi.cnki.net/knavi/conferences/005562/proceedings/DSRL200208001/detail?uniplatform=NZKPT&language=chs），访问时间：2023 年 2 月 18 日。

"minzu"表示，但还是有不少学者将"nation state"汉译为"民族—国家"，或直接译为"民族国家"，显示对国人的影响依然是根深蒂固的。

国内学界关于"民族国家"概念的讨论中，有两种观点值得关注。一是尽管不少学者将"民族国家"理论的源头上溯到了17世纪的《威斯特伐利亚和约》，但同时期在欧洲大陆已经建立了主权国家。而"民族国家"理论产生于18世纪，在时间上大大晚于主权国家。二是一些学者虽然使用"民族国家"概念，但在对中国疆域的研究中并没有严格区分"民族国家""多民族国家"与"主权国家"的差别，而多数学者使用的所谓"民族国家"实际上是"多民族国家"，并非"民族国家"，因为理想中的"民族国家"是"一个民族一个国家"。于是有学者注意到了三者之间的差别，就有了"民族国家并非单一民族国家，而是建立在民族对国家认同基础上的主权国家"①的解释。需要提及的是"主权"是构成当今"主权国家"的最关键的要素，但并非和"民族国家"对应。无论是"单一民族国家"还是"多民族国家"，从理论上都属于"主权国家"。一些学者提出"国族"的概念，其目的就是要解决这一问题，但要在"民族国家"的语境下对"国族"做出合理的学理阐释并得到广泛认同其难度是难以想象的。笔者认为提出新概念的目的也是区分二者的差异，更便利的做法倒不如明确承认既成事实，依然使用"中华民族"概念，但需要明确和含有"民族"的其他概念相互之间的差异及其来源，进而有助于促进和加强不同群体之间的交流交往交融，这似乎才是应有的做法。

总之，在"nation state"传入中华大地之前，中国古人有着独具特色的划分人群的标准和族群观。学者发现的出现在古籍和碑刻资料中的"民族"是"氏族"误抄所致，不能作为"民族"一词是中国固有词语的证据，那种试图将"民族"概念及理论中国化的认识不仅没有充分的依据，而且在"历史与回归"的名义下更具有欺骗性，给认识和探讨中国传统的族群观念、治边政策乃至古代政权间的关系等带来更大混乱，不仅不利于正确认识中国传统的族群观，更不利于树立正确的中华民族共同体历史观。

生息繁衍在中华大地上的众多人群，最初是以文化尤其是物质文化来区分的，春秋战国、魏晋南北朝、辽宋夏金乃至元明清时期，对以"大一统"政治秩序为核心的中华文明的认同成为最高层次的划分人群的标准，推动着不同人群的凝聚，多民族国家和中华民族共同体就是在这种不断的凝聚中形成和发展的。"四个共同"是对多民族国家

---

① 周平：《对民族国家的再认识》，《政治学研究》2009年第4期。

和中华民族共同体历史精准的高度概括，其中独特的族群观在其中发挥着举足轻重的作用，甚至可以说是共同体意识得以实现的基础。正确认识两套话语体系的差异，不仅有助于确立正确的中华民族共同体历史观，更加有助于铸牢中华民族共同体意识。

二、梁启超、顾颉刚和费孝通对中华民族形成的理论解读

在有关"中华民族"的讨论中，将梁启超、顾颉刚、费孝通先生与政治家的认识进行区分讨论是合理的做法，而认为梁启超、顾颉刚、费孝通先生对中华民族的阐述分别代表着三种不同的认识并引领了大争论似乎也是学界的代表性看法。[①] 面对学界难以形成共识的争论，笔者认为从"民族"视角对其进行评析难以把握其要旨，更不公允，而抛开民族国家视域，从传统王朝到主权国家转变过程中"国民"凝聚的视角来审视梁启超、顾颉刚、费孝通等先生的观点有可能是一个相对公允的路径。因为三人观点虽然不同，但阐述的对象则是相同的，都是对由传统王朝国家转变而来的主权国家疆域内的"国民"而做出的不同学术界定，三位学界前辈的观点之间也有着前后相继的内在联系。

（一）梁启超：从"中国民族"到"中华民族"

中华大地上的政权更替和族群凝聚，在清代终于有了两个结果。其一是清朝以康熙二十八年（1689）《尼布楚条约》的签订为开端，实现了政权建构由传统王朝国家向近现代主权国家的转型，"天下"开始有了明确的国界，并以"中国"的身份出现在世界舞台。[②] 其二是在数千年族群凝聚的基础上，清朝以雍正皇帝为代表的统治者也试图弥合族群之间的分野，将其统治区域的族群整合为"臣民"。光绪三十二年（1906）七月在光绪皇帝"立宪"改革的上谕中明确出现了"国民"的概念，中华大地上的族群凝聚从形式上也完成了从王朝国家的"臣民"到近现代主权国家"国民"的转变。[③] 对于

[①] 有关讨论的情况，参见金炳镐等《中华民族："民族复合体"还是"民族实体"？——中国民族理论前沿研究系列论文之一》，《黑龙江民族丛刊》2012年第1期；达力扎布主编《中国民族史研究60年》，中央民族大学出版社2010年版。

[②] 清朝对多民族国家疆域的贡献，参见李大龙《"天下"与"中国"的重合：古代中国疆域形成的历史轨迹——古代中国疆域形成理论研究之六》，《中国边疆史地研究》2007年第3期。

[③] 清朝对"臣民"的整合，参见李大龙《转型与"臣民"（国民）塑造：清朝多民族国家建构的努力》，《学习与探索》2014年第9期。

前者，虽然经过近代列强的蚕食鲸吞，但1912年在清朝基础上出现的中华民国还是继承了清朝的疆域，正式简称为"中国"；而对于后者则出现了一个以何名称称之，以有利于继续推动其内部凝聚整合的问题，其中梁启超先生"中华民族"概念的提出虽起到了举足轻重的作用，但由此也导致了延续至今长达百年之久的争论。

梁启超先生是"中华民族"一词的创造者，其中"中华"为中国固有的词，"民族"则是引进的词，这是学界的普遍认识。梁启超先生主要在《论中国学术思想变迁之大势》《历史上中国民族之观察》《中国历史上民族之研究》中较集中地使用和阐释了"中华民族"的含义。从写作和发表时间及具体内容而言，梁启超先生对"中华民族"的界定存在着一个由模糊到逐渐清晰的过程。

1902年，梁启超先生在《论中国学术思想变迁之大势》中开创性地使用了"中华民族"一词："立于五洲中之最大洲而为其洲中之最大国者，谁乎？我中华也。人口居全地球三分之一者，谁乎？我中华也。四千余年之历史未尝中断者，谁乎？我中华也。我中华有四百兆人公用之语言文字，世界莫及……於戏！美哉我国！於戏！伟大哉我国民！""齐，海国也。上古时代，我中华民族之有海思想者，厥惟齐，故于其间产生两种观念焉，一曰国家观，二曰世界观。"① 梁启超先生虽然在《论中国学术思想变迁之大势》中使用"中华民族"一词，但该文主旨是阐述中国学术思想的发展大势，从其将"我数千年学术思想界为七时代：一、胚胎时代，春秋以前是也。二、全盛时代，春秋末及战国是也。三、儒学统一时代，两汉是也。四、老学时代，魏、晋是也。五、佛学时代，南北朝、唐是也。六、儒、佛混合时代，宋、元、明是也。七、衰落时代，近二百五十年是也。八、复兴时代，今日是也"，以及对"中华"的界定，可以看出其"中华民族"的含义是不明确的。

1905年，梁启超先生在《历史上中国民族之观察》中七次以上使用了"中华民族"一词，认为："今之中华民族，即普通俗称所谓汉族者，自初本为一民族乎？抑由多数民族混合而成乎？此吾所欲研究之第一问题。……以故吾解释第一问题，敢悍然下一断案曰：现今之中华民族自始本非一族，实由多数民族混合而成。"② 实际上，在文中梁启超先生先后使用了"我民族""中国主族""原始之住民""中华民族""汉族""苗蛮族""蜀族""巴氏族""徐淮族""吴越族""闽族""百粤族""百濮族"等诸多相关词

---

① 梁启超：《饮冰室文集点校》，云南教育出版社2001年版，第215、228页。
② 梁启超：《饮冰室文集点校》，第1678—1680页。

语，而从其"今之中华民族，即普通俗称所谓汉族者"的解释看，其"中华民族"似乎是指称"汉族"，此与其所言明的研究"自初本为一民族乎？抑由多民族混合而成乎？""若果由多民族混合而成，则其单位之分子，今尚有遗迹可见乎？其最重要之族为何？""中华民族混成之后，尚有他族加入，为第二，乃至第三四次之混合否乎？若有之，则最主要者何族？""民族混合，必由迁徙交通。中国若是初有多数民族，则其迁徙交通之迹，有可考见乎？""迁徙交通之外，更有他力以助其混合者否乎？"等五个问题以及"前所论列之八族，皆组成中国民族之最重要分子也"①的结论也是吻合的。但是，暂且不评论梁启超先生具体阐述内容的对错，就整体观点而言，梁启超先生所论似乎存在着难以理解的一系列关键性问题："中华民族"和"中国民族"是否等同？如果不等同，仅是指"中国主族"，那么"中华民族"则不能涵盖所有的梁启超先生所言的"伟大国民"；如果等同，其"中国主族"具体何指？对此，梁启超先生在该文虽然缺乏必要的交代，但从整个文章结构分析，"中国主族"的形成是其阐述的重点，也与其"今之中华民族，即普通俗称所谓汉族者"形成了呼应。

《中国历史上民族之研究》1923年4月发表于《史地丛刊》第2卷2、3号上，题为《中华民族之成分》。在该文中，梁启超先生可能意识到了将"中华民族"界定为"汉族"存在难以圆说的问题，因此首先对"民族"与"种族"、"民族"与"国民"做了区分，认为："一种族可以析为无数民族……一民族可含无数种族，例如中华民族含有羌种族、狄种族，日本民族中含有中国种族、倭奴种族"；"民族与国民异。国民为法律学研究之对象，以同居一地域，有一定国籍之区别为标识。一民族可析为两个以上之国民，例如战国、三国、六朝时。一国民可包含两个以上之民族，例如今中华国民，兼以蒙、回、藏诸民族为构成分子。"在此基础上对"民族"的条件尤其是"中华民族"给出了一个形象的界定："血缘，语言，信仰，皆为民族成立之有力条件，然断不能以此三者之分野，径指为民族之分野。民族成立之唯一的要素，在'民族意识'之发现与确立。何谓民族意识？谓对他而自觉为我。'彼，日本人；我，中国人。'凡遇一他族，而立刻有'我中国人也'之一观念浮现于脑际者，此人即中华民族一员也。"②应该说，梁启超先生对"民族"的界定较前述两文有了很大进步，有些认识尤其是将"民族意识"的"发现与确立"作为"民族成立之唯一的要素"的看法与当今学界的认识趋于接

---

① 梁启超:《饮冰室文集点校》，第1678、1685页。
② 梁启超:《饮冰室文集点校》，第3211页。

近，但其"中国人"等同于"中华民族"的结论实际上和自己"民族与国民异"的认识却存在较大矛盾。其一，"日本人"和"中国人"意识的出现依托的是日本和中国两个国家的存在，由此"我中国人也"和梁启超先生所说的"伟大国民"在一定程度上应该是重合的，而由此界定的"中华民族"概念就具有"国民"的性质。其二，梁启超先生将"蒙、回、藏诸民族"界定在"中华国民"之内，但又言："满洲人初建清社，字我辈曰汉人，而自称旗人，至今日则不复有此称谓，由此观念，故凡满洲人，今皆为中华民族之一员。反之，如蒙古人，虽元亡迄今数百年，彼辈犹自觉为蒙人，而我为汉人，故蒙古人始终未尝为中华民族之一员也。"① "蒙古人"不是"中华民族之一员"但却是"中华国民"，则梁启超先生的"中国人"并没有涵盖"中华民国"境内的所有族群，其"中华民族"和"中国人"自然也难以形成对应，从而形成矛盾。实际上，由其"满洲人"可以是"中华民族之一员"的认识分析，梁启超先生所说的"中华民族"更准确地是指清朝在"臣民"之内形成的主体族群，即俗称的"汉人"及其"汉化"的"满洲人"等其他族群。

总体上看，在由王朝国家向近现代主权国家转型的过程中，梁启超先生受到了"民族国家"理论的影响，试图对中华大地尤其是清朝至民国疆域内族群凝聚和发展的脉络进行梳理，其对中华大地上凝聚的主体族群的描述尽管存在一些问题乃至矛盾，尤其是虽然认识到了"民族"与"国民"的差异，而对其背后所依托的两个不同的话语体系则没有给予必要的关注，但这些问题的存在并没有影响到"中华民族"概念的提出对中华民国"国民"的塑造所起的十分重要的指导作用。

（二）顾颉刚：中华民族是一个

孙中山较早将"中华民族"概念引入政治领域，而蒋介石则将其与中华民国境内的所有"民族"（"国民"）实现了对接，并没有在意"中华民族"概念是否具有完善的学理性，而"中华民族"概念也未引起学界的讨论。但是，在日本侵华战争的大背景下，对中国历史有深入研究的顾颉刚先生发表了《中华民族是一个》一文，不仅首次指出了"民族国家"理论给中华民国国家稳定带来的严重威胁，而且也引发了学界对"中华民族"概念的大讨论。

---

① 梁启超：《饮冰室文集点校》，第 3211 页。

第六章 视角、理论与方法：中国边疆学建设的思考

顾颉刚先生对"中华民族"的阐述以刊登在《益世报·边疆周刊》第9期（1939年2月13日）的《中华民族是一个》为开端，还包括其后在第20期（1939年5月8日）刊出的《续论"中华民族是一个"：答费孝通先生》、第23期（1939年5月29日）刊出的《续论"中华民族是一个"：答费孝通先生（续）》两文。① 关于顾颉刚先生对"中华民族"的认识及其引发的讨论，以往学界给予了很多关注，但多是从人类学/民族学（具体说是"民族国家"理论）的视角进行评析②，似乎难以准确把握顾颉刚先生"中华民族是一个"的要旨，而侧重从"政治"（国家危亡、中华民族危亡）层面对其观点提出的意义进行肯定，更是忽视了其所具有的学理性及巨大而深远的学术价值。因为顾颉刚先生对"中华民族"的阐述虽然起因于日本侵华所带来国家危亡的危机，但深层次的原因是看到了"民族国家"理论不能合理解释"中国民族"形成和发展的历史，而在"民族国家"理论基础上诞生且肆意传播的"民族自决"理论则会带给中国更大的分裂风险。

要对顾颉刚先生"中华民族是一个"理论进行评析，首要的问题是应该认识到以中华大地上众多族群凝聚至清朝乃至民国时期的结果"中国人"来对应人类学话语体系中的"nation"，即在《中华民族是一个》中所说的"在一个政府之下共同生活的人"，这是其理论形成的前提和立论的基础。顾颉刚先生在《续论"中华民族是一个"：答费孝通先生（续）》一文中也有清晰表达："所谓'天下'等同于中华民族或中国人，已合于英文的nation，意义非常清楚。要不是久已有了这个中华民族，古人就不会出现这种意识了！"也就是说，顾颉刚先生是将"中华民族"界定为中华民国的"国民"（中国人），其"中华民族"中的"民族"并非今天人类学或民族学意义上的"民族"，他反而认为"民族国家"之"民族"理论不仅给世界，也给中国带来了很多危害，尤其是"民族自决"，于是在《中华民族是一个》中顾颉刚先生有了如下感叹："唉，民族，民族，世界上多数罪恶假汝之名以行！这是我们全国人民所万万不能容忍的。"值得注意的是，顾颉刚先生以前也是用"民族"阐述中国历史的，顾颉刚先生在《续论"中华民

---

① 顾颉刚先生在《益世报》上发表的三文，后收录于《顾颉刚全集》（中华书局2010年版），马戎主编《"中华民族是一个"——围绕1939年这一议题的大讨论》（社会科学文献出版社2016年版）也有收录，故为节省篇幅下文中的引用不再详细注明。

② 关于1939年"中华民族"的讨论，周文玖、张锦鹏《关于"中华民族是一个"学术论辩的考察》（《民族研究》2007年第3期）和马戎《如何认识"民族"和"中华民族"——回顾1939年关于"中华民族是一个"的讨论》（《中南民族大学学报（人文社会科学版）》2012年第5期）评述最为全面。

族是一个":答费孝通先生》中说明了其转变的原因:"我当初使用这'民族'一名正同你的意思一样,凡是文化,语言,体质有一点不同的就称之为一个民族。请你翻出我的《古史辨》看,'夏民族','商民族','周民族','楚民族','越民族'……写得真太多了。向来汉人自己都说是黄帝子孙,我研究古史的结果,确知黄帝传说是后起的,把许多国君的祖先拉到黄帝的系统下更是秦汉间人所伪造,于是我断然地说,汉人是许多民族混合起来的,他不是一个民族。但是九一八的炮声响了,伪满洲国在伪'民族自决'的口号下成立了,我才觉得这'民族'不该乱用,开始慎重起来。"由此看,"九一八"事件和伪满洲国的出现等政治因素只是顾颉刚先生反对用"民族"一词的导火线,其背后的原因则是顾颉刚先生在具体研究中通过"五度"对"民族""这个问题注意"的结果却是从学理上认为用"民族国家"理论认定"汉人"为"民族"是说不通的,所以才有了"中华民族是一个"的认识。基于此,我们不能只肯定"中华民族是一个"观点的政治意义而掩盖了其在学理上乃至推动学术研究深入的重大价值。

综合顾颉刚先生在三文中的阐述,笔者认为其"中华民族是一个"所包含的以下内容是应该特别给予关注的:

其一,"我们从来没有种族的成见,只要能在中国疆域之内受一个政府的统治,就会彼此承认都是同等一体的人民。'中华民族是一个',这句话固然到了现在才说出口来,但默默地实行却已经有了二千数百年的历史了。"这是顾颉刚先生在《中华民族是一个》中对"中华民族"形成和发展历史的经典表述。因为熟知中国传统的族群观念及多民族中国形成和发展的历史,顾颉刚先生的上述认识无疑是可信的,而其"到了秦始皇统一,'中华民族是一个'的意识就生根发芽了。从此以后,政权的分合固有,但在秦汉的版图里的人民大家是中国人了"的阐述,更是值得今人尤其是学者深入思考。秦始皇对六国的统一不仅仅是建立了中国历史上第一个"大一统"王朝,还通过实施郡县制、统一文字和度量衡等,将自夏以来凝聚而成的夏人、商人、周人等凝聚在秦朝的版图之内,造就了"秦人"的形成和壮大。一方面,秦朝的疆域奠定了多民族国家中国疆域的基础,另一方面这是自"中国"概念出现后中华大地上族群之间第一次大规模的凝聚和交融,对于中华大地上主体族群的凝聚发展起着奠基作用,具有划时代的意义。顾颉刚先生将这种凝聚和交融称为"'中华民族是一个'的意识就生根发芽"是否准确我们可以继续讨论,但这段历史却是客观存在的,也是中华大地上族群凝聚的一次飞跃,对于中华民族的形成起着奠基作用,这似乎也是今日国内学界较普遍的认识。

其二,"从战国、秦、汉以来无形中造成的中华民族"。这是针对"中华民族"形成于何时,如何形成的,顾颉刚先生在《中华民族是一个》中给出的答案,并进一步认为:"从前因为我们没有中华民族这个称呼,在我们外围的人们无法称呼我们,可是说话时没有一个集体的称呼总觉得不方便,于是只得用了我们的朝代之名来称呼我们,把我们唤作秦人、汉人、唐人。其中秦字衍变为支那,成为国外最流行的名称;汉朝享国最久,汉人一名成为国内各族间最流行的名称。"将"汉人"视为"中华民族"形成的标志是否准确依然是可以进一步讨论的问题,但存在了四个世纪的汉朝催生了"汉人"群体的形成和发展却是难以否认的史实,顾颉刚先生应该是在此认识基础上兼顾了后人尤其是国外用"汉人"称呼"中国人"的现实情况而做出的判断,而"无形中造成"也形象地为中华大地上主体族群凝聚为"汉人"的原因和轨迹提供了更多想象空间。

其三,"中华民族之先进者"与"中华民族之后进者"。"汉人"既然是"中华民族"形成的标志,那么如何阐述在《续论"中华民族是一个":答费孝通先生》所提出的"整部的中国历史的主要问题就是内外各族融合问题"?顾颉刚先生在《续论"中华民族是一个":答费孝通先生(续)》中提出了"中华民族之先进者"与"中华民族之后进者"两个概念,用以揭示"中华民族"的形成与发展:"汉人的成为一族,在血统上有根据吗?如果有根据,可以证明它是一个纯粹的血统,那么它也只是一个种族而不是民族。如果研究的结果,它并不是一个纯粹的血统,而是已含满蒙回藏苗……的血液的,那么它就是一个民族而不是种族。它是什么民族?是中华民族,是中华民族之先进者,而现存的满蒙回藏苗……便是中华民族之后进者。他们既是中华民族之后进者,那么在他们和外边隔绝的时候,只能称之为种族而不能称之为民族,因为他们尚没有达到一个 nationhood,就不能成为一个 nation。他们如要取得 nation 的资格,惟有参加到中华民族之内。既参加在中华民族之内,则中华民族只有一个。"顾颉刚先生在《续论"中华民族是一个":答费孝通先生》中也对"中华民族之先进者"和"中华民族之后进者"的关系有如下描述:"汉人的文化虽有一个传统,却也是无数文化体质的杂糅,他们为了具有团结的情绪和共同的意识,就成了拆不开的团体了。再想蒙、藏、缠回,知道他们都是部族。汉人体质中已有了许多蒙、藏、缠回的血液,现在的蒙、藏、缠回则是同化未尽的,然而即此同化未尽的也是日在同化的过程之中,将来交通方便,往来频繁以后,必有完全同化的一天。至于现在虽没有完全同化,然而一民族中可以包含许多部族,我们当然同列于中华民族而无疑。"顾颉刚先生用"华化"和"同化"来阐述

"中华民族"内部"各族融合",虽然使用了"汉人",但其对"文化""体制"是"杂糅"的描述却如实反映了中华大地上族群交融的史实。

其四,"王道"与"霸道"对"中华民族"形成的影响。在《续论"中华民族是一个":答费孝通先生(续)》中顾颉刚先生引用了孙中山在《民族主义第一讲》中所指出的"'自然力便是王道',用王道来造成的团体便是民族。武力就是霸道,用霸道造成的团体便是国家",并以此认为"秦皇用了武力造成了一个统一的国家,而原来各国的人民也就用了自然力造成了一个伟大的中华民族。秦的国家虽给刘邦项羽所打倒,而那些人民所造成的大民族则因团结已极坚固,并不与之俱倒……时代愈后,国家愈并愈少,这就足以看出中华民族演进的经历来。自从秦后,非有外患,决不分裂,外患解除,立即合并。所以我在第一篇文字里说,'中华民族是一个',这句话固然到了现在才说出口来,但默默地实行却已经有了二千数百年的历史了。"通过"霸道"而建立的历代王朝,经清朝由王朝国家向近现代主权国家的转型,至中华民国已经基本确立了固定的疆域,而疆域内的"人民"在"王道"(自然力)的作用下"好像雪球这样,越滚越大,遂得成为世界上独一无二的大民族"。由"霸道"形成的"国家"为其境内族群的凝聚和交融提供了稳定的环境,而境内的族群通过"王道"(自然力)而逐渐交融为一体,这种阐述不仅适合于揭示"中华民族"形成和发展的历史,对其他国家和民族形成和发展历史的阐述也具有重要的启示意义。

应该说,顾颉刚先生对"中华民族是一个"的阐述尚未达到系统和完善的程度,甚至也存在一些漏洞,但是如果我们认识到顾颉刚先生所说的"中华民族"是指"中华民国的人民",那么"中华民族是一个"的观点应该是符合中华大地上主体族群凝聚与交融的结果和发展趋势,自然也是能够成立的。当然,顾颉刚先生将其认定的"中华民国的人民"和英文的 nation 去对应是否合适,是属于可以进一步讨论的问题。但是,需要特别指出的是,用"民族国家"理论中"民族"的标准不仅不能准确描述中华大地上族群的凝聚结果,而且给中国的稳定和发展却带来了严重威胁,这应该是顾颉刚先生的重大发现。因为秦人、汉人、唐人等一系列的概念是出现在中华大地数千年的文化积累之中,其划分族群的标准和西方截然不同:"中国戎夷,五方之民,皆有其性也,不可推移。东方曰夷,被发文身,有不火食者矣。南方曰蛮,雕题交趾,有不火食者矣。西方曰戎,被发衣皮,有不粒食者矣。北方曰狄,衣羽毛穴居,有不粒食者矣。中国、夷、蛮、戎、狄,皆有安居、和味、宜服、利用、备器,五方之民,言语不通,嗜欲不同。达其志，通其欲，东方曰寄，南方曰象，西方曰狄鞮，北方曰译。"① 源自中国古籍和传统观念而对中华大地上族群凝聚结果所做的描述是中国传统话语体系的组成部分，将其和出现在西方文化体系下的"民族"进行无缝对接则是难以做到的。遗憾的是，顾颉刚先生的认识虽然引起了争论，但并没有起到一个应有的警醒作用，时至今日将中国古籍中出现的"某某人"称为"某某民族"还依然是普遍的现象。

（三）费孝通：中华民族"多元一体"

费孝通先生在《中华民族是一个》发表之后曾经撰文与顾颉刚先生商榷，顾颉刚先生上述后两文即是针对费孝通先生质疑而做出的回应。值得我国学术界深思而且耐人寻味的是，费孝通先生1988年在香港中文大学举办的"泰纳讲演"会上做了演讲，题目是《中华民族的多元一体格局》，其后发表在《北京大学学报（哲学社会科学版）》1989年第4期上。1993年在顾颉刚先生百岁纪念会上，费孝通先生再次谈及了这次争论为自己的行为进行解释："我并没有去推敲顾先生为什么要那样大声疾呼中华民族只有一个。我就给顾先生写了那封信表示异议。这封信在该年5月1日《益世报》的《边疆》副刊上公开刊出了，题目是《关于民族问题的讨论》，接着顾先生在5月8日和29日撰文《续论'中华民族是一个'：答费孝通先生》。长篇大论，意重词严。这样的学术辩论在当时是不足为怪的。后来我明白了顾先生是基于爱国热情，针对当时日本帝国主义在东北成立'满洲国'，又在内蒙古煽动分裂，所以义愤膺胸，极力反对利用'民族'来分裂我国的侵略行为。他的政治立场我是完全拥护的。……所以我没有再写文章辩论下去。"与此同时，费孝通先生却对顾颉刚先生反对用"民族"的做法表示出了理解和赞同："其实从学术观点上说，顾先生是触及'民族'这个概念问题的。我们不应该简单地抄袭西方现存的概念来讲中国历史的事实。民族是属于历史范畴的概念。中国民族的实质取决于中国悠久的历史，如果硬套西方有关民族的概念，很多地方就不能自圆其说。顾先生其实在他的研究中已经接触到这个困难。他既要保留西方'民族国家'的概念，一旦承认了中华民族就不能同时承认在中华民族之内还可以同时存在组成这共同体的许多部分，也称之为民族了。"可以说，费孝通先生的观念不仅出现了巨大的转变，而且试图完善顾颉刚的"中华民族是一个"的理论。

---

① 《礼记·王制》。

马戎在《如何认识"民族"和"中华民族"——回顾1939年关于"中华民族是一个"的讨论》一文中不仅认为费孝通先生在《中华民族的多元一体格局》中对"中华各群体之间经过几千年的迁移、通婚而在血缘上的互相融合、文化上的相互吸收都给与了充分的肯定,这些内容与顾颉刚先生在1939年写下的话语几乎完全相同",而且"认为费先生在50年后基本接受了1939年顾先生对'中华民族'的基本观念和对其特征、发展历程的描述"①。费孝通先生确实对顾颉刚先生的"中华民族是一个"的观点由质疑到认同态度发生了根本性转变,但其在《中华民族的多元一体格局》中阐述的观点尽管存在着一些相同的用语,如"滚雪球"的比喻等,但也并非和顾先生的阐述"几乎完全相同",还是存在着较大差别,主要体现在以下方面:

其一,在《中华民族的多元一体格局》中费孝通先生首先对"中华民族"的含义做出了明确的界定:"中华民族这个词用来指现在中国疆域里具有民族认同的十亿人民。它所包括的五十多个民族单位是多元,中华民族是一体。它们虽则都称'民族',但层次不同。"②在1939年发表的《关于民族问题的讨论》中费孝通先生质疑顾颉刚先生时曾言:"先生所谓'民族'和通常所谓'国家'相当,先生所谓'种族'和通常所谓'民族'相当。可是我们觉得在名词上争执是没有意思的,既然'民族'等字有不同的用法,我们不妨在讨论时直接用'政治团体'、'言语团体'、'文化团体'甚至'体质团体'。若把这些名词用来诠释先生所谓'中华民族是一个',我们或者可以这样说法:'中华民国境内的人民的政治团体是一个'。这句话说起来似乎很没有力,因为中华民国既然是一个国家,逻辑上讲自然是指一个政治团体。"③相比而言,费孝通先生观点出现的变化还是十分明显和巨大的。一是,重新来论证一个自己以前认为"说起来似乎很没有力"的问题,说明顾颉刚先生的"中华民族是一个"还是有着非同一般的价值,不仅反映着费孝通先生对顾颉刚先生的观点认识发生了巨大变化,而且对"中华民族"和"民族"这些概念的价值也有了全新的认识。二是,费孝通先生在1939年已经意识到出

---

① 马戎:《如何认识"民族"和"中华民族"——回顾1939年关于"中华民族是一个"的讨论》,《中南民族大学学报》2012年第5期,后收入马戎主编《"中华民族是一个"——围绕1939年这一议题的大讨论》,社会科学文献出版社2016年版。

② 费孝通:《中华民族的多元一体格局》,《北京大学学报(哲学社会科学版)》1989年第4期。以下对《中华民族的多元一体格局》的引用皆出于此,不再注明。

③ 费孝通:《关于民族问题的讨论》,马戎主编《"中华民族是一个"——围绕1939年这一议题的大讨论》,第64页。

现在不同文化背景下的英文词汇难以解释中国的"民族"问题，试图直接用另外的话语体系中的名词来进行讨论，但在《中华民族的多元一体格局》中，费孝通先生并没有使用当初提议使用的"某某团体"之类的词汇，而是重新回归到了"民族"，似乎一方面说明了利用这些词汇也难以阐述自己的观点，另一方面也说明了这些词汇的使用如"民族"一词的使用一样，也需要构建一个话语体系为其支撑。三是，为了"纠正"顾颉刚先生对"民族"和"种族"使用上的错位，费孝通先生虽然改为都使用"民族"这个名词，但却将其区分为不同层次，以解决使用同一名词命名不同"团体"而带来的矛盾。

其二，中华民族有一个由"自在"到"自觉"的形成和发展过程，其形成和发展过程中呈现的主流可以概括为"多元一体"。"中华民族作为一个自觉的民族实体，是近百年来中国和西方列强对抗中出现的，但作为一个自在的民族实体则是几千年的历史过程所形成的"，将"中华民族"分成"自在"与"自觉"两个不同的发展阶段是费孝通先生对"中华民族"阐述的一大贡献。"它的主流是由许许多多分散存在的民族单位，经过接触、混杂、联结和融合，同时也有分裂和消亡，形成一个你来我去、我来你去、我中有你、你中有我，而又各具个性的多元统一体"，这一阐述不仅仅是对"自在"过程中"中华民族"的理论概括，实际上也有对"中华民族"现实的再观照。应该说，费孝通先生肯定了"以这疆域内部多民族联合成的不可分割的统一体"的存在，但却认为这一"统一体"在"经过民族自觉"后才"称为中华民族"，这和其对"汉族"形成与发展的认识是一样的。

其三，"汉族"是"凝聚的核心"，并在大混杂、大融合中不断壮大。费孝通先生直接将"汉人"称为"汉族"，并称其为"凝聚核心"。应该说，《中华民族的多元一体格局》对"汉族"形成和壮大的阐述和顾颉刚先生三文相比并没有太多新内容，但将其称为"中华民族"的"凝聚核心"却与顾颉刚先生将"汉人"也称为"中华民族"有着明显的差别，这也是费孝通先生对"中华民族"阐述的一大贡献。只是这一认识涉及的是对"中华民族"形成和发展原因的分析，需要考虑到多方面的因素，尤其是需要熟知中国历史，上述视"汉族"为"凝聚核心"的表述似乎没有做到这一点。主要表现在：一是，将"汉人"径称为"族"，并认为"民族是一个具有共同生活方式的人们共同体，必须和'非我族类'的外人接触才会发生民族的认同，也就是所谓民族意识"，也就是说"民族"具有排他性，"汉族"还能否起到"凝聚""中华民族"且是"核心"的作用是需要做出具体阐释的。二是，从中华大地上族群凝聚和融合的实际分析，恰如《中华民族的多元一体格局》所描述的,"北方民族不断给汉族输入新的血液",而"汉族同样充实了其他民族",但如此是否就成为"中华民族""凝聚"的决定性因素?是否还有其他因素?将其与顾颉刚先生对"王道"和"霸道"在"中华民族""凝聚"中作用的分析相比,明显存在着难以圆说的问题。三是,费孝通先生没有关注到自己对"中华民族"形成"自在实体"的理论阐述也可以用来分析"汉族"的形成和发展,二者性质和形成途径具有十分明显的相似性。实际上,如果我们将中华大地上主体族群在不同阶段的凝聚结果都视为"中华民族"在不同时期的外在表现的话,相比较,顾颉刚先生"中华民族即是汉族的别名"的认识似乎更符合"中华民族"形成和发展的史实,而费孝通先生则将其视为"中华民族"内部的一分子,虽然视为"核心",但也是与其他"民族"属于并列的部分了,似乎与"中华民族"的发展轨迹不相吻合。

其四,观照了"中华民族"的生存环境、"自在实体"出现前的情况及"自觉实体"的现实和未来。《中华民族的多元一体格局》的视野在空间和时段上在明确的基础上有了进一步拓展,有助于更清晰地从宏观上把握"中华民族"形成和发展的轨迹,这是费孝通先生对"中华民族"阐述的又一贡献。以往,如何将史前以及边疆地区族群的情况纳入"中华民族"形成和发展的描述轨迹之中是一个难题,《中华民族的多元一体格局》在对"中华民族的生存空间"做出明确界定的基础上,利用考古资料来阐述"中华民族""多元的起源",同时以"中国西部的民族流动"为题将黄土高原、青藏高原和云贵高原及天山南北辽阔区域内族群的凝聚和发展历史也纳入叙述范围,并"瞻望"了"中华民族"的"前途",可以说不仅视野宏大,同时也提供了新的方法和资料。

应该说,尽管也存在着一些欠缺,但费孝通先生的《中华民族的多元一体格局》将学界对"中华民族"的阐述带到了一个新的高度,并非有学者所认为的没有发展,尤其是引发了国内学界对"中华民族"的关注热潮,其功更值得充分肯定。

(四)结语

综上所述,可以从以下三个方面对梁启超、顾颉刚、费孝通三位先生对"中华民族"的探讨进行学理上的评析:

其一,对"中华民族"的界定虽然有异,但三位先生的研究对象是基本相同的。从上述分析不难看出,尽管视角和方法各异,三位先生的关注对象也有具体差别,梁启超先生的研究对象是清朝和中华民国时期中国疆域内的"臣民"及其发展而来的"国民",顾颉刚先生的研究对象是"中华民国的人民",而费孝通先生的研究对象则是"中国疆域里具有民族认同的十亿人民",但三者有着相同的性质,甚至可以说完全相同,因为三个研究对象是"中华民族"在不同阶段的表现。三人对"中华民族"的阐释尽管存在差异,但也存在着前后相继的关系,尤其是顾颉刚与费孝通先生,后者对前者观点的继承和发展最为明显。因此,将梁启超、顾颉刚、费孝通三位先生的有关成果放到一起进行评析,不仅是一个更为恰当的途径,也更有助于客观地认识其学术成就,进而做出相对准确的评价。

其二,中华大地上的族群凝聚到清代和民国已经有了结果,这是历史事实,梁启超先生只不过是给它起了个"中华民族"的名称而已。顾颉刚和费孝通先生使用了这一名称并对其属性和内部结构进行分析,显见是认同了这一称呼。如上所述,无论是将其视为清朝的"臣民"(国民)、中华民国的"国民",还是"中国疆域里具有民族认同的十亿人民",也不管将其凝聚的途径描述为如顾颉刚先生所言"无形中",还是费孝通先生所言"像滚雪球一般地越滚越大",都各自既有其合理性,也存在有待完善之处,如何将"中华民族"形成和发展的轨迹用具有中国传统特色话语体系完善地表述出来,任务并未完成,依然任重道远,需要学界的共同努力。

其三,从1902年梁启超先生第一个使用"中华民族",经顾颉刚先生《中华民族是一个》引发的讨论,到1989年费孝通先生《中华民族的多元一体格局》发表,"中华民族"的讨论不仅没有平息,反而日益得到学界的关注,2016年马戎主编《"中华民族是一个"——围绕1939年这一议题的大讨论》的出版似乎是一个极好的体现。应该说,导致争论的原因,从"中华民族"所引发的几次讨论看,表面上似乎是集中在"民族"概念二字之上,但深层次的原因却很少有学者提及。深层次的原因,一方面涉及东西方两套不同的话语体系的对接问题,另一方面则是"民族国家"理论体系能否解释中华大地上族群凝聚的历史,而该理论体系为多民族国家的稳定和发展带来的是威胁还是机遇,更是引发争论的关键。但是,遗憾的是顾颉刚先生的呼吁受到了费孝通等先生的质疑,尽管五十年后费孝通先生彻底改变了自己用"民族国家"理论质疑顾颉刚先生的做法,并认为"我们不应该简单地抄袭西方现存的概念来讲中国历史的事实",《中华民族的多元一体格局》可以视为是其对"中华民族"(中国疆域里具有民族认同的十亿人民)进行描述的具体实践,但当今国内学界依然无视或将顾颉刚先生弃用"民族"二字的呼吁视为"政治表现",依然将费孝通先生的《中华民族的多元一体格局》置于"民族国家"的理论语境下进行评析,并全然无视费孝通先生"我们觉得在名词上争执是没有意思的"的忠告,导致有关"中华民族"的研究虽然成为热潮,却依然停留在对名词的重复阐述基础之上。当今国内学界的这种行为一定程度上似乎是1939年费孝通先生对顾颉刚先生《中华民族是一个》质疑的翻版,不仅没有些许的进步,反而依然受困于"民族国家"理论体系之中。因此,摆脱"民族国家"理论的束缚,以从传统王朝国家向近现代主权国家转变的视域,重新构建适合阐述中华大地政权更迭和人群凝聚交融轨迹的话语体系不仅是迫切的现实需要,也是学界应该担负起的重要使命。

三、"四个共同"与中华民族共同体史观

尽管在20世纪70年代初就已经有学者提出了"中华民族共同体"的概念,而有关"民族意识"的讨论在20世纪八九十年代也一直是民族理论学界研究的热点,但学界关注的视角依然不是"中华民族"的"民族意识",直至中国共产党第十九次全国代表大会明确提出"铸牢中华民族共同体意识",有关"中华民族共同体意识"的研究才成为学界关注的热点和焦点问题。也就是说,"铸牢中华民族共同体意识"并非是学界主动提出的命题,而是党的十九大面对当前我国经济社会发展所面临的内外环境变化而做出的战略抉择,对此有清晰的认识不仅有助于铸牢中华民族共同体意识的学术探讨,更有助于铸牢中华民族共同体意识的实践。

中华人民共和国成立之后,为了实现民族平等、民族团结和共同富裕,我国进行了民族识别,进而奠定了当今五十六个民族的分布格局,先后设置了五个省级民族自治地方、三十个自治州、一百二十个自治县,并出台了《中华人民共和国民族区域自治法》等法律法规,中国特色社会主义新型民族关系得以建立并健康发展。2014年习近平总书记在中央民族工作会议上的讲话中指出:"近些年来,我国民族关系出现一些新情况,民族地区改革发展稳定面临一些新问题,特别是拉萨'3·14'、乌鲁木齐'7·5'等事件发生后,社会上、党内外对民族问题、民族工作出现了不同认识,既有肯定性和建设性意见,也有批评和质疑的看法。"[①] 实际上,尽管我国的民族工作已经取得了骄人的成就,但如习近平总书记所言,进入21世纪以来我国民族关系还是出现了

---

① 参见丹珠昂奔《沿着中国特色解决民族问题的道路前进——中央民族工作会议精神学习体会》,中华人民共和国民族事务委员会网站(https://www.neac.gov.cn/seac/xwzx/201411/1007903.shtml),访问时间:2021年7月20日。

一些新情况，这些新情况则是国内外诸多因素共同促成的，并和我国学界已有的研究倾向密切相关。

改革开放以来，中国经济社会发展取得的巨大成就是有目共睹的，而"一带一路"倡议得到世界上越来越多国家的积极响应，这也充分说明中国是世界和平和发展不可或缺的重要推动力量。但是，中国是联合国五个常任理事国中唯一一个尚未实现完全统一的国家，涉及国家稳定与发展的边疆与民族问题也往往是以美国为首的西方国家和国外敌对势力试图遏制中国发展的着力点。肆意歪曲解读我国的边疆和民族政策，丑化抹黑中国的国际形象，不仅危害着我国经济社会的发展，也为"一带一路"倡议的实施及构建人类命运共同体的事业带来了巨大压力。而在这种"百年未有之大变局"状态下回顾我国的中华民族共同体建设，则呈现着另外一种状况。自费孝通先生在20世纪90年代提出"中华民族多元一体格局"理论之后，学界有关"中华民族"的探讨则多集中在"多元"的结构方面，"一体"则不是学界关注的主要内容。如在中国知网以"中华民族"为主题词进行检索，可以得到196339条论文数据，在此数据基础上进一步以"多元"为主题词再检索，可以得到6307条论文数据，而以"多元一体"和"一体"为主题词再检索，则只能得到982条与1806条论文数据。[①] 这些检索数据，一方面说明"中华民族"的使用在学术界已经是一个普遍现象，但多数学者并没有对"中华民族"的具体所指进行具体探讨，对其内部结构进行具体研究的学者只占到了4.6%，绝大多数是在模糊地使用，而对其内部结构进行关注的学者中69.3%关注的是"中华民族"的"多元"，探讨其"多元一体"和"一体"的则只有很少的30.7%。对中华民族过于关注"多元"而有意或无意忽略"多元一体"和"一体"的研究带来的一个明显的结果即是学界出现了中华民族是"一个实体""一个复合体"乃至"一个政治概念"的不同认定。[②] 如前所述，中华民族和我国通过民族识别认定的五十六个民族具有不同的属性，将其视为五十六个民族的"复合体"虽然从学理上有一定合理性，但因此将其视为"一个政治概念"进而否认中华民族是一个客观存在的"实体"则是有违历史事实的，更是有害的。因为生息繁衍在中华大地上的人群早就有了"中华人""中国人"的意识并通过长期的交流交往交

[①] 上述统计数据来源于中国知网（https://www.cnki.net）的检索，访问时间：2021年6月20日。
[②] 参见张琳、袁丽霞《近三十年来"中华民族多元一体格局"理论研究概况》，《赤峰学院学报（汉文哲学社会科学版）》2021年第3期。

融结成了密切的血肉联系,"中华民族"名称的出现只不过是给了这一共同体一个称号而已。否认这一事实的存在是有害的,其突出的表现是国民受到"民族意识"的左右对所属具体民族的认同得到强化,而对中华民族的认同则呈现弱化的趋势,甚至在高校中出现了承认自己是"某某族"而否认其属于中华民族一员的现象。在这种情况下,党和国家明确提出"铸牢中华民族共同体意识"自然是一个非常正确的决策。

2014年,习近平总书记先后在第二次中央新疆工作座谈会、中央民族工作会议的讲话中明确提出"中华民族共同体"和"中华民族共同体意识",指出:"坚持打牢中华民族共同体的思想基础。这是国家统一之基、民族团结之本、精神力量之魂,必须牢固树立汉族离不开少数民族、少数民族离不开汉族、各少数民族之间也相互离不开的思想,增强对伟大祖国、中华民族、中华文化、中国共产党、中国特色社会主义的认同。"①"中华民族共同体""中华民族"并用,被赋予了不同的含义,其后在2019年全国民族团结进步表彰大会、2021年中央民族工作会议的重要讲话中,有关"中华民族共同体"的思想随着"四个共同"和"铸牢中华民族共同体意识是新时代党的民族工作的主线"的提出其内涵得到了进一步完善。

应对中华民族认同弱化只是铸牢中华民族共同体意识提出的一个方面,更重要的是在中央民族工作会议上的讲话中习近平总书记还明确提出"开展民族识别和建立民族区域自治地方的任务已经基本完成,不存在继续推进的问题,不要在这个问题上继续做文章了"②。这一认定,不仅仅是指出了我国民族关系所面临的一系列新问题,同时也是对我国以往民族工作的总结,而"任务已经基本完成"的论断同时也预示着面对新情况我国的民族工作应该转入下一个新的阶段,这个新阶段民族工作的主要任务即是党的十九大报告提出的:"深化民族团结进步教育,铸牢中华民族共同体意识,加强各民族交往交流交融,促进各民族像石榴籽一样紧紧抱在一起,共同团结奋斗、共同繁荣发展。"③

如何在新时期实现铸牢中华民族共同体意识,这是国内各界尤其是学界关注的重要课题,但既然中华民族共同体和我国五十六个民族具有不同的属性,那么就应该从一

---

① 国家民族事务委员会编:《中央民族工作会议精神学习辅导读本(增订本)》,民族出版社2019年版,第41页。
② 参见丹珠昂奔《沿着中国特色解决民族问题的道路前进——中央民族工作会议精神学习体会》,中华人民共和国民族事务委员会网站(https://www.neac.gov.cn/seac/xwzx/201411/1007903.shtml),访问时间:2021年7月20日。
③ 习近平:《在中国共产党第十九次全国代表大会上的报告》,人民出版社2017年版,第40页。

个全新的"共同体"的视角来探讨其应有的路径,不过无论是从何种视角和路径,"构筑各民族共有精神家园"无疑是重中之重的核心内容。

2021年是中国共产党成立100周年,习近平总书记在纪念大会上的讲话中多次使用"中华民族",本着学原著、读原文、悟原理的精神,从中或许可以对"中华民族"的具体所指有一个相对清晰的了解,我们可以看到习近平总书记讲话中所使用的"中华民族"等概念和上述学者的认识并没有本质不同。

《在庆祝中国共产党成立100周年大会上的讲话》中出现的和"共同体"相关的词语主要有"中华民族""中国人民""中华儿女""全国各族人民""民族"等,其中"中华民族"出现44次;"中国人民"出现32次;"民族"出现11次;"中华儿女"出现5次;"各族"出现4次。就这些概念的涵盖范围而言,不同概念具有不同的指称范围,有些概念是类同的,有些相互之间存在兼容的关系,而"中华民族"的使用呈现以下特征:

(1)"中华民族"是涵盖范围最大的概念。"中华民族"的使用多数是和"伟大复兴"、"历史"和"民族"(民族独立:指中华民族)联系在一起使用的,和"全国各族"(全国各族人民)的"族"有着明确区分,具有不同的性质。

(2)"中国人民"和"中华民族"连用,是两个指称范围不同的概念。如"中国人民和中华民族的伟大觉醒";"中国人民和中华民族的前途和命运";"中国共产党一经诞生,就把为中国人民谋幸福、为中华民族谋复兴确立为自己的初心使命"。"中国人民是崇尚正义、不畏强暴的人民,中华民族是具有强烈民族自豪感和自信心的民族。中国人民从来没有欺负、压迫、奴役过其他国家人民,过去没有,现在没有,将来也不会有。同时,中国人民也绝不允许任何外来势力欺负、压迫、奴役我们,谁妄想这样干,必将在14亿多中国人民用血肉筑成的钢铁长城面前碰得头破血流!""中国人民"相对"中华民族"是一个更具体的概念,是指"14亿多中国人"。

(3)"中华儿女"类同于"中华民族",是在一个更大范围内使用且是一个涵盖范围较"中国人民"更宽泛的概念,包括了海外华侨。如"爱国统一战线是中国共产党团结海内外全体中华儿女实现中华民族伟大复兴的重要法宝";"解决台湾问题、实现祖国完全统一……是全体中华儿女的共同愿望";"两岸同胞在内的所有中华儿女"。①

在2021年7月考察西藏时的讲话中,习近平总书记进一步指出:"我们56个民族

---

① 习近平:《在庆祝中国共产党成立100周年大会上的讲话》,中华人民共和国中央人民政府网(http://www.gov.cn/xinwen/2021-07/04/content_5622390.htm),访问时间:2021年7月23日。

是中华民族共同体，要同舟共济、迈向第二个百年奋斗目标。只要我们跟着中国共产党走、坚定走中国特色社会主义道路、同心协力、加强民族团结，就一定能够如期实现中华民族伟大复兴的辉煌目标。"①

综合分析上述"中华民族""中华儿女""中华民族共同体""中国人民"等概念的使用，可以看出尽管各个概念的聚焦点存在差异，但基本是基于生息繁衍在多民族国家中国疆域或称之为中华大地上的族群而言的，和民族学界所言一般性的"民族"并不相同。即费孝通先生所言："我将把中华民族这个词用来指现在中国疆域里具有民族认同的11亿人民。它所包括的50多个民族单位是多元，中华民族是一体，它们虽则都称'民族'，但层次不同。"②实际上并非简单的"多元"相加的"一体"和"层次不同"，所指群体的属性也存在根本性质的差异，"中华民族"是指缔造多民族国家中国的生息繁衍在中华大地上的所有人群，已经超越了国内民族学研究中的一般民族的性质，其对应的是主权国家的"国民"。按照这一思路，我们对于"中华民族"和"中华民族共同体"似乎可以做出如下界定和区分：

狭义的中华民族是指居住在960万平方公里领土上的"中国人民"，这是构成中华民族的核心群体。"中国人民"既包括大陆上的中国人，也包括台湾、香港、澳门等地区的中国人。因为生活在这一区域内的人群面对有待实现国家统一的政治现状依然对多民族国家中国有着普遍的认同，有着共同的政治追求和利益，结成了共同的命运共同体，这也应该是习近平总书记"56个民族是中华民族共同体"阐述的直接原因。

广义的中华民族则是在狭义的中华民族基础上更为宽泛的概念，既包括认同多民族国家中国身份的中国人，也包括没有了中国身份的海外华人。因为没有了中国身份的海外华人虽然拥有着中华民族的血脉，但在政治上已经认同其他国家，其作为"中华民族共同体"一部分的属性已经表现不完整，故更准确地可称之为广义的"中华民族共同体"，或"中华民族"。

也就是说，从"铸牢中华民族共同体意识"出发审视"中华民族""中华民族共同体"，在今天的话语体系中，"中华民族"已经发展为一个更宽泛的概念，既包括生活在960万平方公里领土上的对多民族国家有认同的中国人，也包括了海外华人，与"中华儿女"的含义等同，而"中华民族共同体"则相对具体，是指在政治上对多民族国家中

---

① 中国共产党新闻网（http://cpc.people.com.cn/n1/2021/0723/c64094-32168233.html），访问时间：2021年8月1日。
② 费孝通主编：《中华民族多元一体格局》（修订本），中央民族大学出版社1999年版，第3页。

国有认同的中国人，也即"56个民族是中华民族共同体"。

铸牢中华民族共同体意识的提出是新时代我国应对"百年未有之大变局"而采取的重大举措，而客观诠释多民族国家、中华民族形成与发展的历史是铸牢中华民族共同体意识的重要内容，摆脱历代王朝史观的影响，从"天下"的视域确立整体史观十分迫切而重要。

"中华民族的家园坐落在亚洲东部，西起帕米尔高原，东到太平洋西岸诸岛，北有广漠，东南是海，西南是山的这一片广阔的大陆上。这片大陆四周有自然屏障，内部有结构完整的体系，形成一个地理单元。这个地区在古代居民的概念里是人类得以生息的、唯一的一块土地，因而称之为天下，又以为四面环海所以称四海之内。这种概念固然已经过时，但是不会过时的却是这一片地理上自成单元的土地一直是中华民族的生存空间。"这是费孝通在《中华民族的多元一体格局》中对"天下"给出的界定。笔者在刊发于《中央民族大学学报（哲学社会科学版）》2023年第4期《"天下"视域下的"中国"与"边疆"——在"历史上的中国"讨论基础上的新思考》一文中提出：在不同时期"中国""边疆"及其相互关系呈现不同的样态，至清代以清朝和俄国《尼布楚条约》的签订为标志，"中国"不仅成为清朝多民族国家的代名词，而且也具有了指称清朝主权国家疆域的属性，在政治地理空间上"中国"和"天下"实现了重合，多民族国家疆域实现了从传统王朝国家向主权国家的转变。[①] 当今的多民族国家中国疆域是在近代殖民势力对多民族国家疆域蚕食鲸吞后的结果，因此不能以"中华人民共和国的疆土"为范围，而应该以康熙二十八年（1689）《尼布楚条约》的签订至1840年鸦片战争爆发前的清朝疆域为范围才更符合中国历史发展的实际。当然，要做到为"四个共同"提供完善的学理支撑，还是需要从"天下"出发的整体史观。

在传统的观念中构成"天下"的"夏夷"两大群体在中华大地上建立过众多王朝和政权，其中历代王朝被视为"中国"而更多的非历代王朝则被视为"边疆"，但多民族国家中国是这些王朝和政权共同缔造的，我们不能因为历代王朝"自称"或被认为是"中国"，且在多民族国家中国形成与发展中起着重要推动作用，就将历代王朝的历史等同于多民族国家中国的历史，更不能有意夸大历代王朝的作用而忽视非历代王朝在

---

① 参见李大龙《从"天下"到"中国"：多民族国家疆域理论解构》，人民出版社2015年版；李大龙《"中国"与"天下"的重合：古代中国疆域形成的历史轨迹——古代中国疆域形成理论研究之六》，《中国边疆史地研究》2007年第3期。

其中的贡献，因为非历代王朝实现的"局部"统一在多民族国家中国形成与发展的过程中也起着难以取代的重要作用。在"天下"这一传统认识下审视历代王朝之"中国"与非历代王朝之"边疆"及其关系，需要将其视为一个整体，因为历代王朝和非历代王朝的历史都属于多民族国家中国历史不可分割的组成部分，其关系不仅并不存在先后"加入"的问题，反而是不断持续加强的交往交流交融的关系。[①] 在这一视角下，有些长期困扰学界的难题也可以得到有效解决，有助于我们完善有关多民族国家中国形成与发展的话语体系。比如，在唐代的中华大地上，先后存在着唐朝、突厥汗国、薛延陀汗国、高昌、吐谷浑、吐蕃、高句丽、南诏、回纥汗国、渤海国等众多王朝或政权，尽管唐朝自称和被称为"中国"，并将很多政权纳入"大一统"政治体系之中，构建起来地域辽阔的"天下国家"，但其历史也只是多民族国家中国历史在唐代的一个部分，并非全部，而其他众多政权，包括吐蕃，即便是没有被纳入唐朝"大一统"之下和不自称或不被称为"中国"，其历史也是唐代多民族国家中国历史的组成部分。这就是从"天下"视角而确立的整体史观，而也只有这样，我们才能构建起完善的有关多民族国家中国、中华民族和中华民族共同体形成与发展的话语体系，进而为"四个共同"史观提供牢固的学理支撑。

总之，"铸牢中华民族共同体意识，就是要引导各族人民牢固树立休戚与共、荣辱与共、生死与共、命运与共的共同体理念"，但这一目标的实现需要在"四个共同"指引下构建一个有关多民族国家中国、中华民族和中华民族共同体形成与发展的完善的话语体系。话语体系的构建，要在中华大地上众多人群共同缔造多民族国家的实践基础上通过多学科学者的共同努力才能实现，既需要历史学学者的积极参与，但更需要超越已有历代王朝史观、"民族（nation）"观念的桎梏，更新一系列观念才能实现。

四、超越传统史观

长期以来我们习惯于在"自古以来"和"历代王朝"（中国）基础上认识和诠释多民族国家中国的历史，而近代以来"民族（nation）"观念的传入虽然催生了"中华民族"概念的出现，一定程度给传统史观带来了冲击，但如何认识和诠释多民族国家中国

[①] 参见李大龙《"天下"视域下的"中国"与"边疆"——在"历史上的中国"讨论基础上的新思考》，《中央民族大学学报（哲学社会科学版）》2023年第4期。

的历史、中华民族形成与发展的历史依然分歧较大,这些已经成为困扰学界的难题。在这种情况下,对"四个共同"进行完善的学理性诠释仅仅依靠民族学界从理论上进行解读是难以满足铸牢中华民族共同体意识需要的,不仅迫切需要多学科尤其是历史学界学者的积极参与,而且更需要学界乃至国人更新传统观念才能实现。

观念的更新是一个系统工程,虽然并非一蹴而就所能够完成,但以下几个主要方面的内容似乎是首先应该更新的,略陈管见,求正于学界同仁。

(一)从"国家"的视域明确"中华民族共同体"的含义及其属性

对中华民族共同体的研究,首先遇到的问题就是对"中华民族共同体"概念的界定。

对"中华民族共同体"的界定离不开"中华民族"。"中华民族"虽然是中西合璧的概念,但无论是梁启超最早用此概念,还是顾颉刚和费孝通对"中华民族"做出明确界定,都是围绕多民族国家的"国民"展开的,离不开如何认识"nation"的影响。[①]

"中华民族共同体"一词最早出现在20世纪60年代。著名的考古学家夏鼐1962年在《考古》第9期发表的《新中国的考古学》中首先使用了"中华民族共同体"概念,认为"各兄弟民族的祖先在悠久的历史过程中,与汉族的祖先建立起日益紧密的联系,今日大家一起构成了中华民族共同体。"夏鼐是目前已知最早提出"中华民族共同体"概念的学者似乎得到了学界普遍认同[②],但是夏鼐是否有意"将'中华民族共同体'一词作为'中华民族'的替换词"[③],笔者认为未必是有意为之,因为从其上下文论及的中国古代的原始社会等社会结构分析,其"中华民族共同体"应该是强调"各兄弟民族"共同构成了"中华民族"这个"共同体",似乎并非有意提出"中华民族共同体"取代"中华民族"。甚至可以说,夏鼐文中的"中华民族共同体"并非一个完整的概念,其要表达的意思是指"中华民族"是一个"共同体"。类似的情况在20世纪80年代出现的有关"中华民族共同体"的文献中依然存在。1986年12月2日,黎澍在《文汇报》发表《中国历史上的民族关系》[④]一文,尽管有"中华民族共同体的形成和发展,经历了

---

① 参见李大龙《对中华民族(国民)凝聚轨迹的理论解读——从梁启超、顾颉刚到费孝通》,《思想战线》2017年第3期。

② 参见李大龙《中华民族共同体属性与建设途径探究》,《西南民族大学学报(人文社会科学版)》2022年第3期;杨须爱《"中华民族共同体"概念演进史钩沉》,《中华民族共同体研究》2022年第3期。

③ 杨须爱:《"中华民族共同体"概念演进史钩沉》,《中华民族共同体研究》2022年第3期。

④ 参见黎澍《中国历史上的民族关系》,《文汇报》1986年12月2日第3版。

十分漫长而艰难的道路"等表述，似乎有用"中华民族共同体"概念代替"中华民族"的意图，但文中"中华民族""中华民族共同体""多民族共同体"等几个概念同时出现，说明作者的这一意图并不明确。而为了与之进行讨论，1987年周维衍在《复旦学报（社会科学版）》第3期发表《谈谈中华民族共同体的主要完成形式——兼与黎澍同志商榷》，虽然将"中华民族共同体"纳入文章的标题之中，但似乎依然没有将"中华民族共同体"代替"中华民族"的意图，这一点从文章"从上述东北到西南、北方到南方各族成为共同体一部分的过程，可以表明，真正用战争手段来完成的实属不多，大半情况是各民族本着自己的愿望参加的"的表述中可以明确看出，其"中华民族共同体"依然强调的是"共同体"。但是，这一状况在新时代出现了变化，"中华民族共同体"明确成为一个完整的政治概念应该是在2014年，是习总书记赋予了其完整的内涵。

2014年，习近平总书记先后在第二次中央新疆工作座谈会、中央民族工作会议的讲话中明确提出"中华民族共同体"和"中华民族共同体意识"，指出："坚持打牢中华民族共同体的思想基础。这是国家统一之基、民族团结之本、精神力量之魂，必须牢固树立汉族离不开少数民族、少数民族离不开汉族、各少数民族之间也相互离不开的思想，增强对伟大祖国、中华民族、中华文化、中国共产党、中国特色社会主义的认同。"①"中华民族共同体""中华民族"并用，被赋予了不同的含义，其后在2019年全国民族团结进步表彰大会、2021年中央民族工作会议的重要讲话中，有关"中华民族共同体"的思想随着"四个共同"和"铸牢中华民族共同体意识是新时代党的民族工作的主线"的提出其内涵得到了进一步完善。

目前有关中华民族共同体研究的论著虽然较多，但鲜有学者对"中华民族共同体"给出明确界定，而多是用习近平总书记的"56个民族是中华民族共同体"来表述。通过综合分析习近平总书记在建党百年纪念大会上的讲话中使用的"中华民族""中华民族共同体""中国人民""中华儿女"等概念，笔者提出："'中华民族'已经发展为一个更加宽泛的概念，既包括生活在960万平方公里领土上对统一多民族国家有着认同的中国人，也包括海外华人，此时它与'中华儿女'的含义等同；而'中华民族共同体'则相对具体，是指在政治上对统一多民族国家中国有着认同的中国人，也即'56个民族是中华民族共同体'。"②

---

① 国家民族事务委员会编：《中央民族工作会议精神学习辅导读本（增订本）》，民族出版社2019年版，第41页。
② 李大龙：《中华民族共同体的属性与建设途径探究》，《西南民族大学学报》2022年第3期。

因此，无论是"中华民族"还是"中华民族共同体"，其指称的对象都应该是多民族国家中国的"国民"群体，和新中国成立后我国通过民族识别而形成的五十六个民族具有截然不同的属性。

（二）从"天下国家"到"主权国家"的视域诠释"中华民族共同体"

多民族国家中国是中华民族、中华民族共同体得以形成与发展的重要载体，客观诠释多民族国家疆域形成与发展的历史，不仅仅需要历史研究者的积极参与，也需要史观的改变，因为在传统的历代王朝史观视域下我们无法给"我国辽阔的疆域是各民族共同开拓的"一个自圆其说的答案。

历史上的中华大地存在过很多政权，尽管在20世纪50年代开始的"国土范围"的讨论中历代王朝的疆域及其历史并不能代表多民族国家中国的疆域及其历史的观点得到了学界共识，但长期以来"二十四（五）史"所承载的历代王朝叙述体系对学界乃至国人的影响根深蒂固，历代王朝被视为"中国"，而非历代王朝则被认定为"边疆"是普遍认识，诸多中国通史以及中国疆域史论著则无不以历代王朝历史和疆域沿革为主体来诠释多民族国家中国的历史和疆域形成与发展的历史。在传统的典籍中，表示王朝国家疆域的是"天下"，而"大一统"王朝国家往往被称为"天下国家"。《礼记·中庸》载："子曰：好学近乎知，力行近乎仁，知耻近乎勇。知斯三者，则知所以修身；知所以修身，则知所以治人；知所以治人，则知所以治天下国家矣。凡为天下国家有九经，曰：修身也，尊贤也，亲亲也，敬大臣也，体群臣也，子庶民也，来百工也，柔远人也，怀诸侯也。"《孟子·离娄上》载："孟子曰：人有恒言，皆曰'天下国家'。天下之本在国，国之本在家，家之本在身。"《新唐书·兵志》也载："古之有天下国家者，其兴亡治乱，未始不以德，而自战国、秦、汉以来，鲜不以兵。夫兵岂非重事哉！然其因时制变，以苟利趋便，至于无所不为，而考其法制，虽可用于一时，而不足施于后世者多矣。""天下国家"在先秦时期的周代是指以"周天子"为核心的"大一统"政治秩序，众多的诸侯则是其中的"国"。"天下国家"随着秦汉王朝的出现，王朝政区是其腹心区域，往往被称为"中国"，其外围则是被视为"藩属"的羁縻间接统治区。对"中国"概念尽管学界有不同的认识，但其从来就不是一个严格意义上的王朝政区范围，而是"天下"的组成部分，即如《史记·孝武本纪》载"天下名山八，而三在蛮夷，五在中国"。更重要的是，"中国"概念是迎合"大一统"政治体系的需要而出现的，"二十四

（五）史"所承载的自称或被视为"中国"的王朝或政权，是中华大地上众多政权争夺"正统"的胜出者。在"天下国家"时代，"天下大势，合久必分，分久必合"是基本样态，虽然不同王朝或政权之间存在明确的界限，并因势力的强弱而盈缩不定，但不仅"天下国家"的疆域呈现"有疆无界"的状态，并没有当今国家间的主权边界，而且"天下"也是一个界限模糊的范围。这种状态一直延续到清代康熙二十八年（1689）随着清朝和俄国签订《尼布楚条约》而发生了改变，该条约的签订也标志着多民族国家中国疆域形成阶段"自然凝聚"的结束。

《尼布楚条约》的签订之所以能够成为多民族国家疆域转变的重要标志，是因为：（1）符合多民族国家中国疆域发展的实际，标志着多民族国家中国的疆域开始从传统王朝国家的"有疆无界"向近现代主权国家的"有疆有界"转型。（2）当今世界上的诸多国家都是从传统走向当代主权国家的，《尼布楚条约》作为标志符合全球史统一的标准。（3）多民族国家中国疆域的范围是动态的，虽然经过了康熙、雍正、乾隆三朝的划界，但没有划完整，就遭到了列强的蚕食鲸吞，是中华人民共和国的成立遏制了这一趋势。既然《尼布楚条约》的签订可以作为多民族国家中国疆域从传统王朝国家（天下国家）向主权国家转型的标志，那么在这一转变视域下诠释多民族国家中国形成与发展的历史也应该是可行的。

（三）从传统"五方之民""华夷一体"视域诠释"中华民族共同体"

"非我族类，其心必异"经常会被视为中国古代存在民族歧视的突出表现，但少有人关注到其中的"族类"和近代以来传入的"民族（nation）"概念属于两种截然不同的话语体系，将其定位为"民族歧视"并不准确，属于两种话语体系的错接。当前对中华民族、中华民族共同体形成与发展的诠释，不仅需要区分清楚中国传统和"民族（nation）"两种不同的话语体系，也要认清近代以来两种话语体系错接带来的认识上的混乱。

以"文化"区分人群是传统话语体系的突出特征之一。从《礼记·王制》的记载看，"天地寒暖燥湿广谷大川异制，民生其间者异俗，刚柔轻重迟速异齐，五味异和，器械异制，衣服异宜"所导致的"安居、和味、宜服、利用、备器"以及语言的差异才是先秦时期古人划分"中国、戎、夷，五方之民"的标准。春秋战国时期，"中国（诸夏）"虽然成为争夺"正统"的要件但并没有阻止住秦国对六国的统一，而秦汉对"大一统"的实践推动了"夏（华）"与"夷"的分野，西晋的灭亡以及"五胡十六国"的出现被视为"中华倾覆"和"五胡乱华"，而北朝称南朝为"夷"，南朝称北朝为"戎狄"，则赋予了"华夷之辨"这种人群划分更多的政治含义，由此政治认同成为传统人群划分的又一个突出特征。而尽管存在"五方之民""中国（诸夏）""华""夷""秦人""汉人""匈奴人"等诸多不同的人群划分，但"华夷一家"等也是历代王朝统治者屡屡强调的，尤其是在清朝统治者口中，由此构成了传统人群划分的第三个突出特点。清朝的历史文献中出现了大量"一体"的表述，仅《清实录》中"一体"一词就出现过8435次，涉及国家治理的各个层面，其中，有不少是关于"民人"、满汉蒙人群相关的"一体"表述，而雍正皇帝撰著《大义觉迷录》认为强调"夷夏之别"是分裂王朝惯用的做法，清朝已经实现了"大一统"，不需要再有"中外华夷之分"。也正是因为上述三个突出特点，中华大地上的人群划分是动态的，并随着众多王朝和政权更替出现而被凝聚为不同群体，清代"大一统"的实现，尤其是从传统王朝国家（天下国家）向现代主权国家转型，人群凝聚也实现了由"自在"到"自觉"的转变，"中华民族"称号的出现即是重要标志。

"民族"（"nation"）传入中国的大致时间，学界一般认为是19世纪七八十年代。梁启超将"中国民族"称为"中华民族"主要是受到了日本明治维新后国家得到快速发展的影响，也主张通过"立宪"改革效仿日本谋求清朝的壮大，认为："今日欲救中国，无他术焉，亦先建设一民族主义之国家而已。"[①] 此"民族主义之国家"即清末宪政革新要达到的政治目标，而梁启超所谓"中华民族"对应的也即《清德宗实录》卷562光绪三十二年七月戊申条所记载的光绪皇帝"立宪"改革上谕提及的"忠君爱国之义"的"国民"。梁启超所称从"中国民族"到"中华民族"及其含义的变化和顾颉刚将"中华民族"对应为"nation state"的"nation"，也是在国内政学各界认识混乱基础上提出的，其含义和"nation state"的"nation"尽管在形成和发展的过程上还存在较大差异，但二者的基本属性是相同的。问题的出现是随着"nation"被译为"民族"，中国历史上的人群称呼往往被冠之以"民族"，导致两套话语体系的错接。

早在1939年发表的《中华民族史一个》中，顾颉刚已经意识到了两个话语体系的

---

① 梁启超：《论民族竞争之大势》，《梁启超全集》（第4卷），第899页。

错接问题,认为"汉人是许多民族混合起来的,他不是一个民族"①,已经明确指出了用"民族"("nation")话语不能准确解读中华民族、中华民族共同体形成与发展的历史,遗憾的是这已经成为学界乃至国人的固有习惯。

从中华大地上人群划分的传统看,中华民族、中华民族共同体是生息繁衍在中华大地上的众多人群在构建多民族国家中国的过程中凝聚而成的命运共同体,无论是"中华民族"还是"中华民族共同体",都是一个客观存在的共同体,并不存在"建构"的问题。客观完善地诠释中华民族、中华民族共同体的历史,需要观念的改变,不仅要分清楚两种不同话语体系的差异,更要在"五方之民""华夷一体"等传统观念视角下认识和诠释中华民族、中华民族共同体的形成与发展。

(四)从"天下"的视域确立多民族国家和中华民族共同体的"整体"史观

铸牢中华民族共同体意识的提出是新时代我国应对"百年未有之大变局"而采取的重大举措,而客观诠释多民族国家、中华民族形成与发展的历史是铸牢中华民族共同体意识的重要内容,摆脱历代王朝史观的影响,从"天下"的视域确立整体史观十分迫切而重要。

在传统的观念中构成"天下"的"夏夷"两大群体在中华大地上建立过众多王朝和政权,其中历代王朝被视为"中国"而更多的非历代王朝则被视为"边疆",但多民族国家中国是这些王朝和政权共同缔造的,我们不能因为历代王朝"自称"或被认为是"中国",且在多民族国家中国形成与发展中起着重要推动作用,就将历代王朝的历史等同于多民族国家中国的历史,更不能有意夸大历代王朝的作用而忽视非历代王朝在其中的贡献,因为非历代王朝实现的"局部"统一在多民族国家中国形成与发展的过程中也起着难以取代的重要作用。在"天下"这一传统认识下审视历代王朝之"中国"与非历代王朝之"边疆"及其关系,需要将其视为一个整体,因为历代王朝和非历代王朝的历史都属于多民族国家中国历史不可分割的组成部分,其关系不仅并不存在先后"加入"的问题,反而是不断持续加强的交往交流交融的关系。②在这一视角下,有些长期

---

① 马戎主编:《"中华民族是一个"——围绕1939年这一议题的大讨论》,社会科学文献出版社2016年版,第76页。

② 参见李大龙《"天下"视域下的"中国"与"边疆"——在"历史上的中国"讨论基础上的新思考》,《中央民族大学学报》2023年第4期。

困扰学界的难题也可以得到有效解决,有助于我们完善有关多民族国家中国形成与发展的话语体系。比如,在唐代的中华大地上,先后存在着唐朝、突厥汗国、薛延陀汗国、高昌、吐谷浑、吐蕃、高句丽、南诏、回纥汗国、渤海国等众多王朝或政权,尽管唐朝自称和被称为"中国",并将很多政权纳入"大一统"政治体系之中,构建起来地域辽阔的"天下国家",但其历史也只是多民族国家中国历史在唐代的一个部分,并非全部,而其他众多政权,包括吐蕃,即便是没有被纳入唐朝"大一统"之下和不自称或不被称为"中国",其历史也是唐代多民族国家中国历史的组成部分。这就是从"天下"视角而确立的整体史观,而也只有这样,我们才能构建起完善的有关多民族国家中国、中华民族和中华民族共同体形成与发展的话语体系,进而为"四个共同"史观提供牢固的学理支撑。

总之,"铸牢中华民族共同体意识,就是要引导各族人民牢固树立休戚与共、荣辱与共、生死与共、命运与共的共同体理念",但这一目标的实现需要在"四个共同"指引下构建一个有关多民族国家中国、中华民族和中华民族共同体形成与发展的完善的话语体系。话语体系的构建,要在中华大地上众多人群共同缔造多民族国家的实践基础上通过多学科学者的共同努力才能实现,既需要历史学学者的积极参与,但更需要摆脱已有历代王朝史观、"民族(nation)"观念的桎梏,更新一系列观念才能实现。

第三节　中国边疆学"三大体系"建设

对中国边疆学的学科建设,最近几年我虽然没有撰写专门的论文阐述自己的看法,但也一直在积极推动学界同仁参与有关的讨论,并在组稿和编辑过程中逐渐有了一些不成熟的想法。最近有时间促使我将以前零星的看法串联起来,并形成了相对完整的认识,现整理出来,求教于学界有志于此的同仁,希望有助于推动中国边疆学学科建设。①

---

① 以往邢玉林、马大正、周伟洲、方铁、郑汕、李国强、邢广程等诸位先生对中国边疆学都有专论,为了完整展现自己的认识,同时也因篇幅所限,非必要不做评述。

一、关于中国边疆学学科体系建设

有关中国边疆学学科体系的讨论由来已久，应该说涉及了有关学科建设的各个方面，但由于关注点不同，出现分歧并难以形成一致的意见是情理之中的。就中国边疆研究所内部讨论而言，大家围绕中国边疆学学科体系的讨论实际上是三个不同层次的讨论：一是中国边疆学能否是一个学科的问题；二是中国边疆学学科和中国边疆研究所研究领域的关系；三是中国边疆研究学科发展和研究所当前遇到的现实问题。仔细分析，这三者既有联系，但也有不同，并不是一个层次的问题，放在一起讨论似乎是难以形成一致意见的。故而，下面想将其分开谈些粗浅的认识。

（一）关于中国边疆学能否是一个学科的问题

有关中国边疆学学科体系的思考在民国时期就已经出现了，当时有边政学和边疆学两种不同的提法，但也是混在一起的，并没有看到有学者做严格区分。当时不仅出现了很多名称中含有"边疆"的学会，不少高校也设置了边政学系，新中国成立后众多的学会和这些学系的设置都取消了，如果不取消的话，有可能中国边政学或中国边疆学的学科早已经形成了。当然，历史不能假设，但结合现有的学科体系却可以说明一个问题，即如果有专门的研究对象、研究队伍，形成了相关的理论和方法，并有厚重的研究积累和影响，成为一个学科也不是不可能。目前的历史学学科体系的划分，其下已经分出中国史、世界史、考古学三个一级学科，其成为一级学科的原因尽管是多方面的，但有专门的研究对象、壮大的研究队伍和形成了学科有关的理论和方法，并有重要影响和学术积累，应该是基础的条件。中国边疆学以中国边疆为研究对象，而中国边疆就面积而言，占到了国土面积的60%以上，海疆则是全部；就人文而言，多元的民族与文化不同于内地；就社会发展而言，既面临着稳定的问题，更有发展的压力；就自然环境而言，保护与开发是当前面临的重大问题；就国际关系而言，陆地有十四个邻国，还有海疆毗邻的，需要研究的问题更多。当前，历史学、民族学、社会学、政治学、地理学、国际关系、海洋等学科和研究领域的学者虽然也从事中国边疆研究，但中国边疆仅仅是其研究对象的一部分，并非全部，且在其学科体系中并不是主流，更难以形成主流。而中国边疆学则是以中国边疆的整体作为研究对象，从理论上说通过学界有志于此的学者们的努力能够形成其他学科不具备的特点，并能够通过融合其他有关学科的理论与方法形成独特的理论与方法。这是我认为中国边疆学能够成为一个独立学科的重要理由。至于中国边政学或中国边疆学的呼声早有而为何没有成为一个学科的原因，个人感觉是，虽然社会各界都已经认识到了边疆研究的重要性，但中国边疆研究的研究队伍不够强大，学术积累也不够深厚，自己的学科体系不仅没有明确的定位，学术体系也尚未构建完成等等，这些都是制约其成为一个学科的重要因素。当然，依靠行政部门的一纸文书而成为一个学科的例子也是存在的，但属于个案，并不具有普遍性。

（二）关于中国边疆学与中国边疆研究所研究领域的关系问题

尽管 1983 年成立的中国边疆史地研究中心在中国边疆研究的发展方面起到了重要推动作用，且已经由"研究中心"跻身为"研究所"，取得了和其他研究所相同的身份，似乎体现着中国边疆研究所已有的研究领域已经得到了一定程度的承认，但尚不足以得出是一个学科位置认定的结论。对此我们应该有以下两点清醒的认识：

（1）中国边疆研究所目前的研究并没有涵盖中国边疆学研究的全部内容，与中国边疆学学术体系建设的需要还有很大差距。

中国边疆研究所以往的研究尽管分为基础研究和现实研究两大类，但已有的基础研究成果尚不能为构建学术体系提供支撑，而现实研究成果则往往不能公开发表，而更重要的是对学科定位尚不明确，内部存在分歧，难以形成合力。但无论如何，对"中国边疆"的研究是中国边疆研究所存在的重要前提条件，也就是说，尽管历史学、民族学、政治学、国际关系等学科都在从事与"中国边疆"有关的研究，但只有中国边疆研究所的存在与发展和中国边疆学学科构成直接的因果关系，因此中国边疆学学科体系、学术体系和话语体系的建设是中国边疆研究所难以回避和亟须解决的问题。

（2）尽管在现有的研究范围上存在差距，但中国边疆研究所现有八个研究室的框架结构，应该说已经和中国边疆学学科的研究对象"中国边疆"形成完整的无缝对接。

中国边疆研究所内部研究室的设置经过了由一个研究部、两个研究部到多个研究室的发展过程，尽管研究所内部对研究室研究内容和队伍建设尚没有一个成熟的认识，但东北、北部、新疆、西藏、西南、海疆、海洋与理论八个研究室的框架结构，应该说在涵盖范围上就是当今中国边疆学的研究对象"中国边疆"的区域划分，基本涵盖了中国边疆的所有领域。值得注意的是这个结构设计并非由中国边疆研究所内部提出，而是一个顶层设计的结果，体现着国家对中国边疆研究的需求。既然是顶层设计，而且与中国边疆学的研究对象"中国边疆"又是吻合的，那么中国边疆研究所科研工作的最高追求就应该是中国边疆学"三大体系"建设的完成，而能否完成这"三大体系"的建设不仅关乎中国边疆学学科建设，关乎中国边疆研究所的发展，更关乎中国边疆地区的稳定与发展。故而，中国边疆研究所和所属研究室研究工作的展开方面，"三大体系"建设是绕不开的重点。

（三）中国边疆学学科和中国边疆研究所目前状况分析

中国边疆学目前最好的状态即是在中国社会科学院内部被认定为历史学下的二级学科，中国边疆研究所成为中国历史研究院的六个研究所之一，而一些大学也设置了边疆研究院的机构，中国社会科学院研究生院设立了中国边史系从事硕博研究生培养，云南大学、南京大学等也有边疆学的博士授予点。但是，这些做法基本是在历史学的大框架下展开的，一定程度上为中国边疆学学科体系定位带来了迷惑和困难。面对这些迷惑和困难，想方设法去适应是一个无奈但却应该和必须做的选择，只是在适应过程中我们不能完全放弃对中国边疆学学科的理想追求，因为我们从事的历史学研究和古代史研究所、近代史研究所等其他研究机构有着显著的不同特点，同时对中国边疆现实问题的研究也是中国边疆研究所研究的主要内容。只有这样，中国边疆研究所的研究才有特点，才有存在的价值。因此，我完全同意在现有的历史学的大框架下谋求中国边疆研究所的发展壮大，但我们也要尝试着在具体研究中突破历史学的束缚：一方面在研究理论和方法上要整合多学科的理论和方法，形成自己的特色；另一方面在诸如研究生培养、研究队伍的整合等方面突出多学科综合的特点，为最终形成以"中国边疆"为研究对象的中国边疆学"三大体系"、稳定的研究队伍而做准备。实际上，中国边疆研究所现在已经形成了多学科构成的研究队伍，研究成果也呈现了多学科的特点，只是进一步明确研究方向、整合研究队伍是当前迫切需要做的工作。

总体而言，理想中的中国边疆学学科体系应该是以中国边疆为研究对象的独立学科，中国边疆研究所虽然目前的研究不能涵盖中国边疆学学科的所有领域，但构建中国边疆学三大体系却是关乎其生存与发展的重大问题，而学科要被承认，需要有丰硕的研究成果、壮大的研究队伍和完整的理论体系做支撑，充分利用现有中国边疆研究所及其八个研究室的顶层设计，明确研究目标，形成合力，是当前亟须解决的问题。

二、关于中国边疆学学术体系建设

如果说学科体系是关系到学科定位的问题，那么学术体系则是事关一个学科内部体系结构、理论与方法等建构的问题。中国边疆作为一个研究对象，从目前的情况看，涉足这一研究领域并取得一定成果的大致有历史学、政治学、社会学、民族学、地理学及国际关系、海疆等研究方面的学者，出版的与学科学术体系有关的论著大致提出了中国边疆学、中国边疆政治学、中国边疆社会学、中国边政学等诸多说法，这些都和我们讨论的问题关系密切。

（1）有关中国边疆学学术体系的讨论。以邢玉林在《中国边疆史地研究》1992年第1期刊出的《中国边疆学及其研究的若干问题》和郑汕的《中国边疆学概论》为代表。前者认为，为了和"中国边疆史地学"进行区分，主张用"中国边疆学"的名称，并进而认为"它必然与中国历史学、中国政治学等学科发生横向性的跨界关系……也必然与相应的学科如区域经济学、区域地理学等发生横向性的跨界关系……又不能不使中国边疆学与民族学、民族史学、民族语言学等学科发生横向性的跨界关系……又必然与国际法学、外交学、海洋学等有关学科发生横向性的跨界关系"，进而提出"人的历史活动应是贯穿中国边疆学体系的主线"，学术体系的建设应该遵循四个原则："传统的边疆研究与现代的边疆研究的贯通。脱离传统的边疆研究就等于割断了历史，现代中国边疆学的建设也就失去了根基"；"中国边疆学研究与外国边疆学研究的成果相融合"；"中国边疆学与其他学科的渗透"；"突出应用边疆学的地位"。① 后者则认为，中国边疆学是"包括了政治、经济、军事、国防、民族、宗教、外交、历史、地理等多学科、多领域的知识"的"一门系统学科"，在这一认识基础上，从筹边观、疆域、边界、周边关系、边政、边务、边防、边民社会等方面做了系统建构。②

对于中国边疆学的内涵，邢玉林先生给出了由中国理论边疆学、中国应用边疆学、中国边疆地理学、中国边疆历史学、中国边疆学史等五大部分构成的学术体系结构，而马大正先生则给出了中国边疆历史学、中国边疆政治学、中国边疆经济学、中国边疆人

---

① 邢玉林：《中国边疆学及其研究的若干问题》，《中国边疆史地研究》1992年第2期。
② 参见郑汕《中国边疆学概论》，云南人民出版社2012年版。

口学、中国边疆文化学及中国边疆民族问题研究等六大部分构成的学术体系①。此外还存在一些其他不同的说法。

（2）有关中国边疆政治学学术体系的讨论。中国边疆政治学是吴楚克、周平为主提出的概念。前者立足于民族学、政治学，提出"中国边疆政治学"概念，但并未对中国边疆政治学的学术体系做出完整阐述，其代表性成果为《中国边疆政治学》②，而后者的代表作也称为《中国边疆政治学》，则立足于政治学提出构建中国边疆政治学，并从边疆政治、边疆形成与发展、边疆社会与人民、边疆政治制度与政府、边疆开发与建设、边疆民族与宗教、边疆社会组织及其管理、边疆社会与政治稳定、边境的维护与管理、边疆安全与防御、边疆的治理等构建中国边疆政治学的学术体系③。

（3）有关中国边政学学术体系的讨论。关于中国边政学，民国时期已经有人论证，今人坚持此种说法的则主要是罗崇敏，其代表作即是在博士学位论文的基础上修订出版的《中国边政学新论》。从"新论"的书名上即可以看出是有意区别于民国时期的边政学，其关注点是边疆地区的政治与经济。④

（4）有关中国边疆社会学学术体系的讨论。这是云南师范大学毕天云从社会学角度提出的认识，代表作是《中国边疆社会学》，基本上是仿照社会学的框架建构，在"社会学"基础上增加了"边疆"二字而构建的学术体系。⑤

此外还有特殊边疆学、一般边疆学等说法，但尚未见到其建构的学术体系。

上述这些探讨对中国边疆学学术体系的构筑具有奠基和启迪作用，研究分歧的出现是学者的目的和建构标准不同，不能用对错进行评判，因此笔者试图从研究对象的界定、中国边疆研究的发展及现实情况出发，谈点不同的认识，希望有助于讨论的深入。

对于研究对象的界定有一个从中国边疆史地研究到中国边疆研究或称之为中国边疆学的发展过程，而对中国边疆史地研究，以往也有"中国边疆史地学"的提法，由中国边疆史地研究中心组织出版的几套丛书前言中即称"中国边疆史地学"，并对其研究的范围有如下界定："中国边疆史地学研究范围广泛，举凡边疆史地理论、中国历代疆

---

① 参见马大正《关于中国边疆学构筑的学术思考》，《中国边疆史地研究》2016 年第 2 期。
② 参见吴楚克《中国边疆政治学》，中央民族大学出版社 2005 年版。
③ 参见周平主编《中国边疆政治学》，中央编译出版社 2012 年版。
④ 参见罗崇敏《中国边政学新论》，人民出版社 2006 年版。
⑤ 参见毕天云《中国边疆社会学》，云南人民出版社 2017 年版。

域、边疆民族、治边政策、边疆开发、边疆文化、边疆外交、边疆政教、边疆海岛、边疆人物、边疆考古、边疆历史地理和近代边界变迁等，都在研究之列。"① 现在《中国边疆史地研究》杂志的用稿范围也基本是依据此界定来确定的。但是现有的中国边疆研究或称之为中国边疆学已经明显超出了"中国边疆史地学"的研究范围，基础研究（中国边疆历史研究）和应用研究（中国边疆现实问题研究）并重不仅仅是中国边疆研究所确立的研究格局，更是中国边疆稳定与发展的现实需要对中国边疆研究提出的要求，也是当前中国边疆研究呈现的明显特点。林文勋在为《中国边疆史地研究》百期纪念而撰写的《从边疆史地到边疆学》一文中对中国边疆史地研究与中国边疆学的关系给出了"边疆史地研究作为边疆学的源而非流"②的结论。我赞同这一认定，并进而认为中国边疆史地研究，或称之为中国边疆基础研究，不仅是中国边疆学的"源"，更是中国边疆学得以存在的基础和核心。

基于中国边疆学是研究中国边疆的一门学科的认识，而当前的中国边疆研究又可以分为历史与现实两大部分，我个人主张中国边疆学学术体系的建设应该以中国边疆历史的研究为基础展开，其原因主要有两个。一是中国边疆是从历史上形成的，且"现实是历史的延续"，很多的现实问题也由历史因素所造成，单纯的针对现实问题的研究如果忽视历史也难以得出客观的结论，边疆现实问题研究也不能离开边疆历史的研究，中国边疆历史研究是基础，这也是上述有关中国边疆政治学、中国边疆学的著作都将无法回避对中国边疆历史阐述的原因。二是当今中国边疆是历史长期发展的结果，学界对中国边疆研究的关注也首先发端于历史学界，且有了一定的学术积累，政治学、社会学、军事学等领域学界介入，出版了阐述相关理论与方法的专门性著作，但这也只是近些年才有的事情，中国边疆学学科溯源只能是属于历史学分支的中国边疆史地研究。因此，虽然对中国边疆历史的研究和中国边疆现实的研究构成了中国边疆学学术体系的两大支撑，但对中国边疆历史的研究是中国边疆学的基础，或称之为基石，而对中国边疆现实问题的研究则是在基础研究上的进一步拓展。中国边疆历史的研究同时也是中国边疆研究所的立足点，此或许也是中国边疆研究所能够成为中国历史研究院一个研究所的重要理由。

毋庸置疑，中国边疆不仅是中国边疆学研究的对象，也是历史学、民族学、人类

---

① 李大龙：《都护制度研究》，黑龙江教育出版社2003年版，《〈边疆史地〉丛书序》，第1页。
② 林文勋：《从边疆史地到边疆学》，《中国边疆史地研究》2016年第2期。

学、社会学、政治学、地理学等学科的研究对象，故而从交叉学科的角度，提出在中国边疆学下设置中国边疆历史学、中国边疆民族学、中国边疆政治学等也是符合情理的，只是尚需要进一步论证中国边疆学与这些"学"及这些"学"的本源学科三者之间的关系。笔者倒是认为不妨省去这些烦琐的论证，在确立中国边疆学为一级学科的前提下讨论中国边疆学的学术体系建设。

从研究类别上看，当前的中国边疆研究可以分为历史研究与现实研究，或称之为基础研究和应用研究两大部分，这是对中国边疆学学术体系建构认定的基本。无论是对中国边疆历史还是对现实的研究，都可以援用政治学、历史学、经济学、文化学、军事学、民族学、宗教学、社会学、地理学、法学、国际关系等学科的理论与方法展开，但中国边疆学对中国边疆的研究是在中国国家的视域下展开的，其研究有别于这些学科的研究，具有自己的特点。如中国边疆研究所对中国边疆历史的研究，和古代史、近代史、世界史等研究所的研究虽然同属于历史学研究，但研究的对象、研究的视角和研究的目的各有特点，即便研究对象都是中国边疆历史，其关注点和研究目的也是存在差别的。也就是说，虽然同属于运用政治学理论与方法的研究，中国边疆学借用政治学理论与方法对中国边疆政治的研究属于中国边疆学的组成部分，突出的是中国边疆学的特点，且在研究的同时还要借鉴其他学科的理论和方法，并非简单地在"中国政治学"中加入"边疆"二字。

中国边疆学以中国边疆为研究对象，举凡与中国边疆政治、经济、社会、文化、地理、宗教、对外关系等有关的内容都是其研究范围。根据中国边疆研究已有的学科体系，中国边疆学学科体系建设应在历史学下谋求成为一级学科。学术体系建设大致可以分为两种不同的途径：

其一是，如上述邢玉林和马大正先生的思路，从研究性质切入，在中国边疆学下可分为：中国边疆理论学、中国边疆政治学、中国边疆民族学、中国边疆地理学、中国边疆与周边关系学、中国海疆与海洋研究……

其二是，从研究性质切入，但兼顾中国边疆研究所现有的研究室设置构建学术体系。中国边疆学是一级学科，其下二级分为中国边疆历史（基础）研究、中国边疆应用（现实）研究，三级划分则可以按照研究所的研究室结构，分为：中国边疆学理论研究、东北边疆研究、北部边疆研究、新疆边疆研究、西藏研究、海疆研究、海洋研究等。每个具体研究方向既包括历史研究也包括现状研究，是对某个区域的综合研究。

两种途径各有所长。前一种途径，在中国边疆学下的二级乃至三级学科的名称更具有学术体系的特色，不足是容易和政治学、民族学、地理学等混淆，需要强调自身的中国边疆学特点。后一种途径则是，分支学科的划分区域性特点比较明显，并且照顾到了中国边疆研究所研究室的设置，不足之处是在研究理论和方法上则各分支学科之间具有很多的类同性。

权衡上述两途径之长短，我倾向于主张中国边疆学学术体系由一体、两足、八分支构成，即中国边疆学是一级学科，其下有中国边疆历史（历史）学、中国边疆应用（现状）学两足支撑，研究的具体展开则是进一步划分的中国边疆学理论研究、中国东北边疆研究、中国北部边疆研究、中国西北（新疆）边疆研究、中国西藏研究、中国西南边疆研究、中国海疆研究、中国海洋研究等八个分支体系。

三、关于中国边疆学话语体系建设

学科的存在既是学术研究进一步发展的需要，更是经济社会发展的需要。中国边疆学学科建设对于中国边疆研究的重要作用自不待言，而满足经济社会发展的需要则是中国边疆话语体系建设的目的。

当前中国边疆研究遇到的问题和挑战，主要来自四个方面。一是国内一般民众乃至不少学者受到历代王朝史观和"民族国家"影响下形成的"汉人"史观的影响，对中国边疆尤其是历史上存在的边疆族群与政权的归属存在模糊认识。二是国外学界长期以来存在一种脱离中国历史来探讨中国边疆的做法，随着有关论著在国内翻译出版，其理论和方法被不少学者视为圭臬，这给国内学界认识中国边疆带来了严重影响。三是相邻国家出于凝聚民心的需要而构建的"国史"往往将在中国边疆历史上存在的民族或政权纳入其"国史"，这不仅让邻国民众对历史上中国边疆的认识出现了误读，甚至也严重影响到了相邻中国边疆地区广大民众对居住地区历史的误读。四是境内外分裂势力相互勾结，出于分裂中国的目的，利用"民族国家"观念故意歪曲有关的中国边疆历史，对国内外一般民众认识中国边疆历史与现状都造成了误导。

中国边疆话语体系建设不仅要回答中国边疆是什么，从哪里来，向哪里发展的问题，更要回答当前国外学界乃至一般民众在中国边疆历史和现实众多问题上存在的质疑和疑问，诸如在传统的历代王朝话语体系下如何定位中国边疆在其中的位置？历史上存在于中国边疆地区的众多族群和政权的历史是属于中国历史还是邻国历史？如何认识和看待西方学者提出的"长城以北非中国""骑马民族国家""内陆亚洲"以及"新清史"所认为的清朝"满洲国家"的认识？……这些问题都是中国边疆学应该给予回答的问题。毋庸置疑的是，1840年爆发的鸦片战争不仅导致中国大片领土的丧失，而且也摧毁了中国人的文化自信，魏源在《海国图志》中提出的"师夷长技以制夷"的思想尽管代表了知识精英希望学习西方资本主义各国在军事技术上的一套长处以发愤图强的良好意愿，但近代以来中国经济社会的一系列变革已经充分证明"中体西用"只不过是张之洞等洋务派的一个梦想而已，现实结果则是，不仅仅中国社会变革，而且有关以历代王朝为体系构建起来的中国历史乃至中国边疆的传统话语体系也受到了西方史学及"民族国家"观念的严重冲击。在当今学界，虽然"浩如烟海"经常被国人用于形容中国古籍众多，文化底蕴深厚，而中华文明没有中断过也成为国人夸耀历史传统悠久的有力证据，而现实情况却是"在解读中国实践、构建中国理论上，我们应该最有发言权，但实际上我国哲学社会科学在国际上的声音还比较小，还处于有理说不出、说了传不开的境地"[①]。这既是中国哲学社会科学研究面临的现状，更是包括中国边疆研究在内的我国历史学研究的现实状况，而改变这一状况的有效手段即是包括中国边疆研究在内的中国历史话语体系的建构与完善。

就当今的中国边疆研究而言，将有国界存在的黑龙江、吉林、辽宁、内蒙古、甘肃、新疆、西藏、云南、广西等九省区及海疆的全部视为中国边疆涵盖范围的观点是有历史学背景的多数学者的一般认识，而近些年来随着政治学、军事学、经济学等学科背景的学者积极参与中国边疆研究，虽然促成了中国边疆研究的繁荣，但却引发了关于中国边疆内涵的讨论，其结果是不仅出现了对中国边疆的不同解读，而且在显现多学科特征的同时，出现了更多分歧。也就是说，在何为中国边疆这一基本问题上，出现了不同版本的话语解读，让中国边疆学话语体系建设更凸显任重道远。

关于中国边疆学话语体系都包括哪些内容，从逻辑上讲，举凡与中国边疆有关的研究领域，都应该有符合中国边疆实际的话语体系，但从学科和中国边疆稳定与发展的需要来说，应该有一些关于中国边疆基本问题的话语体系建设。笔者在《新时代边疆学研究的热点与前沿问题》一文中对新时代中国边疆学研究的热点和前沿问题做了系统阐

---

① 习近平：《在哲学社会科学工作座谈会上的讲话》，新华网（http://www.xinhuanet.com//politics/2016-05/18/c_1118891128_4.htm），访问时间：2020年3月10日。

述，所言及的中国边疆话语体系建构、多民族中国形成与发展的理论解构、东亚传统天下秩序的理论解构、中国传统治边思想及其实践、海疆的形成与发展、中国边疆学学科体系建设等前沿问题①，基本应该属于中国边疆学话语体系建设的核心内容，不妨在此再做进一步阐释。

（1）中国边疆话语体系的建设。这是中国边疆学话语体系的基本内容之一，该话语体系要回答的问题是关于中国边疆的类似人生的三大哲学问题，即中国边疆是什么，中国边疆从哪里来，中国边疆发展的终极目标是什么。就目前已有的研究成果而言，中国边疆是什么尽管还存在一些因为学科背景不同造成的认识分歧，诸如在中国边疆的认定上既有上述九个省区的说法，也有高边疆、利益边疆、战略边疆等提法，更有"建构论"和"实在论"的认识，但毕竟已经得到了学界关注，相关讨论在不断深入，而对于其他两个问题的探讨则并没有得到学界重视。因此，就中国边疆话语体系建设来讲，相关的探讨还属于刚刚开始，距离话语体系建构完成及完善还有相当长的路要走。

（2）多民族国家中国形成与发展的话语体系建构。多民族国家形成和发展于中华大地上，传统认为中国有着悠久的历史，历代王朝更替构成了中国历史发展的主线，由此不仅形成了所谓的"二十四史"构成的正史系统，更是形成了历代王朝支撑起来的传统话语体系。1951年5月5日，《光明日报》发表了白寿彝先生的《论历史上祖国国土问题的处理》，提出放弃"历代皇朝的疆域为历代国土的范围"的做法，主张"用中华人民共和国的国土范围来处理历史上的国土问题"②。该文虽然直接指出了以历代王朝支撑起来的中国历史话语体系存在的问题，并引发了国内学界对"历史上中国"的讨论，但历代王朝史观和"民族国家"观念的影响并没有得到彻底改变，中国边疆以及在中国边疆地区生息繁衍的族群及其政权的历史依然是中国通史的附属部分，而历代王朝在边疆地区设置管理机构也依然被视为边疆地区融入中国历史的主要标志，以致如何认定边疆政权的历史归属等则成为制约话语体系自圆其说的学术难点。因此，在中华大地乃至东亚或亚洲的视域下客观阐述中华大地上所有人群和政权在多民族国家中国形成与发展中的贡献，才是多民族国家中国形成与发展的话语体系建构应该达到的目的。

（3）东亚传统"天下秩序"形成与发展过程的解构，或者称为中国与周边关系话语体系建设。在东亚历史上存在着以"中国"为中心的"天下秩序"，近代以来关于这

---

① 李大龙：《新时代边疆学研究的热点与前沿问题》，《云南师范大学学报（哲学社会科学版）》2019年第1期。
② 白寿彝：《论历史上祖国国土问题的处理》，《光明日报》1951年5月5日。

一政治体系的探讨为中国学界所忽略或否认,是美国学者费正清提出"中国的世界秩序"和日本学者滨下武志提出"朝贡贸易体系"等理论之后,才促成了中国学界对"天下秩序"的重新关注。从目前已经出版的论著看,不仅出现了"宗藩关系""藩属关系""朝贡贸易关系""封贡关系"等等不同的概念,对其形成与发展轨迹的解读也存在严重分歧,而面对"一带一路"倡议提出后国外出现的质疑之声,更是难以做出令人信服的解答。因此,有关东亚传统"天下秩序"形成与发展话语体系的建设,不仅关系到对中国历史以及中国与周边国家关系史的客观认识,而且关乎中国与周边国家关系健康发展的现状,故而也是中国边疆学话语体系的基本内容。

(4)中国传统治边思想及其实践话语体系建设。"中国"与"边疆"、"华夏"与"夷狄"之间关系不仅仅是困扰历代王朝统治者的关键问题,也是当今中国边疆学学科研究的基本问题,由此决定了中国传统治边思想及其实践也成为中国边疆学话语体系建设的基本内容。受到当今"民族国家"观念的影响,外国学界长期存在将"边疆"独立于"中国"之外进行探讨的做法,而国内也有学者打着从"边疆看中国"的旗号做着相同的事情,完全忽视了在中国传统治边思想中虽然有"中国"与"边疆"、"华夏"与"夷狄"的区分,但是这一区分是在"大一统"之"天下"或"华夷一体"前提下进行的,在屡屡提及"严华夷之辨"的同时,"用夏变夷"也被历代王朝具体实践着,并最终促成了多民族国家中国疆域以及中华民族的形成与发展,而这是从"民族国家"或从"边疆"视角难以看清楚的。中国传统治边思想及其实践话语体系不仅要回答"中国"与"边疆"、"华夏"与"夷狄"何以成为"一体"的过程,同时也要回应国外学者难以解答的一系列疑问。

(5)海疆及海洋话语体系的建设。《山海经》尽管充斥着难以为今人所理解的描述,但却证明"海"的概念在中华大地上出现很早,"四海""海内""海外"等词语中的"海"并没有准确所指,但也已经成为古籍表达"天下"或理想中"中国"四至的标志。而"楼船将军"频繁出现在主要记载汉朝历史的《史记》和《汉书》中,已经说明中华大地上的古人对海的利用与开发最晚在汉代已经成熟地应用于军事领域。1982年《联合国海洋法公约》出台,12海里领海和200海里专属经济区成为多数国家划分海洋权益的重要标尺,由此也带来了中国在海疆界定和海洋权益保护方面的一系列问题,有关海疆及海洋话语体系的建设由之不仅成为中国边疆学话语体系的重要组成部分,也是迫切的现实需要。

（6）中国边疆学学科话语体系建设。特纳的"边疆学"为美国开发西部提供了重要的学术支撑，"中国边疆学"概念的提出尽管在民国时期才出现，当今学界对"中国边疆学"的学科建设还处于探索之中，但中华大地上的古人对"边疆"早有清晰的认识和解读，并形成了一系列处理边疆问题的理论和方法，归纳其特点，并在此基础上确定中国边疆学学科体系，明确其学术体系，进而构建完善的话语体系，不仅是学科发展的需要，更是中国边疆地区稳定与发展的需要。

四、中国边疆学"三大体系"建设亟须应对的问题

以上所述只是针对中国边疆学"三大体系"建设的粗浅看法，就目前中国边疆学研究的现状而言，尽管已经取得了显著成就[①]，但距中国边疆学"三大体系"建设的要求还存在较大差距。主要体现在以下几个方面：

（一）中国边疆学学科定位亟待明确

如前所述，中国边疆学发端于历史学下的中国边疆史地研究，但随着政治学、民族学、社会学、经济学及国际关系诸多学科学者的加入，中国边疆学的学科定位出现了较大分歧，而我国的学科体系中不仅没有其明确的学科定位，甚至都没有其名称，而21世纪以来边疆稳定与发展问题凸显，导致中国边疆学学科发展和现实需求之间形成了巨大差距，明确中国边疆学的学科定位成为迫在眉睫需要解决的问题。综观已有的论著，分歧的出现是由于不同的学科背景导致的切入视角和学科建设目的不同，上述所言中国边疆学、中国边疆政治学、中国边疆社会学等提法的出现即是表现[②]，但尽管存在较大分歧，作为研究对象的"中国边疆"是大体一致的，通过进一步深入讨论，实现内

[①] 对新中国成立以来中国边疆研究进行综述或评述的论著较多，可参见厉声、李国强主编《中国边疆史地研究综述（1989—1998 年）》，黑龙江教育出版社 2002 年版；马大正《当代中国边疆研究（1949—2014）》，中国社会科学出版社 2016 年版，以及《中国边疆史地研究》2009 年第 3 期刊载的"庆祝中华人民共和国成立 60 周年专栏"和 2018 年第 2 期刊载的"新世纪中国边疆研究回顾与展望"组稿。

[②] 中国边疆学的提出最初是为了和中国边疆史地学相区分，参见邢玉林《中国边疆学及其研究的若干问题》，《中国边疆史地研究》1992 年第 2 期；而中国边疆政治学、中国边疆社会学的提出则是希望依附于政治学、社会学构建中国边疆研究学科，参见吕文利《新世纪中国边疆学的构建路径与展望——兼论中国边疆理论的三个来源》，《中国边疆史地研究》2019 年第 2 期。

部整合虽然存在很大难度，但也存在一定的可能性。即便是短期内难以形成共识，甚至在"中国边疆学"下难以实现完全的完整整合，但明确各自对"中国边疆"研究的定位，尝试在不同学科下确立中国边疆研究在现有学科体系下的位置对于中国边疆学学科发展无疑也都是有益的。

（二）中国边疆学学术体系亟待整合

就当前的中国边疆研究而言，多学科理论与方法的应用对于中国边疆研究的繁荣无疑是必需的，这不仅是学科发展的需要，更是我国边疆地区稳定与发展的迫切需要。多学科学者的介入尽管有助于我们从不同视角对中国边疆的历史与现实进行全方位的探讨，但是在"百花齐放"和"百家争鸣"之后，作为一个完整研究对象的"中国边疆"则依然需要学界给出一个综合的符合中国边疆实际的客观认识，这是中国边疆当前和今后稳定与发展的需要。多年来，在"交叉学科"的鼓动下，中国边疆多学科研究的态势已经形成，但遗憾的是尽管都是对"中国边疆"的研究，"合"的态势并不明显，"分"的趋势却已经显现，而中国边疆面临的诸多问题需要破解，国民对中国边疆知识的需求需要满足，国外学者对中国边疆历史的歪曲需要回应，因此需要对当前介入中国边疆研究的诸多学科进行整合。相对完善的中国边疆学学术体系既是学科发展的迫切需要，更是中国边疆稳定与发展的现实需要。

（三）中国边疆学基础理论研究亟待加强

中国边疆的形成与发展、中国边疆的内涵及特点、中国疆域的形成与发展、中国治边思想的形成与发展、中国"大一统"思想的形成与发展、历代王朝治边政策的继承与发展、传统以"中国"为中心藩属体制的形成与发展、边疆与中国疆域的形成与发展、中国边疆治理机构的继承与发展、中国边疆治理体系和治理能力的现代化等等，这些方面的研究都应该属于中国边疆学的基础理论研究的主要问题。从目前的情况看，尽管在"中国边疆"概念、中国疆域史、藩属体制、历代边疆管理机构等方面已经取得了很大进展，但由于视角、理论与方法上存在明显差异，在这些研究方面尚没有形成具有符合中国边疆研究实际的、为多数学者认同的、具有中国边疆学鲜明特点的主流观点。这种情况的存在，和中国边疆学具有多学科学界介入所出现的"交叉学科"的特征有关，同时也体现出当前的中国边疆学研究尚未形成自己的基础理论与方法，而缺乏明确的学科边界和鲜明的基本理论与方法的中国边疆学期盼通过某一单位或个人的努力在现有的学科体系下拥有一个显著位置的可能性是微乎其微的。

（四）中国边疆学研究队伍亟待整合壮大

中国边疆学学科的存在与发展需要依靠一支稳定并不断壮大的研究队伍。尽管有学者提出了"中国边疆研究学术共同体"的概念①，但难以否认少、散、乱仍是当前我国中国边疆学研究队伍呈现的鲜明特征。少，是指专门从事中国边疆研究的科研人员少。目前，国内与中国边疆研究有关的机构，除中国社会科学院中国边疆研究所、中国藏学研究中心、陕西师范大学西北边疆研究院等少数有正式编制的实体机构外，很多都属于非实体或人数很少的科研机构，而专职从事中国边疆研究的中国边疆研究所尽管有60个人员编制，目前在编的研究人员也只有40人左右。散，是指从事中国边疆研究的科研人员分散在全国各地尤其是边疆省区的科研单位和高校教师队伍中，北京、昆明、成都虽然相对集中，但也分散在不同的单位。乱，不仅是指从事中国边疆研究的学者分属不同单位、具有不同的学科背景且关注点也不相同，也指缺乏一个协调机构，基本是处于各自为战的状态。21世纪之初，中国边疆研究所（当时称中国边疆史地研究中心）通过申请"东北边疆历史与现状系列研究工程""新疆项目"及"西南项目"等国家社会科学基金特别项目的方式曾经对中国边疆研究队伍的凝聚起到了一定作用，但随着这些项目的完成，中国边疆学研究队伍之间的联系目前只有依靠相关研究单位举办的全国性学术讨论会来维持了，不仅难以满足"三大体系"建设的需要，就是与维持中国边疆研究正常发展的需求都存在很大差距。2019年成立的中国历史研究院被赋予了"团结凝聚全国广大历史研究工作者"②的重任，隶属于该院的中国边疆研究所理应承担起"团结凝聚"中国边疆学研究队伍的任务，但从该所研究能力和多年的实践效果看，也难以满足中国边疆学学科发展的需要。而民国时期全国性的边疆学会的兴起对中国边疆研究的重要推动作用则为当今中国边疆学研究队伍的"团结凝聚"提供了一个新的思路，即创立全国性的中国边疆研究学会，以实现国内边疆研究队伍的凝聚整合，为"三大体

---

① 参见孙勇、孙昭亮《中国边疆研究学术共同体巡检述略》，《新疆师范大学学报（哲学社会科学版）》2018年第3期。
② 《习近平致中国社会科学院中国历史研究院成立的贺信》，新华网（http://www.xinhuanet.com/politics/leaders/2019-01/03/c_1123942672.htm），访问时间2020年3月2日。

系"建设提供人员支持。

（五）中国边疆学基本知识的普及亟待加强

中国边疆学研究不仅面临着学科建设的艰巨任务，而且也面临着国人对中国边疆学基本知识的现实需求。尽管中国边疆学话语体系建设尚未完成，但对中国边疆历史进行歪曲宣传不仅已经成为"疆独""藏独""台独"乃至"港独"等分裂势力蛊惑民众的重要手段，而且也成为一些邻国构建其"国史"瞄准的目标。在这种情况下，建立和完善有关中国边疆的话语体系，尤其是完善历史上边疆族群及其所建政权在多民族国家中国形成与发展过程中发挥重要作用的话语体系，不仅是中国边疆学话语体系的重要内容，也是当今中国边疆地区稳定和发展以及争夺国际话语权的现实需要。可以说，中国边疆学基本知识的普及也已经迫在眉睫。

总之，中国边疆学"三大体系"建设既是学科发展的需要，也是国家边疆治理体系和治理能力现代化及边疆地区稳定和发展的现实需求。鉴于中国边疆学研究根植于中国边疆形成与发展的历史长河之中，可以借鉴多学科的理论与方法在历史学下谋求发展壮大，故而中国边疆历史（历史）学是其立足的基石，而中国边疆应用（现状）学则是其有别于历史学下其他学科独有的创新点，是其进一步发展壮大的基础。在此学科定位下的中国边疆学学术体系建设，既可以按照研究的性质展开，也可以按照区域分类，而话语体系建设则需要围绕中国边疆学的基本问题进行。虽然近年来中国边疆学学科建设是学界探讨和关注的热点话题，但以少、散、乱为特点的研究队伍难以维持中国边疆学的正常发展，将其"团结凝聚"为"中国边疆研究学术共同体"不仅是中国边疆学学科发展的需要，更是构建中国边疆学"三大体系"以满足中国边疆稳定和发展的艰巨任务。

附录1 主要参考文献目录

一、古籍与档案

（西汉）司马迁：《史记》，中华书局标点本1959年版。

（晋）陈寿：《三国志》，中华书局标点本1959年版。

（东汉）班固：《汉书》，中华书局标点本1962年版。

（南朝）范晔：《后汉书》，中华书局标点本1965年版。

（唐）房玄龄等：《晋书》，中华书局标点本1974年版。

（南朝）沈约：《宋书》，中华书局标点本1974年版。

（唐）令狐德棻：《周书》，中华书局标点本1971年版。

（南朝）萧子显：《南齐书》，中华书局标点本1972年版。

（唐）姚思廉：《陈书》，中华书局标点本1972年版。

（唐）李百药：《北齐书》，中华书局标点本1972年版。

（唐）姚思廉：《梁书》，中华书局标点本1973年版。

（唐）魏徵等：《隋书》，中华书局标点本1973年版。

（北齐）魏收：《魏书》，中华书局标点本1974年版。

（唐）李延寿：《北史》，中华书局标点本1974年版。

（宋）欧阳修：《新五代史》，中华书局标点本1974年版。

（元）脱脱等：《辽史》，中华书局标点本1974年版。

（清）张廷玉等：《明史》，中华书局标点本1974年版。

（唐）李延寿：《南史》，中华书局标点本1975年版。

（后晋）刘昫：《旧唐书》，中华书局标点本1975年版。

（宋）欧阳修等：《新唐书》，中华书局标点本1975年版。

（元）脱脱等：《金史》，中华书局标点本1975年版。

（宋）薛居正：《旧五代史》，中华书局标点本1976年版。

（元）脱脱等：《宋史》，中华书局标点本1977年版。

（明）宋濂等：《元史》，中华书局标点本1976年版。

（清）赵尔巽等：《清史稿》，中华书局标点本1976年版。

（宋）王溥：《五代会要》，商务印书馆1947年版。

（宋）王溥：《唐会要》，中华书局1955年版。

（宋）王钦若：《册府元龟》，中华书局1960年版。

（宋）司马光：《资治通鉴》，中华书局1956年版。

（宋）李焘撰：《续资治通鉴长编》，中华书局2004年版。

（清）吴任臣：《十国春秋》，中华书局标点本1983年版。

（唐）李吉甫：《元和郡县图志》，中华书局1983年版。

（唐）杜佑：《通典》，中华书局标点本1988年版。

（清）董诰等：《全唐文》，上海古籍出版社1990年版。

《明实录》，中华书局2010年版。

《清实录》，中华书局1985年版。

《春秋左传注疏》，四库全书本。

朱熹：《四书章句集注》，中华书局1983年版。

《春秋左传属事》，四库全书本。

（元）孛兰肸等撰，赵万里校辑：《元一统志》，中华书局1966年版。

《元朝秘史》，中华书局2012年版。

《大义觉迷录》，《清史资料》（第四辑），中华书局1983年版。

《西域地理图说注》，阮明道等整理本，延边大学出版社1992年版。

《西藏志》《卫藏通志》合刊，西藏人民出版社1998年版。

《同文汇考原编》，台北圭庭出版社1978年版。

《筹办夷务始末》，中华书局1979年版。

（元）王恽：《秋涧先生大全文集》，四部丛刊初编本。

（清）左宗棠：《左宗棠全集·奏稿》，岳麓书社1992年版。

（清）刘锦棠：《刘襄勤公奏稿》，文海出版社1968年版。

《贵州通志》，贵州人民出版社2020年版。

《新疆图志》，上海古籍出版社2015年版。

《西夏书事》，广陵古籍刻印社1991年版。

李志常：《长春真人西游记》，河北人民出版社2001年版。

西清：《黑龙江外记》，黑龙江教育出版社2014年版。

余大钧译注：《蒙古秘史》，河北人民出版社2001年版。

（唐）李筌：《神机制敌太白阴经》，清咸丰四年（1854）长恩书室丛书本。

（唐）皮日休：《皮子文薮》，四库全书本。

（南宋）徐梦莘：《三朝北盟会编》，四库全书本。

《清代中俄关系档案史料选编》，中华书局2000年版。

《俄中两国外交文献汇编（1619—1792）》，商务印书馆1982年版。

步平等编：《东北国际约章汇释（1689—1919）》，黑龙江人民出版社1987年版。

二、今人著作（以引用先后排序）

厉声、李国强主编：《中国边疆史地研究综述（1989—1998年）》，黑龙江教育出版社2002年版。

马大正：《当代中国边疆研究（1949—2014）》，中国社会科学出版社2016年版。

马大正：《当代中国边疆研究（1949—2019）》，中国社会科学出版社2019年版。

朱尖：《守正与创新：中国边疆研究进展初论》，齐鲁出版社2022年版。

李大龙：《从"天下"到"中国"：多民族国家疆域理论解构》，人民出版社2015年版。

［美］费正清编，杜继东译：《中国的世界秩序——传统中国的对外关系》，中国社会科学出版社2010年版。

张存武：《清韩宗藩贸易（1637~1894）》，"中央研究院"近代史研究所1978年版。

李云泉：《朝贡制度史论——中国古代对外关系体制研究》，新华出版社2004年版。

李大龙：《汉唐藩属体制研究》，中国社会科学出版社2006年版。

张永江：《清代藩部研究——以政治变迁为中心》，黑龙江教育出版社2001年版。

孙宏年：《清代中越宗藩关系研究》，黑龙江教育出版社2006年版。

张炜、方堃主编：《中国海疆通史》，中州古籍出版社2003年版。

李国强：《南中国海研究：历史与现状》，黑龙江教育出版社2003年版。

程尼娜等著：《中国历代边疆治理研究》，经济科学出版社2017年版。

邢广程、孙宏年：《"治国必治边、治边先稳藏"重要战略思想研究》，社会科学文献出版社2016年版。

邢广程、李大龙主编：《清代国家统一史》，中国社会科学出版社2023年版。

夏春涛主编:《中国历代治理体系研究》,中国社会科学出版社2024年版。

郑汕:《中国边疆学概论》,云南人民出版社2012年版。

吴楚克:《中国边疆政治学》,中央民族大学出版社2005年版。

周平:《中国边疆政治学》,中央编译出版社2015年版。

李大龙:《政权与族群:中国边疆学基本理论研究》,人民出版社2021年版。

李大龙主编:《中国边疆与中国边疆学建构》,社会科学文献出版社2021年版。

马大正:《中国边疆学八题》,方志出版社2022年版。

罗静:《跨越区隔——中国边疆学的学术自觉》,南开大学出版社2023年版。

汪洪亮:《知人论学:民国时期的边疆学人与学术》,中华书局2023年版。

杨向奎:《大一统与儒家思想》,北京出版社2016年版。

汪洪亮:《民国时期的边政与边政学》,人民出版社2014年版。

林恩显:《边政通论》,华泰书局1989年版。

马大正主编:《中国边疆经略史》,中州古籍出版社2000年版。

王铁崖编:《中外旧约章汇编》第1册,三联书店出版社1957年版。

李世愉:《清代土司制度论考》,中国社会科学出版社1998年版。

《蒙古族简史》(修订本),民族出版社2009年版。

顾颉刚、史念海:《中国疆域沿革史》,商务印书馆1938年版,1999年再版。

夏威:《中国疆域拓展史》,文化供应社1941年版。

童书业:《中国疆域沿革略》,开明书店1946年版。

达力扎布主编:《中国民族史研究60年》,中央民族大学出版社2010年版。

刘宏煊:《中国疆域史》,武汉出版社1995年版。

林荣贵主编:《中国古代疆域史》,黑龙江教育出版社2007年版。

葛剑雄:《中国历代疆域的变迁》,商务印书馆1997版。

胡阿祥:《吾国与吾名——中国历代国号与古今名称研究》,江苏人民出版社2018年版。

谭其骧主编:《中国历史地图集》,中国地图出版社1982年版。

王沪宁:《国家主权》,人民出版社1987年版。

[英]安东尼·吉登斯著,胡宗泽等译:《民族—国家与暴力》,三联书店1998年版。

金炳镐主编:《中国民族理论百年发展:1900—1999》,辽宁民族出版社2008年版。

张云、石硕主编：《西藏通史·早期卷》，中国藏学出版社 2016 年版。

张乃根：《国际法原理》，复旦大学出版社 2012 年版。

李明倩：《〈威斯特伐利亚和约〉与近代国际法》，商务印书馆 2018 年版。

［英］约翰·霍夫曼著，陆彬译：《主权》，吉林人民出版社 2005 年版。

李大龙：《汉代中国边疆史》，黑龙江教育出版社 2014 年版。

马大正、李大龙等：《古代中国高句丽历史续论》，中国社会科学出版社 2003 年版。

梁启超：《饮冰室合集》，中华书局 1989 年版。

谭其骧主编：《〈中国历史地图集〉释文汇编·东北卷》，中央民族学院出版社 1988 年版。

翁独健主编：《中国民族关系史纲要》，中国社会科学出版社 1990 年版。

田继周等：《中国历代民族政策研究》，青海人民出版社 1993 年版。

孙卫国：《大明旗号与小中华意识——朝鲜王朝尊周思明问题研究（1637—1800）》，商务印书馆 2007 年版。

王尔敏：《近代论域探索》，中华书局 2014 年版。

［俄］瓦西里耶夫著，徐演等译：《外贝加尔的哥萨克（史纲）》第二卷，商务印书馆 1979 年版。

李花子：《清代中朝边界史探研——结合实地踏查的研究》，中山大学出版社 2019 年版。

李花子：《清朝与朝鲜关系史研究》，延边大学出版社 2006 年版。

吕一燃主编：《中国近代边界史》，四川人民出版社 2007 年版。

陈崇祖：《外蒙古近世史》，商务印书馆 1922 年版。

费孝通等著：《中华民族多元一体格局》，中央民族学院出版社 1989 年版。

黄达远等主编：《从河西走廊看中国》，社会科学文献出版社 2018 年版。

刘统：《唐代羁縻府州研究》，西北大学出版社 1998 年版。

薛宗正：《突厥史》，中国社会科学出版社 1992 年版。

吴玉贵：《突厥汗国与隋唐关系史研究》，中国社会科学出版社 1998 年版。

杨念群：《"天命"如何转移：清朝"大一统"观的形成与实践》，上海人民出版社 2022 版。

李大龙、李元晖：《游牧行国体制与王朝藩属互动研究》，内蒙古大学出版社 2018

年版。

黄枝连:《天朝礼治体系研究》(上、中、下卷),中国人民大学出版社1994年版。

[日]滨下武志著,朱荫贵、欧阳菲译:《近代中国的国际契机:朝贡贸易体系与近代亚洲经济圈》,中国社会科学出版社1999年版。

[德]乌·贝克、哈贝马斯等著,王学东等译:《全球化与政治》,中央编译出版社2000年版。

王小甫:《唐吐蕃大食政治关系史》,北京大学出版社1992年版。

[法]勒内·格鲁塞著,蓝琪译:《草原帝国》,商务印书馆1998年版。

[美]拉铁摩尔著,唐晓峰译:《中国的亚洲内陆边疆》,江苏人民出版社2008年版。

[美]狄宇宙著,贺严、高书文译:《古代中国与其强邻——东亚历史上游牧力量的兴起》,中国社会科学出版社2010年版。

[日]江上波夫著,张承志译:《骑马民族国家》,光明日报出版社1988年版。

刘凤云、刘文鹏编:《清朝的国家认同——"新清史"研究与争鸣》,中国人民大学出版社2010年版。

[美]塞缪尔·亨廷顿著,周琪译:《文明的冲突》,新华出版社2013年版。

[英]马丁·雅克著,张莉等译:《当中国统治世界——中国的崛起和西方世界的衰落》,中信出版社2010年版。

彭建英:《中国古代羁縻政策的演变》,中国社会科学出版社2004年版。

周平等著:《中国边疆治理研究》,经济科学出版社2011年版。

余贻泽:《中国土司制度》,重庆正中书局1944年版。

江应樑编著:《明代云南境内的土官与土司》,云南人民出版社1958年版。

吴永章:《中国土司制度渊源与发展史》,四川民族出版社1988年版。

龚荫:《中国土司制度》,云南民族出版社1992年版。

成臻铭:《清代土司研究——一种政治文化的历史人类学观察》,中国社会科学出版社2008年版。

李大龙:《都护制度研究》,黑龙江教育出版社2003年版。

陈寅恪:《唐代政治史述论稿》,商务印书馆2011年版。

段连勤:《隋唐时期的薛延陀》,三秦出版社1988年版。

马戎主编:《"中华民族是一个"——围绕1939年这一议题的大讨论》,社会科学文献出版社2016年版。

《蒙古族通史》,民族出版社1991年版。

杨绍猷:《俺答汗评传》,中国社会科学出版社1992年版。

《斯大林全集》第2卷,人民出版社1953年版。

赵云田:《中国边疆民族管理机构沿革史》,中国社会科学出版社1993年版。

梁启超:《梁启超全集》(第3卷),北京出版社1999年版。

刘建封:《长白山江岗志略》,吉林文史出版社1987年版。

吴永章:《中国土司制度渊源与发展史》,四川民族出版社1988年版。

林幹:《匈奴历史年表》,中华书局1984年版。

刘维新主编:《新疆民族辞典》,新疆人民出版社1995年版。

谢桂华等:《居延汉简释文合校》,文物出版社1987年版。

《新疆简史》,新疆人民出版社1980年版。

厉声主编:《中国新疆:历史与现状》,新疆人民出版社2003年版。

[哈]坎·格奥尔吉·瓦西利耶维奇著:《哈萨克斯坦简史》,中国社会科学出版社2018年版。

《中国民族关系史论文集》,民族出版社1982年版。

《中国民族关系史研究》,中国社会科学出版社1984年版。

赵永春:《从复数"中国"到单数"中国"——中国历史疆域理论研究》,黑龙江教育出版社2014年版。

李鸿杰等编著:《黄河》,科学普及出版社1992年版。

梁启超:《饮冰室文集点校》,云南教育出版社2001年版。

国家民族事务委员会编:《中央民族工作会议精神学习辅导读本(增订本)》,民族出版社2019年版。

习近平:《决胜全面建成小康社会 夺取新时代中国特色社会主义伟大胜利——在中国共产党第十九次全国代表大会上的报告》,人民出版社2017年版。

罗崇敏:《中国边政学新论》,人民出版社2006年版。

毕天云:《中国边疆社会学》,云南人民出版社2017年版。

三、今人论文（以引用先后排序）

李大龙：《新时代边疆学研究的热点与前沿问题》，《云南师范大学学报》2019年第1期。

李宏伟：《欧文·拉铁摩尔的边疆学说研究》，吉林大学2012年博士学位论文。

蔡美娟：《拉铁摩尔边疆视域下的亚洲地缘政治思想研究》，浙江师范大学2014年硕士学位论文。

周平：《我国边疆概念的历史演变》，《云南行政学院学报》2008年第4期。

张健：《国家视域中边疆与边疆观念的演变：内涵、形态与界限》，《云南师范大学学报》2012年第1期。

何明：《边疆观念的转变与多元边疆的构建》，《云南师范大学学报》2013年第5期。

李大龙：《"中国边疆"的内涵及其特征》，《中国边疆史地研究》2018年第3期。

朱碧波、李朝辉：《"边疆建构论"与"边疆实在论"：对立抑或共生？——兼与杨明洪教授商榷》，《新疆师范大学学报》2018年第2期。

孙勇、王春焕：《时空统一下国家边疆现象的发生及其认识——兼议"边疆建构论"与"边疆实在论"争鸣》，《理论与改革》2018年第5期。

李大龙、刘清涛：《统一多民族国家的疆域问题研究》，收入达力扎布主编《中国民族史研究60年》，中央民族大学出版社2010年版，第37—46页。

谭其骧：《历史上的中国和中国历代疆域》，《中国边疆史地研究》1991年第1期。

李大龙：《传统夷夏观与中国疆域的形成——中国疆域形成理论探讨之一》，《中国边疆史地研究》2004年第1期。

李国强：《新中国海疆史研究60年》，《中国边疆史地研究》2009年第3期。

黄慕松：《我国边政问题——五月三四两日在本处电台之讲词》，《广播周报》1936年第86期。

吴文藻：《边政学发凡》，《边政公论》1942年第5—6期。

方铁：《论中国的历史疆域与边疆》，《玉溪师范学院学报》2016年第5期。

周平：《我国边疆概念的历史演变》，《云南行政学院学报》2008年第4期。

孙保全：《中国民族国家构建与边疆形态的转型》，《思想战线》2016年第2期。

何明：《边疆特征论》，《广西民族大学学报》2016年第1期。

罗中枢:《论边疆的特征》,《新疆师范大学学报》2018 年第 3 期。

关凯:《反思"边疆"概念:文化想象的政治意涵》,《学术月刊》2013 年 6 月号。

于沛:《从地理边疆到"利益边疆"——冷战结束以来西方边疆理论的演变》,《中国边疆史地研究》2005 年第 2 期。

杨成:《利益边疆:国家主权的发展性内涵》,《现代国际关系》2003 年第 11 期。

周平:《如何认识我国的边疆》,《理论与改革》2018 年第 1 期。

李大龙、铁颜颜:《从"有疆无界"到"有疆有界"——中国疆域话语体系建构》,《思想战线》2020 年第 3 期。

白寿彝:《论历史上祖国国土问题的处理》,《光明日报》1951 年 5 月 5 日。该文后来被收入《中国民族关系史论文集》(上),民族出版社 1982 年版。

何兹全:《中国古代史教学中存在的一个问题》,《光明日报》1959 年 7 月 5 日。该文后来被收入《中国民族关系史论文集》(上),民族出版社 1982 年版。

孙祚民:《中国古代史中有关祖国疆域和少数民族的问题》,该文被收入《中国民族关系史论文集》(上集),民族出版社 1982 年版。

张璇如:《民族关系史若干问题的我见》,翁独健主编《中国民族关系史研究》,中国社会科学出版社 1984 年版。

孙进己:《我国历史上民族关系的几个问题》,《中国民族关系史研究》,中国社会科学出版社 1984 年版。

杨建新:《"中国"一词和中国疆域形成再探讨》,《中国边疆史地研究》2006 年第 2 期。

李大龙:《如何诠释边疆——从僮仆都尉和西域都护说起》,《西南民族大学学报》2020 年第 7 期。

赵永春:《从复数"中国"到单数"中国"——试论统一多民族中国及其疆域的形成》,《中国边疆史地研究》2011 年第 3 期。

毕奥南:《历史语境中的王朝中国疆域概念辨析——以天下、四海、中国、疆域、版图为例》,《中国边疆史地研究》2006 年第 2 期。

姜鹏:《民族主义与民族、民族国家——对欧洲现代民族主义的考察》,《欧洲》2000 年第 3 期。

钱文荣:《〈联合国宪章〉和国家主权问题》,《世界经济与政治》1995 年第 8 期。

宁骚:《论民族国家》,《北京大学学报》1991年第6期。

周平:《民族国家与国族建设》,《政治学研究》2010年第3期。

周平:《对民族国家的再认识》,《政治学研究》2009年第4期。

黄德明:《〈威斯特伐利亚和约〉及其对国际法的影响》,《法学评论》1992年第5期。

李大龙:《试论中国疆域形成和发展的分期与特点》,《中国边疆史地研究》2011年第3期。

翁独健:《在中国民族关系史研究学术座谈会闭幕会上的讲话》,《中央民族学院学报》1981年第4期。

李大龙:《"中国"与"天下"的重合:古代中国疆域形成的历史轨迹——古代中国疆域形成理论研究之六》,《中国边疆史地研究》2007年第3期。

李大龙:《汉武帝"大一统"思想的形成及实践》,《北方民族大学学报》2013年第1期。

李大龙:《转型与"臣民"(国民)塑造:清朝多民族国家建构的努力》,《学习与探索》2014年第9期。

李大龙:《试论王莽的民族政策》,《民族研究》1992年第1期。

蒋廷黻:《最近三百年东北外患史(上)——从顺治到咸丰》,《清华大学学报》1932年第8期。

张建华:《清朝早期(1689—1869年)的条约实践与条约观念》,《学术研究》2004年第10期。

康大寿:《〈恰克图市约〉中的法权》,《清史研究》1999年第2期。

厉声:《近代中国边界变迁与边疆问题(一)》,《百年潮》2007年第9期。

费孝通:《谈深入开展民族调查问题》,《中南民族学院学报》1982年第3期。

李绍明:《藏彝走廊研究中的几个问题》,《西南民族大学学报》2007年第1期。

崔向东:《辽西走廊变迁与民族迁徙和文化交流》,《广西民族大学学报》2012年第4期。

杨志强等:《重返"古苗疆走廊"——西南地区、民族研究与文化产业发展新视阈》,《中国边疆史地研究》2012年第2期。

麻国庆:《南岭民族走廊的人类学定位及意义》,《广西民族大学学报》2013年第3期。

李星星:《再论民族走廊:兼谈"巫山—武陵走廊"》,《广西民族大学学报》2013年第 2 期。

李星星:《论"民族走廊"及"二纵三横"的格局》,《中华文化论坛》2005 年第 3 期。

李大龙:《质疑、继承与发展——费孝通对中华民族理论阐述的重要贡献》,《中国边疆学》第 9 辑,社会科学文献出版社 2018 年版。

吴凤霞:《辽金时期的民族迁徙与辽西走廊滨海州县的发展》,《广西民族大学学报》2012 年第 4 期。

范立君、谭玉秀:《清前中期东北移民政策评析》,《北方文物》2013 年第 2 期。

石硕:《藏彝走廊多民族交往的特点与启示》,《中华文化论坛》2018 年第 10 期。

李绍明:《论武陵民族区与民族走廊研究》,《湖北民族学院学报》2007 年第 3 期。

李大龙:《浅议元朝的"四等人"政策》,《史学集刊》2010 年第 2 期。

李大龙:《农耕王朝对"大一统"思想的继承与发展》,《云南师范大学学报》2020 年第 6 期。

葛兆光:《宋代"中国"意识的凸显——关于近世民族主义思想的一个远源》,《文史哲》2004 年第 1 期。

王灿:《北宋"正统""夷夏""中国"诸观念问题新探》,《北京社会科学》2018 年第 2 期。

赵永春、李玉君:《辽人自称"中国"考论》,《社会科学辑刊》2010 年第 5 期。

陈跃:《论中国古代"大一统"内涵的发展演变》,《中国边疆史地研究》2022 年第 1 期。

杨念群:《"天命"如何转移:清朝"大一统"观再诠释》,《清华大学学报》2020 年第 6 期。

李治亭:《清代民族"大一统"观念的时代变革》,《社会科学辑刊》2006 年第 3 期。

李大龙:《试论游牧王朝对"大一统"思想的继承与实践》,《西北民族研究》2021 年第 2 期。

李金飞:《清代疆域"大一统"观念的变革——以〈大清一统志〉为中心》,《中国边疆史地研究》2020 年第 2 期。

李金飞:《论清朝的疆域"大一统"观》,《北京师范大学学报》2023 年第 2 期。

李大龙:《"天可汗"与燕然都护府——唐太宗北疆经略的创新性尝试》,《西北民族研究》2023 年第 2 期。

李大龙:《中国疆域诠释视角:从王朝国家到主权国家》,《中国社会科学》2020年第7期。

达力扎布:《〈蒙古律例〉及其与〈理藩院则例〉关系》,《清史研究》2003年第4期。

李元晖、李大龙:《是"藩属体系"还是"朝贡体系"?——以唐王朝为例》,《中国边疆史地研究》2014年第2期。

王文光:《〈汉书〉、〈后汉书〉民族列传与汉代边疆民族历史的文本书写》,《中国边疆史地研究》2013年第4期。

李方:《怛罗斯之战与唐朝西域政策》,《中国边疆史地研究》2006年第1期。

康宇凤:《浅谈〈史记〉对春秋公羊学"大一统"思想的继承与发展》,《内蒙古师范大学学报》2007年第6期。

贾霄锋:《二十多年来土司制度研究综述》,《中国边疆史地研究》2004年第4期。

李良品:《中国土司研究百年学术史回顾》,《贵州民族研究》2011年第4期。

成臻铭:《论土司与土司学——兼及土司文化及其研究价值》,《青海民族研究》2010年第1期。

李世愉:《关于构建"土司学"的几个问题》,《云南师范大学学报》2011年第2期。

刘志扬、李大龙:《"藩属"与"宗藩"辨析——中国古代疆域形成理论研究之四》,《中国边疆史地研究》2006年第3期。

陈力:《试论秦国之"属邦"与"臣邦"》,《民族研究》1997年第4期。

[日]堀敏一:《汉代少数民族地区的郡县与册封》,《黎虎教授古稀纪念:中国古代史论丛》,世界知识出版社2006年版。

朴真奭:《试论四~五世纪东北亚世界的朝贡册封体系——以高句丽为中心》,马大正等主编《高句丽渤海历史问题研究论文集》,延边大学出版社2004年版。

黄松筠:《中国藩属制度研究的理论问题》,《社会科学战线》2004年第6期。

包文汉:《清代"藩部"一词考释》,《清史研究》2000年第4期。

刘子凡:《"天可汗"称号与唐代国家建构》,《历史研究》2021年第6期。

李元晖:《由"称臣"到"敌国"——唐初和东突厥盟约的变化》,《黑龙江民族丛刊》2021年第1期。

艾冲:《关于唐代单于都护府的两个问题》,《民族研究》2002年第3期。

艾冲:《唐代安北都护府迁徙考论》,《陕西师范大学学报》2001年第4期。

李培生、郭声波:《唐定襄、云中二都督府设置时间新考》,《中国历史地理论丛》2021年第2辑。

霍红霞:《唐代参天可汗道设立时间考》,《阴山学刊》2011年第6期。

李大龙:《有关唐安北都护府的几个问题》,《北方文物》2004年第2期。

林冠群:《隋唐君主可汗号比较研究》,《中央民族大学学报》2019年第3期。

朱尖:《论严尤的民族观及边疆思想》,《民族研究》2021年第3期。

李丹婕:《太宗昭陵与贞观时代的君权形塑》,《中华文史论丛》2019年第1期。

高建国、齐木德道尔吉:《汉代燕然山的位置》,《中国历史地理论丛》2021年第2辑。

田晓岫:《中华民族形成时代新考》,《广西民族学院学报》2002年第1期。

李勤璞:《蒙古之道:西藏佛教和太宗时代的清朝国家》,内蒙古大学博士论文2007年。

刘锡淦:《关于西域都护与僮仆都尉问题的质疑》,《新疆大学学报》1983年第1期。

王子今:《匈奴"僮仆都尉"考》,《南都学坛》2012年第4期。

刘国防:《汉西域都护的始置及其年代》,《西域研究》2002年第3期。

李大龙:《西汉西域都护略论》,《中国边疆史地研究》1991年第2期。

张瑛:《汉代西域都护设置的时间及其职责相关问题考辨》,《西北民族大学学报》2019年第3期。

李炳泉:《关于汉代西域都护的两个问题》,《民族研究》2003年第6期。

罗广武:《为什么说"西藏自古以来就是中国的一部分"》,《西藏民族学院学报》2010年第6期。

张江华:《西藏何时归入中国版图》,《民族研究》1989年第3期。

孙进己:《我国统一多民族国家的形成与发展》,《史学集刊》2001年第3期。

方国瑜:《论中国历史发展的整体性》,《方国瑜文集》(第一辑),云南教育出版社2001年版,第5页。原文载云南《学术研究》1963年第9期。

翦伯赞:《关于处理中国史上的民族关系问题》,《中央民族学院学报》1979年第1—2期。

金炳镐等:《中华民族:"民族复合体"还是"民族实体"?——中国民族理论前沿研究系列论文之一》,《黑龙江民族丛刊》2012年第1期。

周文玖、张锦鹏:《关于"中华民族是一个"学术论辩的考察》,《民族研究》2007年第3期。

马戎:《如何认识"民族"和"中华民族"——回顾1939年关于"中华民族是一个"的讨论》,《中南民族大学学报》2012年第5期。

丹珠昂奔:《沿着中国特色解决民族问题的道路前进——中央民族工作会议精神学习体会》,中华人民共和国民族事务委员会网站（https://www.neac.gov.cn/seac/xwzx/201411/1007903.shtml）,访问时间:2021年7月20日。

李大龙:《"天下"视域下的"中国"与"边疆"——在"历史上的中国"讨论基础上的新思考》,《中央民族大学学报》2023年第4期。

邢玉林:《中国边疆学及其研究的若干问题》,《中国边疆史地研究》1992年第2期。

林文勋:《从边疆史地到边疆学》,《中国边疆史地研究》2016年第2期。

习近平:《在哲学社会科学工作座谈会上的讲话》,新华网（http://www.xinhuanet.com//politics/2016-05/18/c_1118891128_4.htm）,访问时间:2020年3月10日。

孙勇、孙昭亮:《中国边疆研究学术共同体巡检述略》,《新疆师范大学学报》2018年第3期。

《习近平致中国社会科学院中国历史研究院成立的贺信》,新华网（http://www.xinhuanet.com/politics/leaders/2019-01/03/c_1123942672.htm）,访问时间2020年3月2日。

韩锦春、李毅夫:《汉文"民族"一词的出现及其初期使用情况》,《民族研究》1984年第2期。

四、网站资料

中华人民共和国外交部网站：https://www.fmprc.gov.cn

全国人大网站：http://www.npc.gov.cn

新华网：http://www.xinhuanet.com

国家民委网站：https://www.neac.gov.cn

附录2 个人论著目录（笔名木子、龙木、龙穆）

一、学术著作

（一）专著

1. 《政权与族群：中国边疆学基本理论研究》，人民出版社 2021 年版。
2. 《从"天下"到"中国"：多民族国家疆域理论解构》，人民出版社 2015 年版。
3. 《汉代中国边疆史》，27 万字，黑龙江教育出版社 2014 年版。
4. 《〈三国史记·高句丽本纪〉研究》，黑龙江教育出版社 2013 年版。
5. 《唐代边疆史》，30 万字，中国社会科学出版社 2013 年版。
6. 《汉唐藩属体制研究》，中国社会科学出版社 2006 年版。
7. 《都护制度研究》，黑龙江教育出版社 2003 年版，2012 年修订再版。
8. 《唐朝和边疆民族使者往来研究》，黑龙江教育出版社 2001 年版，2013 年修订再版。
9. 《斑驳陆离的婚俗》，中央民族大学出版社 1999 年版。
10. 《两汉时期的边政与边吏》，黑龙江教育出版社 1996 年版，1998 年再版。

（二）合著

11. 《游牧行国体制与王朝藩属互动研究》，合著（第一作者），内蒙古大学出版社 2018 年版。
12. 《中国历代边事边政通论》，合著，黑龙江教育出版社 2015 年版。
13. 《新疆史鉴》，合著（第二作者），35 万字（本人承担屯田篇及参与各篇结语和统稿），新疆人民出版社 2006 年版。
14. 《古代中国高句丽历史续论》，合著（第二作者），（本人承担理论篇、历史篇一至四、研究篇三，约 11 万字），中国社会科学出版社 2003 年版。
15. 《古代中国高句丽历史丛论》，合著（第三作者），（本人承担政治篇，约 10 万字），黑龙江教育出版社 2001 年版。
16. 《中国文化杂说·民族文化卷》，合著（第二作者），《中国少数民族禁忌》部分 7 万字（本人承担 4 万字），北京燕山出版社 1997 年版。
17. 《清代国家统一史》，合著，承担总章、第十二章撰写，中国社会科学出版社

2023年版。

二、主编著作

1.《20世纪中国西部开发史》，主编（执行主编），黑龙江教育出版社2005年版。

2.《中国的边疆治理：挑战与创新》，主编（第二），中央编译出版社2014年版。

3.《中国疆域形成与发展的理论探索》，主编，社会科学文献出版社2020年版。

4.《中国边疆与中国边疆学建构》，主编，社会科学文献出版社2021年版。

5.《中国历代治边政策研究》，主编，华夏出版社2021年版。

6.《中国历代治边思想研究》，主编，华夏出版社2021年版。

7.《中国古代藩属与朝贡》，主编，华夏出版社2022年版。

8.《清代国家统一史》，第二主编，中国社会科学出版社2023年版。

三、学术论文

1.《"天下"视域下的"中国"与"边疆"——在"历史上的中国"讨论基础上的新思考》，《中央民族大学学报》2023年第4期。

2.《"天可汗"与燕然都护府——唐太宗北疆经略的创新性尝试》，《西北民族研究》2023年第2期。

3.《"大一统"与中华民族共同体》（合著，第一作者），《中国边疆史地研究》2023年第3期。

4.《"大一统之在我朝"：清朝对"大一统"的继承与实践》，《云南师范大学学报》2023年第4期。

5.《试论北疆文化的范畴、内涵与价值》（合著，第一作者），《内蒙古社会科学》2023年第5期。

6.《中国边疆学研究的史鉴功能》，《人民政协报》2023年7月31日。

7.《全面系统把握"北疆文化"的内涵特质》，《内蒙古日报》2023年7月21日。

8.《坚持正确的中华民族历史观，要突破传统史观的局限》，《中国民族报》2023年3月28日。

9.《中国之为天下，新疆何以为疆》,《道中华》（国家民委）2023年3月16日。

10.《"边疆"与"中国"的交融——理解和诠释中国疆域形成与发展的路径》,《思想战线》2022年第5期。

11.《交融与一体：多民族国家视域下的"边疆"与"中国"——〈流动的疆域：全球视野下的云南与中国〉引出的话题》,《云南师范大学学报（哲学社会科学版）》2022年第4期。

12.《中国古代国家治理思想及其实践》,《云南社会科学》2022年第3期。

13.《中华民族共同体属性与建设途径探究》,《西南民族大学学报（人文社会科学版）》2022年第3期。

14.《"主权、安全、发展利益"与新时代我国的民族工作》,《中华民族共同体研究》2022年第1期。

15.《和亲与民族交融》,《烟台大学学报（哲学社会科学版）》2021年第5期。

16.《试析高句丽建构建国神话的时代背景与目的》,《史学集刊》2021年第5期。

17.《新文科建设视野下的中国边疆学》,《云南师范大学学报（哲学社会科学版）》2021年第4期。

18.《试论游牧王朝对"大一统"思想的继承与实践》,《西北民族研究》2021年第2期。

19.《自然凝聚，碰撞底定——中国疆域的形成与发展的轨迹》,《中国边疆学研究的理论与实践》,云南大学出版社2021年版。

20.《东亚藩属体系的形成与发展》,《中国边疆学研究的理论与实践》,云南大学出版社2021年版。

21.《中国疆域诠释视角：从王朝国家到主权国家》,《中国社会科学》2020年第7期。

22.《"有疆无界"到"有疆有界"——中国疆域话语体系建构》,合著（第一作者）,《思想战线》2020年第3期。

23.《如何诠释边疆——从僮仆都尉和西域都护说起》,《西南民族大学学报》2020年第7期。

24.《试论历代王朝治边政策的继承与发展》,《青海民族研究》2020年第1期。

25.《榫卯：走廊与中国疆域的形成与发展》,《广西民族大学学报（哲学社会科学版)》2020 年第 3 期。

26.《试论中国边疆学"三大体系"建设》,《中国边疆史地研究》2020 年第 2 期。

27.《农耕王朝对"大一统"思想的继承与发展》,《云南师范大学学报》2020 年第 6 期。

28.《新时代边疆学研究的热点与前沿问题》,《云南师范大学学报(哲学社会科学版)》2019 年第 1 期。

29.《河西笔谈:从河西走廊发现更广阔中国》,《中国民族报》2018 年 10 月 19 日第六版。

30.《有关清史及清代边疆研究的几点认识》,《中国史研究动态》2019 年第 6 期。

31.《质疑、继承与发展——费孝通对中华民族理论阐述的重要贡献》,《中国边疆学》第九辑,社会科学文献出版社 2018 年版。

32.《"中国边疆"的内涵及其特征》,《中国边疆史地研究》2018 年第 3 期。

33.《神话还是史事——高句丽前史叙述献疑》,《地域文化研究》2018 年第 5 期。

34.《鸿胪井刻石铭文新解:唐与渤海、靺鞨关系史上的两次出使》,合著(第一作者),《民族研究》2018 年第 4 期。

35.《国家建构视野下游牧与农耕族群互动的分期与特点》,《思想战线》2018 年第 1 期。

36.《唐代两大藩属体系碰撞中的西南边疆》,《青海民族研究》2018 年第 1 期。

37.《阐述中华民族形成和发展的视角、理论与方法》,《中央社会主义学院学报》2017 第 5 期。

38.《行国体制的发展及其对中华大地上族群的整合——元代多民族国家建构视野下的游牧与农耕族群互动研究》,《云南师范大学学报(哲学社会科学版)》2017 年第 5 期。

39.《从夏人、汉人到中华民族——对中华大地上主体族群凝聚融合轨迹的考察》,《中国史研究》2017 第 1 期;《社会科学文摘》转载,2017 年第 6 期。

40.《多民族国家建构视野下的游牧与农耕族群互动研究——宋金时期游牧行国体制与王朝藩属的第二次对峙和重组》,《暨南学报(哲学社会科学版)》2017 年第 5 期。

41.《对中华民族(国民)凝聚轨迹的理论解读——从梁启超、顾颉刚到费孝通》,《思想战线》2017 年第 3 期。

42.《自然凝聚：多民族中国形成轨迹的理论解读》,《西北师大学报（社会科学版）》2017年第3期。

43.《西汉藩属制度（奉职贡）的形成与实践》,《青海民族大学学报（社会科学版）》2017年第1期。

44.《立足历代治边理论与实践，推动中国边疆话语体系构建——〈中国边疆史地研究〉百期感言》,《中国边疆史地研究》2016年第2期。

45.《唐罗"联军"灭亡高句丽考辨》,《通化师范学院学报（人文社会科学）》2016年第5期。

46.《多民族国家建构视野下的游牧与农耕族群互动——以明代游牧行国与王朝藩属的对峙为中心》,《云南师范大学学报（哲学社会科学版）》2016年第3期。

47.《"大一统"思想的形成与实践——多民族国家中国疆域的形成和发展》,合著（第二作者）,《西北民族大学学报（哲学社会科学版）》2016年第1期。

48.《游牧行国和王朝藩属的第一次碰撞和重组——多民族国家建构视野下的游牧与农耕族群互动研究》,《中国边疆学》（第五辑）,社会科学文献出版社2015年版。

49.《安西都护府第一次晋升为大都护府时间考》,《陕西学前师范学院学报》2015年第4期。

50.《驺被杀后的高句丽与东汉统治秩序的建立——以高句丽政权的发展和东汉统治秩序的建立为中心》,《通化师范学院学报（人文社会科学）》2015年第4期。

51.《东亚"天下"传统政治格局的形成及演变趋势——以政权建构与族群聚合为中心》,《中国边疆史地研究》2015年第2期。

52.《关于东北地域族群与文化整合的几点思考——从金毓黻对"东北"的界定说起》,《黑龙江社会科学》2015年第1期。

53.《黄龙与高句丽早期历史——以〈好太王碑〉所载邹牟、儒留王事迹为中心》,《青海民族大学学报（社会科学版）》2015年第1期。

54.《试论游牧行国与王朝藩属——多民族国家构建视角下游牧和农耕族群互动研究》,《中国边疆学》第二辑,社会科学文献出版社2014年版。

55.《游牧行国的内涵及其特点——多民族国家视角下游牧和农耕族群互动研究》,《烟台大学学报（哲学社会科学版）》2014年第5期。

56.《丝绸之路：民族交融与文化发展的动力》,《宗教与历史的交叉点：丝绸之路》,

陕西师范大学出版社 2014 年版。

57.《中国疆域形成和发展的分期与特点》,《华夏文化论坛》2014 年第 2 期。

58.《转型与"臣民"(国民)塑造：清朝多民族国家建构的努力》,《学习与探索》2014 年第 9 期。

59.《视角、资料与方法——对深化高句丽研究的几点认识》,《东北史地》2014 年第 4 期。

60.《关于中国古代治边政策的几点思考——以"羁縻"为中心》,《史学集刊》2014 年第 4 期。

61.《是"藩属体系"还是"朝贡体系"?——以唐王朝为例》, 合著(第二作者),《中国边疆史地研究》2014 年第 2 期。

62.《多民族国家建构视角下游牧与农耕族群的互动》, 合著(第一作者),《青海民族大学学报(社会科学版)》2014 年第 1 期。

63.《汉武帝"大一统"思想的形成及实践》,《北方民族大学学报(哲学社会科学版)》2013 年第 1 期。

64.《有关中国疆域理论研究的几个问题》,《西北民族论丛》第八辑, 中国社会科学出版社 2012 年版。

65.《多民族国家构建视野下的土司制度》,《云南师范大学学报(哲学社会科学版)》2012 年第 6 期。

66.《唐代契丹的衙官》, 合著(第一作者),《中国边疆史地研究》2012 年第 3 期。

67.《试论中国疆域形成和发展的分期与特点》,《中国边疆史地研究》2011 年第 3 期。

68.《"屯田"并非赵充国治羌政策的核心内容》,《中国边疆史地研究》2010 年第 4 期。

69.《多民族国家疆域研究的历程及其特点》,《云南师范大学学报(哲学社会科学版)》2010 年第 6 期。

70.《简论曹魏王朝的鲜卑政策——以王雄刺杀轲比能为中心》,《黑龙江民族丛刊》2010 第 5 期。

71.《两汉王朝治理西域的经验与教训》,《北方民族大学学报(哲学社会科学版)》2010 年第 5 期。

72.《浅议元朝的"四等人"政策》,《史学集刊》2010 年第 2 期。

73.《由解明之死看高句丽五部的形成与变迁——以桂娄部为中心》,《东北史地》2009 年第 3 期。

74.《边吏与古代中国疆域的形成——以两汉为中心》,1.6 万字,《云南师范大学学报(哲学社会科学版)》2008 年第 6 期。

75.《〈三国史记·高句丽本纪〉史料价值辨析——以高句丽和中原王朝关系的记载为中心》,《东北史地》2008 年第 2 期。

76.《"中国"与"天下"的重合:古代中国疆域形成的历史轨迹——古代中国疆域形成理论研究之六》,《中国边疆史地研究》2007 年第 3 期。

77.《关于藩属体制的几个理论问题——对中国古代疆域理论发展的理论阐释》,《学习与探索》2007 年第 4 期。

78.《高句丽与东汉王朝战事杂考——以〈三国史记·高句丽本纪〉的记载为中心》,《东北史地》2007 年第 1 期。

79.《"藩属"与"宗藩"辨析——中国古代疆域形成理论研究之四》,合著(第二作者),《中国边疆史地研究》2006 年第 3 期。

80.《关于高句丽早期历史的几个问题》,1.0 万字,《东北史地》2006 年第 4 期。

81.《不同藩属体系的重组与王朝疆域的形成——以西汉时期为中心》,《中国边疆史地研究》2006 年第 1 期。

82.《辉煌的高句丽文化》,《寻根》2006 年第 1 期。

83.《简论曹操对乌桓的征讨及意义》,《史学集刊》,2005 年第 3 期。

84.《刘渊政权的出现与北疆民族主动认同"中国"的开始——中国古代疆域形成理论探讨之二》,合著(第二作者),《中国边疆史地研究》2005 年第 2 期。

85.《西汉王朝藩属体制的建立和维系》,《学习与探索》2005 年第 3 期。

86.《有关唐安北都护府的几个问题》,《北方文物》2004 年第 2 期。

87.《传统夷夏观与中国疆域的形成——中国疆域形成理论探讨之一》,《中国边疆史地研究》2004 年第 1 期。

88.《关于高句丽侯驺的几个问题》,《学习与探索》2003 年第 5 期。

89.《有关安南都护府的几个问题》,合著(第二作者),《中国边疆史地研究》2003 年第 2 期。

90.《唐安东都护府的几个问题》，合著（第二作者），《黑龙江民族丛刊》2002年第3期。

91.《唐代单于都护府的几个问题》，合著（第二作者），《中国边疆史地研究》2002年第2期。

92.《唐王朝派往边疆民族地区进行册封的使者》，《民族史研究》（第三辑），民族出版社2002年版。

93.《唐代使者接待礼仪考》，《黑龙江民族丛刊》2000年第2期。

94.《"用夏变夷"与西汉初期刘敬的"和亲"建议》，《内蒙古社会科学（汉文版）》2000年第3期。

95.《使者与唐王朝边疆民族管理体制》，合著（第一作者），《民族研究》2000年第1期。

96.《东夷校尉考述》，《黑龙江民族丛刊》1999年第3期。

97.《从高句骊县到安东都护府——高句骊和历代中央王朝关系述论》，《民族研究》1998年第4期。

98.《吐谷浑与隋唐王朝互使述论》，《西北民族学院学报（哲学社会科学版）》1997年第1期。

99.《由使者来往看唐王朝与薛延陀的关系》，《内蒙古社会科学（文史哲版）》1996年第4期。

100.《唐王朝与新罗互使述论》，《黑龙江民族丛刊》1996年第2期。

101.《温序为东汉第一任护羌校尉考》，《西北民族学院学报（哲学社会科学版）》1996年第2期。

102.《东汉王朝护羌校尉考述》，《民族研究》1996年第2期。

103.《突厥派往唐朝的使者述论》，《北方文物》1996年第1期。

104.《回纥派往唐朝使者述论》，《西域研究》1995年第4期。

105.《唐王朝与西突厥互使述论》，《民族研究》1995年第5期。

106.《高丽与唐王朝互使述论》，《黑龙江民族丛刊》1995年第1期。

107.《东汉王朝使匈奴中郎将略论》，《中国边疆史地研究》1994年第4期。

108.《唐朝派往突厥的使者述论》，《北方文物》1994年第4期。

109.《隋王朝与突厥互使述论》，《内蒙古社会科学（文史哲版）》1994年第5期。

110.《唐朝派往回纥的使者述论》,《民族研究》1994年第2期。

111.《两汉重要边吏的选拔和任用制度述略》,《中国边疆史地研究》1993年第3期。

112.《西汉前期"和亲"政策新论》,《民族研究》1993年第4期。

113.《东汉度辽将军述论》,《内蒙古社会科学（文史哲版）》1992年第2期。

114.《试论王莽的民族政策》,《民族研究》1992年第1期。

115.《西汉西域都护略论》,《中国边疆史地研究》1991年第2期。

116.《也谈"澶渊之盟"形成的原因》,《中央民族学院学报》1991年第3期。

117.《西汉派往西域的使者述论》,《民族研究》1990年第6期。

118.《略论西汉时期陈汤经营西域》,《民族研究》1989年第5期。

119.《西汉西域屯田与使者校尉考辨》,《西北史地》1989年第3期。

120.《西汉的郎官及其在治理西域中的作用》,《新疆社会科学》1989年第6期。

四、书评、综述与序言

121.《序言》,安介生:《遥望关河:中国边塞环境与历史文化》,上海远东出版社2023年版。

122.《序言》,刘海霞:《唐代边疆封授与治理研究》,浙江大学出版社2023年版。

123.《实践是中国边疆学存在的最高价值》,罗静:《跨越区隔——中国边疆学的学术自觉》,南开大学出版社2023年版。

124.《与刊物一起成长——感恩编辑职业》,《"作嫁衣者"说——中国社科院学术期刊编辑心声》,社会科学文献出版社2022年版。

125.《开启中国边疆研究的新视角与新领域——读〈中国的边疆及边疆治理〉》,合著（第一作者）,《中国边疆史地研究》2022年第1期。

126.《中国边疆研究的扛鼎之作——〈清代中国边疆治理研究〉读后》,合著（第一作者）,《中国边疆史地研究》2021年第4期。

127.《区域性通史话语体系的经典之作——〈西藏通史〉读后》,《中国藏学》2018年第2期。

128.《民国边疆研究有待进一步深化》,段金生:《学术与时势:民国的边疆研究》,中华书局2019年版。

129.《唐蕃关系研究的力作——〈玉帛干戈：唐蕃关系史研究〉读后》,《全国新书资讯月刊》2018 年第 5 期。

130.《从天下到中国：多民族国家疆域理论解构》,《中国民族》2017 年第 6 期。

131.《中国边疆学构筑的新突破——〈当代中国边疆研究（1949—2014）〉读后》,合著（第一作者）,《中国边疆史地研究》2017 年第 1 期。

132.《本刊编辑部 2013 年度编辑工作座谈会召开》,《中国边疆史地研究》2013 年第 1 期。

133.《中国疆域理论学术研讨会述要》,0.7 万字,《中国边疆史地研究》2011 年第 3 期。

134.《〈隋唐民族关系思想史〉评介》,《民族研究》2011 年第 3 期。

135.《序》,苗威《高句丽移民研究》,吉林大学出版社 2011 年版。

136.《写在前面的话》,安介生等主编：《边界、边地与边民》,齐鲁书社 2009 年版。

137.《20 世纪汉唐都护府研究述评》,《西北民族论丛》,中国社会科学出版社 2003 年版。

138.《高句丽史研究的又一部力作——〈中国高句丽史〉评介》,《中国边疆史地研究》,2003 年第 4 期。

139.《"高句丽·渤海问题学术研讨会"纪要》,《中国边疆史地研究》2003 年第 3 期。

140.《第二届东北边疆历史与现状暨高句丽学术研讨会述要》,《中国边疆史地研究》2002 年第 3 期。

141.《西北边疆民族学术研讨会暨中国中亚文化研究会第三届年会述要》,《中国边疆史地研究》2002 年第 3 期。

142.《中国边疆研究的汇总创新之作——〈中国边疆经略史〉评述》,《中国边疆史地研究》2001 年第 1 期。

143.《历代王朝北疆经略及与北疆各族关系研究（1989—1998）》,合著（第一作者）,《中国边疆史地研究》2001 年第 3 期。

144.《东北疆域历史与现状研究工作座谈会纪要》,合著（第二作者）,《中国边疆史地研究》2001 年第 3 期。

145.《第二届跨界民族学术讨论会述要》,《民族研究》1999 年第 6 期。

146.《中国世界民族学会第六届会员代表大会暨学术讨论会综述》,《民族研究》1998年第1期。

147.《'98国际汉民族研讨会暨全国第五届汉民族学术年会综述》,《民族研究》1998年第6期。

148.《西夏文献整理研究的新成果——大型珍贵文献〈俄藏黑水城文献〉陆续出版》,《民族研究》1997年第4期。

149.《一部研究边臣疆吏的力作——〈清代伊犁将军论稿〉读后》,《民族研究》1997年第5期。

150.《"朝鲜汉文古籍整理与研究"学术研讨会综述》,《民族研究》1997年第5期。

151.《中国西域楼兰学与中亚文明国际学术讨论会综述》,《民族研究》1996年第1期。

152.《中国民族史学会第六次学术讨论会综述》,《民族研究》1996年第6期

153.《中国民族史学会第四次学术讨论会综述》,《民族研究》1993年第2期。

154.《第四届全国民族理论学术讨论会综述》,《民族研究》1989年第1期。

155.《中国边疆史地学术讨论会综述》,《民族研究》1989年第3期。

五、译著

156.《清代塔尔巴哈台卡伦线和哈萨克游牧民》,《民族译丛》1993年第5期。

157.《非洲坦伯马人以住居为舞台的葬礼》,《民族译丛》1992年第4期。

158.《准噶尔的西部扩张》,《民族译丛》1991年第5期。

159.《高句丽的祭祀礼仪》,《黑龙江民族丛刊》1990年第3期。

160.《宋代河西藏族与佛教》,《民族译丛》1990年第2期。

后 记

对中国边疆学基础理论的探索虽然是我最近几年重点研究的方向，但就本书所涉及的内容而言，细思起来实际上早在20世纪90年代就开始了。当时我的工作单位是中国社会科学院民族研究所，办公地点位于现今中央民族大学院内。1989年费孝通主编的《中华民族多元一体格局》出版后，我曾经就其观点和一些朋友有过热烈讨论，并有写点东西与作者进行讨论的冲动。尽管因为各种原因没有如愿，但我对中华民族形成与发展的思考却也没有中断。2000年8月调入中国社会科学院中国边疆史地研究中心（今中国边疆研究所）后，我从对"民族"的关注转为对"边疆"的关注，尤其是由高句丽历史研究引发的对中国疆域形成与发展的探讨，使我深深感到研究视角或称之为研究站位的变化会对研究带来的巨大影响，一系列需要通过研究给予回答的疑问也时时出现在脑海之中。

"二十四（五）史"是中国正史，其所记载的王朝被称为"历代王朝"，被视为中国历史、中国疆域的代表，中国边疆在历代王朝体系构建起来的话语体系中一直是处于被忽略的境地。尽管有学者认识到了历代王朝史观不能准确阐述中国历史，而缺失中国边疆的中国疆域史也是不完整的，但综观有关中国历史的论著，似乎都没有摆脱历代王朝史观搭建起来的框架，而在近代以来"民族国家"观念的影响下如何诠释匈奴、五胡十六国、北魏、高句丽、突厥、吐蕃、渤海、辽、西夏、金、元乃至清朝等等这些地处边疆或由边疆族群建立的政权在中国历史中的地位也由此成为一个学术难题。不仅如此，与我国学界现有研究状况相对应的则是国外学者利用"民族国家"史观提出了"长城以北非中国""游牧帝国""内陆亚洲""赞米亚"等观点和研究视角试图歪曲中国历史。近年出现的"新清史"则打着"满洲"的旗号试图构建一个独立于中国历史之外的话语体系，将清朝历史和中国史割裂开来，而一些邻国也将属于中国历史重要部分的中国边疆史，诸如南越、高句丽、渤海等政权历史纳入其国史叙述范围，更加导致了国人对边疆历史认识的混乱。由此，中国是多民族国家还是单一民族国家？中国疆域是"汉人"缔造的还是中华大地上生息繁衍的众多人群共同缔造的？历代王朝疆域能否代表中国疆域？边疆和边疆政权在中国疆域形成中的地位如何？如何认识中华民族？如何阐述中华民族和当今中国的五十六个民族包括历史上生活在中华大地上现在已经消失的众多族群之间的关系？中国疆域是如何形成的？……这一系列问题，是中国边疆学得以存在的基础，也是必须回答的问题。

尽管不同学科的学者对中国边疆的内涵及其性质有不同的解读，但都无法否认中国边疆是中国疆域重要组成部分这一个客观存在的事实。多民族国家中国疆域孕育诞生在中华大地之上，是生息繁衍在中华大地上的众多族群共同构建的，在缔造国家的过程中这些人群不仅创造了灿烂的中华文明，而且凝聚为一体，被称为"中华民族"。当今学界往往从在对"正统"的争夺中胜出的历代王朝的角度审视多民族国家中国、中华民族形成与发展的历史，是难以构建起符合历史实际的话语体系的。这一史观，习近平总书记将其归纳为"四个共同"，从理论高度进行了概括，为我们树立正确的中华民族历史观指明了方向。

汉唐边疆史一直是我重点研究的领域，但1996年由于承担中国社会科学院重点课题"高句丽历史研究"，如何界定高句丽历史成为困扰我的一大学术难题。西汉后期出现在东北亚的高句丽政权一直和历代王朝保持着密切的以"册封—朝贡"为核心内容的政治关系，隋唐"大一统"王朝出现后，如书中所引隋唐两朝四代统治者在"辽东之地，周为箕子之国，汉家玄菟郡耳！魏、晋以前，近在提封之内，不可许以不臣"观念的影响下，不再满足于继续与高句丽政权保持这种"册封—朝贡"关系，唐王朝终于在总章元年（668）实现了对高句丽政权的统一，在将其大部分部众迁徙到中原的同时也设置安东都护府对其辖境进行管理。经过千余年的发展，曾经的高句丽政权疆域，目前分属中国和朝鲜，而曾经的高句丽人也已经融入中华民族及东亚各民族之中，当前存在着的在"民族国家"话语下"非我即彼"的诠释方式都难以得到相邻国家学界的广泛认同。而在考察其他边疆政权历史归属问题时，发现也同样存在着类似的问题，而且我们以往的原则都存在难以圆说的现象，历代王朝史观制约着我们的认识，而夹杂进来的主权国家的管理原则，更加无法说明白之前历史的归属问题。由此所引发的从传统王朝国家向近现代主权国家转变的视角考察中华大地上政权建构与族群凝聚对中国疆域、中华

后 记

民族形成与发展的影响的做法，得出了和以往学界完全不同的认识，或有助于当今中国边疆学学术体系、学科体系及话语体系的建设，同时更期盼为多民族国家的稳定与发展，为铸牢中华民族共同体意识提供学术支撑！

《中国边疆学基础理论研究》是在《政权与族群：中国边疆学基础理论研究》基础上增补而成。《政权与族群：中国边疆学基础理论研究》完成于2020年2月22日，而《中国边疆学基础理论研究》则完成于2024年3月13日，既是研究的延续，也是认识不断深化的结果，更是职业生涯特殊日子奉献给自己的特殊礼物！

李大龙于山下陋室

2024 年 3 月 13 日